CB066804

CATECISMO ROMANO

Concílio de Trento

CATECISMO ROMANO

Castela

Tradução: Frei Leopoldo Pires Martins, O.F.M.

Diagramação: Gabriel G. Barreiro

Preparação de texto: Letícia de Paula

Capa: Érico Lebedenco

FICHA CATALOGRÁFICA

Igreja Católica, Concílio de Trento
Catecismo Romano; tradução de Frei Leopoldo Pires Martins, O.F.M. 1. ed. - São Paulo, SP: Castela Editorial, 2020.

ISBN 978-85-64734-13-5
1. Igreja Católica - História. I. Título.

CDD 230

INDÍCES PARA CATÁLOGO SISTEMÁTICO
1. Catecismos. 2. Catolicismo. I. Título.

Os direitos desta edição pertencem a

CASTELA EDITORIAL

São Paulo/SP

Contato: castela@castelaeditorial.com.br

www.castelaeditorial.com.br

Reservados todos os direitos desta obra. Proibida toda e qualquer reprodução desta edição por qualquer meio ou forma, seja ela eletrônica ou mecânica, fotocópia, gravação ou qualquer outro meio de reprodução, sem permissão expressa do editor.

Sumário

Nota do editor 15
Prefácio 17

ENCÍCLICA ACERBO NIMIS - S. PIO X

I. Dolorosas comprovações 33
II. Necessidade da instrução religiosa e seus benefícios 35
III. O dever primordial do sacerdote 37
IV. Definição, defesa e elogio do ensino catequístico 39
V. Normas práticas 41
VI. Epílogo 44

INTRODUÇÃO AO CATECISMO ROMANO

I. Necessidade de se pregar a palavra de Deus 45
II. Importância da pregação e deste Catecimo em particular 47
III. O que os párocos devem levar em conta ao pregar a fé 49

PRIMEIRA PARTE - O SÍMBOLO DOS APÓSTOLOS

CAPÍTULO I
A Fé e o Credo

I. O que é a Fé 57
II. O que é o Credo 58

CAPÍTULO II
"Creio em Deus Pai Todo-Poderoso, Criador do céu e da terra"

I. "Creio" 61
II. "Em Deus" 62
III. "Pai" 66
IV. "Todo-Poderoso" 70
V. Criador do céu e da terra 73

CAPÍTULO III
"E em Jesus Cristo, um só seu Filho, Nosso Senhor"

I. E em Jesus Cristo 81
II. Seu único Filho 84
III. Nosso Senhor 86

CAPÍTULO IV
"O qual foi concebido do Espírito Santo, nasceu de Maria Virgem"

I. "O qual foi concebido do Espírito Santo" 89
II. Nasceu de Maria Virgem 93
III. Considerações sobre a concepção e nascimento de Cristo 95

CAPÍTULO V
"Padeceu sob o poder de Pôncio Pilatos, foi crucificado, morto e sepultado"

I. "Padeceu" 99
II. "Sob o poder de Pôncio Pilatos" 99
III. "Foi crucificado" 100
IV. Morto e sepultado 101
V. Considerações sobre os mistérios da Paixão 104

CAPÍTULO VI
"Desceu aos infernos, ao terceiro dia ressurgiu dos mortos"

I. "Desceu aos infernos" 112
II. "Ressurgiu dos mortos" 115
III. "Ao terceiro dia" 118
IV. "Segundo as Escrituras" 118
V. Considerações sobre a ressurreição de Cristo 119

CAPÍTULO VII
"Subiu aos céus, está sentado à direita de Deus Pai Todo-Poderoso"

I. "Subiu aos céus" 123
II. "Está sentado à direita de Deus Pai" 124
III. Considerações sobre a ascensão de Cristo 125

CAPÍTULO VIII
"Donde há de vir julgar os vivos e os mortos"

I. Quantas são as vindas de Cristo e quantas vezes há de julgar os homens 130
II. Motivos para o Juízo universal 132
III. Quem será o Juiz 134
IV. Sinais que precedem ao Juízo Final 134
V. O julgamento 135

CAPÍTULO IX
"Creio no Espírito Santo"

I. Do nome "Espírito Santo" 139
II. Quem é o Espírito Santo 140
III. Obras atribuídas especialmente ao Espírito Santo 144

CAPÍTULO X
"Creio na Santa Igreja Católica, na comunhão dos santos"

I. "Na santa Igreja Católica" 147
II. Una 153
III. Santa 157
IV. "Católica" 158
V. "Apostólica" 159
VI. Outras verdades sobra a Igreja 160
VII. "'A Comunhão dos Santos" 162

CAPÍTULO XI
"A remissão dos pecados"

I. A Igreja tem o poder de perdoar os pecados 168
II. Quem pode exercer na Igreja este poder, e de que modo 170
III. Sublimidade deste poder 170
IV. Exortação aos fiéis 173

CAPÍTULO XII
"A ressurreição da carne"

I. Sentido de "ressurreição da carne" 175
II. Provas da futura ressurreição dos corpos 176
III. Quem há de ressuscitar 179
IV. Como ressuscitarão os corpos 180
V. Frutos que os fiéis devem retirar do mistério da Ressurreição 185

CAPÍTULO XIII
"A vida eterna"

I. Que se entende por "vida eterna" 188
II. Natureza da bem-aventurança 190

SEGUNDA PARTE - OS SACRAMENTOS

CAPÍTULO I
Dos Sacramentos em geral

I. Do nome Sacramento. 200
II. Natureza dos Sacramentos 201
III. Motivos para se instituir os Sacramentos 206
IV. Os componentes essenciais dos Sacramentos. 209
V. As cerimônias sacramentais 210
VI. Número dos Sacramentos 211
VII. Diferença dos Sacramentos 212
VIII. Autor dos Sacramentos 213
IX. O ministro dos sacramentos 214
X. Efeitos dos Sacramentos 216

CAPÍTULO II
Do Sacramento do Batismo

I. Do nome "Batismo" 222
II. Definição de Batismo 223
III. Matéria própria do Batismo 225
IV. A forma do Batismo 227
VI. Instituição e obrigação do Batismo 230
VII. Ministros do Batismo 232
VIII. Padrinhos de Batismo 234
IX. Necessidade do Batismo 237
X. Disposições requeridas para receber o Batismo 241
XI. Efeitos do Batismo 244
XII. As cerimônias batismais 253
XIII. Resumo sobre os mistérios do Batismo. 258

CAPÍTULO III
Do Sacramento da Confirmação

I. Do nome Confirmação e por que é verdadeiro Sacramento 261
II. Instituição da Confirmação 264
III. Matéria da Crisma. 264
IV. Forma da Crisma 266
V. O ministro da Confirmação 267
VI. Padrinho de Crisma. 268
VII. Sujeito da Crisma 269
VIII. Efeitos da Confirmação 271
IX. Ritos e cerimônias do sacramento da Confirmação 273

CAPÍTULO IV
Do Sacramento da Eucaristia

I. Instituição da Eucaristia 277
II. Nomes deste Sacramento 278
III. Por que a Eucaristia é verdadeiro Sacramento 280
IV. A matéria da Eucaristia 282
V. A forma da Eucaristia 287
VI. A presença real do Corpo e Sangue de Cristo na Eucaristia 293
VII. A transubstanciação 299
VII. As espécies eucarísticas. 304
VII. Efeitos da Eucaristia 305
VIII. Disposições para receber a sagrada Eucaristia 309
IX. Obrigação de receber a sagrada Eucaristia. 313
X. O ministro da Eucaristia. 318
XI. A Eucaristia como Sacrifício 319

CAPÍTULO V
Do Sacramento da Penitência

I. Do nome Penitência 327
II. A Penitência considerada como virtude 329
III. A Penitência considerada como sacramento 332
IV. Matéria da Penitência. 334
V. Forma da Penitência 334
VI. Efeitos da Confissão 336
VII. Partes integrantes da Confissão 338
VIII. A contrição 339
IX. Confissão 347
X. Ministro da Confissão: Sacerdote jurisdicionado 357
XI. A satisfação 362
XII. A absolivção 372

CAPÍTULO VI
Do Sacramento da Extrema-Unção

I. Do nome Extrema-unção. 376
II. Por que a Extrema-unção é Verdadeiro Sacramento 376
III. Matéria da Extrema-unção 377
IV. Forma da Extrema-unção. 378
V. Instituição por Cristo. 379
VI. Sujeito da Extrema-unção 380
VII. Disposições para receber a Extrema-unção 382

VIII. Ministro da Extrema-unção 382
IX. Efeitos da Extrema-unção 383

CAPÍTULO VII
Do Sacramento da Ordem

I. A sublime dignidade do sacerdote 387
II. O poder sacerdotal 390
III. Do nome Ordem 392
IV. Por que a Ordem é um verdadeiro Sacramento 392
V. Os vários graus de Ordem deste sacramento 393
VI. Primeira Tonsura 394
VII. Ordens menores 395
VIII. As Ordens Maiores 397
IX. O grau do sacerdócio 400
X. Ministro do sacramento da Ordem 403
XI. Sujeito da ordem sacerdotal 404
XII. Efeitos da ordem sacerdotal 406

CAPÍTULO VIII
Do Sacramento do Matrimônio

I. Do nome Matrimônio 410
II. Natureza do Matrimônio 410
III. O matrimônio como contrato natural 413
IV. O Matrimônio como Sacramento 416
V. Ritos e impedimentos do Matrimônio 425
VI. Disposições para contrair o Matrimônio 426
VII. Uso do Matrimônio 426

TERCEIRA PARTE - OS MANDAMENTOS

CAPÍTULO I
Dos Preceitos Divinos contidos no Decálogo

I. Introdução: a importância de se explicar o Decálogo 431
II. Deus é o autor do Decálogo 433
III. Necessidade de observar o Decálogo 434
IV. Promulgação histórica do Decálogo 438

CAPÍTULO II
"Eu sou o Senhor teu Deus, que te tirei da terra do Egito, da mansão do cativeiro"

I. Duplo preceito deste mandamento 443
II. Cultos dos Anjos 445
III. Culto dos Santos e sua relíquias 446
IV. Culto das santas imagens 449
V. Ameaças contra os infratores deste mandamento 453

CAPÍTULO III
"Não tomarás em vão o nome do Senhor teu Deus"

I. Preceito afirmativo deste mandamento 461
II. O juramento em particular 463
III. Preceito negativo deste mandamento 469
IV. As sanções de Deus contra os infratores deste mandamento 473

CAPÍTULO IV
"Lembra-te de santificar o dia do sábado"

I. "Lembra-te de santificar o sábado" 479
II. "Seis dias trabalharás, e farás todos os teus serviços. No sétimo dia, porém, é o Sábado do Senhor teu Deus" 481
III. "Nesse dia, não farás nenhuma obra, nem tu, nem teu filho, nem tua filha, nem teu servo, nem tua serva, nem teu animal de carga, nem o forasteiro que se achar dentro de tuas portas" 484
IV. "Pois em seis dias fez o senhor o céu e a terra, o mar, e tudo que neles se encerra, e no sétimo dia descansou. Por isso, o senhor abençoou o dia de sábado, e o fez santo" 486

CAPÍTULO V
"Honra teu pai e tua mãe, para teres longa vida na terra, que o Senhor teu Deus te há de dar"

I. Divisão dos preceitos do Decálogo em dois grupos 491
II. Honra teu pai e tua mãe 493
III. "Para que tenhas longa vida na terra, que o Senhor teu Deus te há de dar" 498
IV. Obrigações dos Pais e Superiores 500

CAPÍTULO VI
"Não matarás!"

I. Preceito negativo deste mandamento 503
II. Preceito afirmativo deste mandamento 508

CAPÍTULO VII
"Não cometerás adultério"

I. Preceito negativo deste mandamento 515
II. Preceito afirmativo deste mandamento 517

CAPÍTULO VIII
"Não furtarás"

I. Preceito negativo deste mandamento 525
II. Preceito afirmativo deste mandamento 530

CAPÍTULO IX
"Não dirás falso testemunho
contra o teu próximo"

I. Preceito negativo deste mandamento 538
II. Preceito afirmativo deste mandamento 543
III. Do vício da mentira em particular 546

CAPÍTULO X
"Não cobiçarás a casa do teu próximo nem desejarás sua mulher, nem seu servo, nem sua serva, nem seu boi, nem seu animal de carga, nem coisa alguma que lhe pertença"

I. Preceito negativo deste mandamento 553
II. Preceito afirmativo deste mandamento 558

QUARTA PARTE - A ORAÇÃO

CAPÍTULO I
Da oração em geral

I. Necessidade da oração 564
II. Da utilidade da oração 566
III. Espécies e graus da Oração 570
IV. O que se deve pedir na oração 574
V. Por quem devemos orar 575
VI. A quem devemos orar 579
VII. Da preparação para rezar 580
VII. Da maneira de rezar 584

CAPÍTULO II
"Pai-Nosso, que estais nos céus"

I. "Pai" 590
II. "Nosso" 597
III. "Que estais nos céus". 600

CAPÍTULO III
"Santificado seja o Vosso Nome"

I. Significado desta primeira petição 603
II. De que maneira deve ser santificado o nome de Deus 604

CAPÍTULO IV
"Venha a nós o Vosso Reino"

I. Significações do "Reino de Deus" 612
II. Significado desta petição: "venha a nós o vosso reino". 615
III. Com que espírito se deve fazer esta petição. 616

CAPÍTULO V
"Seja feita a Vossa vontade, assim na terra como no Céu"

I. "Seja feita vossa vontade". 623
II. "Assim na terra, como no céu" 628
III. Considerações sobre esta petição. 629

CAPÍTULO VI
"O pão nosso de cada dia nos dai hoje"

I. "O pão nosso de cada dia": pão temporal 635
II. "O pão nosso de cada dia": pão espiritual 640
III. Conclusão desta petição. 642

CAPÍTULO VII
"Perdoai-nos as nossas dívidas, assim como nós perdoamos aos nossos devedores"

I. "Perdoai-nos" 644
II. "As nossas dívidas" 650
III. "Assim como nós perdoamos aos nossos devedores" 652
IV. Considerações sobre esta petição 655

CAPÍTULO VIII
"E não nos deixeis cair em tentação"

I. "Não nos deixeis cais em tentação" 663
II. Considerações sobre esta petição 668

CAPÍTULO IX
"Mas livrai-nos do mal"

I. Objeto desta petição 673
II. Significado desta petição 676
III. Considerações sobre esta petição. 679

CAPÍTULO X
"Amém!"

I. Razão de ser desta última palavra 681
II. Significado da palavra "Amém" 684

PRÁTICA DO CATECISMO

O Catecismo Romano aplicado aos Evangelhos Dominicais 689

SUMÁRIO CATEQUÍSTICO 705

ÍNDICE REMISSIVO 777

Nota do editor

Se as repetidas e numerosas edições de um livro são prova evidente de sua qualidade, o Catecismo Romano há de ser um dos melhores, dadas as muitíssimas vezes em que foi editado, tanto em latim como nas diferentes línguas vernáculas.

A edição que ora oferecemos ao público pretende ser uma apresentação clara e moderna do texto do Catecismo, destinada a torná-lo mais acessível aos fiéis.

Tomamos como base do texto a tradução de Frei Leopoldo Pires Martins O.F.M., que buscamos atualizar onde nos pareceu necessário. Quanto ao ordenamento, seguimos a edição feita pelo Rev. Padre José María Mestre Roc, FSSPX, professor no Seminário Nossa Senhora Corredentora, em La Reja, Argentina, e publicada pelas Edições Rio Reconquista[1]. A fim de agilizar a leitura, foram suprimidos os títulos que cada um dos parágrafos tem no Catecismo Romano, impedindo assim que esses títulos cortem demais o texto e façam perder a visão de conjunto de cada capítulo. Entretanto, como esses títulos são muito úteis para indicar a matéria tratada, optamos por reuni-los ao começo de cada capítulo, oferecendo assim um resumo ou sumário do seu conteúdo. No mesmo texto do Catecismo aplicamos uma divisão mais fluida, que indica claramente o plano que segue cada capítulo e a ordem com que as ideias se desenvolvem.

Com relação à Quarta Parte, sobre a Oração dominical, fundimos num só capítulo introdutório o que as edições anteriores do Catecismo apresentavam como oito capítulos distintos, de modo a dar a essa parte um plano e uma estrutura semelhantes às três partes anteriores.

Queira Nosso Divino Mestre Jesus abençoar esta edição, destinada ao conhecimento e à prática de Sua doutrina celestial, a única que pode fazer verdadeiramente felizes o homem e a sociedade.

---

1. *Catecismo romano para párrocos*, Buenos Aires, Ediciónes Rio Reconquista, 2016.

Prefácio

Ao considerarmos as excelências da Igreja Católica, obra imortal da misericódia de Deus, nosso espírito é tomado da mais profunda admiração, quer seja ao examinar os frutos de santidade que ela produziu desde sua fundação, quer seja ao refletir sobre sua prodigiosa influência em todos os âmbitos da vida humana, a fim de estabelecer na sociedade o reinado de Jesus Cristo. E essa admiração aumenta quando pensamos em tudo o que a Igreja fez para propagar ao mundo inteiro as verdades reveladas, das quais Jesus Cristo a fez depositária, tesoureira e mestra infalível.

A prova de que a Igreja cumpriu fielmente a ordem de seu divino Fundador, para ensinar a verdade revelada a todas as gentes, é a multidão de povos sobre a face da terra que chegaram a conhecer e adorar o verdadeiro Deus, e as numerosas instituições cristãs que ao longo dos séculos ela suscitou, para remediar as necessidades dos homens redimidos por Jesus Cristo.

A Igreja Católica não apenas propagou as verdades que recebeu de Jesus Cristo, mas também condenou todos os erros que se lhes opunham. Todas as vezes em que surgiram falsos mestres para negar as verdades evangélicas, em que o espírito do mal empenhou-se em semear a cizânia no campo da Igreja, ou em que o poder das trevas tentou obscurecer a tocha da fé, a Igreja mostrou a seus filhos e ao mundo inteiro qual é a verdade, e onde está o erro, qual o caminho reto e qual conduz ao engano e à perdição.

Esse caráter da Santa Igreja, essa prerrogativa e nota de firme defensora da verdade, talvez nunca tenha brilhado tão esplendidamente como no século XVI. Grandes foram então os esforços das paixões para propagar e defender o erro, para apresentá-lo como o único que deveria dirigir a conduta humana, como o único salvador e regenerador da sociedade. Em tais circunstâncias, a Igreja de Jesus Cristo não podia permanecer em silêncio, e não o fez, como demonstra muito claramente cada uma das verdades proclamadas de modo solene no Concílio de Trento, cada um dos anátemas fulminados por aquela santa assembléia contra a heresia protestante. Reunido o concílio ecumênico para atender as necessidades que experimentava o povo cristão, não foi difícil compreender a importância e necessidade da publicação de um catecismo destinado à explicação das verdades dogmáticas e morais de nossa santa fé, para combater os esforços perniciosos dos inovadores, que difundiam de todos os modos possíveis, mesmo entre o povo simples e incauto, seus ensinamentos perversos e heréticos.

Foi esse o principal intento da publicação deste Catecismo. E com isso já se indica o que é o Catecismo de Trento: uma explicação sólida, simples e luminosa das verdades fundamentais do cristianismo, daqueles dogmas que constituem as sólidas e esbeltas colunas sobre as quais repousa a doutrina católica.

I. AUTORES DO CATECISMO DE TRENTO

Diferentes nomes são usados para este Catecismo, de acordo com o ponto de vista do qual é considerado. É conhecido como o *Catecismo de Trento*, já que foi iniciado por disposição daquele Concílio Ecumênico; *Catecismo de São Pio V*, porque foi aprovado e publicado por este sumo pontífice; e *Catecismo Romano*, por ser o que a Igreja Romana propõe, como norma segura, livre de erros e acomodada à capacidade da maioria dos fiéis, aos quais deve ensinar a doutrina do povo.

Como não foi possível terminar o catecismo antes do encerramento do Concílio de Trento, o Sumo Pontífice Pio IV confiou esta tarefa aos cuidados de alguns bispos e teólogos, para que preparassem a mátera necessária a uma obra tão útil. Os principais que escolheu para essa importante empresa foram Mucio Calino[1], Pedro Galesino[2], Leonardo de Marinis[3] e Francisco Foreiro[4].

---

1. Mucio Calino, natural de Brescia, homem piedoso e culto, foi primeiro bispo de Zara e depois de Terni. Por mandato de Pio IV e São Pio V, colaborou na redação do Catecismo de Trento, do Índice de livros proíbidos, do Breviário e do Missal.
2. Pedro Galesino, de Milão, foi Protonotário Apostólico. Conhecia em grau superior as línguas hebraica, grega e latina. Escreveu, entre muitas obras, alguns comentários ao Martirológio.
3. Leonardo de Marinis O. P., foi feito bispo de Laodicea e sufragâneo do bispo de Mântua por Julio III, e logo nomeado arcebispo por Pio IV. Enviado ao Concílio de Trento, mereceu ser elogiado e admirado por aquela santa Assembleia. Trabalhou na reforma do Breviário e do Missal Romano, e na redação do Catecismo do Concílio de Trento.
4. Francisco Foreiro O. P., célebre por seus estudos teológicos e literários, foi enviado pelo rei de Portugal como teólogo ao Concílio de Trento, no qual brilhou em tão alto grau por seu

Reunindo tudo o necessário para a composição da obra, Pio IV escolheu Mucio Calino e Julio Poggiani[5] para que a ordenassem e compusessem em estilo elegante e o mais adaptado à sublimidade da questão. Os cardeais Seripando[6], Egidio Fuscario[7] e Miguel Medina[8] também colaboraram.

Consistindo o Catecismo em quatro partes, encomendou as duas primeiras, isto é, o Símbolo e os Sacramentos, a Mucio Calino; o Decálogo, a Pedro Galesino, e a Oração dominical, a Julio Poggiani. Este, utilizou os últimos quatro meses de 1564 na redação da última parte do Catecismo.

Quando Mucio Calino e Pedro Galesino terminaram o Símbolo, os Sacramentos e o Decálogo em 1565, queriam que Julio Poggiani revisasse, corrigisse e alterasse o que haviam feito, dando a toda a obra uniformidade de estilo, como se tivesse tão somente um único autor.

O Papa Pio IV morreu em 1565, e foi sucedido por São Pio V, a quem São Carlos Borromeu prontamente rogou a publicação do Catecismo de Trento. Mais uma vez, foi ele revisado e aperfeiçoado pelo Cardeal Sirleto[9], Mucio Calino, Leonardo de Martins, Tomás Manrique[10], Eustaquio Locatello e Curcio Franco.

---

gênio que, disposto a partir de Trento depois do Concílio, São Carlos Borromeu pediu ao rei de Portugal que o deixa-se compor o Catecismo.

5. Julio Poggiani, natural de Suna, distinguiu-se por sua perícia na língua do Lacio. Foi secretário de três cardeais, Dandini, Tiuxi e Borromeu, e dos Papas Pio IV e São Pio V. Escreveu as Atas do primero Concílio Provincial de Milão.

6. Jerônimo Seripando, natural de Nápoles, cardeal da Santa Igreja Romana do título de Santa Susana, foi enviado por Pio IV como Legado Apostólico ao Concílio de Trento.

7. Egidio Fuscario O. P., foi Mestre do Sacro Palácio no pontificado de Paulo III. O Papa Júlio III o nomeou bispo de Módena. Foi enviado pelo Sumo Pontífice Pío IV ao Concílio de Trento, no qual deu ilustres provas de fé católica, exímia doutrina e singular prudência.

8. Miguel Medina O. M. C., assistiu ao Concílio de Trento como teólogo enviado por Felipe II. Era muito erudito nas línguas hebraica, grega e latina. Defendeu com muito valor a Igreja Católica, tanto por escrito como de palavra.

9. Guillermo Sirleto foi nobre, não de berço ou riquezas, mas de virtudes e doutrinas. Tendo estudado em Nápoles as línguas hebraica, grega e latina, veio a Roma, onde foi muito estimado por Paulo IV e pelo Cardenal Borromeu. Paulo IV o fez bispo e depois cardeal da Santa Igreja Romana. O Papa São Pio V o nomeou revisor do Catecismo de Trento.

10. Tomás Manrique O. P., espanhol, descendente de família nobre, brilhou em grau tão alto por sua prudência e erudição, que foi Procurador de sua Ordem, e em poucos anos o Papa Pio IV o nomeou Mestre do Sacro Palácio. Foi o primeiro que governou a Cátedra de Teologia criada por este mesmo Papa na Basílica Vaticana.

Terminados todos esses estudos, e aperfeiçoada a obra por tão eminentes teólogos e literatos, em outrubro de 1566 sua impressão foi confiada a Paulo Manucio, que a publicou em Roma, com o privilégio do Santíssimo Papa Pio V, em caracteres formosos e nítidos, excelente papel, ainda que sem as divisões posteriormente introduzidas.

II. PRINCIPAIS QUALIDADES DO PRESENTE CATECISMO

1.º Em primeiro lugar, o que distingue este preciosíssimo livro, monumento perene da solicitude da Igreja pela instrução religiosa do povo cristão, é a *solidez*. Esta se descobre e manifesta nos argumentos que o catecismo emprega para demonstrar cada uma das verdades propostas à fé de seus filhos.

A Igreja não pretende nem quer que creiamos em nenhum dos artigos da fé sem aduzir aqueles testemunhos da divina Escritura, reconhecidos como clássicos por todos os grandes apologistas cristãos e mestres da ciência divina. Este é sempre o primeiro argumento do Catecismo; sobre ele repousam todos os outros, demonstrando-nos como a fé da Igreja Católica está em conformidade com as Sagradas Escrituras. Este modo de demonstrar a verdade católica, além de nos ensinar a sua origem, era uma refutação das falsas afirmações da heresia protestante, que não reconhecia outra verdade senão a da Escritura; de modo que, pela mesma Escritura, era obrigada a confessar como verdade o que com tanto aparato pretendia mostrar e pregar como errôneo e falso. E o Catecismo de tal modo faz uso das Escrituras para demonstrar as verdades do catolicismo, que lendo-o atentamente, não podemos deixar de nos persuadir que é o mais sábio, ordenado e completo compêndio da palavra de Deus.

Ao testemunho das Sagradas Escrituras, acrescenta o Catecismo a autoridade dos Santos Padres. Estes, além de serem testemunhas fiéis das tradições divinas, e de mostrar-nos o consentimento unânime da Igreja em relação ao dogma e a moral, esclarecem com seus discursos as mesmas verdades e aprovam-nas com a sua autoridade, persuadindo-nos, assim, a concordar com elas. A autoridade atribuída pelo Catecismo aos Santos Padres é tão grande, que quanto mais importante e sublime é o dogma proposto, maior é o número dos testemunhos aduzidos. Assim, para nos ensinar a doutrina da Igreja sobre o divino sacramento da Eucaristia, não se contenta em nos lembrar as palavras de Santo Ambrósio, São João Crisóstomo, Santo Agostinho e São Cirilo, mas nos convida a ler o que foi ensinado também por São Dionísio, Santo Hilário, São Jerônimo, São João Damasceno e muitos outros, nos quais podemos reconhecer, em todos, a mesma fé na presença real de Jesus Cristo neste sacramento.

Por último, quer o Catecismo que tenhamos presentes as definições dos Sumos Pontífices e os decretos dos Concílios Ecumênicos, como sentenças inapeláveis e infalíveis em todas as controvérsias religiosas. Isto no que diz respeito ao primeiro caráter que tanto distingue, enobrece e torna este catecismo inestimável.

2.º A Igreja, porém, não se contentou em dar solidez ao seu Catecismo, mas o dotou de outra qualidade que aumenta seu mérito e o faz sumamente apto para a consecução de sua finalidade educadora: ele é *simples* em suas argumentações e explicações. Quis o Santo Concílio que ele servisse para a educação do povo, e por isso expõe as mais altas verdades teológicas de forma tão diáfana, que o todo aparece não como a voz de um oráculo, que reveste suas palavras de enigmas, mas como a explicação clara e persuasiva de um pai amoroso, que deseja comunicar a seus filhos prediletos o conhecimento do que lhes é mais importante, ou seja, o conhecimento de Deus, de seus atributos, das relações que o une aos homens, e das afeições que estes devem alimentar para com seu Pai celestial.

Se alguma vez se viu a sublimidade da doutrina unida à simplicidade na forma, é sem dúvida alguma neste nosso elogiado Catecismo.

Este caráter, que o torna tão apreciável, recorda-nos a pregação evangélica, que foi a mais sublime e popular que os homens jamais ouviram. Esta sublime simplicidade mostra-se mais admirável quando nos propõe os mais elevados mistérios, expostos de tal modo que qualquer inteligência poderá formar uma ideia dos mesmos. Veja-se, por exemplo, como explica com uma semelhança a geração eterna do Verbo: "Entre todas as semelhanças que geralmente são aduzidas para implicar o modo dessa geração eterna, a que parece mais aproximada da realidade é aquela que adota a mentalidade do nosso entendimento; é por isso que São João chama o Filho de Deus de Verbo. Com efeito, assim como nosso entendimento, conhecendo-se de algum modo a si mesmo, forma uma imagem de si mesmo, que os teólogos chamam verbo ou conceito mental; assim também Deus, na medida em que podemos comparar o humano com o divino, entendendo-se a Si mesmo, engrendra o Verbo eterno".

Neste Catecismo poderão encontrar-se ainda muitas outras explicações das mais elevadas verdades, que nos demonstram o quanto a Igreja deseja que sejam compreendidas pelos fiéis, e o grande interesse que todos devemos ter para garantir que sejam entendidas mesmo pelos menos versados no conhecimento das verdades religiosas.

3.º Da solidez e sublime simplicidade, tão características deste Catecismo, nasce outra qualidade digna de consideração, e é a extraordinária *luz* com que ilustra o entendimento e a *eficácia* com que move a vontade para a prática de tudo que decorre de seus ensinamentos. Depois da leitura e estudo de qualquer parte do Catecismo, parece que a mente logo satisfaz-se com suas aspirações, e não precisa de mais explicações para entender, tanto quanto possível, o que ensina e exige a fé. A vontade, por sua vez, é santamente animada a se apaixonar por essas verdades reconfortantes, a apreciá-las e a esforçar-se para demonstrar com obras que sua fé é viva, prática e poderosa para converter-se em vida cristã, mesmo nas condições mais difíceis.

III. CONCÍLIOS E SUMOS PONTÍFICES QUE O RECOMENDARAM

Sendo impossível listar todos os conselhos provinciais e sínodos diocesanos que recomendaram este catecismo como o mais apropriado para a educação religiosa do povo cristão, apontaremos apenas os mais importantes.

1.º O primeiro Conselho Provincial de Milão, realizado sob a presidência de São Carlos Borromeu em 1565, mesmo antes da publicação do Catecismo Tridentino, estabeleceu que "os clérigos, depois de ter completado os quatorze anos, para poder meditar dia e noite na lei do Senhor, em cujo destino se encontram, devem ter, quando não muitos, ao menos o número necessário de livros sagrados; mas é imprescindível que possuam o Antigo Testamento e o Catecismo que será publicado em Roma, assim que venha à luz."

2.º No Concílio Provincial de Benevento, celebrado em 1567, sendo arcebispo daquela sede o cardeal Jaime Sabello, ordenou-se aos padres das paróquias e outras pessoas que cuidavam da pastoral: "Porque seu principal cuidado deve ser instruir o povo que está sob sua responsabilidade, nos artigos da fé que estão contidos no Credo, nos Mandamentos do Decálogo, nos Sacramentos da Igreja e na inteligência da Oração dominical, e para desempenhar esta obrigação tenham continuamente em mãos o Catecismo que foi publicado por disposição de Pio Pontífice, a fim de que assim possam ensinar todas estas coisas de acordo com a sã doutrina eclesiástica."

3.º O Concílio Provincial de Ravena, celebrado em 1568 e presidido pelo cardeal arcebispo Julio Feltrio, estabelece no capítulo 4, título *De seminario*: "Que os seminaristas tenham em mãos, continuamente, o Catecismo que há pouco se publicou por disposição de nosso Santíssimo Padre Pio V."

4.º O segundo Concílio de Milão, celebrado sob a presidência de São Carlos Borromeu, em 1569, ordena aos párocos que "reunindo-se, tratem com frequência alguma lição do Catecismo Romano".

5.º O Concílio de Salzburgo, de 1569, sob a presidência do arcebispo João Santiago, estabelece na constituição 26, capítulo 3: "Quando os padres paroquianos e os bispos administrarem os sacramentos, devem explicar aos que estão sob sua responsabilidade, em nossa língua vulgar alemã, a virtude e o uso dos sacramentos, adaptando-se à capacidade de quem os recebe. E que o façam de acordo com o que está contido no Catecismo Romano, obra muito útil e, em nossos tempos, muito necessária, que, traduzida agora também em alemão, todos podem adquirir por um preço baixo".

6.º O terceiro Concílio Provincial de Milão, celebrado em 1573 por São Carlos Borromeu, manda que "os párocos usem na administração dos Sacramentos os lugares e doutrina do Catecismo Romano".

7.º O Concílio Provincial de Gênova, celebrado em 1574 sob a presidência de Cipriano Palavicini, estabelece "que os párocos recitem às crianças, palavra por palavra, alguma coisa do Catecismo Romano."

8.º O quarto Concílio Provincial de Milão, celebrado por São Carlos Borromeu em 1576, ordena "que o pároco deixe à vista, quando fizer a visita, entre outros livros, o Catecismo Romano." E nas advertências aos clérigos: "Trabalha, diz ele, com o maior cuidado, para ter presentes e bem considerados, conforme à doutrina do Catecismo Romano, os quatro lugares que são: os doze artigos da Fé, os sete Sacramentos, os dez Mandamentos e a Oração dominical".

9.º O quinto Concílio Provincial de Milão, celebrado em 1579 por São Carlos Borromeu, estabelece "que no ensino dos mistérios da fé se siga principalmente a doutrina do Catecismo Romano". Ademais, ordena sua leitura nos seminários, e que se pergunte aos ordenandos se têm o Catecismo Romano, averiguando se conhecem e professam sua doutrina.

10.º Neste mesmo ano de 1579, o clero de toda a Gália, na assembléia de Melun, ordena "que aqueles que curam almas tenham continuamente entre mãos o Catecismo do Concílio de Trento".

11.º O Concílio Provincial de Rouen, realizado em 1581 sob a presidência do Cardeal Carlos de Bourbon, determina: "Para que todo pároco possa cumprir com seu ofício, tenham todos o Catecismo Romano em latim e em francês e, segundo ele prescreve, ensinem a doutrina do Credo, dos Sacramentos, do Decálogo e das outras coisas necessárias para a salvação".

12.º O Concílio Provincial de Bordeaux, realizado em 1583 por Antonio Prevoste, no título 8 *De Sacramentis*, ordena que "os párocos tragam continuamente em mãos o Catecismo do Concílio de Trento, onde claramente se explica a virtude e eficácia dos sacramentos". E no título 18, *De Parochis,* ele diz: "Todos os dias de festa os párocos devem explicar ao povo algo do Catecismo Tridentino (que, já publicado por nossa ordem em latim e francês, os encarregamos de trazer consigo), ordenando tudo o que o cristão precisa saber, para que os fiéis entendam o que está contido nos Artigos da Fé, o que pedem quando rezam sua Oração dominical e qual é o número, virtude, eficácia e efeito dos Sacramentos".

13.º O Concílio Provincial de Tours, celebrado em 1538 e presidido pelo arcebispo Simón de Maille, manda "que todos os admitidos a ouvir confissões estão obrigados a ter o Catecismo do Concílio de Trento e a sabê-lo de memória".

14.º O Concílio de Reims, celebrado em 1583 pelo cardeal arcebispo Ludovico de Guisa, no título *De Curatis,* estabelece "que os párocos não só vivam santamente, mas que, além disso, tenham sempre em mãos algum livro que trate da maneira de administrar os Sacramentos, ou o Catecismo do Concílio de Trento, seja em latim ou em língua vernácula, do qual devem retirar a cada domingo o que está de acordo com o Evangelho e se deve propor ao povo."

15.º O Concílio Provincial de Aix, celebrado em 1585 sob a presença do arcebispo Alejandro Canigiano, determina no título *De Parochis*: "Para que cada pároco possa desempenhar seu cargo, tenha o Catecismo Romano em latim e francês, e ensine a doutrina do Credo, Decálogo, Sacramentos, Oração dominical e demais coisas necessárias para a salvação, segundo seu ensino e prescrição." E o título *De Seminario*: "Este deve ser a prática perpétua de todos os Seminários: que o Catecismo Romano seja lido primeiro e explicado aos jovens com toda a diligência, e não se deixe passar nenhuma parte cuja doutrina não tenha sido absorvida com todo o cuidado possível".

16.º O Concílio Provincial de Gnesma, na Polônia, celebrado em 1580 sob a presença de Estanislao Kankouski, no título *De Parochorum Officio*, estabelece "que em todos os dias de festa os párocos proponham ao povo alguma coisa do Catecismo Romano (que em breve vamos adquirir em nossa província) sobre o que todos devem saber para salvar-se, de modo que os fiéis entendam o conteúdo dos artigos do Credo, o que contém o Decálogo, o que pedem ao dizer a Oração dominical, qual é o número dos Sacramentos, sua virtude e eficácia, qual o seu uso e como os fiéis devem estar dispostos a recebê-los".

17.º O Concílio Provincial de Toulouse, celebrado em 1590, sendo seu presidente o Cardeal Arcebispo Francisco de Joyosa, na 1ª parte, capítulo 3, *De Parochis*, estebeleceu: "Para que possam cumprir fielmente (os párocos) seu cargo, tenham perpetuamente o catecismo latino francês da fé romana, e expliquem ao povo, sempre que for necessário, as coisas que nele estão contidas acerca do Credo, Decálogo, Sacramentos e demais coisas necessárias para a salvação." Na 2ª parte, capítulo 1: "Que os bispos e párocos nunca administrem os sacramentos sem haver explicado antes, aos que os recebem e aos demais que os ouvem, seu uso proveitoso e maravilhosa virtude, valendo-se para isso do Catecismo do Concílio de Trento". Já na parte 3ª, capítulo 5, *De Seminariis Clericorum*: "O Catecismo Romano será lido com a maior frequência possível pelos alunos dos seminários, em dias certos e determinados".

18.º O Concílio Provincial de Tarragona, celebrado em 1581, sendo seu presidente o arcebispo Juan Torres, recomenda que "os párocos leiam e ensinem com diligência o Catecismo Romano".

19.º O Concílio Provincial de Avignon, celebrado em 1594 pelo cardeal arcebispo Francisco María Taurus, no *De Officio Parochi*, diz:

"Que o pároco tenha em mãos, a todo momento, o Catecismo Romano, para que, com seu auxílio, possa conhecer bem o modo de administrar devidamente os Sacramentos e imbuir-se da sã doutrina para a pregação ao povo que lhe está encarregado."

20.º O Concílio Provincial de Aquileia, celebrado em 1596 pelo arcebispo Francisco Bárbaro, assim se expressa: "Desejamos que o clero da Eslavonia leia com frequência o Catecismo Romano, já traduzido em língua eslava por disposição de Gregório XIII, e tenham os bispos o cuidado de guardar no arquivo arcebispal a cópia muito correta do mesmo Catecismo Romano, para que, sendo cotejadas com ela, as outras cópias possam ser futuramente aprovadas e reconhecidas".

21.º O Concílio Provincial de Bordeaux, celebrado em 1624, sendo presidente o cardeal De Sourdis, no capítulo 12, *De predicatione Verbi Dei*, estabelece: "Que os encarregados de cuidar das almas expliquem aos seus paroquianos, do púlpito, o Catecismo Romano."

22.º Para terminar, o Concílio de Cremona, celebrado em 1603 por César Spaciani, diz: "Inspirados pelo Espírito Santo, aqueles padres que presidiram o Concílio de Trento mandaram que se compusesse quanto antes o Catecismo Romano, para que dele, como de fonte fecundíssima da Santa Madre Igreja, pudessem todos os clérigos beber a suavíssima seiva da doutrina eclesiástica. Para tal, os clérigos destinados ao ensino dos jovens, guardem inviolavelmente doravante, sob pena de suspensão, o costume santamente introduzido em nossos Seminários, de explicar a todos os clérigos o Catecismo Romano, fazendo isso todos os dias ou, ao menos, três vezes por semana".

Após testemunhos tão ilustres e tantas recomendações, depois de proclamar com uma voz tão unânime a excelência do Catecismo Tridentino, ninguém pode deixar de estar convencido do mérito de uma obra tão elogiada e enaltecida com tal louvor. E não apenas os Concílios reconheceram e professaram sua excelência, mas os próprios Sumos Pontífices, Mestre infalíveis da Igreja, foram os primeiros a nos mostrar o apreço com que deve ser considerado, garantindo, ademais, a sua difusão e propagação.

1º. O Sumo Pontífice São Pio V, num Breve dirigido a Manucio em 26 de setembro de 1566, procurou adiantar ao máximo a sua publicação: "Querendo executar, em razão de nosso cargo, ajudados pela divina graça e com a maior diligência, o que decretou e ordenou o

Concílio de Trento, trabalhamos para que alguns teólogos seletos compusessem nesta cidade o Catecismo com que os párocos possam ensinar aos fiéis o que devem conhecer, professar e guardar; e temos tomado as providências necessárias para que, com ajuda de Deus, esse livro seja publicado com toda a perfeição, e seja impresso com a maior diligência possível". Na Bula de 8 de março de 1570, estabelece-se que todos os mosteiros de Cister tenham este Catecismo, juntamente com a Bíblia e as obras de São Bernardo. Em outra Bula de 30 de junho de 1570 ordena que em todos os conventos dos servos de Maria seja lido este Catecismo em dias festivos. Finalmente, fez com que fosse traduzido em italiano, francês, alemão e polonês, de acordo com Gabucio, na vida deste zeoloso e ilustre Pontífice.

2.º Gregório XIII, num Breve de 1593, afirma que por seu mandato e com sua aprovação, publicou-se de novo o Catecismo; ordenou que fosse traduzido em língua eslava; e aprovou com sua autoridade suprema muitos concílios provinciais que recomendaram o uso do Catecismo Tridentino; tudo isso indica claramente o apreço e estima com que via o Catecismo Romano.

3.º Sua santidade Clemente XIII, em suas Cartas Apostólicas de 14 de junho de 1761, entre outras coisas, recomendava assim o Catecismo de Trento: "Este livro, que os Pontífices Romanos quiseram propor aos pastores como norma de fé católica e máximas cristãs, para que todos fossem uniformes no modo de ensinar a doutrina, recomendamo-vos hoje mais que nunca, veneráveis Irmãos, e vos exortamos fortemente no Senhor para que ordeneis a todos que exercem a cura das almas que usem dele quando ensinem aos povos a verdade católica, de modo que se preserve tanto a uniformidade do ensino como a caridade e harmonia dos espíritos". E para nos ensinar a intenção da Igreja na publicação deste Catecismo, diz: "Depois que o Concílio de Trento condenou as heresias que naquele momento tentavam ofuscar a luz da Igreja e, dissipando a névoa dos erros, expôs com mais clareza a verdade católica [...], quiseram [nossos predecessores] que, de acordo com a opinião do mesmo Santo Concílio, fosse composta uma obra que compreendesse toda a doutrina necessária à instrução dos fiéis e estivesse longe de todos os erros. Este foi o livro que imprimiram e publicaram com o nome de Catecismo Romano, merecendo com isso ser elogiado pelo duplo título: quer porque nele reuniram a doutrina que é comum na Igreja e está longe de todo perigo, quer também porque, com palavras muito claras, propuseram essa mesma doutrina a se ensinar publicamente ao povo, obedecendo com isso o preceito de Cristo, Nosso Senhor, que ordenou aos apóstolos publicar antes de tudo o que Ele havia dito nas sombras e que pregassem nos telhados o que haviam aprendido no segredo do ouvido".

4.º O Sumo Pontífice Leão XIII, na Carta Encíclica ao clero da França, de 8 de setembro de 1899, referindo-se ao Catecismo de Trento, disse: "Recomendamos que todos os seminaristas tenham em suas mãos e releiam frequentemente o livro de ouro, conhecido com o nome de Catecismo do santo Concílio de Trento ou Catecismo Romano, dedicado a todos os sacerdotes investidos do cargo pastoral. Notável pela riqueza e exatidão da doutrina, bem como pela elegância de estilo, este Catecismo é um precioso resumo de toda a teologia domática e moral. Quem o conhecer profundamente, terá sempre à disposição os recursos que ajudam um sacerdote a pode pregar com fruto, a exercer dignamente o importante ministério de confissão e direção das almas, e a refutar vitoriosamente as objeções dos incrédulos."

5.º Finalmente, o Santíssimo Papa Pio X, na Encíclia *Acerbo nimis*, de 15 de abril de 1905, ordenava o seguinte: "Porque, nestes tempos de desordem, a idade madura, não menos que a infância, necessita de instrução religiosa, os párocos e quantos sacerdotes exerçam cura de almas, além da habitual homilia sobre o Santo Evangelho, que hão de fazer todos os dias de festa, na Missa paroquial, deverão determinar a hora mais oportuna para o comparecimento dos fiéis — excetuando a destinada à doutrina das crianças — e dar instrução catequética aos adultos, com linguagem simples e proporcionada às suas inteligências. Para isso, valer-se-ão do Catecismo do Concílio de Trento, de tal modo que, no espaço de quatro ou cinco anos expliquem quanto se refere ao Símbolo, aos Sacramentos, ao Decálogo, à Oração e aos Mandamentos da Igreja".

IV. FRUTOS ALCANÇADOS COM O ESTUDO DESTE CATECISMO

Se pelos frutos se conhece a árvore, os frutos que este Catecismo devem produzir hão de ser, necessariamente, abundantes e excelentes, já que é reconhecido universalmente por seu mérito relevante.

O primeiro fruto que seu estudo deve produzir é a renovação das ideias e ensinamentos adquiridos no estudo da Sagrada Teologia.

Por esta razão o imortal Leão XIII disse a respeito deste Catecismo que era "um precioso resumo de toda a Teologia dogmática e moral". Pois bem, a quem não será sumamente proveitoso, depois de terminar o estudo da ciência sagrada, conservar sempre clara sua lembrança por meio de um precioso compêndio da mesma? É verdade que muitos, por causa de suas ocupações, não têm tempo para dedicar-se sossegadamente a um estudo tão proveitoso; mas, quem não poderia encontrar todos os dias alguns minutos para se dedicar a uma ciência tão necessária e de tão grande proveito, tanto para si mesmo como para quem está confiado ao seu cuidado? E, ainda que existam muitos compêndios de Teologia, qual, como este, é tão sabiamente escrito, tão claro e de tanta autoridade?

Além disso, um dos principais encargos dos que têm o cuidado dos fiéis é o ensino catequístico. Esta é uma obrigação inevitável, necessária e de grande responsabilidade. Mas para que o ensino catequístico seja proveitoso e frutífero, não basta uma noção geral e superficial dos dogmas divinos. Seu cumprimento exige preparo, estudo, conhecimento perfeito das verdades cristãs e das obrigações próprias de cada estado. A necessidade dessa preparação é lembrada pelo Papa São Pio X em sua imortal Encíclica *Acerbo nimis*, com as seguintes palavras: "Mas não queremos que ninguém, em razão desta mesma simplicidade que convém observar, imagine que o ensino catequístico não requer trabalho nem meditação; pelo contrário, exige mais que qualquer outro. É mais fácil achar um orador que fale com abundância e brilho que um catequista cujas explicações mereçam os maiores elogios. Todos, portanto, devem levar em conta que, por grande que seja a facilidade de conceitos e de expressão de que sejam naturalmente dotados, nenhum falará da doutrina cristã com proveito espiritual dos adultos nem das crianças sem antes se preparar com estudo e séria meditação. Enganam-se os que, confiando na inexperiência e rudeza intelectual do povo, creem que podem proceder negligentemente nesta matéria. Ao contrário: quanto mais incultos os ouvintes, maior zelo e cuidado se requerem para conseguir que as verdades mais sublimes, tão acima do entendimento da generalidade dos homens, penetrem na inteligência dos ignorantes, os quais, não menos que os sábios, necessitam conhecê-las para alcançar a eterna bem-aventurança".

Portanto, onde encontrar um livro mais adequado à instrução e formação daqueles que devem ensinar a Doutrina Cristã ao povo, do que o Catecismo de Trento, oferecido pela Igreja a todos os párocos? Deveria este ser o livro favorito e mais apreciado de quem possui o dever de ilustrar o espírito dos ignorantes nas verdades religiosas, e procurar a verdadeira regenaração da sociedade cristã, mediante o conhecimento das verdades da fé, as únicas que, ensinando ao cristão seus deveres, sua dignidade e seu fim sobre a terra, podem fazê-lo feliz neste mundo, mostrando-lhe o caminho da verdadeira felicidade pelo amor e obediência a seu Pai celestial.

É verdade que o próprio título de *Catecismo para os párocos*, indica-nos a quem se dirige primeira e principalmente este livro; mas devido ao interesse que os Sumos Pontífices mostraram, já desde sua publicação, de que fosse traduzido para as diferentes línguas vernáculas, manifestavam claramente não querer que fosse um tesouro reservado unicamente aos eclesiásticos, mas um tesouro para todos; um livro que, portanto, deveria estar presente em todo lar cristão; um livro que o padre deveria consultar para imbuir nos mistérios da fé a seus filhos; um livro que o professor deveria conhecer para educar seus alunos no santo temor e amor de Deus; e definitivamente, o livro mais apreciado daqueles que, imitando o exemplo do divino Mestre, querem mostrar a todos o caminho do Céu e da verdadeira felicidade.

Muitos livros foram escritos para ajudar catequistas seculares; mas afirmamos, sem medo, que este deveria ser considerado por eles sua primeira obra de texto, visto que não existe outra tão extensa, nem de tanta autoridade, nem tão recomendada pela própria Igreja. Os que quiserem convencer-se de como são completos os diferentes tratados do Catecismo Romano, basta que leiam apenas um deles, o do Batismo por exemplo, para perceber que, por mais exigente que seja, deve dar-se por plenamente satisfeito em suas aspirações de conhecer a doutrina da Igreja relativa a este sacramento.

Também ao orador sacro, ao ministro da palavra divina, este Catecismo será muitíssimo proveitoso. Nele se encontrará expressa com toda a claridade a doutrina católica; tudo que ele contém pode ser pregado ao povo mais simples, bem como ao público mais inteligente. Não será preciso ler muitas páginas para encontrar a doutrina com a qual ensinar as verdades da fé; com poquíssimas que leia, terá matéria abundante para administrar ao seu público. Este é um livro em que, como se costuma dizer, não há desperdício; tudo é ouro maciço, tudo é fruto maduro, nada nele é inútil ou supérfluo.

Seminário Nossa Senhora Corredentora,
8 de dezembro de 2015

Pe. José María Mestre Roc, FSSPX

São Pio X
Encíclica *Acerbo nimis*

SOBRE A IMPORTÂNCIA CAPITAL
DO ENSINO DO CATECISMO

Aos Veneráveis Irmãos, Patriarcas, Primazes, Arcebispos, Bispos
e demais Ordinários em paz e comunhão com a Santa Sé Apostólica

Veneráveis irmãos,
Saudação e Bênção apostólica.

I. DOLOROSAS COMPROVAÇÕES

1. Causas dos males presentes

Os inescrutáveis desígnios de Deus nos elevaram de nossa pequenez ao cargo de Supremo Pastor do Rebanho de Cristo, em dias bem críticos e amargos, pois o antigo inimigo anda ao redor deste rebanho e lhe arma laços com tão pérfida astúcia, que hoje, principalmente, parece ter-se cumprido aquela profecia do Apóstolo aos anciãos da Igreja de Éfeso: *"Eu sei que [...] se introduzirão entre vós lobos vorazes, que não pouparão o Rebanho"* (At 20,29).

Destes males que afligem a religião não há ninguém, animado do zelo da glória divina, que não deixe de investigar as causas e razões, acontecendo porém que, como cada qual as encontra diferentes, propõe diferentes meios, de acordo com a sua opinião pessoal, para defender e restaurar o Reino de Deus na Terra. Não proscreveremos, Veneráveis Irmãos, os juízos alheios, mas estamos com os que pensam que a atual depressão e debilidade das almas, de onde derivam os maiores males, provêm, principalmente, da ignorância das coisas divinas.

Esta opinião concorda inteiramente com o que Deus mesmo declarou pelo Profeta Oséias: *"Não há conhecimento de Deus na Terra. A maldição e a mentira, e o homicídio, e o roubo, e o adultério tudo inundaram; e têm derramado sangue sobre o sangue. Por causa disso a Terra se cobrirá de luto e todos os seus moradores desfalecerão"* (Os 4,1-3).

2. Ignorância da religião

Quão comuns e fundadas são, infelizmente, estas lamentações de que hoje existe um grande número de pessoas, no povo cristão, que ignoram totalmente as coisas que se devem conhecer para conseguir a salvação eterna! Ao dizer "Povo Cristão", não nos referimos somente à plebe, ou seja, àqueles homens das classes inferiores a quem escusa com frequência o fato de se acharem submetidos a senhores tão duros, que não lhes deixam tempo nem para cuidar de si mesmos, nem das coisas que se referem à sua alma; mas também e principalmente falamos daqueles a quem não falta entendimento nem cultura e até se mostram dotados de grande erudição profana, mas que, no que diz respeito à religião, vivem da maneira temerária e imprudente.

3. Indiferença perante as verdades religiosas

Dificíl seria ponderar a espessura das trevas que os envolvem e — o que mais triste é — a tranquilidade com que permanecem nelas! Com Deus, soberano autor e moderador de todas as coisas, e com a sabedoria da fé cristã não se preocupam de modo algum; e assim nada sabem da Encarnação do Verbo de Deus, nem da redenção do gênero humano, por Ele consumada; nada sabem da graça, principal auxílio para alcançar a salvação eterna; nada do augusto sacrifício nem dos sacramentos, pelos quais conseguimos e conservamos a graça. Quanto ao pecado, não conhecem sua malícia nem sua fealdade, de modo que não tomam o menor cuidado em evitá-lo, ou expiá-lo; e, quando chegam aos últimos momentos de sua vida, que convenientemente deveriam ser empregados em atos de caridade, o sacerdote — por não perder a esperança de sua salvação — se vê constrangido a ensinar-lhes sumariamente a religião; e isto, se não ocorre — infelizmente, com muita frequência — que o moribundo sofra de tão culpável ignorância, que tenha por inútil o auxílio do sacerdote e julgue que possa transpor tranquilamente os umbrais da eternidade sem ter prestado a Deus conta dos seus pecados.

Por isso, o Nosso Predecessor Bento XIV justamente escreveu: *"Afirmamos que a maior parte dos condenados às penas eternas padecem sua perpétua des-*

graça por ignorar os mistérios da fé, que necessariamente se devem conhecer e crer, para que alguém seja contado no número dos eleitos" (Instit. 27, 18).

4. As más paixões e a má vida engrendram esta ignorância

Sendo assim, Veneráveis Irmãos, que há de surpreendente, perguntamos, que a corrupção dos costumes e sua depravação sejam tão grandes e cresçam diariamente, não só nas nações bárbaras, mas ainda nos mesmos povos que ostentam o nome de Cristãos?

Com razão dizia o Apóstolo São Paulo, escrevendo aos Efésios: *"A fornicação e qualquer espécie de impureza ou avareza nem sequer se nomeie entre vós, como convém a santos; nem palavras torpes, nem chocarrices"* (Ef 5,3-4). Como fundamento deste pudor e santidade com que se moderam as paixões, determinou a ciência das coisas divinas: *"Cuidai, pois, irmãos, em andar com prudência; não como insensatos, mas como circunspectos [...] Portanto, não sejais imprudentes, mas considerai qual é a Vontade de Deus"* (Ef 5, 15.17).

II. NECESSIDADE DA INSTRUÇÃO RELIGIOSA E SEUS BENEFÍCIOS

Sentença justa; porque a vontade humana mal conserva algum resto daquele amor à honestidade e à retidão, posto no homem por Deus, seu Criador, amor que o impelia para um bem, não entre sombras, mas claramente visto. Depravada, porém, pela corrupção do pecado original e esquecida de Deus, seu Criador, a vontade humana inclina-se a amar a vaidade e a procurar a mentira. Extraviada e cega pelas más paixões, necessita de um guia que lhe mostre o caminho de volta à via da justiça que desgraçadamente abandonou. Este guia, que não é preciso buscar fora do homem, e de que a natureza o proveu, é a própria razão; mas, se à razão falta sua verdadeira luz, que é a ciência das coisas divinas, sucederá que, ao guiar um cego a outro cego, ambos cairão no abismo.

O Santo Rei Davi, glorificando a Deus por esta luz da verdade que havia infundido na razão humana, dizia: *"A luz do Vosso rosto, Senhor, está impressa em nós"*. E indicava o efeito desta comunicação da luz, acrescentando: *"Infundistes a alegria em meu coração"* (Sl 4, 6-7).

5. A doutrina cristã e as virtudes teologais

Descobre-se facilmente que assim é, porque, de fato, a doutrina cristã nos faz conhecer a Deus e o que chamamos suas infinitas perfeições, muito mais profundamente que as falculdades naturais. E de que forma? Mandando-nos ao mesmo tempo reverenciar a Deus por obrigação de *fé*, que se refere à razão; por dever de *esperança*, que se refere à vontade, e por dever de *caridade*, que se refere ao coração, com o qual torna o homem inteiramente submetido a Deus, seu Criador e moderador. Do mesmo modo, só a doutrina cristã põe o homem na posse de sua verdadeira dignidade natural, como filho do Pai Celestial, que está nos céus, e que o fez à Sua imagem e semelhança para viver eternamente feliz com Ele. Mas, desta mesma dignidade e do conhecimento que dela se deve ter, deduz Cristo que os homens devem amar-se como irmãos e viver na Terra como convém aos filhos da luz, *"não em glutonerias e embriaguez, não em desonestidades e dissoluções, não em contendas e emulações"* (Rm 13,13). Manda-nos, igualmente, que nos entreguemos nas mãos de Deus, que cuida de nós; que socorramos os pobres, façamos o bem aos nossos inimigos e prefiramos os bens eternos da alma aos perecedores bens temporais.

6. A humildade e as virtudes cardeais

E, mesmo que não tratemos tudo pormenorizadamente, não é porventura a doutrina de Cristo que recomenda e prescreve ao homem soberbo aquela humildade, origem da verdadeira glória? *"Todo aquele, pois, que se humilhar, esse será o maior no reino dos céus"* (Mt 18,4). Nesta celestial doutrina, ensina-se a prudência do espírito, que serve para nos proteger da prudência da carne; a justiça, por meio da qual damos a cada um o que lhe pertence; a fortaleza, que nos torna capazes de sofrer e padecer tudo generosamente por Deus e pela eterna bem-aventurança; enfim, a temperança, que não só nos torna amável a pobreza por amor de Deus, mas que, em meio de nossas humilhações, faz com que nos gloriemos na cruz. Depois, graças à sabedoria cristã, não só nossa inteligência recebe a luz que nos permite alcançar a verdade, mas até a própria vontade se enche daquele ardor que nos conduz a Deus e nos une a Ele pela prática da virtude.

Longe estamos de afirmar que a malícia da alma e a corrupção dos costumes não possam coexistir com o conhecimento da religião. Quisera Deus que os fatos demonstrassem o contrário. Mas compreendemos que, quando o espírito está envolto pelas espessas trevas da ignorância, nem a vontade pode ser reta, nem sãos os costumes, porque se, caminhando com olhos abertos, pode o homem apartar-se do bom caminho, o que sofre de cegueira está em perigo iminente de desviar-se. Ademais, quando não está inteiramente apagada a chama da fé, resta ainda a esperança de que se elimine e se cure a corrupção dos costumes; mas quando a ignorância se junta à depravação, já não resta possibilidade de remédio, e permanece aberto o caminho da ruína.

III. O DEVER PRIMORDIAL DO SACERDOTE

7. Missão confiada aos pastores de almas

Uma vez que da ignorância da religião procedem tão graves danos, e, que, por outro lado, são tão grandes a necessidade e a utilidade da formação religiosa, pois em vão se esperaria que alguém cumprisse as obrigações de cristão sem as conhecer, convém saber agora a quem compete preservar as almas desta perniciosa ignorância e instruí-las em tão indispensável ciência. E isto, Veneráveis Irmãos, não oferece dificuldade alguma, porque esse gravíssimo dever recai sobre os pastores de almas, que efetivamente se acham obrigados por preceito do próprio Cristo a conhecer e apascentar as ovelhas que lhes foram confiadas. Apascentar é, antes de tudo, doutrinar. *"Eu vos darei pastores segundo o Meu Coração, que vos apascentarão com a ciência e com a doutrina"* (Jr 3,15).

Assim falava Jeremias, inspirado por Deus. E, por isso, dizia também o apóstolo São Paulo: *"Cristo não me enviou a batizar, mas a pregar"* (1Cor 1,17), advertindo assim que o principal ministério de quantos exercem de algum modo o governo da Igreja, consiste em ensinar aos fiéis a doutrina sagrada.

Parece-nos inútil aduzir novas provas da excelência deste ministério e da estima que dele tem Deus. Certo é que Deus exalta grandemente a piedade que nos move a procurar o alívio das misérias humanas; mas quem negará que maior louvor merecem o zelo e o trabalho consagrados a fornecer os bens celestiais aos homens, e não já os transitórios benefícios materiais? Nada pode ser mais grato a Jesus Cristo, Salvador das almas, que pelo Profeta Isaías disse de Si Mesmo: *"Fui enviado para evangelizar os pobres"* (Lc 4,18).

Importa muito, Veneráveis Irmãos, insistir para que todo e qualquer sacerdote compreenda bem que ninguém tem maior obrigação e dever mais imperioso. Porque, quem negará que, no sacerdote, a santidade de vida deve estar unida à ciência? *"Nos lábios do sacerdote deve estar o depósito da ciência"* (Ml 2,7).

E, com efeito, a Igreja a exige rigorosamente de quantos aspiram a ingressar no sacerdócio. E por quê? Porque o povo cristão espera receber dos sacerdotes o ensino da divina lei, e porque Deus os destina a propagá-la. *"De sua boca se há de aprender a Lei, pois que ele é o anjo do Senhor dos exércitos"* (Ml 2,7). Por isso, no momento da ordenação, o bispo diz, dirigindo-se aos que vão ser elevados ao sacerdócio: *"Que vossa doutrina seja remédio espiritual para o povo de Deus, e os cooperadores de nossa ordem sejam prudentes, para que, meditando dia e noite acerca da santa lei, creiam no que leram e ensinem aquilo em que creram"* (Pontif. Romano).

Se não há sacerdote algum a que isto não seja aplicável, que diremos daqueles que, acrescentando ao sacerdote o nome e o poder de pregadores, têm a seu cargo o reger as almas, tanto por sua dignidade como por um pacto contraído? Estes devem ser colocados, de algum modo, nas fileiras dos pastores e doutores que Jesus Cristo deu aos fiéis *"para que não sejam mais meninos flutuantes, e levados, ao sabor de todo vento de doutrina, pela malignidade dos homens, pela astúcia dos que induzem ao erro, mas, praticando a verdade na caridade, crescamos em todas as coisas naquele que é a cabeça, Cristo"* (Ef 4, 14-15).

Por isso, o sacrossanto Concílio de Trento, falando dos pastores de almas, julgou que a primeira e a maior de suas obrigações era a de ensinar o povo cristão (Sess.V, c. 2 de Refor.; XXII, c. 8; sess. XXIV. c. 4 e 7 de Refor.). Dispôs, em consequência, que ao menos nos domingos e festas solenes dessem ao povo instrução religiosa, e, durante os santos tempos de Avento e Quaresma, diariamente ou ao menos três vezes por semana. E não só isso, porque acrescenta o Concílio que os párocos estão obrigados, ao menos nos domingos e dias de festa, a ensinar, eles próprios ou por meio de outros, às crianças as verdades da fé e a obediência que devem a Deus e a seus pais. Igualmente manda que, quando tenham de administrar algum sacramento, instruam acerca de sua natureza os que o vão recebê-lo, explicando-o em língua vulgar e inteligível.

IV. DEFINIÇÃO, DEFESA E ELOGIO DO ENSINO CATEQUÍSTICO

Em sua constituição *Etsi Minime*, Nosso Predecessor Bento XIV resumiu estas prescrições e as precisou claramente, dizendo: *"Duas obrigações impõe principalmente o Concílio de Trento aos pastores de almas: uma, que todos os dias de festa falem ao povo acerca das coisas divinas; outra, que ensinem aos meninos e aos ignorantes os elementos da lei divina e da fé".*

Com razão, este sapientíssimo Pontífice distingue o duplo ministério, a saber: a pregação, que habitualmente se chama explicação do Evangelho, e o ensino da doutrina cristã. Talvez não faltem sacerdotes que, movidos pelo desejo de poupar a si mesmos trabalho, creiam que com as homilias satisfazem a obrigação de ensinar o Catecismo. Quem quer que reflita descobrirá o erro desta opinião; porque a pregação do Evangelho está destinada aos que já possuem os elementos da fé. É o pão que deve dar-se aos adultos. Mas, pelo contrário, o ensino do Catecismo é aquele leite que o apóstolo São Pedro queria que todos os fiéis desejassem avidamente, como as crianças recém-nascidas. Este ofício de catequista consiste em escolher alguma verdade relativa à fé e aos costumes cristãos, e explicá-la em todos os seus aspectos. E, como o fim do ensino é a perfeição da vida, o catequista há de comparar o que Deus manda fazer e o que os homens fazem realmente; depois disso, e extraindo oportunamente algum exemplo da Sagrada Escritura, da história da Igreja ou das vidas dos santos, deverá aconselhar aos ouvintes, como se a indicasse com o dedo, a norma a que devem ajustar a vida, e terminará exortando os presentes a fugir dos vícios e a praticar a virtude.

8. Tarefa que não agrada as paixões

Não ignoramos, em verdade, que a tarefa de ensinar a doutrina cristã não é grata a muitos, que a consideram insuficiente e talvez imprópria para atrair a estima popular; mas nós entendemos que semelhante juízo pertence aos que se deixam levar pela leviandade mais do que pela verdade. Certamente não reprovamos os oradores sacros que, movidos por sincero desejo da glória divina, se empenham na defesa da fé ou em fazer o panegírico dos santos; mas seu labor requer outro, preliminar — o dos catequistas ,— pois, faltando este, não há alicerces, e em vão se fatigam os que edificam a casa. É muito frequente que floridos discursos, recebidos com aplauso por numeroso auditório, só sirvam para afagar o ouvido, e não para comover as almas. Em contrapartida, o ensino catequético, ainda que simples e humilde, merece que se lhe apliquem estas palavras que Deus inspirou a Isaías: *"Do mesmo modo que a chuva e a neve descem do céu e a ele não retornam, mas embebem a terra, e a penetram e fecundam, a fim de que produzam semente para semear e pão para comer, assim será a palavra que sai da minha boca: não tornará para mim vazia, mas fará tudo aquilo que eu quero e produzirá os efeitos para os quais a enviei"* (Is 55,10-11).

O mesmo juízo se há de fazer daqueles sacerdotes que, para melhor expor as verdades da religião, publicam eruditos volumes; são dignos, certamente, de grande elogio. Quantos, porém, são os que consultam as obras deste gênero e dessa índole e tiram delas o fruto correspondente aos desejos dos seus autores? Mas o ensino da doutrina cristã, bem feito, nunca é inútil para os que o escutam.

Convém repetir — para inflamar o zelo dos ministros do Senhor — que já é grandíssimo, e aumenta cada dia mais, o número dos que tudo ignoram em matéria de religião, ou que só têm um conhecimento tão imperfeito de Deus e da fé cristã, que, em plena luz de verdade católica, lhes é possível viver como pagãos. Ah! Quão grande é o número não de crianças, mas de adultos e até anciãos que ignoram absolutamente os principais mistérios da fé, e que, ao ouvir o nome de Cristo, respondem: *"Quem é [...] para que eu creia n'Ele?"* (Jo 9,36). Daí o terem por lícito forjar e manter ódios contra o próximo, fazer contratos iníquos, explorar negócios infames, fazer empréstimos usurários e cometer outras maldades semelhantes. Daí que, ignorantes da lei de Cristo — que não somente proíbe toda e qualquer ação torpe, mas também todo pensamento voluntário e o desejo de cometê-la —, muitos que, por qualquer razão, quase se abstêm dos prazeres vergonhosos, mas alimentam em suas alma, que carecem de princípios religiosos, os pensamentos mais perversos, e tornam o número de suas iniquidades maior que o dos cabelos de sua cabeça. E deve-se repetir que estes vícios não se encontram somente entre a gente do campo e das classes baixas, mas também, e talvez com maior frequência, entre pessoas de categoria superior, inclusive entre os que se envaidecem de seu saber e, apoiados em uma vã erudição, pretendem ridicularizar a religião e "blasfemar de tudo quanto não conhecem" (Jd 10).

9. Consequências de não se ensinar a doutrina cristã

Se é coisa vã esperar colheita em terra não semeada, como esperar gerações adornadas de boas obras se oportunamente não foram instruídas na doutrina cristã? Donde justamente concluímos que, se a fé enlanguesce em nossos dias até parecer quase morta em uma grande maioria, é porque se cumpriu descuidadamente, ou se descumpriu de todo, a obrigação de ensinar as verdades contidas no Catecismo. Inútil será dizer, como escusa, que a fé nos foi dada gratuitamente e conferida a cada um no batismo. Porque, certamente, quando fomos batizados em Jesus Cristo, fomos enriquecidos com a posse da fé; mas esta divina semente não chega a "crescer... e lançar grandes ramos" (Mc 4,32) se fica abandonada a si mesma e reduzida a atuar por virtude inata. Tem o homem, desde que nasce, a faculdade de entender; mas esta faculdade necessita da palavra materna para, como se diz, converter-se em ato. Também o homem cristão, ao renascer pela água e pelo Espírito Santo, traz como que em germe a fé; mas necessita do ensino da Igreja para que esta fé possa nutrir-se, desenvolver-se e dar fruto.

Por isso escrevia o Apóstolo: *"A fé provém do ouvir, e o ouvir depende da pregação da palavra de Cristo"* (Rm 10,17). E, para mostrar a necessidade do ensino, acrescentou: *"Como ouvirão, se não há quem lhes pregue?"* (Rm 10,14).

V. NORMAS PRÁTICAS

10. Prescrições para o ensino do Catecismo

Pelo que até aqui foi exposto, pode-se ver qual seja importância da instrução religiosa do povo; devemos, pois, fazer quanto nos seja possível para que o ensino da Sagrada Doutrina, que, servindo-nos das palavras do nosso predecessor Bento XIV, é a instituição mais útil para a glória de Deus e a salvação das almas (Const. *Etsi Minime,* 13), se mantenha sempre florescente ou, onde tenha sido descuidada, se restaure. Assim, pois, Veneráveis Irmãos, querendo cumprir esta grave obrigação do apostolado supremo e fazer com que em toda as partes se observem em matéria tão importante as mesmas práticas, em virtude de nossa suprema autoridade, estabelecemos para todas as dioceses as seguintes disposições, que deverão ser rigorosamente observadas e cumpridas:

I. Todos os párocos, e em geral quantos exerçam a cura de almas, hão de ensinar a todos os meninos e meninas, com base no Catecismo, durante uma hora inteira, todos os domingos e festas do ano, sem excetuar nenhum, aquilo em que devem crer e praticar para alcançar a salvação eterna.

II. Os mesmos párocos hão de preparar os meninos e as meninas, em época fixa do ano, e mediante instrução que deve durar vários dias, a receber dignamente os sacramentos da Penitência e Confirmação.

III. Além disso, hão de preparar com especial cuidado aos rapazinhos e as moçinhas para que, santamente, se aproximem pela primeira vez da Sagrada Mesa, valendo-se para isso de oportunos ensinamentos e exortações, durante todos os dias da Quaresma, e, se for necessário, durante vários outros depois da Páscoa.

IV. Em todas e cada uma das paróquias se erigirá canonicamente a associação que vulgarmente se chama *Congregação da Doutrina Cristã* [Cf. CD, 30]. Com ela, principalmente onde aconteça ser escasso o número de sacerdotes, terão os párocos colaboradores para o ensino do Catecismo, os quais se ocuparão deste ministério tanto por zelo da Glória de Deus, como para beneficiar-se das santas indulgências com que os romanos Pontífices têm enriquecido esta associação.

V. Nas grandes cidades, principalmente onde haja Faculdades maiores, Institutos e Colégios, fundem-se escolas de religião, para instruir nas verdades da fé e nas práticas da vida cristã a juventude que frequenta as escolas públicas, nas quais não se mencionam as coisas da religião.

VI. Porque, nestes tempos de desordem, a idade madura, não menos que a infância, necessita de instrução religiosa, os párocos e quantos sacerdotes exerçam cura de almas, além da habitual homilia sobre o Santo Evangelho, que hão de fazer todos os dias de festa, na Missa paroquial, deverão determinar a hora mais oportuna para o comparecimento dos fiéis — excetuando a destinada à doutrina das crianças — e dar instrução catequética aos adultos, com linguagem simples e proporcionada às suas inteligências. Para isso, valer-se-ão do Catecismo do Concílio de Trento, de tal modo que, no espaço de quatro ou cinco anos expliquem quanto se refere ao Símbolo, aos Sacramentos, ao Decálogo, à Oração e aos Mandamentos da Igreja.

VII. Todas essas coisas, Veneráveis Irmãos, mandamos e estabelecemos em virtude de Nossa autoridade apostólica. Agora, é obrigação vossa procurar, cada qual em sua própria diocese, que estas prescrições se cumpram inteiramente e sem demora. Velai, pois, e, com a autoridade que vos é peculiar, procurai que nossos mandamentos não caiam no esquecimento, ou — o que seria igual — se cumpram com negligência e frouxidão. Para evitar essa falta, haveis de empregar as recomendações mais assíduas e imperativas aos párocos, para que não expliquem o Catecismo sem prévia preparação, e para que não falem a linguagem da sabedoria humana, mas que *"com simplicidade de coração e sinceridade diante de Deus"* (2Cor 1,12) sigam o exemplo de Cristo, o Qual, embora revelasse *"coisas que estavam ocultas desde a criação do mundo"* (Mt 12,34), *"as dizia todas ao povo por meio de parábolas"* ou exemplos, *"e sem parábolas não lhes pregava"* (Mt 12,34). Sabemos que o mesmo fizeram os Apóstolos, ensinados por Jesus Cristo, e deles dizia São Gregório Magno: *"Puseram todo cuidado em pregar aos povos ignorantes coisas simples e acessíveis, e não coisas altas e árduas"* (Moral. lib. 17, c. 26). E, nas coisas de religião, uma grande parte dos homens de nosso tempo deve ser considerada ignorante.

Mas não queremos que ninguém, em razão desta mesma simplicidade que convém observar, imagine que o ensino catequístico não requer trabalho nem meditação; pelo contrário, exige mais que qualquer outro. É mais fácil achar um orador que fale com abundância e brilho que um catequista cujas explicações mereçam os maiores elogios. Todos, portanto, devem levar em conta que, por grande que seja a facilidade de conceitos e de expressão de que sejam naturalmente dotados, nenhum falará da doutrina cristã com proveito espiritual dos adultos nem das crianças sem antes se preparar com estudo e séria meditação. Enganam-se os que, confiando na inexperiência e rudeza intelectual do povo, creem que podem proceder negligentemente nesta matéria. Ao contrário: quanto mais incultos os ouvintes, maior zelo e cuidado se requerem para conseguir que as verdades mais sublimes, tão acima do entendimento da generalidade dos homens, penetrem na inteligência dos ignorantes, os quais, não menos que os sábios, necessitam conhecê-las para alcançar a eterna bem-aventurança.

VI. EPÍLOGO

11. Exortação final

Seja-nos permitido, Veneráveis Irmãos, dizer-vos ao terminar esta Carta, o que disse Moisés: *"Quem é pelo Senhor junte-se a mim"* (Ex 32,26). Observai, rogamo-vos e suplicamos, quão grandes estragos produz nas almas a ignorância das coisas divinas. Talvez tenhais estabelecido, em vossas dioceses, muitas outras obras úteis e dignas de louvor, para o bem de vossa grei; mas, com preferência a todas elas, e com todo o empenho, zelo e constância que vos sejam possíveis, buscai esmeradamente que o conhecimento da Doutrina cristã penetre por completo na mente e no coração de todos. *"Comunique cada um ao próximo* — repetimos com o Apóstolo São Pedro — *o dom que recebeu, como bons dispensadores da multiforme graça de Deus"* (1Pd 4,10).

Que, mediante a intercessão da Imaculada e Bem-Aventurada Virgem, vosso zelo e piedosa indústria se excitem com a Bênção Apostólica, que, em testemunho de Nossa caridade e como penhor de favores celestes, amorosamente vos concedemos, a vós, a vosso clero e ao povo que vos está confiado.

Dado em Roma, junto de São Pedro, no dia 15 de abril do ano de 1905, no segundo de Nosso Pontificado.

Introdução ao Catecismo Romano

NECESSIDADE, AUTORIDADE E DEVERES DOS
PASTORES DA IGREJA E PARTES PRINCIPAIS DA
DOUTRINA CRISTÃ

I. Necessidade de se pregar a palavra de Deus. — 1. O homem, sem a revelação sobrenatural, não pode alcançar a verdadeira sabedoria nem os meios certos para conseguir a felicidade. — 2. A revelação sobrenatural chega até nós pela fé, que se recebe pela pregação. — 3. Cristo veio a este mundo a fim de pregar a fé, que depois foi pregada pelos Apóstolos e seus sucessores. — 4. Como se deve receber a pregação dos pastores da Igreja.

II. Importância atual da pregação e deste Catecismo em particular. — 5. Mesmo manifesta a verdade, ainda hoje é preciso que os párocos preguem a palavra divina. — 6. Pois nestes tempos os hereges têm procurado perverter as almas dos cristãos, especialmente através dos maus livros. — 7. O santo Concílio determinou com razão opor-se aos discursos e escritos perniciosos dos falsos profetas. — 8. Para ele, além dos diversos tratados de doutrina cristã, parecia necessário propor aos párocos um novo Catecismo, sob o cuidado do Concílio ecumênico e com a autoridade do Sumo Pontífice. — 9. Entretanto, este Catecismo não se propõe a expor rigorosamente todos os dogmas de nossa religião.

III. O que os párocos devem levar em conta ao pregar a fé. — 10. Duplo fim ao qual devem apontar os párocos em sua pregação: instruir a doutrina, exortar a prática das virtudes. — 11. Além disso, os párocos, ao ensinar, devem adaptar-se à capacidade de seus ouvintes.— 12. Tendo Deus nos ocultado sua presença visível, devem os párocos obter todo seu saber da Escritura e da Tradição. — 13. De que modo os párocos devem conjugar a explicação do Evangelho com a do Catecismo.

I. NECESSIDADE DE SE PREGAR A PALAVRA DE DEUS

[1] O espírito humano é de tal feitio que, com grande esforço e diligência, consegue investigar por si mesmo, e chegar ao conhecimento de certas verdades relativas a Deus. Nunca, porém, poderia conhecer e distinguir, só com a luz natural, a maior parte das verdades que nos levam à eterna salvação, para a qual o homem foi primordialmente criado e formado à imagem e semelhança de Deus.

"As perfeições invisíveis de Deus, como ensina o Apóstolo, se conhecem, desde a criação do mundo, através das obras que foram criadas, assim como Seu poder sempiterno e Sua divindade".[1] Mas, "esse mistério que se conservou oculto de todos os séculos e gerações"[2], excede tanto a inteligência humana, que, "se Deus não o tivesse revelado aos santos, fazendo-lhes conhecer pela fé as riquezas deste mistério entre os povos, que é Cristo, de nenhum modo poderia o homem chegar ao conhecimento de tal sabedoria".[3]

[2] Como, porém, "a fé vem do ouvir"[4], é fácil averiguar que para a salvação eterna, sempre houve necessidade da função e assistência de um mestre fiel e legítimo. Não foi dito: "De que modo hão de ouvir sem pregador? E como hão de pregar, se não forem enviados?"[5] De fato, desde que o mundo é mundo, por grande bondade e clemência, Deus nunca abandonou Suas criaturas. Mas, em muitas ocasiões e de várias maneiras falou a nossos pais pelos Profetas[6]; e conforme a época em que viviam, ensinou-lhes um caminho reto e seguro para a bem-aventurança do céu.

[3] Tendo predito que enviaria um mestre de justiça para iluminar os povos, e levar Sua obra de redenção até os confins da terra[7], Deus falou-nos em último lugar pela boca de Seu Filho.[8] Por uma voz descida do céu, da majestade de Sua Glória[9], mandou também que todos O ouvissem, e obedecessem a Seus preceitos.[10]

O Filho, porém, a uns fez Apóstolos; a outros, profetas; a outros, pastores e mestres.[11] Deviam eles anunciar a palavra da vida[12], para que não fôssemos levados, como crianças, à mercê de qualquer sopro de doutri-

---

1. Rm 1,20.
2. Cl 1,26.
3. Cl 1,27.
4. Rm 10,17.
5. Rm 10,14-15.
6. Hb 1,1.
7. Is 49,6.
8. Hb 1,2.
9. 2Pd 1,17.
10. Mt 17,5.
11. Ef 4,11.
12. Jo 6,64-69.

na¹³, mas apoiados na sólida base da fé, nos edificássemos a nós mesmos como morada de Deus no Espírito Santo.¹⁴

[4] Para que, ouvindo a palavra de Deus, ninguém a tomasse como palavra humana, mas pelo que ela é realmente, como palavra de Cristo¹⁵, quis o próprio Nosso Senhor atribuir tanta autoridade ao magistério de seus ministros, que chegou a declarar: "Quem vos ouve, a Mim é que ouve; e quem vos despreza, a Mim é que despreza".¹⁶

Sem dúvida, não queria aplicar estas palavras só aos discípulos, com os quais falava daquela feita, mas também a todos os outros que, por legítima sucessão, assumissem o encargo de ensinar. A todos eles prometeu assistência, dia por dia, até a consumação dos séculos.¹⁷

II. IMPORTÂNCIA ATUAL DA PREGAÇÃO E DESTE CATECISMO EM PARTICULAR

[5] Esta pregação do verbo divino nunca deve interromper-se no seio da Igreja. Hoje em dia, porém, é preciso trabalhar com maior zelo e piedade para nutrirmos e fortalecermos os fiéis com o alimento vivificante, que só lhes pode dar uma doutrina pura e salutar.

É que saíram pelo mundo falsos profetas¹⁸, dos quais disse o Senhor: "Eu não enviava esses Profetas, e eles corriam; Eu não lhes falava, e ainda assim eles profetizavam".¹⁹ Destarte queriam corromper os ânimos cristãos com "doutrinas estranhas e fora do comum".²⁰ Armados de todas as astúcias diabólicas, tão longe levaram nesse ponto sua impiedade, que já parece quase impossível detê-los em firmes barreiras.

Nós nos apoiamos na admirável promessa de Nosso Senhor, que afirmou ter lançado os alicerces de Sua Igreja com tanta firmeza, que as portas do inferno jamais prevaleceriam contra ela.²¹ Do contrário, mui-

---

13. Ef 4,14.
14. Ef 2,22.
15. 1Ts 2,13.
16. Lc 10,16.
17. Mt 28,20.
18. 1Jo 4,1.
19. Jr 23,21.
20. Hb 13,9.
21. Mt 16,18.

to seria para temer que [a Igreja] viesse a ruir na época atual. De toda a parte a vemos cercada de muitos inimigos, atacada e perseguida com toda a sorte de hostilidades.

Nobres terras, que outrora guardavam, com tanto respeito e tenacidade, a verdadeira fé católica que herdaram de seus maiores, deixaram agora o reto caminho, e caíram no erro. Proclamam, abertamente, que sua maior piedade está em afastarem-se, o mais possível, da tradição de seus pais.

Sem falar de tais nações, ainda assim já não se encontra nenhuma região tão longínqua, nenhuma praça tão guarnecida, nenhum rincão da cidade cristã, em que esta peste não tenha procurado insinuar-se furtivamente.

[6] Ante a absoluta impossibilidade de falar a todos individualmente, e de gotejar-lhes ao ouvido ideias cheias de veneno, os que se propunham depravar os corações dos fiéis lançaram mão de outro meio com o qual mais facilmente conseguiram espalhar por longe os erros de sua impiedade.

Além dos encorpados volumes com que pretendiam arrasar a fé católica — dos quais era fácil precaver-se, por alardearem heresia — escreveram ainda um sem-número de pequenos tratados. E era incrível a prontidão com que os ânimos incautos de pessoas simples se deixavam iludir pela aparência de piedade que havia nesses opúsculos.

[7] Os Padres do Ecumênico Concílio de Trento tomaram, por conseguinte, a firme resolução de oporem salutar remédio a um mal tão grave quão funesto.

Não julgavam bastante definir os pontos capitais da fé cristã contra as heresias da nossa época, mas consideravam-se na obrigação de estabelecer um programa fixo para a instrução religiosa do povo. Começando pelos primeiros elementos de doutrina, este programa devia ser seguido, em todas as igrejas, por todos aqueles que tivessem a missão de legítimos pastores e mestres.

[8] É inegável que, até o presente, muitos autores já versaram estas matérias, e se distinguiram por notável piedade e erudição. Aos Padres, porém, pareceu de bom aviso publicar, por autoridade do Santo Concílio, um livro em que os párocos e todos os que têm obrigação de ensinar, pudessem procurar, e haurir normas seguras para a edificação dos fiéis.

Como há um só Senhor e uma só fé[22], assim também seja uma única a norma comum, prescrita para ensinar ao povo a doutrina da fé e todos os deveres de piedade.

[9] Muitas são as verdades que poderiam entrar nesse programa da religião. Não vá alguém julgar fosse plano do Santo Concílio reunir num só manual, e explicar por extenso todos os artigos do dogma cristão. Isso compete aos teólogos, enquanto se propõem fazer uma exposição completa da religião, com sua história e seus dogmas. Seria, em nosso caso, um trabalho de nunca acabar, e pouco corresponderia, certamente, ao que se desejava.

Querendo, pois, munir os párocos e os ministros de almas com as noções mais próprias do ofício pastoral, e mais acomodadas à inteligência dos fiéis, o Santo Concílio quis que se tratasse aqui só as matérias que pudessem incentivar o piedoso zelo de pastores pouco versados nas questões mais difíceis da ciência teológica.

III. O QUE OS PÁROCOS DEVEM LEVAR EM CONTA AO PREGAR A FÉ

Sendo assim, antes de tratarmos em particular cada um dos artigos que constituem este sumário da fé, nosso método de trabalho obriga-nos a fazer, nesta altura, algumas explicações necessárias.

Os pastores devem considerá-las, e tê-las sempre na lembrança, para saberem qual deve ser o fito de seus pensamentos, trabalhos e esforços, e quais são os meios mais conducentes para alcançarem o fim que pretendem.

1. Apontar ao duplo fim da ciência e da virtude

[10] O primeiro requisito, ao que parece, é lembrarem-se os pastores, continuamente, que toda a ciência do cristão se resume nestas palavras do Nosso Salvador: "A vida eterna consiste em conhecer a Vós, único Deus verdadeiro, e a Jesus Cristo, que Vós enviastes".[23]

Por conseguinte, o mestre eclesiástico procurará, em primeiro lugar, que os fiéis queiram de coração conhecer a Jesus Cristo, e por sinal crucifi-

---
22. Ef 4,5.
23. Jo 17,3.

cado[24]; que tenham a firme persuasão, e creiam com íntimo amor e respeito, que debaixo do céu não foi dado, aos homens, outro nome pelo qual possamos salvar-nos[25], porque Ele mesmo é a vítima de propiciação pelos nossos pecados.[26]

Como só temos certeza de conhecê-lO, se observarmos os Seus mandamentos[27], a segunda obrigação, intimamente ligada à que acabamos de estatuir, é mostrar que os fiéis não devem viver no ócio e na preguiça, mas que devemos andar, como Ele mesmo andou[28], e com todo o zelo praticar a justiça, a piedade, a fé, a caridade, a mansidão.[29] Pois Cristo entregou-Se a Si mesmo, por nossa causa, a fim de nos remir de toda iniquidade, e purificar-nos, fazendo para Si um povo consagrado, zeloso na prática de boas obras.[30] Assim manda o Apóstolo que os pastores digam em seus sermões e conselhos.[31]

Nosso Senhor e Salvador não só ensinou, mas também mostrou com seu exemplo, que da caridade dependem a Lei e os Profetas.[32] Mais tarde, o Apóstolo exprimiu-se nesse mesmo sentido, dizendo que a caridade é o fim do preceito[33] e a consumação da Lei.[34]

Ninguém pode, pois, duvidar que é um dever, e dever primordial dos pastores incitarem, com o maior zelo, o povo cristão ao amor de Deus em toda a Sua infinita bondade para conosco. Inflamado, assim, de amor divino, pode o povo elevar-se até o Bem sumo e perfeito. Sua posse constitui a verdadeira e sólida felicidade de quem pode exclamar com o Profeta: "Fora de Vós, que há para mim no céu, e que almejo eu sobre a terra?"[35]

Este é o "caminho mais excelente"[36] que nos mostrava o Apóstolo, quando punha na caridade, que jamais desfalece[37], a razão de ser de sua

---

24. 1Cor 2,2.
25. At 4,12.
26. 1Jo 2,2.
27. 1Jo 2,3.
28. 1Jo 2,6.
29. 1Tm 6,11; 2Tm 2,22.
30. Tt 2,14.
31. Tt 2,15.
32. Mt 22,39 ss.
33. 1Tm 1,5
34. Rm 13,8-10.
35. Sl 72,25.
36. 1Cor 12,31.
37. 1Cor 13,8.

pregação e cura de almas. Ao propormos alguma doutrina que tenha por objeto a fé, a esperança, ou qualquer ação obrigatória, devemos também encarecer, com muito empenho, o amor a Nosso Senhor. Então, os fiéis hão de reconhecer, sem titubear, que todas as obras de virtude e perfeição cristã não podem ter outra fonte, nem outro termo, que não a própria caridade.[38]

2. *Adaptar-se aos ouvintes*

[11] Se em toda instrução há de se levar em conta a questão do método, não se pode negar sua máxima importância na instrução cristã do povo.

Cumpre, portanto, atender à idade, inteligência, costumes e padrão de vida das pessoas que ouvem. Quem ensina deve fazer-se tudo para todos[39], a fim de lucrá-los todos para Cristo. Deve, pois, mostrar-se fiel ministro e dispensador[40]; e, a exemplo do servo bom e fiel, fazer-se digno de que o Senhor o ponha chefe de muitas coisas.[41]

Não imaginem os pastores que a seu cuidado foram entregues almas de um só feitio. Por conseguinte, não poderá instruí-las todas pela mesma cartilha, invariavelmente; nem servir-se do mesmo chavão para formar os fiéis na verdadeira piedade. Uns serão como que "crianças recém-nascidas"; outros já começaram a crescer em Cristo; outros, enfim, terão alcançado o vigor da idade.

Devem, pois, os pastores averiguar cuidadosamente, quem ainda precise de leite[42], e quem tenha necessidade de comida mais forte. A cada um ministrarão o sustento doutrinário que mais for próprio para enrobustecer o espírito, "até chegarmos todos à unidade da fé e do conhecimento do Filho de Deus, ao estado de varão perfeito, conforme a idade madura de Cristo".[43]

Dessa obrigação queria o Apóstolo dar a todos um exemplo em sua pessoa, quando se declarou "devedor aos gregos e aos bárbaros, aos sá-

---

38. 1Cor 16,14.
39. 1Cor 9,22.
40. 1Cor 4,1-2.
41. Mt 25,23.
42. 1Pd 2,2; 1Cor 3,2; Hb 5,12.
43. Ef 4,13.

bios e ignorantes".⁴⁴ Certamente, assim falava para que os chamados a tal ministério reconhecessem a necessidade de acomodar-se à índole e à inteligência dos ouvintes, quando lhes explicam os mistérios da fé e os preceitos da vida cristã. Enquanto saciam com alimento espiritual os fiéis de formação mais adiantada, não deixem perecer de fome os pequeninos que pedem pão, sem haver quem lho parta.⁴⁵

Que nenhum pároco, contudo, mostre menos solicitude no fervor de ensinar, se de vez em quando for preciso explicar aos ouvintes certas verdades mais simples e elementares, cuja explicação costuma ser tratada com interesse, especialmente por espíritos que costumam se dedicar à contemplação de ideias muito elevadas.

Se a própria Sabedoria do Eterno Pai baixou à terra para nos ensinar, na vileza da carne humana, as leis de uma vida toda celestial, quem não será levado, pelo amor de Cristo⁴⁶, a fazer-se pequenino no meio de seus irmãos?⁴⁷ E como uma mãe que amamenta os filhinhos, quem não desejará tanto a salvação do próximo a ponto de, como de si mesmo dizia o Apóstolo, não só dar-lhe o Evangelho de Deus, mas até a própria vida?⁴⁸

3. *Obter sua pregação da Escritura e da Tradição*

[12] Ora, toda a doutrina por ensinar aos fiéis está contida na palavra de Deus. Reparte-se esta em [duas fontes], Escritura e Tradição, que dia e noite devem constituir objeto de reflexão para os pastores.

Lembrar-se-ão, neste particular, da advertência de São Paulo a Timóteo. Todos os diretores de almas a considerarão como feita a si mesmo. Está concebida nos seguintes termos: "Aplica-te à leitura, à exortação e ao ensino"⁴⁹; "porquanto toda Escritura, divinamente inspirada, é útil para ensinar, para repreender, para corrigir, e para educar na justiça. Destarte chega o homem de Deus à perfeição, habilitado que é para toda boa obra".⁵⁰

---

44. Rm 1,14.
45. Lm 4,4.
46. 2Cor 5,14.
47. 1Ts 2,7.
48. 1Ts 2,8.
49. 1Tm 4,13.
50. 2Tm 3,16-17.

Sendo tão amplos e variados os elementos constitutivos da Revelação divina, não é fácil abrangê-los com a inteligência, nem guardá-los de memória, ainda que deles se tenha a devida compreensão. Em vista disso, para se conseguir uma explicação rápida e satisfatória, no momento de ensinar, nossos maiores reduziram e distribuíram, com exímia prudência, toda a doutrina da salvação em quatro pontos capitais: Símbolo dos Apóstolos, Sacramentos, Decálogo e Oração Dominical.

A doutrina do Símbolo encerra tudo o que o magistério da Igreja nos propõe a crer, com relação a Deus, à criação e ao governo do mundo, à redenção do gênero humano, à recompensa dos bons e à punição dos maus.

A doutrina dos sete Sacramentos abrange os sinais que são, por assim dizer, instrumentos para se conseguir a graça divina.

O Decálogo descreve os Mandamentos, cujo fim é a caridade.[51]

Finalmente, a Oração dominical contém tudo o que o homem possa querer, esperar e pedir para a sua própria salvação.

Explicados que forem estes quatro pontos, tidos como "lugares comuns"[52] da Escritura, já não faltará quase nenhuma das verdades que o cristão deve saber para a sua instrução.

4. Conciliar a explicação do Evangelho com a do Catecismo

[13] Em conclusão, pareceu-nos conveniente dar ainda um aviso prático. Todas as vezes que tiverem de interpretar algum lugar do Evangelho, ou qualquer outra passagem da Sagrada Escritura, saibam os párocos que seu sentido coincide com algum artigo dos quatro pontos mencionados. A esse ponto podem então recorrer, como a uma fonte doutrinária do trecho que devem explicar [na Escritura].

---

51. 1Tm 1,5.
52. *Loci communes*, termo teológico que, desde o século XVI, designa um conjunto das verdades principais e fundamentais do cristianismo, evidenciadas quase que exclusivamente por meio de passagens bíblicas (*loci biblici communes*). — Foi empregado, a primeira vez por Filipe Melanchthon na obra *Hypotyposes theologicae, seu loci communes*, 1521. Melchior Cano O. P. opôs-lhe a obra *Loci theologici*, edição póstuma de 1563. Nela tratava, porém das fontes e dos princípios fundamentais da teologia. Antes de Melchior Cano, os termos *loci communes* e *loci theologici* eram empregados promiscuamente, como ainda se vê na terminologia do próprio CRO.

Se tiverem, por exemplo, de explanar o Evangelho do primeiro domingo do Advento: "Haverá sinais no sol e na lua, etc."[53]; encontrarão um comentário no artigo do Símbolo: "Há de vir a julgar os vivos e os mortos".

Usando de tal expediente, o pastor de almas terá um só trabalho para ensinar ao povo cristão o Símbolo e o Evangelho. Por conseguinte, em suas instruções e comentários, conservará o costume de sempre recorrer a esses quatro pontos capitais, que segundo a nossa opinião encerram a medula doutrinária de toda a Sagrada Escritura.

Quanto à disposição da matéria, tomará o esquema que mais próprio lhe parecer às pessoas, e às circunstâncias de tempo.

De nossa parte, seguindo a autoridade dos Santos Padres que, para levarem os homens ao conhecimento de Cristo Nosso Senhor e de Sua doutrina, começavam pela doutrina da fé, havemos por bem explicar, antes de tudo, o que diz respeito a esta virtude.

---

53. Lc 21,29.

PRIMEIRA PARTE

O SÍMBOLO DOS APÓSTOLOS

CAPÍTULO I

A fé e o Credo

I. O que é a fé — 1. Natureza da fé de que se trata aqui, e sua necessidade para a salvação.

II. O que é o Credo. — 2. Causas que fizeram necessária a instituição do Credo. — 3. Por que se chamou Símbolo. — 4. Partes do Símbolo.

I. O QUE É A FÉ

[1] Nas Divinas Escrituras, o termo "fé" admite várias significações. Aqui vamos falar daquela virtude pela qual assentimos plenamente a tudo quanto nos foi revelado por Deus.

Ninguém terá justo motivo de duvidar que essa fé seja necessária para a salvação, mormente por estar escrito que "sem fé não é possível agradar a Deus".[1]

Realmente, o fim que se propõe ao homem para sua bem-aventurança, é tão elevado que o não poderia descobrir a agudeza do espírito humano. Era, pois, necessário que o homem recebesse de Deus tal conhecimento.

Ora, esse conhecimento não é outra coisa senão a própria fé, cuja virtude nos leva a ter por certo o que a autoridade da Santa Mãe Igreja declara ser revelado por Deus. Nenhuma dúvida podem ter os fiéis das afirmações que vêm de Deus, porque Deus é a própria verdade.[2] Esse critério nos faz compreender a diferença que vai entre a fé que temos em Deus, e a fé que se dá aos autores de história humana.

A fé tem grande extensão, e admite vários graus de grandeza e dignidade, como se depreende da Sagrada Escritura: "Homem de

---

1. Hb 11,6.
2. Jo 14,6.

pouca fé, por que duvidaste?"[3]; "Grande é a tua fé"[4]; "Aumentai a nossa fé!"[5]; E ainda: "Fé sem obras é morta"[6]; "A fé que opera pela caridade".[7]

No entanto, a fé é uma só virtude, e os diversos graus que possa ter entram perfeitamente na mesma definição.

Quantos frutos, e quantas vantagens dela se tiram, é o que vamos ver na explicação dos Artigos.

II. O QUE É O CREDO

[2] Os cristãos devem saber, em primeiro lugar, as verdades que os santos Apóstolos, guias e mestres da fé, inspirados pelo Espírito de Deus, distribuíram nos doze Artigos do Símbolo.

Tendo recebido do Senhor a ordem de irem como Seus embaixadores[8], pelo mundo inteiro, a pregar o Evangelho a toda criatura[9], os Apóstolos acharam que se devia compor uma fórmula de fé cristã. Serviria esta para que todos tivessem a mesma crença e a mesma linguagem, e não houvesse separações entre os que foram chamados à unidade da mesma fé, mas fossem todos "perfeitamente conforme no mesmo modo de pensar e de sentir".[10]

[3] A esta profissão de fé e esperança cristã, que acabavam de redigir, os Apóstolos chamaram-lhe "Símbolo", ou porque se forma das várias proposições que cada um deles apresentou[11], ou porque devia servir de senha para identificar os desertores, os irmãos falsos e intrusos[12] que adulteravam o Evangelho[13], e assim distingui-los daqueles que verdadeiramente tomavam um santo compromisso na milícia de Cristo.

[4] Muitas são as verdades que a religião cristã propõe aos fiéis, com a obrigação de aceitá-las em uma fé inabalável, quer cada uma delas em particular, quer todas em seu conjunto.

---

3. Mt 14,31.
4. Mt 15,28.
5. Lc 17,5.
6. Tg 2,17 ss.
7. Gl 5,6.
8. 2 Cor 5,20.
9. Mc 16,15.
10. 1Cor 1,10.
11. Alusão à lenda de que cada Apóstolo teria formulado individualmente um artigo do Símbolo, antes de se espalharem pelo mundo inteiro. Cfr. S. Ambrósio, *Explicatio Symboli*.
12. Gl 2,4.
13. 2Cor 2,17.

Mas a primeira verdade e a mais essencial, que todos devem acreditar, por ser propriamente a base e o resumo da Revelação, consiste naquilo que o próprio Deus nos ensinou acerca da unidade da essência divina, da distinção das três Pessoas, das operações que lhes são atribuídas de maneira mais particular. O pároco mostrará, pois, que no Símbolo dos Apóstolos se contém resumida a doutrina desse mistério.

O Símbolo divide-se em três partes, como já diziam os antigos cristãos, quando se punham a explicá-lo com amor e cuidado. A primeira parte trata da Primeira Pessoa da natureza divina, e da prodigiosa obra da Criação. A segunda trata da Segunda Pessoa e do mistério da Redenção dos homens. A terceira afinal descreve, em várias fórmulas adequadas, a Terceira Pessoa, autor e princípio de nossa santificação.

As proposições do Símbolo chamam-se "Artigos", de acordo com uma analogia que nossos Santos Padres usavam com frequência. Na verdade, assim como os membros do corpo se distinguem pelas articulações[14], assim também podemos chamar *Artigos* as verdades que nesta profissão de fé temos de crer, distintas e separadas umas das outras.

---

14. Em latim: *articulis*. *Articulus* quer dizer junta ou articulação.

CAPÍTULO II
PRIMEIRO ARTIGO DO CREDO

"Creio em Deus Pai Todo-Poderoso, Criador do céu e da terra"

1. Breve significado do primeiro artigo do Credo.
I. "Creio". — 2. Que significa a palavra *crer*, certeza da fé. — 3. O que se propõe no Credo não se deve examinar com curiosidade, mas se crer com simplicidade. — 4. Não basta crer para salvar-se, mas é preciso além disso confessar publicamente a fé.
II. "Em Deus". — 5. Excelência da fé cristã. — 6. Diferença essencial entre conhecimento sobrenatural de Deus, e o conhecimento natural que se pode ter a partir das criaturas. — 7. É preciso confessar que não há senão um só Deus. — 8. Algumas vezes se dá o nome de Deus a seres criados, mas impropriamente.
III. "Pai". — 9. Deus é Pai de todos os homens de modo geral, e dos cristãos de modo especial. — 10. Que mistérios se devem deduzir do nome Pai; como indica pluralidade de pessoas em Deus; não devemos examinar sutilmente o mistério da Santíssima Trindade.
IV. "Onipotente". — 11. Que entendemos aqui com a palavra onipotente. — 12. Ainda que Deus seja onipotente, não pode pecar nem enganar-se. — 13. Por que, omitidos outros nomes que se dão a Deus, o Símbolo nos propõe só o de onipotente. — 14. A onipotencia não se atribue ao Pai de modo que não se diga também do Filho e do Espírito Santo.
V. "Criador do céu e da terra". — 15. Como e por que criou Deus o céu e a terra. — 16. Que se deve entender por céu e terra neste lugar. — 17. Criação dos céus espirituais, isto é, dos anjos. — 18. Criação da terra. — 19. Criação do homem. — 20. Pelos nomes de céu e terra se entendem todas as coisas visíveis e invisíveis. — 21. O que Deus criou não pode subsistir sem a sua providência. — 22. Não impede Deus com sua providência a ação das causas segundas. — 23. A obra da criação não se deve atribuir somente ao Pai.

[1] Estas palavras querem dizer: Creio com toda a certeza, e sem nenhuma hesitação confesso a Deus Pai, a primeira Pessoa da Santíssima Trindade, que pela virtude de Sua onipotência criou do nada o próprio céu, a terra, e tudo que se contém em suas dimensões; que sustenta e governa todas as coisas criadas. E não só de coração o creio, e de boca o confesso, mas com o maior afeto e filial piedade a Ele me entrego, por ser o bem sumo e perfeito.

Nestes termos se pode, brevemente, formular o sentido deste primeiro artigo. Mas como quase cada uma destas palavras envolve grandes mistérios, é obrigação do pároco explicá-las mais amplamente, para que o povo cristão, quanto o permitir a graça de Deus, aprenda a contemplar, com temor e tremor, a glória de Sua majestade.[15]

I. "CREIO"

[2] Neste lugar, a palavra "Creio" não tem a significação de "pensar", "julgar", "dar opinião". Conforme a doutrina da Sagrada Escritura, significa uma adesão absolutamente certa, pela qual a inteligência aceita, com firmeza e constância, os mistérios que Deus lhe manifesta. Para se compreender melhor este ponto, [basta dizer] que só crê propriamente quem está certo de alguma verdade, sem a menor hesitação.

Ninguém deve, todavia, julgar menos seguro o conhecimento que nos vem da fé, pelo fato de não compreendermos as verdades que ela nos propõe a crer. É certo, a luz divina que no-las faz conhecer, não nos dando a evidência das coisas, nem por isso abre margem para se duvidar de sua realidade. "Pois Deus ordenou que das trevas rompesse a luz; Ele mesmo resplandece em nossos corações"[16], para que "o Evangelho não seja encoberto, como acontece aos que se perdem".[17]

[3] A concluirmos pelo que ficou dito, quem recebeu o celestial conhecimento da fé, já não sente o prurido de investigar só por mera curiosidade. Quando nos deu o preceito de crer, Deus não nos incumbiu de sondar os juízos divinos, nem de lhes aferir as causas e razões. Prescreveu-nos, ao contrário, uma fé inalterável, cuja ação faz a alma repousar no conhecimento da verdade.

De fato, como diz o Apóstolo, "Deus é verdadeiro[18], e todo homem é mentiroso".[19] Ora, quando um homem grave e sensato nos assegura a verdade, seria orgulho e insolência não lhe dar crédito, e pedir-lhe ainda por cima provas e testemunhos de sua palavra. Qual não seria então a temeridade, ou antes, a loucura daquele que, ouvindo as

---

15. Ex 20,18 ss.
16. 2 Cor 4,6.
17. 2 Cor 4,3.
18. Rm 3,4.
19. Sl 115,11.

palavras de Deus, quisesse ainda indagar as razões da sua celestial e salutar doutrina?

Devemos, portanto, abraçar a fé não só com exclusão de toda dúvida, mas também sem o desejo de que seus mistérios nos sejam demonstrados.

[4] O pároco ensinará também o seguinte: Quem diz "Creio" exprime a íntima aquiescência da alma, que é o ato interior da fé. Deve, porém, externar em pública profissão a fé que lhe vai na alma, e manifestá-la com a maior expansão de alegria.

Devem os fiéis estar possuídos daquele espírito que levou o Profeta a dizer: "Eu tinha fé, por isso é que falei".[20] Força lhes é imitar os Apóstolos, que aos príncipes do povo responderam: "Não podemos silenciar o que vimos e ouvimos".[21]

Devem entusiasmar-se com aquela grandiosa declaração de São Paulo: "Não me envergonho do Evangelho, pois é uma virtude de Deus para salvar todo homem crente"[22]; — ou também, com esta outra palavra: "Com o coração se crê para ser justificado; com a boca se faz confissão, para que haja salvação".[23]

II. "EM DEUS"

1. Excelência da fé

[5] Estas palavras "em Deus" nos mostram a dignidade e excelência da sabedoria cristã, pela qual podemos reconhecer o quanto devemos à bondade divina por nos levar, sem demoras de raciocínio, a conhecer pelos degraus da fé o ser mais sublime e desejável.

[6] Existe, realmente, uma enorme diferença entre a filosofia cristã e a sabedoria deste mundo; porque esta guiada só pela luz da razão, pode desenvolver-se aos poucos, pelo conhecimento dos efeitos e pela experiência dos sentidos. Mas só depois de longos esforços é que chega afinal a contemplar, com dificuldade, "as coisas invisíveis de Deus"[24]; a reconhecer e compreender a Deus como causa primeira e autor de todas as coisas.

---

20. Sl 115,10.
21. At 4,20.
22. Rm 1,16.
23. Rm 10,10.
24. Rm 1,20.

A fé, pelo contrário, aumenta de tal maneira a penetração natural do espírito, que este pode sem esforço elevar-se até ao céu, e, inundado de luz divina, contemplar primeiramente o próprio foco de toda a luz, e de lá todas as coisas colocadas debaixo [de seu clarão]. Num transporte de júbilo, sentimos então que "das trevas, como diz o Príncipe dos Apóstolos, fomos chamados para uma luz admirável"[25]; e nessa "fé exultamos de inefável alegria".[26]

É, pois, com razão que os fiéis professam em primeiro lugar sua fé em Deus, cuja majestade, numa expressão de Jeremias, dizemos ser "incompreensível".[27] Deus "habita numa luz inacessível, como diz o Apóstolo, e nunca foi nem pode ser visto por homem algum".[28] Ele mesmo disse a Moisés: "Não pode o homem ver-Me, e continuar com vida".[29]

Com efeito, para chegarmos até Deus, o mais transcendente de todos os seres, é preciso que nossa alma se desfaça totalmente das faculdades sensitivas. Isto, porém, não nos é possível por lei da natureza, enquanto durar a vida presente.

2. Diferença entre o conhecimento de Deus pela razão e pela fé

a) Conhecimento natural que nos dá a razão

Ainda assim, como diz o Apóstolo, Deus "não deixou, todavia de dar testemunho de Si mesmo, dispensando benefícios, mandando chuvas do céu e tempos férteis, dando alimento, e enchendo de alegria os corações dos homens".[30]

Eis por que os filósofos nada de imperfeito podiam admitir em Deus. Da noção de Deus, afastaram categoricamente tudo o que fosse matéria, crescimento, composição.

Atribuindo-Lhe, pelo contrário, a suma plenitude de todos os bens, consideravam-nO como fonte perpétua e inexaurível de bondade e clemência, donde se derrama em todas as criaturas tudo o que nelas há de bom e perfeito.

---

25. 1Pd 2,9.
26. 1Pd 1,8.
27. Jr 32,19.
28. 1Tm 6,16.
29. Ex 33,20.
30. At 14,16.

Chamavam-Lhe, sábio, autor e amigo da verdade, justo, supremo benfeitor. Deram-Lhe ainda outros atributos que exprimem uma perfeição suma e absoluta. Em Deus reconheciam um poder imenso e absoluto, que abrange todos os lugares, e chega a todas as criaturas.

No entanto, estas verdades são expressas, com mais vigor e propriedade, nas páginas da Sagrada Escritura, como por exemplo, nas passagens seguintes:

"Deus é Espírito"[31]; "Sede perfeitos, como vosso Pai no céu é perfeito"[32]; "Todas as coisas estão a nu e a descoberto diante de seus olhos"[33]; "Oh! Que profundidade das riquezas, da sabedoria e do conhecimento de Deus!"[34]; "Deus é verdadeiro"[35]; "Eu sou o caminho, a verdade e a vida"[36]; "Vossa destra é cheia de justiça"[37]; "Vós abris a mão, e encheis de bênçãos todos os viventes"[38]; "Para onde irei, a fim de esquivar-me de Vosso espírito, e para onde fugirei da Vossa face? Ainda que tomasse asas, ao romper da aurora, e fosse morar nos confins do oceano, ainda lá me guiaria a Vossa mão, e Vossa destra me tomaria";[39] "Porventura, não encho Eu o céu e a terra? Diz o Senhor".[40]

Por grandes e sublimes que sejam os conceitos que, de harmonia com a doutrina da Sagrada Escritura, os filósofos tiraram da investigação das coisas criadas, devemos todavia reconhecer a necessidade de uma revelação sobrenatural.

b) Conhecimento de Deus que nos dá a fé

Para esse fim, basta considerar que a excelência da fé, como acima foi dito, não consiste apenas em fazer conhecer, aos simples e ignorantes, com clareza e prontidão, o que eminentes sábios conseguiram averiguar só depois de longas lucubrações. O conhecimento que a fé nos transmite

---

31. Jo 4,24.
32. Mt 5,48.
33. Hb 4,13.
34. Rm 11,33.
35. Rm 3,4.
36. Jo 14,6.
37. Sl 47,11.
38. Sl 144,16.
39. Sl 138,7 ss.
40. Jr 23,24.

dessas verdades, é também muito mais certo e isento de erros, do que as noções adquiridas com os recursos de uma ciência meramente humana.

Além disso, quão superior não deve ser, aos nossos olhos, o conhecimento que a fé nos dá da essência divina, para o qual a contemplação da natureza não leva em geral todos os homens, enquanto a luz da fé propriamente o franqueia a todos os crentes?

Esse conhecimento está depositado nos Artigos do Símbolo. Explanam-nos a unidade da essência divina, a distinção das três Pessoas. Ensinam-nos que o último fim do homem é o próprio Deus, do qual o homem deve esperar a posse da celestial e eterna felicidade, segundo a palavra de São Paulo: "Deus retribuirá aos que O procuram".[41]

Para mostrar a grandeza dessa recompensa, e como a inteligência é de si mesma incapaz de imaginá-la, o Profeta Isaías disse muito antes de São Paulo: "Nunca ninguém ouviu, nem ouvido algum percebeu, nem olhar algum enxergou, a não serdes Vós, ó meu Deus, o que tendes preparado para os que em Vós esperam".[42]

3. A unidade de Deus

[7] Das explicações dadas, segue-se também a obrigação de confessarmos que há um só Deus, e não vários deuses. A razão é óbvia. A Deus atribuímos suma bondade e perfeição. Ora, em vários seres não pode haver perfeição em grau sumo e absoluto. Se a um deles falta alguma coisa para ser sumamente perfeito, por isso mesmo é imperfeito, e não lhe compete a natureza divina.

Comprovam esta verdade, muitas passagens dos Livros Sagrados. Está escrito: "Ouve, Israel, o Senhor nosso Deus é um só Deus".[43] Além disso, há um preceito do Senhor: "Não tereis deuses estranhos em Minha presença".[44] E pela boca do Profeta diz [Deus] com insistência: "Eu sou o Primeiro, e Eu sou o Último. Fora de Mim, não há outro Deus".[45] O Apóstolo também o atesta sem ambiguidade: "Um só Senhor, uma só fé, um só Batismo".[46]

---

41. Hb 11,6.
42. Is 64,4; cfr. 1Cor 2,9.
43. Dt 6,4.
44. Ex 20,3.
45. Is 41,4; 44,6; 48,12; cfr. Ap 1,17; 22,13.
46. Ef 4,5.

[8] Não devemos estranhar que a Sagrada Escritura, por vezes, aplique o nome de "deuses" a seres criados. Quando chama de deuses aos juízes e profetas[47], não o faz à moda dos gentios que, louca e impiamente, imaginavam a existência de muitas divindades. Com tal expressão, quer apenas designar algum poder ou encargo extraordinário, que lhes foi confiado pela munificência de Deus.

4. Trindade de pessoas

A fé cristã crê, pois, e confessa que Deus é uno em natureza, substância e essência, conforme o definiu o Símbolo do Concílio de Nicéia, em confirmação da verdade. Mas, subindo mais alto, ela crê de tal maneira em Deus Uno que, ao mesmo tempo, adora a Unidade na Trindade, e a Trindade na Unidade.[48] É desse mistério que vamos tratar agora.

III. "PAI"

[9] No Símbolo, vem a seguir a palavra "Pai". Ora, dá-se a Deus o nome de "Pai" sob vários pontos de vista. É preciso, pois, explicar primeiro o sentido, que lhe cabe neste lugar.

1. Deus é criador e governador do mundo

Não obstante as trevas do paganismo, chegaram alguns homens a reconhecer, sem a luz da fé, que Deus é uma substância eterna[49], da qual tiveram origem todas as coisas, e cuja Providência tudo governa, e tudo conserva em sua ordem e posição.

Assim como chamamos de pai a quem funda uma família, e a dirige com critério e autoridade, assim também quiseram eles, por analogia, chamar de "Pai" a Deus, a quem reconheciam como Criador e Governador de todas as coisas.

A Sagrada Escritura emprega o termo também no mesmo sentido. Falando de Deus, declara que Lhe devemos atribuir a criação, o domínio e a admirável provisão de todas as coisas. Numa passagem lemos: "Não

---

47. Ex 7,1; 22,28; 32,8; Sl 81,1-6; 94,3.
48. Símbolo *Quicumque,* ou de Santo Atanásio..
49. Disto se trata mais extensamente no começo do capítulo 2 da 4a Parte.

é Ele teu Pai, que te adquiriu, que te fez e tirou do nada?"[50] — E noutra: "Porventura, não é um só o Pai de todos nós? Não foi o mesmo Deus que nos criou?"[51]

2. *De modo particular, Deus é Pai dos cristãos*

Com maior insistência, e num sentido todo particular, Deus é chamado Pai dos cristãos, principalmente nos Livros do Novo Testamento.

Os cristãos "não receberam o espírito de servidão, para estarem novamente com temor, mas o espírito da filiação adotiva, o qual nos faz exclamar: Abba, Pai!"[52]; Tão grande é "o amor do Pai para conosco que somos chamados e de fato somos filhos de Deus"[53]; "Se, porém, somos filhos, somos também herdeiros, sim, herdeiros de Deus e coerdeiros de Cristo"[54], que é o "Primogênito entre muitos irmãos"[55], e "não se vexa de nos chamar irmãos".[56]

Considerando, pois, quer o fato comum da Criação e da Providência, quer a grande realidade da adoção sobrenatural, têm os cristãos toda a razão de professarem sua fé em Deus Pai.

3. *Como Primeira Pessoa da Santíssima Trindade*

[10] Além destas noções assim formuladas, o pároco explicará aos fiéis que, ao ouvirem o nome de Pai [aplicado a Deus], devem elevar o espírito para a contemplação de mistérios mais sublimes.

Pelo nome de "Pai", a Revelação nos permite entrever aos poucos o que se acha profundamente oculto e encerrado naquela "luz inacessível onde Deus habita"[57], mistérios que a perspicácia do espírito humano não podia certamente atingir, nem tampouco suspeitar.

---

50. Dt 32,6.
51. Ml 2,10.
52. Rm 8,15.
53. 1Jo 3,1.
54. Rm 8,17.
55. Rm 8,29.
56. Hb 2,11.
57. 1 Tm 6,16.

a) O nome de Pai indica a pluralidade de pessoas em Deus

O termo indica que, na unidade da natureza divina, não devemos crer na existência de uma só Pessoa, mas de várias Pessoas realmente distintas.São três as Pessoas que existem numa só divindade: O Pai, que por ninguém foi gerado; o Filho, que gerado foi pelo Pai, antes de todos os séculos; o Espírito Santo, que também desde toda a eternidade procede do Pai e do Filho. Na unidade da natureza divina, o Pai é a Primeira Pessoa, e "com seu Filho Unigênito e o Espírito Santo é um só Deus e um só Senhor, não na singularidade de uma só Pessoa, mas na Trindade de uma só natureza".[58] Não é lícito supor, nas três Pessoas, qualquer diferença ou desigualdade. Por conseguinte, só devemos considerá-las distintas em suas respectivas propriedades: O Pai não é gerado; o Filho é gerado pelo Pai; o Espírito Santo procede do Pai e do Filho.

Desta maneira, confessamos ser a mesma essência e a substância das três Pessoas; e "na confissão da verdadeira e sempre eterna divindade" cremos que é preciso adorar, pia e santamente, "não só a distinção nas Pessoas, mas também a unidade na essência, e a igualdade na Trindade".

b) De que modo o Pai é a primeira pessoa da Trindade

Quando, pois, dizemos ser o Pai a primeira Pessoa, não é para entender como se na Trindade supuséssemos a ideia de anterior ou posterior, de maior ou menor. Tanta impiedade não deve infiltrar-se nos ânimos dos fiéis, pois a religião cristã apregoa, com relação às três Pessoas, a mesma eternidade, a mesma glória, e a mesma majestade.

Com certeza, e sem a menor dúvida, afirmamos ser o Pai a Primeira Pessoa, porque é um princípio sem princípio. E como se não distingue, das outras Pessoas senão pela propriedade de Pai, é a Ela somente que se atribui, principalmente, a eterna geração do Filho. Mas, para inculcar que a Primeira Pessoa foi sempre Deus e sempre Pai ao mesmo tempo, é que no Símbolo enunciamos juntos os nomes de Deus e Pai.

---

58. Prefácio da SS. Trindade.

c) Não investiguemos com sutileza o mistério da Santíssima Trindade

Ora, não há coisa mais perigosa do que versar este assunto, porque é o mais profundo e o mais difícil de todos; assim como não há mais grave responsabilidade, se viermos a errar na formulação e explicação deste mistério.

Por isso, o pároco ensinará que é preciso reter, religiosamente, os termos "essência" e "pessoa" como [os únicos adequados] para exprimir esse mistério. Os fiéis devem ficar sabendo que a unidade está na essência, e a distinção nas pessoas.

No mais, força é evitar toda sutileza de investigação, lembrando-nos do que sentencia a Escritura: "Quem quer sondar a majestade, será oprimido pelo peso de sua glória".[59]

Para nós, deve bastar a certeza que a fé nos dá, de ter Deus assim falado. Grande loucura e desgraça seria, para nós, o não crermos em Suas palavras: "Ensinai, diz Nosso Senhor, todas as gentes, e batizai-as em nome do Pai, e do Filho, e do Espírito Santo".[60] E noutro lugar: "Três são os que dão testemunho no céu: o Pai, o Verbo e o Espírito Santo. E estes três são uma só coisa".

Quem pela graça de Deus crê estas verdades, reze com perseverança, e conjure a Deus Pai, que do nada criou todas as coisas; que tudo dirige com suavidade[61]; que nos deu o poder de tornar-nos filhos de Deus[62], que revelou à inteligência humana o mistério da Santíssima Trindade. Ore, pois, sem interrupção[63], para ser um dia "recebido nos eternos tabernáculos"[64]; para ser julgado digno de contemplar essa infinita fecundidade de Deus Pai, que, considerando-Se e reconhecendo-Se a Si mesmo, gera ao Filho, que Lhe é igual e semelhante; [para ser digno de ver] também como o Espírito Santo, que é de ambos a mesma e igual caridade, procedendo do Pai e do Filho, une entre Si, com vínculo eterno e indissolúvel, Aquele que gera e Aquele que é gerado; e [para ser digno afinal de verificar] assim como existe uma unidade de essência na Divina Trindade, ao mesmo tempo que existe uma perfeita distinção entre as três Pessoas.

---

59. Pr 25,27.
60. Mt 28,19.
61. Sb 8,1.
62. Jo 1,12.
63. 1 Ts 5,7.
64. Lc 16,9.

IV. "TODO-PODEROSO"

[11] A Sagrada Escritura emprega muitas expressões para indicar o sumo poder e a imensa majestade de Deus. Mostra-nos assim com quanto respeito devemos venerar Seu Nome Santíssimo.

Entretanto, o pároco ensinará, em primeiro lugar, que a Deus se atribui com maior frequência o nome de "Onipotente".

Deus declara de Si mesmo: "Eu sou o Senhor Todo-Poderoso".[65] Quando enviara os filhos a José, Jacó rezou por eles: "Meu Deus, o Todo-Poderoso, vo-lo torne propício!"[66] No Apocalipse também está escrito: "O Senhor Deus, que é, e que era, e que há de vir: o Todo-Poderoso".[67] Noutra passagem fala "do grande dia de Deus Todo-Poderoso".[68]

Algumas vezes, enuncia-se o mesmo atributo por meio de paráfrases, como acontece nas seguintes passagens: "A Deus, nada é impossível"[69]; e noutra parte: "Porventura, a mão do Senhor já não terá força?"[70]; e noutra: "Em Vossa mão está usar de poder, quando quiserdes".[71] E outras mais, do mesmo sentido, que se resumem indubitavelmente nesta única palavra: o Todo-Poderoso.

1. Significado do conceito "Todo-Poderoso"

Este conceito nos dá a entender que nada existe, nada se pode pensar ou imaginar que Deus não tenha a virtude de realizar. Pode, portanto, não só operar prodígios que, por maiores que sejam, nossa inteligência consegue conceber, como por exemplo fazer voltar ao nada todas as coisas, ou num ápice tirar do nada outros mundos; mas pode também fazer coisas muito maiores, que a inteligência humana não chega sequer a suspeitar.

[12] Apesar de poder tudo, Deus não pode todavia mentir, nem enganar, nem ser enganado, nem pecar, nem perecer, nem tampouco

---

65. Gn 17,1.
66. Gn 43,14.
67. Ap 1,8.
68. Ap 16,14.
69. Lc 1,37.
70. Nm 11,23.
71. Sb 12,18.

ignorar alguma coisa. São deficiências que só podem ocorrer numa natureza cuja operação é imperfeita. Ora, operando sempre de maneira perfeitíssima, Deus não é capaz de tais coisas, porque o poder fazê-las é sinal de fraqueza, e não do domínio sumo e ilimitado que Deus exerce sobre todas as coisas.

Cremos, portanto, que Deus é Todo-Poderoso, mas dessa crença arredamos para longe tudo o que se não refira, nem condiga com a perfeição da natureza divina.

2. Utilidade da fé na onipotência divina

[13] O pároco terá de mostrar que houve sábias e acertadas razões para se omitir no Símbolo os outros atributos divinos, enquanto se propõe à nossa crença este único de Sua onipotência.

Com efeito, desde que reconhecemos a Deus como sendo Todo-Poderoso, força nos é também professar que Ele sabe todas as coisas, e que todas as coisas estão igualmente sujeitas ao Seu poder e soberania. E se não duvidamos que tudo pode, é logicamente necessário termos por certas as outras perfeições de Deus, porque sem elas não poderíamos absolutamente compreender a Sua onipotência.

Além disso, não há o que mais concorra para firmar a nossa fé e esperança do que a convicção, profundamente gravada em nossas almas, de que a Deus nada é impossível.[72]

Tudo o que nos for necessário crer, por grandes e admiráveis que sejam os mistérios, por mais que transcendam as leis ordinárias da natureza, a razão humana os aceitará sem nenhuma hesitação, uma vez que tenha uma ideia exata da onipotência de Deus. Quanto mais sublimes as verdades que vêm de Deus, tanto maior a presteza da razão em acreditá-las.

Quando tem de esperar algum benefício, o cristão nunca arrefece ante a grandeza do bem almejado. Sente, pelo contrário, sua coragem e esperança crescerem com a ideia de que a Deus Todo-Poderoso nada é impossível.

Esta fé e confiança devem alentar-nos, principalmente nas obras extraordinárias que tivermos de empreender, para o bem e proveito

---

72. Lc 1,37

do próximo; ou quando quisermos implorar alguma mercê de Deus. O próprio Nosso Senhor nos ensinou o primeiro destes deveres, ao censurar a incredulidade dos Apóstolos: "Se tiverdes fé como um grão de mostarda, direis a este monte: Passa daqui para lá, e ele passará. Nada vos será impossível".[73]

O segundo dever, o Apóstolo São Tiago no-lo inculca: "Peça com fé, sem nenhuma hesitação, pois quem hesita assemelha-se à onda do mar, que é agitada e levada de um lado para outro pelo vento. Não pense, pois, tal homem que receberá do Senhor alguma coisa".[74]

Sob outros pontos de vista, a fé na onipotência temor divina dá-nos ainda muitas vantagens. Ensina-nos, em primeiro lugar, uma perfeita modéstia e humildade de espírito, segundo a afirmação do Príncipe dos Apóstolos: "Humilhai-vos debaixo da poderosa mão de Deus".[75]

Exorta-nos também a não temer onde não há motivo, mas a temer só a Deus, em cujo poder estamos postos, nós e todas as coisas. Nosso Senhor disse cabalmente: "Mostrar-vos-ei a quem deveis temer. Temei aquele que, depois de matar, pode ainda lançar no inferno".[76]

Esta fé leva-nos afinal a reconhecer e proclamar os imensos benefícios de Deus para conosco. Quem pensa em Deus Onipotente, não poderá ser tão desagradecido que não diga muitas vezes: "Grandes coisas operou em mim Aquele que é poderoso".[77]

3. A onipotência divina não é exclusiva do Pai

[14] Se neste Artigo dizemos que o Pai é Todo-Poderoso, ninguém caia no erro de pensar que só a Ele atribuímos esse predicado, de sorte que não seja também comum ao Filho e ao Espírito Santo. Como afirmamos que o Pai é Deus, que o Filho é Deus, e que o Espírito Santo é Deus, sem por isso reconhecer três deuses, mas a um só Deus; assim também dizemos que o Pai é Todo-Poderoso, que Filho é Todo-Poderoso, que o Espírito Santo é Todo-Poderoso, sem, contudo asseverarmos que haja três onipotentes, mas um só Onipotente.

---

73. Mt 17,20.
74. Tg 1,6-7.
75. 1Pd 5,6.
76. Lc 12,5.
77. Lc 1,49.

Se de modo especial damos ao Pai esse atributo, por ser Ele a fonte de tudo quanto existe, da mesma maneira, atribuímos a sabedoria ao Filho, que é o Verbo eterno do Pai; e a bondade ao Espírito Santo, que é o amor de ambos. No entanto, pela regra católica de fé, estes e outros atributos devem ser enunciados em comum, com relação às três Pessoas divinas.

V. CRIADOR DO CÉU E DA TERRA

[15] O que agora vamos dizer da criação de todas as coisas, mostrará claramente como era necessário explicar antes aos fiéis a noção da onipotência divina. Com maior facilidade acreditarão no milagre que se manifesta em obra tão grandiosa, se nenhuma dúvida tiverem a respeito do imenso poder do Criador.

1. O ato criador

Com efeito, Deus não formou o mundo de uma matéria preexistente, mas criou-o do nada, e o fez sem ser obrigado por alguma força ou necessidade; mas por Sua livre e espontânea vontade.

Nenhum outro motivo O impeliu a criar o mundo, senão a Sua própria bondade. Queria comunicá-la a todas as coisas que criasse. Possuindo por Sua natureza toda a felicidade, Deus não tem falta de coisa nenhuma, como o exprime o rei Davi: "Disse eu ao Senhor: Vós sois o meu Deus, e não tendes precisão dos meus bens".[78]

Assim como não obedeceu senão à própria bondade, para "fazer tudo o que era do Seu agrado"[79], assim também não seguiu na criação nenhum modelo que estivesse fora de Sua própria natureza.

Sua inteligência infinita possui, dentro de Si mesma, a ideia exemplar de todas as coisas. Contemplando, pois, em Si mesmo essa ideia exemplar; e reproduzindo-a, por assim dizer, com a suma sabedoria e o infinito poder, que Lhe são próprios, o Supremo Artífice[80] criou no princípio todas as coisas do Universo. "Ele disse, e tudo foi feito; Ele mandou, e tudo foi criado".[81]

---

78. Sl 15,2.
79. Sl 113,3.
80. Linda expressão que hoje teria ressaibo, por causa do vocabulário deísta ou maçônico.
81. Sl 148,5.

2. A obra da Criação

a) O firmamento

[16] Pelos termos "céu e terra", deve tomar-se tudo o que o céu e a terra compreendem. Além dos céus, que o Profeta considerava como "obra de Suas mãos"[82], Deus criou também a claridade do sol e a formosura da lua e dos outros corpos celestes, para que "servissem de sinais para os tempos, os dias e os anos".[83] Aos astros marcou uma órbita inalterável, de sorte que não pode haver coisa mais rápida que suas contínuas rotações, nem coisa mais regular que sua velocidade.

b) Os anjos, o céu espiritual

[17] Além do firmamento, Deus criou do nada seres de natureza espiritual, os inúmeros Anjos, cujo ministério era servir-Lhe, e assistir diante de Seu trono. Conferiu-lhes depois o admirável dom de Sua graça e poder.

Se na Bíblia está escrito: "O demônio não persistiu na verdade"[84], não padece dúvida que ele e os outros anjos rebeldes haviam [também] recebido a graça, desde o primeiro instante de sua existência.

Santo Agostinho diz a respeito: "Criou os Anjos e dotou-os de boa vontade, quer dizer, com o casto amor que os unia a Deus. Em formando a natureza [angélica], infundiu-lhes ao mesmo tempo a graça. Daí devemos concluir que os Anjos bons nunca se viram destituídos de boa vontade, isto é, de amor a Deus".[85]

Quanto ao grau da ciência [angélica], há um testemunho das Sagradas Letras: "Vós, Senhor meu Rei, sois sábio, como a sabedoria que tem um Anjo de Deus, para entendermos tudo o que se passa sobre a terra".[86]

Indicam enfim o poder dos Anjos as palavras que lhes aplica o rei Davi: "Sois poderosos e fortes, e executais a Sua vontade".[87] Por esse motivo, a Sagrada Escritura lhes dá, muitas vezes, o nome de "virtudes e exércitos do Senhor".[88]

---

82. Sl 8,4.
83. Gn 1,14.
84. Jo 8,44.
85. Santo Agostinho, *A cidade de Deus*, liv. 12, cap. 9.
86. 2 Sm 14,20.
87. Sl 102,20.
88. Sl 102,21; 23,10; 45,8; 58,6; 79,5; 83,2; Rm 8,38.

Dotados que eram, todos, de dons celestiais, muitos deles abandonaram, todavia a Deus, seu Pai e Criador. Foram, por conseguinte, derrubados de seus altos tronos, e detidos numa prisão muito escura da terra, onde agora sofrem o eterno castigo de sua soberba.

Deles escreve o Príncipe dos Apóstolos: "Deus não poupou os Anjos que pecaram, mas acorrentados os precipitou nos abismos do inferno, para serem atormentados, e tidos em reserva até o dia do juízo".[89]

c) a Terra

[18] Com o poder de Sua palavra, Deus também firmou a terra em bases sólidas, e deu-lhe um lugar no meio do Universo. Fez com que os morros se erguessem, e os campos baixassem ao nível que lhes tinha marcado. E para que as massas de água não inundassem a terra, "assentou-lhes limites dos quais não passarão, e não tornarão a cobri-la".[90]

Em seguida, revestiu a terra de árvores e de toda a sorte de flores; encheu-a também de inúmeras espécies de animais, como antes já o tinha feito com as águas e os ares.

d) O homem

[19] Por último, Deus formou do limo da terra o corpo do homem, de maneira que fosse imortal e impassível, não por exigência da própria natureza, mas por mero efeito da bondade divina.[91]

A alma, porém, Deus a criou à Sua imagem e semelhança, e dotou-a de livre arbítrio. Além de tudo, regulou os movimentos e apetites da alma, de sorte que sempre obedecessem ao império da razão. Finalmente, deu-lhe ainda o admirável dom da justiça original, e quis que tivesse o governo de todos os outros seres animados.

Estas verdades, os párocos podem facilmente examinar [mais a fundo] na santa história do Gênesis, quando fizerem a instrução dos fiéis.

---

89. 2 Pd 2,4.
90. Sl 103,5; 8,9.
91. Gn 1,1 ss.; 2,1-7.

[20] Com as noções "do céu e da terra", compreende-se, pois, a criação de todas as coisas. O Profeta Davi resumiu tudo em poucas palavras: "Vossos são os céus, e vossa é a terra. Vós criastes o orbe da terra, e tudo o que nele se contém".[92]

Com maior concisão ainda, souberam exprimir-se os Padres do Concílio de Nicéia, ao acrescentarem ao Símbolo só duas palavras: "das coisas visíveis e invisíveis".[93] Porque tudo o que o mundo abrange, e que reconhecemos como criado por Deus, ou entra pelos sentidos, e chama-se "visível", ou só pode ser percebido pela inteligência, e chama-se então "invisível".

3. Conservação e governo de todo o criado

[21] Não devemos, porém, crer que Deus é Criador e Autor de todas as coisas, de modo que, estando consumada a obra da Criação, os seres por Ele criados pudessem, em nossa opinião, continuar a subsistir sem o auxílio de Sua potência infinita.

Como tudo só existe graças à onipotência, sabedoria e bondade do Criador, todas as criaturas recairiam logo em seu nada, se Deus lhes não assistisse continuamente pela Sua Providência, e não as conservasse pelo mesmo poder que, desde o princípio, empregou para as criar. A Escritura no-lo declara em termos formais: "Como poderia subsistir alguma coisa, se Vós o não quisésseis? Como poderia conservar-se o que Vós não tivésseis chamado?"[94]

[22] Sobre conservar e governar, pela sua Providência, tudo o que existe, Deus comunica, por um impulso interior, ação e movimento a todas as coisas, conforme a propriedade que tem cada qual, de mover-se e operar.

Sem as impedir, Deus antecipa-Se a influência das causas segundas, como uma virtude oculta que se estende a todas as coisas, e, no dizer do Sábio, "atinge fortemente de um extremo a outro, e dispõe todas as coisas com suavidade".[95]

---

92. Sl 88,12.
93. Em latim são de fato duas palavras: *visibilium et invisibilium*.
94. Sb 11,26.
95. Sb 8,1.

Por esse motivo, ao anunciar aos atenienses o Deus que eles adoravam, sem O conhecerem, o Apóstolo disse-lhes: "Não está longe de cada um de nós, pois n'Ele vivemos, n'Ele nos movemos, e n'Ele subsistimos".[96]

4. A Criação, obra comum das três Pessoas

[23] O que foi dito até agora, bastará para a explicação do primeiro Artigo. Resta-nos, ainda, advertir que a Criação é obra comum de todas as três Pessoas da Santa e Indivisível Trindade.

Neste lugar, confessamos pela doutrina dos Apóstolos, que o Pai é o Criador do céu e da terra. Nas Escrituras, porém, lemos com relação ao Filho que "por Ele foram feitas todas as coisas".[97] Acerca do Espírito Santo: "O Espírito de Deus movia-Se por sobre as águas".[98] Noutro lugar: "Pela palavra do Senhor foram feitos os céus, e do hálito de Sua boca procede toda a pujança [de vida]".[99]

---

96. At 17,27 ss.
97. Jo 1,3.
98. Gn 1,2.
99. Sl 32,6.

CAPÍTULO III
SEGUNDO ARTIGO DO CREDO

"E em Jesus Cristo, seu único Filho, Nosso Senhor"

1. Utilidade da confissão do segundo artigo do Credo. — 2. Grandeza do benefício indicado neste artigo. — 3. Nada, fora de Jesus Cristo, pode redimir o gênero humano. — 4. Nenhum homem pode salvar-se sem a fé na redenção, e por isso Jesus Cristo foi profetizado muitas vezes desde o princípio do mundo.

I. "E em Jesus Cristo". — 5. Nome de Jesus, e porque convém propriamente a Cristo. — 6. Ainda que muitos tenham usado este nome, a nenhum deles o convém como a Cristo. — 7. Que significa o nome de Cristo, e por quantas razões convém a nosso Jesus.

II. "Seu único filho". — 8. De que modo devemos crer e confessar que Jesus Cristo é Filho único de Deus. — 9. Explica-se a geração eterna de Cristo com uma semelhança; seus dois nascimentos, sua única filiação. — 10. Em que sentido Cristo tem ou não tem irmãos.

III. "Nosso Senhor". — 11. Cristo é Senhor enquanto Deus e enquanto homem.

IV. Exortação ao povo cristão. — 12. Os cristãos devem entregar-se totalmente a Jesus Cristo, desprezando o mundo e o demônio.

[1] Em crer e professar o presente Artigo, encontra o gênero humano imensas e admiráveis vantagens, consoante o testemunho de São João: "Quem confessa que Jesus Cristo é o Filho de Deus, Deus permanece nele, e ele permanece em Deus".[100]

Prova-o também a palavra de Cristo Nosso Senhor, quando proclamava a bem-aventurança do Príncipe dos Apóstolos: "Bem-aventurado és tu, Simão, filho de Jonas[101], pois não foi a carne nem o sangue que te revelou isto, mas antes Meu Pai que está nos céus".[102]

Realmente, esta fé e esta profissão constituem a base mais sólida para nosso resgate e salvação.

---

100. 1Jo 4,15.
101. Bar-Jona quer dizer Filho de João.
102. Mt 16,17.

[2] Os admiráveis frutos deste Artigo aparecem com maior evidência, se considerarmos como se destruiu o venturoso estado em que Deus colocara os primeiros homens. O pároco fará, pois, todo o possível para que os fiéis reconheçam nisso a causa das misérias e desgraças que todos nós padecemos.

Adão apartou-se da obediência devida a Deus, quando violou a proibição: "De todas as árvores do Paraíso poderás comer, mas não comas da árvore da ciência do bem e do mal. No que dia dela comeres, morrerás de morte".[103]

Ele caiu logo no maior dos infortúnios, perdendo a santidade e justiça em que fora constituído, ficando sujeito a outros males, conforme ensina mais longamente o Santo Concílio de Trento.[104]

Além disso, o pároco fará ainda ver que o pecado e seu castigo não se detiveram só na pessoa de Adão; mas que de Adão, como sua fonte e origem, passaram merecidamente para toda a sua posteridade.[105]

[3] Uma vez decaído de tão alta dignidade, nada podia levantar o gênero humano e reintegrá-lo no estado primitivo, nem as forças humanas, nem as forças angélicas.

Em vista de tal ruína e desgraça, não restava, pois, outro remédio, senão o infinito poder com que o Filho de Deus, assumindo a fraqueza de nossa carne, devia destruir a infinita malícia do pecado, e pelo seu Sangue reconciliar-nos com Deus.

[4] Ora, o crer na Redenção e o professá-la sempre foram condições necessárias para a salvação dos homens. Assim Deus o ensinou, desde o início da Revelação.

No mesmo instante que condenava o gênero humano, imediatamente após o pecado, Deus fez nascer a esperança de resgate, pelas [próprias] palavras com que anunciou ao demônio a dura derrota que lhe resultaria da libertação dos homens: "Porei inimizades entre ti e a mulher, entre a tua raça e a sua descendência. Esmagará ela a tua cabeça, e tu armarás traições ao seu calcanhar".[106]

---

103. Gn 2,16-17.
104. Seção V, cânones 1 e 2 (Dz 788-789); Seção 6, capítulo 1 (Dz 793).
105. Rm 5,12.
106. Gn 3,15.

Mais tarde, Deus confirmou por muitas vezes a mesma promessa. Fez revelações mais positivas de Seus desígnios, especialmente àqueles varões, com os quais queria usar de uma benevolência toda particular. Entre outros, o patriarca Abraão recebeu frequentes indicações a respeito deste mistério.[107] Na hora, porém, em que ia imolar Isaac, seu filho único, por obediência a Deus, Abraão veio a ter revelações mais explícitas.

Deus, com efeito, lhe dissera: "Porque assim procedeste, a ponto de não poupar teu filho único, Eu te abençoarei, e multiplicarei tua descendência como as estrelas do céu, e como a areia que jaz nas praias do mar. Tua geração possuirá as cidades de teus inimigos, e em tua raça serão abençoados todos os povos da terra, porque obedeceste à minha voz".[108]

Destas palavras, era fácil reconhecer que, da posteridade de Abraão, nasceria Aquele que havia de livrar todos os homens da horrenda tirania de Satanás, e trazer-lhes a salvação. Ora, [o Libertador prometido] devia ser [também] Filho de Deus, ainda que fosse, como homem, gerado do sangue de Abraão.

Pouco tempo depois, para que se conservasse a recordação da promessa, o Senhor reafirmou a mesma aliança com Jacó, neto de Abraão.

Na ocasião de ver, durante o sono, uma escada firmada na terra, mas com a ponta a tocar o céu; e [vendo] também os Anjos de Deus que por ela subiam e desciam, como afirma a Escritura, Jacó ouviu ao mesmo tempo a voz do Senhor que, apoiado na escada, lhe dizia: "Eu sou o Senhor, Deus de teu pai Abraão, e Deus de Isaac. Dar-te-ei, a ti e a tua posteridade, a terra em que estás dormindo. E tua geração será como o pó da terra. Hás de estender-te para o Oriente e o Ocidente, para o Setentrião e o Meio-dia. Em ti e na tua geração serão abençoadas todas as tribos da terra".[109]

Posteriormente, Deus nunca deixou de renovar a recordação de Sua promessa, nem de manter a esperança do Salvador, não só entre os filhos de Abraão, mas também entre muitos outros homens.

Desde a consolidação do regime político e da religião judaica, o povo ia ficando cada vez mais ciente dessa expectativa. As coisas mudas[110] torna-

---

107. Gn 12,3; 17,15-16; 18,18.
108. Gn 22,16-17.
109. Gn 28,12-14.
110. Por exemplo, a estrela de Jacó (Nm 24,17; Mt 2,2).

vam-se sinais [da Redenção]. Homens houve que anunciavam quais e quantos benefícios havia de trazer-nos Jesus Cristo, nosso Salvador e Redentor.

Os Profetas, cujo espírito era aclarado por uma luz celestial, falavam diante do povo, e anunciavam-lhe o nascimento do Filho de Deus, as obras admiráveis que havia de praticar depois da Sua Encarnação, Sua doutrina, Seus costumes, Seu trato, Sua Morte e ressurreição, e os outros mistérios.[111]

Falavam com tanta clareza de todos estes fatos, como se os tivessem presentes à própria vista. Se, pois, abstrairmos da distância que medeia entre o passado e o futuro, já não podemos notar nenhuma diferença entre os oráculos dos Profetas e a pregação dos Apóstolos, entre a fé dos antigos patriarcas e a nossa própria fé atual.

Mas bom será passarmos, agora, a tratar cada um dos termos do presente Artigo.

I. E EM JESUS CRISTO

1. Jesus

[5] Jesus é o nome próprio d'Aquele que é Deus e homem ao mesmo tempo. Significa "Salvador". Não Lhe foi posto casualmente, por escolha e vontade dos homens, mas por ordem e intenção de Deus.

Assim o declarou o Anjo Gabriel a Maria, Sua Mãe: "Eis que conceberás em teu seio, e darás à luz um filho, a quem porás o nome de Jesus".[112] E depois ordenou a José, esposo da Virgem, desse tal nome ao menino, e indicou-lhe ao mesmo tempo as razões por que devia chamar-Se assim: "José, filho de Davi, não tenhas receio de levar para tua casa Maria, tua esposa; pois o que nela foi concebido, obra é do Espírito Santo. Portanto, ela há de dar à luz um filho, a quem porás o nome de Jesus, porque Ele há de remir Seu povo de seus pecados".[113]

[6] Verdade é que, nas Escrituras, se nos deparam muitas pessoas com esse mesmo nome. Assim se chamava o filho de Navé[114] que sucedeu

---

111. Por exemplo, Isaías (7,44; 8,3; 9,6; 11,13; 53 per totum), Jeremias (23,5; 30,9), Daniel (7,13; 9,24), e outros.
112. Lc 1,31.
113. Mt 1,20-21.
114. Josué muitas vezes é chamado de Jesus pelos Setenta (Eclo 46, 1)

a Moisés; teve o privilégio, negado a seu antecessor, de levar à Terra de Promissão o povo que o mesmo Moisés havia arrancado do cativeiro do Egito. Assim se chamava também o filho de Josedec, sumo-sacerdote.[115]

A nosso ver, com quanto mais acerto não se deve atribuir esse nome a Nosso Salvador! A Ele que deu luzes, liberdade e salvação, já não a um povo singular, mas a todos os homens de todas as épocas. A Ele que os livrou, não diremos da fome ou da opressão do Egito e da Babilônia, mas das sombras da morte em que estavam sentados[116], presos com os duríssimos grilhões do pecado e do demônio. A Ele que lhes adquiriu o direito à herança do Reino dos céus, e os reconciliou com o Pai Eterno.

Naquelas pessoas[117] não vemos senão uma figura de Cristo Nosso Senhor, que de tantos benefícios cumulou o gênero humano, como acabamos de explicar.

Além do mais, todos os outros nomes que, segundo as profecias, deviam ser dados ao Filho de Deus, estão já incluídos nesse único nome de "Jesus". Cada um deles exprime aspectos parciais da salvação que nos devia trazer; ao passo que o nome de Jesus abrange, por si só, o resgate do gênero humano, em toda a sua extensão e eficácia.[118]

2. Significação de "Cristo"

[7] Ao nome de Jesus também se acrescentou o de "Cristo", cuja significação é "Ungido". Serve para designar uma dignidade e um ministério. Não é próprio de uma só categoria, mas é uma designação comum de várias funções.

Na antiguidade, nossos pais chamavam de "cristos" aos sacerdotes e aos reis, porquanto Deus ordenara que fossem ungidos, em atenção à dignidade de seu ministério.

Sacerdotes são aqueles que, por meio de orações contínuas, recomendam o povo a Deus. São eles que oferecem sacrifícios a Deus, e rogam pelo povo com o poder de sua intercessão.[119]

---

115. Eclo 49,14; Agg 1,1.
116. Lc 1,79.
117. ... isto é, nos homônimos de Jesus no Antigo Testamento.
118. Is 7,14; 8,8; 9,6; Jr 23,6.
119. Nm 16,46-50; Sb 18,20-25; Hb 5,1-4.

Aos reis, porém, está confiado o governo dos povos. Seu dever primordial é salvaguardar a autoridade das leis, proteger a vida dos inocentes, e punir a audácia dos criminosos.

Ambos os ministérios são, pois, uma imagem da majestade de Deus, aqui na terra. Por isso, os que eram eleitos para a dignidade real ou sacerdotal, recebiam a unção do óleo santo.[120]

Era também costume ungirem-se os Profetas. Na qualidade de intérpretes e mensageiros do Deus imortal, eles revelavam os segredos do céu, e com salutares conselhos e predições do futuro nos exortavam à regeneração dos costumes.

Ora, quando veio a este mundo, Nosso Salvador Jesus Cristo tomou sobre Si o tríplice encargo e função de profeta, de sacerdote e de rei. Por esse motivo é que foi chamado "Cristo", e ungido para o desempenho daqueles ministérios. Não o foi, contudo, por obra de nenhum mortal, mas pela virtude do Pai Celeste. Não o foi com uma unção de óleo terrestre, mas de óleo espiritual, quando em Sua Alma santíssima se derramaram a graça, a plenitude e os dons do Espírito Santo, em tal superabundância que nenhuma outra criatura a poderia jamais comportar.

É o que muito bem exprime o Profeta, quando interpela o próprio Redentor: "Vós amastes a justiça, e aborrecestes a iniquidade. Por isso Deus, o vosso Deus, vos ungiu com óleo de alegria na presença de vossos companheiros".[121] A mesma ideia, Isaías a exprime com muito mais clareza, na passagem seguinte: "O Espírito do Senhor está sobre Mim, porque o Senhor Me ungiu, e Me enviou para pregar aos que são mansos".[122]

Jesus Cristo foi, portanto, o Profeta e Mestre supremo que nos ensinou a vontade de Deus, e cuja doutrina fez ao mundo conhecer o Pai Celestial. Cabe-lhe o nome de Profeta com maior glória e distinção, porquanto não passavam de discípulos Seus todos aqueles que [anteriormente] tiveram a honra desse nome, e que não foram enviados senão para anunciar o Profeta por excelência, que viria salvar todos os homens.[123]

Cristo foi também Sacerdote, não na ordem pela qual na Antiga Lei os sacerdotes procediam da tribo de Levi, mas por aquela que o profeta Davi exaltou em seu vaticínio: "Vós sois sacerdote eternamente, segundo

---

120. 1Sm 10,1; 16,13; Ex 19,21; 30,30.
121. Os 44,8.
122. Is 61,1.
123. Dt 18,15.

a ordem de Melquisedec".[124] Na epístola aos Hebreus, o Apóstolo explana detidamente o fundo desta passagem.[125]

Reconhecemos, igualmente, que Cristo é Rei, não só como Deus, mas também enquanto Homem, participante de nossa natureza. De Sua dignidade real disse o Anjo: "Há de reinar eternamente na casa de Jacó, e Seu reino não terá fim".[126]

Esse Reino de Cristo é espiritual e eterno. Começa na terra, e consuma-se no céu. É com admirável providência que Cristo presta os ofícios de Rei à Sua Igreja. Ele a governa; defende-a dos ataques e embustes do inimigo; prescreve-lhe leis; comunica-lhe santidade e justiça; proporciona-lhe, ainda por cima, força e meios de perseverar.

Nos limites deste Reino, existem bons e maus. Por direito, fazem parte dele todos os homens.

No entanto, aqueles que levam uma vida pura e santa, segundo os Seus Mandamentos, chegam a sentir, mais do que os outros, a suma bondade e benevolência de nosso Rei.

Este Reino, porém, não Lhe foi adjudicado por direito de herança ou sucessão humana, ainda que Cristo descendesse dos reis mais ilustres. Era Rei, porque Deus reuniu em Sua humanidade tudo o que a natureza humana podia comportar de poder, grandeza e dignidade. Entregou-Lhe, portanto, o governo do mundo inteiro. E Cristo já começou a dominar, mas só no dia do Juízo é que todas as coisas se curvarão plena e incondicionalmente, à Sua autoridade.

II. SEU ÚNICO FILHO

[8] São mais profundos ainda os mistérios que estas palavras nos propõem a respeito de Jesus. Levam os fiéis a crer piedosamente que é Filho de Deus, e verdadeiro Deus como o Pai, que O gerou desde toda a eternidade.

Além disso, confessamos que é a Segunda Pessoa da Santíssima Trindade, perfeitamente igual às duas outras Pessoas Divinas. Nenhuma desigualdade ou diferença pode haver, ou imaginar-se nas três Pessoas

---
124. Sl 109,4.
125. Hb 5,5 ss.
126. Lc 1,32.

divinas, porque em todas elas reconhecemos a existência de uma só natureza, de uma só vontade, de um só poder.

Esta verdade nos é apresentada em muitos lugares da Sagrada Escritura. O mais claro, todavia, é o testemunho de São João: "No princípio era o Verbo, e o Verbo estava com Deus, e o Verbo era Deus".[127]

Ouvindo, porém, que Jesus é Filho de Deus, não nos ponhamos a imaginar que em Sua geração exista algo de terreno ou mortal. O ato pelo qual o Pai gera ao Filho desde toda a eternidade, não o podemos absolutamente perceber com a inteligência, e muito menos compreendê-lo de maneira adequada. Devemos, no entanto, acreditá-lo com firmeza, e adorá-lo com a maior devoção de nossa alma. Como que arrebatados de admiração pelo Mistério, cumpre-nos exclamar com o Profeta: "Quem poderá explicar a Sua geração?"[128]

Deve crer-se, portanto, que o Filho tem a mesma natureza, o mesmo poder, a mesma sabedoria que o Pai, conforme o confessamos mais explicitamente no Símbolo de Nicéia: "E em Jesus Cristo, Filho Unigênito de Deus, e gerado pelo Pai antes de todos os séculos, Deus de Deus, Luz de Luz, verdadeiro Deus de Deus verdadeiro, gerado, não feito, da mesma substância que o Pai, e pelo qual foram feitas todas as coisas".[129]

[9] De todas as comparações que se fazem, para explicar o modo e a razão de ser desta geração eterna, nenhuma parece tão próxima da realidade, como aquela que se tira da formação do pensamento em nossa alma. Por isso, São João dá o nome de "Verbo" ao Filho de Deus.

Como nossa alma, reconhecendo-se até certo grau, concebe uma imagem de si mesma, imagem que os teólogos chamam de "verbo"[130]; assim também, quanto as coisas humanas podem comparar-se com as divinas, Deus, reconhecendo-Se a Si mesmo, gera o Verbo Eterno.

No mais, é preferível contemplar simplesmente o que a fé nos propõe, e crer e confessar, com sinceridade, que Jesus é verdadeiro Deus e verdadeiro Homem.

Como Deus, foi gerado pelo Pai antes de todos os séculos; como Homem, nasceu no tempo, de Sua Mãe a Virgem Maria.

---

127. Jo 1,1.
128. Is 53,8.
129. Símbolo de Niceia.
130. ... *verbum mentis*.

Posto que em Cristo se deve admitir um duplo nascimento, cremos, todavia, que há um só Filho. É pois uma e a mesma Pessoa, na qual se unem as naturezas divina e humana.

[10] Da parte da geração divina, Cristo não tem irmãos nem coerdeiros, visto ser Ele o Filho Único do Pai, enquanto nós homens somos apenas uma formação e obra de Suas mãos.[131]

Se no entanto considerarmos Sua origem humana[132], veremos que Cristo não só dá a muitos o nome de "irmãos", mas também os trata realmente como tais, para que com Ele alcancem ao mesmo tempo a glória da herança paterna. São aqueles que pela fé receberam a Cristo Nosso Senhor[133], e por obras de caridade comprovam a fé que professam de boca. Eis por que o Apóstolo Lhe chamou o "Primogênito entre muitos irmãos".[134]

III. NOSSO SENHOR

1. Jesus, nosso "Senhor"

[11] Entre as muitas afirmações da Sagrada Escritura a respeito de Nosso Salvador, não é difícil reconhecer que umas Lhe convêm como a Deus, outras como a Homem.

Das duas naturezas diversas, [Cristo] recebeu também as diversas propriedades. Assim dizemos, com toda a verdade, que Cristo é onipotente, eterno, imenso. Estes atributos Lhe advêm da natureza divina. E dizemos também que Ele sofreu, morreu e ressurgiu. Ninguém duvida que tais fatos só podem ser atribuídos à natureza humana.

Mas existem ainda outros atributos que convêm a ambas as naturezas, como o nome de "Nosso Senhor", que ora Lhe damos. Se, portanto, este nome se aplica a uma e outra natureza, é com toda a razão que Cristo deve ser chamado "Nosso Senhor".

Do mesmo modo que Ele é Deus eterno como o Pai, assim é também, como o Pai, Senhor de todas as coisas. Como Ele e o Pai não são dois deuses diversos, mas inteiramente o mesmo Deus, assim também Ele e o Pai não são dois Senhores diferentes.

---

131. Is 64,8.
132. Hb 2,12.
133. Lc 8,21; Jo 1,12-13.
134. Rm 8,29.

Com razão é chamado "Nosso Senhor" também em Sua condição de Homem. Há muitos títulos que o justificam. Em primeiro lugar, por ser nosso Redentor, e nos ter livrado de nossas culpas, recebeu por direito o poder de ser e chamar-se verdadeiramente "Nosso Senhor".

É o que nos ensina o Apóstolo: "Humilhou-se a Si mesmo, fazendo-Se obediente até a morte, e morte de cruz. Por essa razão, Deus também O exaltou e Lhe deu um nome que fica acima de todos os nomes, para que ao Nome de Jesus se dobre todo joelho, dos que estão no céu, na terra, e nos infernos; e toda língua proclame que Jesus Cristo está na glória de Deus Pai".[135] Após a Ressurreição, Cristo disse de Si mesmo: "A Mim foi dado todo o poder no céu e na terra".[136]

Em segundo lugar, é chamado "Senhor" também, porque reúne numa só Pessoa duas naturezas, a divina e a humana. Ainda que Cristo por nós não morresse, contudo essa admirável união Lhe teria merecido o título de soberano Senhor de todas as coisas criadas, em particular dos fiéis que Lhe prestam obediência, e que O servem com o maior afeto de seu coração.

2. *Exortação ao povo cristão*

[12] Como nos resta ainda dizer, o pároco inculcará aos fiéis que, levando nós de Cristo o nome de cristãos, não podemos ignorar os imensos benefícios de que Ele nos cumulou, máxime a bondade com que, pela luz da fé, nos fez conhecer todos estes mistérios. Convém, pois, e força é repeti-lo, que nós — com maior obrigação que os outros mortais — para sempre façamos entrega e consagração de nós mesmos a Nosso Senhor e Redentor, na qualidade de escravos totalmente Seus.

Na verdade, assim o prometemos à porta da igreja, quando recebíamos a iniciação do Batismo. Ali declaramos que renunciávamos a Satanás e ao mundo, para nos consagrarmos inteiramente a Jesus Cristo.

Mas, desde que, para entrar na milícia cristã, nos entregamos a Nosso Senhor, por tão santo e solene compromisso, que castigo não mereceríamos, se, depois de entrar no grêmio da Igreja, depois de conhecer a vontade e os preceitos de Deus, depois de receber a graça dos Sacramentos, fôssemos viver segundo as leis e normas do mundo e do demônio, como

---
135. Fl 2,8 ss.
136. Mt 28,18.

se no dia do Batismo nos houvéssemos alistado no serviço do mundo e do demônio, e não de Cristo Nosso Senhor e Redentor.

Em vista de tanto amor e benignidade para conosco, que coração se não sentiria abrasado de amor por tão grande Senhor? Apesar de nos ter debaixo de Seu poder e domínio, servos que somos remidos pelo Seu sangue, Cristo nos ama com tais extremos que já não nos chama de servos, mas de amigos e irmãos.[137] Esta é, sem dúvida, a mais justa, e talvez a mais forte de todas as razões por que devemos para todo o sempre reconhecê-lO, venerá-lO e servi-lO como Nosso Senhor.

---

137. Jo 15,14-15.

CAPÍTULO IV
TERCEIRO ARTIGO DO CREDO

"O qual foi concebido do Espírito Santo, nasceu de Maria Virgem"

I. "O qual foi concebido do Espírito Santo". — 1. Que nos propõe para crer o terceiro artigo do Credo. — 2. Na Encarnação do Verbo Divino houve união perfeita, mas sem confusão, das naturezas divina e humana. — 3. A Encarnação não foi só obra do Espírito Santo. — 4. Na Encarnação, algumas coisas se realizaram naturalmente, e outras sobrenaturalmente. — 5. Cristo não é filho adotivo de Deus. — 6. O que principalmente se deve meditar sobre a primeira parte deste artigo.
II. "Nasceu de Maria Virgem". — 7. Como se entende Cristo ter nascido de Maria Santíssima — 8. Cristo nasceu da Virgem Maria excedendo a ordem da natureza. — 9. Muito acertadamente chamamos Cristo segundo Adão, e Maria segunda Eva. — 10. Figuras que representaram a concepção e nascimento de Cristo, e profecias que a anunciaram.
III. Considerações sobre a concepção e nascimento de Cristo. — 11. Com muita frequência se deve inculcar ao povo cristão o mistério da Encarnação, e o proveito que se terá ao meditá-lo.

[1] Das explicações dadas no Artigo anterior, podem os fiéis deduzir como é grande e singular o benefício que Deus fez ao gênero humano, por nos livrar da escravidão do mais cruel dos tiranos, por nos restituir [assim] a liberdade. Mas, atentando no plano e nos meios que Deus quis empregar para a nossa libertação, nada podemos conceber de mais grandioso, nem de mais brilhante, do que a bondade e munificência de Deus para conosco.

1. "O QUAL FOI CONCEBIDO DO ESPÍRITO SANTO"

É, pois, na explanação do terceiro Artigo que o pároco irá mostrando a grandeza deste mistério. A Sagrada Escritura no-lo propõe, frequentes vezes, como fator fundamental de nossa salvação.

Ensinará como seu sentido se resume em crermos e confessarmos que o mesmo Jesus Cristo, nosso único Senhor e Filho de Deus, assumindo carne humana no seio da Virgem pela nossa salvação, não foi concebido por meio de varão, como os outros homens, mas por obra do Espírito Santo[138], acima de todas as leis da natureza, de sorte que a mesma Pessoa permaneceu Deus, qual era desde toda a eternidade, e tornou-Se então Homem, o que antes nunca tinha sido.[139]

O que prova, claramente, ser este o sentido destas palavras, é a profissão de fé do Sagrado Concílio de Constantinopla: "O qual desceu dos céus, por amor de nós homens, e por causa de nossa salvação; e encarnou de Maria Virgem por obra do Espírito Santo, e Se fez Homem".

Assim também o explicou São João Evangelista que, do peito do próprio Senhor e Salvador, havia haurido o conhecimento deste profundo mistério. Depois de ter explicado a natureza do Verbo Divino com as palavras: "No princípio era o Verbo, e o Verbo estava com Deus, e o Verbo era Deus"[140]; conclui por fim: "E o Verbo Se fez carne, e habitou entre nós".[141]

[2] O Verbo, que é uma Pessoa[142] da natureza divina, assumiu de tal forma a natureza humana que uma e a mesma Pessoa é o "suporte"[143] das naturezas divina e humana.

Daí resultou que, nessa admirável união, se conservaram as operações e propriedades de uma e outra natureza. E na frase do célebre Pontífice São Leão Magno, "nem a glória da natureza superior destruiu a inferior, nem a elevação da natureza inferior diminuiu a dignidade da superior".[144]

[3] Sendo essencial explicar bem as noções, o pároco ensinará as seguintes particularidades. Quando dizemos que o Filho de Deus foi concebido por obra do Espírito Santo, não afirmamos que esta Pessoa da Santíssima Trindade consumou sozinha o mistério da Encarnação. Ainda que só o Filho assumiu a natureza humana, nem por isso deixaram de ser autoras deste mistério todas as três Pessoas da Santíssima Trindade, o Pai, o Filho, e o Espírito Santo.

---

138. Mt 1,20.
139. Jo 1,24.
140. Jo 1,1.
141. Jo 1,14.
142. Em latim: *Hypostasis*.
143. ... hipóstase.
144. Sermão 1, de *Nativitate Domini*, cap. 2.

Em geral, devemos ter como norma de fé cristã: Tudo o que Deus opera fora de si nas coisas criadas, é obra comum das três Pessoas. Uma não opera mais do que as outras, nem uma sem as outras.

A única coisa que não pode ser comum a todas Pessoas, é o modo de proceder a uma da outra. Com efeito, só o Filho é gerado pelo Pai, o Espírito Santo procede do Pai e do Filho.

Tudo, porém, o que operam para fora, é obra comum das três Pessoas, sem diferença alguma. A esta espécie de operação pertence a Encarnação do Filho de Deus.

Apesar disso, a Sagrada Escritura costuma, das coisas que são comuns às três Pessoas, atribuir umas a esta Pessoa, outras àquela, como por exemplo, ao Pai o supremo poder sobre todas as coisas, ao Filho a sabedoria, e o amor ao Espírito Santo.

Como o mistério da Encarnação de Deus nos revela a singular e imensa benignidade de Deus para conosco, é por esse motivo que, de modo particular, atribuímos essa operação ao Espírito Santo.

[4] Verifica-se, neste mistério, que alguns elementos superam a ordem da natureza, e que outros lhe são conformes.

Cremos que o Corpo de Cristo se formou do sangue da Virgem Sua Mãe, e nisso reconhecemos uma operação da natureza humana. É lei natural que todo corpo humano se forme do sangue materno.

Mas, o que ultrapassa a ordem natural das coisas, e supera a força de nossa inteligência é o fato de que, no instante de consentir a bem-aventurada Virgem às palavras do Anjo, declarando: "Eis aqui a escrava do Senhor, cumpra-se em mim a Vossa palavra", logo começou a formar-se [nela] o santíssimo Corpo de Cristo, ao qual se uniu uma alma dotada de inteligência, de sorte que, no mesmo instante, o Deus perfeito se tornou perfeito homem.[145]

Ninguém pode duvidar que esta foi uma nova e admirável obra do Espírito Santo, pois segundo a ordem da natureza a alma humana não pode informar nenhum corpo, senão em certo lapso de tempo.[146]

---

145. Lc 1,38.
146. O Catecismo Romano alude à doutrina de Santo Tomás (SG 2 89, ad object. secundam), segundo a qual o embrião admite três almas sucessiva, primeiro a vegetativa, depois a animal, por último a racional. Entretanto, hoje em dia os teólogos sustentam, unanimamente, que a animação do corpo é realizada no exato momento da concepção; e portanto é necessário inclui-la dentro das coisas realizadas segundo a ordem natural, e não considerá-la como exclusiva de Cristo e Maria.

Acresce ainda outro fato, digno de maior admiração. Tanto que a alma se uniu ao corpo, a própria Divindade se uniu também ao corpo e à alma. Por conseguinte, logo que o corpo foi formado, e simultaneamente animado, a Divindade ficou ligada tanto ao corpo como à alma.

Daí se segue que, no mesmo instante, Deus perfeito veio a ser perfeito homem; e que a Santíssima Virgem pode, verdadeira e propriamente, ser chamada Mãe de Deus, porque no mesmo instante concebia a Deus e ao Homem.

É o que também lhe foi significado, quando o Anjo lhe dissera: "Eis que conceberás no teu seio, e darás à luz um Filho, a quem porás o nome de Jesus. Este será grande, e chamar-Lhe-ão Filho do Altíssimo".[147] E por este fato se realizou a profecia de Isaías: "Eis que uma Virgem conceberá, e dará à luz um Filho".[148]

Assim também reconheceu Isabel a conceição do Filho de Deus, quando toda cheia do Espírito Santo prorrompeu nas palavras: "Donde me vem esta graça de chegar a mim a Mãe do meu Senhor?"[149]

Mas, como acabamos de dizer, o Corpo de Cristo se formou do puríssimo sangue da Virgem toda Imaculada, sem nenhuma interferência de varão, mas unicamente pela virtude do Espírito Santo.

Assim também a Sua Alma recebeu, desde o primeiro instante da conceição, a mais rica abundância do Espírito Santo e toda a plenitude de [Seus] dons e carismas. Segundo o testemunho de São João[150], Deus "não Lhe dá o Espírito por medida", como aos outros homens, aos quais reveste de graça e santidade, mas infundiu-Lhe na alma todas as graças com tanta profusão, que "de Sua plenitude todos nós recebemos".[151]

[5] No entanto, Cristo não pode ser chamado Filho adotivo de Deus, ainda que teve aquele Espírito, pelo qual os homens justificados conseguem a adoção de filhos de Deus.[152] Sendo Ele Filho de Deus por natureza, deve crer-se que de modo algum Lhe cabe a graça de adoção, nem o título de Filho adotivo.

---

147. Lc 1,31.
148. Is 7,14.
149. Lc 1,43. — RK antepõe esta passagem ao texto de Isaías, afastando-se de Manucci. — Dz 111a, 113, 201-202, 214 218, 256 ss. 290, 708, 993, 1462.
150. Aqui se fala de João Batista.
151. Jo 1,16.
152. Rm 8,15; Dz 229, 309, 314a, 344, 462.

[6] São estas as explicações que, em nosso sentir, devíamos dar a propósito do admirável mistério da Encarnação.

Para tirar delas frutos salutares, devem os fiéis antes de tudo recordar, e muitas vezes meditar, de coração, os pontos seguintes:

É Deus Aquele que assumiu carne humana. Fez-Se Homem por uma via que nossa razão não alcança, que nossa linguagem não pode muito menos exprimir. Fez-Se Homem, enfim, porque queria que nós homens renascêssemos como filhos de Deus.

Após atenta consideração destas verdades, os fiéis devem crer e adorar, com espírito crente e humilde, todos os mistérios contidos no presente Artigo. Mas não se ponham a inquiri-los e esquadrinhá-los por mera curiosidade. Tal pretensão nunca deixa de ter os seus perigos.

II. NASCEU DE MARIA VIRGEM

[7] Esta é a segunda parte do presente Artigo. O pároco fará todo o empenho de explicá-la acuradamente, porque impõe aos fiéis a obrigação de crerem que Jesus Nosso Senhor não só foi concebido por obra do Espírito Santo, mas também nasceu de Maria Virgem, e por ela foi posto neste mundo.

O Anjo foi o primeiro a anunciar ao mundo esta mensagem de felicidade, e suas palavras nos dão a entender, com quanta alegria e elevação de espírito não devemos meditar este mistério da fé: "Eis que venho anunciar-vos uma grande alegria para todo o povo". E também os cantares da milícia celeste: "Glória a Deus nas alturas, e paz na terra aos homens de boa vontade!"[153]

Desde aquele instante, começou realmente a cumprir-se a grandiosa promessa de Deus a Abraão, quando lhe dissera que, um dia, "todos os povos seriam abençoados em sua descendência".[154] Maria, a quem proclamamos e veneramos como verdadeira Mãe de Deus, por ter dado à luz aquela Pessoa que era ao mesmo tempo Deus e Homem, [Maria] descendia da estirpe real de Davi.[155]

---

153. Lc 2,10-14.
154. Gn 22,18.
155. Mt 1,1-17.

[8] Se a conceição de Cristo já excede toda a ordem da natureza, em Seu nascimento nada podemos contemplar que não seja de caráter divino.

O que há de mais admirável, o que sobrepuja a tudo quanto o homem possa dizer ou imaginar, é o fato de nascer Ele de Sua Mãe, sem que daí resultasse a menor lesão da virgindade materna.

Assim como mais tarde saiu do sepulcro fechado e selado; assim como "entrou para junto de Seus Discípulos, apesar das portas fechadas"[156]; assim como, na observação diária da natureza, vemos os raios solares atravessarem um vidro compacto, sem o quebrar, e sem lhe fazer o menor estrago; — assim também, e de maneira mais sublime, nasceu Jesus Cristo do seio de Sua Mãe, sem nenhum dano para a integridade materna.

É, pois, com os mais justos louvores que, em Maria, enaltecemos uma virgindade perpétua e intemerata. Operado foi este milagre pela virtude do Espírito Santo. De tal modo assistiu a Mãe na conceição e no nascimento do Filho que, dando-lhe fecundidade, lhe conservou, todavia a virgindade.[157]

[9] De vez em quando, costuma o Apóstolo designar a Cristo como o "segundo Adão"[158], e confrontá-lO com o primeiro Adão. Realmente, assim como pelo primeiro Adão todos os homens sofrem a morte, assim pelo segundo são todos novamente chamados à vida. Assim como Adão foi pai do gênero humano segundo as leis da natureza, assim também Cristo é [para todos] o autor da graça e bem-aventurança.

Por analogia, podemos igualmente comparar com Eva a Virgem Mãe [de Deus]. À primeira Eva corresponde a segunda, que é Maria; assim como acabamos de mostrar que o segundo Adão — Cristo — corresponde ao primeiro Adão.

Por ter dado crédito à serpente[159], Eva acarretou maldição e morte ao gênero humano. Maria acreditou nas palavras do Anjo[160], e obteve

---

156. Jo 20,19.
157. O vulgo entre nós confunde "intemerato" com "intrépido". Dz 113, 201 ss. 214, 256, 282, 1314.
158. 1Cor 15,21-32; Rm 5,14.
159. Gn 3,6; Eclo 25,33.
160. Lc 1,38.

que aos homens viesse [novamente] bênção e vida.¹⁶¹ Por culpa de Eva, nascemos filhos da ira¹⁶²; por Maria recebemos Jesus Cristo, que nos faz renascer como filhos da graça.¹⁶³ A Eva foi dito: Em dores darás a luz [teus] filhos".¹⁶⁴ Maria ficou isenta desta lei. Conservando a integridade de sua virginal pureza, como dizíamos há pouco, Maria deu à luz a Jesus, Filho de Deus, sem sofrer dor de espécie alguma.

[10] Visto serem tão grandes e tão numerosos os mistérios desta admirável conceição e nascimento, convinha que a Divina Providência os fizesse anunciar, por meio de muitas figuras e profecias.

Esta é a razão por que os Santos Doutores aplicaram a este mistério muitos trechos, que lemos em vários lugares da Sagrada Escritura. Entre os quais se fala principalmente daquela porta do Santuário, que Ezequiel viu fechada¹⁶⁵; daquela pedra que se desprendeu do monte, "sem a intervenção de mãos humanas", como diz Daniel, "a qual se avolumou em grande montanha, e encheu toda a superfície da terra"¹⁶⁶; da "vara de Aarão, a única que deitou rebentos, entre as varas dos príncipes de Israel"¹⁶⁷; da "sarça, que Moisés viu arder sem se consumir".¹⁶⁸

A história do natal de Cristo foi amplamente descrita pelo Santo Evangelista.¹⁶⁹ Não julgamos, pois, necessário entrar aqui em outros pormenores, porque o pároco os encontrará facilmente na leitura do Evangelho.

III. CONSIDERAÇÕES SOBRE A CONCEPÇÃO E NASCIMENTO DE CRISTO

[11] Como estes mistérios "foram escritos para nosso ensinamento"¹⁷⁰, faça o pároco por incuti-los profundamente no espírito e no coração dos fiéis. Antes de tudo, para que a recordação de tão grande

---

161. Ef 1,3.
162. Ef 2,3.
163. Gl 4,4-7.
164. Gn 3,16.
165. Ez 44,2.
166. Dn 2,34-35.
167. Nm 17,8.
168. Ex 3,2.
169. Lc 2.
170. Rm 15,4.

benefício os leve a render graças a Deus, que é o Seu autor. Depois, para que tenham diante dos olhos, e tratem de imitar este egrégio e singular exemplo de humildade.

Realmente, que pode haver de mais útil e mais próprio, para humilhar nosso orgulho e arrogância espiritual, do que considerar muitas vezes como Deus Se humilha, a ponto de tomar sobre Si a fraqueza e fragilidade humana; como Deus Se fez homem, e põe a serviço do homem Sua soberana e infinita majestade, a cujo aceno — no dizer da Escritura — as colunas do céu vacilam e tremem de pavor[171]; como veio afinal nascer na terra Aquele, a quem os Anjos adoram nos céus.[172]

Ora, se Deus faz tanto por nós, que nos incumbe fazer de nossa parte, para realizar a Sua vontade? Com quanta alegria e prontidão de espírito não devemos, pois, amar, abraçar, e cumprir todos os deveres que nos impõe a humildade!

Devem os fiéis tomar a peito as salutares lições que Cristo nos dá, desde o seu nascimento, antes até de ter proferido a menor palavra. Nasce na indigência. Nasce, como [nasceria] um estranho na estalagem. Nasce em tosca manjedoura. Nasce no rigor do inverno.

Eis o que relata São Lucas: "E quando ali estavam, aconteceu completar-se o tempo em que devia dar à luz. E deu à luz o seu Filho Primogênito, envolveu-O em faixas, e reclinou-O numa manjedoura; pois não havia lugar para eles na estalagem".[173]

Poderia o Evangelista exprimir, em termos mais humildes, toda a majestade e glória do céu e da terra? Não escreve, apenas, que não havia lugar na estalagem, mas que o não havia para Aquele, que de Si declarou: "Minha é a redondeza da terra, e Minhas são todas as coisas de que se acha repleta".[174] Outro Evangelista dá o mesmo testemunho: "Veio para o que era Seu, e os seus não O receberam".[175]

Levando em conta estes fatos, os fiéis devem ainda lembrar-se que, se Deus quis assumir a baixeza e fragilidade de nossa carne, foi para elevar o gênero humano ao mais alto grau de honra e dignidade. Com efeito, como prova da eminente posição e dignidade, a que a bondade divina

---

171. Jó 26,11.
172. Ap 7,11; Sl 96,7.
173. Lc 2,6-7.
174. Sl 49,12.
175. Jó 1,11.

exaltou o homem, basta existir realmente um Homem que, ao mesmo tempo, é perfeito e verdadeiro Deus.

Por conseguinte, podemos gloriar-nos de que o Filho de Deus é "nossa carne e osso".[176] É uma regalia que não se aplica nem aos próprios espíritos bem-aventurados, porquanto diz o Apóstolo: "Não assumiu a natureza dos Anjos, mas a linhagem de Abraão".[177]

 Sem embargo, devemos cuidar para que não nos aconteça, para nossa maior desgraça, o que sucedeu na estalagem de Belém, onde faltava lugar para Jesus nascer; que, já não nascendo corporalmente, não possa Ele descobrir em nossos corações um lugar, para nascer espiritualmente. Nascer dentro de nossas almas é o que Jesus quer, com toda a veemência, pois a nossa salvação é o objeto de Sua maior solicitude.

Assim como Ele Se fez homem por obra do Espírito Santo, e nasceu de uma maneira que supera as leis da natureza; assim como Ele é santo, e representa [em pessoa] a própria santidade; assim também devemos nós nascer "não do sangue, nem do desejo da carne, mas de Deus"[178]; e depois "levar uma vida nova"[179], como "novas criaturas"[180], para conservarmos aquela santidade e pureza de espírito, que é o maior apanágio dos homens regenerados pelo Espírito de Deus.

Destarte, reproduziremos em nós uma certa imagem e semelhança da Santa Conceição e do Santo Nascimento do Filho de Deus. Esta possibilidade constitui para nós o objeto de uma fé inabalável. E na posse desta fé[181], contemplamos enlevados, e adoramos a "sabedoria de Deus no Mistério[182], a qual se acha encoberta".[183]

---

176. Gn 29,14.
177. Hb 2,16.
178. Jo 1,13.
179. Rm 6,4.
180. 2 Cor 5,17.
181. ... em nosso renascimento.
182. ... da Encarnação.
183. 1Cor 2,7.

CAPÍTULO V
QUARTO ARTIGO DO CREDO

"Padeceu sob o poder de Pôncio Pilatos, foi crucificado, morto e sepultado"

1. Necessidade de saber o quarto artigo, e o sentido de sua primeira parte.

I. "Padeceu". — 2. A alma de Cristo, segundo a parte inferior, sentiu os tormentos como se não houvesse estado unida com a Divindade.

II. "Sob o poder de Pôncio Pilatos". — 3. Por que se expressa no Credo que Cristo padeceu sob o governador da Judéia.

III. "Foi crucificado". — 4. Não foi casualidade, mas disposição de Deus, que Cristo morresse na Cruz — 5. Há de explicar-se frequentemente ao povo cristão a história da paixão de Cristo.

IV. "Morto e sepultado". — 6. Que se propõe à nossa fé com as palavras morto e sepultado. — 7. Cristo não morreu contra sua vontade nem forçado, mas por amor de nós. — 8. Por que se diz que Cristo não só morreu, mas também foi sepultado. — 9. Duas coisas que principalmente se devem observar acerca da paixão e sepultura de Cristo.

V. Considerações sobre o mistério da Paixão. — 10. Como se deve contemplar o benefício da paixão e morte de Cristo. — 11. Cristo padeceu para expiar o pecado original e os atuais; quem professa a religião cristã e o ofende, crucifica-no outra vez. — 12. Cristo foi entregue à paixão por seu Pai, e também por Si mesmo. — 13. Quão acerba foi a paixão de Cristo no corpo e na alma. — 14. Bens e proveitos que nos vieram pela paixão de Cristo. — 15. Por que a paixão de Cristo nos trouxe todos esses bens. — 16. Na paixão de Cristo temos admiráveis exemplos de todas as virtudes.

[1] Pela declaração de "não conhecer outra coisa senão a Jesus Cristo, e por sinal que Crucificado"[184], o Apóstolo apregoa a grande necessidade de conhecermos este Artigo, e o zelo que deve ter o pároco em exortar os fiéis a meditarem, o mais possível, a Paixão de Nosso Senhor.

O pároco desvelar-se-á em explicar esta verdade com a maior clareza, para que a lembrança de tão insigne benefício comova os fiéis, e os induza a estimar, devidamente, o amor e a bondade de Deus para conosco.

---

184. 1 Cor 2,2.

A primeira parte deste Artigo — da segunda se falará mais adiante — nos propõe a crer que Cristo Nosso Senhor foi crucificado, quando Pôncio Pilatos governava, em nome de Tibério César, a província da Judeia. Fora encarcerado, escarnecido, coberto de toda a sorte de opróbrios e tormentos, e finalmente arvorado no madeiro da Cruz.

I. "PADECEU"

[2] Ninguém deve supor que a parte inferior de Sua Alma ficasse talvez isenta das torturas. Uma vez que Cristo assumiu, realmente, a natureza humana, força é reconhecer que também na alma sentiu dores fortíssimas. Esta é a razão de ter dito: "Minha alma está triste, a ponto de morrer".[185]

É certo que a natureza humana estava unida à Pessoa Divina, mas nem por isso deixou de sentir menos a amargura da Paixão. Era como se tal união não existisse; na Pessoa única de Cristo se conservavam as propriedades de ambas as naturezas. Por conseguinte, o que era passível e mortal, permaneceu passível e mortal; por sua vez, o que era impassível e imortal — como cremos ser a natureza divina — conservou esta sua propriedade.

II. "SOB O PODER DE PÔNCIO PILATOS"

[3] Neste Artigo, notamos uma certa insistência em indicar-se que Jesus Cristo sofreu durante o tempo que Pôncio Pilatos governava a Judeia. O pároco ensinará que assim se fez, porque a notícia de um fato tão importante e tão necessário seria mais acessível para todos, desde que se notificasse a época certa de sua ocorrência. Conforme se lê na Escritura, o Apóstolo São Paulo também a indicou.[186]

Outra razão era para que víssemos, por tais indicações, como realmente se cumpriu a predição de Nosso Salvador: "Entregá-lO-ão aos gentios, para ser escarnecido, flagelado e crucificado".[187]

---

185. Mt 26,38.
186. 1Tm 6,13.
187. Mt 20,19.

III. "FOI CRUCIFICADO"

[4] Devemos também atribuir a um desígnio de Deus que Cristo, para morrer, escolhesse o madeiro da Cruz. Foi "para que dali mesmo [nos] renascesse a vida, por onde [nos] tinha vindo a morte".[188] Com efeito, a serpente que por uma árvore[189] vencera nossos primeiros pais, foi vencida por Cristo na árvore da Cruz.

Poderíamos, ainda, alegar muitas outras razões, que os Santos Padres desenvolveram mais largamente, e por elas demonstrar, quanto convinha que Nosso Redentor sofresse, de preferência, a morte na Cruz.

O pároco, porém, advertirá os fiéis que lhes basta crer a seguinte razão: Nosso Salvador escolheu tal gênero de morte, porque [Lhe] parecia o mais próprio e conveniente para a redenção do gênero humano. Certamente, não havia outro que fosse mais vergonhoso e humilhante. Não eram os pagãos os únicos a verem no suplício da cruz a maior repulsão, infâmia e vergonha; também a Lei de Moisés chama de "maldito o homem que pende do madeiro".[190]

[5] Não deixe o pároco de narrar o fundo histórico deste Artigo, tão exatamente consignado pelos santos Evangelistas.[191] Fará que os fiéis conheçam, pelo menos, os pontos principais deste Mistério, os que parecem mais necessários para confirmar a verdade de nossa fé. Neste Artigo assentam, como que em sua base, a religião e a fé cristã. Estando bem lançado este fundamento, todas as outras verdades se mantêm firmes e inabaláveis.

Se há o que ofereça dificuldades, ao espírito e ao coração humano, será sem dúvida o mistério da Cruz, que de todos é considerado o mais difícil e impenetrável. Todo esforço é pouco, para chegarmos a compreender que nossa salvação depende da própria Cruz, e d'Aquele que nela foi pregado por nossa causa.

No entanto, o Apóstolo ensina que neste mistério devemos [justamente] admirar a soberana Providência de Deus. Uma vez que "o mundo, com sua sabedoria, não reconheceu a Deus em Sua divina sabedoria,

---

188. Prefácio da Santa Cruz, ou da Paixão.
189. Gn 3,4.
190. Dt 21,23; Gl 3,13.
191. Mt 26,1-75; 27,1-66; Mc 14,1-72; 15,1-46; Lc 22,1-71; 23,1-53; Jo 18,1-40; 19,1-42.

aprouve a Deus salvar os crentes pela loucura da pregação".[192] Não admira, pois, que os Profetas antes da vinda de Cristo, e os Apóstolos depois de Sua Morte e Ressurreição, tanto fizessem por convencer os homens de que era Ele o Redentor do mundo, e submetê-los ao poder e obediência do Crucificado.

Por não haver nada que tanto se afaste da compreensão humana, como o mistério da Cruz, Deus não cessou, logo depois do pecado, de anunciar a morte de Seu Filho, já por figuras, já pelas predições dos Profetas.

Vamos falar de algumas figuras. Representavam, antecipadamente, a Paixão e Morte de Cristo Nosso Senhor. Em primeiro lugar, Abel morto pela inveja do irmão[193]; depois a imolação de Isaac[194]; o cordeiro sacrificado pelos judeus, ao saírem do Egito[195]; afinal, a serpente que Moisés alçou no deserto.[196]

Quanto aos Profetas, é por demais conhecido o número dos que vaticinaram sobre o mesmo assunto. Não se faz necessário entrar aqui em pormenores.

Sem falar de Davi que, nos Salmos, abrangeu todos os principais mistérios de nossa Redenção[197], distinguem-se, entre as mais, as predições de Isaías. São tão claras e evidentes que, com razão, se nos afiguram ser antes a narração de fatos consumados, do que uma previsão de coisas futuras.

IV. MORTO E SEPULTADO

1. Morto

[6] O pároco terá de ensinar que estas palavras nos obrigam a crer que Jesus Cristo, depois de crucificado, morreu realmente, e foi sepultado. Não é sem motivo que aos fiéis se propõe esta verdade, como

---

192. 1Cor 1,21. — Do contexto se deduz que São Paulo falada pregação da Cruz.
193. Gn 4,3-8.
194. Gn 22,1-14.
195. Ex 12,1-14; 21 ss.
196. Nm 21,4-9.
197. Com menção especial dos Salmos Messiânicos que são: 2,15,21,44,71,109 (8,68,108) etc. Os exegetas oscilam na classificação.

objeto de fé explícita; pois não faltaram homens que negassem a morte de Cristo no lenho da Cruz.

A este erro julgaram os Apóstolos, com toda a razão, que se devia opor aquela doutrina de fé. E não nos é possível duvidar de sua veracidade, porquanto todos os Evangelistas concordam em afirmar que "Jesus entregou o Seu espírito".[198]

Ademais, homem que era perfeito e verdadeiro, Cristo podia também morrer, no sentido próprio da palavra. Ora, o homem morre, quando a alma se aparta do corpo. Portanto, com o dizermos que Jesus morreu, queremos simplesmente declarar que Sua Alma foi separada do Corpo.

Mas, por tal afirmação, não admitimos que do Corpo se tenha separado [também] a Divindade.

Muito pelo contrário. Com fé inabalável confessamos que, depois de separada a Alma do Corpo, a Divindade permaneceu sempre unida, não só ao Corpo no sepulcro, como também à Alma nos infernos.

Convinha que o Filho de Deus morresse, "a fim de aniquilar aquele que tinha o poder da morte, isto é, o demônio; e libertar aqueles que, pelo temor da morte, passavam toda a vida em escravidão".[199]

[7] O que houve de extraordinário em Cristo Nosso Senhor é ter morrido, quando Ele mesmo decretou morrer; é ter sofrido a morte por um ato de Sua vontade, e não por violência estranha. Foi Ele mesmo que determinou não só a Sua própria morte, mas até o lugar e o tempo em que havia de morrer.

Assim, pois, profetizara Isaías: "Foi imolado, porque Ele próprio o quis".[200] E antes da Paixão, o Senhor mesmo disse de Si próprio: "Eu dou a Minha vida, para que a tome de novo. Ninguém a tira de Mim, mas sou Eu que a dou de Mim mesmo. Tenho o poder de dá-la, e tenho o poder de tomá-la de novo".[201]

Quando Herodes espreitava a ocasião de Lhe dar a morte, Cristo mesmo Se declarou a respeito do tempo e lugar: "Ide dizer a essa raposa: Eis que lanço fora os demônios, e faço curas hoje e amanhã,

---

198. Mt 25,70; Mc 15,37; Lc 23,46; Jo 19,30; 1Pd 3,18.
199. Hb 2,14.
200. Is 53,7.
201. Jo 10,17-18.

e no terceiro dia morrerei. Mas, hoje e amanhã, e no dia seguinte, devo ainda caminhar, porque não convém que um profeta pereça fora de Jerusalém".[202]

Cristo nada fez, portanto, contra a Sua vontade, ou por imposição alheia. Pelo contrário, foi voluntariamente que Se entregou a Si mesmo. Indo ao encontro de Seus inimigos, disse-lhes: "Sou Eu".[203] E de livre vontade aturou todos os iníquos e cruéis tormentos, que Lhe foram infligidos.

Quando nos pomos a meditar todas as Suas dores e padecimentos, esta é a circunstância que mais nos deve empolgar o coração. Se alguém tivera sofrido por nós todas as dores, não espontaneamente, mas só por não poder evitá-las, é certo que nessa atitude não veríamos uma mercê de grande valor. Mas, quando alguém sofre a morte só por nossa causa; quando o faz de livre vontade, ainda que lhe seja possível esquivar-se, então é que nos dá realmente uma prova de extrema bondade. Por mais que desejasse, ninguém teria meios de lho agradecer, e muito menos de lho retribuir condignamente. Por tal critério podemos avaliar o soberano e extremado amor de Jesus Cristo, os direitos divinos e infinitos que adquiriu sobre o nosso coração.

2. E sepultado

[8] Em seguida, confessamos que Cristo foi sepultado. Propõe-se esta parte do Artigo, não porque contenha nova dificuldade, além das que já foram resolvidas acerca de Sua morte. Na verdade, fácil será persuadir-nos de que foi também sepultado.

Acrescentou-se esta circunstância, antes de tudo, para que ficasse acima da menor dúvida a realidade de Sua morte. O sinal mais seguro de um trespasse está, pois, em provar-se que o corpo foi sepultado. Esse fato devia também dar maior realce ao milagre da Ressurreição.

Conforme o dogma de fé expresso naquelas palavras, não cremos simplesmente que o Corpo de Cristo teve sepultura; mas confessamos antes de tudo que [o próprio] Deus foi sepultado. De maneira análoga, dizemos em toda a verdade, e conforme a regra de fé católica, que foi Deus quem morreu, e quem nascera de uma Virgem. De fato, as-

---

202. Lc 13,32-33.
203. Jo 18,5.

sim como a Divindade nunca se apartou do corpo, quando encerrado no sepulcro, assim temos também toda a razão de confessar que Deus foi sepultado.

[9] Quanto à maneira e ao lugar da sepultura, basta que o pároco se atenha à exposição dos Santos Evangelhos. Dois fatos há, aos quais deve votar particular atenção. O primeiro é que o Corpo de Cristo ficou no sepulcro perfeitamente livre de toda decomposição, conforme havia vaticinado o Profeta: "Não permitirás que o Vosso Santo sofra corrupção".[204]

O segundo é que todas as partes deste Artigo, a saber, a Sepultura, a Paixão e a Morte, são atribuídas a Cristo Jesus, enquanto Homem, e não enquanto Deus. O sofrer e o morrer são um quinhão exclusivo da natureza humana. Isto não obstante, enunciamos todas estas coisas também com relação a Deus. Como é evidente, podem ser ditas também daquela Pessoa que, ao mesmo tempo, é Deus perfeito e perfeito Homem.

V. CONSIDERAÇÕES SOBRE OS MISTÉRIOS DA PAIXÃO

[10] Após a exposição destas verdades, o pároco procurará desenvolver, a propósito da Paixão e Morte de Cristo, algumas reflexões apropriadas, pelas quais os fiéis consigam, senão compreender, ao menos meditar a profundeza de tão grande Mistério.

1. Quem sofre

Em primeiro lugar, devem considerar quem é Aquele que suporta todos esses sofrimentos. Realmente, não há palavras para explicar Sua dignidade, nem inteligência capaz de compreendê-la.

São João diz ser o "Verbo que estava com Deus".[205] O Apóstolo designa-O, em linguagem sublime, como sendo Aquele "a quem Deus constituiu Herdeiro do Universo, e pelo qual criou também os séculos; o qual é o resplendor de Sua Glória e a imagem de Sua essência;

---

204. Sl 15,10; At 2,27-31.
205. Jo 1,1.

o qual sustenta o Universo com o poder de Sua palavra". É Aquele que, "depois de dar resgate pelos pecados, está sentado à direita da Majestade nas alturas".[206]

Para dizer tudo numa só palavra, quem sofre é Jesus Cristo, Deus e Homem ao mesmo tempo.

Sofre o Criador pelas suas criaturas. Sofre o Senhor pelos Seus escravos. Sofre Aquele que criou os Anjos, os homens, os céus e os elementos da natureza. Aquele, afinal, "em quem, por quem, e de quem subsistem todas as coisas".[207]

Se Cristo se contorcia, aos golpes de tantos tormentos, que muito se abalasse também toda a máquina do mundo, como diz a Escritura: "A terra tremeu, e partiram-se os rochedos"[208]; "toda a terra se cobriu de escuridão, e o sol perdeu sua claridade?"[209] Ora, se até as criaturas mudas e insensíveis prantearam o sofrimento de Seu Criador, reconheçam os fiéis com que lágrimas devem exprimir a sua própria dor, eles que são "pedras vivas deste edifício".[210]

2. Causas da paixão de Cristo

[11] Em seguida, é preciso também explicar os motivos da Paixão, para que melhor apareça a grandeza e intensidade do amor de Deus para conosco.

a) O Pecado original, e nossos vícios e pecados pessoais

Quem quiser saber por que razão o Filho de Deus Se sujeitou ao mais cruel dos sofrimentos, verá que, além da culpa hereditária de nossos primeiros Pais, a causa principal é os vícios e pecados que os homens cometeram, desde a origem do mundo até a presente data, e os que hão de cometer futuramente, até a consumação dos séculos.

Pela Sua Paixão e Morte, o Filho de Deus e Salvador nosso tinha em mira resgatar e destruir os pecados de todas as gerações, e por eles oferecer ao Eterno Pai uma satisfação completa e exuberante.

---

206. Hb 1,2-3.
207. Rm 11,36.
208. Mt 27,51.
209. Lc 23,44-45.
210. 1Pd 2,5.

Engrandece a sublimidade de Sua Paixão, o fato de que Cristo não só sofreu pelos pecadores, mas os próprios pecadores foram também autores e instrumentos de todas as penas pelas quais teve de passar.

Lembra-nos o Apóstolo esta circunstância, quando escreve aos Hebreus: "Considerai Àquele que dos pecadores sofreu tanta contradição contra Si mesmo. Assim não desanimareis em vossas fadigas".[211]

Devem julgar-se responsáveis de tal culpa todos aqueles que continuam a reincidir muitas vezes em pecados. Já que nossos pecados arrastaram Cristo Nosso Senhor ao suplício da Cruz, todos os que chafurdam em vícios e pecados, fazem de sua parte quanto podem, para de novo crucificar "em si mesmos o Filho de Deus, e cobri-lO de escárnios".[212]

Tal crime assume em nós um caráter mais grave, do que no caso dos judeus; porquanto estes, no sentir do Apóstolo, "nunca teriam crucificado o Senhor da glória, se [como tal] O tivessem conhecido".[213] Nós, porém, que [de boca] afirmamos conhecê-lO, nem por isso deixamos, por assim dizer, de levantar as mãos contra Ele, todas as vezes que o negamos em nossas obras.

b) O mandato que Cristo recebeu do Pai

[12] Pela doutrina da Sagrada Escritura, Cristo foi entregue não só pelo Pai, mas também por Si mesmo.

Deus Pai diz pela boca do profeta Isaías: "Eu O feri, por causa da maldade do Meu povo".[214] E pouco antes, ao contemplar, por inspiração do Espírito Santo, o Senhor coberto de chagas e feridas, o mesmo Profeta havia declarado: "Todos nós nos desgarramos à maneira de ovelhas. Cada qual se extraviou para seu caminho [errado]. E o Senhor descarregou, sobre Ele, a iniquidade de todos nós".[215]

Do Filho, porém, está escrito: "Quando tiver sacrificado Sua vida pelo pecado, verá uma longa posteridade".[216]

---

211. Hb 12,3.
212. Hb 6,6.
213. 1Cor 2,8.
214. Is 53,8.
215. Is 53,6.
216. Is 53,10.

O Apóstolo confirma esta verdade em termos mais incisivos, ao mesmo tempo em que nos queria mostrar quanto podíamos esperar da imensa misericórdia e bondade de Deus. Diz ele: "Não poupou nem ao Seu próprio Filho, mas entregou-O por todos nós. Como não nos teria dado todas as coisas juntamente com Ele?"[217]

3. Quão grande foi a amargura da Paixão de Cristo

[13] A seguir, o pároco deve explicar como foram (O prelúdio no Horto) cruéis as dores da Paixão. De per si, bastaria levar em conta o suor que, do Corpo do Senhor, "corria até a terra em gotas de sangue"[218], quando Ele se pôs a considerar os horrorosos tormentos que pouco depois haveria de sofrer.

Desse fato, cada um de nós já pode compreender como aquela dor atingia o máximo grau de intensidade. Ora, se refletindo apenas nos males que O ameaçavam, Jesus Se tomou de tanta angústia, como se vê pelo suor de sangue, que não terá sido [para Ele] a Paixão propriamente dita? Não resta a menor dúvida de que Cristo Nosso Senhor realmente sofreu as maiores dores tanto no corpo, como na alma.

a) No corpo

Em primeiro lugar, não houve parte do corpo que não sentisse dores extremas. As mãos e os pés, ei-los fixados com pregos no lenho da Cruz; a cabeça, ei-la ponteada de espinhos e ferida com uma cana; o rosto, ei-lo desfeito de escarros e moído de pancadas; o corpo todo, ei-lo enfim derreado de açoites.

De mais a mais, homens de todas as raças e condições "conspiraram contra o Senhor e contra o Seu Ungido".[219] Eram gentios e judeus os que instigaram, promoveram, e executaram a Paixão de Cristo. Judas traiu-O, Pedro renegou-O, todos os outros Discípulos O abandonaram.

Na própria Cruz, que havemos de lamentar mais ao vivo? A crueza das dores, a afronta do pelourinho, ou ambas as coisas ao mesmo tempo?

---

217. Rm 8,32.
218. Lc 22,44.
219. Sl 2,2.

Não se podia realmente inventar outro gênero de morte que superasse a crucificação, quer em ignomínia, quer em crueldade. Era costume infligi-lo aos maiores perversos e criminosos. A lentidão da agonia [na Cruz] tornava mais aguda a sensação das dores e torturas que, de per si, já eram sobremaneira violentas.

O que fazia acrescer ainda o ardor das penas, era a própria compleição do corpo de Jesus Cristo.

Formado pela virtude do Espírito Santo, era muito mais perfeito e delicado do que o pode ser jamais o organismo dos outros homens. Tinha, portanto, maior sensibilidade; sofria mais vivamente todas as grandes torturas.

b) Na alma

Quanto à dor íntima da alma, ninguém pode contestar que Cristo a sentiu em sumo grau de intensidade. Aos Santos, que padeciam dores e tormentos, Deus nunca lhes recusou consolações espirituais, para que pudessem enfrentar inabaláveis a violência do martírio.

Muitos houveram, entre eles, que até exultavam de íntima satisfação. De si mesmo dizia o Apóstolo: "Regozijo-me em tudo quanto devo sofrer por vós; e na minha carne completo o que falta aos sofrimentos de Cristo, a bem de Seu corpo que é a Igreja".[220] E noutro lugar: "Estou cheio de consolação, e transbordo de alegria no meio de todas as nossas tribulações".[221]

Cristo Nosso Senhor não quis, todavia, temperar com nenhum alívio o cálice que bebeu, no amargo transe da Paixão.[222] Tendo assumido a natureza humana, fê-la sentir todos os tormentos, como se Ele fosse puro homem, e não Deus ao mesmo tempo.

4. Bens que Cristo nos trouxe com sua Paixão

[14] Agora, resta apenas que o pároco exponha cuidadosamente as graças e frutos, que recebemos da Paixão de Nosso Senhor.

Em primeiro lugar, a Paixão do Senhor livrou-nos do pecado, conforme o declara São João: "Amou-nos, e no Seu Sangue nos lavou de nossos peca-

---

220. Cl 1,24.
221. 2 Cor 7,4.
222. Mt 26,39; Sl 68,21; 141,5; Lc 22,42.

dos".²²³ E o Apóstolo diz também: "[Deus] vos fez reviver com Ele, perdoou-vos todos os pecados, cancelando e pregando na cruz o título de condenação, que contra nós fora lavrado".²²⁴

Em segundo lugar, livrou-nos da tirania do demônio. O Senhor mesmo disse: "Eis chegado o julgamento do mundo. O príncipe deste mundo será expulso agora. E Eu atrairei tudo a mim, quando for elevado da terra."²²⁵

Em terceiro lugar, satisfez a pena devida pelos nossos pecados.²²⁶

Em quarto lugar, como não se podia oferecer outro sacrifício mais agradável e mais bem aceito aos olhos de Deus, reconciliou-nos com o Pai, a quem aplacou e tornou propício para conosco.

Finalmente, destruindo o pecado, franqueou-nos a entrada para o céu, à qual punha embargo a culpa comum do gênero humano. É o que o Apóstolo nos dá a entender com as palavras: "Em virtude do Sangue de Cristo, temos a confiança de entrar no Santo dos Santos".²²⁷

Na Antiga Aliança, não faltava uma figura deste mistério. Assim, por exemplo, aqueles proscritos, aos quais era proibido repatriar-se antes da morte do sumo-sacerdote²²⁸, eram uma figura dos justos que, apesar de sua justiça e santidade, não podiam transpor o limiar da Pátria Celestial, antes da Morte de Jesus Cristo, o Sumo e Eterno Sacerdote.²²⁹ Logo que Cristo a sofreu, as portas do céu de pronto se abriram a todos os que, purificados pelos Sacramentos, possuídos de fé, esperança e caridade, se tornaram participantes de Sua Paixão.

[15] O pároco demonstrará que todos estes dons divinos nos advêm da Paixão de Nosso Senhor. Em primeiro lugar, porque Sua Morte é uma satisfação cabal, e em todos os sentidos perfeita, que Jesus Cristo rendeu a Deus Pai pelos nossos pecados, de uma maneira toda particular. O resgate que pagou em nosso lugar, não só igualava com a nossa dívida, mas era-lhe até muito superior.²³⁰

---

223. Ap 1,5.
224. Cl 2,13-14.
225. Jo 12,31-32..
226. Rm 5,10; 2Cor 5,19.
227. Hb 10,19.
228. Nm 30,25; Js 20,6.
229. Hb 9,11 ss.
230. Rm 5,19-21. — "Ó feliz culpa que [nos] mereceu tal e tão grande Redentor! (Precônio Pascal no Sábado Santo).

Em segundo lugar, por ter sido infinitamente agradável a Deus o sacrifício que o Filho Lhe ofereceu no altar da Cruz, e pelo qual abrandou inteiramente a cólera e indignação do Pai. Esta é a convicção do Apóstolo, quando nos afirma: "Cristo amou-nos, e por nosso amor Se entregou a Si mesmo, como Vítima de suave odor para Deus".[231]

Em terceiro lugar, por ter sido o preço de nossa Redenção, conforme as palavras do Príncipe dos Apóstolos: "Fostes resgatados de vossa vida frívola, que herdastes de vossos pais, não a preço de coisas perecíveis, como o são ouro e prata; mas, pelo precioso Sangue de Cristo, como de um cordeiro sem mancha nem defeito".[232] E o Apóstolo ensina [por sua vez]: "Cristo nos livrou da maldição da Lei, tornando-Se Ele mesmo maldição por nossa causa".[233]

5. Virtudes das quais Cristo nos deu exemplo em sua Paixão

[16] A par destes imensos benefícios, recebemos ainda outro que de todos é talvez o maior. Naquele padecimento se descobrem os mais brilhantes exemplos de todas as virtudes: paciência, humildade, exímia caridade, mansidão, obediência; máxima constância, não só para sofrer dores, mas até para arrostar a própria morte, por amor da justiça. Disso nos faz [Cristo] tal demonstração, que na verdade podemos dizer: Num só dia de sofrimento, Nosso Salvador encarnou em Si mesmo todas as normas de virtude, que de boca nos havia ensinado, durante todo o tempo de Sua pregação.

Eis, em poucas palavras, o que importa saber da salutar Paixão e Morte de Cristo Nosso Senhor. Oxalá possamos sempre meditar estes mistérios no fundo do coração, para aprendermos a sofrer, morrer e sepultar-nos com Nosso Senhor. Se nos purificarmos então de toda mancha de pecado, e ressurgirmos com Ele para uma vida nova, seremos um dia, por Sua graça e misericórdia, dignos de ter parte na glória do Reino celestial.[234]

---

231. Ef 5,2.
232. 1Pd 1,18.
233. Gl 3,13.
234. Cl 3,1-4.

CAPÍTULO VI
QUINTO ARTIGO DO CREDO

"Desceu aos infernos, ao terceiro dia ressurgiu dos mortos"

I. "Desceu aos infernos". — 1. Como se deve entender a primeira parte deste artigo. — 2. Que se entende aqui pela palavra "infernos". — 3. Quantos são os lugares em que estão detidas as almas não bem-aventuradas. — 4. A alma de Cristo desceu aos infernos não só por virtude, mas também com sua presença real. — 5. Cristo não perdeu nada de sua dignidade por ter descido aos infernos. — 6. Por que causas Cristo desceu aos infernos.

II. "Ressuscitou". — 7. Que significa a segunda parte deste artigo. — 8. Cristo ressuscitou por sua própria virtude. — 9. Por que Cristo é o primogênito entre os mortos, se outros ressuscitaram antes d'Ele.

III. "Ao terceiro dia". — 10. Por que motivo Cristo atrasou sua ressurreição até o terceiro dia.

IV. "Segundo as Escrituras". — 11. Por que o Concílio de Constantinopla acrescentou no Credo as palavras "segundo as Escrituras".

V. Considerações sobre a ressurreição de Cristo. — 12. Por que foi necessário que Cristo ressuscitasse — 13. Que bens resultam para a humanidade da ressurreição de Cristo — 14. Que exemplos devemos extrair da ressurreição de Cristo — 15. Por que sinais se reconhece que alguém ressuscitou com Cristo.

[1] Se muito importa conhecer a glória da sepultura de Jesus Cristo Nosso Senhor[235], conforme acabamos de tratar, de maior alcance para o povo cristão é saber os brilhantes triunfos que Ele alcançou com a derrota do demônio, e com a tomada dos infernos.[236]

É disso que vamos ocupar-nos agora, juntamente com o Mistério da Ressurreição. Poderíamos, sem dúvida, falar desta parte separadamente; mas, a exemplo dos Santos Padres, preferimos juntá-la com a descida aos infernos.

---

235. Is 11,10.
236. Limbo.

I. "DESCEU AOS INFERNOS"

A primeira cláusula deste Artigo propõe-nos a crer que, após a morte de Cristo, Sua Alma desceu aos infernos, e lá ficou todo o tempo que Seu Corpo esteve no sepulcro.

Com estas palavras, confessamos igualmente que a mesma Pessoa de Cristo esteve nos infernos, ao mesmo tempo em que jazia no túmulo. Este fato não deve estranhar a ninguém. Conforme já dissemos várias vezes, a Divindade nunca se apartou da alma nem do corpo, não obstante a separação que houve entre alma e corpo.

1. O que são os "infernos"

[2] Para maior evidência deste Artigo, o pároco começará por explicar em que sentido se toma de infernos aqui a palavra "infernos". Deverá, pois, inculcar que não quer dizer sepultura, conforme alguns asseveravam, com uma impiedade igual à sua própria ignorância.

No Artigo anterior vimos, com efeito, que Cristo Nosso Senhor fora sepultado. Ora, não havia motivo para que os Apóstolos, na composição do Símbolo, repetissem a mesma verdade com outras palavras, por sinal que mais obscuras.

A expressão "infernos" designa os ocultos receptáculos em que são detidas as almas que não conseguiram a bem-aventurança do céu.

Neste sentido, ocorre em muitos lugares da Sagrada Escritura. Lê-se, por exemplo, numa epístola do Apóstolo: "Ao nome de Jesus, deve dobrar-se todo o joelho, no céu, na terra, e nos infernos".[237] E nos Atos dos Apóstolos atesta São Pedro que "Cristo Nosso Senhor ressuscitou, depois de vencer as dores dos infernos".[238]

[3] Mas esses receptáculos são de várias categorias. Um deles é a horrenda e tenebrosa prisão em que as almas réprobas são atormentadas num fogo eterno e inextinguível[239], juntamente com os espíritos imundos. Chama-se também "geena"[240], e "abismo".[241] É o inferno propriamente dito.

---

237. Fl 2,10.
238. At 2,24.
239. Mc 9,44 ss.
240. Mt 5,22; 23,15-33; 25,41; Lc 12,5.
241. Ap 9,11; 20,3.

Há também um fogo de expiação, no qual por certo tempo se purificam as almas dos justos, até que lhes seja franqueado o acesso da Pátria Celestial, [lugar] onde nada de impuro pode entrar.[242]

Consoante as declarações dos Santos Concílios, esta verdade tem por si os testemunhos da Escritura e da Tradição Apostólica. O pároco deve, pois, apregoá-la com maior desvelo e assiduidade, do que nenhuma outra, porquanto chegamos a uma época, em que os homens já não suportam a sã doutrina.[243]

Existe, afinal, um terceiro receptáculo, em que eram recolhidas as almas justas, antes da vinda de Cristo. Ali desfrutavam um suave remanso, sem nenhuma sensação de dor. Alentavam-se com a doce esperança do resgate. Estas almas eleitas aguardavam o Salvador no seio de Abraão[244]; foi a elas que Cristo Nosso Senhor libertou, na descida aos infernos.

2. Como Cristo desceu aos infernos

[4] Não se deve, porém, julgar que Cristo desceu de tal maneira aos infernos, que ali só chegasse com Seu poder e virtude, e não com Sua própria alma. Devemos crer, ao contrário, que a própria Alma realmente desceu aos infernos, e ali esteve presente com todas as Suas faculdades. Assim o declara Davi em termos peremptórios: "Não deixareis Minha alma [abandonada] no inferno".[245]

[5] Mas, com descer aos infernos, Cristo nada perdeu de Seu imenso poder, e nem de leve conspurcou a limpidez de Sua santidade. Pelo contrário. Esse fato mostrou, à luz meridiana, como era verdade tudo o que se havia predito de Sua santidade; e que Cristo é Filho de Deus, conforme Ele mesmo tinha antes declarado, por meio de tantos milagres.[246]

Ser-nos-á fácil compreender o que aconteceu, se compararmos entre si as causas por que Cristo e outros homens desceram àquele lugar.

---

242. Ap 21,27.
243. 2 Tm 4,3.
244. Lc 16,22-23.
245. Sl 15,10, onde inferno quer dizer "Limbo".
246. Jo 2,11; 18-22; 10,38; 13,19; 14,29.

Todos os mais desceram aos infernos na condição de cativos.²⁴⁷ Cristo, porém, "livre entre os mortos"²⁴⁸ e vitorioso, lá foi abater os demônios, que mantinham os homens presos e agrilhoados, em consequência da culpa.

Além disso, todos os outros que para lá desceram, uns eram atormentados pelo rigor das maiores penas; outros não sentiam dores propriamente, mas angustiavam-se com a privação de Deus, e com a retardança daquilo que tanto anelavam: a glória da eterna felicidade.

Ora, Cristo Nosso Senhor desceu [aos infernos], não para sofrer alguma pena, mas para livrar os Santos e Justos daquele doloroso cativeiro, e para lhes aplicar os frutos de Sua Paixão. Portanto, a descida aos infernos não diminuiu coisa alguma de Sua absoluta dignidade e soberania.

3. Por que Cristo desceu aos infernos

[6] Depois destas explicações, o pároco ensinará que, descendo aos infernos, Cristo Nosso Senhor queria arrebatar as presas dos demônios, livrar do cárcere os Santos Patriarcas e outros Justos, e levá-los ao céu em Sua companhia.

Foi o que Ele fez, de uma maneira admirável e sumamente gloriosa. Sua presença teve logo por efeito derramar entre os cativos uma luz de grande fulgor, incutir-lhes na alma um inefável sentimento de alegria e prazer, e conferir-lhes também a almejada felicidade, que consiste na visão de Deus. Realizou então a promessa que havia feito ao bom ladrão, quando lhe disse: "Hoje [ainda] estarás comigo no Paraíso".²⁴⁹

Esta libertação dos Justos, Oséias a tinha predito muito tempo antes, ao prorromper nas palavras [proféticas]: "Ó morte, Eu hei de ser a tua morte; Eu hei de ser a tua ruína, ó inferno!"²⁵⁰ O mesmo havia vaticinado o profeta Zacarias nestes termos: "Tu também, por causa do sangue de tua aliança, fizeste sair teus cativos do lago, em que não existe água".²⁵¹ É o que afinal também exprime aquela afirmação do Apóstolo: "Desarmou os principados e as potestades, e arrastou-os publicamente ao pelourinho, depois de ter, por Si mesmo, triunfado sobre eles".²⁵²

---

247. Sl 87,5 ss.
248. Sl 87,6.
249. Lc 23,43.
250. Os 13,14.
251. Zc 9,11.
252. Cl 2,15.

Para melhor apanharmos o sentido deste Mistério, devemos recordar muitas vezes uma grande verdade: Todos os justos, não só os que no mundo nasceram depois da vinda de Nosso Senhor, mas também os que hão de existir até a consumação dos séculos, conseguem salvar-se [unicamente] pelo benefício de Sua Paixão.

Por esse motivo, antes da Morte e Ressurreição de Cristo, as portas do céu não se abriram jamais a nenhum dos homens. Quando passavam deste mundo, as almas dos justos eram levadas ao seio de Abraão, ou eram purificadas no fogo do Purgatório, como ainda hoje se dá com todos aqueles que tenham de lavar alguma mancha, ou de solver alguma dívida.

Outra razão, afinal, por que Cristo Nosso Senhor desceu aos infernos, era a de manifestar ali Sua força e poder, como [o fez] no céu e na terra, para que de maneira absoluta "se curvasse a Seu nome todo joelho no céu, na terra e nos infernos".[253]

Nesta altura, quem deixaria, pois, de admirar a suprema bondade de Deus para com o gênero humano? Quem não se tomará de espanto ao verificar que, por amor de nós, [Cristo] não só quis sofrer uma morte crudelíssima, mas até penetrar nas maiores profundezas da terra[254], para dali arrancar, e introduzir na glória as almas que tanto amava?

II. "RESSURGIU DOS MORTOS"

[7] Vem agora a segunda cláusula do presente Artigo. O pároco deverá explicá-la com a máxima atenção, conforme insinua o Apóstolo: "Lembra-te de que Nosso Senhor Jesus Cristo ressuscitou dentre os mortos!"[255] Não há dúvida, esta ordem dada a Timóteo se estende também a todos os mais que tenham encargo de almas.

Vejamos, pois, o significado deste Artigo. Depois que Cristo Nosso Senhor rendeu o espírito na Cruz, na sexta-feira à hora nona[256], foi sepultado na tarde do mesmo dia, pelos Seus Discípulos.

Com a permissão do procurador Pilatos, haviam descido da Cruz o Corpo do Senhor, e depositado num sepulcro, que ficava num jardim das imediações.

---

253. Fl 2,10.
254. A locução não exprime uma localização dos infernos.
255. 2 Tm 2,8.
256. ... Pelas três horas da tarde.

No terceiro dia depois da morte, que era um domingo[257], pela madrugada, Sua Alma se uniu novamente ao Corpo. Deste modo, Aquele que por três dias estivera morto, tornou à vida que, com a morte, havia deixado, e ressuscitou.

1. Cristo ressucitou por sua própria virtude

[8] Não devemos tomar o termo "ressurreição" só no sentido de que Cristo foi ressuscitado dos mortos, como o foram muitos outros; mas que ressurgiu por Sua própria virtude e poder.

Esta maneira de ressurgir só a Ele podia competir, pois que não está nas leis da natureza, nem homem algum teve jamais o poder de passar da morte à vida, por própria virtude [e suficiência]. Isto cabe unicamente ao supremo poder de Deus, como se depreende das palavras do Apóstolo: "Embora fosse crucificado na fraqueza [da carne], vive, todavia pelo poder de Deus".[258]

Tal virtude divina nunca se separou do Corpo de Cristo no sepulcro, nem de Sua Alma, quando descera aos infernos. De um lado, estava presente no corpo, pelo que este podia unir-se novamente à alma; de outro lado, [estava presente] também na alma, pelo que esta podia voltar outra vez ao corpo. Nestas condições, foi possível [a Cristo] tornar à vida por Sua própria virtude, e ressurgir dos mortos.

Cheio do Espírito de Deus, Davi já o havia predito com as seguintes palavras: "Fizeram-nO triunfar: a Sua destra e o Seu santo braço".[259] Além disso, o próprio Nosso Senhor o reafirmou com o Seu divino testemunho: "Largo a Minha vida, para a tomar de novo. Eu tenho o poder de largá-la, e tenho o poder de tomá-la novamente".[260] Corroborando a verdade de Sua doutrina, dissera também aos Judeus: "Arrasai esse templo, e em três dias Eu o tornarei a construir".[261]

Na verdade, os Judeus entenderam tal linguagem com relação ao Templo e sua magnífica construção de pedra, mas Ele falava do templo de Seu Corpo, como no mesmo lugar declaram as palavras da Escritura.

---

257. Na linguagem bíblica, o primeiro dia da semana (Mt 28,1; Mc 16,2; Lc 24,1; Jo 20,1).
258. 2 Cor 13,4.
259. Sl 97,2.
260. Jo 10,17-18.
261. Jo 2,19-21.

Se lemos às vezes nas Escrituras que Cristo foi ressuscitado pelo Pai[262], estas passagens devem aplicar-se a Cristo em Sua natureza humana. Analogamente, devem aplicar-se, por sua vez, a Cristo em Sua natureza divina as passagens que dizem ter ressuscitado por Sua própria virtude.[263]

2. Cristo é o primogênito entre os mortos

[9] É também um apanágio de Cristo, ter sido o primeiro de todos os homens a receber o divino benefício da ressurreição. Por conseguinte, nas Escrituras é chamado não só o "Primogênito dentre os mortos"[264], como também o "Primogênito dos mortos".[265]

O Apóstolo declara: "Cristo ressurgiu dos mortos, como primícias dos que dormem; porquanto por um homem veio a morte, assim também por um homem [vem] a ressurreição dos mortos. E como todos sofrem a morte em Adão, assim todos terão vida em Cristo. Cada qual, porém, conforme a sua ordem. Cristo como primeiro [de todos], logo mais aqueles que pertencem a Cristo".[266]

Estas palavras devem entender-se no sentido de uma ressurreição perfeita, pela qual despertamos para uma vida imortal, ficando cabalmente abolida toda necessidade de morrer. Ora, em tal gênero [de ressurreição], cabe a Cristo Nosso Senhor o primeiro lugar.

Se falarmos, porém, de ressurreição no sentido de regresso à vida, mas ao qual se liga a necessidade de morrer pela segunda vez, muitos outros houve que, antes de Cristo, foram ressuscitados dos mortos. Todos, porém, tornaram a viver, sob a única condição de morrerem novamente.[267]

Cristo Nosso Senhor, ao contrário, ressurgiu de tal maneira que, vencendo e subjugando a morte, já não pode morrer. Confirma este fato a evidência daquela passagem: "Ressuscitado dos mortos, Cristo já não morre. A morte já não tem poder sobre Ele".[268]

---

262. At 2,24; 3,15; Rm 8,11.
263. Por exemplo: Rm 8,34
264. Cl 1,18.
265. Ap 1,5.
266. 1Cor 15,20-23.
267. 1Rs 17,22; 2Rs 4,34; 8,5.
268. Rm 6,9.

III. "AO TERCEIRO DIA"

[10] O Artigo acrescenta ainda as palavras "ao dia". O pároco deve, pois, explicá-las, para que os fiéis não julguem que Nosso Senhor esteve no sepulcro três dias inteiros.

Como estivera encerrado no sepulcro, pelo espaço todo de um dia natural, parte da véspera e parte do terceiro dia, podemos dizer, com toda a expressão da verdade, que [Cristo] permaneceu três dias na sepultura, e que ressuscitou dos mortos ao terceiro dia.

Para dar prova de Sua Divindade, não quis retardar a ressurreição até o fim do mundo. De outro lado, para crermos que era homem de verdade, e que realmente tinha morrido, não ressuscitou logo depois da morte, mas [esperou até] ao terceiro dia. Este intervalo [Lhe] pareceu suficiente para demonstrar a realidade de Sua Morte.

IV. "SEGUNDO AS ESCRITURAS"

[11] Os Padres do Primeiro Concílio de Constantinopla puseram aqui o acréscimo "segundo as Escrituras".

Introduziu-se no Símbolo de Fé esta expressão tomada do Apóstolo[269], pela qual o mesmo Apóstolo ensina a necessidade fundamental do mistério da Ressurreição: "Se Cristo não ressuscitou, de nada vale, pois a nossa pregação, e para nada adianta a vossa fé". E ainda: "Se Cristo não ressuscitou, vã é a vossa fé, pois ainda estais em vossos pecados".[270]

Por isso é que, cheio de admiração pela verdade deste Artigo, Santo Agostinho escreveu: "É muito crermos que Cristo morreu? Também os pagãos, os judeus, e todos os maus o acreditam. Todos creem que morreu. A fé [característica] dos cristãos é a Ressurreição de Cristo. O que muito importa é crermos que ressuscitou".[271]

Esta é também a razão por que Nosso Senhor falava tão amiúde de Sua própria Ressurreição. Quase nunca Se entretinha de Sua Paixão com os Discípulos, sem discorrer [também] acerca da Ressurreição. Disse, por exemplo: "O Filho do Homem será entregue aos gentios, escarnecido,

---

269. 1Cor 15, 3-4.
270. 1Cor 15, 14-17.
271. Santo Agostinho, *Comentários aos Salmos,* Salmo 120.

flagelado e cuspido. Depois de O flagelarem, hão de dar-Lhe a morte". E por fim acrescentou: "E ressuscitará ao terceiro dia".²⁷²

Quando os judeus Lhe pediram para que confirmasse Sua doutrina com algum sinal ou prodígio, respondeu: "Nenhum outro sinal lhes será dado senão o sinal de Jonas. Assim como Jonas esteve três dias e três noites no ventre do cetáceo, assim o Filho do Homem, afirmou Ele, estará três dias e três noites no seio da terra".²⁷³

V. CONSIDERAÇÕES SOBRE A RESSURREIÇÃO DE CRISTO

No entanto, para melhor compreendermos o alcance e a significação deste Artigo, há três questões que devemos analisar mais de perto: primeiro, por que motivo devia Cristo ressuscitar; segundo; qual era a finalidade da Ressurreição; por último, quais são os frutos que dela resultaram em nosso benefício.

1. Por que foi necessário que Cristo ressuscitasse

[12] Encarando a primeira questão, era necessário que [Cristo] ressuscitasse para manifestar a justiça de Deus. Convinha, sob todos os aspectos, que Deus exaltasse Aquele que, para Lhe obedecer, Se havia rebaixado e fora coberto das maiores ignomínias. O Apóstolo alega esta razão, quando escreve aos Filipenses: "Humilhou-Se a Si mesmo, fazendo-Se obediente até a morte, e morte de cruz. Por isso é que Deus também O exaltou".²⁷⁴

Além do mais, [a Ressurreição de Cristo] devia consolidar em nós a fé, sem a qual o homem não pode justificar-se. A maior prova de que Cristo era Filho de Deus, deve ser o fato de que ressuscitou dentre os mortos por Sua própria virtude.

E ainda, [a Ressurreição] devia nutrir e apoiar a nossa esperança. Uma vez que Cristo ressuscitou, temos a firme esperança de que também nós havemos de ressurgir; porquanto os membros devem chegar à mesma condição [em que se acha] também a cabeça.

---
272. Lc 18,32 ss.; Mt 16,21.
273. Mt 12,39 ss.; Lc 11,29.
274. Fl 2,8-9.

Esta é a conclusão que o Apóstolo parece tirar de seus argumentos, quando escreve aos Coríntios e aos Tessalonicenses.[275] É o que também diz São Pedro, o Príncipe dos Apóstolos: "Bendito seja Deus Pai de Nosso Senhor Jesus Cristo, que, segundo a Sua grande misericórdia, pela Ressurreição de Jesus Cristo dentre os mortos, nos regenerou para uma esperança viva, para uma herança incorruptível".[276]

Como última das razões deve ensinar-se que a Ressurreição de Nosso Senhor era necessária, para consumar o mistério de nossa Salvação e Redenção.

Pela Sua Morte, Cristo nos remiu dos pecados. Pela Sua Ressurreição, nos restituiu os preciosos bens que havíamos perdido, em consequência de nossa prevaricação. Eis por que o Apóstolo disse: "Cristo foi entregue por causa de nossos pecados, e ressuscitou por causa de nossa justificação".[277]

Por conseguinte, para que nada faltasse à salvação do gênero humano, [Cristo] precisava também ressurgir, da mesma forma que precisava morrer.

2. Bens e vantagens que nos vêm da ressurreição de Cristo

[13] Neste ponto da exposição, já podemos ver claramente, quantas vantagens não trouxe aos fiéis a Ressurreição de Cristo. Pela Ressurreição, reconhecemos que há um Deus imortal, cheio de glória, vencedor da morte e do demônio. Eis uma verdade que, a respeito de Jesus Cristo, devemos crer e professar, sem a menor hesitação.

Depois, a Ressurreição de Cristo acarretou também a ressurreição de nosso corpo, já por ser ela a causa eficiente desse mistério, já por ser a exemplo de Nosso Senhor que todos nós devemos ressurgir.

Ora, acerca da ressurreição corporal, o Apóstolo se externa da seguinte maneira: "Por um homem entrou a morte, e por um homem veio [também] a ressurreição".[278]

Em tudo quanto operou para o mistério de nossa Redenção, Deus serviu-Se da humanidade de Cristo como eficaz instrumento. Deste

---

275. 1Cor 15,12 ss.; 1Ts 4,12 ss.
276. 1Pd 1,3-4.
277. Rm 4,25.
278. 1 Cor 15,21.

modo, a Sua Ressurreição foi, por assim dizer, o instrumento que devia efetuar a nossa própria ressurreição.

Podemos afirmar que é o modelo [da nossa], porque a Ressurreição de Cristo é a mais perfeita de todas. Assim como, pela ressurreição, o Corpo de Cristo se transfigurou em glória imortal, assim também os nossos corpos, que antes eram fracos e mortais, ressurgirão ornados de glória e imortalidade. O Apóstolo ensina: "Esperamos o Salvador, Nosso Senhor Jesus Cristo, que há de reformar o corpo de nossa baixeza, e torná-lo semelhante ao Seu corpo glorioso".[279]

Outro tanto se pode asseverar da alma, morta em consequência do pecado. Em que sentido lhe serve de modelo a Ressurreição de Cristo? O mesmo Apóstolo o demonstra com as seguintes razões: "Assim como Cristo ressurgiu dentre os mortos pela glória do Pai, assim também nós devemos andar numa vida nova. Se fomos enxertados n'Ele pela semelhança de Sua morte, também o seremos pela semelhança com Sua Ressurreição".[280]

E pouco mais adiante acrescenta: "Sabemos que Jesus Cristo, ressuscitado dentre os mortos, já não morre. A morte já não terá poder sobre Ele. Morreu uma só vez, porquanto morreu pelo pecado. Mas [agora] vive, e vive para Deus. Sendo assim, levai em consideração que também vós morrestes para o pecado, mas que [agora] viveis para Deus em Jesus Cristo".[281]

3. Que exemplos devemos tirar da ressurreição de Cristo

[14] Duplo é o modelo que nos cumpre imitar na Ressurreição de Cristo. O primeiro é que, após a purificação de nossos pecados, devemos abraçar uma vida nova em que rebrilhe a pureza de costumes, a inocência, a santidade, a modéstia, a justiça, a beneficência e a humildade.

O segundo é perseverarmos neste novo gênero de vida, de sorte que pela graça de Deus jamais nos afastemos do caminho da justiça, em que entramos uma vez para sempre.

Ora, as palavras do Apóstolo não só indicam que a Ressurreição de Cristo nos é proposta, como modelo de ressurreição, mas significam tam-

---

279. Fl 3,20.
280. Rm 6,4 ss.
281. Rm 6, 9-11.

bém que nos dá a virtude de ressurgir; que nos incute a força e a mentalidade de perseverar na justiça e santidade, [e] de observar os Mandamentos de Deus.

Na Morte de Cristo, temos não só um exemplo de como se morre ao pecado, mas conseguimos também a força de morrer efetivamente ao pecado. A Sua Ressurreição nos dá igualmente forças para adquirirmos a justiça; servindo então a Deus em piedade e santidade, poderemos andar naquela vida nova, para a qual [justamente] ressurgimos. A graça principal que Nosso Senhor nos conseguiu pela Sua Ressurreição, é podermos ressurgir com Ele para uma nova orientação de vida, nós que antes [já] estávamos mortos com Ele, para o pecado e o mundo.

4. Sinais para conhecer se ressuscitamos com Cristo

[15] O Apóstolo aponta-nos alguns sinais desta ressurreição [espiritual], a que devemos atender de preferência.

Quando aconselha: "Se ressurgistes com Cristo, procurai o que está no alto, onde Cristo está sentado à direita de Deus"[282]; mostra claramente que de fato ressuscitaram com Cristo aqueles que não procuram vida, honra, repouso e riqueza, senão lá onde está Cristo.

Acrescentando: "Tende gosto pelas coisas que estão no alto, e não pelas que estão cá na terra"[283]; dá-nos ainda um outro sinal, por assim dizer, que nos permite verificar se realmente ressurgimos com Cristo.[284]

Como o paladar indica em geral o estado de saúde em que se acha o corpo, assim pode ser a prova mais evidente de que o homem ressuscitou, com Jesus Cristo, para uma vida nova e espiritual, se gosta de "tudo quanto é verdadeiro, honesto, justo e santo"[285], e sente no íntimo do coração a doçura das coisas celestiais.[286]

---

282. Cl 3,1.
283. Cl 3,2.
284. Jo 17,24.
285. Fl 4,8.
286. Mt 6,21.

CAPÍTULO VII
SEXTO ARTIGO DO CREDO

"Subiu aos céus, está sentado à direita de Deus Pai Todo-Poderoso"

I. "Subiu aos céus". — 1. Excelência deste artigo e sentido de sua primeira parte. — 2. Cristo subiu ao Céus não só por virtude da divindade, mas também da humanidade.
II. "Está sentado à direita de Deus Pai." — 3. Sentido da segunda parte deste artigo: que significa estar Cristo à direita de Deus Pai.
III. Considerações sobre a ascenção de Cristo. — 4. Por que deve repetir-se muitas vezes ao povo cristão a história da ascensão de Cristo. — 5. Por que Cristo subiu ao Céu, e não estabeleceu seu Reino na terra. — 6. Dons celestiais que Cristo nos alcançou por sua ascensão. — 7. Vários outros bens que se nos seguem da ascensão de Cristo. — 8. Não era conveniente para nós que Cristo ficasse na Terra — 9. Após a ascensão de Cristo, a Igreja foi grandemente enriquecida.

[1] Ao contemplar, cheio do Espírito de Deus, a bem-aventurada Ascensão de Nosso Senhor, o profeta Davi exorta o mundo inteiro a celebrar o Seu triunfo, em transportes de alegria e satisfação. "Nações todas, diz ele, batei palmas, louvai a Deus em cantos de alegria! Subiu Deus no meio de aclamações".[287]

Desta passagem, o pároco verá com quanto zelo não deve expor este Mistério, e tomar a peito que os fiéis não só o creiam e conheçam, mas que procurem com a graça de Deus traduzi-lo o mais possível em todos os seus atos e sentimentos.

I. "SUBIU AOS CÉUS"

A explicação do sexto Artigo, cujo objeto versa principalmente este divino Mistério, deve pois começar pela primeira parte, e descortinar toda a sua significação.

---

287. Sl 46,2-6.

Os fiéis devem crer, sem a menor dúvida, que Jesus Cristo, depois de consumar o mistério de nossa Redenção, subiu aos céus enquanto Homem, com corpo e alma; enquanto Deus, nunca de lá se ausentou, pois que enche todos os lugares com Sua Divindade.

[2] Ensinará, todavia, que subiu por virtude própria. Não foi arrebatado por uma força estranha, como Elias que fora levado ao céu num carro de fogo[288], nem como Habacuc[289] ou o diácono Filipe[290] que, transportados através dos ares por uma virtude divina, venceram as distâncias de terras longínquas.

Entretanto, não subiu aos céus só pela virtude de Sua Onipotência, mas também em Sua condição de homem. Isto não podia acontecer por força da natureza; mas, pela virtude de que estava munida, podia a gloriosa Alma de Cristo mover o corpo a seu grado. Tendo já a posse da glória, o corpo obedecia, sem dificuldade, a direção que a alma lhe dava, em seus movimentos. Desta maneira é que acreditamos ter Cristo subido aos céus, por virtude própria, como Deus e como Homem.

II. "ESTÁ SENTADO À DIREITA DE DEUS PAI"

[3] Na segunda parte do Artigo estão as palavras: "Está sentado à direita de [Deus] Pai". Esta figura de expressão encerra uma figura de linguagem, muito usada nas Escrituras. Para maior facilidade de compreensão, atribuímos a Deus afetos e membros humanos, apesar de não podermos imaginar nada de corpóreo em Deus, porque é [puro] espírito.

Mas, como nas relações sociais julgamos dar maior honra a quem colocamos à nossa direita, assim aplicamos também o mesmo princípio às coisas do céu. Confessamos que Cristo está à direita do Pai, para exprimir a glória que, como Homem, alcançou acima de todas as criaturas.

O "estar sentado" não exprime aqui uma postura de corpo, mas põe em evidência a posse segura e inabalável do régio poder e da glória infinita, que [Cristo] recebeu de Seu Pai.

Disso fala o Apóstolo: "Ressuscitou-O da morte, e colocou-O à Sua direita no céu, acima de todos os principados e potestades, virtudes e

---

288. 2 Rs 2,11-12.
289. Dn 14,35.
290. At 8,39.

dominações, e de todas as dignidades que possa haver não só neste mundo, mas também no mundo futuro. Pôs-Lhe aos pés todas as coisas".[291]

Destas palavras inferimos que tal glória é tão própria e particular de Nosso Senhor, que não pode convir a nenhuma outra natureza criada. Eis por que o Apóstolo declara em outro lugar: "A qual dos Anjos disse jamais: Senta-te à Minha direita?"[292]

III. CONSIDERAÇÕES SOBRE A ASCENSÃO DE CRISTO

1. Importância da ascensão de Cristo ao Céu

[4] Para mostrar mais amplamente o sentido deste Artigo, o pároco seguirá a história da Ascensão, conforme a descreveu com admirável precisão o Evangelista São Lucas, nos Atos dos Apóstolos.[293]

Na explicação, será preciso antes de tudo observar que todos os outros mistérios se referem à Ascensão como a um ponto final, que resume a perfeição e consumação de todos.

Com efeito, assim como pela Encarnação do Senhor começam todos os mistérios de nossa Religião, assim também pela Ascensão é que termina a peregrinação [de Cristo] neste mundo.

Os demais Artigos do Credo, relativos a Cristo Nosso Senhor, dão a conhecer Sua extrema humildade; pois nada se pode conceber de mais baixo e aviltante que o Filho de Deus Se revista, por nosso amor, da natureza humana e de sua fragilidade, e queira sujeitar-Se ao sofrimento e à morte.

Ora, como no Artigo anterior confessamos que [Cristo] ressuscitou dos mortos; e no presente, que subiu aos céus, e está sentado à direita de Deus Pai, não existe expressão mais sublime e grandiosa, para nos dar uma ideia de Sua glória suprema e divina majestade.

2. Por que Cristo quis subir ao Céu

[5] Depois desta exposição, é preciso ainda explicar bem as razões por que Cristo subiu aos céus. Antes de tudo, subiu aos céus porque a Seu

---
291. Ef 1,20 ss.
292. Hb 1,13; Sl 109,1.
293. At 1,1-11.

Corpo, dotado de glória imortal desde a Ressurreição, já não lhe convinha esta obscura morada da terra, mas antes a elevada e esplendorosa mansão dos céus.

E não foi só para tomar posse do trono de glória e poder, merecido pelo [Seu próprio] Sangue; mas também para diligenciar tudo o que diz respeito à nossa salvação.

Além disso, foi para provar realmente que "Seu Reino não é deste mundo".[294] Os reinos do mundo são terrenos e passageiros, apoiam-se em grandes riquezas e na força proveniente da carne. Ora, o Reino de Cristo não era terrestre, como os judeus esperavam, mas espiritual e eterno. Colocando Seu trono nos céus, o próprio Cristo demonstrou que as forças e riquezas de Seu reino eram de natureza espiritual.

Neste Reino, os mais ricos e os mais providos com a abundância de todos os bens são aqueles que [na terra] procuram com maior ardor as coisas de Deus. São Tiago, com efeito, declara que Deus escolheu "os pobres neste mundo, para serem ricos na fé, e herdeiros do Reino que Deus prometeu àqueles que O amam".[295]

Pela Ascensão, Nosso Senhor queria que, subindo Ele aos céus, continuássemos nós a segui-lO com saudosos pensamentos. Com efeito, pela Sua Morte e Ressurreição, deixou-nos um exemplo que nos mostra como devemos morrer e ressurgir espiritualmente. Pela Sua Ascensão também nos ensina e educa a erguermos nossa mente ao céu, enquanto vivemos ainda aqui na terra; a reconhecermos que, na terra, somos hóspedes e peregrinos à procura da [verdadeira] pátria[296], concidadãos dos Santos e membros da família de Deus[297], pois como diz o mesmo Apóstolo: "Nosso viver é no céu".[298]

3. Bens que Cristo nos alcançou com sua ascensão

a) Bens gerais

[6] A eficácia e a grandeza dos inefáveis benefícios que a bondade de Deus derramou sobre nós [por meio deste Mistério], desde muito as

---
294. Jo 18,36.
295. Tg 2,5.
296. Hb 11,13.
297. Ef 2 19.
298. Fl 3,20.

havia vaticinado o santo profeta Davi: "Subindo ao alto, arrebatou consigo os escravos, e distribuiu Seus dons aos homens".[299] Neste sentido é que o Apóstolo interpreta esta passagem.[300]

Efetivamente, ao cabo de dez dias, enviou [Cristo] o Espírito Santo, de cuja virtude e exuberância encheu a multidão de fiéis ali presentes. Então é que cumpriu verdadeiramente aquela grandiosa promessa: "Para vós convém que Eu me vá. Se Eu não for, não virá a vós o Consolador; mas, se for, Eu vo-lO enviarei".[301]

Pela doutrina do Apóstolo, [Cristo] também subiu aos céus "para Se apresentar agora ante a face de Deus em favor nosso"[302], e exercer perante o Pai o ofício de advogado. "Filhinhos meus, diz São João, eu vos escrevo para que não venhais a pecar. No entanto, se alguém pecar, por advogado junto ao Pai temos a Jesus Cristo, o Justo. Ele próprio é vítima de propiciação pelos nossos pecados".[303]

Nada pode inspirar aos fiéis maior alegria e felicidade, do que verem a Jesus Cristo feito patrono de nossa causa, e intercessor pela nossa salvação, Ele que goza junto ao Eterno Pai de suma influência e autoridade.

Afinal, preparou-nos um lugar, conforme o havia prometido.[304] Foi em nome de todos nós que Jesus Cristo, como nosso Chefe, entrou na posse da glória celeste.

Com Sua ida para o céu, abriu as portas que se tinham fechado, em consequência do pecado de Adão. Franqueou-nos um caminho para chegarmos à celestial bem-aventurança, conforme predissera aos Discípulos na última Ceia. Para confirmar Sua promessa com a realidade dos fatos, levou consigo, para a mansão da eterna bem-aventurança, as almas dos justos que tinha arrancado dos infernos.

b) Bens de virtudes

[7] Esta admirável abundância de dons celestes vem acompanhada de uma valiosa série de frutos e vantagens.

---

299. Os 67,19.
300. Ef 4 8.
301. Jo 16 7; At 1 4-5.
302. Hb 9,24.
303. 1 Jo 2 1 ss.
304. Jo 14,2.

Primeiramente, o mérito de nossa fé cresce até o último grau; porquanto a fé se refere a coisas que são inacessíveis à nossa vista, e que ficam fora de alcance para nossa razão e inteligência. Portanto, se o Senhor Se não apartara de nós, diminuir-se-ia o mérito de nossa fé; pois Ele próprio exalta como bem-aventurado "os que não viram, mas creram".[305]

Ademais, a subida de Cristo aos céus tem a grande força de confirmar a esperança que se aninha em nossos corações. Crendo que Cristo subiu aos céus, enquanto Homem, e colocou [Sua] natureza humana à direita de Deus Pai, grande é a nossa esperança de que também nós para lá havemos de subir, como membros Seus, e de unir-nos [a Ele] como nossa cabeça.[306] Foi o que Nosso Senhor asseverou pessoalmente: "Pai, quero que, onde Eu estou, estejam comigo também aqueles, que Vós me destes".[307]

Além disso, um dos maiores benefícios que auferimos [da Ascensão], foi o de Cristo arrebatar consigo para o céu o nosso amor, e de abrasá-lo no Espírito de Deus. É uma grande verdade o que se disse: "Nosso coração está onde estiver o nosso tesouro".[308]

[8] Realmente, permanecesse Jesus Cristo conosco na terra, todas as nossas considerações se concentrariam em Seu porte e trato humano. Nele veríamos apenas um homem, que nos cumulou de assinalados benefícios, e por Ele teríamos certa afeição natural e terrena.

No entanto, pelo fato de ter subido aos céus, [Cristo] espiritualizou nosso amor; fez-nos amar e venerar, como Deus, Aquele que sabemos estar ausente [com Sua humanidade].

Nós o verificamos no exemplo dos Apóstolos. Enquanto o Senhor estava no meio deles, parecia que O consideravam por um prisma muito humano. De outro lado, o próprio Senhor no-lo afirma com Sua palavra: "Para vós é bom que Eu vá". Aquele amor perfeito com que [os Apóstolos] amavam a Jesus Cristo humanamente presente, devia ser aperfeiçoado pelo amor divino, e por sinal à vinda do Espírito Santo. Razão porque Cristo logo acrescentou: "Se Eu não me ausentar, não virá a vós o Consolador".[309]

---

305. Jo 20,29.
306. Ef 4,15; Cl 1,18.
307. Jo 17,24.
308. Mt 6,21.
309. Jo 16,7.

c) Bens à Igreja

[9] Acresce que assim Nosso Senhor dilatou Sua casa na terra, que é a Igreja, cujo governo devia ser dirigido pela virtude e assistência do Espírito Santo. Como pastor e chefe supremo de toda a Igreja deixou entre os homens a Pedro, o Príncipe dos Apóstolos.

Além disso, "a uns constituiu Apóstolos, a outros profetas, a outros evangelistas, a outros pastores e mestres".[310] E sentado que está à direita do Pai, não cessa de distribuir, a uns e a outros, os dons que lhes convém a eles, como diz o Apóstolo: "A cada um de nós foi dada a graça, segundo a medida com que Cristo a distribuiu".[311]

Ao fato da Ascensão devem os fiéis aplicar os mesmos princípios que expusemos, anteriormente, a propósito do mistério da Morte e Ressurreição.

Nossa perfeita salvação, nós a devemos aos sofrimentos de Cristo; e Seus méritos patentearam aos justos a entrada para o céu.

Isto não obstante, a Ascensão de Cristo se nos apresenta como um modelo, que nos ensina a olhar para o alto, e transportar-nos ao céu em espírito. [Dizemos mais], ela também nos dá uma força divina, que nos põe em condições de fazê-lo.

---

310. Ef 4,11; 1Cor 12,28 ss.
311. Ef 4,7.

CAPÍTULO VIII
SÉTIMO ARTIGO DO CREDO

"Donde há de vir julgar os vivos e os mortos"

1. Três importantes ministérios de Cristo em favor de sua Igreja, e significado deste artigo.

I. Quantas são as vindas de Cristo e quantas vezes há de julgar o homem. — 2. Duas são as vindas de Cristo ao mundo. — 3. Quantas vezes deverá o homem sofrer a sentença de Cristo Juiz.

II. Razões do juízo universal. — 4. Causas pelas quais o juízo universal deverá seguir o particular.

III. Quem será o Juiz. — 5. O poder de julgar o gênero humano corresponde a Cristo segundo suas duas naturezas. — 6. Por que razões este juízo convém particularmente a Cristo.

IV. Sinais que irão preceder o Juízo final. — 7. Três sinais para se conhecer a proximidade do Juízo final.

V. Modo de celebração do Juízo final. — 8. Forma de juízo, e sentença dos eleitos. — 9. Sentença dos maus, e pena de dano. — 10. Pena de sentido, e companhia dos demônios. — 11. A matéria do Juízo deve inculcar-se com frequência no ânimo dos fiéis.

[1] Jesus Cristo honra e engrandece a Sua Igreja com três importantes ministérios: de Redentor, de Protetor, e de Juiz.

Pelos Artigos anteriores, já sabemos que Ele remiu o gênero humano pela Sua Paixão e Morte, e que pela Ascensão Se tornou o perpétuo advogado e defensor de nossa causa. No presente Artigo, só resta explicar a Sua função de juiz. O Artigo quer dizer que Cristo Nosso Senhor, naquele dia supremo, há de julgar todo o gênero humano.

I. QUANTAS SÃO AS VINDAS DE CRISTO E QUANTAS VEZES HÁ DE JULGAR OS HOMENS

[2] As Sagradas Escrituras atestam que são duas as vindas do Filho de Deus. A primeira foi quando assumiu carne, para nos salvar, e Se fez

homem no seio da Virgem; a segunda será, quando vier para julgar todos os homens, na consumação dos séculos.

Nas Escrituras, esta segunda vinda se chama "Dia do Senhor"[312], do qual diz o Apóstolo: "O dia do Senhor há de vir como o ladrão de noite".[313] "Aquele dia, porém, e aquela hora, ninguém os conhece", declara o próprio Salvador.[314]

Em prova do Juízo Final, basta citar esta passagem do Apóstolo: "Todos nós teremos de comparecer perante o tribunal de Cristo, para que cada um receba retribuição do bem ou do mal, que tiver praticado em sua vida terrena".[315]

A Escritura está cheia de textos, que os párocos descobrirão em cada página, quando quiserem explicar este mistério e torná-lo mais acessível à inteligência dos fiéis.[316]

Se desde o início do mundo, todos ansiavam por aquele primeiro dia em que o Senhor Se revestiu de nossa carne, porquanto nesse mistério havia a esperança de seu resgate, também agora devemos — depois da Morte e Ascensão do Filho de Deus — suspirar ardentemente pelo segundo Dia do Senhor, "aguardando a ditosa esperança e o aparecimento da glória do grande Deus".[317]

[3] Na explicação desta matéria, os párocos terão de atender às duas ocasiões, em que todo homem deve comparecer na presença do Senhor, para dar contas de todos os seus pensamentos, ações e palavras, e para aceitar finalmente a sentença imediata do Juiz.[318]

A primeira ocasião é o momento em que cada um de nós deixa este mundo; a alma é levada *incontinenti* ao tribunal de Deus, onde se examina com a máxima justeza, tudo o que o homem fez, disse, e pensou em sua vida. É o que chamamos Juízo Particular.

A segunda ocasião, porém, há de ser quando todos os homens terão de comparecer juntos, no mesmo dia e no mesmo lugar, perante o tri-

---

312. 1Pd 3,10; Ap 3,26.
313. 1Ts 5,2.
314. Mt 24,36.
315. 2 Cor 5,10; Rm 14,10.
316. Por exemplo: 1Sm 2,10, Sl 95 13; 97,9; Is 2,12; Jr 46,10; Dn 7,26; Jl 2,1-13; Sf 1,7-14; Ml 4,1; Mt 13,40; Lc 17,24; At 1,11; Rm 2,16; 1Cor 15,51; 1Ts 1,10; 2Ts 1,10; Ap 20,11.
317. Tt 2,13.
318. Hb 9,27.

bunal do juiz, para que, na presença de todos os homens de todos os séculos, cada um venha saber a sentença, que a seu respeito foi lavrada.

Para os ímpios e malvados, esta declaração de sentença não constituirá a menor parte de suas penas e castigos; ao passo que os virtuosos e justos nela terão uma boa parte de sua alegria e recompensa. Naquele instante, será pois revelado o que foi cada indivíduo, durante a sua vida mortal. Este Juízo se chama universal.

II. MOTIVOS PARA O JUÍZO UNIVERSAL

[4] Será então necessário mostrar por que, além do Juízo Particular para cada um, se fará ainda outro geral para todos os homens.

Ora, os mortos deixam às vezes filhos que imitam os pais; parentes e discípulos que seguem e propagam seus exemplos em palavras e obras. Esta circunstância deve aumentar os prêmios ou castigos dos próprios mortos.

Tal influência, que a muitos empolga, em seu caráter benéfico ou maligno, não acabará senão quando romper o último dia do mundo. Convinha, pois, fazer-se então uma perfeita averiguação de todas essas obras e palavras, quer sejam boas, quer sejam más. O que, porém, não seria possível sem um julgamento geral de todos os homens.

Outro motivo ainda. Muitas vezes, os justos são lesados em sua reputação, porquanto os ímpios passam por grandes virtuosos. Pede a divina justiça que, numa convocação para público julgamento de todos os homens, possam os justos recuperar a boa fama, que lhes fora iniquamente roubada aos olhos do mundo.

Além disso, em tudo o que façam durante a vida, os bons e os maus não prescindem da cooperação de seus corpos. Daí decorre, necessariamente, que as boas ou más ações [praticadas] devem atribuir-se também aos corpos, que delas foram instrumentos.

Era, pois, de suma conveniência que os corpos partilhassem, com as almas, dos prêmios da eterna glória ou dos suplícios, conforme houvessem merecido. Isto, porém, não poderia efetuar-se, sem a ressurreição de todos os homens, e sem um julgamento universal.

Como também a fortuna e a desgraça não fazem escolha entre bons e maus, era necessário provar que tudo é dirigido e governado pela infinita sabedoria e justiça de Deus. Convinha, pois, só reservar prêmios aos bons e castigos aos maus, na vida futura, mas também decretá-los num juízo público e universal, que os tornasse mais claros e evidentes a todos os homens.

Desta forma, todos renderão louvor a Deus pela sua justiça e providência, em desagravo daquela injusta queixa com que às vezes os próprios Santos, por fraqueza humana, se lastimavam, ao verem os maus na posse de grandes riquezas e dignidades.

O Profeta dizia: "Meus pés estiveram a ponto de vacilar. Por pouco se não transviaram os meus passos, porque me enchi de zelo contra os maus, quando observava a vida bonançosa dos pecadores".[319] E mais adiante: "Eis que, sendo pecadores, e favorecidos pelo mundo, eles conseguiram riquezas. E eu disse: Então não me adiantou guardar puro o meu coração, e lavar em inocência as minhas mãos; em ser torturado o dia inteiro, e padecer aflição desde o romper da madrugada".[320]

Por conseguinte, era preciso haver um Juízo Universal, a fim de que os homens se não pusessem a comentar que Deus passeia pelos quadrantes do céu, e que pouco se Lhe dá a sorte das coisas terrenas.[321] Com toda a razão foi incluída a fórmula desta verdade nos doze Artigos do Credo, para apoiar, com a força de sua doutrina, os ânimos que duvidem da providência e justiça de Deus.

Sobretudo, era necessário que a lembrança do Juízo alentasse os bons, e aterrasse os maus. Conhecendo a justiça de Deus, aqueles não viriam a desfalecer; estes seriam arredados do mal, graças ao temor e à expectativa dos eternos castigos.

Por isso, falando do Último Dia, Nosso Senhor e Salvador declarou que haveria um Juízo Universal. Descreveu os sinais do tempo em que há de chegar, para que, ao vê-los, reconhecêssemos estar perto o fim do mundo. Depois, no momento de subir aos céus, enviou Anjos que consolassem os Apóstolos, tristes com Sua ausência, [e lhes dissessem] as seguintes palavras: "Este Jesus que de vosso meio foi arrebatado ao céu, há de vir assim como O vistes subir ao céu".[322]

---

319. Sl 72,2-3.
320. Sl 72,12-14.
321. Jó 22,14.
322. At 1,11.

III. QUEM SERÁ O JUIZ

[5] Ensinaram as Sagradas Escrituras, que a Cristo Nosso Senhor foi entregue o julgamento, não só enquanto Deus, mas também enquanto Homem. Ainda que o poder de julgar é comum a todas as Pessoas da Santíssima Trindade, contudo o atribuímos ao Filho de modo particular, por dizermos que Lhe compete também a sabedoria. Uma declaração do Senhor confirma que Ele, enquanto Homem, há de julgar o mundo: "Assim como o Pai tem a vida em Si mesmo, assim concedeu também ao Filho ter a vida em Si mesmo; conferiu-Lhe o poder de julgar, porque é o Filho do Homem".[323]

[6] Fica muito bem que esse Juízo seja efetuado por Cristo Nosso Senhor. Já que os julgados são homens, ser-lhes-á possível ver o juiz com os olhos corporais, e com os próprios ouvidos escutar a sentença que lhes for lavrada, e pelos sentidos chegar ao perfeito conhecimento da ação judicial.

Além do mais, era de suma justiça que aquele Homem, que fora condenado pela mais iníqua das sentenças humanas, tomasse assento à vista de todos, para julgar todos os homens. Por isso é que, depois de expor, em casa de Cornélio, os pontos capitais da religião cristã; depois de ensinar que Cristo fora crucificado e morto pelos judeus, mas que ao terceiro dia havia ressurgido, o Príncipe dos Apóstolos não deixou de acrescentar: "E deu-nos ordem de pregar ao povo, e testemunhar que Ele foi por Deus instituído Juiz dos vivos e dos mortos".[324]

IV. SINAIS QUE PRECEDEM AO JUÍZO FINAL

[7] Como sinais que precedem o Juízo, as Sagradas Escrituras enumeram três principais: a pregação do Evangelho pelo mundo inteiro, a apostasia, o anticristo.

Com efeito, assim falou Nosso Senhor: "Será pregado este Evangelho do Reino por todo o mundo, para servir de testemunho a todos os povos, e depois há de vir a consumação".[325] E o Apóstolo nos adverte que nin-

---
323. Jo 5,26 ss.
324. At 10,42.
325. Mt 24,14.

guém se iluda, "como se o Dia do Senhor esteja vizinho"[326]; porquanto não se fará o Juízo, "sem que venha antes a apostasia, e tenha aparecido o homem do pecado".[327]

V. O JULGAMENTO

[8] As circunstâncias do Juízo, os párocos poderão vê-las comodamente nas profecias de Daniel[328], na doutrina dos Santos Evangelhos[329] e do Apóstolo São Paulo.[330]

Neste lugar, o que merece maior atenção é a sentença que pelo juiz será pronunciada.

Cristo Nosso Senhor lançará um olhar de jubilosa complacência para os justos colocados à direita, e com extremos de bondade lhes dirá a seguinte sentença: "Vinde, benditos de Meu Pai, tomai posse do Reino, que vos está preparado desde o princípio do mundo".[331]

Não se poderá ouvir palavra mais suave do que esta! Assim há de averiguá-lo quem a cotejar com a condenação dos maus; quem levar em conta que tal sentença chama os homens bons e justos, da labuta ao descanso, deste vale de lágrimas aos cimos da alegria, das tribulações à eterna bem-aventurança, que eles mereceram por suas obras de caridade.

[9] Volvendo-se, então, para aqueles que estarão à esquerda, lançará sobre eles o rigor de Sua justiça, usando das palavras: "Apartai-vos de Mim, malditos, para o fogo eterno que foi preparado ao demônio e seus anjos".[332]

As primeiras palavras — "apartai-vos de mim" — exprimem a maior das penas que atingirá os maus, quando forem lançados o mais longe possível da presença de Deus, sem que os possa consolar a esperança de virem jamais a gozar de um bem tão perfeito.

Esta é a pena que os teólogos chamam "pena de dano", porque os réprobos no inferno ficarão para sempre privados da luminosa visão de Deus.

---

326. 1Ts 2,2.
327. 2Ts 2,3.
328. Dn 7,9.
329. Mt 24,1 ss.; 25,1 ss.; Mc 13,26.
330. 1Cor 15,52; 1Ts 2,11; 4,12-16; 5,1-11.
331. Mt 25, 34.
332. Mt 25,41.

O acréscimo "malditos" agrava-lhes a miséria e desgraça, de uma maneira pavorosa. Se, na verdade, ao serem escorraçados da presença de Deus, fossem pelo menos julgados dignos de alguma bênção, não há dúvida que nisso poderiam ter grande consolação. Mas, como não lhes é dado esperar consolo semelhante para mitigar sua desgraça, de pleno direito a justiça divina os perseguirá, com todas as maldições, a partir do momento em que são [inteiramente] repudiados.

[10] Seguem-se então as palavras: "para o fogo eterno". A esta segunda espécie de tormentos chamam os teólogos "pena dos sentidos", porque empolga os sentidos do corpo, como acontece nos açoites, flagelações, e outros gêneros de suplícios mais pesados.

Não é para duvidar que, entre eles, a tortura do fogo causa a mais intensa sensação de dor. Como tal suplício deve durar para todo o sempre, temos nessa circunstância uma prova de que o castigo dos réprobos concentra em si todos os suplícios possíveis.

Mostram-no, com maior clareza, as últimas palavras da condenação: "que foi preparado para o demônio e seus anjos". Por índole nossa, não sentimos tanto os sofrimentos, quando temos algum parceiro a repartir conosco o infortúnio, e que até certo ponto nos assiste e conforta, com sua prudência e bondade. Qual não será, porém, a miséria dos condenados, uma vez que em tantas aflições não poderão jamais apartar-se da companhia dos mais perversos demônios?

Muito justa será, naturalmente, a condenação que Nosso Senhor e Salvador há de proferir contra os maus; porque eles vilipendiaram todas as obras de verdadeira piedade. Não deram de comer, nem de beber ao faminto e ao sequioso; não agasalharam o peregrino; não cobriram o desnu; não visitaram o preso, nem o enfermo.

[11] São estas as verdades que os pastores devem, muitas vezes, inculcar aos ouvidos do povo cristão. Quando aceita, com espírito de fé, a verdade que vai neste Artigo, ela tem grande virtude para refrear as depravações da alma, e para arredar os homens do pecado. Por esse motivo diz o Eclesiástico: "Em todas as tuas obras, lembra-te dos teus novíssimos, e não pecarás eternamente".[333]

Na verdade, dificilmente alguém se arrojará em pecados, com tanta cegueira, que não seja de novo atraído pelo amor à virtude, em se lem-

---

333. Eclo 7,40.

brando que um dia dará contas a um juiz de suma justiça, não só de todas as suas ações e palavras, mas até dos mais ocultos pensamentos; que terá de satisfazer pelas penas que merecidamente tiver incorrido.

De sua parte, ainda que a vida lhe decorra em privações, calúnias e sofrimentos, pode o justo afervorar-se cada vez mais na prática da virtude, e dar largas à sua alegria, quando se lembra daquele dia em que, após as lutas desta vida laboriosa, será aclamado vencedor, na presença de todos os homens, e recebido na Pátria Celestial, onde Deus lhe dará o quinhão das honras eternas.

Só resta, pois, que os fiéis sejam exortados a procurarem uma santa maneira de viver, a adestrarem-se em todas as obras de piedade. Isto lhes permitirá aguardar, com maior firmeza de ânimo, o grande Dia do Senhor que está próximo; e almejar, até, a Sua vinda com o mais vivo amor e empenho, como convém a filhos [de Deus].

CAPÍTULO IX
OITAVO ARTIGO DO CREDO

"Creio no Espírito Santo"

1. Quão grande é a necessidade e o fruto de crer no Espírito Santo.
I. Do nome "Espírito Santo". — 2. Também ao Pai e ao Filho convém a palavra Espírito Santo. — 3. Por que a terceira Pessoa não tem nome próprio, como as duas primeiras.
II. Quem é o Espírito Santo. — 4. O Espírito Santo é Deus verdadeiro, como o Pai e o Filho. — 5. O Espírito Santo é a Terceira Pessoa da Trindade, distinta das duas primeiras. — 6. O Espírito Santo procede do Pai e do Filho, como de um só princípio.
III. Obras atribuídas especialmente ao Espírito Santo. — 7. Por que certas obras e dons, ainda que sejam comuns às três Pessoas, se atribuem ao Espírito Santo. — 8. Quais e quantos são os efeitos do Espírito Santo.

[1] Com o vagar que exigia a natureza do assunto, expusemos até agora as verdades referentes: à Primeira e à Segunda Pessoa da Santíssima Trindade. Atualmente, resta ainda explicar o que no Símbolo se contém a respeito da Terceira Pessoa, que é o Espírito Santo.

Na explicação desta matéria, devem os pastores esforçar-se com todo o interesse, porque o cristão não pode, tampouco, ignorar esta parte do Símbolo, nem ter dela uma noção menos exata que dos Artigos anteriores.

Por isso, o Apóstolo não tolerou que alguns dos efésios ignorassem a Pessoa do Espírito Santo.

Quando lhes perguntou se tinham recebido o Espírito Santo, eles responderam que nem sabiam sequer da existência do Espírito Santo. Então [logo] se informou: "Em que Batismo, pois, fostes vós batizados?"[334] Com tais palavras, deu a entender a absoluta necessidade de terem os fiéis uma noção clara do presente Artigo.

Quando os cristãos meditam seriamente que, por mercê e dádiva do Espírito Santo, receberam tudo quanto possuem[335], o primeiro fruto de tal conhecimento é começarem a ter de si mesmos uma opinião mais modesta

---

334. At 19,2 ss.
335. 1Cor 12,3-4.

e humilde, e a pôr toda a sua esperança no auxílio de Deus. Este deve ser o primeiro passo do cristão para as alturas da sabedoria e da felicidade.

I. DO NOME "ESPÍRITO SANTO"

[2] A exposição do Artigo deve começar pelo sentido que, neste lugar, se dá ao termo "Espírito Santo". Com toda a propriedade, é atribuído o mesmo nome ao Pai e ao Filho, pois que ambos são "Espírito"[336] e "Santo"[337]; e que, de nossa parte, confessamos que Deus é um [puro] espírito. Além disso, aplicamos a mesma designação aos Anjos[338] e às almas dos justos.[339] Portanto, é preciso atender que o povo não caia em erro, pela ambiguidade de expressão.

Devemos ensinar que, neste Artigo, o nome de "Espírito Santo" indica a Terceira Pessoa da Santíssima Trindade, conforme o sentido que ocorre nas Sagradas Escrituras, algumas vezes no Antigo, e com frequência em o Novo Testamento.

Assim rezava Davi: "E não tireis de mim o Vosso Espírito Santo!"[340] No Livro da Sabedoria lemos a passagem: "Quem conhecerá os Vossos desígnios, se Vós lhe não derdes a sabedoria, e das maiores alturas lhe não enviardes o Vosso Santo Espírito?"[341] E noutro lugar: "Ele próprio a criou [a sabedoria] no Espírito Santo".[342]

Em o Novo Testamento, recebemos ordem de sermos batizados "em nome do Pai, e do Filho, e do Espírito Santo".[343] Lemos também que a Santíssima Virgem "concebeu do Espírito Santo".[344] São João [Batista] envia-nos a Cristo, que "nos batiza no Espírito Santo".[345] Quando lemos as Escrituras, depara-se-nos a mesma expressão em muitos outros lugares.

---

336. Jo 4,24; 2Cor 3,17.
337. Is 6,3; Ap 4,8.
338. Sl 103,4; Hb 1,7.
339. Sl 145,4; Ecl 12,7.
340. Sl 50,13.
341. Sb 9,17.
342. Ecl 1,9.
343. Mt 28,19.
344. Lc 1,35; Mt 1,18-20.
345. Jo 1,29 ss.

[3] Ninguém deve estranhar que à Terceira Pessoa se não conferisse nome próprio, como foi dado à Primeira e à Segunda.

Tem nome próprio a Segunda Pessoa, e chama-se Filho, porque Sua eterna origem do Pai se diz propriamente "geração". Isso foi explicado nos Artigos anteriores. Por conseguinte, como aquela origem é designada pelo nome de geração, assim damos o nome próprio de Filho à Pessoa que descende, e de Pai à Pessoa da qual descende.

Como não se pôs designação particular à origem da Terceira Pessoa, mas veio a chamar-se sopro ou processão, segue-se que a Pessoa [assim] produzida não leva nome próprio.

A razão de não haver nome próprio para a origem do Espírito Santo, é porque somos obrigados a tirar das coisas criadas os nomes que se atribuem a Deus. Ora, nas criaturas não conhecemos outra maneira de comunicar natureza e essência, senão a que se opera em virtude de geração. Daí nos falta a possibilidade de exprimir, em termo adequado, como Deus Se comunica inteiramente a Si próprio pela força do amor. Este é o motivo de chamarmos a Terceira Pessoa pelo nome comum de "Espírito Santo".

Apesar disso, reconhecemos que o nome Lhe vai com propriedade; porque é o Espírito Santo que nos infunde a vida espiritual, e, sem o sopro de Seu poder santíssimo, nada logramos fazer que seja digno da vida eterna.

II. QUEM É O ESPÍRITO SANTO

1. *Verdadeiro Deus... igual ao Pai e ao Filho*

[4] Dada a explicação dos termos, deve o povo aprender, em primeiro lugar, que o Espírito Santo é Deus, como o Pai e o Filho, igual a Eles, da mesma onipotência, da mesma eternidade, de suma bondade, de infinita sabedoria, da mesma natureza que a do Pai e do Filho.

Esta igualdade é bem expressa pela partícula "em", quando dizemos: "Creio no Espírito Santo". Colocamo-la junto ao nome de cada Pessoa da Santíssima Trindade para exprimir a extensão de nossa fé.

Ora, esta doutrina é também corroborada por evidentes testemunhos da Sagrada Escritura. São Pedro disse, nos Atos dos Apóstolos: "Ananias, por que tentou Satanás o teu coração para mentires ao Espírito Santo?", e logo acrescentou: "Não mentiste aos homens, mas a Deus".[346] Sem demora designou, como Deus, Aquele que antes chamara "Espírito Santo".

Na epístola aos Coríntios, o Apóstolo se referia ao Espírito Santo, quando falou d'Aquele que era Deus. "Há diversas operações, diz ele, mas é o mesmo Deus que tudo opera em todos". E pouco depois acrescentou: "Mas, todas estas coisas são obras de um só e mesmo Espírito, que as distribui a cada um, como é de Seu agrado".[347]

Além do mais, nos Atos dos Apóstolos, [São Paulo] atribui ao Espírito Santo o que os Profetas atribuíam unicamente a Deus.

Isaías havia declarado: "Ouvi a voz do Senhor que dizia: Quem hei de enviar? E falou-me: Vai, e dirás a este povo: Obceca o coração deste povo, endurece-lhe os ouvidos, e cerra-lhe os olhos, para que não aconteça verem com os próprios olhos, e ouvirem com os próprios ouvidos".[348]

O Apóstolo cita estas palavras, e comenta: "Bem falou o Espírito Santo pela boca do profeta Isaías".[349]

Não há como duvidar da verdade deste Mistério, já que a Escritura põe na mesma categoria a pessoa do Espírito Santo com o Pai e o Filho; quando ordena, por exemplo, empregar no Batismo o nome do Pai, e do Filho, e do Espírito Santo.[350] Realmente, se o Pai é Deus, e o Filho é Deus, força nos é confessar que o Espírito Santo também é Deus, pois que Lhes fica ligado pelo mesmo grau de dignidade.

Uma prova a mais é que nenhum fruto se pode tirar do Batismo que fosse conferido em nome de alguma criatura. "Porventura foste vós batizados em nome de Paulo?"[351] Pergunta o Apóstolo, a fim de mostrar que tal Batismo de nada lhes adiantaria para a salvação. Portanto, uma vez que nos batizamos em nome do Espírito Santo, cumpre confessar que Ele é Deus.

Esta justaposição das três Pessoas, pela qual se demonstra a divindade do Espírito Santo, podemos averiguá-la, quer na epístola de São João: "Três são os que no céu dão testemunho: o Pai, o Filho, e o Espírito

---

346. At 5,3-4.
347. 1Cor 12,6-11.
348. Is 6,8 a 6,10.
349. At 28,25.
350. Mt 28,19.
351. 1Cor 1,13.

Santo, e estes três são um só"³⁵², quer naquela gloriosa aclamação da Trindade Santíssima, que remata o Ofício Divino e os Salmos: "Glória ao Pai, e ao Filho, e ao Espírito Santo".³⁵³

Afinal, uma grande confirmação desta verdade é que as Escrituras aplicam ao Espírito Santo todos os atributos que a fé nos ensina serem próprios de Deus.

Reconhece-Lhe a honra dos templos, quando, por exemplo, o Apóstolo declara: "Ignoras, talvez, que vossos membros são templos do Espírito Santo?"³⁵⁴

Atribuem-Lhe também as operações de "santificar"³⁵⁵, de "vivificar"³⁵⁶, de "penetrar os arcanos de Deus"³⁵⁷, de "falar pela boca dos Profetas"³⁵⁸, de "estar em toda a parte".³⁵⁹ Tudo isto só pode enunciar-se com relação à Majestade Divina.

2. Se a Terceira Pessoa é distinta das outras duas

[5] Com a devida atenção, é preciso ainda explicar aos fiéis que o Espírito Santo é Deus, mas que devemos confessá-lO como Terceira Pessoa [da Santíssima Trindade], distinta do Pai e do Filho, dentro da natureza divina, e produzida pela vontade [de um e de outro].

Sem alegar outros argumentos da Escritura, a fórmula de Batismo, ensinada por Nosso Redentor, mostra com evidência que o Espírito Santo é a Terceira Pessoa, que subsiste por Si mesma na natureza divina, [inteiramente] distinta de ambas as outras Pessoas.

Assim o declara também o Apóstolo na saudação: "A graça de Nosso Senhor Jesus Cristo, e a caridade de Deus, e a comunhão do Espírito Santo, seja com todos vós. Amém!"³⁶⁰

---

352. 1Jo 5,7.
353. Doxologia litúrgica, recitada no fim dos Salmos já no século V.
354. 1Cor 6,19.
355. 2Ts 2,12; 1Pd 1,2.
356. Jo 6,64.
357. 1Cor 2,10.
358. 2Pd 1,21.
359. Sl 138,7; Sb 1,7.
360. 2Cor 13,13.

Prova de maior evidência ainda é o acréscimo, que a este Artigo fizeram os Padres do Primeiro Concílio de Constantinopla[361], para rebaterem o ímpio desatino de Macedônio: "E [Creio] no Espírito Santo, [que também é] Senhor, e dá vida; o qual procede do Pai e do Filho; o qual, com o Pai e o Filho, é juntamente adorado e glorificado; [e] foi quem falou pelos Profetas".

Ora, confessando que o Espírito Santo é Senhor, [os Padres do Concílio] declaram-nO infinitamente superior aos Anjos, não obstantes serem estes criados por Deus como os espíritos mais perfeitos. No sentir de São Paulo, os Anjos são, "todos eles, espíritos servidores, enviados a servir, em benefício daqueles que conseguem a herança da salvação".[362]

Chamam-Lhe, porém, "Vivificador", porque a alma tira da união com Deus uma vida mais intensa, do que o sustento e a conservação, que o corpo aufere de sua união com a alma. Como a Escritura atribui ao Espírito Santo esta união da alma com Deus[363], é claro que de pleno direito seja chamado o "Vivificador".

3. "Procedente" do Pai e do Filho

[6] Seguem-se [no Símbolo de Constantinopla] as palavras: "O qual procede do Pai e do Filho". Como explicação, cumpre, pois ensinar os fiéis que o Espírito Santo procede do Pai e do Filho como de uma origem única, numa eterna processão. Assim no-lo propõe a crer o cânon de fé da Igreja, do qual não pode o cristão apartar-se; e assim o confirma a autoridade da Escritura e dos Concílios.

Nosso Senhor disse, numa ocasião que falava do Espírito Santo: "Ele Me glorificará, porque há de tomar do que é Meu".[364]

A mesma verdade se releva do fato de que, nas Escrituras, o Espírito Santo é chamado, ora "Espírito de Cristo"[365], ora "Espírito do Pai".[366] Ora se diz que é enviado pelo Pai[367], ora pelo Filho[368], para mostrar, com bastante clareza, que tanto procede do Pai, como do Filho.

---

361. Convocado em 381.
362. Hb 1,14.
363. Rm 8,9 ss.
364. Jo 16,14.
365. At 16,7.
366. Rm 8,9; At 8,39.
367. At 2,17 ss.; Mt 10,20; Jo 14,26; Gl 4,6.
368. Jo 15,26; 16,7.

Diz São Paulo: "Quem não possui o Espírito de Cristo, esse Lhe não pertence".[369] Escrevendo aos Gálatas, o mesmo Apóstolo chama-Lhe Espírito de Cristo: "Enviou Deus a vossos corações o Espírito de Seu Filho, que clama: Abba, Pai!"[370]

No Evangelho de São Mateus, é chamado "Espírito do Pai": "Não sois vós quem fala, mas o Espírito de vosso Pai".[371] Na última Ceia, Nosso Senhor explicou-se assim: "O Consolador que Eu vos hei de enviar, o Espírito da verdade, que do Pai procede, Ele dará testemunho de Mim".[372] Noutra parte, afirma que o mesmo Espírito Santo será enviado pelo Pai: "[O Espírito Santo] que o Pai há de enviar em Meu nome".[373] Ora, tal linguagem se refere à processão do Espírito Santo; mostra, pois, claramente, que o Mesmo procede de ambos, [Pai e Filho].

São estes os pontos que se devem ensinar, com referência à Pessoa do Espírito Santo.

III. OBRAS ATRIBUÍDAS ESPECIALMENTE AO ESPÍRITO SANTO

[7] É preciso ainda ensinar que existem certos efeitos sublimes, e certos dons preciosos que são próprios do Espírito Santo, e d'Ele nascem e se derivam, como de uma fonte inexaurível de bondade.

Ainda que as operações exteriores da Santíssima Trindade sejam comuns às três Pessoas, muitas delas se atribuem de modo particular ao Espírito Santo, para entendermos que partem do infinito amor de Deus para conosco. Já que o Espírito Santo procede da vontade divina, enquanto abrasada de amor, é óbvio que as operações, atribuídas de modo particular ao Espírito Santo, promanam do soberano amor de Deus para conosco.

Por isso é que o Espírito Santo se chama "dom" [por excelência]: conceito que exprime uma doação, feita por benevolência, a título gratuito, sem nenhum interesse de retribuição. Sendo assim, devemos reconhecer, com piedosa gratidão, que os bens e benefícios que de Deus temos recebido. Se o Apóstolo pergunta: "Que temos nós, que de Deus

---

369. Rm 8,9.
370. Gl 4,6.
371. Mt 10,20.
372. Jo 15,26.
373. Jo 14,26.

não tenhamos recebido?"³⁷⁴ — todos eles nos foram concedidos por mercê e graça do Espírito Santo.

[8] Há, porém, várias operações do Espírito Santo. Sem realçar aqui a criação do mundo, a propagação e a direção dos seres criados — assunto que já foi tratado no Artigo primeiro — acabamos de ver, há pouco, que ao Espírito Santo se atribui de modo peculiar a vivificação, conforme atesta o vidente Ezequiel: "Dar-vos-ei o Espírito, e vós vivereis".³⁷⁵

Ora, os efeitos principais e mais próprios do Espírito Santo, o Profeta [Isaías] os enumera: "O Espírito de sabedoria e inteligência, o Espírito de conselho e de fortaleza, o Espírito de ciência e de piedade, e o Espírito do temor de Deus".³⁷⁶

Estes efeitos se chamam dons do Espírito Santo, e por vezes levam até o nome de Espírito Santo.

Por conseguinte, quando ocorre nas Escrituras o nome de "Espírito Santo", é com muita prudência que Santo Agostinho³⁷⁷ nos manda averiguar, se designa a Terceira Pessoa da Santíssima Trindade, ou apenas Seus dons e operações. Estes dois sentidos diferem tanto entre si, quanto cremos que o Criador difere das coisas criadas.

São estes os pontos que exigem maior cuidado na explicação, pois que pelos dons do Espírito Santo, chegamos a conhecer as normas da vida cristã, e por eles podemos verificar se em nós habita o [próprio] Espírito Santo.

Entre todos os mais dons de Sua liberalidade, devemos enaltecer a graça de justificação, porquanto nos assinala com o "prometido Espírito Santo, que é o penhor de nossa herança".³⁷⁸

Esta é a graça que, num elo íntimo de amor, une nossa alma a Deus. Tem por efeito que, movidos por intenso ardor de piedade, começamos vida nova; e que, "participando da natureza divina"³⁷⁹, "recebemos o nome de filhos de Deus, e o somos na realidade".³⁸⁰

---

374. 1Cor 4,7.
375. Ez 37,6.
376. Is 11,2-3. São Paulo fala dos frutos do Espírito Santo em Gl 6,2.
377. Santo Agostinho, *De Trinitate*, lib. 15, cap. 19-19.
378. Ef 1,13-14.
379. 2Pd 1,4.
380. 1Jo 3,1.

CAPÍTULO X
NONO ARTIGO DO CREDO

"Creio na Santa Igreja Católica, na comunhão dos santos"

1. Dois motivos pelos quais se deve explicar com muito cuidado este artigo.
I. "A Santa Igreja". — 2. Que se entende pela palavra Igreja, seja em geral, seja em particular. — 3. Que mistérios encerra a palavra Igreja. — 4. Com que nomes se designa nas Sagradas Escritura a sociedade cristã. — 5. Duas partes principais em que se divide a Igreja: uma triunfante, a outra militante. — 6. A Igreja militante e a triunfante são uma só Igreja. — 7. Na Igreja militante há duas classes de homens, bons e maus. — 8. A Igreja é visível, e contém em seu seio bons e a maus. — 9. Quem está fora da Igreja militante. — 10. Vários significados da palavra Igreja.
II. "Una". — 11. Primera nota da Igreja, que é ser Una. — 12. Que devemos pensar do Romano Pontífice, cabeça visível da Igreja. — 13. A Igreja necessita, além de Cristo, de uma cabeça visível. — 14. Outras razões pelas quais a Igreja se chama Una.
III. "Santa". — 15. Segunda nota da Igreja, que é ser Santa.
IV. "Católica". — 16. Por que razão a Igreja de Cristo é Católica.
V. "Apostólica". — 17. Por que a Igreja de Cristo se chama também Apostólica.
VI. "Creio na Igreja": Outras verdades sobre a Igreja Católica. — 18. A Igreja não pode errar nos dogmas de fé ou de costumes. — 19. Com que figuras principalmente foi prefigurada a Igreja de Cristo no Antigo Testamento. — 20. Por que se inclui nos artigos da fé a crença na Igreja de Cristo. — 21. Quais, quantas e quão grandes coisas se nos manda creer que há na Igreja. — 22. Não cremos na Igreja do mesmo modo que em Deus, pois unicamente Deus é o motivo formal de nossa fé, ao passo que a Igreja é só uma das verdades acreditadas.
VII. "A comunhão dos Santos". — 23. Última parte deste artigo: a Comunhão dos Santos. — 24. Em que consiste a Comunhão dos Santos. — 25. Na Igreja há participação de méritos. — 26. Os maus na Igreja não participam dos bens espirituais. — 27. As graças gratuitas dadas, e todos os outros dons de Deus, são comuns a toda a Igreja.

[1] Duas considerações nos mostram, principalmente, com quanta atenção devem os pastores explicar aos fiéis as verdades deste nono Artigo.

A primeira é a seguinte: Na opinião de Santo Agostinho[381], os Profetas insistiam mais em falar da Igreja que do [próprio] Cristo. Previam que

---
381. Santo Agostinho, *Comentários sobre os Salmos,* salmo 30.

muito maior podia ser o número de pessoas a errarem e iludirem-se neste ponto, do que a respeito do mistério da Encarnação.

Realmente, à guisa do mono que se figura homem[382], não deixaria de haver, ímpios com a pretensão de que só eles são católicos, e com a maldosa e soberba afirmação de que só entre eles existe a [verdadeira] Igreja Católica.

A segunda consideração é que facilmente escapa ao tremendo perigo de heresia, quem assimila esta verdade, com plena convicção. Com efeito, a pessoa não se torna herege só por pecar contra a fé, mas antes por menosprezar a autoridade da Igreja, e defender obstinadamente suas ímpias afirmações.

Por conseguinte, não é possível que alguém contraia a peste da heresia, enquanto aceita o que este Artigo [lhe] propõe a crer. Os pastores devem, pois, empenhar-se por que os fiéis conheçam [a fundo] este Mistério, e possam assim perseverar na verdade da fé, e defender-se contra as astúcias do inimigo.

Entre este Artigo e o anterior existe uma correlação. Já foi demonstrado que o Espírito Santo é fonte e causa de toda santidade. Ora, no Artigo atual, confessamos que do mesmo Espírito Santo se deriva a santidade de que a Igreja foi dotada.

I. "NA SANTA IGREJA CATÓLICA"

1. Significado da palavra "Igreja"

[2] Agora é preciso dar a significação do termo: "Igreja". Os latinos tomaram-na dos gregos, e [só] depois da divulgação do Evangelho é que entrou no vocabulário [especificamente] religioso.

Igreja quer dizer "convocação". Mais tarde, porém, os escritores[383] empregavam o termo no sentido de "assembleia" e "comício". Não vem ao caso distinguir aqui se o povo [reunido] adorava ao Deus verdadeiro, ou se abraçava alguma falsa religião. Com referência ao povo de Éfeso, está escrito nos Atos dos Apóstolos que, depois de apaziguar as turbas, o escriba lhes dissera: "Se tendes mais algum agravo, poderá isto resol-

---

382. A expressão é de S. Cipriano: *Epist. 73 ad Iabaj. 2.*
383. O CRO tem em vista os hagiógrafos do Novo Testamento.

ver-se em legítima assembleia do povo".[384] Chama, pois, de "assembleia legítima" ao povo de Éfeso, que se consagrava ao culto de Diana.

Dava-se, às vezes, o nome de "assembleia"[385], não só as nações que não conheciam a Deus, mas até aos ajuntamentos de homens maus e ímpios. "Detesto a assembleia dos maus, diz o Profeta, e com os ímpios não andarei".[386]

Depois, pelo uso comum da Sagrada Escritura, passou o termo a designar unicamente a comunidade cristã, as reuniões dos fiéis, isto é, daqueles que pela fé foram "convocados" à luz da verdade e ao conhecimento de Deus, que renunciaram [enfim] às trevas da ignorância e do erro, para adorarem pia e santamente o Deus vivo e verdadeiro, e servi-lO de todo o coração.

Resumindo tudo numa só palavra: "A Igreja, como diz Santo Agostinho, é o povo fiel disseminado pelo mundo inteiro".[387]

[3] Não são de pouca monta os mistérios encerrados nesta palavra. Já na ideia de "convocação", como significado de Igreja, fulgura a bondade e o resplendor da graça divina, e nisso reconhecemos que a Igreja difere, radicalmente, de todas as outras instituições de direito público.

Estas se baseiam na razão e prudência humana; aquela, porém, foi organizada pela sabedoria e providência divina. Deus nos "convocou", interiormente, pela inspiração do Espírito Santo; exteriormente, por obra e empenho dos pastores e pregadores.

Para nós, o fim desta "convocação" não pode ser outro senão o conhecimento e a posse das coisas eternas.

Disso ficaremos plenamente convencidos, se atendermos ao motivo por que o povo fiel, sujeito à lei de Moisés, tinha outrora o nome de "sinagoga", isto é, aglomeração. No sentir de Santo Agostinho[388], foi-lhe dado este nome, porque só se concentravam nos bens terrenos e passageiros, à maneira dos animais, cujo instinto é viver em rebanho. Com muito acerto, o povo cristão não se chama sinagoga, mas "igreja"[389], porque despreza as coisas terrenas e passageiras, e só procura as celestiais e eternas.

---

384. At 19,39. Em latim: *in legitima ecclesia*.
385. Ecclesia.
386. Sl 25,5: *ecclesiam malignantium*.
387. Santo Agostinho, in Ps 149.
388. Santo Agostinho, in Ps et 81.
389. Ecclesia.

2. Outros nomes dados à Igreja

[4] Há outros nomes ainda, cheios de mistérios, que servem para designar a instituição cristã. O Apóstolo chama-lhe casa e edifício de Deus. "Se eu tardar, escreve a Timóteo, saberás como deves proceder na casa de Deus, pois é a Igreja de Deus vivo, a coluna e firmeza da verdade".[390] A Igreja chama-se "casa", porque constitui por assim dizer uma única família governada por um só pai de família, e na qual existe comunhão de todos os bens espirituais.

Chama-se também "rebanho das ovelhas de Cristo"[391], das quais Ele é "porta e pastor".[392]

Dá-se-lhe o nome de "Esposa de Cristo": "Prometi apresentar-vos, como Virgem pura, ao único Esposo Jesus Cristo".[393] Assim escreve o Apóstolo aos Coríntios. O mesmo disse aos Efésios: "Maridos, amais vossas esposas, como Cristo amou a Igreja".[394] A respeito do Matrimônio declarou: "Este Mistério é grande, mas eu o digo em sua relação com Cristo e a Igreja".[395]

Afinal, a Igreja é chamada "Corpo de Cristo", como se pode averiguar nas epístolas aos Efésios[396] e aos Colossenses.[397]

Todas estas designações são muito eficazes, para excitar nos fiéis o desejo de se mostrarem dignos da infinita clemência e bondade de Deus, que os escolheu para serem o Seu povo.[398]

3. Partes da Igreja e quem são seus membros

[5] Concluídas estas explicações, será necessário enumerar as partes componentes da Igreja, e mostrar suas diferenças, para que o povo veja melhor a natureza, as propriedades, os dons e as graças desta Igreja tão amada de Deus, e por tal razão não deixe jamais de louvar a santíssima Majestade Divina.[399]

---

390. 1Tm 3,15.
391. Jo 10,1 ss.; Ez 34,11-31; Sl 94,7.
392. Jo 10,7-11.
393. 2 Cor 11,2.
394. Ef 5,25.
395. Ef 5,32.
396. Ef 1,23.
397. Cl 1,18-24; cfr. Rm 12,4-5.
398. Lv 26,12; Sl 78,13; Is 62,12; Jr 7,23.
399. Uma variante diz "nomen" em vez de "numen".

Na Igreja, há duas partes principais. Uma se chama triunfante, e outra militante. A Igreja triunfante é a mais luzida e ditosa comunhão dos espíritos bem-aventurados e de todos os [homens], que triunfaram do mundo, da carne, e da malícia do demônio, e que, livres e salvos das provações desta vida, já estão no gozo da eterna felicidade.

A Igreja militante é o conjunto de todos os fiéis que ainda vivem na terra. Chama-se militante, porque move uma guerra sem tréguas aos mais assanhados inimigos: o mundo, a carne e o demônio.[400]

[6] Nem por isso se deve crer que haja duas Igrejas.[401] Como dizíamos, são duas partes da mesma Igreja. Uma das quais leva a dianteira, e já está na posse da Pátria Celestial; a outra vai avançando, dia por dia, até que por fim se una a Nosso Senhor, para repousar na eterna bem-aventurança.[402]

[7] Há, porém, na Igreja militante duas categorias de homens: bons e maus. Certo é que os maus participam, com os bons, dos mesmos Sacramentos, professam a mesma fé, mas não lhes são semelhantes nem na vida, nem nos costumes.

Os bons, na Igreja, são aqueles que estão unidos e ligados entre si, não só pela profissão de fé e a participação dos Sacramentos, mas também pelo espírito da graça e pelo elo da caridade. Deles é que se declarou: "O Senhor sabe quem são os Seus".[403] Nós homens podemos conjeturar, mas nunca saber com certeza, quais são os que pertencem ao número dos justos.[404]

Por isso, não se deve julgar que Cristo Nosso Senhor se referia a esta parte da Igreja, quando nos remeteu à Igreja, e ordenou que lhe obedecêssemos.[405] Pois, não sendo conhecida esta parte [dos justos], quem poderia saber com certeza a que instância apelar, e a que autoridade recorrer?[406]

---

400. 1Jo 2,16; 5,19; Gl 5,17; Tg 4,4; 1Pd 5,8.
401. Santo Agostinho, *A cidade de Deus,* liv. 12, cap. 9.
402. É de praxe distinguirem-se três estados da Igreja: militante, padecente e triunfante. O CRO não faz menção da Igreja padecente, mas alude ao purgatório em I VI 3 e 6. — As almas benditas pertencem ao corpo místico de Cristo, não menos do que os fiéis na terra e os Santos no céu. Em certo sentido, ficaram sob a influência da Igreja militante, porquanto esta pode minorar lhes os sofrimentos pela aplicação de boas obras e indulgência.
403. 2 Tm 2,19.
404. Por outra, não podemos saber quais são os fiéis que se conservam na graça santificante.
405. Mt 18,17.
406. Por isso é que o valor dos Sacramentos não depende da virtude pessoal do ministro. CRO II I 19.

Por conseguinte, a Igreja [como tal] abrange homens bons e maus, conforme o atestam a Sagrada Escritura e as obras de santos varões.[407] Nesse sentido, escreve o Apóstolo: "[Sois] um só corpo e um só espírito".[408]

[8] Esta Igreja [militante] é fácil de conhecer. Compara-se a uma cidade situada na montanha[409], e que pode ser vista de todos os lados. É preciso que seja reconhecível, porque todos lhe devem obedecer.[410]

A Igreja comporta não só os bons, senão também os maus. Assim o demonstra o Evangelho por muitas parábolas, quando diz, por exemplo, que o Reino dos céus, isto é, a Igreja militante, se compara a uma "rede lançada ao mar"[411]; a um "campo semeado em que se espalhou joio"[412]; a uma "eira, na qual o trigo se acha misturado com a palha"[413]; a "dez virgens", umas loucas, outras prudentes.[414]

Muito antes [de tais parábolas], a Arca de Noé, que continha animais puros e impuros[415], era também uma imagem e semelhança desta Igreja [militante].

A fé católica sempre ensinou, expressamente, que à Igreja pertencem bons e maus; não obstante, devemos explicar aos fiéis cristãos, em virtude das mesmas normas de fé, que entre ambas as partes há grande diferença de condição. Os maus assistem na Igreja, à semelhança da palha que na eira se mistura com o trigo, ou como os membros quase mortos às vezes continuam ligados ao corpo.

4. *Quem está fora da Igreja*

[9] Daqui que se infere que só três classes de homens são excluídos da comunhão com a Igreja. Em primeiro lugar, os infiéis; em segundo, os hereges e cismáticos; por último, os excomungados.

---

407. Santos Padres e Doutores da Igreja.
408. Ef 4,4.
409. Mt 5,14.
410. Mt 18,17.
411. Mt 13,47.
412. Mt 13,24.
413. Mt 3,12; Lc 3,17.
414. Mt 25,1.
415. Gn 7,2; 1Pd 2,6; cfr. At 10,9; 11,4-18.

Os pagãos[416], realmente, porque nunca estiveram no seio da Igreja; não a conheceram, nem se tornaram participantes de nenhum Sacramento, na comunidade do povo cristão.

Os hereges e cismáticos, porque apostataram da Igreja. Pertencem tampouco à Igreja, como os desertores fazem parte do exército, que abandonaram.[417] É certo, todavia, que continuam sob o poder [coercitivo] da Igreja, que os pode julgar, punir, e excomungar.

Afinal, os excomungados[418], que são excluídos judicialmente da Igreja, e já não pertencem à sua comunidade, enquanto se não reconsiderarem.

Quanto aos demais, não há dúvida que continuam ainda no grêmio da Igreja, apesar de maus e perversos. Sejam os fiéis bem instruídos neste ponto, para que tenham a firme convicção de que os prelados da Igreja continuam no grêmio da mesma, não obstante qualquer deslize moral; e que nem por isso lhes fica diminuída a jurisdição [eclesiástica].

5. Diversas acepções da palavra "Igreja"

[10] Com o nome de "igrejas", é costume designar-se também as comunidades parciais da Igreja universal. O Apóstolo fala da "igreja"[419] que se acha em Corinto[420], Galácia[421], Laodicéia[422] e Tessalônica[423]

Chama ele de "igrejas" as famílias particulares de fiéis; envia, pois, saudações à igreja que se acha em casa de Prisca e Áquilas.[424] Noutro lugar escreve: "Muito vos saúdam, no Senhor, Áquilas e Priscila com a cristandade[425] que assiste em sua casa".[426] Na epístola a Filêmon[427] emprega a mesma expressão.

---

416. 1Cor 5,13.
417. Dt 17,12; Rm 13,14; Mt 18,16; 2Pd 2,1ss.
418. 1Tm 1,20; 4,1 ss.; 1Cor 5,4 ss.
419. 1Cor 1,2.
420. Ecclesia.
421. Gl 1,2.
422. Cl 4,16.
423. 1Ts 1,1.
424. Rm 16,3-5.
425. *Cum domestica sua ecclesia.*
426. 1Cor 16,19.
427. Fm 1,2.

Muitas vezes, o termo "igreja" indica também seus [próprios] chefes e pastores: "Se não te ouvir, declarou Cristo, dize-o à Igreja".[428] A expressão refere-se aqui aos chefes eclesiásticos.

Chama-se também "igreja" o lugar em que o povo se reúne, quer para o sermão, quer para outra função sacra.[429] No Artigo que ora tratamos, por "igreja" se entende principalmente a reunião de bons [fiéis] junto com os maus, a qual abrange não só os chefes, mas também os subordinados.

6. Notas visíveis da Igreja

[11] Os fiéis devem ainda conhecer as propriedades da Igreja, para [melhor] se compenetrarem do imenso benefício que Deus outorgou a todos os que tiveram a sorte de nascer, e educar-se no grêmio da mesma.

II. UNA

O primeiro caráter que se propõe no Símbolo dos Padres[430], é a unidade. "Uma só é a minha pomba, diz a Escritura, uma só é a minha formosa".[431]

Essa enorme multidão de homens dispersos em todas as direções é uma e una, em virtude das mesmas razões que São Paulo alegava aos Efésios para provar que há "um só Senhor, uma só fé, um só Batismo".[432] Nela há também um só que dirige e governa. Invisivelmente, é Cristo a quem o Eterno Pai constituiu "cabeça de toda a Igreja, que é Seu corpo"[433]; visivelmente, porém, é aquele que ocupa a cátedra de Roma, como legítimo sucessor de São Pedro, o Príncipe dos Apóstolos.[434]

---

428. Mt 18,17.
429. 1Cor 11,18-22.
430. I Conc. de Nicéia em 325, e I Conc. de Constantinopla em 381. O CRO segue o texto litúrgico do Símbolo de Nicéia.
431. Ct 6,8; 2,13-14. Todo o contexto lembra a Bula "Unam Sanctam".
432. Ef 4,5.
433. Ef 1,22-23.
434. Mt 16,18; Dz 423, 1500, 182,1 1960; CIC 218, 219.

1. Uma só cabeça visível: o Papa

[12] Todos os Padres são unânimes em afirmar que era preciso uma cabeça visível, para assentar e manter a unidade da Igreja.

Esta necessidade, São Jerônimo a reconhece e defende, de modo formal, em seus arrazoados contra Joviniano: "Um só é eleito, para que a instituição de um chefe remova toda ocasião de cisma".[435] E ao Papa Dâmaso escreve: "Fuja a inveja, desapareça a pretensão de aspirar [alguém] à suprema dignidade romana. Estou a falar com quem sucedeu ao Pescador, com o Discípulo da Cruz. Nenhum chefe supremo reconheço senão a Cristo; por isso me ponho em comunhão com vossa Santidade, isto é, com a cátedra de Pedro. Sei que sobre esta pedra está edificada a Igreja.[436] Quem comer o Cordeiro fora desta casa, não pertence ao povo eleito.[437] Quem se não recolher na Arca de Noé, há de perecer por ocasião do Dilúvio".[438]

Muito antes [de São Jerônimo], a mesma doutrina foi exposta por Santo Ireneu[439], e [também] por São Cipriano, que nestes termos discorreu sobre a unidade da Igreja: "Diz o Senhor a Pedro: Eu te digo, Pedro, que tu és Pedro, e sobre esta pedra edificarei a minha Igreja".[440] Sobre um só é que edifica a Igreja, não obstante haver conferido, após a Ressurreição, o mesmo poder a todos os Apóstolos, com as palavras: Assim como o Pai Me enviou, assim Eu vos envio a vós.[441] Recebei o Espírito Santo.[442] No entanto, para estabelecer claramente uma unidade, quis pelo Seu poder que a mesma unidade se derivasse de um só [chefe], etc.".[443]

São Optato de Mileve também declara: "A ti não se pode atribuir ignorância, pois sabes que, na cidade de Roma, a cadeira episcopal foi conferida a Pedro em primeiro lugar, e foi Pedro que a ocupou na qualidade de chefe de todos os Apóstolos. E neste [chefe] único deviam todos guardar a unidade, a fim de que os Apóstolos não tivessem pretensões

---

435. São Jerônimo, *Contra Joviniano*, liv. 1 26.
436. Mt 16,18.
437. Ex 12,22.
438. Gn 6,23.
439. Santo Irineu, *Contra os hereges*, liv. III, cap. 3.
440. Mt 16,18.
441. Jo 20,21.
442. Jo 20,22.
443. São Cipriano, *De unitate Ecclesiae*, 4.

exclusivas a favor de suas próprias cadeiras. Seria, portanto, cismático e insubmisso quem quisesse opor outra cadeira a esta, que é a única".[444]

Mais tarde, escrevia São Basílio: "Pedro foi posto como fundamento. Quando dissera: Tu és o Cristo, Filho de Deus vivo[445], ouviu também [a resposta] que ele era a pedra[446], se bem que não fosse pedra, como o era Cristo. Pois, Cristo é a pedra verdadeiramente inabalável, ao passo que Pedro é pedra [só] em virtude daquela pedra. Como Deus, [Cristo] comunica a outros Suas próprias excelências: É sacerdote, e instituiu sacerdotes; é rocha, e faz [que outro seja] rocha; o que Lhe é próprio, dá também a Seus servidores".[447]

Finalmente, diz Santo Ambrósio: "Por ter sido o único [dos Apóstolos] a confessar [a Cristo], foi posto à dianteira de todos eles. Grandes são os dons de Deus, pois não apenas restabeleceu em nosso favor as coisas que haviam sido nossas, mas além disso nos concedeu as Suas próprias". E depois de algumas linhas prossegue: "E grande é a graça de Cristo, que a seus discípulos comunicou quase todos os seus títulos. Eu sou, disse, a luz do mundo (Jo 8,12); e mesmo este nome, de que Ele se gloria, concedeu a seus discípulos, dizendo-lhes: Vós sois a luz do mundo (Mt, 5,11). Eu sou o pão vivo (Jo, 6,41); e todos nós somos também um só pão. Eu sou a vide verdadeira (I Cor 10,17); e de ti mesmo disse: E Eu te havia plantado de vides escolhidas, todas de boa cepa (Jr 2,21). Pedra é Cristo: Pois bebiam da pedra espiritual que os seguia, e esta pedra era Cristo (Jer 2,21); mas nem mesmo a graça deste nome foi negada a seu discípulo, de modo que também ele é Pedro (I Cor 10,4), porque da Pedra recebe a solidez da constância e a firmeza da fé"[448].

[13] Se alguém objetar que a Igreja deve contentar-se em ter Jesus Cristo como único chefe e esposo, sem pretender nenhum outro, a resposta não oferece dificuldade.

Assim como Cristo Nosso Senhor não é só autor, mas até ministro interior[449] de todos os Sacramentos, pois Ele é quem batiza[450] e absolve, apesar de haver destinado homens para ministros externos dos Sacra-

---

444. São Optate de Mileve, *De schism.* Donati, 2, 2.
445. Mt 16,16.
446. Mt 16,18.
447. São Basílio. *Homilia 29 sobre a penitência.*
448. Santo Ambrósio, *Comentário sobre São Lucas*, lib. 9, 9.
449. Isto é, ministro invisível.
450. Jo 1,33.

mentos; assim também pôs um homem, como ministro e detentor de Seu poder, à testa da Igreja, que Ele mesmo dirige com a assistência interna[451] do Espírito Santo.

A Igreja visível precisa de um chefe visível. Por isso é que Nosso Salvador estabeleceu a Pedro como Chefe e Pastor de todo o rebanho dos fiéis, quando em termos graves o incumbia de apascentar as Suas ovelhas[452]; e, por sinal, quis que os sucessores de Pedro tivessem, incontestavelmente, os mesmos poderes para reger e governar toda a Igreja.

2. Outros vínculos de unidade na Igreja

[14] Além destas razões, é "um só e o mesmo Espírito" que no dizer do Apóstolo aos Coríntios[453], confere a graça aos fiéis, assim como a alma dá vida aos membros do corpo. Quando exortou os Efésios a conservarem esta unidade, dizia-lhes: "Sede solícitos em guardar a unidade do espírito, pelo vínculo da paz, porque sois um só corpo e um só espírito".[454]

Assim como o corpo humano consta de muitos membros, e uma só alma os sustenta, dando vista aos olhos, audição aos ouvidos, e aos demais sentidos as faculdades que lhes são próprias: assim também o Corpo Místico de Cristo, que é a Igreja, se compõe de muitos fiéis.

No mesmo lugar, atesta o mesmo Apóstolo que "uma só é também a esperança a que fomos chamados"[455], porquanto todos nós aguardamos o mesmo objetivo, que é a bem-aventurança eterna.

Afinal, uma só é a fé[456] que todos devemos seguir e professar. "Não haja divisões entre vós"[457], admoesta o Apóstolo. E não há senão um só Batismo[458], que é o selo da vida cristã.

---

451. Isto é, assistência invisível.
452. Jo 21,15 ss.
453. 1Cor 12,11.
454. Ef 4,3.
455. Ef 4,4.
456. Ef 4,5.
457. 1Cor 1,10; em latim: *schismata*.
458. Ef 4,5.

III. SANTA

[15] Santidade é o segundo caráter da Igreja, conforme no-lo ensina o Príncipe dos Apóstolos: "Vós sois agora uma raça eleita, um povo santo".[459]

Ora, dizemos que [a Igreja] é santa, por ser consagrada e dedicada a Deus.[460] Há, pois, o costume de chamar-se santas as coisas, embora materiais, uma vez que sejam destinadas e consagradas ao culto divino, como o eram na Antiga Lei os vasos[461], as vestiduras[462], os altares.[463] Os primogênitos[464] que eram consagrados ao Altíssimo, [a Lei] também os considerava santos.[465]

No entanto, não é de estranhar que a Igreja tenha o nome de santa, apesar de haver nela muitos pecadores. Pois são chamados santos os fiéis que se fizeram povo de Deus[466], e que pela fé e a recepção do Batismo se consagraram a Cristo, embora sejam fracos em muitos pontos, e não cumpram o que prometeram.

De modo análogo, os que fazem profissão de uma arte, conservam o nome de artistas, ainda que não sigam os cânones de seu oficio. Assim é que São Paulo chama aos Coríntios de "santos e santificados".[467] Não obstante, sabemos que, em termos pesados, invectivou alguns deles por causa de seu espírito carnal.[468]

A Igreja é ainda santa, porque está unida como corpo a uma cabeça santa, a Cristo Nosso Senhor[469], fonte de toda a santidade[470], e da qual dimanam os dons do Espírito Santo e as riquezas da bondade divina.[471]

---

459. 1Pd 2,9.
460. Lv 27,28-30.
461. Nm 31,6.
462. Ex 28,2.
463. Ex 29,37; cfr. 30,26-29.
464. Ex 34,19.
465. Isto é, santificados.
466. 1Pd 2,9; Os 2,1.
467. 1Cor 1,2.
468. 1Cor 5,1.
469. Ef 4,15-16.
470. Dn 9,24; Is 41,14; Lc 1,35.
471. Ef 2,7; 3,8; 3,16-19.

Na bela explicação que faz das palavras do Profeta: "Guardai a minha alma, porque sou santo"[472], diz Santo Agostinho: "Atreva-se também o Corpo de Cristo, atreva-se o último homem [cristão] que clama nos confins da terra, [atreva-se] a dizer em união com a sua Cabeça, e debaixo de sua dependência: Eu sou santo. Pois, de fato, recebeu a graça da santidade, a graça do batismo e da remissão dos pecados". E mais adiante prossegue: "Se todos os cristãos e fiéis que se batizaram em Cristo, de Cristo se revestiram, como diz o Apóstolo: Todos vós que fostes batizados em Cristo, fostes revestidos de Cristo[473]; se os que se tomaram membros de Seu Corpo[474], [ainda] afirmam que não são santos, fazem agravo à própria Cabeça, cujos membros são santos".[475]

Uma razão a mais é que só a Igreja possui o culto legítimo do Sacrifício e o uso salutar dos Sacramentos. São estes os meios eficazes de santificação pelos quais Deus opera a verdadeira santidade. Por conseguinte, é impossível haver verdadeiros santos fora desta Igreja.

Torna-se pois evidente, que a Igreja é santa[476], e realmente santa, porque é Corpo de Cristo, sendo por Ele santificada, e purificada pelo Seu Sangue.[477]

IV. "CATÓLICA"

[16] O terceiro caráter da Igreja, é ser católica, quer dizer, universal. Assenta-lhe bem a designação, porque "os fulgores de uma só fé, como diz Santo Agostinho, se vão dilatando desde o Oriente até ao Ocidente".[478]

[A Igreja] não se circunscreve aos limites de um só país, nem a uma só raça determinada, como acontece nas instituições políticas e nas agremiações heréticas. Abrange, pelo contrário, todos os homens no regaço de seu amor, sejam bárbaros ou citas, livres ou escravos[479], homens ou mulheres.[480]

---

472. Sl 85,2.
473. Gl 3,27; Rm 6,3.
474. Ef 5,26-27; 29-30.
475. Aug. in Ps 85,2.
476. Ef 1,1-4.
477. Ef 1,7-23; 5,26.
478. Santo Agostinho, *Sermão 242*, n.4
479. Cl 3,11.
480. Gl 3,28; At 2,5 ss.; 10,1 ss.

Por isso está escrito: "De todas as tribos e línguas, povos e nações, Vós nos remistes para Deus em Vosso Sangue, e de nós fizestes um Reino para Deus".⁴⁸¹ Refere-se a Igreja o que Davi dizia: "Pede-Me, e eu te darei os povos em tua herança, e por domínio a redondeza da terra".⁴⁸² Do mesmo sentido são as passagens: "Lembrar-Me-ei de Raab e Babilônia, que Me são afeiçoadas".⁴⁸³ — "Nela nasceu grande multidão de homens".⁴⁸⁴

De mais a mais, enquanto professa a fé verdadeira, todos os crentes que existiram desde Adão até hoje, ou que hão de existir até o fim do mundo, pertencem à mesma Igreja⁴⁸⁵ que "foi edificada sobre o fundamento dos Apóstolos e dos Profetas".⁴⁸⁶ Todos foram postos e firmados naquela pedra angular, Cristo, que "congraçou numa só as duas partes"⁴⁸⁷, e "anunciou a paz aos que estavam perto⁴⁸⁸, e aos que estavam longe".⁴⁸⁹

A Igreja chama-se também universal, porquanto os que desejam a salvação eterna, devem todos professá-la, e prestar-lhe obediência, assim como os que deviam entrar na Arca, para não perecerem nas águas do Dilúvio.⁴⁹⁰

Por conseguinte, esta é uma nota que devemos apresentar como muito segura, para se distinguir a Igreja verdadeira de [qualquer outra] igreja falsa.

V. "APOSTÓLICA"

[17] A verdade da Igreja, também a conhecemos pela sua origem, que a graça da Revelação faz remontar até aos Apóstolos.

Com efeito, a doutrina da Igreja não é recente, nem aparece como novidade, mas é a [mesma] que os Apóstolos já pregavam outrora, e que se espalhou como um germe⁴⁹¹ por toda a superfície da terra.

---

481. Ap 5,9-10.
482. Sl 2,8.
483. Sl 86,4. — Raab é o Egito.
484. Sl 86,5. — O versículo refere-se à Sião, tipo da Igreja.
485. Veja-se, nos autores, a doutrina do corpo e da alma da Igreja.
486. Ef 2,20.
487. Ef 2,14-17; as duas partes são os judeus e os pagãos.
488. ... judeus.
489. Gentios ...; cfr. Ef 20,17.
490. Gn 6,18 ss.; 7,1 ss.
491. Quanto à versão nossa "espalhar-se como um germe", veja-se a etimologia de "disseminare".

Portanto, ninguém pode duvidar que as ímpias opiniões dos hereges ficam muito longe da crença da verdadeira Igreja, por serem contrárias à doutrina que a Igreja sempre ensinou, desde os tempos dos Apóstolos até a presente data.

Logo, para que todos pudessem saber qual era a Igreja Católica, foi por inspiração divina que os Padres[492] acrescentaram ao Símbolo a palavra "apostólica".

Em verdade, o Espírito Santo que preside a Igreja, só a governa por ministros que sejam de sucessão apostólica. Este Espírito foi dado primeiro aos Apóstolos[493], mas depois permaneceu sempre na Igreja[494], graças à infinita bondade de Deus.

VI. OUTRAS VERDADES SOBRA A IGREJA

1. Infalibilidade da Igreja

[18] Constituída sob a direção do Espírito Santo, esta Igreja é a única que não pode errar no ensino da fé e da moral. Todas as outras, porém, que se arrogam o nome de "igrejas", caem fatalmente nos erros mais perigosos, quanto à fé e aos costumes, porque são guiadas pelo espírito do demônio.

2. Figuras da Igreja no Antigo Testamento

[19] Possuindo as figuras do Velho Testamento a grande virtude de comover os corações dos fiéis, e de [lhes] recordar os mais sublimes Mistérios, os Apóstolos as empregavam com particular predileção. Por sua vez, os párocos não deixarão de aproveitar esta parte da doutrina, que é tão rica de úteis aplicações.

Ora, entre as figuras, existe uma de grande alcance: a "Arca de Noé".[495] Foi Construída por ordem de Deus, só porque devia inegavelmente representar a própria Igreja. Deus instituiu esta de tal forma, que todos os homens que nela entram pelo Batismo, podem preservar-se

---

492. Conc. de Nicéia; Conc. de Constantinopla.
493. At 2,1-3; Jo 14,16-17; 15,26.
494. At 4,31; 8,15-17; Rm 5,5; 16,7 ss.
495. Gn 6,1 ss.; Hb 11,7.

de todo perigo da morte eterna. Mas, os que ficam fora dela, perecem afogados em seus próprios crimes, como sucedeu aos que se não abrigaram na Arca.

Outra figura é aquela grandiosa cidade de Jerusalém, cujo nome as Escrituras empregam, não raras vezes, para designar a Santa Igreja.[496] Só naquela [cidade] era lícito oferecer sacrifícios a Deus[497]; assim também só na Igreja, e fora dela em parte alguma, se encontra o verdadeiro culto e o verdadeiro Sacrifício, que pode unicamente agradar a Deus.[498]

3. Por que a Igreja é objeto de fé e de que modo

[20] Rematando a instrução sobre a Igreja, os párocos devem explicar sob qual aspecto pertence aos artigos fé a obrigação de crermos na Igreja. Tanto a razão, como os sentidos nos dão a conhecer que na terra existe uma Igreja, isto é, um conjunto de homens que se uniram e consagraram a Cristo Nosso Senhor. Nem se requer fé [propriamente], para admitirmos sua existência, pois que até judeus e turcos não a contestam.

Mas, quanto aos Mistérios que a Igreja de Deus encerra em si mesma — alguns dos quais já foram explicados, e outros o serão no Sacramento da Ordem —, só o espírito iluminado pela fé é que os pode compreender. Nesse ponto, não são convincentes os raciocínios humanos.

Logo, o presente Artigo excede, não menos que os demais, o alcance natural de nossa inteligência. Por isso, todos os motivos nos levam a confessar que não é pela força da razão, mas pelas luzes da fé, que se pode conhecer a origem [divina] da Igreja, e de todos os seus dons e ministérios.

[21] De certo, a Igreja não é obra dos homens. Seu autor é o próprio Deus imortal, que a edificou sobre uma rocha inabalável[499], como assegura o Profeta: "Ele mesmo, o Altíssimo, deitou os seus fundamentos".[500] Por isso, a Igreja se chama "herança de Deus"[501] e "povo de Deus".[502]

---

496. Gl 4,26; Hb 12,22; Is 62,1 ss.
497. Dt 12,11-13; 17-18; 21.
498. Jo 23-24; Ml 1,11; Hb 10,10.
499. Mt 16,18.
500. Sl 86,5.
501. Sl 2,8; 27,9; 32,12.
502. Os 2,1; 1Pd 2,9; Is 62,12.

Humano não é o poder que recebeu, mas foi-lhe outorgado por mercê divina. Tais poderes não resultam de forças naturais; portanto, unicamente pela fé é que chegamos a compreender que na Igreja estão as chaves do Reino dos céus[503], e que a ela foi dado o poder de remitir pecados[504], de lançar anátemas[505], e de consagrar o verdadeiro Corpo de Cristo[506]; afinal, que "os cidadãos que nela habitam, cá em baixo não têm morada permanente, mas aguardam a vindoura".[507]

[22] Cremos nas três Pessoas da Santíssima Trindade, de modo que n'Elas assentamos a base de nossa fé.

Quanto à Igreja, porém, usamos outra maneira de exprimir nossa fé, pois que professamos crer a santa Igreja, e não na santa [Igreja].[508] Pela diferença da fórmula, damos a entender a distinção entre Deus Criador e as coisas criadas, e nos admiráveis dons conferidos à Igreja não vemos senão benefícios da bondade divina.

VII. "'A COMUNHÃO DOS SANTOS"

[23] São João Evangelista, que costumava escrever aos fiéis acerca dos Mistérios Divinos, indicou [certa vez] o motivo por que lhes dava instrução: "Para que também vós tenhais comunhão conosco, e para que a nossa comunhão seja com o Pai e com Seu Filho Jesus Cristo".[509] Esta comunhão consiste na Comunhão dos Santos, da qual vai tratar o presente Artigo.

---

503. Mt 16,19; 18,18.
504. Jo 20,23.
505. Mt 18,17; 1Cor 5,3 ss.
506. Lc 22,19 ss.; 1Cor 11,26 ss.; Hb 13,10.
507. Hb 13,14.
508. Em português, a discriminação não parece essencial, mas em latim é de rigor: *Credo in Deum Patrem* — [*Credo*] *sanctam Ecclesiam catholicam*. Não cremos na Igreja do mesmo modo que em Deus. É que, como ensina a teologia, só Deus é a causa formal de nossa fé, o que signifca que cremos nas verdades reveladas apoiando-nos unicamente na autoridade de Deus, que não pode enganar-se nem enganar-nos; ao passo que a Igreja é só a causa dispositiva de nossa fé, isto é, a condição indispensável para nós sabermos que coisas Deus revelou; mas uma vez que a Igreja nos diz que tal verdade foi revelada, a cremos, não porque assim o diz a Igreja, mas porque assim o disse Deus. Por isso dizemos no Credo que cremos em Deus Pai, em Deus Filho e em Deus Espírito Santo (a preposição indica então o motivo formal de nossa fé), mas não que cremos na Igreja, para dar a entender que a Igreja é uma das verdades reveladas por Deus, mas não o motivo formal de nossa fé.
509. 1Jo 1,3.

Prouvera a Deus que, nesta explicação, os reitores das igrejas imitassem o zelo de São Paulo[510] e dos outros Apóstolos. Não é apenas um comentário do Artigo anterior, e uma doutrina abundante de frutos, mas indica-nos também qual é a aplicação que se deve tirar dos Mistérios contidos no Símbolo dos Apóstolos.

Pois, se temos de estudar e considerar todos estes Mistérios, não o fazemos senão para sermos [um dia] admitidos à sublime e venturosa Comunhão dos Santos, e para depois perseverarmos nela com toda a fidelidade, "agradecendo jubilosos a Deus Pai, que nos fez dignos de partilhar, na luz[511], a herança dos Santos".[512]

[24] Antes de entrar na matéria, devemos explicar aos fiéis que o Artigo presente é uma ampliação do anterior, que trata da Igreja una, santa e católica.

1. Comunhão de graça santificante

a) Comunhão de sacramentos

Sendo, pois, um só Espírito que a governa, todas as graças conferidas à Igreja se tornam bem comum de todos. Os frutos de todos os Sacramentos aproveitam a todos os fiéis. Os Sacramentos são uma espécie de vínculos sagrados que os unem e prendem a Cristo; mormente o Batismo que, quase por uma porta, nos faz entrar no grêmio da Igreja.

Por Comunhão dos Santos devemos [de fato] entender uma comunhão[513] dos [mesmos] Sacramentos. Provam-no os termos em que os Padres se expressaram no Símbolo: "Confesso um só Batismo".[514]

Outro tanto se diga, em primeiro lugar, da Eucaristia; depois, então, dos mais Sacramentos que seguem ao Batismo.

De per si, o nome [de comunhão] convém a todos os Sacramentos, porque nos unem a Deus, e nos tornam participantes d'Aquele, cuja graça recebemos. No entanto, é mais próprio da Eucaristia, por ser ela que [de modo particular] opera esta Comunhão.[515]

---

510. Rm 12,4 ss.; 1Cor 12,12-24 ss.; Ef 1,22 ss.; 4,4 ss.; 5,25; Hb 12,22 ss.
511. Sl 35,10.
512. Cl 1,11 ss.
513. ... participação.
514. São João Damasceno, *De fide orthod*. IV 12.
515. 1Cor 10,16-17.

b) A comunhão das boas obras

[25] Devemos ainda considerar que existe outra espécie de comunhão na Igreja.

Como não busca seus próprios interesses[516], a caridade faz com que todas as obras pias e santas praticadas por um dos fiéis sejam também de proveito para todos os mais.

Comprova esta verdade um testemunho de Santo Ambrósio. Quando comentava a passagem do Salmo: "Tenho aliança com todos os que Vos temem"[517]; exprimiu-se nestes termos: "Assim como dizemos que um membro participa [dos bens] de todo o corpo, assim também há uma união entre todos os que temem a Deus".[518]

Por isso é que Cristo nos prescreveu uma fórmula de oração em que devíamos dizer: "O pão nosso", e não "o pão meu". Assim também, em outras petições, não devemos pensar em nós exclusivamente, mas atender à salvação e ao bem-estar de todos [os nossos semelhantes].

Para dar uma ideia desta comunhão de bens, as Escrituras recorrem muitas vezes a uma comparação muito própria com os membros do corpo humano.[519]

Muitos são os membros do corpo. Apesar de serem muitos, formam, todavia um só corpo, no qual cada [membro] tem sua função própria, e todos não exercem a mesma atividade.

Todos não possuem igual dignidade, nem desempenham funções de igual serventia e nobreza; porquanto nenhum deve pretender sua própria vantagem, mas [antes] o bem-estar e o proveito de todo o organismo.

E tão íntima a conexão e adaptação entre os membros que, se algum deles sofre dor, todos os mais a sofrem também, por uma consequência natural do mesmo sangue e do mesmo sentimento; se pelo contrário sentir bem-estar, todos os outros terão a mesma sensação de prazer.

Observa-se o mesmo fenômeno na Igreja. Seus membros são diversos, pois [contam] várias nações, judeus e pagãos [convertidos],

---

516. 1Cor 13,5.
517. Sl 118,63.
518. Santo Ambrósio, *Comentário sobre o Salmo 118, 63. Sermão 8, 54.*
519. 1Cor 12,12 ss.; Rm 12,4-5; Ef 4,16.

homens livres e escravos, pobres e ricos. No entanto, assim que recebem o Batismo, tornam-se um só corpo com Cristo, [corpo] do qual Ele próprio é a cabeça.[520]

Nesta comunidade da Igreja, cada membro recebe também um ministério especial. Uns são Apóstolos, outros são doutores[521], mas todos foram instituídos para o bem da coletividade; da mesma forma, a uns incumbe dirigir e ensinar, a outros obedecer e viver na submissão.

[26] O gozo desses bens e favores, tão abundantes quão variados, destina-se, todavia, àqueles que levam uma vida cristã na caridade, e que [por isso] são justos e agradáveis a Deus.

Os membros mortos, isto é, os homens cobertos de crimes e apartados da graça divina, não perdem propriamente a regalia de serem membros deste corpo; mas, como membros mortos, ficam privados do fruto espiritual que é a partilha dos justos e piedosos. Ainda assim, uma vez que permanecem no grêmio da Igreja, são ajudados por aqueles que vivem espiritualmente, a recuperarem a graça e vida perdida. Deste modo, recebem ainda alguns frutos, que escapam, sem dúvida alguma, aos que se separaram [totalmente] da Igreja.

2. A comunhão das graças gratuitas

[27] Além das graças, que tornam os homens justos e agradáveis a Deus[522], são também comuns a todos as graças gratuitas[523], entre as quais figuram a ciência, a profecia, o dom de línguas[524] e de milagres, e outras da mesma natureza.[525]

Estes dons são concedidos até aos maus, não para sua vantagem pessoal, mas por causa do bem comum, para a edificação da Igreja. O dom de curar, por exemplo, é conferido por atenção ao enfermo, não por causa de quem o possui.

---

520. Ef 1,22-23; Cl 1,18.
521. 1Cor 12,28.
522. Em latim: *caros Deo ac iustos*.
523. Assim dizemos em lugar do latinismo graças "grátis dadas"; o francês também traduz por *"grâces gratuites"*.
524. Glossolalia.
525. 1Cor 12,8 s.; 1Jo 3,17.

O verdadeiro cristão nada tem, afinal, que não deva considerar comum para si e para todos os outros. Por conseguinte, [todos] devem estar prontos e dispostos a mitigar as privações dos indigentes. Se alguém que dispõe de tais bens [materiais], vê seu irmão na penúria e não lhe presta auxílio, dá com isso uma prova cabal de que não tem amor a Deus.[526]

Sendo assim, é evidente que já gozam de certa bem-aventurança [todos] aqueles que pertencem a esta santa Comunhão. Na verdade, podem exclamar: "Quão amáveis são os Vossos Tabernáculos, Senhor dos exércitos! Minha alma suspira e desfalece ao contemplar a casa do Senhor".[527] "Ditosos aqueles que moram em Vossa casa!"[528]

---

526. 1Cor 14,6 ss.; Tg 2,15-16; 1Jo 3,17.
527. Sl 83,2-3.
528. Sl 83,5.

CAPÍTULO XI
DÉCIMO ARTIGO DO CREDO

"A remissão dos pecados"

1. Para salvar-se é necessário crer que na Igreja existe o perdão dos pecados.
I. Existência na Igreja do poder de perdoar os pecados. — 2. Na Igreja existe verdadeiro poder de perdoar os pecados. — 3. De que modo se perdoam os pecados na Igreja. — 4. Além do Batismo, os pecados são perdoados na Igreja em virtude das chaves. — 5. Esse poder se estende a todo pecado e a todo tempo.
II. Quem pode exercer esse poder na Igreja, e de que modo. — 6. Apenas os sacerdotes, através dos sacramentos, tem poder para perdoar os pecados.
III. Grandeza do dom de perdoar os pecados. — 7. Quão grande é o dom de perdoar os pecados, concedido à Igreja. — 8. Só Deus perdoa os pecados com autoridade própria. — 9. Antes de Cristo, a nenhum homem foi concedido este poder. — 10. Em virtude do quê conseguem os homens o perdão dos pecados. — 11. Como se manifesta principalmente a grandeza do benefício que se dispensa pelo poder das chaves.
IV. Exortação aos fiéis. — 12. Por que e como devem os cristãos usar com frequência os remédios dados à Igreja pelo poder das chaves, e não adiar a penitência.

[1] Por estar incluído nos demais artigos de fé, não há dúvida que no Artigo sobre a remissão dos pecados vai um Mistério de caráter divino, que é de absoluta necessidade para a salvação.

Conforme já explicado, ninguém pode chegar à Religião Cristã, se não admite com firmeza as doutrinas que o Símbolo nos propõe a crer.

A verdade do presente Artigo devia ser familiar a todos os cristãos. No entanto, se for preciso confirmá-la com algum testemunho, basta lembrar o que disse Nosso Senhor, pouco antes de subir aos céus, quando esclarecia os Discípulos, para que alcançassem o sentido das Escrituras: "Era necessário que Cristo sofresse, e ao terceiro dia ressurgisse dos mortos, e que em Seu nome fosse pregada a penitência e a remissão dos pecados a todos os povos, a começar por Jerusalém".[529]

---

529. Lc 24,46-47; Is 53,1 ss.; Jo 1,29; At 13,26 ss.; Mt 1,21; Dn 9,24.

Levando em conta estas palavras, os párocos sem mais reconhecerão que, embora já tenham de explicar aos fiéis os outros pontos de Religião, Nosso Senhor lhes impõe o grave dever de tratarem o presente Artigo com peculiar diligência.

I. A IGREJA TEM O PODER DE PERDOAR OS PECADOS

[2] Nessa matéria, o pároco deverá ensinar que na Igreja Católica não existe apenas a remissão de pecados, conforme predição de Isaías: "Do povo que nela habitar, será tirada toda a iniquidade"[530]; — mas que na Igreja existe também o poder de remitir pecados.[531]

Quando os sacerdotes fazem uso legítimo desse poder, segundo as leis prescritas por Cristo Nosso Senhor, devemos crer que os pecados são realmente extintos e perdoados.

1. Mediante o Batismo

[3] Quando nos purificamos pelo santo Batismo, fazendo ao mesmo tempo nossa primeira profissão de fé, o perdão acumula tantas graças e favores, que nenhuma culpa nos fica por eliminar, quer do pecado original, quer dos pecados pessoais de comissão ou omissão; nem [fica] pena alguma por satisfazer.

Mas pela graça do Batismo ninguém se livra de toda a enfermidade da natureza. Pelo contrário, cada um de nós terá de lutar contra as manifestações da [má] concupiscência, que nunca deixa de nos aliciar para o pecado. Por conseguinte, raro será vermos alguém resistir com tanta firmeza, e vigiar com tanto zelo pela própria salvação, que sua alma fique livre de qualquer dano e ferimento.

2. Mediante a Confissão

[4] Era, pois, necessário que houvesse na Igreja o poder de perdoar pecados, mas de outro modo que no Sacramento do Batismo.

---

530. Is 33,24.
531. Jo 20,23.

As chaves do Reino dos céus lhe foram confiadas, para [a Igreja] poder remitir as culpas de todos os penitentes, ainda que [estes] tenham pecado até o último termo de sua vida.

Nas Escrituras, temos evidentes testemunhos desta verdade. Segundo São Mateus, Nosso Senhor dirige a Pedro a seguinte declaração: "Dar-te-ei as chaves do Reino dos céus. E tudo o que ligares na terra, será ligado também no céu".[532] Igualmente: "Tudo o que ligardes na terra, será também ligado no céu. E tudo o que desligardes na terra, será desligado também no céu".[533] São João atesta ainda que, ao soprar sobre os Apóstolos[534], Nosso Senhor havia dito: "Recebei o Espírito Santo! A quem perdoardes os pecados, ser-lhes-ão perdoados. A quem os retiverdes, ser-lhes-ão retidos".[535]

3. Sem excluir nenhum pecado nem ocasião

[5] Seria errado supor que tal poder se restrinja ao perdão de certos pecados. Não há, nem se pode imaginar pecado de tanta malícia, que a Igreja não tenha poderes de remitir, assim como não há também homem tão ruim e criminoso, a quem não se possa garantir a certeza do perdão, contanto que sinta verdadeira compunção de seus pecados.[536]

O poder de remissão não se limita, tampouco, a ser aplicado só em dadas ocasiões. Pelo contrário. Em qualquer momento que o pecador queira recuperar a saúde da alma, nunca o devemos repelir, conforme o explicou Nosso Salvador. Quando o Príncipe dos Apóstolos Lhe perguntara quantas vezes devíamos perdoar aos pecadores, se porventura sete vezes, [Cristo] respondeu: "Não sete vezes, mas setenta vezes sete".[537]

---

532. Mt 16,19.
533. Mt 18,18.
534. Sl 147,18.
535. Jo 20,22 ss.
536. Ez 18,21.
537. Mt 18,21-22.

II. QUEM PODE EXERCER NA IGREJA ESTE PODER, E DE QUE MODO

[6] Quanto aos ministros que o exercem, este poder tem suas restrições. Nosso Senhor não conferiu a todos o desempenho de tão santo ministério, mas exclusivamente aos Bispos e Sacerdotes.

Existem restrições idênticas, quanto à maneira de exercê-lo. Os pecados só podem ser perdoados por meio dos Sacramentos, quando se observa a forma prescrita. Fora destas condições, a Igreja não tem nenhum poder para absolver pecados.

Daqui se infere que, na remissão dos pecados, tanto os Sacerdotes como os Sacramentos não passam de [meros] instrumentos, pelos quais Cristo Nosso Senhor, Autor e Dispensador de nossa salvação, opera em nós o perdão dos pecados e a [própria] justificação.

III. SUBLIMIDADE DESTE PODER

[7] Com o fito de levar os cristãos a receberem mais vezes esse dom celestial que Deus confiou à Igreja, em Sua particular compaixão para conosco; e a usá-lo e aproveitá-lo com maior ardor e piedade, o pároco fará tudo por lhes manifestar a excelência e a amplitude deste benefício.

l. O poder de perdoar os pecados é um poder infinito

Será fácil a demonstração, se [o pároco] persiste em explicar de quem vem [propriamente] a virtude de perdoar pecados, e de converter em justos os pecadores. É sabido que tal efeito só pode provir da imensa e infinita virtude de Deus; é a mesma que a fé nos diz necessária para ressuscitar mortos, e para criar o mundo.

No sentir de Santo Agostinho[538], deve considerar-se obra mais poderosa fazer de um ímpio um homem justo, do que criar do nada o céu e a terra. Ora, se para a criação se requer um poder infinito, é lógico que, por razões mais fortes, devemos atribuir [também] a um poder infinito a remissão dos pecados.

---

538. Santo Agostinho, *In Iohan. evang. tratac.*, 72, 3 (cfr. S. Thom. ST I-II q. 1 13 9); *De peccator. Meritis* I, 23; Santo Ambrósio, *De Cain et Abel* IV.

[8] Por tais raciocínios, chegamos a reconhecer quanta verdade não havia nas opiniões dos antigos Padres[539], quando afirmavam que só Deus perdoa os pecados dos homens, e que tão grande prodígio só podemos atribuir à Sua bondade e poder infinitos. "Sou Eu, diz o Senhor pelo Profeta, sou Eu mesmo que retiro as tuas iniquidades".[540]

Na remissão dos pecados, parece efetuar-se o mesmo processo que na solvência de uma dívida pecuniária. Assim como ninguém pode perdoar um débito, senão o próprio credor: assim também é claro que só Deus, e mais ninguém, pode perdoar nossas dívidas, porquanto só a Ele devemos, pelos pecados cometidos. Por isso, rezamos e pedimos diariamente: "Perdoai-nos as nossas dívidas!"[541]

[9] Antes da Encarnação de Deus, este poder admirável e divino s nunca fora outorgado a nenhuma criatura. Cristo Nosso Salvador foi o primeiro a recebê-lo do Pai Celestial, mas enquanto Homem, porque [já o tinha] como verdadeiro Deus. "Para saberdes que o Filho do Homem tem o poder de perdoar pecados sobre a terra, disse ao paralítico: Levanta-te, toma teu leito, e vai para tua casa".[542]

Como Se fizera Homem, para dar aos homens o perdão dos pecados, conferiu o mesmo poder aos Bispos e Presbíteros da Igreja, antes de subir aos céus, onde ia sentar-Se eternamente à mão direita de Deus.[543]

No entanto, como dizíamos anteriormente, Cristo perdoa pecados por Sua própria autoridade, ao passo que os outros o fazem como Seus ministros [e mandatários].

Se as obras da onipotência divina merecem a nossa maior estima e consideração, não nos custa compreender quão precioso não é este ministério, que Cristo Nosso Senhor bondosamente confiou à Igreja.

2. Este poder é eficaz pelo sangue de Cristo

[10] O próprio alvitre, pelo qual Deus, sendo Pai clementíssimo, decretou apagar os pecados do mundo, é um poderoso estímulo para que o espírito cristão se mova a considerar a grandeza de tal benefício.

---

539. Santos Padres.
540. Is 43,15.
541. Mt 6,12.
542. Mt 9,6; Mc 2,9.
543. Jo 20,25.

Quis Deus fossem nossos delitos expiados pelo sangue de Seu Filho Unigênito.[544] Destarte veio Ele a sofrer, voluntariamente, a pena que nossos crimes nos fizeram incorrer.[545] Foi condenado o Justo em lugar dos pecadores; e o Inocente sujeitou-se, pelos culpados, ao mais cruel gênero de morte.

Se considerarmos que "não fomos resgatados com ouro e prata, valores perecíveis, mas com o Precioso Sangue de Cristo, como de um cordeiro sem mancha nem contaminação"[546], certamente nos capacitamos de que nenhum poder mais salutar nos podia ser concedido, do que este da remissão dos pecados. Patenteia-nos ele a inefável Providência de Deus e Sua infinita caridade para conosco. É preciso, pois, que todos nós possamos tirar o máximo proveito desta consideração.

3. Este poder nos devolve os bens que Cristo nos mereceu

[11] Quem ofende a Deus por algum pecado mortal [depois do Batismo], perde no mesmo instante todos os merecimentos que havia alcançado pela morte de Cristo na Cruz[547]; fica-lhe absolutamente interdita a porta do Paraíso, a qual, estando antes fechada, Cristo a todos franqueou, pela virtude de Sua Paixão.

Quando pensamos nesta grave consequência, inquieta-nos sobremaneira a consideração das misérias humanas. Mas, se nos lembramos deste admirável poder que Deus conferiu à Sua Igreja; se, levados pela fé neste Artigo, crermos que a todos se dá a ocasião de recuperar, com o auxílio divino, o antigo estado de graça: não nos será possível conter as expansões de alegria e contentamento, nem deixar de agradecer a Deus, de todo o coração.

Com efeito, se em doença grave se nos parecem bons e agradáveis os remédios, que os médicos nos preparam com arte e habilidade, quanto mais gratos não nos devem ser os medicamentos que a sabedoria de Deus prescreveu para curar as nossas almas, e restituir-lhes até a vida [sobrenatural]?

---

544. Rm 3,25; Ef 1,7; Ap 1,5; 7,15.
545. 1Pd 3,18.
546. 1Pd 1,18 ss.
547. Hb 10,26.

E que dizer ainda, se esta medicação não dá apenas uma provável esperança de cura, como os remédios para doenças corporais, mas é de efeito certo e infalível para todos os que desejam curar-se?

IV. EXORTAÇÃO AOS FIÉIS

[12] Uma vez que os fiéis conheçam o valor deste amplo poder divino, devem ser [também] exortados a valer-se dele piedosamente, para a sua própria santificação.

Quem não faz uso de coisa tão útil e necessária, é inegável que dá mostras de não lhe ter a devida estima. Ora, quando confiou à Igreja o poder de remitir pecados, Nosso Senhor fê-lo com a intenção toda particular de que todos [de fato] recorressem a este remédio salutar.

Como ninguém pode justificar-se sem o Batismo, assim quem tiver perdido a graça batismal, por culpas mortais, e quiser recuperá-la, deve recorrer a este [segundo] meio de expiação, que é o Sacramento da Penitência.

Mas nesta ocasião é preciso admoestar os fiéis que, havendo tanta facilidade de perdão, sem nenhuma restrição de tempo, como já foi explicado, não se tornem mais propensos ao pecado, nem menos pressurosos para o arrependimento.

No primeiro caso, seriam arguidos de manifesta afronta e profanação deste poder divino, e tornar-se-iam indignos de que Deus com eles houvesse misericórdia.

No segundo caso, seria muito para temer que, apanhados pela morte, de nada lhes valesse terem professado [em vida] a remissão dos pecados, porquanto merecidamente a perderam com suas tardanças e hesitações.

CAPÍTULO XII
UNDÉCIMO ARTIGO DO CREDO
"A ressurreição da carne"

1. Quão importante é ter um conhecimento claro deste artigo.
I. Sentido de "ressurreição da carne". — 2. Por que os Apóstolos, no Credo, chamaram a ressurreição dos homens de a ressurreição da carne.
II. Provas da futura ressurreição dos corpos. — 3. Testemunhos das Escrituras com que se confirma a doutrina da ressurreição. — 4. Semelhanças naturais para confirmar a mesma verdade. — 5. Razões com que se prova a ressurreição dos mortos.
III. Quem deve ressuscitar. — 6. Todos os homens hão de morrer e ressuscitar.
IV. Como ressuscitarão os corpos. — 7. Todos ressuscitarão com seus mesmos corpos. — 8. Por que dispôs Deus a ressurreição dos corpos. — 9. Não ressuscitarão os corpos com os defeitos que tiveram nesta vida mortal. — 10. Os mártires, ressuscitando com seus corpos íntegros, ostentarão em seus corpos as cicatrizes do seu martírio. — 11. Até os corpos mutilados dos réprobros ressuscitarão íntegros. — 12. Todos os corpos serão imortais depois da ressurreição. — 13. Quatro dotes de que gozará o corpo glorioso dos bem-aventurados.
V. Frutos que os fiéis devem tirar do mistério da ressurreição. — 14. Frutos que se tiram do conhecimento e consideração deste artigo.

[1] O presente Artigo dá grande firmeza à verdade de nossa fé. A prova principal desta asserção é que as Escrituras não o propõem simplesmente à crença dos fiéis, mas confirmam-no também com vários argumentos.[548]

Com raras vezes observamos que isso aconteça nos outros Artigos do Símbolo, e daí podemos inferir que a esperança de nossa salvação se apoia neste Artigo como que num alicerce inabalável. Com efeito, temos a argumentação do Apóstolo: "Se não há ressurreição dos mortos, também Cristo não ressuscitou. Mas, se Cristo não ressuscitou, é vã a nossa pregação, e vã é também a vossa fé".[549]

Na exposição deste Artigo, o pároco não deve ter menos zelo e amor [em defendê-lo], do que os ímpios se esforçam em destruí-lo. Mais

---

548. Por exemplo Jó 19,5-26; Is 26,19; Ez 37,1 ss.; 1Cor 15,1 ss.
549. 1Cor 15,13-14.

adiante se verá que do conhecimento deste Artigo resultam grandes e apreciáveis vantagens para a vida espiritual dos cristãos.

I. SENTIDO DE "RESSURREIÇÃO DA CARNE"

[2] Inicialmente, é digno de nota que, neste Artigo, a ressurreição dos homens se chama "ressurreição da carne". E nisso houve intenção. Era um ponto fundamental que os Apóstolos queriam assim realçar a imortalidade da alma.

De muitos lugares da Escritura, consta expressamente que a alma é imortal.[550] Ora, o Artigo só fala de uma ressurreição da carne, para ninguém supor que a alma perece juntamente com o corpo, e que com o corpo há de recuperar nova vida.

Verdade é que, na linguagem da Escritura, a expressão "carne" designa muitas vezes o homem todo, como se lê em Isaías: "Toda a carne é feno"[551]; ou em São João: "E o Verbo Se fez carne".[552]

Mas, neste Artigo, o termo "carne" significa corpo. Dá-nos, pois, a entender que das duas partes, alma e corpo, componentes da natureza humana, apenas uma — isto é, o corpo — se desfaz e torna ao pó da terra, do qual formado[553], enquanto a alma se conserva livre de toda corrupção.

Como ninguém pode ressuscitar, sem ter morrido, não é em sentido próprio que se fala de uma ressurreição da alma.

Empregou-se o termo "carne" também para rebater a heresia de Himeneu e Fileto, a qual apareceu ainda em vida do Apóstolo. Afirmavam eles que, falando a Escritura de ressurreição, não é para se entender da ressurreição corporal, mas da espiritual que faz ressurgir, da morte do pecado, para a vida da graça e inocência.[554]

É pois evidente que o teor do presente Artigo exclui esse erro, e confirma a realidade da ressurreição corporal.

---

550. Sb 2,25; 3,4; Mt 10,12-22.
551. Is 40,6.
552. Jo 1,14.
553. Gn 3,19.
554. 1Tm 1,20; 2Tm 2,17 ss.

II. PROVAS DA FUTURA RESSURREIÇÃO DOS CORPOS

1. Provas da Sagrada Escritura

[3] Será obrigação do pároco esclarecer esta verdade por meio de exemplos, tirados do Antigo e Novo Testamento, e de toda a História Eclesiástica.

No Antigo Testamento, houve ressurreição feitas por Elias e Eliseu.[555] Além dos ressuscitados por Cristo Nosso Senhor[556], existem ressurreições operadas pelo santos Apóstolos[557], e por muitos homens de Deus.

A ocorrência de tantas ressurreições comprova a doutrina do presente Artigo. Se cremos, pois, que muitos já ressurgiram da morte, devemos também crer que um dia todos os homens hão de ressuscitar. Realmente, como fruto principal de tais ressurreições milagrosas, devemos aceitar, com fé absoluta, a verdade contida no presente Artigo.

Os párocos que tenham alguma noção dos Livros Sagrados, encontrarão sem maior esforço ainda outros testemunhos.

Do Velho Testamento, são mais notáveis as passagens que se encontram no livro de Jó, quando este declara que em sua própria carne havia de ver a seu Deus[558]; e no Livro de Daniel, onde se fala "dos que dormem no pó da terra: uns acordarão para a vida eterna, e outros para a eterna humilhação".[559]

Do Novo Testamento, existem as passagens de São Mateus, relativas à discussão que Nosso Senhor teve com os saduceus[560]; além disso, tudo quanto os Evangelistas escrevem a respeito do Último Juízo.[561] Entram aqui [também] os trechos das epístolas aos Coríntios[562] e aos Tessalonicenses[563], em que o Apóstolo discorre sobre o assunto com todo o vagar.

---

555. 1Rs 17,17 ss.; 2Rs 4,32 ss.; 13,21.
556. Mt 9,25; Lc 5,14; 7,13-15; Jo 11,43-44.
557. At 9,40; 20,10.
558. Jó 19,26.
559. Dn 12,2.
560. Mt 22,23 ss.
561. Mt 12,36; 13,41 ss.; 19,28; 25,31 ss.
562. 1Cor 11,31; 15,12 ss.; 2Cor 5,10.
563. 1Ts 4,13 ss.

2. Provas por semelhanças e argumentos naturais

[4] Ainda que pela fé temos absoluta certeza da ressurreição dos mortos, todavia será muito útil demonstrar, por exemplos e argumentações, que o Mistério proposto pela fé não repugna aos fenômenos da natureza, nem às leis da inteligência humana.

a) Semelhança com o mundo natural

Por isso, como alguém perguntasse de que maneira ressuscitariam os mortos, o Apóstolo respondeu: "Insensato, o que semeias não chega a viver, sem que antes morra. E o que semeias não é o corpo que se há de formar, mas um simples grão, por exemplo, de trigo ou de outro cereal. Deus, porém, é que lhe dá um corpo de Seu agrado".[564] E mais adiante acrescenta: "Semeado é na corrupção, mas há de ressurgir incorruptível".[565]

A esta comparação, São Gregório mostra que se podem ainda emparelhar muitas outras: "A luz, diz ele, subtrai-se todos os dias à nossa vista, como se morresse; e de novo aparece, como se houvera ressuscitado. A vegetação perde a verdura, e de novo viceja como que por uma ressurreição. As sementes morrem, quando apodrecem; e de novo ressurgem, logo que germinam".[566]

b) Argumentos de razão

[5] Os escritores eclesiásticos alegam razões [intrínsecas], que são de boa lei para demonstrar o fato real da ressurreição.

Em primeiro lugar, seria contrário à natureza, que as almas ficassem eternamente separadas de seus corpos. Sendo imortais, e fazendo parte da constituição do homem, sentem um pendor natural de se conservarem unidas aos corpos humanos. Ora, um estado que força e contraria a natureza, não pode prolongar-se por muito tempo.[567] Há, pois, toda a congruência em que as almas se unam novamente a seus corpos.

Deste arrazoado se conclui que haverá uma ressurreição dos corpos.

---

564. 1Cor 15,36-38.
565. 1Cor 15,42.
566. São Gregório Magno, *Escritos morais sobre Jó*, lib. 14, cap. 55
567. *Violenta non durant*.

É o raciocínio de que Se serviu Nosso Redentor, na discussão com os saduceus, quando inferiu, pela imortalidade das almas, que existe uma ressurreição dos corpos.[568]

Em segundo lugar, a suprema justiça de Deus estatuiu penas para os maus, e prêmios para os justos. Acontece, porém, que a maior parte dos maus se vai deste mundo, sem ter expiado seus crimes; assim como morrem também muitos justos, sem conseguirem [na terra] nenhum galardão de suas virtudes. É, pois, necessário que as almas tornem a unir-se aos corpos. Tendo servido aos homens, como instrumento de prevaricação, devem os corpos participar dos prêmios e castigos das almas, na proporção dos crimes ou das virtudes, que houverem praticado. Esta ideia foi bem focalizada numa homilia de São João Crisóstomo ao povo de Antioquia.[569]

Por isso, discorrendo sobre a ressurreição, o Apóstolo chegou a dizer "Se esperamos em Cristo só por consideração desta vida [mortal], somos então os mais deploráveis de todos os homens".[570] Palavras que não são para serem entendidas de alguma miséria da alma; porque sendo imortal, esta poderia ter a sua bem-aventurança na vida futura, ainda que não houvesse a ressurreição dos corpos.

Aplicam-se, portanto, ao homem todo. Pois, se o corpo não recebesse a paga devida por seus sofrimentos, homens que no mundo sofrem, como sofreram os Apóstolos, tantas angústias e calamidades, seriam forçosamente as mais lastimáveis das criaturas.

Em termos muito mais penetrantes, exprime o Apóstolo a mesma verdade, ao escrever aos Tessalonicenses: "Ufanamo-nos, nas igrejas de Deus, de vossa paciência e espírito de fé, em todas as vossas tribulações. Vós as sofreis em prova do justo juízo de Deus, para vos tornardes dignos do Reino de Deus, pelo qual também padeceis. Justo é que Deus [por sua voz] pague com tribulações aos que vos atribulam; e a vós, que sois atribulados, vos dê descanso conosco, quando o Senhor Jesus Se manifestar, vindo do céu com os Anjos, ministros de Seu poder, entre chamas de fogo, para tomar vingança daqueles que não reconhecem a Deus, e dos que não obedecem ao Evangelho de Nosso Senhor Jesus Cristo".[571]

---

568. Mt 22,31.
569. São João. Crisóstomo, *Homilias 49 e 50 ao povo de Antioquia, Homilia 44 sobre São João*.
570. 1Cor 15,19.
571. 2Ts 1,4 ss.

Note-se [em terceiro lugar], que os homens, enquanto a alma estiver separada do corpo, não poderão lograr plena felicidade, acompanhada de todos os bens. Como uma parte separada do todo é imperfeita; assim também o é a alma, enquanto não se une [novamente] ao corpo. Logo, devemos concluir que a ressurreição dos corpos é indispensável, a fim de que a alma de nada tenha falta, para sua completa felicidade.

Estas e outras ponderações semelhantes, poderá o pároco fazer, quando expuser aos fiéis a verdade do presente Artigo.

III. QUEM HÁ DE RESSUSCITAR

[6] Agora, é preciso explicar, segundo a doutrina do Apóstolo, quais são os que devem ressuscitar.

Aos Coríntios escreve: "Assim como todos morreram em Adão, assim todos serão vivificados em Cristo".[572] Por conseguinte, todos hão de ressurgir dos mortos, sem nenhuma distinção entre bons e maus; mas nem todos terão depois a mesma sorte.[573] "Os que praticaram o bem, ressurgirão para a vida. Os que praticaram o mal, ressurgirão para a condenação".[574]

Dizendo "todos", incluímos [na conta] não só os que já tiverem morrido, antes de começar o Juízo Universal, mas também todos aqueles que hão de morrer nessa ocasião.

Conforme escreve São Jerônimo[575], a opinião de que todos os homens sem exceção hão de morrer, é perfilhada pela Igreja, e tida como a mais próxima da verdade. Santo Agostinho é do mesmo parecer.[576]

Não lhe contradizem as palavras do Apóstolo aos Tessalonicenses: "Ressuscitarão primeiro os que morreram em Cristo. Depois, nos os que vivemos, os que ficamos, seremos com eles arrebatados, por sobre as nuvens, para irmos ao encontro de Cristo através dos ares".[577]

---

572. 1Cor 15,22.
573. 1Cor 15,51.
574. Jo 5,29; Dz 347, 1686.
575. São Jerônimo. *Epístola 119*.
576. Santo Agostinho, *A cidade de Deus*, liv. 20, cap. 20.
577. 1Ts 4,16 ss.

No comentário desta passagem, diz Santo Ambrósio: "Nesse arrebatamento sobreviverá a morte. À semelhança de um sono, a alma se desprenderá, [mas] para voltar ao corpo no mesmo instante. Ao serem arrebatados, morrerão. Chegando, porém, diante do Senhor, novamente receberão suas almas, em virtude da [própria] presença do Senhor; porquanto não pode haver mortos na companhia do Senhor".[578]

Esta interpretação tem por si também a autoridade de Santo Agostinho, que a expõe em sua obra "A Cidade de Deus".[579]

IV. COMO RESSUSCITARÃO OS CORPOS

1. Identidade do corpo ressuscitado

[7] Muito importa convencer-nos de que há de ressurgir o mesmo corpo que o homem teve neste mundo. Embora já esteja desfeito e reduzido a cinzas, esse corpo será chamado à nova vida. É um ponto que o pároco também deve explicar com atenção.

O Apóstolo ensina: "É necessário que este [corpo] corruptível se revista de incorruptibilidade, e que este [corpo] mortal se revista de imortalidade".[580] Jó também o havia predito com toda a clareza: "Na minha própria carne verei o meu Deus, hei de vê-lO eu mesmo; meus olhos hão de vê-lO, eu que não outro".[581]

Chegamos a estas mesmas conclusões, se definirmos o que vem a ser ressurreição. Diz São João Damasceno que ressurreição é a restauração de um estado, do qual o homem havia decaído.[582]

Em conclusão, se considerarmos os motivos pelos quais se provou a necessidade da ressurreição, já não haverá o que faça os ânimos duvidarem desta verdade.

[8] Portanto, os corpos devem ressurgir, como havíamos ensinado, "para que cada um tenha retribuição pelo bem e pelo mal que houver praticado, em sua vida corporal".[583]

---

578. Santo Ambrósio, in 1Th 4.
579. Santo Agostinho, *A cidade de Deus*, liv. 20, cap. 20.
580. 1Cor 15,53.
581. Jó 19,26 ss.
582. São João Damasceno, *De fide orthod.* IV 27.
583. 2 Cor 5,10.

O homem deve, pois, ressurgir no mesmo corpo, com que serviu a Deus ou ao demônio, a fim de que no mesmo corpo receba os diademas e louros da vitória, ou sofra então as mais cruciantes penas e suplícios.

2. Integridade e perfeição do corpo ressuscitado

[9] O corpo não ressurgirá simplesmente, mas ser-lhe-á restituído tudo o que pertença à integridade da natureza, as prendas e excelências do homem [como tal].

Santo Agostinho descreve-nos essa transformação de uma maneira interessante: "Nos corpos, diz ele, não restará então nenhuma deformidade. Era alguém muito nutrido e cheio de corpo, não retomará o mesmo volume. O que excede as proporções, é considerado supérfluo. Ao contrário, tudo o que velhice ou doença destruírem no corpo, será refeito pela divina virtude de Cristo. Tal acontece, por exemplo, com quem for de excessiva magreza, porque Cristo não Se limita a ressuscitar o corpo, mas repõe ao mesmo tempo o que [nele] definhou com as privações desta vida".[584]

E noutro lugar diz a mesma coisa: "O homem há de reaver não só os cabelos que tinha [em vida], senão todos os que pertencem ao ornato natural, conforme o dito da Escritura: Estão contados todos os cabelos de vossa cabeça[585], isto é, os que na ressurreição a Sabedoria Divina houver por bem restituir".

Antes de tudo, haverá uma restauração simultânea de todos os membros, porque são partes integrantes da natureza humana.

Os cegos de nascença, os que perderam a vista por alguma enfermidade, os coxos e manetas, os paralíticos de algum membro, [todos] ressurgirão com um corpo íntegro e perfeito. Em caso contrário, não se satisfaria plenamente a tendência que a alma tem de viver unida ao corpo. Ora, cremos sem a menor dúvida que esta aspiração se tornará realidade, no momento da ressurreição.

De mais a mais, é opinião assente que a ressurreição faz parte das grandes obras de Deus, em pé de igualdade com a [própria] Criação. Assim como, desde o início da Criação, Deus faz todas as coisas perfeitas, assim também o fará na ressurreição. É o que devemos crer, com certeza absoluta.

---

584. Santo Agostinho, *A cidade de Deus,* liv. 22, cap. 19.
585. Mt 10,30.

[10] Não se deve, tampouco, limitar esta reintegração unicamente aos mártires, dos quais afirma Santo Agostinho: "Não lhes faltarão aqueles membros [amputados]"[586], pois a mutilação deixaria o corpo disforme. Nesta última hipótese, deveriam os degolados ressurgir sem cabeça.

Em seus membros ficarão, todavia, os sinais do cutelo, assim como ficaram as chagas [no Corpo] de Cristo; mas serão mais rutilantes do que toda a casta de ouro e gemas preciosas.

[11] Verdade é que também os maus recuperarão seus membros, ainda que lhes caiba [talvez] a culpa da amputação.[587] Quanto mais completo o número de membros, tanto mais cruéis serão as dores e tormentos que os acabrunham.

Portanto, a reintegração dos membros não lhes acarreta felicidade, mas só aflição e desgraça.

Os méritos [ou deméritos] das ações humanas não se atribuem aos membros, mas à própria pessoa, de cujo corpo fazem parte. Os membros serão pois restituídos em sinal de recompensa, aos que fizeram penitência; em sinal de tortura, aos que desprezaram a conversão.

Aos párocos que maduramente refletirem nestas verdades, sempre acudirão muitos conceitos e exemplos que lhes permitam excitar no coração dos fiéis um ardente desejo de piedade, para que, em face das misérias e aflições desta vida, aguardem ansiosamente aquela venturosa ressurreição que está reservada aos justos e virtuosos.

3. Imortalidade do corpo ressuscitado

[12] Quanto à natureza do corpo ressuscitado, os fiéis deverão saber que se achará em condição muito diversa [do que antes], embora o corpo que deve ressurgir dos mortos seja o mesmo que sofreu a destruição da morte.

Sem falarmos de outros pontos, nos corpos ressuscitados haverá uma diferença capital, relativamente à sua condição anterior. Se nesta vida estavam sujeitos à lei da morte, hão de receber após a ressurreição o dom de imortalidade, sem que nisso se faça distinção entre bons e maus.[588]

---

586. Liv. 22, cap. 12-90.
587. Sermão 362, cap. 20.
588. 1 Cor 15,51.

Esta admirável reconstituição da natureza humana é um fruto da insigne vitória que Cristo alcançou sobre a morte. Assim no-lo dizem as seguintes passagens da Escritura: "Aniquilará a morte para sempre".[589] Noutro lugar: "Ó morte, Eu hei de ser a tua morte".[590] Como explicação desta passagem, diz o Apóstolo: "A morte é o último inimigo que será destruído".[591] E em São João lemos: "E já não haverá morte".[592]

Convinha, por todas as razões, que os méritos de Cristo Nosso Senhor, pelos quais foi destruído o império da morte[593], excedessem de muito o pecado de Adão.[594]

Era também muito conforme à justiça divina, que os bons desfrutassem uma vida de eterna bem-aventurança; ao passo que os maus, curtindo penas sem fim, "buscassem a morte, sem poder encontrá-la; desejassem morrer, e a morte a fugir deles".[595]

Neste sentido, pois, a imortalidade será comum para os bons e os maus.

4. Dotes gloriosos dos corpos dos bem-aventurados

[13] Além da imortalidade, os corpos dos Santos hão de possuir, na ressurreição, certos adornos extraordinários, que lhes conferirão uma nobreza superior a que jamais tiveram [neste mundo].

Pela doutrina que os Santos Padres deduzem do Apóstolo [São Paulo], são quatro os adornos principais, e chamam-se [dons ou] dotes.

a) Impassibilidade

O primeiro é a impassibilidade, dom especial, cuja virtude é impedir que os corpos sintam qualquer dor, sofrimento ou incômodo. Aos corpos ressuscitados, não os poderá empecer nem a ação do frio,

---

589. Is 25,8.
590. Sl 13,14.
591. 1Cor 15,26.
592. Ap 21,4.
593. Hb 2,14.
594. Rm 5,12-21.
595. Ap 9,6.

nem o ardor do fogo, nem a violência das águas.[596] "Semeia-se [o corpo] na corrupção, diz o Apóstolo, e ressurgirá na incorruptibilidade".[597]

Os [teólogos] escolásticos preferiam o termo "impassibilidade" ao de "incorruptibilidade", para assim exprimir que é um caráter próprio dos corpos gloriosos. A impassibilidade não é comum aos condenados, cujos corpos podem, apesar de imperecíveis, arder de calor, tiritar de frio, e padecer toda a sorte de tormentos.

b) Claridade

A impassibilidade é acompanhada de claridade, pela qual os corpos dos Santos refulgirão como o sol. Di-lo Nosso Salvador no Evangelho de São Mateus: "Os justos resplandecerão como o sol, no Reino de seu Pai".[598] E para que ninguém o duvidasse, deu-nos o exemplo de Sua própria Transfiguração.[599]

Este dom, o Apóstolo o designa às vezes com o nome de "glória", outras vezes com o nome de "claridade". Diz ele: "Reformará o nosso corpo miserável, e torná-lo-á semelhante ao Seu Corpo glorioso".[600] E mais ainda: "Semeia-se [o corpo] na humilhação, e ressurgirá em estado de glória".[601]

No deserto, viram os Israelitas uma imagem desta glória, quando Moisés, após a conversa com Deus, em Sua presença imediata, lhes apareceu com tanto fulgor no semblante[602], que o não podiam fitar.[603]

Esta claridade é um certo resplendor comunicado ao corpo pela suma bem-aventurança da alma. Vem a ser uma participação da felicidade, de que goza a própria alma; da mesma forma esta se torna feliz, porque nela recai uma parcela de felicidade divina.

Mas não devemos crer que todos sejam dotados da mesma claridade, como o serão da mesma incorruptibilidade. Diz o Apóstolo: "Uma é a

---

596. Is 49,10-13; Ap 7,16-17.
597. 1Cor 15,42.
598. Mt 13,43; Sb 3,7.
599. Mt 17,2 ss.
600. Fl 3,21.
601. 1Cor 15,43.
602. Ex 34,29 ss.
603. 2Cor 3,7.

claridade do sol, outra a das estrelas. Com efeito, uma estrela difere da outra em claridade. Assim acontecerá na ressurreição dos mortos".[604]

c) Agilidade

À claridade se une outro dom, que se chama agilidade. Libertará os corpos da gravidade, que os oprime no estado atual. Poderão os corpos mover-se para qualquer parte que a alma queira, e não há o que se compare à rapidez de tais movimentos. Assim o declaram Santo Agostinho no livro da "Cidade de Deus"[605], e São Jerônimo nos comentários de Isaías.[606] Assim o explicou [também] o Apóstolo: "Semeia-se [o corpo] na fraqueza, ressurgirá na força".[607]

d) Sutileza

A estes acresce ainda o dom de sutileza[608], pelo qual o corpo ficará inteiramente sujeito ao império da alma, prestando-lhe serviço, e executando suas ordens com prontidão. Ensinam esta verdade as palavras do Apóstolo: "Semeia-se um corpo animal, ressuscitará um corpo espiritual".[609]

Eis os pontos capitais que devem ser dados, na explicação do presente Artigo.

V. FRUTOS QUE OS FIÉIS DEVEM RETIRAR DO MISTÉRIO DA RESSURREIÇÃO

[14] Os fiéis devem saber quais são os frutos que se podem tirar do conhecimento de tão vários quão sublimes mistérios.

Para este efeito, é necessário explicar-lhes que nosso primeiro dever é dar graças a Deus, de todo o coração, "por ter Ele ocultado estes segredos aos sábios, para os revelar aos pequeninos".[610]

---

604. 1Cor 15,41-42.
605. Liv. 13, cap. 18 e 20.
606. *Sobre o capítulo 40*, liv. 12.
607. 1Cor 15,43.
608. ... ou dom de espiritualidade.
609. 1Cor 15,44.
610. Mt 11,25.

Entre os homens que se distinguem pelo saber, bom senso e fina educação, quantos não viveram totalmente cegos à evidência desta verdade! Se Deus, pois, nos revelou Mistérios, cujo conhecimento não ficava ao nosso alcance, sobejos motivos temos nós para exaltar, com eternos louvores, Sua bondade e clemência infinita.

Outro fruto importante que se colhe da meditação deste artigo, é que nos dá [maior] facilidade de nos consolarmos, a nos e a outros, por ocasião da morte de pessoas parentas ou amigas. A esta fonte de consolação recorreu o Apóstolo, quando escrevia aos Tessalonicenses a respeito de seus mortos.[611]

Mas, em qualquer outra aflição ou calamidade, grande alívio traz às nossas dores, a lembrança da futura ressurreição. Vemo-lo no exemplo do santo Jó que, nas tribulações e tristezas, nutria sua coragem com a única esperança de que, na ressurreição, lhe chegaria o momento de ver o Senhor seu Deus.[612]

Além de tudo, é uma verdade muito própria para convencer os cristãos da necessidade de levarem uma vida reta, honesta, livre de toda nódoa de pecado.[613] Facilmente se deixarão afervorar na prática da religião e da virtude, se considerarem que lhes estão prometidas as imensas riquezas que acompanham a ressurreição.

De outro lado, porém, nada é mais eficaz para reprimir as paixões, e converter os homens de seus pecados, do que a frequente recordação das penas e suplícios, reservados aos que, no dia final, terão de ressurgir para o juízo de [sua] condenação.[614]

---

611. 1Tm 4,13 ss.
612. Jó 19,25 ss.
613. Cl 3,1 ss.
614. Jo 5,29.

CAPÍTULO XIII

DUODÉCIMO ARTIGO DO CREDO

"A vida eterna"

1. Por que os Apóstolos colocaram no último lugar este artigo, e quanto importa instilá-lo no povo com frequência.
I. Que se entende por vida eterna. — 2. Significado da expressão vida eterna. — 3. Por que a suma bem-aventurança se chama vida eterna ou duradoura. — 4. A eterna bem-aventurança não se pode explicar com palavras humanas, nem se compreender com a inteligência.
II. Natureza da bem-aventurança. — 5. A bem-aventurança consiste na posse de todos os bens e na carência de todos os males. — 6. De que classes de bens gozarão principalmente os bem-aventurados. — 7. Em que consiste a bem-aventurança essencial e primária. — 8. Os bem-aventurados estão vestidos, de certa maneira, da natureza de Deus. — 9. Os bem-aventurados veem a Deus pela luz da glória; todos devem ter esperança completa de ver a Deus. — 10. Explica-se com uma semelhança como um bem-aventurado se une com Deus na glória. — 11. Bens acidentais de que gozarão os bem-aventurados. — 12. Outros muitos bens com que os bem-aventurados serão preenchidos nas moradas eternas. — 13. Os bem-aventurados serão premiados de acordo com a diversidade de seus méritos.

[1] Nossos guias, os santos Apóstolos, quiseram que o remate do Símbolo, — em que se contém um breve compêndio de nossa fé, — fosse o Artigo sobre a vida eterna. De um lado, porque após a ressurreição da carne os fiéis nada têm que esperar, senão o prêmio da vida eterna. De outro lado, porque devemos ter sempre em vista aquela felicidade perfeita, com plena posse de todos os bens, para concentrar nela todos os nossos pensamentos e aspirações.

Na instrução dos fiéis, os párocos nunca deixarão de encorajá-los com a promessa dos prêmios eternos. Quando então lhes ensinarem os sacrifícios que impõe o nome cristão, por mais duros que sejam, os fiéis os acharão fáceis e suaves, e tomar-se-ão mais dóceis e ligeiros para obedecer a Deus.[615]

---

615. Sb 3,1-9.

I. QUE SE ENTENDE POR "VIDA ETERNA"

[2] Os termos empregados neste Artigo para exprimir nossa [futura] bem-aventurança, encerram veladamente muitos Mistérios. Devem estes ser explicados, de modo que todos os possam entender, na medida de sua capacidade intelectual.

Os pastores devem, por conseguinte, prevenir os fiéis que as palavras "vida eterna" não designam uma simples perpetuação de vida — à qual se destinam também os demônios e os réprobos — mas antes uma perpetuação da bem-aventurança, que satisfaça as aspirações dos justos.

Neste sentido também as entendia aquele doutor da lei no Evangelho, quando perguntou a Nosso Senhor e Salvador o que tinha de fazer para alcançar a vida eterna.[616] Era como se indagasse: Que devo eu fazer para chegar ao lugar, onde me aguarda o gozo de perfeita felicidade? Nesta acepção é que as Escrituras tomam estas palavras. Podemos verificá-lo em muitas passagens.[617]

[3] A suprema bem-aventurança levou tal designação[618], para que ninguém a fizesse consistir em bens materiais e transitórios. Estes não podem ser eternos [por sua própria natureza].

Nem o simples termo "bem-aventurança" bastava para exprimir a ideia desejada, já que não faltam homens que, na presunção de falsos princípios filosóficos, procuram o sumo bem no gozo de valores materiais.

Estes bens se consomem e envelhecem, ao passo que a [verdadeira] felicidade se não circunscreve a nenhum limite de tempo. A bem dizer, as ninharias terrenas opõem-se diametralmente à verdadeira felicidade. [Portanto] muito longe se afasta da felicidade a pessoa que se deixa levar pelo amor e predileção do mundo. Está escrito: "Não ameis o mundo, nem as coisas que há no mundo. Se alguém ama o mundo, não tem em si o amor do Pai".[619] E pouco adiante: "O mundo acaba, e juntamente com ele a sua concupiscência".[620]

Os párocos devem incutir estas ideias e sentimentos no coração dos fiéis, para que se resolvam a desprezar os bens transitórios, persuadin-

---

616. Lc 18,18.
617. Dn 1,1-4; Mt 19,29; 23,46; Rm 2,7; 6,22.
618. Vida eterna.
619. 1Jo 2,15.
620. 1Jo 2,17.

do-se de que, neste mundo, onde somos forasteiros e não cidadãos[621], não podemos alcançar verdadeira felicidade.

Apesar disso, podemos considerar-nos felizes nesta terra, em razão de nossa esperança; [isto é], se renunciarmos a impiedade e concupiscência do mundo, e se neste mundo levarmos uma vida sóbria, justa e piedosa, aguardando, em ditosa esperança, a chegada da glória do grande Deus e Salvador nosso, Jesus Cristo".[622]

Por compreenderem mal esta verdade, muitos que se tinham por sábios[623], julgaram que se devia procurar a felicidade nesta vida[624], mas ensandeceram e caíram nas maiores desgraças.[625]

A expressão "vida eterna" dá-nos ainda a entender que a felicidade, uma vez alcançada, nunca mais pode perder-se, ao contrário do que alguns falsamente pensavam.

A bem-aventurança é uma acumulação de todos os bens sem nenhuma adição de males. Ora, para satisfazer todas as aspirações do coração humano, deve ela por força consistir numa vida que seja eterna. O bem-aventurado não pode ter senão o ardente desejo de fruir para sempre os bens adquiridos. Não fosse esta posse estável e segura, o bem-aventurado sentiria certamente a maior angústia com o receio de vir a perdê-la.

[4] Quando falamos de "vida bem-aventurada", a própria expressão já indica quão imensa é a felicidade dos justos na pátria celestial, e que só eles mesmos, e mais ninguém, podem compreendê-la [em toda a sua extensão].

Quando, para designar uma coisa empregamos algum termo, que é comum a muitas outras, logo se vê que não há termo próprio para exprimi-la sem ambiguidade. Pois bem, os termos que designam "felicidade" aplicam-se tanto aos justos, como em geral a todos os que hão de viver eternamente. Deste fato, é lícito concluir que se trata de um estado de tal transcendência, que o não podemos exprimir com a precisão de um termo adequado.

---

621. 1Pd 2,11.
622. Tt 2,12 ss.
623. Rm 1,22.
624. Sb 2,1 ss.
625. Sb 5,6-15; 21.

É fato que as Escrituras dão ainda outros nomes a bem-aventurança celestial: Reino de Deus[626], Reino de Cristo[627], Reino dos Céus[628], Paraíso[629], nova Jerusalém[630], Casa do Pai.[631] Mas vê-se claramente, nenhuma destas expressões é capaz de enunciar toda a sua grandeza.

Chegando aqui, os párocos devem aproveitar a boa ocasião de exortar os fiéis à piedade, à justiça, e ao cumprimento de todos os deveres da Religião Cristã, apontando-lhes as largas recompensas que se descobrem na expressão "vida eterna".

Como é sabido, a vida pertence aos maiores bens, que desejamos por instinto da natureza. Ora, se falamos de "vida eterna", é antes de tudo por esse caráter que definimos a bem-aventurança.

A vida terrena é breve e desastrosa, cheia de tantas e tão variadas misérias, que antes devia chamar-se morte do que vida. Se, ainda assim, lhe temos mais amor do que a qualquer outro bem; se nada conhecemos que nos seja mais precioso e agradável [neste mundo], qual não será, portanto, o zelo e o ardor com que devemos procurar aquela vida eterna, que põe termo a todos os males, que é o remate perfeito e absoluto de todos os bens?

II. NATUREZA DA BEM-AVENTURANÇA

[5] Pela doutrina dos Santos Padres, a felicidade da vida eterna consiste na isenção de todos os males e na posse de todos os bens.

A respeito dos males, são evidentes os testemunhos das Escrituras. Está escrito no Apocalipse: "Já não terão fome, nem sede; já não cairá sobre eles o sol, nem ardor algum".[632] E mais uma vez: "Deus enxugará todas as lágrimas de seus olhos. E já não haverá morte, nem luto, nem lamento, nem dor, porque passaram as provações de outrora".[633]

---

626. Mt 6,33; 21,31; Mc 1,14; Lc 9,62; Jo 3,3 ss.; At 14,22; Gl 5,21; 2Tm 1,5.
627. Jo 18,36; Ef 5,5; Cl 1,23; 2Pd 1,11.
628. Mt 5,3-20; 11,12; 13,24 et passim; 18,23.
629. Lc 23,43; 2Cor 12,4; Ap 2,7; Ez 28,13.
630. Is 52,1; Ap 21,2-10.
631. Jo 14,2.
632. Ap 7,16; Is 49,10-13.
633. Ap 21,4.

Na verdade, a glória dos bem-aventurados será imensa, e abrangerá todas as espécies de real alegria e prazer. Nosso espírito não pode alcançar a grandeza dessa glória, nem há possibilidade de que ela possa penetrar em nossos corações. É preciso que entremos nela, isto é, no gozo do Senhor[634], para que, inundados dessa felicidade, tenhamos plena satisfação de todos os anseios de nossa alma.

[6] Escreve Santo Agostinho[635] ser mais fácil enumerar os males de que ficaremos livres, do que [expor] os bens e alegrias que havemos de gozar. Sem embargo, devem os párocos dar-se ao trabalho de explicar, com concisão e clareza, os pontos que possam incitar nos fiéis um ardente desejo de alcançarem aquela suprema felicidade.

Para tal efeito, devem os párocos distinguir, como fazem os teólogos de maior autoridade, duas espécies de bens: uns que pertencem à própria natureza da bem-aventurança; e outros que são consequências da mesma. Teologicamente, aqueles se chamam bens essenciais; estes, bens acidentais.

1. Felicidade essencial

[7] A bem-aventurança propriamente dita, que na expressão mais usada se chama "essencial", consiste em vermos a Deus, e gozarmos da beleza d'Aquele, que é fonte e princípio de toda bondade e perfeição.

"Esta é a vida eterna, diz Cristo Nosso Senhor, que Te reconheçam a Ti, como Deus único e verdadeiro, e a Jesus Cristo, que Tu enviaste".[636]

Ao que parece, São João queria comentar estas palavras, quando disse: "Caríssimos, agora somos filhos de Deus, mas ainda não se manifestou o que seremos. No entanto, sabemos que, ao tornar-se manifesto, seremos semelhantes a Ele, porquanto O veremos como é".[637]

São João indica, pois, que a bem-aventurança consta destas duas realidades: vermos a Deus tal qual é em sua natureza e substância, e ficarmos quase que divinizados.[638] Com efeito, conservando a sua própria natureza, os que estão no gozo de Deus revestem uma forma tão

---

634. Mt 25,21.
635. Santo Agostinho, Sermão 64, *de Verbo Domini*, et *Symb. ad Cathechum*, lib 3, cap.11.
636. Jo 17,3.
637. 1Jo 3,2.
638. Em latim: *veluti dii efficiemur* — ficaremos como que deuses.

admirável, e tão semelhante à divina, que mais se parecem com deuses, do que com [simples] homens.

[8] Assim acontece, porque todo objeto chega ao nosso conhecimento, ou pelo que ele é em si mesmo, ou por meio de alguma imagem ou semelhança. Ora, não existe nada que, por imagem e semelhança, nos faça chegar a um perfeito conhecimento de Deus. Segue-se que ninguém pode contemplar Sua natureza e essência, a não ser que essa mesma essência divina Se una conosco.

Esta é a significação das palavras de São Paulo: "Agora vemos como que por um espelho, em alusões obscuras; mas depois o veremos face a face".[639] Santo Agostinho[640] interpreta "alusões obscuras" como sendo imagens que nos fazem [de algum modo] conhecer a Deus.

É evidente que São Dionísio se exprimia no mesmo sentido, quando afirmou que, pelas imagens de coisas inferiores, não podemos compreender as superiores.[641]

Ainda mais. Pela semelhança de uma coisa corpórea, não nos é possível conhecer a essência e substância de outra, que é incorpórea. Antes de tudo, as imagens das coisas corpóreas são, necessariamente, menos concretas e mais espirituais, do que as próprias coisas que representam. Facilmente o verificamos, no processo comum que nos leva ao conhecimento de todas as coisas.

Ora, não existe, de nenhuma criatura, uma imagem que seja tão pura e espiritual, como o é o próprio Deus. Por conseguinte, nenhuma imagem criada pode levar-nos a um perfeito conhecimento da essência divina.[642]

Além disso, a perfeição de toda criatura se contém dentro de certos limites. Deus, porém, é infinito; nenhuma imagem criada pode abranger Sua imensidade. Logo, para conhecer a Deus em Sua substância, resta um só meio, que é unir-se a nós a essência divina, elevando misteriosamente nossa potência intelectual, e tornando-nos assim capazes de contemplar a formosura de Sua natureza.

[9] A essa contemplação chegaremos pela "luz da glória", quando, alumiados por seu esplendor, "virmos em Sua própria luz"[643] a Deus,

---

639. 1Cor 13,12.
640. Santo Agostinho, *De Trinitate*, lib. 15, cap. 9.
641. Pseudo-Dionísio, *De divinis nominibus*. 1.
642. Os autores inspiraram-se provavelmente em S. Tomás: ST I 12 2 (cfr. SG 3 47 ss.).
643. Sl 35,10.

que é a luz verdadeira⁶⁴⁴; pois os bem-aventurados contemplam eternamente a face de Deus.⁶⁴⁵

Por este dom, que de todos é o maior e o mais precioso, [os bem-aventurados] se tornam participantes da natureza divina⁶⁴⁶, e entram na posse da verdadeira e perfeita felicidade.

Esta felicidade deve ser objeto não só de nossa fé, mas também de nossa firme esperança, enquanto pela misericórdia de Deus havemos de consegui-la, conforme se definiu no Símbolo dos Padres: "E aguardo a ressurreição dos mortos e a vida da eternidade".⁶⁴⁷

[10] Como se trata aqui de prodígios divinos, não há termos que possam bem defini-los nem raciocínio que nos façam bem compreendê-los.

Não obstante, nas coisas visíveis nos é dado observar uma pálida imagem dessa bem-aventurança. Pois o ferro, quando metido no fogo, compenetra-se de fogo, e, ainda que não mude de substância, mais parece ter a de fogo do que a de ferro. Assim, também, todos os que entram na glória celestial, inflamam-se de amor a Deus, e, sem deixar de ser o que eram, transformam-se a ponto de haver, entre eles e os homens deste mundo, uma diferença muito maior do que há entre o ferro candente e o ferro sem nenhum calor de fogo.

Para resumir em poucas palavras: a bem-aventurança suprema e absoluta, que dizemos essencial, consiste na posse de Deus. Com efeito, que poderia ainda faltar à plena felicidade de quem possui o Deus de suma bondade e perfeição?

2. Felicidade acidental

a) Por parte da alma

[11] Ao gozo essencial acrescem outros ainda, comuns a todos os bem-aventurados; dons que, por serem mais acessíveis à razão humana, costumam causar-nos maior impressão. Desta espécie são os dons

---
644. Jo 1,4-9.
645. Mt 18,10; 1Cor 13,12; Dz 1647.
646. 2Pd 1,4.
647. Símbolo de Niceia-Constantinopla.

em que o Apóstolo pensava provavelmente, quando escreveu aos Romanos: "Glória, honra e paz a todos os que praticam o bem".[648]

Os bem-aventurados gozam não só da glória, que lhes advém da bem-aventurança essencial ou de seus efeitos imediatos, conforme acabamos de ver; mas também daquela glória que resulta do conhecimento, claro e positivo, que cada um terá da alta e singular dignidade dos outros bem-aventurados.

Qual não será, porém, a grande honra que lhes faz Nosso Senhor, quando lhes chamar, já não servos[649], mas amigos[650], irmãos[651] e filhos de Deus.[652]

Por isso, Nosso Salvador há de dirigir-se aos Seus eleitos com as mais ternas e honrosas palavras: "Vinde, benditos de Meu Pai, tomai posse do reino que vos está preparado".[653] Motivo é para exclamarmos: "Honrastes sobremaneira os Vossos amigos, ó Deus!"[654]

Cristo Nosso Senhor há de exaltar-lhes os méritos, em presença do Pai celestial e de Seus Anjos.[655]

Ademais, se a natureza implantou em todos os homens o desejo de serem estimados por pessoas de eminente sabedoria, porque as julgam competentes, para lhes apreciar [também] as qualidades: que acréscimo de glória não há de ser, para os bem-aventurados, o tratarem-se uns aos outros com as mais altas honras!

b) Por parte do corpo

[12] Seria uma faina interminável enumerar todos os gozos que se acumulam na glória dos bem-aventurados. Não os podemos sequer representar em nossa imaginação.

Entretanto, devem os fiéis persuadir-se de que tudo quanto nesta vida nos possa acontecer de agradável, tudo o que se possa desejar, tanto para

---

648. Rm 2,10.
649. Jo 15,14.
650. Lc 12,4.
651. Jo 20,17; Mt 12,49-50; Hb 2,11; Sl 21,23.
652. Jo 1,12; Rm 8,14 ss.; 1Jo 3,1-2.
653. Mt 25,34.
654. Sl 138,17.
655. Mt 10,32.

o espírito, como para o corpo, [tudo] há de superabundar na vida celestial dos bem-aventurados. No dizer do Apóstolo, isto se fará num sentido muito superior ao que "aos olhos viram, os ouvidos ouviram, o coração humano jamais sentiu dentro de si".[656]

O corpo, que antes era grosseiro e compacto, despirá no céu a mortalidade, tornar-se-á sutil e espiritual[657], e assim já não precisará de alimentação.[658] Na maior das delícias, a alma há de ser plenamente saciada com o eterno repasto da glória, que o Senhor do grande banquete "servirá a todos, passando por entre eles".[659]

E quem poderá, então, desejar vestes preciosas ou adereços reais para o corpo, num lugar onde tais coisas já não têm serventia, onde todos se cobrirão de imortalidade e de grande esplendor[660], e como adorno cingirão o diadema da eterna glória?[661]

Mas, se a posse de uma casa grande e confortável faz parte do bem-estar humano, onde se pode imaginar habitação mais ampla e mais grandiosa do que o próprio céu, que resplandece inteiramente na claridade de Deus?[662]

Quando punha diante dos olhos a formosura desta morada, e que seu coração ardia no desejo de entrar naquelas mansões de felicidade, o Profeta tinha razão de exclamar: "Quão amáveis são os Vossos Tabernáculos, Senhor dos exércitos! Minha alma suspira e desfalece de saudade pelos átrios do Senhor. Meu coração e meu corpo anseiam por chegar ao Deus vivo".[663]

Que tais sejam, igualmente, as disposições e a linguagem de todos os fiéis, deve ser o mais veemente desejo dos párocos, bem como o objeto de seu mais aturado empenho.

---

656. 1 Cor 2,9.
657. 1Cor 15,42-43.
658. Ap 7,16.
659. Lc 12,37.
660. 1Cor 15,34; Ap 7,9.
661. 1Cor 9,25; 2Tm 4,8.
662. Ap 21,11; 23-25.
663. Sl 83,2-3.

3. Diferentes graus de bem-aventurança

[13] "Na casa de Meu Pai, diz Nosso Senhor, existem muitas moradas"[664], onde se distribuem prêmios maiores ou menores, conforme tiver cada um merecido. "Quem pouco semeia, pouco colherá. Quem semeia com largueza, colherá com abundância".[665]

Por conseguinte, o dever dos párocos não é só entusiasmar os fiéis por esta bem-aventurança, senão também lembrar-lhes, repetidas vezes, que o meio seguro de consegui-la é praticarem todos os ofícios de caridade para com o próximo. Nesse intento, devem [os fiéis] firmar-se na fé e na caridade, perseverar na oração e no uso salutar dos Sacramentos.

Pela misericórdia de Deus, que preparou aquela gloriosa mansão aos que O amam, há de cumprir-se um dia a promessa do Vidente: "Meu povo estabelecer-se-á num recanto de paz, em tendas seguras, no repouso da fartura".[666]

---

664. Jo 14,2; Sl 61,12.
665. 2Cor 9,6.
666. Is 32,18.

SEGUNDA PARTE

OS SACRAMENTOS

CAPÍTULO I

Dos Sacramentos em geral

1. O pároco deve empenhar-se grandemente em ensinar a doutrina dos Sacramentos.
I. Do nome sacramento. — 2. Que significa a palavra sacramento. — 3. É muito antigo o uso do termo sacramento para designar os sinais das coisas sagradas.
II. Natureza dos Sacramentos. — 4. Definição do sacramento. — 5. Divisão das coisas sensíveis, e o que se deve entender pela palavra sinal. — 6. Os sacramentos devem se contar entre os sinais.— 7. Prova-se isto pela Sagrada Escritura. — 8. Diversos gêneros de sinais. 9. Sinais instituídos por Deus, tanto no Antigo como no Novo Testamento. — 10. O que se designa por coisa sagrada na definição de sacramento. — 11. Dá-se outra explicação mais extensa do sacramento, e como ele difere dos demais sinais sagrados. — 12. Os Sacramentos não significam apenas uma coisa, mas muitas. — 13. O sacramento significa muitas coisas presentes.
III. Causas dos Sacramentos. — 14. Por que foi necessário instituir os Sacramentos. IV. Constituição dos Sacramentos. — 15. Cada sacramento consta de matéria e forma. — 16. Por que foram adicionadas palavras à matéria. — 17. Excelências dos Sacramentos da nova lei.
V. Cerimônias dos Sacramentos. — 18. Qual é a natureza e a virtude das cerimônias.
VI. Número dos Sacramentos. — 19. Quantos são os Sacramentos da Igreja Católica. — 20. Por que os Sacramentos não são mais nem menos que sete. — 21. Prova-se pelas Escrituras o número dos Sacramentos.
VII. Necessidade e dignidade dos Sacramentos. — 22. Não é igual a necessidade e dignidade de todos os Sacramentos.
VIII. Autor dos Sacramentos. — 23. Quem é o Autor destes divinos mistérios.
IX. Ministro dos Sacramentos. — 24. Ministros de que Deus se serve para dispensar os Sacramentos. — 25. A malícia do ministro não pode impedir a virtude do sacramento. — 26. Grande pureza com que devem administrar-se os Sacramentos.
X. Efeitos dos Sacramentos. — 27. Dos principais efeitos dos Sacramentos. — 28. No princípio da Igreja Deus manifestava com milagres os efeitos dos Sacramentos. — 29. Quanto os sacramentos da nova lei superam os da antiga. — 30. Que Sacramentos imprimem carácter, e o que é este carácter. — 31. Quais são os efeitos do carácter, e porque os Sacramentos que o imprimem não devem ser repetidos. — 32. Por que meios conseguirão os párocos que o povo venere e use religiosamente dos Sacramentos.

[1] Se a Doutrina Cristã, para ser exposta em todas as suas partes, já requer certo preparo e diligência, excepcional é a noção e perícia que do pároco exige a disciplina dos Sacramentos, não só porque Deus a prescreve como necessária, mas também porque ela encerra em si graças e vantagens superabundantes.[1]

Por meio de uma instrução firme e constante, devem os fiéis dispor-se de tal maneira, que lhes seja possível receber, digna e frutuosamente, esses dons de tanta grandeza e santidade, sem que haja para os sacerdotes o perigo de não respeitarem a norma proibitiva de Deus: "Não deis aos cães o que é santo, nem lanceis aos porcos as vossas pérolas".[2]

I. DO NOME SACRAMENTO

[2] Como vamos primeiro tratar de todos os Sacramentos em geral, força é começar pelo sentido da própria palavra. Explicaremos as suas várias acepções e aplicações, para que nos seja mais fácil averiguar qual é aqui o seu sentido próprio.

Diga-se, pois, aos fiéis que os escritores profanos empregavam o termo "sacramento" noutro sentido que os escritores eclesiásticos. Aqueles o tomavam para designar a obrigação de quem jura prestar algum serviço. Por isso, chamava-se "compromisso militar"[3] o juramento, pelo qual os soldados se comprometiam a servir fielmente ao Estado. Esta parece ter sido, entre os profanos, a significação mais comum da palavra.

Mas os Padres Latinos usavam em seus escritos a noção "sacramento", para designar coisa sagrada, que se oculta ao olhar; corresponde este sentido ao que os Padres Gregos exprimiam com o termo "mistério". Julgamos, pois, que, no mesmo sentido, se deve entender a expressão "sacramento" na epístola aos Efésios: "A fim de nos revelar o mistério de Sua vontade"[4]; na epístola a Timóteo: "Sublime é o mistério da piedade"[5]; no livro da Sabedoria: "Eles ignoram os secretos desígnios de Deus".[6]

---

1. Cfr. Conc. Trid. VII (Dz 844-856).
2. Mt 7,6.
3. Em latim: *sacramentum militare.*
4. Ef 1,9. Em latim: *sacramentum voluntatis suae.*
5. 1Tm 3,16. Em latim: *pietatis sacramentum.*
6. Sb 2,22. Em latim: *sacramenta Dei.*

Nestes lugares, e em muitos outros, cumpre notar que o termo *sacramentum* designa apenas uma coisa sagrada, inteiramente oculta.

[3] Por esse motivo, os Doutores Latinos assentaram que havia propriedade em chamar-se "Sacramentos" certos sinais sensíveis, que produzem a graça, ao mesmo tempo que a designam exteriormente, e a tornam quase visível aos olhos. Podem também chamar-se "Sacramentos", na opinião de São Gregório[7], porque a Onipotência divina neles opera ocultamente a salvação, sob o véu de coisas corpóreas.

Não vá alguém julgar que o termo seja de introdução recente na linguagem eclesiástica. Quem for versado em São Jerônimo e Santo Agostinho, verá logo que os antigos escritores eclesiásticos, quando volviam a matéria, empregavam amiúde o termo "Sacramento", outras vezes também as expressões "símbolo", "sinal místico", "sinal sagrado".

Até aqui as explicações em torno da palavra "Sacramento" são aplicáveis, com a mesma congruência, aos Sacramentos da Antiga Aliança[8], dos quais todavia não precisam os párocos falar ao povo, uma vez que foram abolidos pela Lei e a graça do Evangelho.

II. NATUREZA DOS SACRAMENTOS

[4] Após a explicação etimológica, devemos agora analisar atentamente a natureza do próprio objeto, e mostrar aos fiéis o que é "Sacramento". Ora, não padece nenhuma dúvida que os Sacramentos pertencem à categoria dos meios, pelos quais se logra a salvação e a justificação.

Embora haja várias explicações boas e admissíveis, nenhuma iguala à justa e luminosa definição de Santo Agostinho, perfilhada mais tarde por todos os teólogos escolásticos. "Sacramento, diz ele[9], é o sinal de uma coisa sagrada". Noutros termos, que exprimem a mesma ideia: "Sacramento é o sinal visível de uma graça invisível, instituído para a nossa justificação".[10]

---

7. São Gregório Magno, *Comentário ao primero livro dos Reis*, cap. 16, sobre as palavras *Directus est spiritus*, etc.; *In Decret.*, p. 2, caus. 1, q. 1, cap. 84.
8. Note-se bem que isto só quanto ao nome. É doutrina definida que seus efeitos são essencialmente diversos. Cfr. Dz 845, 857, 695, 711, 712.
9. Santo Agostinho, *A cidade de Deus*, liv. 10, cap. 5.
10. Esta definição se encontra na obra de Santo Agostinho, *De catechizandis rudibus*, cap. 26.

1. O sinal sacramental

[5] Para melhor compreensão, devem os pastores decompor o definido em suas partes. Comecem por explicar que as coisas de percepção sensível se reduzem a duas classes principais. Umas são feitas exclusivamente como sinais de alguma coisa. Outras não são sinais de coisa nenhuma, mas têm em si mesmas toda a razão de ser. Nesta categoria se enquadram quase todas as coisas, produzidas pela natureza. À primeira pertencem o nome das coisas, a escrita, as bandeiras, as imagens, as trombetas, e outros objetos congêneres. Se tirarmos às palavras a função de significar algum sentido, sem dúvida perderiam a finalidade, para a qual são formadas. Tais coisas são sinais propriamente ditos.

No sentir de Santo Agostinho[11], sinal é tudo aquilo que, além de atuar por si em nossos sentidos, nos leva também ao conhecimento de outra coisa concomitante. Assim, pelos vestígios impressos na terra, facilmente conhecemos que ali passou alguém, cujas pegadas aparecem.

[6] Isto posto, é muito claro que os Sacramentos pertencem à categoria dos sinais, porquanto nos mostram exteriormente, por certa imagem e semelhança, o que Deus opera interiormente, em nossa alma, pelo Seu poder invisível.[12]

Um exemplo esclarece melhor a nossa explicação. No Batismo, recebemos uma ablução do corpo, acompanhada de certa fórmula sacramental. Ora, essa ablução é o sinal de que, pela virtude do Espírito Santo, se lava interiormente toda mancha e torpeza do pecado, e que nossas almas são ornadas e enriquecidas com o elevado dom da justiça celestial.[13] Como mais adiante se dirá, essa ablução do corpo produz simultaneamente, na alma, o efeito por ela simbolizado.

[7] Através das Escrituras, facilmente se deduz também que os Sacramentos entram na classe dos sinais. Falando da circuncisão, Sacramento da Antiga Aliança, que foi dado a Abraão, pai de todos os crentes, São Paulo assim se exprime na epístola aos Romanos: "E ele recebeu o sinal da circuncisão, como distintivo da justificação em virtude da fé".[14] Noutro lugar, quando diz: "Nós que fomos batizados em Sua morte"[15],

---
11. Santo Agostinho, *De doctrina christiana*, lib.2, cap. 1
12. Santo Agostinho, *De doctrina christiana*, lib. 3, cap. 9; *De catechizandis rudibus*, cap.26.
13. Isto é, a graça santificante.
14. Rm 4,11.
15. Rm 6,3.

dá a entender que considera o Batismo como sinal de algum Mistério, porquanto, no dizer do mesmo Apóstolo, "pelo Batismo fomos com Ele sepultados na [Sua] morte".[16]

Grande vantagem haverá em saberem os fiéis que os Sacramentos pertencem à classe dos sinais, pois assim lhes será mais fácil compenetrar-se dos santos e sublimes efeitos, que simbolizam, encerram e produzem. Levados por esta convicção, os fiéis prestarão maior culto e adoração à bondade de Deus para conosco.

2. *Eficaz*

[8] Agora vem a explicação dos termos "coisa sagrada", que constituem a segunda parte da definição. Será mais cômodo fazê-la, se ampliarmos ligeiramente a penetrante análise, que Santo Agostinho fez das várias espécies de sinais.[17]

Uns se chamam sinais naturais. Além da impressão de si mesmos, dão-nos a ideia de outra coisa a mais. Ora, como já se demonstrou, isto é um caráter comum de todos os sinais. Assim, onde há fumaça, conclui-se logo que ali há também fogo. Este sinal se chama natural, porque a fumaça faz lembrar o fogo, não por uma convenção arbitrária, mas pela experiência natural de que nos basta enxergar fumaça, para logo concluirmos que por ali há fogo em ação, embora não apareça ainda à nossa vista.

Outros sinais há, que não o são por natureza, mas por invenção e instituição humana, para que os homens possam comunicar-se entre si, transmitir a outrem suas próprias ideias, e conhecer as ideias e intenções de seus semelhantes.

Grande é seu número e variedade, como se vê pelo fato que alguns sinais são próprios para a vista, muitos para os ouvidos, e os restantes para os outros sentidos. Por exemplo, quando acenamos a alguém, ou erguemos um pendão, é lógico que tais sinais se destinam à percepção da vista; assim como os sons de trombetas, flautas e cítaras, que se empregam não só para deleitar, mas também para exprimir alguma coisa convencional, são sinais acomodados ao ouvido. É também pelo ouvido

---

16. Rm 6,4. Atenda-se, para melhor compreensão, ao sentido fundamental do verbo grego *"baptízein"* = submergir, mergulhar.
17. Santo Agostinho, *De doctr. christiana*, lib. 2, cap. 1 ss.

que principalmente nos chegam as palavras, como os meios mais eficazes de exprimir as íntimas sensações de nossa alma.

[9] Além destes sinais já considerados, que se baseiam em convenção humana, existe ainda uma terceira categoria de sinais, instituídos diretamente por Deus. Na opinião unânime dos teólogos, subdividem-se em várias espécies.

Uns foram dados por Deus aos homens, só para lhes significarem ou recordarem alguma coisa. De tal simbolismo eram as purificações legais, o pão ázimo, e muitas outras cerimônias, que faziam parte do culto mosaico.[18]

Outros, porém, Deus os instituiu com a virtude, não só de simbolizar, mas também de produzir alguma coisa. A este número de sinais pertencem, sem contestação, os Sacramentos da Nova Aliança. São sinais de instituição divina, e não de invenção humana; possuem também a virtude de produzir os santos efeitos que simbolizam. Assim o cremos com fé inabalável.[19]

3. Da "coisa sagrada" por ele designada

[10] Como os sinais são múltiplos, pelo que acabamos de ver, assim também a "coisa sagrada" pode ter vários sentidos. Na definição de "Sacramento", por "coisa sagrada" entendem os teólogos a graça de Deus, que nos santifica e nos reveste com o hábito de todas as virtudes sobrenaturais. Com razão concordam em darem, a esta graça, o nome de "coisa sagrada", visto que por sua mediação nossa alma se consagra e se une a Deus.

[11] Para chegarmos a uma definição mais explícita, devemos dizer que Sacramento é uma coisa sensível que, por instituição divina, tem em si a virtude não só de significar, mas também de produzir a santidade e a justiça.

Por conseguinte, todos convirão em que as imagens de santos, as cruzes, e outros objetos semelhantes, são sinais de coisas sagradas, mas nem por isso podem, [por definição], chamar-se Sacramentos.

Seria rápido aferir a justeza de nossa definição pelo exemplo de todos os Sacramentos, averiguando se neles se opera um processo análogo

---

18. Lv 4,5 et passim; Ex 12,15; 18,23 et passim. Santo Agostinho, *De doctr. christiana,* lib. 3, cap. 9. Conc. Trid. VII de Sacram. can. 2 (Dz 845).
19. Conc. Trid. ,VII, can. 6 (Dz 849).

ao que já vimos antes no Batismo. Dizíamos então que a ablução sacramental do corpo era, ao mesmo tempo, sinal e causa eficiente de uma "coisa sagrada" que, interiormente, se produzia pela virtude do Espírito Santo.

[12] Outro caráter importante destes sinais místicos, obras de Deus, é que foram instituídos para significar não só uma coisa, mas também várias outras ao mesmo tempo.

É de notar, por exemplo, que cada um dos Sacramentos exprime não só a nossa santificação e justificação, mas também dois fatos intimamente ligados à própria santificação: a Paixão de nosso Redentor, que é causa [eficiente] de toda a santidade, bem como a vida eterna e a bem-aventurança do céu, que são uma finalidade de nossa santificação.

Ora, como esta [dupla] relação é visível em todos os Sacramentos, os teólogos ensinam acertadamente que em cada Sacramento existe uma tríplice virtude de significar. Em primeiro lugar, cada qual recorda um fato pretérito[20]; depois, assinala e mostra um fato presente[21]; por último, anuncia um fato vindouro.[22]

Ninguém julgue, todavia, que se trata aqui de uma opinião teológica, sem mais provas da Sagrada Escritura. Quando diz, por exemplo: "Nós que fomos batizados em Cristo, fomos batizados em [Sua] morte"[23], o Apóstolo prova, à luz meridiana, ser o Batismo um sinal que nos recorda a Paixão e Morte de Nosso Senhor.

Se depois acrescenta: "Pelo Batismo fomos com Ele sepultados na [Sua] morte; para que, assim como Cristo ressuscitou da morte pela glória do Pai, assim vivamos nós também uma vida nova"[24]; vê-se nessas palavras que o Batismo é um sinal que simboliza a infusão da graça santificante em nossas almas, [dessa graça] que nos dá a possibilidade de começar uma vida nova, e de cumprir, com facilidade e alegria, todos os deveres da verdadeira Religião.

Finalmente, quando observa: "Se fomos enxertados n'Ele pela semelhança com Sua Morte, sê-lo-emos também pela semelhança com

---

20. Paixão de Cristo.
21. Nossa santificação.
22. Vida e bem-aventurança eterna.
23. Rm 6,3.
24. Rm 6,4.

Sua Ressurreição"[25], é porque no Batismo há uma insinuação muito evidente da vida eterna, que por ele havemos de alcançar.[26]

[13] Além destes modos de significar, conforme os deixamos indicados, acontece às vezes que um Sacramento pode ser sinal não só de uma, mas também de várias coisas presentes. Como facilmente averiguamos, tal é o caso do Santíssimo Sacramento da Eucaristia. Quem lhe considera a natureza, verá que assinala a presença do verdadeiro Corpo e Sangue de Nosso Senhor, e ao mesmo tempo a graça destinada aos que recebem os Sacrossantos Mistérios, com toda a pureza do coração.

Valendo-se da presente exposição, os pastores já não terão falta de provas para mostrarem aos fiéis que, nos Sacramentos da Nova Lei, se encerra toda a grandeza do poder divino e uma infinidade de ocultos milagres. Destarte, podem facilmente convencer todos os fiéis da obrigação de venerarem e receberem os Sacramentos, com a mais acendrada piedade.

III. MOTIVOS PARA SE INSTITUIR OS SACRAMENTOS

[14] Ora, para ensinar a maneira de se fazer bom uso dos Sacramentos, o meio mais eficaz é expor cuidadosamente as razões determinantes de sua instituição.

1. Fraqueza do espírito humano

Entre as muitas que se costumam alegar, a primeira é a natural fraqueza do espírito humano. Consta, por experiência, ser ele tão limitado, que o homem não pode chegar ao conhecimento de coisas puramente intelectuais, senão por intermédio de percepções sensíveis. Assim, com o intuito de nos facilitar a compreensão das operações invisíveis de Sua onipotência, quis o Supremo Criador de todas as coisas, em Sua infinita sabedoria, manifestar essa oculta virtude [dos Sacramentos] por meio de sinais sensíveis, que fossem também uma prova de Seu amor para conosco.[27]

---

25. Rm 6,5.
26. Jo 3,5; Mc 16,16; Cl 2,12 Tt 3,4-7.
27. Rm 1,20.

São João Crisóstomo diz com toda a clareza: "Se o homem não tivesse corpo, os bens espirituais lhe seriam propostos a descoberto, sem nenhum véu que os ocultasse. Mas, desde que a alma se acha unida ao corpo, era de todo necessário que, para a compreensão daqueles bens, ela se valesse de objetos adaptáveis aos sentidos".[28]

2. Dificuldade de se crer nas promessas divinas

A segunda razão é que nosso espírito dificilmente põe fé nas promessas que nos são feitas. Por isso é que, desde o início do mundo[29], Deus sempre tomava a anunciar Seus desígnios por meio da palavra. Mas, às vezes, quando decretava alguma obra, cuja grandeza podia abalar a confiança em Sua promessa, acrescentava às palavras ainda outros sinais, que não raro tinham o caráter de milagres.

Deus enviou, por exemplo, Moisés que libertasse o povo de Israel.[30] Aquele, porém, sem confiar sequer no auxílio de Deus que assim ordenava, receou que a empresa superasse suas forças, ou que também o povo não desse crédito às decisões e palavras divinas. Então Deus confirmou Suas promessas com uma série de vários milagres.[31]

Ora, assim como Deus fizera no Antigo Testamento, confirmando por sinais a firmeza de Suas promessas: assim também Cristo Nosso Senhor, quando nos prometeu na Nova Lei a remissão dos pecados, a graça santificante, a comunicação do Espírito Santo, instituiu simultaneamente certos sinais sensíveis, nos quais víssemos empenhada a Sua palavra, de modo a excluir toda dúvida na realização do prometido.[32]

3. Pronta medicação da alma pela Paixão de Cristo

No dizer de Santo Ambrósio[33], a terceira razão é que os Sacramentos deviam proporcionar, como os remédios do Samaritano no Evangelho[34], uma pronta medicação que nos restituísse, ou conservasse a saúde da alma.

---

28. São João Crisóstomo, *Homilia 82 sobre S. Mateus.*
29. Gn 3,15; 9,11 ss.; 13,4 ss.
30. Ex 3,10 ss.
31. Ex 4,2 ss.
32. Santo Agostinho, *De Baptismo contra Donatist.* 4 24.
33. Santo Ambrósio, *De Sacram.* lib.5, cap. 4.
34. Lc 10,33-34.

A virtude que dimana da Paixão de Cristo, isto é, a graça que nos mereceu no altar da Cruz, deve chegar-nos dos Sacramentos, como que por uns canais de comunicação. Sem estes meios, não restaria nenhuma esperança de salvar-nos eternamente.

Levado de grande clemência, Nosso Senhor empenhou Sua palavra, e quis deixar à Igreja os Sacramentos. De nossa parte, temos a firme obrigação de crer que eles realmente nos comunicam os frutos de Sua Paixão, contanto que cada um de nós use tais remédios, com a devida fé e piedade.

4. Senha e divisa para distinguir os fiéis

Existe uma quarta razão, pela qual se pode julgar necessária a instituição dos Sacramentos.

Deviam servir de senha e divisa para os fiéis se reconhecerem entre si. Conforme disse Santo Agostinho[35], nenhum grupo de homens pode constituir corpo jurídico, a título de verdadeira ou falsa religião, se os membros componentes se não ligarem entre si, pela convenção de alguns sinais distintivos da sociedade. Ora, os Sacramentos da Nova Lei satisfazem essa dupla exigência, porquanto distinguem dos infiéis os seguidores da fé cristã, e unem os fiéis entre si, mediante um vínculo sagrado.[36]

5. Profissão pública da fé católica

Outra razão ponderável para a instituição dos Sacramentos vem expressa nas palavras do Apóstolo: "Crê-se de coração para ser justificado. Mas, para ser salvo, se faz confissão de boca".[37] Ora, pelos Sacramentos fazemos pública profissão de nossa fé, e damo-la a conhecer na face dos homens. Quando, por exemplo, comparecemos para o Batismo, damos público testemunho de acreditarmos que, pela virtude da água, em que somos purificados pelo Sacramento, se opera também a ablução espiritual de nossa alma.

---

35. Santo Agostinho, *Contra Faustum,* lib.19, cap. 11 e 21; *De vera Religione,* cap. 17.
36. Ef 4,3 ss.
37. Rm 10,10.

6. Aumento do amor fraterno

Além disso, os Sacramentos são de grande eficácia, não só para ativar e nutrir a fé em nossos corações, mas também para inflamar aquela caridade, pela qual devemos amar uns aos outros; porquanto nos recordam que, pela participação dos mesmos Mistério, nos unimos uns aos outros pelos laços mais estreitos, e nos tornamos membros de um só corpo.

7. Repressão do orgulho

Há, por último, uma razão de suma importância para a vida cristã. Os Sacramentos domam e reprimem o orgulho do espírito humano. São para nós uma escola de humildade, pois que nos obrigam a submeter-nos a elementos sensíveis, em obediência a Deus, de quem nos havíamos impiamente separado, para nos fazermos escravos das coisas deste mundo.

São estes os pontos principais, que deverão ser explicados ao povo cristão, acerca do nome, natureza e instituição dos Sacramentos.

Depois de passá-los todos, com a devida exatidão, incumbe ainda aos pastores explicar as partes constitutivas de cada Sacramento, suas respectivas classificações, bem como os ritos e cerimônias que lhes foram acrescentados.

IV. OS COMPONENTES ESSENCIAIS DOS SACRAMENTOS

[15] Em primeiro lugar, deve expor-se que a coisa sensível, de que fala a definição, não é um todo indiviso, embora se tenha de admitir que constitui um só sinal.

Duas são as partes constitutivas de cada Sacramento. Uma tem a função de matéria, e chama-se "elemento". A outra tem o caráter de forma, e leva a designação comum de "palavra". Assim reza a doutrina tradicional dos Santos Padres. Está em uso vulgar a célebre explicação de Santo Agostinho: "Unindo-se a palavra ao elemento, daí nasce o Sacramento".[38]

Por "coisa sensível" entendem eles não só a matéria ou elemento que é perceptível à vista, como a água no Batismo, o crisma na Confirmação,

---
38. Santo Agostinho, *Tratado 80 sobre São João*.

o óleo na Extrema-Unção, mas também as palavras que servem de forma, e são perceptíveis ao ouvido.

O Apóstolo indica expressamente ambas as partes, quando declara: "Cristo amou a Igreja, e por ela se entregou, a fim de santificá-la, purificando-a no banho de água pela palavra da vida".[39] Esta passagem exprime tanto a matéria, como a forma do Sacramento.

[16] Era necessário juntar palavras à matéria, para que mais claro e evidente se tornasse o processo sacramental. De todos os sinais, as palavras têm a maior eficiência. Se faltassem, não seria óbvio averiguar o que designa e demonstra a matéria dos Sacramentos.

Senão, vejamos pelo exemplo do Batismo. De per si, serve a água tanto para refrigerar, como para lavar. Pode, pois, simbolizar estes dois efeitos. Não se lhe juntassem as palavras, alguém poderia conjeturar, mas nunca afirmar com certeza, qual dos dois efeitos a água significa no Sacramento do Batismo. Todavia, como se juntam as palavras correspondentes, logo sabemos que a água produz e assinala aqui a virtude de purificar.

[17] Neste ponto é que os nossos Sacramentos se avantajam de muito aos Sacramentos da Antiga Aliança. Quanto sabemos, estes não se administravam em forma determinada. Eram, por conseguinte, de efeito muito incerto e obscuro. Em nossos Sacramentos, porém, a forma das palavras é prescrita de tal maneira que, se não for observada, deixa de haver Sacramento. Por isso, são elas muito evidentes, e não dão lugar a nenhuma dúvida.

Tais são as partes que pertencem à natureza e substância dos Sacramentos, e das quais se compõe cada um deles, com necessidade absoluta.

V. AS CERIMÔNIAS SACRAMENTAIS

[18] Temos ainda de tratar das cerimônias. Não podem omitir-se sem pecado, a não ser que haja necessidade. Contudo, em caso de omissão, devemos crer que se não reduz, de modo algum, a validade do Sacramento, porque as cerimônias não entram como partes essenciais.

Desde os primórdios da Igreja, sempre se observou o costume de administrar-se os Sacramentos com certas cerimônias solenes. Primeiro,

---

39. Ef 5,25-26.

era muito conveniente usar certos ritos solenes na administração dos Sacramentos, para que assim déssemos prova de tratarmos santamente as coisas santas.

Depois, as cerimônias tornam mais claros e quase visíveis os efeitos dos Sacramentos, e incutem mais ao vivo, no ânimo dos fiéis, a noção de sua santidade. Afinal, quando são religiosamente observadas, as cerimônias despertam nos corações sentimentos sobrenaturais, e afervoram os participantes na prática da fé e da caridade.

Pela evidência destas razões, o pároco ajuizará quanto lhe importa instruir bem os fiéis, para que compreendam as cerimônias na administração de cada Sacramento.

VI. NÚMERO DOS SACRAMENTOS

[19] A seguir, deve indicar-se o número dos Sacramentos. Esta explicação tem a vantagem de levar o povo a engrandecer a singular bondade de Deus para conosco. E ele o fará com tanto mais fervor da alma, ao reconhecer quão abundantes são os auxílios que Deus aprestou, para a nossa eterna salvação e bem-aventurança.

São sete os Sacramentos da Igreja. Disso temos prova nas Escrituras, na doutrina tradicional dos Santos Padres, e na autoridade dos Concílios[40].

[20] A razão de não ser maior, nem menor o seu número, podemos mostrá-la, de modo provável, por uma analogia entre a vida natural e a sobrenatural.

Para viver, conservar-se, levar uma vida útil a si mesmo e a sociedade, precisa o homem de sete coisas: nascer, crescer, nutrir-se; curar-se, quando adoece; recuperar as forças perdidas; ser guiado na vida social, por chefes revestidos de poder e autoridade; conservar-se a si mesmo e ao gênero humano, pela legítima propagação da espécie. Todas estas funções também se adaptam, indubitavelmente, àquela outra vida pela qual a alma vive para Deus. Dessa correlação se pode obviamente inferir o número dos Sacramentos.

[21] O primeiro é o Batismo, a bem dizer, a porta dos outros Sacramentos, e pelo qual renascemos para Cristo.[41]

---

40. Concílio de Trento, seção 7, *Os sacramentos em geral*, canon 1 (Dz 844); Concílio de Constança, seção 13; Concílio de Florença, *Decreto para os Armênios* (Dz 695).
41. Jo 3,5.

Depois vem a Confirmação, por cuja virtude crescemos e nos fortalecemos na graça divina. Como observa Santo Agostinho[42], só depois de batizados é que Nosso Senhor disse aos Apóstolos: "Deixai-vos ficar na cidade, até serdes revestidos da força que vem do alto".[43]

Em seguida, temos a Eucaristia, alimento verdadeiramente celestial, que nutre e conserva nossa alma, conforme disse Nosso Salvador: "Minha carne é verdadeiramente uma comida, e Meu Sangue é verdadeiramente uma bebida".[44]

O quarto lugar ocupa a Penitência, por cuja virtude recobramos a saúde, se a tivermos perdido com as lesões do pecado.[45]

Depois, a Extrema-Unção nos tira os remanescentes do pecado, e restaura as forças da alma. Com relação a este Sacramento, declarou São Tiago: "E se estiver em pecados, ser-lhe-ão remitidos".[46]

A seguir, vem a Ordem que confere o poder de perpetuar a administração pública dos Sacramentos e o exercício de todas as funções sagradas no seio da Igreja.[47]

Como derradeiro, existe o Matrimônio, instituído a fim de que da legítima união do homem com a mulher procedam os filhos, e sejam piamente educados para o serviço de Deus, e para a conservação do gênero humano.[48]

VII. DIFERENÇA DOS SACRAMENTOS

[22] Há, porém, um ponto que reclama muita atenção. É que todos os Sacramentos comportam em si uma virtude admirável e divina, mas nem todos são igualmente necessários, nem possuem a mesma graduação e finalidade.

---

42. Santo Agostinho, *Epístola 265*.
43. Lc 24,49.
44. Jo 6,56.
45. Jo 20,22-23.
46. Tg 5,15.
47. Conc. Trid., XXIII, *De Sacr. Ord.* Can. 1-3 (Dz 961-963).
48. Dz 1853.

1. Quais são mais necessários

Entre eles, existem três que são considerados mais necessários que os outros, embora não o sejam por razões idênticas. Do Batismo, por exemplo, declarou Nosso Salvador ser absolutamente necessário para todos os homens. Suas palavras são as seguintes: "Quem não renascer da água e do Espírito [Santo], não pode entrar no reino de Deus".[49]

A Penitência só se faz necessária para aqueles que, após o Batismo, tiverem contraído algum pecado mortal; não poderão escapar à eterna condenação, se não expiarem devidamente os pecados que cometeram.

Quanto à Ordem, a necessidade é absoluta, não para os fiéis individualmente, mas para a Igreja coletivamente.[50]

2. Qual é mais digno

Se, porém, atentarmos a dignidade dos Sacramentos, a Eucaristia sobrepuja a todos os mais, sendo-lhes muito superior pela santidade, número e grandeza de Seus mistérios.

Todos esses aspectos serão mais fáceis de compreender, quando a seu tempo explicarmos cada um dos Sacramentos em particular.

VIII. AUTOR DOS SACRAMENTOS

[23] Agora temos que ver de quem recebemos estes sagrados e divinos Mistérios. Não padece dúvida, uma dádiva preciosa cresce muito de valor, em razão da dignidade e excelência de quem faz o presente.

Nesta questão, a resposta não oferece dificuldade. Se Deus é quem justifica os homens, e os Sacramentos são os maravilhosos instrumentos para se adquirir essa justificação, força é reconhecer que o único e o mesmo Deus opera, por Cristo, a justificação e produz os Sacramentos.

Outra prova ainda. Os Sacramentos possuem tal eficácia, que invadem os mais íntimos recônditos da alma. Ora, penetrar nos corações e nas inteligências é um apanágio exclusivo da onipotência divina. Daí

---

49. Jo 3,5.
50. Nesse ponto, há semelhança entre a Ordem e o Matrimônio, que são chamados sacramentos sociais. Não são necessários senão para o indivíduo que tenha a respectiva vocação. Mas, na coletividade como tal, é absolutamente necessário haver quem case, e quem receba Ordens Sacras.

se conclui, portanto, que foi Deus quem instituiu os Sacramentos por obra de Cristo; que de nossa parte devemos crer, com inabalável constância, ser Ele também que os administra interiormente. Este é um testemunho que São João [Batista] declarou ter recebido do próprio Cristo. Eis suas palavras: "Aquele que me enviou a batizar em água, disse-me: Sobre quem vires descer e pairar o Espírito, esse é que batiza no Espírito Santo".[51]

IX. O MINISTRO DOS SACRAMENTOS

[24] Deus é, pois, o autor e o ministro propriamente dito dos Sacramentos. Quis, porém, que na Igreja fossem dispensados, não pelos Anjos, mas pelos homens. Para a feitura dos Sacramentos, a ação dos ministros humanos não é menos necessária do que a matéria e a forma. Assim o confirma a constante tradição dos Santos Padres.

[25] No ato sacramental, os ministros não representam a sua própria pessoa, mas a Pessoa de Cristo. Desta forma, sejam eles bons, ou sejam maus, produzem e administram validamente os Sacramentos, se aplicarem a forma e a matéria que a Igreja sempre observou por instituição de Cristo, e se tiverem a intenção de fazer o que faz a Igreja na administração dos Sacramentos. Por conseguinte, não há o que possa impedir o fruto da graça, salvo se as pessoas que recebem os Sacramentos, quiserem por indisposição própria privar-se de tão grande benefício, e resistir à ação do Espírito Santo.

Tal foi sempre a doutrina firme e inabalável da Igreja. Disso temos provas evidentíssimas, nas disputas que Santo Agostinho escreveu contra os donatistas.[52]

Se pretendemos também testemunhos da Escritura, ouçamos as próprias palavras do Apóstolo: "Eu plantei, diz ele, Apolo regou; mas quem fez crescer foi Deus. Por isso, o que vale não é quem planta, nem quem rega, mas Deus que dá o crescimento".[53] Desta passagem se infere, com bastante fundamento, que, assim como às árvores não empece a maldade daqueles que as plantaram: assim também não contraem nenhum dano próprio os que foram incorporados em Cristo, pelo ministério de homens indignos e pecadores.

---

51. Jo 1,33.
52. Santo Agostinho, *Contra Donat.* lib. 3, cap. 10; lib. 4; lib. 5, cap. 19.
53. 1Cor 3,6 ss.

Por esse motivo, como os Santos Padres deduziram do Evangelho de São João[54], Judas Iscariotes também batizou muitas pessoas, e não lemos que alguma delas fosse novamente batizada. Santo Agostinho teve, a respeito, estas belas considerações: "Judas batizou, e depois de Judas não se fez novo Batismo. João batizou, e depois de João foi rebatizado, porque o Batismo ministrado por Judas era Batismo de Cristo, e o Batismo de João era [simplesmente] Batismo de João. Isto não é preferir Judas a João. Com razão preferimos o Batismo de Cristo — ainda que dado pelas mãos de um Judas — ao Batismo de João, embora seja conferido pelas mãos de um João".[55]

[26] Ouvindo tais verdades, não cuidem os párocos, e outros ministros dos Sacramentos, que basta só atenderem ao modo de ministrá-los validamente, pondo de parte a correção de costumes e a pureza de consciência. Sem dúvida, é necessário atender cuidadosamente às condições de validade, mas nisso não está tudo quanto pertence ao exercício de tal ministério.

Continuamente, devem eles lembrar-se que de per si os Sacramentos nunca perdem a virtude divina, que lhes é inerente; mas que acarretam a ruína e a morte eterna de quem os ministrar com a consciência pervertida. Força é inculcar e repetir sempre de novo: Coisas santas só devem ser tratadas com santo respeito.

No Profeta, lemos a seguinte passagem: "Ao pecador disse Deus: Por que falas tu dos Meus preceitos, e tomas a Minha aliança em tua boca? Na realidade, tu tens ódio à disciplina".[56] Ora, se ao homem metido em pecados não convém que se ponha a falar das coisas divinas, quão nefando não será o crime de quem tem consciência de muitos pecados, e ainda se atreve a consumar os santos Mistérios com lábios impuros, ou a tocá-los, e distribuí-los a outrem, com mãos abomináveis? São Dionísio escreve que aos maus não é sequer permitido tocar os "símbolos".[57] Assim é que ele chamava aos Sacramentos.

Por conseguinte, é mister que os ministros dos Sacramentos se consagrem, antes de tudo, à prática da santidade. Preparem-se para administrar os Sacramentos na pureza de consciência. Exerçam-se de tal

---

54. Jo 4,2.
55. Santo Agostinho, *In Iohan.* 5, 18.
56. Sl 49,16 ss.
57. Pseudo-Dionísio,. *De eccl. hierarchia.*, 1 1.

modo na piedade, que com o favor de Deus possam, pelo trato e frequência dos santos Mistérios, alcançar dia por dia graças cada vez mais abundantes.

X. EFEITOS DOS SACRAMENTOS

[27] Prosseguindo, deve o pároco falar agora dos efeitos dos Sacramentos. Essa explicação elucida melhor a definição de Sacramento que acima foi apresentada.

1. Graça santificante

São dois os seus efeitos principais. Em primeiro lugar, pomos com razão a graça que, na linguagem dos teólogos, se chama graça "justificante". Assim no-lo ensinou o Apóstolo, com a maior clareza, quando dizia que "Cristo amou a Sua Igreja, e por amor dela Se entregou a Si mesmo, para a santificar, purificando-a pelo banho de água em [Sua] palavra".[58]

O modo, porém, pelo qual o Sacramento produz um efeito tão grande quão admirável, de sorte que, na bela frase de Santo Agostinho[59], "a água banha o corpo, para purificar o coração", constitui um mistério que o engenho humano não poderá jamais deslindar.

O certo é que, por virtude da própria natureza, nenhuma coisa sensível pode atingir a alma. Pela luz da fé, sabemos, todavia, que nos Sacramentos se põe em ação a virtude de Deus Todo-Poderoso; e que por essa virtude os Sacramentos produzem efeitos de que as coisas sensíveis seriam incapazes, por sua própria natureza.[60]

[28] Para remover dos ânimos dos fiéis toda a dúvida que jamais pudesse surgir acerca desse efeito sacramental, quis a bondade de Deus que, nas primeiras administrações, os efeitos internos fossem comprovados por meio de milagres. Assim, pois, devemos crer, com toda a segurança, que tais efeitos sempre se produzem interiormente, por mais que subtraiam à percepção de nossos sentidos.

---

58. Ef 5,25 ss.
59. Santo Agostinho, *Tratado 80 sobre São João*, n.3.
60. Dz 849-850.

Por esse motivo, deixamos de parte que, depois do Batismo de Nosso Salvador no Jordão, os céus se abriram, e o Espírito Santo apareceu em figura de pomba[61], para nos advertir que Sua graça nos é infundida na alma, por ocasião do banho salutar do Batismo. Mas, como dizíamos, não nos detemos nesse fato, porque se reporta antes à significação e importância do Batismo, do que à administração dos Sacramentos.

Entretanto, não lemos porventura que, quando os Apóstolos receberam o Espírito Santo no dia de Pentecostes, e por Sua virtude se tornaram mais fortes e mais animosos para anunciar a verdade da fé e arrostar perigos pela glorificação de Cristo[62]; então "se ouviu de repente, como vindo do céu, um ruído semelhante ao soprar de um vento impetuoso, e sobre eles pousaram línguas que se repartiam, como se fossem de fogo?"[63]

Este milagre nos dá a entender que o Sacramento da Crisma nos confere o mesmo Espírito, e nos dá as mesmas forças [como aos Apóstolos], para que possamos resistir valorosamente à carne, ao mundo e ao demônio, nossos inimigos declarados.

Milagres assim se repetiam, por algum tempo, nos primórdios da Igreja, quando os Apóstolos administravam os Sacramentos. Deixaram de ocorrer, desde que a fé ficou bem arraigada nos corações.

[29] As explanações sobre o primeiro efeito dos Sacramentos, que é a graça justificante, mostram com evidência que os Sacramentos da Nova Lei possuem maior virtude e sublimidade do que os Sacramentos da Lei Antiga. Estes eram "elementos fracos e pobres"[64], que santificavam os contaminados mediante a purificação do corpo[65], e não da alma. Foram, portanto, instituídos apenas como figuras dos efeitos que deviam produzir os nossos Sacramentos.

Porém os Sacramentos da Nova Aliança manaram do lado de Cristo, que pelo Espírito Santo Se ofereceu a Si mesmo sem mácula a Deus, e purificou nossa consciência das obras mortas, para servirmos ao Deus vivo.[66]

---

61. Lc 3,22.
62. At 5,41.
63. At 2,2 ss.
64. Gl 4,9.
65. Hb 9,13.
66. Hb 9,14.

Desta forma, em virtude do Sangue de Cristo, produzem a graça que significam. Se os compararmos com os Sacramentos da Antiga Aliança, não só possuem maior eficácia, mas são também mais abundantes em frutos, e mais elevados em santidade.

2. O caráter indelével

[30] O segundo efeito dos Sacramentos não é comum a todos, mas é próprio de três somente: do Batismo, da Confirmação e da Ordem. Consiste no caráter que imprimem na alma.

Diz o Apóstolo: "Foi Deus quem nos ungiu, quem nos marcou com o Seu selo, e pôs em nossos corações o penhor do Espírito".[67] Ora, com as palavras "marcou com o Seu Selo" designou bem claramente esse "caráter", cuja propriedade natural é pôr selo ou fazer marca.

Caráter é, pois, uma espécie de distintivo gravado na alma, que nunca pode apagar-se, e nela se conserva para sempre.[68] Santo Agostinho faz a seguinte comparação: "Terão os Sacramentos cristãos menos valor, do que a marca que o soldado recebe? Quando um soldado desertor volta às fileiras, não se lhe imprime nova marca, porque a antiga serve de sinal para conhecer e identificar".[69]

[31] O caráter tem por fim capacitar-nos para a recepção ou para o exercício dos santos Mistérios, e servir de distintivo entre os cristãos.

O caráter batismal encerra ambos os efeitos. Dá-nos aptidão para receber os demais Sacramentos, e faz com que o povo fiel se distinga dos pagãos, que não professam a fé.

O mesmo se verifica no caráter da Crisma e da Ordem. O caráter da Confirmação nos arma soldados de Cristo; apresta-nos para anunciar e defender o Seu nome, para lutar contra o inimigo em nosso interior, e contra os espíritos malignos nas alturas[70]; distingue-nos, ao mesmo tempo, dos neo-batizados que são ainda, por assim dizer, criancinhas recém-nascidas.[71] O Caráter da Ordem confere o poder de fazer e administrar os Sacramentos, e distingue dos outros fiéis os detentores de tal poder.

---

67. 2Cor 1,21 ss. Do grego: "*charakter*" = sinete, carimbo, marca.
68. Dz 852. CIC 732.
69. Santo Agostinho, *Tract. in Ioan.* 6; contra Crescent. 1 35 (segundo outros 1 30). Thom. III q. 63.
70. Ef 6,12.
71. 1Pd 2,2.

Por conseguinte, devemos aceitar o dogma da Igreja Católica, pelo qual estes três Sacramentos imprimem caráter, e não podem jamais ser reiterados.[72]

São estes os pontos, que entram na explicação dos Sacramentos em geral.

[32] Propondo o presente tratado, os pastores farão tudo para alcançar uma dupla finalidade. Em primeiro lugar, que os fiéis compreendam quanto esses dons divinos e celestiais são dignos de honra, respeito e veneração.

Em segundo lugar, que os fiéis os recebam com fé e devoção, por serem os meios que a misericórdia divina instituiu para a salvação geral de todos os cristãos; que se inflamem de tal desejo da perfeição cristã, que para eles seja grande perda ficarem, por algum tempo, privados dos Sacramentos, principalmente do uso tão salutar da Penitência e da Eucaristia.

Conseguirão os pastores estes dois fins, sem maior dificuldade, se muitas vezes inculcarem aos ouvidos dos fiéis o que deixamos dito acerca da origem divina, e da utilidade dos Sacramentos.

Primeiro, que foram instituídos por Nosso Senhor e Salvador, de quem só nos pode vir o que há de mais perfeito. Depois, que na sua administração se faz sentir a onipotência do Espírito Santo, que logo penetra o íntimo de nossos corações com Sua graça eficacíssima. Mais ainda, que os Sacramentos são dotados de uma virtude admirável e infalível para curarem as nossas almas; e que por eles chegam até nós as imensas riquezas da Paixão de Nosso Senhor.

Por fim, mostrarão os pastores que todo o edifício do cristianismo, apesar de assente no fundamento inabalável da pedra angular[73], que é Cristo, viria em grande parte a tremer e ruir por terra, se o não sustentasse, de todos os lados, a pregação da palavra de Deus e o uso dos Sacramentos. Assim como os Sacramentos nos fazem entrar na vida da graça, assim também são a bem dizer um alimento que nos sustenta, conserva, e faz crescer.

---

72. Conc. Trid., VII, can. 9, *De Sacram.* (Dz 996).
73. Is 28,13; Ef 2,20; 2Pd 2,6.

CAPÍTULO II
Do Sacramento do Batismo

1. A doutrina do Batismo deve ser frequentemente inculcada ao povo. — 2. Em que tempos devem os párocos tratar especialmente do Batismo.

I. Do nome Batismo. — 3. Que significa o nome de Batismo. — 4. Vários outros nomes pelos quais os Santos Padres chamavam o Batismo.

II. Definição de Batismo. — 5. Definição de Batismo. — 6. Como se realiza este sacramento.

III. Matéria do Batismo. — 7. Matéria própria do Batismo. — 8. Expõe-se a passagem de São Mateus sobre o batismo de fogo. — 9. Figuras e profecias que mostravam a virtude das águas do Batismo. — 10. Por que Cristo escolheu a água como matéria do Batismo. — 11. Por que se acrescenta o crisma sagrado à água natural.

IV. Forma do Batismo. — 12. Deve explicar-se a todos claramente a forma do Batismo. — 13. Forma cabal e perfeita deste sacramento. — 14. Na forma do Batismo nem todas as palavras são igualmente necessárias. — 15. Por que os Apóstolos batizavam em nome de Cristo. — 16. Deve-se acreditar que os apóstolos nunca batizaram em nome de Cristo sem expressar as outras duas pessoas.

V. Administração do Batismo. — 17. Como deve fazer-se a ablução neste sacramento. — 18. Se se requerem duas ou três abluções. — 19. Por que se deve derramar a água acentuadamente sobre a cabeça.

VI. Instituição e obrigação deste Batismo. — 20. Quando instituiu Cristo o Batismo. — 21. Quando começou a forçar aos homens à lei do Batismo. — 22. Quanta veneração se deve ter a este sacramento.

VII. Ministros do Batismo. — 23. Quem pode administrar o Batismo. — 24. Quem pode batizar em caso de necessidade. — 25. Ordem a ser mantida entre os ministros do Batismo.

VIII. Padrinhos de Batismo. — 26. Por que se adicionam padrinhos no Batismo. — 27. O parentesco espiritual contraído no Batismo impede e dirime o Matrimônio. — 28. Deveres dos padrinhos. — 29. Não se deve dar sem consideração o cargo de padrinho. — 30. Número de padrinhos.

IX. Necessidade do Batismo. — 31. O Batismo é necessário a todos para salvar-se. — 32. Todas as crianças devem ser batizadas. — 33. As crianças recebem a graça no Batismo. — 34. O Batismo das crianças não deve ser adiado. — 35. Como os adultos devem ser instruídos antes do Batismo. — 36. O Batismo não deve ser conferido imediatamente aos adultos. — 37. O Batismo nem sempre deve ser adiado para os adultos.

X. Disposições requeridas para receber o Batismo. — 38. Como aqueles que devem receber o batismo devem estar dispostos. — 39. Quando podem ser batizados os dementes. — 40. Outros requisitos para receber o Batismo. — 41. Quanto importa a consideração destas verdades.

CAPÍTULO II - O BATISMO

XI. Efeitos do Batismo. — 42. Qual é o principal efeito do Batismo. — 43. Nos batizados, a concupiscência permanece, embora não como culpa. — 44. Declara-se mais uma vez que o Batismo apaga todos os pecados. — 45. O Batismo não só perdoa toda culpa, mas também toda pena. — 46. O batizado não está livre das sanções civis. — 47. No Batismo perdoam-se todas as penas da outra vida. — 48. Por que depois do Batismo permanecemos sujeitos às misérias desta vida. — 49. Os verdadeiros cristãos gozam de grande suavidade e doçura, mesmo entre as misérias desta vida. — 50. Outros bens que recebemos com o Batismo — 51. Além da graça, todas as virtudes são infundidas no Batismo. — 52. Pelo Batismo, somos incorporados a Cristo. — 53. Por que, adornados os fiéis com tantas virtudes no Batismo, entregam-se à piedade com tanto descuido. — 54. No Batismo se imprime carácter indelével. — 55. Demonstra-se que o Batismo não pode ser repetido. — 56. Não se repete o Batismo quando se administra-lhe sob condição, em caso de dúvida prudente. — 57. O Batismo sob condição não pode ser administrado sem causa grave. — 58. O último efeito do Batismo consiste em abrir-nos as portas do Céu.

XII. Cerimônias do Batismo. — 59. Valor e utilidade das cerimônias do Batismo. — 60. Quantos são os ritos do Batismo. — 61. Quando a água deve ser consagrada para o Batismo. — 62. Por que os que vão ser batizados não são ainda admitidos na Igreja. — 63. Por que se pegunta o que pedem, e depois são instruídos na fé. — 64. Quem é que responde ao catequizá-los. — 65. Uso do exorcismo. — 66. Por que se põe sal na boca de quem é batizado. — 67. Que significa o sinal da Cruz, feito em várias partes. — 68. Por que se untam com saliva o nariz e os ouvidos de quem se batiza. — 69. O que significa a renúncia de Satanás que faz o batizando. — 70. — Como o batizando deve fazer a profissão de fé. — 71. Por que se lhe pergunta se quer ser batizado. — 72. Por que a cabeça dos batizandos é então ungida com o crisma. — 73. Que significa o vestido branco que se põe no batizado. — 74. Que significa a vela acesa que o batizando segura. — 75. Nome a ser dado ao batizando. — 76. Resumo de tudo que foi dito sobre os mistérios do Batismo.

[1] O que até agora dissemos dos Sacramentos em geral, permite-nos avaliar quanto se faz necessário conhecer a doutrina da Igreja Católica sobre cada um deles em particular, não só para conhecermos a Religião cristã, como também para levarmos uma vida de verdadeira piedade.

Quem versa o Apóstolo com mais atenção, verá forçosamente que ele requer dos fiéis uma noção perfeita do que é o Batismo. Em termos graves, repassados do Espírito de Deus, relembra este Mistério com muita insistência, enaltece seu caráter divino, e nele nos põe diante dos olhos a Morte, Sepultura e Ressurreição de nosso Redentor, como objeto de contemplação e imitação.[74]

Por conseguinte, os párocos não tenham jamais por demasiado o

---

74. Rm 6,3 ss; 1Cor 2,11-12; Gl 3,27; Ef 5,27; Cl 2,11-12.

esforço e diligência, que empregarem na explicação deste Sacramento.

[2] Além daqueles dias, em que nossos maiores tinham por tradição explicar antes de tudo os mistérios do Batismo, como acontecia no Sábado de Aleluia e na Vigília de Pentecostes, ocasião em que a Igreja costumava ministrar este Sacramento, com a maior pompa e com as mais solenes cerimônias, os párocos aproveitarão em outros dias a oportunidade que se lhes ofereça, para falarem também do mesmo assunto.[75]

Uma das ocasiões mais próprias será por vezes a solenidade de algum batizado, quando notarem grande afluência de fiéis cristãos. Ser-lhes-á então muito mais fácil explicar um ou outro ponto, embora não seja possível desenvolver toda a doutrina do Batismo. Vendo, pois, nas cerimônias do Batismo, uma aplicação imediata das instruções que acabam de ouvir, os fiéis acompanham os ritos com piedade e interesse.

Daí nasce que, observando tudo quanto se pratica em outrem, cada um pensará, de si para consigo, nas obrigações contraídas junto a Deus, em consequência do Batismo. E nesta consideração, indagar-se-á a si mesmo, se a sua vida e costumes se conformam com os deveres do nome cristão.

Para se ministrar esta doutrina com ordem e clareza, devemos expor, em primeiro lugar, a natureza e essência do Batismo. Antes, porém, daremos a significação do próprio termo.

I. DO NOME "BATISMO"

[3] Batismo, como todos sabem, é uma palavra grega. Nas Sagradas Escrituras, designa não só a ablução que faz parte do Sacramento, mas qualquer espécie de ablução.[76] Por vezes, aplica-se à Paixão de Cristo, em sentido figurado.[77]

Todavia, os escritores eclesiásticos não o tomam como qualquer espécie de ablução corporal, mas unicamente como uma ablução sacramental, que se faz sob a forma prescrita das palavras. Neste sentido, os

---

75. Acerca da praxe antiga da Igreja, vide Tertuliano, *De Baptism.* 19; São Basilio, *in exchortat. ad Bapt.*; Santo Ambrosio. *de Myst. Pass.*, ou também qualquer manual moderno de liturgia.
76. Mc 7,4.
77. Mc 10,30; Lc 12,50; 1Cor 15,29.

Apóstolos empregavam o termo muitíssimas vezes, obedecendo às determinações de Cristo Nosso Senhor.

[4] Os Santos Padres valiam-se também de outras expressões para designar o Batismo. Atesta Santo Agostinho que se chama "Sacramento da fé", porquanto a sua recepção nos leva a professar toda a doutrina da religião cristã.[78]

Outros, porém, chamavam de "iluminação" a este Sacramento, porque a fé professada no Batismo ilumina os nossos corações.[79] O Apóstolo também se expressou assim: "Relembrai os dias primeiros em que, após a vossa iluminação, aturastes o grande ardor das provações".[80] Referia-se ao tempo em que foram batizados.

Numa exortação aos recém-batizados, São João Crisóstomo chama-lhe, ora "purificação", porque o Batismo nos limpa do velho fermento, para sermos massa nova[81]; ora "sepultura", "plantação", "Cruz de Cristo". Todas essas expressões se encontram na epístola aos Romanos.[82]

São Dionísio chama-lhe "princípio dos sacrossantos Mandamentos".[83] Suas razões são evidentes; pois este Sacramento é, por assim dizer, a porta pela qual entramos na comunhão da vida cristã, e, desde esse momento, começamos a obedecer aos Preceitos Divinos.

Com relação ao nome, são estas as explicações que se devem dar com brevidade.

II. DEFINIÇÃO DE BATISMO

[5] Como definição real, poderíamos citar muitas apresentadas nos escritores eclesiásticos. Entretanto, a mais justa e mais apropriada parece ser aquela que se deduz das palavras de Nosso Senhor no Evangelho de São João, e do que disse o Apóstolo na Epístola aos Efésios.

Nosso Senhor declarou: "Quem não renascer da água e do Es-

---

78. Santo Agostinho, *Epistola 98*, n.8.
79. São Dionísio Areopagita. *De eccles. hierarchia* 3.
80. Hb 10,32.
81. 1Cor 5,7.
82. Rm 6,4 (cfr. Gl 3,27; Cl 2,12); 6,5; 6,6.
83. São Dionísio, *De eccles. hierarch.* 2.

pírito Santo, não pode entrar no Reino de Deus".[84] E o Apóstolo, falando da Igreja, diz que [Cristo] "a purificou pela ablução da água na palavra".[85]

Pelo sentido destas passagens, podemos definir, com acerto e brevidade, que o Batismo é um "Sacramento de regeneração pela palavra na água".

Por natureza, nascemos de Adão como filhos da ira[86], mas o Batismo nos faz renascer em Cristo como filhos da misericórdia. Pois [Cristo] deu aos homens "o poder de se tornarem filhos de Deus: aos que creem em Seu nome; [aos] que não nasceram do sangue, nem do apetite da carne, nem do desejo do varão, mas [que nasceram] de Deus".[87]

[6] Afinal, quaisquer que sejam as expressões escolhidas para explicar a natureza do Batismo, devemos todavia ensinar ao povo que este Sacramento se consuma por meio de uma ablução, durante a qual é necessário pronunciar certas palavras sagradas, consoante às determinações de Nosso Senhor e Salvador.

Esta foi sempre a doutrina dos Santos Padres. Santo Agostinho exprimiu-a numa fórmula cristalina: "Unindo-se a palavra ao elemento, daí nasce o Sacramento".[88]

Convém, pois, explanar este ponto com mais insistência, para que os fiéis não caiam no erro de considerar, como Sacramento, a própria água que se conserva, na pia sagrada, para a administração do Batismo. Sem embargo, essa opinião é muito comum entre o povo.

Só então podemos afirmar que se opera o Sacramento do Batismo, quando realmente usamos água para a ablução de alguém, e [ao mesmo tempo] acrescentamos as palavras instituídas por Nosso Senhor.

Já de início, quando se tratava dos Sacramentos em geral, dissemos que cada um deles se compõe de matéria e forma. Agora, portanto, deverão os pastores explicar o que constitui uma e outra no Batismo.

---

84. Jo 3,5.
85. Ef 5,26.
86. Ef 5,6.
87. Jo 1,12 ss.
88. Santo Agostinho, *Tratado 80 sobre São João*.

III. MATÉRIA PRÓPRIA DO BATISMO

[7] Matéria ou elemento deste Sacramento é qualquer espécie de água natural, seja de mar, de rio, de banhado, de poço ou de fonte, uma vez que possa [simplesmente] chamar-se "água" sem nenhuma restrição.

Com efeito, Nosso Senhor assim doutrinou: "Se alguém não renascer da água e do Espírito Santo, não pode entrar no reino de Deus".[89] E o Apóstolo diz que a Igreja foi purificada pela ablução da água.[90] Numa epístola de São João lemos a seguinte passagem: "Três são os que dão testemunho na terra: o espírito, a água, e o sangue".[91] A mesma afirmação se comprova em outros testemunhos da Sagrada Escritura.

[8] Se contudo São João Batista anunciou que o Senhor viria para batizar "no fogo e no Espírito Santo"[92], suas palavras não se referem de modo algum à matéria do Batismo, mas à operação interior do Espírito Santo, ou antes, ao milagre que se manifestou no dia de Pentecostes, "quando o Espírito Santo desceu do céu em forma de fogo"[93], sobre os Apóstolos. É um milagre que Cristo Nosso Senhor havia predito em outro lugar: "João batizou na água, mas dentro de poucos dias sereis vós batizados no Espírito Santo".[94]

[9] De mais a mais, as Escrituras nos mostram que Nosso Senhor anunciou de antemão [a matéria do Batismo], por meio de figuras e profecias. Em sua primeira Epístola, o Príncipe dos Apóstolos nos dá a entender que uma imagem e semelhança dessa água era o Dilúvio[95], pelo qual o mundo foi purificado, porquanto "era enorme a malícia dos homens na terra, e todos os desejos de seu coração tendiam para o mal".[96] A travessia do Mar Vermelho era também uma figura desta água, conforme a interpretação de São Paulo em sua Epístola aos Coríntios.[97] Só de leve lembramos ainda as abluções de Naamã,

---

89. Jo 3,5.
90. Ef 5,26.
91. 1Jo 5,8.
92. Mt 3,11.
93. At 2,1.
94. At 1,5.
95. 1Pd 3,19 ss.
96. Gn 6,5.
97. 1Cor 10,1.

o Sírio[98], a virtude milagrosa da piscina de Betsaida[99], e outros fatos semelhantes, nos quais facilmente se descobrem outros símbolos deste Mistério.

Quanto às visões proféticas, não há dúvida que a água do Batismo estava designada e simbolizada naquelas águas, para as quais o profeta Isaías convidava tão generosamente todos os sequiosos[100], ou que Ezequiel via em espírito jorrar do Templo para fora[101]; bem como naquela fonte que, na predição de Zacarias, ficaria à disposição da casa de Davi e dos habitantes de Jerusalém, a fim de se purificar nela o pecador e a mulher legalmente contaminada.[102]

[10] Em sua carta a Oceano[103], São Jerônimo alega várias razões, para provar quanto convinha à natureza e eficiência do Batismo, que se tomasse a água para sua matéria sacramental.

Ao desenvolver esta doutrina, ensinem os párocos em primeiro lugar que, tratando-se de um Sacramento necessário a todos, sem nenhuma exceção, para conseguirem salvar-se, a água era a matéria mais apropriada, por se encontrar em toda a parte, e por ficar ao alcance de todos, sem maior dificuldade.

Além disso, a água simboliza o efeito do Batismo com a máxima fidelidade. Assim como lava as imundícies, a água também exprime, de maneira muito sugestiva, a virtude e a finalidade do Batismo, pelo qual são lavadas as manchas do pecado.

Uma razão a mais é que a água tem a especial virtude de desalterar o corpo; de maneira análoga, o Batismo extingue parcialmente o ardor das paixões desordenadas.

[11] Um ponto ainda, que merece consideração. Água natural, sem nenhum ingrediente, é matéria apta para a administração deste Sacramento, todas as vezes que o exija a necessidade. Contudo, na solene administração do Batismo, por uma tradição que remonta aos Apóstolos, a Igreja sempre observou o costume de adicionar à água o Santo Crisma, certamente para realçar melhor o efeito do Batismo.

---

98. 2Rs 5,14.
99. Piscina dos Cordeiros. Jo 5,2 ss.
100. Is 55,1.
101. Ez 47,1.
102. Zc 13,1.
103. São Jerônimo. *Epist. 85.*

Às vezes, podem surgir dúvidas, se esta ou aquela água é genuína, conforme o exige a validade do Sacramento.[104] O povo, porém, deve saber, com certeza absoluta, que o Batismo nunca pode ser validamente ministrado com outra matéria, senão com água que seja natural e líquida.[105]

IV. A FORMA DO BATISMO

[12] Explicada a matéria, como primeira das duas partes que constituem o Batismo, os pastores não terão menos cuidado em falar também da forma, que é a segunda parte essencialmente necessária.

Convençam-se, porém, que devem redobrar seus esforços na explicação deste Sacramento, porque a prática de tão sagrado Mistério não é somente própria para dar, por sua natureza, grande satisfação aos fiéis — efeito comum das verdades divinas que aprendemos — mas é também sumamente desejável, em vista da necessidade de empregá-la quase que todos os dias.

Como veremos mais amplamente no curso desta exposição, muitas vezes ocorrem circunstâncias em que pessoas do povo, quase sempre humildes mulheres, são obrigadas a conferir o Batismo. Por conseguinte, todos os fiéis de ambos os sexos devem conhecer, com exatidão, as partes essenciais deste Sacramento.

[13] Em termos claros e singelos, de fácil compreensão para todos, devem os pastores ensinar que a forma exata e completa do Batismo é a seguinte: "Eu te batizo em nome do Pai, e do Filho, e do Espírito Santo".

Assim o ensinou Nosso Senhor e Salvador, quando prescreveu aos Apóstolos no Evangelho de São Mateus: "Ide, ensinai todos os povos, e batizai-os em nome do Pai, e do Filho, e do Espírito Santo".[106]

Do verbo "batizai", a Igreja Católica, por inspiração divina, deduziu acertadamente que, na forma deste Sacramento, se deve exprimir a ação do ministro. É o que sucede, quando se diz: "Eu te batizo".

Além do ministro, era preciso designar também a pessoa que é batizada, assim como a causa principal que opera o Batismo. Esta é a razão de se acrescentar o pronome "te", e o nome de cada uma das Pessoas

---

104. Dz 858, 3024. CIC 737 § 1. *D. Thom. III q. 56 art. 5.
105. Dz 412, 447.
106. Mt 28,19.

Divinas. Assim temos a forma completa nas palavras que acabamos de explicar: "Eu te batizo em nome do Pai, e do Filho, e do Espírito Santo".

No Sacramento do Batismo, operam juntamente todas as Pessoas da Santíssima Trindade, e não somente a Pessoa do Filho, do qual escreve São João: "Este é quem batiza".[107]

Além disso, se diz "em nome" e não "nos nomes", para indicar que é uma e una a natureza e divindade na Santíssima Trindade. O termo "nome" não se refere aqui às Pessoas, mas designa a substância, virtude e onipotência divina, que é uma e a mesma nas três Pessoas.

[14] Expusemos a forma completa, em todos os sentidos. Mas cumpre notar que nela há algumas palavras estritamente essenciais, que não podem ser omitidas sem anular o Sacramento; e outras que não são tão necessárias, que não invalidam o Sacramento, se forem omitidas.

De tal espécie é o pronome "eu", cujo sentido se subentende no verbo "batizo". Nas igrejas gregas, que usam outra fórmula, é até costume omiti-lo, porquanto os gregos não julgam necessário mencionar o ministro. Por isso, a fórmula que usam em toda a parte é a seguinte: "Este servo de Cristo é batizado em nome do Pai, e do Filho, e do Espírito Santo".

No entanto, por decreto e definição do Concílio de Florença, eles assim conferem validamente o Sacramento.[108] Aquelas palavras são suficientes para exprimir o elemento essencial do Batismo, isto é, a ablução que de fato se faz no mesmo instante.

[15] Se tempo houve, em que os Apóstolos batizassem só em nome de Nosso Senhor Jesus Cristo[109], devemos saber que o faziam por inspiração do Espírito Santo, para que, na organização inicial da Igreja, o Nome de Jesus desse maior prestígio à pregação, e Seu imenso poder divino fosse mais glorificado.

De mais a mais, se penetrarmos até o âmago da questão, não nos custará reconhecer que, naquela forma, não falta nenhuma das partes prescritas pelo próprio Salvador. Quem diz "Jesus Cristo", designa ao mesmo tempo a Pessoa do Pai que O ungiu, e o Espírito Santo com o qual foi ungido.[110]

---

107. Jo 1,33.
108. Dz 696. O Euchologium traz: "Servus Dei".
109. At 2,38; 8,12; 10,48; 19,5.
110. Dz 47, 94, 229, 335.

[16] Ainda assim, há motivos para se duvidar de que os Apóstolos batizassem alguém por essa fórmula. Se quisermos, podemos seguir a autoridade de Santo Ambrósio e São Basílio, Padres de muita virtude e critério[111], que ao Batismo "em nome de Jesus" davam a seguinte interpretação: Estas palavras designavam o Batismo instituído por Cristo Nosso Senhor, em oposição ao Batismo conferido por João; nem por isso se desviavam os Apóstolos da forma comum e usual, que discriminam os nomes das três Pessoas Divinas.

Ao que parece, São Paulo também usou a mesma linguagem na epístola aos Gálatas, porquanto disse: "Todos vós que fostes batizados em Cristo, de Cristo vos revestistes".[112] Queria, porém, declarar que foram batizados na fé de Cristo, e não de outra forma, senão a que foi prescrita pelo próprio Nosso Senhor e Salvador.

O que até agora dissemos da matéria e forma, como partes essenciais do Batismo, é quanto basta para a instrução dos fiéis.

V. MODO DE ADMINISTRAR O BATISMO

[17] Na colação deste Sacramento, devem ser observadas certas prescrições, para que a ablução seja válida. É, portanto, necessário que os pastores expliquem também esta parte da doutrina.

Dirão, com brevidade, que a prática comum da Igreja admite, para se ministrar o Batismo, um dos três modos seguintes: ou mergulhando na água os candidatos ao Batismo, ou derramando água sobre eles, ou borrifando-os com água.[113] Sendo observada qualquer destas maneiras, não há como se duvidar do valor do Batismo, porque nesse Batismo se faz aplicação da água, para indicar o seu efeito, que é a purificação da alma. Por isso, o Apóstolo dá ao Batismo o nome de "banho".[114]

A ablução pode fazer-se por imersão, conforme a praxe que a Igreja seguiu longamente, desde os primeiros tempos; ou por afusão, que hoje vemos em uso frequente; ou por aspersão, como se crê São Pedro tenha feito, quando num só dia converteu à verdade da fé e batizou três mil pessoas.[115]

---

111. Santo Ambrósio, *de Spiritu Sanct.* 1,3. São Basílio, *De Spirit. Sanct.*, cap. 12.
112. Gl 3,27.
113. Noutros termos; batizar por imersão, por ablução, por aspersão.
114. Ef 5,26; Tt 3,5.
115. At 2,41.

[18] Pouco importa que se faça uma só ablução, ou que se façam três. Antigamente, o Batismo era de fato ministrado de uma e outra maneira, e ainda hoje o poderá ser, conforme se deduz claramente de uma carta, que São Gregório Magno escreveu a São Leandro.[116] Os fiéis, porém, devem ater-se ao rito observado em sua própria igreja.[117]

[19] Mas, o que vem muito ao caso é advertir que não se faz a ablução em qualquer parte do corpo, mas de preferência na cabeça, que é o centro onde convergem todos os sentidos interiores e exteriores; e que o ministro do Batismo deve proferir as palavras da forma sacramental, no mesmo instante de derramar a água, não antes, nem depois da ablução.[118]

VI. INSTITUIÇÃO E OBRIGAÇÃO DO BATISMO

[20] Dadas estas explicações, será ainda oportuno ensinar e lembrar aos fiéis, que o Batismo foi instituído por Cristo Senhor Nosso, assim como o foram os demais Sacramentos. Desta matéria devem os pastores falar com assiduidade. Dirão que, [na instituição do] Batismo é preciso distinguir dois momentos determinados. O primeiro, quando Nosso Senhor o instituiu; o segundo, quando impôs a todos a obrigação de recebê-lo.

1. Instituição do Batismo

Quanto ao primeiro, não resta dúvida que Nosso Senhor instituiu este Sacramento, quando conferiu à água a virtude de santificar, na ocasião que Ele mesmo se fez batizar por São João.[119] Dizem São Gregório de Nazianzo e Santo Agostinho[120] que, naquele instante, a água adquiriu a força de regenerar para a vida espiritual. Noutro lugar, escreve Santo Agostinho: "Desde que Cristo desceu na água, limpa a água todos os pecados". E noutra parte ainda: "Nosso Senhor recebeu o Batismo, não porque precisasse de purificação, mas para que ao contato

---

116. São Gregório Magno, *Epist. 41*.
117. O ritual romano vigente manda que se façam três abluções.
118. Consultar os autores sobre o "moraliter simul" da prolação das palavras e a aplicação da água.
119. Mt 3,13 ss; Mc 1,9 ss; Lc 3,21-22; Jo 1,29 ss.
120. São Gregório Nazianzeno, *Orat. 38* (Doney cita: Sermo 19, 36 e 37 de tempore).

com o Seu Corpo puríssimo as águas se purificassem, e adquirissem a virtude de purificar".[121]

Uma grande prova desta verdade é que por então a Santíssima Trindade, em cujo nome se confere o Batismo, manifestou a Sua divina presença. Ouviu-se a voz do Pai, estava ali a Pessoa do Filho, e o Espírito Santo desceu em figura de pomba. Além disso, abriram-se os céus, para onde já nos é dado subir pela graça do Batismo.

Todavia, se alguém quiser indagar por que motivo Nosso Senhor conferiu à água uma força tão ampla e tão sobrenatural, [verá que] isto não fica ao alcance da inteligência humana.

No entanto, poderemos ao menos compreender que a água, no Batismo de Nosso Senhor, ao tocar o Seu Corpo santíssimo e puríssimo, foi consagrada para o uso salutar do Batismo. Mas, conforme a fé nos ensina, isso acontece de tal maneira, que este Sacramento, com ser instituído antes da Paixão, só tirou sua virtude e eficácia da própria Paixão, que era por assim dizer o fim e a consumação de todas as obras de Cristo.[122]

2. *Obrigação do Batismo*

[21] Acerca do outro momento, em que a lei do Batismo foi promulgada, não há lugar para incertezas. Todos os escritores eclesiásticos concordam em dizer que foi depois da Ressurreição de Nosso Senhor, quando Ele ordenou aos Apóstolos: "Ide, ensinai todos os povos, batizai-os em nome do Pai, e do Filho, e do Espírito Santo".[123] Desde então, começou a vigorar a lei do Batismo para todos os homens, que queiram alcançar a eterna salvação.

É o que provam as palavras autorizadas do Príncipe dos Apóstolos: "[Deus] nos fez renascer à esperança da vida, pela Ressurreição de Jesus Cristo dentre os mortos".[124] Prova igual se pode tirar daquela passagem, em que São Paulo falava da Igreja: "[Cristo] entregou-Se a Si mesmo por ela, para a santificar, purificando-a no banho da água pela palavra".[125]

---

121. Santo Agostinho, *Serm. 135*, in appendice.
122. São Jerônimo, *Comment.* in Mt 3; Santo Agostinho, *Serm. 136*, de tempore.
123. Mt 28,19; Mc 16,16.
124. 1Pd 1,3.
125. Ef 5,25 ss.

Ambos os Apóstolos parecem transferir a promulgação da lei do Batismo para uma época posterior à Morte de Nosso Senhor. Por conseguinte, não podemos duvidar, de modo algum, que as palavras do Salvador: "Se alguém não renascer da água e do Espírito Santo"[126], também se referem a esse mesmo tempo, que viria depois de Sua Paixão.

[22] Se os pastores forem zelosos na exposição destas verdades, os fiéis não deixarão por certo de reconhecer o insigne valor deste Sacramento, e de venerá-lo com a mais profunda piedade; mormente, se considerarem que, pela íntima operação do Espírito Santo, o Batismo a todos confere aqueles dons de grandiosa riqueza que, no Batismo de Cristo, se manifestaram exteriormente por meio de milagres.

Realmente, se nossos olhos, à semelhança do que aconteceu ao servo de Eliseu[127], se abrissem a ponto de enxergarmos as coisas celestiais, ninguém seria tão carente de senso comum, que não sentisse a máxima admiração pelos divinos Mistérios do Batismo.

Ora, não seria possível igual admiração de nossa parte, se os pastores revelassem de tal forma as riquezas deste Sacramento, que os fiéis as contemplassem, não com os olhos do corpo, mas com os olhos da razão, iluminados pelos clarões da fé?

VII. MINISTROS DO BATISMO

[23] Indicar, agora, quais são os ministros deste Sacramento, não é somente útil, mas até necessário: de um lado, para que os primeiros encarregados de tal ministério o exerçam com santo respeito; de outro lado, para que ninguém se ponha fora de suas atribuições, envolvendo-se afoitamente em direitos alheios, e lesando-os com presunção. De mais a mais, o Apóstolo admoesta-nos a ter ordem em todas as coisas.[128]

Os fiéis devem, pois, saber que há três categorias de ministros. À primeira pertencem os Bispos e sacerdotes. Compete-lhes batizar, por direito inerente ao seu ministério, e não por faculdade extraordinária.

Na pessoa dos Apóstolos, foi a eles que Nosso Senhor havia ordenado: "Ide... e batizai..."[129] Na prática, porém, costumam os Bispos ceder aos

---
126. Jo 3,5.
127. 2Rs 6,17.
128. 1Cor 14,40.
129. Mt 28,19.

sacerdotes a administração do Batismo, para não terem de faltar ao dever mais imperioso de instruir o povo cristão.[130]

Os sacerdotes, porém, exercem essa função por direito próprio, e podem batizar, não obstante a presença do Bispo. É o que consta pela doutrina dos Santos Padres, e pela praxe comum da Igreja.[131] Como foram instituídos para consagrar a Eucaristia, que é um Sacramento da paz e união, era conveniente lhes fosse conferido o poder de ministrar tudo o mais que é necessário, para tornar os homens participantes dessa mesma paz e unidade.

Se alguns Padres afirmaram que os sacerdotes não tinham o direito de batizar, sem autorização do Bispo, parece que isto se aplicava ao Batismo ministrado, em certos dias do ano, com toda a solenidade.

A segunda categoria de ministros são os diáconos. Não podem, todavia, batizar sem a permissão do Bispo ou do sacerdote, segundo consta de muitas decisões dos tempos patrísticos.[132]

[24] À última categoria pertencem aqueles que, em caso de urgência, podem batizar sem as cerimônias solenes. Deste número são todas as pessoas, também os leigos entre o povo, homens e mulheres, qualquer que seja a sua Religião.

Em caso de necessidade, até os judeus, os infiéis, e os hereges podem exercer este ministério, contanto que se proponham a fazer o que faz a Igreja Católica, quando confere o Batismo.

Esta doutrina é confirmada por muitas determinações dos Santos Padres e dos Concílios.[133] O Sagrado Concílio de Trento lançou formal anátema contra quem ousasse afirmar que não é verdadeiro o Batismo, que um herege administre em nome do Pai, e do Filho, e do Espírito Santo, com a intenção de fazer o que faz a Igreja.[134]

E nisso devemos, realmente, admirar a suma bondade e sabedoria de Nosso Senhor. Como todos os homens estão estritamente obrigados a receber este Sacramento, [Nosso Senhor] escolheu a água como

---

130. Vide At 6,2 ss., onde se aduzem razões análogas que levaram à instituição dos sete diáconos.
131. Hoje, o Batismo é de per si reservado ao pároco do lugar (CIC can. 738). Santo Isidoro, *De offic. Ecl.* 2 app. 4; São Leão Magno, *Ep.* 88.
132. O diácono é chamado ministro extraordinário (CIC can. 741)
133. Dz 46, 53, 88, 94, 292, 712. Tertuliano, *De bapt.* 18, *De coron. milit.* 3.
134. Conc. Trid. VII, *De bapt.* ,can. 4 (Dz 860).

matéria dele, por ser a coisa mais comum que pode haver; e não quis, tampouco, excluir ninguém como ministro de sua válida administração.[135]

Naturalmente, como já foi dito, nem todos podem aplicar as cerimônias solenes, não porque os ritos e cerimônias tenham mais valor, mas porque são menos necessários que o próprio Sacramento.

[25] Não cuidem os fiéis que esse ministério seja a todos permitido sem nenhuma ressalva; é, pois, de suma conveniência estatuir-se uma certa hierarquia entre os ministros.

Não compete à mulher batizar, se um homem estiver presente; nem ao leigo, se houver um clérigo; nem tampouco ao clérigo, quando se acha em presença de um sacerdote.

No entanto, não merecem censura as parteiras, habituadas a batizar, se por vezes o fazem em presença de algum homem, que não saiba como se confere este Sacramento. Noutras circunstâncias, isto seria uma obrigação mais própria para o homem.

VIII. PADRINHOS DE BATISMO

[26] Aos ministros que conferem o Batismo, nas condições já expostas, associam-se ainda outros auxiliares que, por costume antiguíssimo da Igreja Católica, eram geralmente admitidos nas cerimônias desta santa e salutar ablução.

São eles os padrinhos, como dizemos hoje; os escritores eclesiásticos davam-lhes outrora o nome genérico de patronos, abonadores, fiadores.[136]

Tratando-se de um ponto que interessa quase todos os leigos, devem os pastores explicar bem os deveres dos padrinhos, para que os fiéis saibam as condições mais essenciais para o bom desempenho de tal ministério.

---

135. Em caso de necessidade.

136. Em latim, o termo "susceptor" é expressivo; designa aquele que recebe oficialmente da Igreja a pessoa batizada.

1. Necessidade dos padrinhos

Antes de tudo, é preciso averiguar as razões por que a Igreja admite ainda padrinhos ou abonadores no Batismo, além dos ministros do Sacramento.

Todos verão que essa praxe se justifica plenamente, se considerarem o Batismo em seu caráter de regeneração espiritual, como meio de renascermos na condição de filhos de Deus. É dessa regeneração que falava São Pedro: "Em vossa condição de criancinhas recém-nascidas, apetecei o puro leite espiritual".[137]

Portanto, desde que nasce, a criança precisa ter ama e mestra que se incumbam de educá-la, e de instruí-la nas ciências e nas artes. Ora, os que pelo Batismo começam a viver uma nova vida espiritual, precisam também de ser confiados a uma pessoa cheia de fé e prudência, em condições de ensinar-lhes as normas da vida cristã, e de guiá-los na prática de todas as virtudes, para que vão crescendo em Cristo, até se tornarem homens perfeitos[138] pela graça de Deus. Ora, tendo a seu cargo a direção geral da freguesia, não dispõem os párocos de folga bastante, para poderem dedicar-se, pessoalmente, a essa catequese particular das crianças.[139]

Prova-se a remota origem desta instituição, através de uma formal declaração de São Dionísio: "Nossos guias divinos — assim chama ele aos Apóstolos — entenderam e decidiram que as crianças fossem recebidas [na Igreja], segundo aquele santo costume, que levava os pais carnais a confiarem a criança a alguém, que a fosse instruindo nas coisas de Deus, e assumisse junto dela as obrigações de mestre e educador. Debaixo de sua direção, devia a criança passar o resto da vida, como que sujeita a um pai espiritual e fiador de sua eterna salvação".[140]

Esta opinião tem a seu favor a autoridade de Santo Higino.[141]

---

137. 1Pd 2,2.
138. Ef 4,13.
139. O CRO visa principalmente as primeiras noções religiosas, que a criança deve receber dos pais no próprio lar. Nessa missão é que os padrinhos devem principalmente suprir as deficiências dos pais.
140. Diníso Areopagita, *De eccles. hier.*, 7 11.
141. Corpus júris canonici can. 100 dist. 5 de consecr.

2. Laços espirituais que contraem os padrinhos

[27] Por conseguinte, prova é de muita sabedoria que a Santa Igreja estabelecesse parentesco por afinidade, não só do batizante com o batizado, mas também do padrinho com o afilhado, e com os pais carnais deste. Os laços espirituais são de tal caráter, que não permitem legítimo matrimônio entre todas essas pessoas, e anulam qualquer matrimônio que venha a ser contraído.[142]

3. Deveres dos padrinhos

[28] Além disso, devem os pastores instruir os fiéis acerca das obrigações de padrinho. Este cargo está sendo muito descuidado na Igreja. O nome, vazio de sentido, já parece exprimir uma simples formalidade. Muitos fiéis nem vislumbram o que nele há de sagrado.

No entanto, todo padrinho deve lembrar-se que sua obrigação principal é velar sempre pelos filhos espirituais: orientá-los em tudo quanto se refira à vida cristã; empenhá-los, enfim, a moldarem todos os seus atos na solene promessa que o padrinho fizera por eles, durante as cerimônias do Batismo. Ouçamos o que São Dionísio escreve a esse respeito, interpretando as declarações do padrinho: "Logo que esta criança possa entender a Religião, eu prometo persuadi-la e exortá-la, com instância, a renunciar categoricamente a tudo o que se oponha à virtude; e a cumprir assim, por palavras e obras, a santa promessa que acaba de fazer".[143]

Santo Agostinho externa-se no mesmo sentido: "Antes de tudo, eu vos exorto a todos, homens e mulheres, que levastes afilhados à pia batismal, para ficardes sabendo que, diante de Deus, vos fizestes fiadores por aqueles que, à vista de todo o povo, haveis recebido da fonte batismal".

Na verdade, quem assume algum encargo, tem o grande dever de honra de não fraquejar em sua fiel execução. Ora, quem publicamente se obrigou a ser mestre e protetor de alguém, não poderá, de modo algum, abandonar aquele que tomou debaixo de sua fiança e proteção, enquanto ver que ele precisa de sua valia e assistência.

---

142. O CIC restringiu o impedimento matrimonial, que agora só existe entre padrinho e afilhado, entre o batizante e o batizado (can. 768, 1079, 1990).
143. Dionísio Areopagita, *De eccles. hierarch.* 7 11.

Numa instrução sobre os deveres dos padrinhos, Santo Agostinho resume, em poucas palavras, o que hão de ensinar a seus filhos espirituais: "Devem exortá-los, diz ele, a guardar a castidade, amar a justiça, e exercer a caridade. Devem, antes de tudo, ensinar-lhes o Credo, o Pai-Nosso, o Decálogo, bem como as noções mais rudimentares da Religião cristã".[144]

4. Escolha dos padrinhos

[29] Diante de tais normas, fácil é distinguirmos a que pessoas não se pode confiar o exercício desta santa tutela. São as que não querem cumpri-la fielmente, ou que não podem desempenhá-la com zelo e perfeição.

Por conseguinte, não podem os pais carnais assumir tal ofício, para que melhor se veja a diferença entre a criação natural e a formação sobrenatural. Além dos pais, devem ser absolutamente excluídos desta função os hereges, os judeus e infiéis, cujo empenho é sempre denegrir as verdades da fé, por meio de calúnias, e destruir radicalmente a piedade cristã.[145]

5. Número dos padrinhos

[30] Para o mesmo afilhado, não devem também ser admitidos vários padrinhos. Seja um apenas, homem ou mulher; quando mais dois, padrinho e madrinha.

Assim o decretou o Concílio de Trento, já porque o ensino e a educação poderiam sofrer, se houvesse um sem-número de mestres; já porque era preciso cuidar que o parentesco espiritual não abrangesse maior contingente de pessoas, pois viria a impedir uma difusão mais ampla das legítimas uniões conjugais entre os homens.[146]

IX. NECESSIDADE DO BATISMO

[31] É muito útil, para os fiéis, o conhecimento das verdades que até agora temos ensinado. Urge mais ainda explicar-lhes que Deus impôs a todos os homens uma lei, obrigando-os a receberam o Batismo. Por conseguinte, os que não renascerem para Deus pela graça do Batismo, são

---

144. Corpus jur. can. c. 105 dist. 5 de consercr. - Doney cita serm. 163 et 215 de tempore.
145. CIC can. 765.
146. Conc. Trid. XXIV de reformat. matrim. decret. Tametsi cap. 2. CIC can. 764.

criados para a eterna miséria e condenação, quer sejam filhos de pais fiéis, quer de pais infiéis.

Devem, pois, os pastores explicar mais vezes aquela passagem do Evangelho: "Se alguém não renascer da água e do Espírito [Santo], não pode entrar no reino de Deus".[147]

1. Batismo dos pequenos

[32] Esta lei não obriga os adultos exclusivamente, mas também as crianças desde a mais tenra idade. A Igreja assim a interpretou, por tradição apostólica, conforme no-lo garantem a doutrina e a autoridade comum dos Santos Padres.

Além disso, não é de crer que Cristo Nosso Senhor quisesse negar o Sacramento e a graça do Batismo às crianças, das quais dizia: "Deixai vir a Mim os pequeninos, e não os embaraceis, porque deles é o reino dos céus".[148] Ele que as apertava aos braços, que lhe impunha as mãos, e que as abençoava.[149]

Ainda mais. São Paulo, pelo que lemos, havia batizado uma família inteira.[150] Nesse caso, é evidente que tenha batizado também as crianças dessa família.

Por ser figura do Batismo, a circuncisão encerra igualmente uma recomendação desse costume. Como todos sabem, era de praxe circuncidar os meninos[151], ao oitavo dia de seu nascimento.

Ora, se para eles sortia efeito a circuncisão, praticada com a mão "para despojar a carne", não há dúvida que às crianças também aproveita o Batismo, essa "circuncisão de Cristo, a qual não é praticada por mão humana".[152]

Afinal, como diz o Apóstolo, "se pelo delito de um só, e por causa de um só, veio a reinar a morte, muito mais reinarão na vida, graças a um só, que é Jesus Cristo, todos quantos receberem abundantemente a

---

147. Jo 3,5.
148. Mt 19,14.
149. Mc 10,16.
150. 1Cor 1,16.
151. Gn 17,12; 21,4; Lv 12 3; Lc 1,59; 2,21.
152. Cl 2,11.

graça e o dom da justificação".[153] Logo, se por culpa de Adão as crianças contraem o pecado original, tanto mais podem elas receber por Cristo Nosso Senhor a graça e a justiça, para reinarem na vida. Isto, porém, seria absolutamente impossível sem o Batismo.[154]

Os pastores, portanto, devem ensinar que é rigorosa obrigação batizar as crianças; depois, educá-las gradualmente, desde a primeira infância, para uma vida de genuína piedade, segundo as normas da religião cristã. Pois, como diz o Sábio com muito acerto; "O jovem, que tenha o seu caminho, dele não se apartará, nem depois de ficar velho".[155]

[33] Não padece dúvida que as crianças, ao serem batizadas, recebem de fato o Sacramento da fé, não porque creiam por ato pessoal de sua inteligência, mas porque são assistidas pela fé dos próprios pais, se estes forem cristãos: em todo o caso, pela fé de toda a agremiação dos Santos, se assim quisermos afirmar com Santo Agostinho.[156]

Na verdade, podemos dizer que as crianças são levadas ao Batismo por todos aqueles que desejam vê-las batizadas, e que por sua caridade ajudam a serem admitidas na comunhão do Espírito Santo.[157]

[34] Sendo assim, é preciso exortar seriamente os fiéis a levarem seus filhinhos à igreja, logo que possam fazê-lo sem perigo, para ali receberem o Batismo solene.[158]

Para as crianças, o único meio de salvação é a administração do Batismo.[159] Compreende-se, pois, que grave é a culpa de quem as deixa sem a graça deste Sacramento, por mais tempo do que seja estritamente necessário. O motivo principal é que, nesse período precário, a vida da criança fica exposta a uma infinidade de perigos.[160]

---

153. Rm 5,17.
154. Dz 101-102, 788-792, 861-870.
155. Pv 22,6.
156. Santo Agostinho, *Epist. 98,* 5.
157. De fato, este deve ser o voto de todos os verdadeiros membros da Igreja Católica.
158. Rituale Romanum 2 1 39. CIC can. 770. O CPB diz: "eiusdem collationem non esse ultra decem dies differendam" (decr. 168 1).
159. Os infantes não são ainda capazes do "votum Sacramenti". Podem receber o Batismo de sangue, se forem mortos por ódio à fé.
160. Santo Agostinho, *De orig. animae* 3 9; *De peccat. merit.* 1 2; *Epist.* 28.

2. O Batismo de adultos

[35] Manda a praxe antiga da Igreja que se proceda de outra maneira com pessoas adultas, já em pleno uso razão, mormente com pessoas oriundas de pais infiéis.

Em primeiro lugar, é preciso explicar-lhes as verdades cristãs. Com todo o carinho, devemos depois exortá-las e convidá-las a abraçarem a fé.

Desde que façam tenção de se converter a Deus Nosso Senhor, cumpre advertir-lhes não dilatem a recepção do Sacramento, além do tempo prescrito pela Igreja. Pois está escrito: "Não tardes em converter-te ao Senhor, e não deixes de dia para dia a tua conversão".[161]

Devemos, portanto, explicar-lhes que a perfeita conversão consiste na regeneração pelo Batismo. Quanto mais demorarem o Batismo, tanto mais tempo ficarão privados do uso e do efeito dos outros Sacramentos, pelos quais se mantém a Religião Cristã. Sem o Batismo, ninguém está em condições de recebê-los.

Privam-se, ainda por cima, do fruto principal que recebemos do próprio Batismo. A água batismal não só lava e remove inteiramente as nódoas e impurezas de todos os pecados anteriores, mas também nos reveste da graça divina, com o auxílio da qual podemos dali por diante evitar a prevaricação, persistir na justiça e na inocência. Ora, todos reconhecem que nisso precisamente se resume a vida cristã.

[36] Sem embargo, a Igreja nunca teve por costume conferir o Batismo sem mais delongas, quando se tratava de tais pessoas. Pelo contrário. Determinava, até, que o diferissem por certo espaço de tempo.

Essa demora, porém, não envolve o mesmo perigo que ameaça as crianças pequenas, como dizíamos há pouco. Tratando-se de pessoas já em uso da razão, a firme vontade de receber o Batismo, unida ao arrependimento das faltas da vida anterior[162], é quanto basta para conseguirem a graça da justificação, se sobrevier algum acidente repentino, que as impeça de receber a ablução sacramental.[163]

De outro lado, essa dilação acarreta muitas vantagens. Antes de tudo, porque a Igreja deve tomar todas as precauções, para que ninguém receba este Sacramento por disfarce ou hipocrisia. A demora permite-lhe

---
161. Eclo 5,8 CIC can. 752.
162. CIC can. 752 § 1.
163. Nesse caso, haveria o "Baptismus flaminis".

averiguar melhor as intenções do batizando. Por isso, lemos nos antigos Concílios[164] uma disposição, segundo a qual os judeus, desejosos de abraçar a fé católica, deviam fazer alguns meses de catecumenato, antes de serem admitidos à regeneração do Batismo.

Em segundo lugar, porque assim os catecúmenos adquirem uma noção mais nítida da fé que vão professar, e de todas as leis e normas que regem a vida cristã.

Como última razão, podemos alegar o maior culto religioso que se tributa ao Sacramento, porquanto os catecúmenos só recebem o Batismo em dias determinados, com todo o esplendor das cerimônias litúrgicas.[165]

[37] De vez em quando, há razões de peso para não se diferir a administração do Batismo, como acontece em perigo de vida iminente, sobretudo se os batizandos já estão bem instruídos nos mistérios da fé.[166]

Assim procederam [o diácono] Filipe e o Príncipe dos Apóstolos. Aquele batizou o camareiro da rainha de Candace, e este a Cornélio, sem mais tardanças. Conferiram o Batismo, logo que os candidatos se prontificaram a seguir a fé.[167]

X. DISPOSIÇÕES REQUERIDAS PARA RECEBER O BATISMO

[38] É forçoso também ensinar e explicar ao povo, em que disposições devem as pessoas apresentar-se, para a recepção do Batismo.

1. Intenção

A primeira é que tenham desejo e vontade de serem batizadas. Já que pelo Batismo o homem morre ao pecado, e começa uma vida nova, é justo que o Batismo não seja conferido a quem o recusa e repele, mas tão somente aos que o aceitam com prazer e boa vontade.

---

164. Costa e Cruz cita o Concílio de Agda c. 25 34.
165. Ainda hoje, a instrução prévia é indispensável, logo que se trate de crianças maiores já em uso da razão. Infelizmente, a malícia dos tempos obriga, muitas vezes, a usar-se, com a devida licença, o "ritus parvulorum", ou seja o rito dos infantes.
166. Em artigo de morte, basta constar o "votum Sacramenti", para se conferir o Batismo. A respeito das condições, sejam consultados os moralistas.
167. At 8,36; 10,47 ss.

Por isso, vemos sempre observadas a santa tradição de nunca se conferir o Batismo a quem quer que seja, sem lhe perguntar antes se deseja [realmente] ser batizado. Nem das crianças se pode afirmar que lhes falte tal intenção, porque nesse ponto manifesta é a vontade da Igreja, que por elas responde.

[39] Dementes e furiosos que, antes da loucura, tinham juízo normal, e não mostraram vontade de receber o Batismo, não podem ser batizados, senão em perigo de vida.

Achando-se, pois, tais pessoas em perigo de vida, devem ser batizadas, se antes da doença deram algum sinal que indicasse a sua vontade. Se o não deram, é preciso desistir de administrar o Batismo.[168]

Aplica-se a mesma regra aos letárgicos.

As pessoas, porém, que nunca lograram plena consciência de si mesmas, a ponto de não terem uso da razão, devem ser batizadas sob a tutela da Igreja, assim como o são as criancinhas que ainda não alcançaram o uso da razão. Esta é, evidentemente, a praxe autorizada da Igreja.

2. Fé

[40] Além da intenção de se receber o Batismo, há necessidade absoluta da fé, para se conseguir a graça sacramental. As razões são idênticas às que já foram expostas relativamente à intenção; porquanto Nosso Senhor e Salvador declarou: "Quem crer, e for batizado, será salvo".[169]

3. Contrição e propósito

Depois, é necessário que a pessoa se arrependa das faltas cometidas, das desordens que tenha havido em sua vida anterior, e se proponha de evitar todos os pecados para o futuro.

De forma alguma poderia ser admitido quem pedisse o Batismo, sem querer todavia abandonar sua vida pecaminosa. Nada é mais contrário à graça e aos efeitos do Batismo, do que a íntima disposição de quem não quer jamais romper com o pecado. Ora, se o homem deseja o Batismo,

---

168. Nesse caso, segundo os moralistas, há possibilidade de Batismo condicional: Si capax es ... A urgência não permite as necessárias averiguações.
169. Mc 16,16. O CRO refere-se a uma fé incipiente, ao "conatus fidei", ou prontidão para crer. A fé propriamente dita é fruto direto do Batismo.

é para se revestir de Cristo e ficar em união com Ele. Por essa razão não devem ter acesso à fonte sagrada todas as pessoas que se obstinam em seus pecados e vícios.

Outra consideração. Não é lícito baldar o uso de alguma coisa, que tenha relação com Cristo e Sua Igreja. Ora, quando à graça da justificação, é claro que o Batismo não terá nenhum valor para quem se propõe a "viver segundo a carne, e não segundo o espírito".[170]

Quanto ao valor do Sacramento, não pode haver dúvida alguma. A pessoa [mal disposta] recebe o caráter sacramental, contanto que, ao ser batizada na forma prescrita, tenha a intenção de receber o [Sacramento] que a Igreja administra.

Por esse motivo, respondeu o Príncipe dos Apóstolos àquela grande multidão de homens, que, "cheios de compunção" — como diz a Escritura — lhe perguntavam, a ele aos Apóstolos, o que deveriam fazer: "Obrai penitência, e cada um de vós seja batizado".[171] Noutra ocasião, disse-lhes ainda: "Arrependei-vos, e convertei-vos, para que sejam perdoados os vossos pecados".[172]

Na epístola aos Romanos, São Paulo também diz, de maneira positiva, que todo aquele que recebe o Batismo, deve absolutamente morrer ao pecado.[173] Admoesta-nos, por conseguinte, a não entregarmos "nossos membros ao pecado, como instrumentos de iniquidade", mas a consagrarmo-nos a Deus, "como tais que da morte tornaram à vida".[174]

[41] Pela assídua meditação destas verdades, os fiéis hão de mover-se, antes de tudo, a admirar profundamente a infinita bondade de Deus, que nos outorgou o Batismo, esse dom tão singular quão divino, sem nenhum merecimento de nossa parte, mas só por um efeito de Sua misericórdia.

Ainda mais. Quando lhes calar bem no espírito quão longe de qualquer culpa devem manter-se, em sua vida, aqueles que foram agraciados de tão grande benefício, os fiéis não deixarão de reconhecer que o primordial dever do cristão é levar, todos os dias, uma vida tão santa e temente a Deus, como se cada dia acabassem de receber a graça sacramental do Batismo.

---

170. Rm 8,4 ss.
171. At 2,37 ss.
172. At 3,19.
173. Rm 6,12.
174. Rm 6,13.

Ora, para atear no coração dos fiéis este amor à verdadeira piedade, não há meio mais eficaz do que explicarem os pastores, com toda a diligência, quais são os efeitos do Batismo.

XI. EFEITOS DO BATISMO

l. Perdão de todos os pecados

[42] Destes efeitos, é preciso falar muitas vezes, para que os fiéis reconheçam melhor a sua eminente dignidade, e dela não se deixem jamais esbulhar pelas trapaças e violências do inimigo.

Em primeiro lugar, importa dizer que, pela admirável virtude deste Sacramento, é remitido o pecado, quer o original que herdamos de nossos primeiros pais, quer os pecados pessoais, ainda que eles sejam de uma malícia indescritível.

Muito tempo antes, Deus havia falado pela boca do profeta Ezequiel, que assim vaticinou: "Derramarei sobre vós uma água pura, e sereis purificados de todas as vossas contaminações".[175]

E São Paulo, depois de enumerar aos Coríntios uma longa série de pecados, acrescentou: "Na verdade, assim fostes antigamente, mas agora estais purificados, agora estais santificados".[176]

Consta também, com evidência, que a Igreja sempre ensinou esta mesma doutrina. No seu livro sobre o Batismo das crianças, Santo Agostinho se exprime nestes termos: "Pela geração da carne, o homem só contrai o pecado original; mas, pela regeneração do espírito, consegue a remissão não só do pecado original, mas até dos pecados voluntários".[177] E São Jerônimo escreve a Oceano: "No Batismo, são perdoados todos os pecados".[178]

Para desfazer de vez todas as dúvidas, o Concílio de Trento confirmou as definições de outros Concílios[179], e lançou anátema contra quem ousasse ter outra opinião, e afirmasse que, apesar de perdoados no Batismo, os pecados não seriam inteiramente extirpados ou desarraigados,

---

175. Ez 36,25.
176. 1Cor 6,11.
177. Santo Agostinho, *De peccat. merit. et remiss.* 1 16. Doney cita 1 15.
178. São Jerônimo, *Epist. ad Oceanum.*
179. Conc. Trid. V can. 5 (Dz 792).

mas só como que raspados exteriormente, de sorte que suas raízes continuariam ainda cravadas na alma.

Pois, para repetirmos as palavras textuais do Concílio, "Deus nada aborrece naqueles que foram regenerados, porque não existe nenhum motivo de condenação[180] naqueles que, em virtude do Batismo, foram verdadeiramente sepultados com Cristo para a morte[181]; naqueles que não vivem segundo a carne[182], e se desapegaram do homem velho, para se revestirem do homem novo, criado à imagem de Deus[183], e dessa maneira se tornaram inocentes, imaculados, puros, irrepreensíveis, e agradáveis a Deus".[184]

[43] Conforme o que o Concílio definiu no mesmo decreto, verdade é que nas pessoas batizadas remanesce a concupiscência ou aguilhão do pecado.

Essa, porém, não é pecado no rigor da palavra. Como Santo Agostinho também diz, "a culpa [resultante] da concupiscência é perdoada às crianças, mediante o Batismo, mas fica-lhes a própria concupiscência, para as exercer na luta".[185] Noutro lugar, reafirma ele a mesma verdade: "No Batismo, destrói-se a culpa [provinda] da concupiscência, mas persiste a fragilidade".[186]

Com efeito, a concupiscência vem do pecado, mas em si não é outra coisa senão um apetite da alma que, por sua natureza, repugna à razão. Porém seus movimentos não envolvem nenhuma malícia de pecado, contanto que a vontade não consinta neles, nem se deixe arrastar por qualquer negligência.

Quando São Paulo declarou: "Eu não conheceria a concupiscência, se a lei não dissesse: Não cobiçarás!"[187], queria ele referir-se à aberração da vontade, e não à própria concupiscência.

São Gregório sustenta a mesma opinião, porquanto escreve: "Dizem alguns que, no Batismo, os pecados são remitidos só pela rama. Haverá,

---

180. Rm 8,1.
181. Rm 8,6.
182. Rm 8,5-13.
183. Ef 4,22; Cl 3,9-10.
184. Ef 1,22 (cfr. DzW 792).
185. Santo Agostinho, *De peccat. merit. et remiss.* 2 4.
186. Santo Agostinho, *Retract.* 1 15 2.
187. Rm 7,7.

no entanto, opinião que exprima maior descrença? Na realidade, pelo Sacramento da fé fica a alma radicalmente livre de pecados, para só viver unida a Deus".[188] Em confirmação desta verdade, alega as palavras de Nosso Salvador, que diz no Evangelho de São João: "Quem tomou banho, não precisa senão lavar os pés, e todo ele estará limpo".[189]

[44] Quem quiser contemplar uma imagem concreta desta realidade, ponha-se a refletir na história de Naamã, o Sírio leproso. Depois de se ter banhado sete vezes nas águas do Jordão, de tal modo ficou limpo da lepra, que sua pele, como diz a Escritura, se assemelhava à pele de uma criancinha.[190]

Daí nasce que o efeito propriamente dito do Batismo é a remissão total dos pecados, quer do original, quer dos pessoais, contraídos por malícia nossa. Para esse fim é que Nosso Senhor e Salvador instituiu o Batismo, conforme o declarou o Príncipe dos Apóstolos, com toda a evidência: "Convertei-vos, e faça-se cada um de vós batizar em nome de Jesus Cristo, para a remissão dos pecados".[191] E aqui não faremos menção de outros testemunhos.

2. *Remissão de todas as penas dos pecados*

[45] No Batismo, Deus não só remite os pecados, mas por um efeito de sua bondade perdoa também todas as penas de nossos pecados e iniquidades.

Ainda que todos os Sacramentos possuam o efeito comum de comunicar a virtude da Paixão de Cristo Nosso Senhor, contudo só do Batismo dizia o Apóstolo que, por meio dele, morremos e somos sepultados com Cristo.[192]

Por tal motivo, a Santa Igreja sempre julgou que seria grave profanação do Sacramento impor aos batizados aquelas obrigações de piedade, que os Santos Padres de ordinário chamam obras de satisfação.

No entanto, não contradiz a esta doutrina a velha praxe, pela qual a Igreja impunha antigamente quarenta dias de jejum consecutivos aos

---

188. São Gregório, *Epist*. lib. XI 45.
189. Jo 13,10.
190. 2 Rs 5,1 ss.
191. At 2,38.
192. Rm 6,3.

judeus que se batizavam. Este preceito não tinha o caráter de satisfação. Era um meio de induzir os neófitos a intensificarem por algum tempo os seus jejuns e orações, em sinal de respeito à dignidade do Sacramento.

[46] Apesar da absoluta certeza de serem perdoadas pelo Batismo as penas dos pecados, ninguém fica livre das penalidades do foro cível, que tenha porventura incorrido, em consequência de algum delito grave. Quem for réu de morte, não escapa pelo Batismo à pena capital prevista pela legislação civil. Sem embargo, digna seria dos maiores encômios a religiosa clemência, com que os chefes da nação perdoassem aos culpados também essa pena [temporal], para exaltarem a glória de Deus em Seus Sacramentos.

[47] Outro efeito do Batismo é apagar todas as penas que decorrem do pecado original, depois desta vida terrena. Mas a possibilidade de consegui-lo nos advém dos merecimentos da Morte de Nosso Senhor; pois, como já ficou dito, o Batismo nos faz morrer com Ele. "Certamente, diz o Apóstolo, se com Ele estivermos unidos pela participação de Sua Morte, também o estaremos pela participação na Sua Ressurreição".[193]

[48] Poderia alguém indagar por que a recepção do Batismo não nos livra dos sofrimentos, já nesta existência mortal; por que também a sagrada ablução não nos restitui, de sua virtude, aquele grau de vida perfeita em que, antes de pecar, se achava Adão, o primeiro pai do gênero humano? Responder-se-á que assim não acontece por duas razões principais.

A primeira é a seguinte. Pelo Batismo, fomos unidos ao Corpo de Cristo e tornamo-nos membros Seus. Como tais, não nos competia receber honras maiores do que as outorgadas a Ele, que é a nossa Cabeça. Ora, apesar de possuir, desde o primeiro instante de Sua conceição, a plenitude da graça e da verdade[194], Cristo Nosso Senhor havia assumido a fragilidade da natureza humana, e dela não se despojou, antes que sofresse os tormentos da Paixão e a própria morte; [só] depois é que ressurgiu para a glória de uma vida imortal. Não é, pois, de admirar que os fiéis, não obstante a justificação pela graça do Batismo, continuem num corpo fraco e mortal; pois terão de sofrer muitos trabalhos por amor a Cristo, de passar pela morte e de ressurgir para uma vida nova, antes de serem dignos, afinal, de desfrutar com Cristo a eterna bem-aventurança.

---

193. Rm 6,5.
194. Jo 1,14.

A segunda razão por que, depois do Batismo, remanesce em nós a fraqueza física, a doença, o sentido da dor, o ímpeto da concupiscência, é para que nos sirvam de campo e sementeira de virtudes, donde poderemos colher maiores frutos de glória e prêmios mais abundantes.

Realmente, levando com paciência os sofrimentos da vida; submetendo, com o auxílio de Deus, nossos baixos instintos ao império da razão, podemos seguramente confiar que, se houvermos combatido o bom combate, consumado a carreira, e conservado a fé, como o fez o Apóstolo: Nosso Senhor, que é juiz justo, dar-nos-á naquele dia da retribuição a coroa da justiça, que também nos está preparada.[195]

Evidentemente, não foi de outra forma que Nosso Senhor se houve com os filhos de Israel. Salvou-os da servidão dos Egípcios, submergindo Faraó com seu exército nas ondas do mar. No entanto, não os introduziu logo na venturosa terra da Promissão, mas sujeitou-os primeiro a muitas e variadas provações. Depois, quando os investiu na posse da terra prometida, expulsou de suas sedes uma parte dos antigos habitantes, mas deixou algumas tribos que os israelitas não puderam exterminar, para que ao povo de Deus nunca faltasse ocasião de adestrar sua força e valor na guerra.

Acresce ainda outra razão. Se além dos dons celestiais com que o Batismo exorna a alma, fossem também conferidos benefícios para o corpo, seria para recear que muitos procurassem o Batismo, movidos antes pelas vantagens da vida presente, do que pela aspiração da glória futura. De fato, o cristão não deve ter na mente os bens falsos e incertos que aparecem aos olhos, mas os eternos e verdadeiros, que não se podem ver.[196]

[49] Mas, apesar das misérias que a infestam, nossa vida na terra não deixa de ter as suas alegrias e doçuras para nós que, pelo Batismo, fomos enxertados em Cristo, à maneira de pimpolhos[197], poderá haver alegria mais suave que a de tomar a cruz aos ombros, seguir o Divino Chefe, não arrefecer diante de nenhum trabalho, não recuar com qualquer perigo, que nos tolha de aspirar ardentemente ao galardão, para o qual nos chamou nas alturas?[198] Uns hão de receber de Nosso Senhor a coroa da

---

195. 2Tm 4,7 ss.
196. 2 Cor 4,18.
197. Jo 15,5.
198. Fl 3,14.

virgindade[199]; outros, a láurea de mestres e pregadores[200]; outros, a palma do martírio[201]; outros, enfim, a remuneração que corresponde às suas virtudes.[202]

Entretanto, nenhum de nós seria agraciado com tais honras e distinções, se antes não nos adestrássemos na arena das tribulações da vida, e não saíssemos vencedores do campo de batalha.

3. O Batismo confere à alma a graça divina

[50] Tornemos agora aos efeitos do Batismo. É preciso explicar que, por sua virtude, este Sacramento não só nos livra dos males, por maiores que sejam em si, mas também nos enriquece de preciosos dons e prerrogativas.

Nossa alma se enche da graça divina, pela qual nos tornamos justos[203], filhos de Deus[204], e herdeiros da eterna salvação[205]; pois está escrito: "Quem crer e for batizado, será salvo".[206] O Apóstolo por sua vez atesta que a Igreja foi purificada no banho da água pela palavra.[207]

Ora, o Concílio de Trento a todos propõe a crer, sob pena de excomunhão, que a graça não consiste apenas na remissão dos pecados, mas é uma qualidade divina inerente à alma, é um certo esplendor, é uma espécie de luz que destrói todas as manchas de nossas almas, e torna nossas almas mais formosas e mais brilhantes.

Isso é o que a Sagrada Escritura dá claramente a entender, quando diz que a graça é comunicada por efusão[208], e quando habitualmente lhe chama penhor do Espírito Santo.[209]

---

199. Ap 14,4.
200. Dn 12,3.
201. Ap 6,9-11; 7,13-17.
202. Haja vista à recompensa reservada ao fiel cumprimento dos deveres de estado (família, profissão, etc.).
203. 1Jo 3,7.
204. Jo 1,12.
205. Rm 8,17.
206. Mc 16,16.
207. Ef 5,26.
208. Rm 5,5.
209. Por exemplo, em 2 Cor 1,22.

4. O Batismo infunde na alma todas as virtudes

[51] A graça, porém, é acompanhada pelo sublime cortejo de todas as virtudes, que Deus infunde na alma juntamente com a graça.

Por isso, naquela declaração do Apóstolo a Tito: "Ele nos salvou pelo banho da regeneração, e pela renovação no Espírito Santo, que derramou sobre nós com abundância, por Jesus Cristo Nosso Salvador"[210], Santo Agostinho, explicando as palavras "derramou com abundância", acrescentou o comentário: "Isto quer dizer, para remissão dos pecados e abastança de virtudes".[211]

5. O Batismo nos insere no Corpo de Cristo

[52] Além do mais, o Batismo une-nos estreitamente com Cristo, como membros que se unem à [sua própria] cabeça.

Ora, da cabeça dimana a força, que impele as várias partes do corpo a bem exercerem suas respectivas funções. De forma análoga, é da plenitude de Cristo Nosso Senhor[212] que também se difunde em todos os justificados uma força e graça divina, que os habilita para todas as obrigações da vida cristã.

[53] Todavia, ninguém deve estranhar que, apesar de dotados e providos de tanta abundância de virtudes, ainda assim não podemos começar, e muito menos concluir, sem grande luta e trabalho, as obras que são boas e agradáveis a Deus. Se tal acontece, não é porque a bondade divina não nos conceda a força que engendra as [boas] obras; mas, porque a concupiscência continua, depois do Batismo, a mover tenaz guerra contra o espírito.[213]

Nessa luta, porém, seria indigno que o cristão se encolhesse e desanimasse; porquanto, confiados na bondade de Deus, devemos ter a firme esperança de que, pelo exercício cotidiano da virtude, se nos tornará também fácil e agradável "o que é digno, o que é justo, o que é santo".[214]

---

210. Tt 3,5 ss.
211. Santo Agostinho,. apud Glossam ord. ad I c. – Doney cita Aug. de peccat. merit. et remiss. 1 10.
212. Jo 1,16.
213. Gl 5,17; Rm 7,15 ss.
214. Fl 4,8.

Meditemos de boa mente estas verdades, e ponhamo-las em prática com íntima satisfação, para que o Deus da paz esteja sempre conosco.[215]

6. O Batismo imprime em nossa alma um caráter

[54] Pelo Batismo, somos enfim marcados com um sinal que jamais poderá extinguir-se de nossa alma.

Quanto a esse caráter batismal, não é preciso deter-nos em muitas explicações, porque neste lugar podemos recapitular quase tudo o que a respeito do caráter se tratou na doutrina dos Sacramentos em geral.[216]

[55] Dada a natureza do caráter sacramental, a Igreja definiu como dogma que o Sacramento do Batismo não deve de modo algum ser reiterado.[217]

Com toda a solicitude, expliquem os pastores este ponto repetidas vezes, para que os fiéis não abracem opiniões errôneas.

Esta é também a doutrina do Apóstolo, que declarou: "Um é o Senhor, uma é a fé, um é o Batismo".[218] Depois, quando exortava os Romanos a que, estando mortos em Cristo pelo Batismo, não perdessem a vida que d'Ele haviam recebido[219], expressou-se da seguinte maneira: "Quanto à Sua morte, Cristo morreu pelo pecado, uma vez para sempre".[220]

Ora, esta linguagem indica abertamente que, se Cristo não pode morrer uma segunda vez, nós tampouco podemos tornar a morrer mediante o Batismo. Por essa razão, a Igreja professa de público a sua fé "num só Batismo".[221]

Vê-se que isso condiz, de todo o ponto, com a natureza e a razão de ser do Sacramento, porquanto o Batismo constitui uma espécie de regeneração espiritual. Ora, pela lei da natureza, somos gerados e nascemos uma só vez, e, como diz Santo Agostinho, não nos é possível tornar ao seio materno.[222] Assim também, só pode haver uma só geração espiritual, e o Batismo não deve jamais ser repetido.

---

215. 2 Cor 13,11.
216. CRO II I 24-25.
217. Conc. Trid. VII can. 9, *De Sacram.*; can. 11 13 de bapt. (Dz 852, 867, 869).
218. Ef 4,5.
219. Rm 6,2.
220. Rm 6,10.
221. Símbolo de Nicéia.
222. Santo Agostinho, *In Iohan. tratac.*, 11, 6.

[56] Na dúvida, se uma pessoa já foi batizada, não se deve julgar que a Igreja repita o Batismo, quando lho administra pela fórmula seguinte: "Se estás batizado, eu não te batizo de novo; mas, se não estás batizado, eu te batizo em nome do Pai, e do Filho, e do Espírito Santo".[223]

Não se trata, portanto, de uma pecaminosa repetição, mas de uma santa administração do Batismo, em forma condicional.

[57] Nesta matéria, devem os pastores atender a um ponto, contra o qual se peca quase todos os dias, com grave profanação do Sacramento.

Cuidam alguns não cometer falta nenhuma, batizando condicionalmente a quem quer que seja. Quando lhes apresentam uma criança, acham supérfluo indagar se já foi batizada. Logo a batizam, sem mais nem menos.

Ainda pior. Embora saibam que o Sacramento foi administrado em casa, chegam a repetir condicionalmente a sagrada ablução com as solenes cerimônias na igreja.[224] Assim, porém, cometem eles um sacrilégio, e contraem aquela mácula, a que os teólogos chamam irregularidade.[225]

Por decisão do Papa Alexandre[226], essa forma de Batismo só tem cabimento, quando, após sério exame, não se pode averiguar se alguém foi validamente batizado. Do contrário, nunca é lícito conferir outra vez o Batismo a alguém, ainda que se fizesse sob condição.

7. O Batismo abre as portas do céu

[58] Além dos já mencionados, o derradeiro efeito que em nós produz o Batismo, e ao qual todos os mais parecem subordinar-se, é o abrir para cada um de nós as portas do céu, que antes nos estavam vedadas.

---

223. Corpus jur. can. c. 2 X de bapt. III 42. O Ritual Romano prescreve hoje a seguinte fórmula: N., se não és batizado, eu te batizo em nome do Pai, e do Filho, e do Espírito Santo (Rit. Rom. II c. 2 n.º 22).
224. Quando consta a validade do Batismo feito em casa, o sacerdote só supre na igreja as cerimônias que precedem ou seguem à ablução batismal (Rit. Rom. II c. 5).
225. O CIC já não menciona tal irregularidade.
226. Papa Alexandre III. Corpus jur. can. c. 2 X de bapt. III 42.

Os efeitos que em nós opera a virtude do Batismo, claramente os podemos inferir das ocorrências que, pela narração autorizada do Evangelho, acompanharam o Batismo de Nosso Salvador.

Os céus abriram-se, o Espírito Santo apareceu em figura de pomba, e baixou sobre Cristo Nosso Senhor.[227] Ora, para os que recebem o Batismo, é isto um sinal de que também a eles são conferidos os dons do Espírito Santo, e que a porta do céu lhes é franqueada; todavia, não para entrarem logo na posse da glória, por ocasião do Batismo, mas em tempo mais oportuno, quando passarem da condição mortal para a imortalidade, livres então de todas as misérias, que já não terão lugar na eterna bem-aventurança.

São tais os frutos do Batismo. Atenta a eficácia sacramental, não resta a menor dúvida de que eles se destinam a todos os homens, da mesma maneira. Mas, se olharmos às disposições de quem se batiza, força é declarar que, de suas graças e frutos superiores, uns recebem mais, outros menos.

XII. AS CERIMÔNIAS BATISMAIS

[59] Resta ainda explicar, com clareza e concisão, o que se deve saber acerca das orações, ritos e cerimônias deste Sacramento.

Até certo ponto, podemos aplicar aos ritos e cerimônias [sacramentais] o que o Apóstolo afirmava do dom de línguas. Não traz ele nenhum proveito, se os fiéis não entenderem o que se diz.[228]

Ora, os ritos e cerimônias são imagens e sinais daquilo que se opera nos Sacramentos. Se o povo cristão ignorar o sentido e o alcance desses sinais, é claro que para ele não pode ser muito grande a utilidade das cerimônias.

Devem, pois, os pastores empenhar-se em que os fiéis as compreendam, convencidos de que as cerimônias, apesar de menos essenciais, são muito valiosas e dignas do maior apreço e veneração. Em prova desta afirmativa, basta a autoridade de quem as instituiu — e foram inegavelmente os Apóstolos — bem como o fim para o qual eles as queriam aplicadas.

---

227. Mt 3,16.
228. 1 Cor 14,2 ss.

É evidente que, por meio das cerimônias, a administração dos Sacramentos se reveste de maior respeito e santidade. Elas põem quase que à vista os admiráveis e grandiosos efeitos, que se ocultam no Sacramento; e fazem também calar mais ao vivo, no ânimo dos fiéis, a infinita grandeza dos benefícios de Deus.

[60] Vamos aqui reduzir a três categorias todos os ritos e orações, que a Igreja aplica na administração do Batismo. Assim os pastores terão certa ordem na maneira de explicar, e os ouvintes poderão guardar mais facilmente as instruções que lhes são dadas.

Entram na primeira categoria as cerimônias que se observam antes do acesso à pia batismal; na segunda, as cerimônias que se fazem junto ao próprio batistério; na terceira, as cerimônias que se acrescentam após a colação do Batismo.

1. Orações e cerimônias antes do acesso à pia batismal

[61] Antes de tudo, faz-se necessário preparar a água que se há de usar no Batismo. Benze-se, pois, a fonte batismal, e junta-se-lhe o óleo da unção mística.[229]

Todavia, não é lícito benzê-la em qualquer época do ano; porquanto uma praxe antiga manda esperar certos dias festivos, que são considerados como os mais santos e mais solenes de todos. Na vigília de tais festas é que se procede à bênção [solene] da água batismal.[230] Salvo caso de emergência, era costume da Igreja primitiva que só nesses dias se administrasse também o Batismo.

Atualmente, a Igreja houve por bem não conservar tal costume, em razão dos múltiplos perigos que assaltam a nossa vida cotidiana.[231] Contudo, ela mantém ainda hoje esse caráter nas vigílias de Páscoa e Pentecostes, porque as considera como dias solenes, reservados para a bênção da água batismal.

[62] Explicada a bênção da água batismal, é preciso falar das outras cerimônias que precedem ao Batismo.

---

229. O óleo dos Catecúmenos e o Santo Crisma.
230. CIC 757. Pontifícia Commissio CIC, resp. 16 Octobris 1919. Rit. Rom. II c. 1 n.º 5.
231. O CRO tem em visa os recém-nascidos. No Batismo de adultos, é preciso uma instrução prévia, que corresponda, até certo ponto, ao antigo catecumenato.

Os batizandos são carregados ou conduzidos à entrada da igreja, mas não podem absolutamente ingressar no interior. São ainda indignos de penetrar na Casa de Deus, enquanto não sacudirem o jugo de sua torpe servidão, e não se consagrarem de corpo e alma a Cristo Nosso Senhor e ao Seu legítimo serviço.

[63] Em seguida, o sacerdote pergunta-lhes o que pretendem da Igreja. Recebida a resposta, expõe-lhes primeiro a doutrina da fé cristã, que no Batismo deverão professar.

Esta instrução, porém, se faz em forma de catecismo. É uma praxe que se estriba, inegavelmente, naquele preceito que Nosso Senhor dera aos Apóstolos: "Ide pelo mundo universo, e ensinai todos os povos. Batizai-os em nome do Pai e do Filho e do Espírito Santo, ensinando-os a observarem tudo o que vos tenho mandado".[232]

Mostra-nos esta ordem que o Batismo não deve ser conferido, antes de se fazer, pelo menos, uma breve exposição dos principais artigos de nossa Religião.

[64] Ora, a catequese se processa por meio de várias perguntas, às quais o batizando responde pessoalmente, se for de idade adulta; mas, se for criança sem uso da razão, o padrinho responde por ela, na forma do Ritual, e faz também as solenes promessas do Batismo.

[65] Segue-se o exorcismo. Consta de santas e piedosas fórmulas e orações, cuja finalidade é expelir o demônio, rebatendo e anulando a sua força.[233]

[66] Ao exorcismo, emparelham-se depois outras cerimônias. Em seu caráter místico, cada qual encorpa uma ideia particular e profunda.

Quando, pois, se deita sal na boca do batizando, é sinal evidente de que, pela doutrina da fé, ele há de livrar-se da podridão do pecado, tomar gosto pelas boas obras, e deliciar-se no alimento que lhe dá a Sabedoria Divina.

---

232. Mt 28,19; Mc 16,15.
233. A edição estereotipa de G. J. Manz, Ratisbona em 1887, e a edição seguida por Henrique Benedetti, Roma em 1918, acrescentam aqui o tópico seguinte: *"Proinde sacerdos ter in faciem eius, qui initiandus est, spirat, ut serpentis antiqui potestatem expellat, et amissae vitae spiraculum consequatur"*. Em vulgar: "Por três vezes, o sacerdote insufla na face do batizando, para dele expulsar o poder da antiga serpente, e para lhe restituir o sopro da vida, que havia perdido". Trata-se, sem dúvida, de uma interpolação.

[67] Faz-se-lhe então o sinal da Cruz na testa, olhos, peito, ombros e ouvidos.[234] Todas essas persignações têm por fim indicar que a graça do Batismo abre e fortalece os sentidos do batizando, para que ele possa receber a Deus, bem como entender e observar os Seus Mandamentos.

[68] Em seguida, umedecem-se com saliva o nariz e as orelhas do batizando.[235] Sem mais tardar, é enviado à fonte batismal, à semelhança daquele cego que recuperou a vista no Evangelho. Nosso Senhor havia-lhe passado lodo por sobre os olhos, e dado ordem que os fosse lavar na piscina de Siloé.[236]

Assim compreendemos ser essa também a virtude da ablução sacramental. Dá luzes ao entendimento, para que conheça de modo perfeito as verdades da Revelação.

2. *Orações e cerimônias depois de se chegar na pia batismal*

[69] Findos estes ritos preliminares, chega-se à fonte batismal, onde os ritos e cerimônias são de outro caráter. Podemos considerá-los como que um breve apanhado da Religião Cristã.

Em termos precisos, faz o sacerdote três perguntas ao batizando: "Renuncias a Satanás? — e a todas as suas obras? — e a todas as suas vaidades?" Então o catecúmeno, ou o padrinho em seu nome, responde a cada interpelação, dizendo: "Renuncio".

Quem quer, pois, alistar-se nas fileiras de Cristo, deve antes de tudo prestar o santo e inviolável compromisso de que há de renunciar ao demônio e ao mundo, e que nunca em sua vida deixará de odiá-los como os seus mais terríveis inimigos.[237]

[70] Parando depois junto à pia batismal, o sacerdote interroga o candidato nestes termos: "Crês em Deus Pai Todo-Poderoso?" Ao que

---

234. Esta cerimônia ocorre no Batismo dos adultos. As rubricas atuais colocam-na antes da imposição do sal (Rit. Rom. II c. 4 n.º 11).
235. Por ordem de Pio XII, a Sagrada Congregação dos Ritos reformou a rubrica n.º 13, do título II, capítulo II, nos seguintes termo: "*Postea sacerdos pollice accipit de saliva oris sui (quod omittitur quotiescumque rationabilis adest causa munditiei tuendae aut periculum morbi contrahendi vel propagandi), et tangit aures et nares infantis*". Decreto de 14-1-1944, Acta Apost. Sedis 20-1-1944, p. 26.
236. Jo, 9, 6-7.
237. Promessa do Batismo.

o batizando responde: "Creio". Interrogado a seguir acerca dos outros artigos do Símbolo, ele faz assim por diante uma solene profissão de sua fé.

Não se pode negar que este duplo compromisso[238] abrange em si todos os princípios do dogma e da moral cristã.

[71] Chegado, portanto, o momento de conferir o Batismo, o sacerdote pergunta ao candidato se quer ser batizado. Afirmando este a sua vontade, quer por si mesmo, quer por intermédio do padrinho, quando se trata de uma criança, o sacerdote logo o batiza em nome do Pai, e do Filho, e do Espírito Santo.

Assim como o homem por sua vontade obedeceu à serpente, e por própria culpa mereceu a condenação[239], assim também não quer Nosso Senhor admiti-lo em Sua milícia, senão como soldado voluntário, que consiga a salvação eterna por livre obediência aos Preceitos Divinos.

3. Orações e cerimônias depois do Batismo

[72] Feita a ablução batismal, o sacerdote unge com Crisma o vértice do neófito, a fim de que este reconheça que, desde então fica unido a Cristo, como um membro se une à sua cabeça; que se tornou parte do Seu Corpo [Místico]; que como tal passou a chamar-se cristão, nome derivado de Cristo, assim como o nome de Cristo se derivou de "crisma".[240]

Para entendermos facilmente o que significa "crisma", basta-nos seguir, como diz Santo Ambrósio[241], as orações que o sacerdote recita nessa ocasião.

[73] A seguir, o sacerdote reveste o neófito de uma túnica branca, enquanto diz as palavras: "Recebe a túnica branca, que deverás levar, sem mancha, até ao tribunal de Jesus Cristo Nosso Senhor, para poderes alcançar a vida eterna".

Às crianças, que ainda não podem usar a túnica, põe-se-lhes por cima uma toalha branca, enquanto são proferidas as mesmas palavras.[242]

---

238. Promessa do Batismo e profissão de fé.
239. Gn 3,6.
240. Mais exato: Derivou-se do verbo grego *chrízein* = ungir.
241. Santo Ambrósio, *De Sacram.* 2 7,3 1.
242. Veja-se Ritual Romano II c. 2 n.º 24, c. 4 n.º 42. Não corresponde ao espírito da Igreja revestir a criança de uma túnica propriamente dita, porque é contrário às atuais rubricas do Ritual. A respeito do reformismo liturgicista, veja-se a encíclica de Pio XII *Mediator Dei*.

Ensinam os Santos Padres que a veste batismal simboliza a glória da ressurreição, para a qual somos regenerados em virtude do Batismo; o brilho e a formosura que adorna a alma, após a extinção do pecado; a inocência e pureza de costumes, que o neófito deve conservar durante toda a sua vida.

[74] Coloca-se então entre as mãos do neófito uma vela acesa, cujo simbolismo lhe recorda a obrigação de nutrir e aumentar, pela zelosa prática de boas obras, a fé inflamada de caridade que ele recebeu no Batismo.

[75] Por último, impõe-se um nome ao neófito. Deve tomar-se o nome de um Santo que tenha sido canonizado, graças à sua notável piedade e amor a Deus. A semelhança de nome induz facilmente o neófito à imitação da [mesma] santidade e virtude.

Ainda mais. Em procurando imitar o Santo, o neófito não deixará também de invocá-lo, movido pela confiança de que o terá como defensor, para a salvação da alma e do corpo.

À luz destas razões, devemos reprovar os cristãos que, para batizar os filhos, orgulham-se de escolher nomes pagãos, e até nomes de personagens que se assinalaram pelos mais nefandos crimes. Sinal é de pouca estima pela Religião Cristã, quando alguém se compraz em avivar a memória dos ímpios, querendo assim que nomes tão profanos sejam continuamente pronunciados aos ouvidos dos fiéis cristãos.

XIII. RESUMO SOBRE OS MISTÉRIOS DO BATISMO

[76] Se os pastores derem todas estas explicações acerca do Batismo, parece que não omitirão nenhum ponto essencial da respectiva doutrina.

Expusemos o que significa o termo "Batismo"; em que consiste a sua natureza; e quais são as suas partes componentes.

Dissemos por quem foi instituído; quais são os ministros necessários para a consumação do Sacramento; e quais pessoas convém tomar como mestras e educadoras, para protegerem a virtude ainda frágil do batizado.

Vimos, ainda, a que pessoas devemos administrar o Batismo, e com quais disposições interiores devem elas recebê-lo; quais enfim os efeitos e a virtude deste Sacramento.

Quanto o permitia o nosso programa, referimos, em último lugar, os ritos e cerimônias que devem ser observados.

Lembrem-se, pois, os pastores que o fito principal destas explicações é incutir nos fiéis a amorosa solicitude de guardarem, religiosamente, as promessas feitas por ocasião do Batismo, e de levarem uma vida que corresponda à santíssima dignidade do nome cristão.

CAPÍTULO III
Do Sacramento da Confirmação

1. Por que atualmente se deve explicar com grande zelo o valor da Confirmação.
I. Do nome Confirmação, e por que é verdadeiro sacramento. — 2. Por que a Igreja chama Confirmação a este sacramento. — 3. A Confirmação é verdadeiro sacramento da nova lei. — 4. Santos Doutores que fizeram menção deste sacramento. — 5. Diferença entre o Batismo e a Confirmação.
II. Instituição da Confirmação. — 6. Quem instituiu o sacramento da Confirmação.
III. Matéria da Confirmação. — 7. Qual é a matéria deste sacramento. — 8. Que significa o azeite na matéria da Confirmação. — 9. Que significa o bálsamo mesclado com o azeite. — 10. Por que é necessário que o crisma seja consagrado pelo bispo.
IV. Forma da Confirmação. — 11. Qual é a forma deste sacramento. — 12. Prova-se que é perfeita esta forma.
V. Ministro da Confirmação. — 13. Quem é o ministro próprio deste sacramento. — 14. Se demonstra o mesmo com a autoridade dos Sumos Pontífices.
VI. Padrinho da Confirmação. — 15. Por que também neste sacramento há padrinhos, e que parentesco contraem.
VII. Sujeito da Confirmação. — 16. Ainda que este sacramento não seja absolutamente necessário, não deve omitir-se. — 17. Demonstra-se que todos os fiéis devem receber o sacramento da Confirmação. — 18. Em que idade se deve receber este sacramento. — 19. Como devem se preparar os adultos para este sacramento.
VIII. Efeitos da Confirmação. — 20. Quais são os efeitos da Confirmação. — 21. De onde se deriva o nome de Confirmação. — 22. Declara-se a virtude deste sacramento pelo que aconteceu aos Apóstolos. — 23. A Confirmação imprime carácter que não se pode apagar.
IX. Cerimônias do sacramento da Confirmação. — 24. Por que os confirmados são ungidos na testa com o sinal cruz. — 25. Em que tempo principalmente se deve administrar este sacramento. — 26. Por que o bispo da um tapa e ósculo de paz no confirmado.

[1] Sempre foi um imperioso dever de todos os tempos, que os pastores se esmerassem em explicar o Sacramento da Confirmação. Hoje em dia, porém, devem expô-lo com maior empenho e cuidado, porque na Santa Igreja de Deus muitos deixam absolutamente de receber a Crisma; e, de quantos a recebem, raríssimos são os que procuram alcançar, plenamente, os devidos frutos da graça sacramental.

Urge, portanto, instruir os fiéis acerca da natureza, eficácia e sublimidade deste Sacramento. Escolha-se para esse fim não só o dia de Pentecostes, ocasião principal em que é administrado, mas também outros dias que os pastores julgarem mais oportunos.

Os fiéis chegam assim a reconhecer que não lhes será lícito menosprezar este Sacramento, mas que devem recebê-lo com respeito e piedade. Do contrário, poderia advir o dano gravíssimo de lhes ser inútil este dom de Deus, em vista de sua culposa negligência.

I. DO NOME CONFIRMAÇÃO E POR QUE É VERDADEIRO SACRAMENTO

1. Do nome deste sacramento

[2] A começar pela explicação do nome, deve ensinar-se que a Igreja lhe chama "Confirmação", porque no momento em que o Bispo unge com o santo Crisma, pronunciando a fórmula solene: "Eu marco-te com o sinal da Cruz, e confirmo-te com o Crisma da salvação, em nome do Pai, e do Filho, e do Espírito Santo": o batizado torna-se mais firme pela virtude da nova graça, e começa a ser um perfeito soldado de Cristo, se não puser nenhum obstáculo à eficácia do Sacramento.

2. Verdadeiro sacramento

[3] A Igreja Católica sempre reconheceu que a Confirmação tem o caráter próprio de verdadeiro Sacramento. Atestam-no o Papa Melquíades[243] e muitos outros dos mais santos Pontífices da mais remota antiguidade.

São Clemente não podia asseverar esta verdade de maneira mais enérgica e positiva, quando declarou: "Todos devem empenhar-se por renascer em Deus, sem mais demora, para serem afinal assinalados pelo Bispo, isto é, para receberem os sete dons do Espírito Santo; em hipótese alguma, poderia ser perfeito cristão quem deixasse de receber este Sacramento, não por motivos imperiosos, mas por voluntária negligência. Esta é a tradição que

---

243. São Melquíades, *Epist. ad Episcopos Hispaniae* 2.

recebemos de São Pedro, e assim ensinaram os outros Apóstolos, por ordem de Nosso Senhor".²⁴⁴

Pelo seu magistério, confirmaram esta mesma fé Urbano, Fabiano e Eusébio, pontífices romanos, que, cheios do mesmo Espírito, derramaram seu sangue por Jesus Cristo. É o que patenteiam os seus decretos.

[4] Acresce, ainda, a doutrina unânime dos Santos Padres. Entre eles, temos São Dionísio Areopagita, Bispo de Atenas. Ao explicar a maneira de se fazer o santo Crisma, exprimia-se nos termos seguintes: "Os sacerdotes revestem o batizado de uma túnica própria, de cor branca, para o conduzirem ao pontífice; este o marca com uma unção sagrada e verdadeiramente divina, e o faz participante da sacrossanta Comunhão".²⁴⁵

Eusébio de Cesaréia fazia, por sua vez, conceito tão elevado deste Sacramento, que não hesitou em afirmar que o herege Novato não pudera merecer o Espírito Santo, porque, recebendo o Batismo em doença grave, não fora marcado com o sinal do Crisma.²⁴⁶

Da mesma doutrina, temos testemunhos cabais no livro que Santo Ambrósio compôs acerca dos catecúmenos²⁴⁷, e nos livros que Santo Agostinho lançou contra as cartas do donatista Petiliano.²⁴⁸ Ambos estavam inteiramente convencidos do caráter sacramental da Crisma, a ponto de o enunciarem e demonstrarem por meio de textos da Sagrada Escritura. O primeiro refere ao Sacramento da Confirmação aquelas palavras do Apóstolo: "Não contristeis o Espírito Santo, no qual fostes assinalados".²⁴⁹ O segundo, porém, aplica aquela passagem do Salmo: "Como o azeite derramado na cabeça, que desce sobre a barba, sobre a barba de Aarão"²⁵⁰; e mais o texto do Apóstolo: "O amor de Deus está difundido em nossos corações, pelo Espírito Santo que nos foi dado".²⁵¹

[5] Não obstante Melquíades haver dito que o Batismo se une intimamente à Confirmação²⁵², não se deve crer todavia, que ambos constituam um só Sacramento, pois de um a outro vai uma grande diferença.

---
244. São Clemente, *Epist. 4 ad Julian.*
245. Dionísio Areopagita, *De eccles. hier.*, 2 7.
246. Cfr. Eusébio de Cesaréia, *Hist. eccles.* 6 43.
247. Santo Ambrósio, *De iis qui mysteriis initiantur* 7 41 ss.; de Sacram. 3 2..
248. Santo Agostinho, *Contra Pelitianum* 2 104. Gatterer cita 2 239.
249. Ef 4,30.
250. Sl 132,2.
251. Rm 5,5.
252. São Melquíades, *Epist. Ad episc. Hisp.*

Como é sabido, torna-os realmente distintos a variedade, não só da graça que cada um deles confere, mas também da matéria sensível que significa a própria graça.

Pela graça do Batismo, são os homens gerados para uma vida nova. Pelo Sacramento da Confirmação, os que foram gerados tornam-se varões, depois de deixarem o que tinham próprio de crianças.[253]

Por conseguinte, assim como o nascer difere do crescer na vida natural, assim é também a diferença entre o Batismo que nos gera espiritualmente, e a Confirmação, cuja virtude faz os cristãos crescerem até a perfeita robustez da alma.

Mais ainda. Era também necessário constituir-se outra espécie de Sacramento, para as ocasiões em que a alma entrasse numa nova ordem de dificuldades.

Se havermos mister da graça batismal para munir da fé a nossa alma, desde logo se reconhece a máxima conveniência de que o espírito dos fiéis seja confirmado por uma outra graça, para evitar que nenhum perigo ou receio de penas, de castigos, e até da própria morte, os tolha de confessar a verdadeira fé.

Ora, sendo este o efeito próprio da unção com o santo Crisma, conclui-se com segurança que este Sacramento difere, essencialmente, do [próprio] Batismo.

O Papa Melquíades exprimiu aliás, em termos precisos, a diferença que existe entre ambos os Sacramentos. "Pelo Batismo, diz ele, o homem alista-se na milícia; pela Confirmação, equipa-se para a luta. Na fonte batismal, o Espírito Santo confere a plenitude da inocência; na Confirmação, dá a consumação da graça. No Batismo, renascemos para a vida; depois do Batismo, somos confirmados para a luta. No Batismo, somos purificados; depois do Batismo, somos munidos de força. A regeneração garante de per si a salvação aos que se batizam em tempo de paz; a Confirmação arma e adestra para os embates da guerra".

Esta é também a doutrina sustentada por vários Concílios[254], mormente pelo Sagrado Concílio de Trento[255], de sorte que a ninguém é permitido formular outra opinião, nem de longe opor-lhe a menor dúvida.

---

253. 1Cor 13,11.
254. Dz 419, 465, 543, 669, 697.
255. Dz 871-873.

II. INSTITUIÇÃO DA CONFIRMAÇÃO

[6] Já falamos, em geral, da necessidade de ensinar-se por quem foram instituídos todos os Sacramentos. Agora, é preciso fazer outro tanto acerca da Confirmação, a fim de que os fiéis se compenetrem, mais ao vivo, da santidade deste Sacramento.

Por conseguinte, os pastores terão de explicar que Cristo Nosso Senhor não só o instituiu, mas até determinou, conforme atesta o romano pontífice São Fabiano[256], o rito da unção com o Crisma, bem como as palavras que a Igreja Católica emprega em sua administração.

Desta verdade facilmente se convencerá todo aquele que acreditar no caráter sacramental da Confirmação; pois todos os Sacros Mistérios[257] transcendem as forças da natureza humana, e só por Deus mesmo poderiam ser instituídos.

Vejamos agora quais são as suas partes. Passemos a explicar a matéria em primeiro lugar.

III. MATÉRIA DA CRISMA

[7] Ela se chama "crisma"[258], palavra tirada do grego, que os escritores profanos empregam para designar qualquer espécie de óleo para ungir. Por tradição geral, os escritores eclesiásticos adaptaram-lhe o sentido de só indicar o unguento[259] composto de azeite doce e bálsamo, e que o Bispo consagra com rito solene.

Portanto, a matéria da Crisma consiste na mistura de dois ingredientes. Esta combinação de elementos diversos simboliza as muitas graças que o Espírito Santo outorga aos crismados, bem como exprime, de maneira notável, a sublimidade do próprio Sacramento.

A Santa Igreja e os Concílios[260] sempre ensinaram que essa é a matéria do Sacramento. Atestam-no São Dionísio[261] e muitos outros Pa-

---

256. Fabiani, Epist. 2 episc. Orientales.
257. Quer dizer: Sacramentos.
258. Atenda-se para português, à diferença entre o Crisma e a Crisma.
259. Tome-se o termo no sentido clássico primitivo de resina aromática.
260. Laod. c. 48; Conc. Carthag. II c. 3.
261. Dionísio Areopagita, *De eccles. hier.* 4.

dres de máxima autoridade, entre os quais sobressai o Papa Fabiano[262], declarando que os Apóstolos receberam do Senhor a maneira de fazer o Crisma, e no-la transmitiram.

[8] Com efeito, melhor do que o Crisma, não podia nenhuma matéria exprimir as graças próprias deste Sacramento.

O azeite doce, cuja natureza gordurosa tem a propriedade de fixar-se e difundir-se, exprime a plenitude da graça que o Espírito Santo faz transbordar de Cristo, a Cabeça, sobre os outros [que são seus membros], e a derrama "como o unguento que goteja pela barba de Aarão até a orla de sua veste".[263] Na verdade, "Deus ungiu-O com o óleo da alegria, de preferência aos Seus companheiros".[264] E "de Sua plenitude é que todos nós recebemos [a nossa parte]".[265]

[9] Com o seu odor delicado, o bálsamo não simboliza outra coisa senão a fragrância de todas as virtudes, que os fiéis exalam de si, quando são aperfeiçoados pelo Sacramento da Confirmação, a ponto de poderem exclamar com o Apóstolo: "Somos para Deus um suave odor de Cristo".[266]

Outra propriedade tem ainda o bálsamo. É a de preservar da corrupção todas as coisas que dele forem impregnadas. Torna-se, portanto, muito próprio para designar a eficácia deste Sacramento. O fato é que, apercebidos da graça celestial da Confirmação, os ânimos dos fiéis podem facilmente defender-se do contágio do pecado.

[10] A consagração do Crisma é feita pelo Bispo com solenes cerimônias. O Papa Fabiano, muito insigne pela santidade de vida e pela glória do martírio, deixou-nos escrito que Nosso Senhor assim o ordenou na última Ceia, quando ensinou aos Apóstolos a maneira de preparar o Crisma.

Isto não obstante, a própria razão pode demonstrar por que deve ser assim.

Em quase todos os Sacramentos, Cristo instituiu de tal sorte a matéria, que lhe deu pessoalmente uma santificação especial. Ao declarar: "Se alguém não renascer da água e do Espírito [Santo], não pode entrar

---

262. Fab. Papae epist. 2 ad episc. Orient.
263. Sl 132,2 ss.
264. Sl 44,8.
265. Jo 1,16.
266. 2 Cor 2,15.

no reino de Deus"[267]: não só quis que a água fosse o elemento do Batismo, mas fez também que, pelo Seu próprio Batismo, a água tivesse dali por diante a virtude de santificar.

Esta é a razão de São João Crisóstomo afirmar: "A água batismal não poderia eliminar os pecados dos crentes, se não fora santificada pelo contato com o Corpo do Senhor".[268]

Ora, como o Senhor não santificara, por uso e contato pessoal, a matéria da Confirmação, era preciso que ela fosse consagrada por meio de santas e religiosas fórmulas. Essa consagração não incumbe a outrem, senão ao Bispo, que foi instituído ministro ordinário do Sacramento.[269]

IV. FORMA DA CRISMA

[11] Cumpre, agora, explicar a outra parte essencial do Sacramento: a forma segundo o teor que se emprega na sagrada unção.

É preciso aconselhar aos fiéis que, ao serem crismados façam interiormente atos de amor, confiança e devoção, sobretudo quando ouvirem pronunciar as palavras sacramentais, para que [de sua parte] não se erga nenhum óbice à graça celestial.

A forma completa da Crisma resume-se nas seguintes palavras: "Eu marco-te com o sinal da Cruz, e confirmo-te com o Crisma da salvação, em nome do Pai, e do Filho, e do Espírito Santo".

Se quisermos, um simples raciocínio pode mostrar-nos a justeza destas palavras, porquanto a forma sacramental deve abranger tudo o que exprime a natureza e a substância do próprio Sacramento.

[12] Ora, são três os pontos essenciais que nos cumpre realçar na Confirmação: o poder divino, que opera no Sacramento como causa primária; o vigor do coração e do espírito, que a sagrada unção comunica aos fiéis para a sua salvação; por último, o sinal com que é marcado quem vai descer à liça das hostes cristãs.

---

267. Jo 3,5.
268. Citado no Corpus jur. cap. 10 dist. IV de consecr.
269. "O Crisma para o Sacramento da Confirmação deve ser sagrado pelo Bispo, ainda que o Sacramento, por direito ou por indulto apostólico, seja administrado por um presbítero" (CIC can. 781 § 1). A respeito do ministro extraordinário, de que fala o cânon, veja-se mais adiante a nota n.º 282.

Ao primeiro ponto se referem claramente as palavras finais: "em nome do Pai, e do Filho, e do Espírito Santo". Ao segundo, as palavras do meio: "confirmo-te com o Crisma da Salvação". Ao terceiro, as palavras iniciais: "Eu marco-te com o sinal da Cruz".

Em rigor, não dispõe a razão de elementos bastantes, para provar que essa é a forma autêntica e perfeita do Sacramento; mas a autoridade da Igreja Católica não permite que disso tenhamos a menor dúvida, conforme o que sempre aprendemos do seu magistério oficial.

V. O MINISTRO DA CONFIRMAÇÃO

[13] Os pastores devem, também, ensinar a que pessoas incumbe, em primeiro lugar, a administração deste Sacramento. Já que muitos correm, como diz o Profeta[270], sem serem enviados, é preciso especificar quais são, na verdade, os ministros legítimos, para que o povo fiel possa receber [validamente] a graça sacramental da Confirmação.

Ora, doutrina é da Sagrada Escritura que só o Bispo tem o poder ordinário de administrar este Sacramento. Lemos nos Atos dos Apóstolos que, tendo Samaria acolhido a palavra de Deus, foram enviados para lá Pedro e João, que oraram por eles, a fim de receberem o Espírito Santo; pois não baixara sobre nenhum deles, porquanto só tinham sido batizados.[271]

Desta passagem inferimos que o ministro do Batismo, por ser apenas diácono[272], não tinha nenhuma faculdade de crismar; que tal ofício era reservado a ministros superiores, quer dizer, aos [próprios] Apóstolos. Ainda mais. Chega-se à mesma conclusão, onde quer que a Sagrada Escritura venha a falar deste Sacramento.[273]

[14] Em prova do mesmo argumento, não faltam os ilustres pareceres dos Santos Padres e Soberanos Pontífices, de um Urbano, de um Eusébio, de um Dâmaso, de um Inocêncio, de um Leão, conforme averiguamos claramente em seus decretos.[274]

---

270. Jr 23,21.
271. At 8,14 ss.
272. Era o diácono Filipe (cfr. At 8,5).
273. Cfr. At 19,6.
274. Dz 98, 419, 1458, 3035, 3041. *Urbani epist. ad omnes christianos in fine; Euseb. epist. 3 ad episc. Tusciae et Campaniae; Damasi epist. 4 ad Prosperum et Caet. episc. Orthodoxos circa médium; Innocent. epist. 1 ad Veren. c. 3; Leon. epist. 88 ad Germaniae et Galliae episc.

Santo Agostinho, por sua vez, protesta energicamente contra o péssimo costume que havia, entre os cristãos do Egito e de Alexandria, onde os sacerdotes se atreviam a administrar o Sacramento da Confirmação.[275]

O motivo de se reservar aos bispos o exercício de tal ministério, podem os pastores explicá-lo por meio da seguinte analogia. Na construção de casas, os operários desempenham o papel de ajudantes inferiores. São eles que preparam e assentam a pedra, a argamassa, a madeira, os outros materiais, e assim erguem a construção. Mas a última demão do edifício fica na responsabilidade do mestre de obras.

Ora, o mesmo se dá também com este Sacramento. Como simboliza, por assim dizer, o remate de um edifício espiritual, era conveniente que por nenhum outro fosse administrado, senão por quem tivesse a plenitude do sacerdócio.

VI. PADRINHO DE CRISMA

[15] Para a Confirmação, é costume tomar-se um padrinho, analogamente como se faz para o Batismo[276], conforme já foi explicado.

Se aqueles que se adestram como gladiadores, precisam de alguém que lhes mostre, teórica e praticamente, como prostrar o adversário com golpes certeiros, sem expor a própria vida; tanto mais carecem os fiéis de um guia e conselheiro, uma vez que pelo Sacramento da Confirmação se guarnecem, por assim dizer, de poderosas armas, para entrarem na liça espiritual, onde se põe em jogo a salvação eterna.

Assim, pois, se justifica a obrigação de admitir padrinhos também na administração deste Sacramento. Daí nasce a mesma afinidade espiritual, com impedimento de Matrimônio[277], como a que já foi explicada, quando se falou dos padrinhos de Batismo.

---

275. Aug. Quaestionesvet. et nov. Testam. 1 101. É uma obra pseudo-agostiniana (cfr. RK II p. 80). — O CIC diz o seguinte: "Ministro extraordinário é o presbítero a quem é concedida essa faculdade, quer por direito comum, quer por especial indulto da Santa Sé Apostólica" (can. 782 § 2). Por decreto de 14 de setembro de 1946, a S. Congregação dos Sacramentos permitiu, sob certas cláusulas, que os párocos pessoais e familiares, possam crismar os enfermos que estejam em verdadeiro perigo de morte. Interessante para nós é que o decreto cita em nota o Catecismo Romano.
276. Ao que parece, pela cláusula "si haberi possit" (can. 793), o CIC já não impõe com rigor a necessidade de padrinho na Confirmação (RK II p. 81).
277. Esse impedimento foi abolido pelo CIC (can. 1079, combinado com os 768 e 797).

VII. SUJEITO DA CRISMA

[16] Acontece, muitas vezes, que os fiéis antecipam levianamente a recepção da Crisma, ou a retardam por culposa negligência. E nada diremos daqueles que, num requinte de impiedade, chegam até a desprezá-la e rejeitá-la.

Em vista disso, os pastores têm a obrigação de explicar quem está obrigado a crismar-se, e em que idade, e em quais condições é preciso fazê-lo.

1. Quem deve receber a confirmação

Em primeiro lugar, começarão por ensinar que este Sacramento não é de tal necessidade, que sem ele não possa haver salvação.

Mas, embora não seja absolutamente necessário, ninguém deve deixar de recebê-lo; devemos antes de tudo evitar qualquer negligência numa matéria de tanta santidade, que se torna para nós uma fonte de copiosas graças divinas.[278] Além disso, todos os cristãos devem procurar, com o maior fervor, os meios comuns que Deus lhes instituiu, para a própria santificação.[279]

[17] Ora, ao relatar o milagre da primeira efusão do Espírito Santo, fez São Lucas a seguinte descrição: "De repente, veio do céu um bramir como de vento que passava impetuoso, e encheu a casa inteira". E pouco depois acrescentou: "Ficaram todos eles cheios do Espírito Santo".[280]

Sendo aquela casa figura e imagem da Santa Igreja, tais palavras nos levam a concluir que o Sacramento da Crisma, cuja origem datava daquele dia, fora instituído para todos os cristãos.

Isso é também fácil de comprovar pela finalidade do próprio Sacramento.

Os que devem ainda crescer na vida espiritual, até se tornarem perfeitos seguidores da religião cristã, precisam para isso receber a força que

---

278. "*Quanquam hoc Sacramentum non est de necessitate medii ad salutem, memini tamen licet, oblata occasione, illud negligere; imo parochi curent ut fideles ad illud opportuno tempore accedant*" (CIC, can. 787).
279. Acidentalmente, a Crisma pode ser até de absoluta necessidade para as pessoas que correm perigo de perder fé.
280. At 2,2-4.

advém da unção com o sagrado Crisma. Ora, nessa grande necessidade se acham todos os cristãos.

Assim como é lei da natureza que os homens cresçam desde o nascimento até chegarem à idade perfeita, embora não o consigam às vezes na devida proporção; assim também a Santa Igreja Católica, nossa mãe comum, deseja ardentemente levar ao estado de cristãos perfeitos aqueles que ela regenerou pelo Batismo.

Este efeito, porém, é operado pelo Sacramento da unção mística. Logo, torna-se evidente que a Crisma diz respeito a todos os fiéis sem distinção.

2. Em que idade se deve receber a confirmação

[18] Aqui cabe um reparo. Depois do Batismo, todos podem de per si ser crismados, mas é de menos conveniência que tal aconteça, antes de alcançarem as crianças o uso da razão. Portanto, se não parece necessário esperar até os doze anos, há contudo muita conveniência em protelar a recepção deste Sacramento até aos sete anos de idade.

Não foi a Crisma instituída como meio indispensável para a salvação, mas ela deve pela sua virtude tornar-nos fortes e corajosos nas lutas, que temos de travar pela fé de Cristo. Ora, ninguém, certamente, há de julgar que as crianças, antes de atingirem o uso da razão, já sejam capazes de tais combates.

3. Modo de preparar-se para este sacramento

[19] Desta doutrina se tira uma consequência prática. Os que se crismam em idade adulta, para receberem a graça e os dons deste Sacramento, devem não só apresentar-se com fé e devoção, mas também arrepender-se, cordialmente, de todos os pecados mais graves que tiverem cometido.

Por conseguinte, os pastores cuidarão, outrossim, que os fiéis confessem antes os seus pecados. Exortá-los-ão, paternalmente, à prática do jejum e de outras obras de piedade.

Convém admoestá-los a que renovem o louvável costume de receber a Confirmação em jejum natural, conforme se fazia na Igreja primitiva.

E não será difícil conseguir estas disposições, desde que os fiéis compreendam os dons deste Sacramento e seus admiráveis efeitos.

VIII. EFEITOS DA CONFIRMAÇÃO

1. Infunde uma nova graça e aperfeiçoa a do Batismo

[20] Os pastores explicarão que, de comum com todos os outros Sacramentos, tem a Crisma por efeito conferir uma graça nova, a não ser que haja algum óbice da parte de quem a recebe.

Como já tivemos ocasião de provar, os sagrados e místicos sinais [dos Sacramentos] possuem a virtude não só de simbolizar, mas até de produzir a graça. Daí nasce que a Confirmação também perdoa e remite pecados, pois não se concebe que a graça possa, de algum modo, coexistir com o pecado.[281]

Além destes efeitos, comuns a todos os Sacramentos, o primeiro efeito peculiar da Confirmação é aperfeiçoar a graça do Batismo.

Os que se fizeram cristãos pelo Batismo, são como crianças recém-nascidas[282], que por então se conservam ainda fracas e delicadas. Pelo Sacramento da Crisma é que, depois, adquirem maior resistência contra os assaltos da carne, do mundo e do demônio. Seu espírito é confirmado numa fé inabalável, para que possam proclamar e engrandecer o Nome de Nosso Senhor Jesus Cristo.

Deste efeito é que, por certo, se deriva o nome do próprio Sacramento.[283]

[21] O termo "Confirmação" não tem por origem um costume de outrora, segundo o qual as crianças batizadas, quando atingiam a adolescência, seriam levadas à presença do Bispo, para ratificarem a fé aceita por ocasião do Batismo. Assim o imaginaram alguns [inovadores], cuja ignorância ombreava com a sua impiedade. Nesse caso, nenhuma diferença haveria entre a Confirmação e a catequese.[284] Mas, de tal costume, ninguém pode alegar prova que seja autêntica.

Pelo contrário, a origem dessa denominação está no fato de que Deus, pela virtude do Sacramento, confirma em nós o que começou a operar no Batismo, conduzindo-nos a uma sólida perfeição da vida cristã.

---

281. Como Sacramento dos vivos, a Crisma pressupõe o estado de graça. Só confere a graça primeira, quando se trata de pecados esquecidos, etc. Seria sacrilégio receber a Crisma, com plena consciência de um pecado mortal.
282. 1Pd 2,2.
283. Confirmação.
284. Exame sobre as verdades da fé a que eram submetidos os candidatos ao Batismo. Dz 871.

E o Sacramento não só confirma, mas até aumenta em nós a graça, consoante o que doutrinava Melquíades: "O Espírito Santo desce, de modo salutar, sobre as águas do Batismo, e confere na fonte batismal a plenitude da inocência. Na Confirmação, porém, dá crescimento na graça".[285]

Ele não dá um simples aumento, mas um desenvolvimento prodigioso. A Sagrada Escritura exprime-o na belíssima comparação que faz com uma investidura. Pois Nosso Senhor disse com referência a este Sacramento: "Deixai-vos ficar na cidade, até serdes revestidos da força que vem do alto".[286]

[22] Se os pastores quiserem mostrar a divina eficácia deste Sacramento — o que sem dúvida fará grande impressão no ânimo dos fiéis — basta que lhes exponham tudo quanto sucedeu aos Apóstolos.

Antes da Paixão, e até na hora que ela ia começar, tão fracos e tímidos se mostraram, que na prisão de Nosso Senhor logo deitaram a fugir.[287] O próprio Pedro fora designado para ser a pedra fundamental da Igreja[288], e dera provas de firme constância e grande coragem[289]; no entanto, aterrado com o que lhe dizia uma pobre mulher, negou não só uma vez, mas por duas e três vezes, que era Discípulo de Jesus Cristo.[290] E todos, depois da Ressurreição, se fecharam no interior de uma casa, com medo dos judeus.[291]

Mas, no dia de Pentecostes, receberam todos o Espírito Santo, em tal plenitude, que logo se puseram, com arrojada coragem, a espalhar o Evangelho, não só no país dos judeus[292], mas também pelo mundo inteiro, como lhes havia sido ordenado; sentiam até um gozo inexprimível, por serem julgados dignos de sofrer, pelo Nome de Cristo, afrontas, tormentos e crucificações.[293]

---

285. São Melquíades, *Epist. ad episc. Hisp.*
286. Lc 24,49.
287. Mt 26,56.
288. Mt 16,18.
289. Mt 26,33-35.
290. Mt 26,69 ss.; Jo 18,17.
291. Jo 20,19.
292. At 2,1 ss.; 8,4 ss.; 10 e cap. seg.
293. At 5,41 ss.

2. Imprime um caráter indelével na alma

[23] Outro efeito da Crisma é a impressão de um caráter sacramental.[294] Por conseguinte, não pode jamais reiterar-se, como já foi dito a respeito do Batismo, e como ainda se dirá, mais por extenso, na explicação do Sacramento da Ordem.[295]

Se os pastores, com amor e zelo, insistirem nestas explicações, é infalível que os fiéis reconhecerão a grandeza e a utilidade do Sacramento, e se disporão a recebê-lo com fé e piedade.

Resta agora expor, resumidamente, os ritos e cerimônias, que a Igreja Católica usa na administração deste Sacramento. Os pastores compreenderão a oportunidade de tais explicações, se quiserem reportar-se ao que acima se disse a respeito das cerimônias.[296]

IX. RITOS E CERIMÔNIAS DO SACRAMENTO DA CONFIRMAÇÃO

1. A unção da testa

[24] Os crismados são, pois, ungidos na testa com o sagrado Crisma. Pela virtude deste Sacramento, o Espírito Santo Se derrama na alma dos fiéis, aumenta-lhes a força e a coragem, para que possam bater-se varonilmente nas lutas espirituais, e resistir aos mais traiçoeiros dos inimigos.

Portanto, a unção na testa significa que, doravante, os crismados não devem abster-se da livre profissão do nome cristão, e que não os deve tolher nenhum medo ou vergonha, cujos sintomas se manifestam principalmente na fronte.

Ademais, o sinal [da Cruz] distingue os cristãos dos outros homens, assim como as insígnias distinguem os militares dos paisanos. Convinha, pois, que fosse impresso na parte mais visível do corpo.

---

294. CRO II I 24-25.
295. Há aqui um lapso evidente dos autores. O CRO só fala do caráter em II I 24-25.
296. CRO II I 13.

2. Administra-se principalmente em dia de Pentecostes

[25] Na Igreja de Deus, conservou-se o religioso costume de preferir a data de Pentecostes para a administração da Crisma, por ser precisamente o dia em que os Apóstolos foram fortalecidos e confirmados pela virtude do Espírito Santo.

A recordação desse prodígio divino faz ver aos fiéis a natureza e a sublimidade dos Mistérios, que devemos considerar no Sacramento da Confirmação.

3. O tapa na face

[26] Depois da unção, o bispo dá com a mão uma leve pancada na face de quem acaba de ser confirmado, lembrando-lhe assim que dali por diante estar pronto, qual forte campeão, a sofrer intrépido todas as adversidades, por causa do Nome de Cristo.

Em último lugar, dá-lhe ainda o ósculo da paz, para o crismado compreender que acaba de conseguir a plenitude das graças celestiais e aquela paz que "excede toda a noção humana".[297]

Sejam estes pontos um ligeiro apanhado da doutrina, que os pastores deverão explanar acerca do Sacramento da Crisma, não em linguagem seca e inexpressiva, mas repassada de tanto zelo e piedade, que as instruções calem profundamente no espírito e coração dos fiéis.

---

297. Fl 4,7.

CAPÍTULO IV
Do Sacramento da Eucaristia

1. Com quanta reverência os fiéis devem tratar este sacramento e com quanta diligência os párocos devem explicá-lo.
I. Instituição da Eucaristia. — 2. Por que e quando foi instituído o sacramento da Eucaristia.
II. Nomes da Eucaristia. — 3. Por que este sacramento se chama Eucaristia. — 4. Por que se chama Comunhão, e sacramento de Paz e de Caridade. — 5. Por que este sacramento se chama Viático e Cena. — 6. Para consagrar e receber a Eucaristia deve-se que guardar o jejum natural.
III. Por que a Eucaristia é verdadeiro sacramento. — 7. A Eucaristia é verdadeiro sacramento. — 8. Na Eucaristia há muitas coisas às quais convém o nome sacramento. — 9. Como se diferencia a Eucaristia dos demais Sacramentos. — 10. As duas matérias da Eucaristia não constituem dois Sacramentos. — 11. Que coisas são entendidas por este sacramento.
IV. Matéria da Eucaristia. — 12. Qual é a matéria deste sacramento, e que tipo de pão pode ser consagrado. — 13. É conveniente que o pão com que se faz a Eucaristia seja ázimo. — 14. O pão ázimo não é absolutamente necessário para a Eucaristia. — 15. Qual é a outra matéria para consagrar o sangue do Senhor. — 16. Neste sacramento deve-se mesclar o vinho com água. — 17. A água não é necessária para a validez do sacramento, e deve ser muito pouca. — 18. Que representam o pão e o vinho neste sacramento.
V. Forma da Eucaristia. — 19. Qual é a forma de consagração do pão. — 20. Nem todas as palavras que, de acordo com o uso da Igreja, são usadas na consagração são necessárias. — 21. Qual é a forma de consagração do vinho. — 22. Prova-se que esta é a verdadeira forma da consagração. — 23. Explica-se a forma da consagração do vinho. — 24. Por que se faz menção da morte especialmente na consagração do vinho. — 25. Neste sacramento não se deve guiar pelo que percebem os sentidos. — 26. Maravilhas que se operam neste sacramento em virtude da consagração.
VI. Presença real de Cristo na Eucaristia. — 27. Na Eucaristia está certamente o mesmo corpo de Cristo que nasceu da Virgem Maria. — 28. Prova-se o mesmo com outros textos da Escritura. — 29. Como conhecer a doutrina da Igreja sobre o sentido das Escrituras e a verdade do corpo do Senhor na Eucaristia. — 30. Quantas vezes foi condenada a opinião contrária nos Concílios da Igreja. — 31. Como está incluído no Credo o dogma da verdade do corpo de Cristo neste sacramento. — 32. Mostra-se quanta é a dignidade da Igreja militante pela grandeza deste mistério. — 33. Neste sacramento, juntamente com a divindade, está realmente tudo que pertence à perfeição da natureza humana de Cristo. — 34. O sangue, a alma e a divindade não estão na Eucaristia do mesmo modo que no corpo de Cristo. — 35. Por que se fazem na Eucaristia duas consagrações por separado. — 36. Cristo está todo inteiro em qualquer partícula de ambas espécies.

VII. A transubstanciação. — 37. Depois da consagração não resta substância alguma de pão nem de vinho. — 38. A transubstanciacão, aprovada pelos Concílios, se apoia nas Escrituras. — 39. Também os Santos Padres professaram a transubstanciação neste sacramento. — 40. Por que razão a Eucaristia se chama pão mesmo depois da consagração. — 41. Como se verifica a admirável conversão das substâncias. — 42. Muito apropriadamente deu-se a esta conversão o nome de transubstanciação. — 43. Não se deve examinar com curiosidade o modo de realizar-se a transubstanciação, mas crer com piedade. — 44. O corpo de Cristo está na Eucaristia a modo de uma substância e não ocupa lugar.

VII. As espécies eucarísticas. — 45. No sacramento permanecem os acidentes de pão e vinho sem substância à qual aderir-se. — 46. Por que Cristo quis dar-nos seu corpo e sangue sob as espécies de pão e vinho.

VII. Efeitos da Eucaristia. — 47. Admiráveis frutos obtidos por quem recebe dignamente o corpo e o sangue do Senhor. — 48. A Eucaristia causa na alma, por modo mais excelente, os mesmos efeitos que produzem o pão e o vinho no corpo. — 49. Como por este sacramento se comunica a graça. — 50. Ainda que este sacramento confira a graça, não aproveita ao homem manchado e morto pelo pecado mortal. — 51. Como a alma se fortalece e cresce com este divino manjar. — 52. Pela Eucaristia se perdoam os pecados veniais. — 53. Este sacramento preserva a alma de pecados futuros. — 54. Este sacramento nos abre a porta da glória eterna.

VIII. Disposições para receber a Eucaristia. — 55. Três modos de receber o corpo e o sangue do Senhor. — 56. É necessário estar convenientemente disposto para receber a sagrada Comunhão. — 57. Disposições requeridas por parte da alma. — 58. Disposições requeridas por parte do corpo.

IX. Obrigação de receber a Eucaristia. — 59. Todos os cristãos devem comungar ao menos uma vez por ano. — 60. Quantas vezes e em que tempos se deve comungar. — 61. Antigamente havia na Igreja o costume de comungar com frequência. — 62. Não se deve dar a Comunhão às crianças que ainda não têm uso da razão. — 63. Em que idade se deve dar a Comunhão às crianças. — 64. Se a Comunhão pode alguma vez ser dada aos loucos. — 65. Não se deve dar a Comunhão aos seculares sob as duas espécies. — 66. Razões pelas quais a Igreja decretou para os fiéis o uso de uma só espécie.

X. Ministro da Eucaristia. — 67. O sacerdote é o ministro própio deste sacramento. — 68. Pode a Eucaristia ser consagrada e administrada por maus sacerdotes.

XI. A Eucaristia como sacrifício. — 69. A Eucaristia, como sacrifício próprio do Novo Testamento, é muito aceitável a Deus. — 70. Por que causas Cristo nosso Senhor instituiu a Eucaristia. — 71. Em que se diferencia o sacramento do sacrifício. — 72. Quando se instituiu este sacrifício do Novo Testamento. — 73. O sacrifício não pode oferecer-se aos santos, mas só a Deus. — 74. De onde procede a doutrina do sacrifício e sacerdócio da nova Lei. — 75. Principais figuras e profecias da Eucaristia no Antigo Testamento. — 76. O sacrifício da Missa é o mesmo que se ofereceu na cruz. — 77. Também é o mesmo o Sacerdote de ambos sacrifícios. — 78. A Missa é um sacrifício de louvor e propiciação — 79. A Missa aproveita tanto aos vivos como aos difuntos. — 80. Nenhuma Missa, celebrada de acordo com o uso comum da Igreja, pode chamar-se privada. — 81. Utilidade das cerimônias da Missa.

[1] Se entre todos os Sagrados Mistérios que Nosso Senhor e Salvador nos confiou, como meios infalíveis para conferir a divina graça, não há nenhum que possa comparar-se com o Santíssimo Sacramento da Eucaristia; assim também não há crime que faça temer pior castigo da parte de Deus, do que não terem os fiéis devoção e respeito na prática de um Mistério, que é todo santidade, ou antes, que contém em si o próprio autor e fonte da santidade.

Com muita perspicácia, alcançou o Apóstolo esta verdade e sobre ela nos advertiu em termos peremptórios. Tendo, pois, mostrado como era enorme o crime daqueles que não distinguem o Corpo do Senhor, acrescentou logo em seguida: "Por isso é que entre vós há tantos doentes e fracos, e muitos chegam a morrer".[298]

Os pastores devem, portanto, esmerar-se na exposição de todos os pontos doutrinários, que mais realcem a majestade da Eucaristia, para que o povo cristão, compreendendo que deve tributar honras divinas a este celestial Sacramento, consiga os mais abundantes frutos da graça, e aparte de si a justíssima cólera de Deus.

I. INSTITUIÇÃO DA EUCARISTIA

[2] Para esse fim, é necessário que os pastores comecem por explicar aos fiéis a instituição deste Sacramento. Sigam o exemplo de São Paulo Apóstolo, que afirmava só ter transmitido aos Coríntios o que recebera do Senhor.[299]

Ora, o Evangelho indica-nos, claramente, como se operou essa instituição.

"Como, pois, o Senhor amava os Seus, amou-os até ao extremo".[300] E, para lhes dar desse amor, uma admirável caução divina, sabendo que chegara a hora de partir deste mundo para o Pai, consumou o Mistério, a fim de que jamais Se apartasse dos Seus; [e fê-lo] por um recurso inexplicável, que transcende todas as leis da natureza.

Com efeito, depois de celebrar com os Discípulos a Ceia do Cordeiro Pascal, para que a figura cedesse lugar à verdade, e a sombra ao fato concreto, "tomou Ele o pão, deu graças a Deus, benzeu-o e partiu-o, dis-

---

298. 1Cor 11,30.
299. 1Cor 11,23 ss.
300. Jo 13,1.

tribuiu-o aos Seus Discípulos, pronunciando as palavras: Tomai, e comei. Isto é o Meu Corpo, que vai ser entregue por amor de vós. Fazei isto em memória de Mim. Do mesmo modo, tomou também o cálice, depois da ceia, e disse: Este Cálice é a nova Aliança no Meu Sangue. Fazei isto em Minha memória, todas as vezes que o beberdes".[301]

II. NOMES DESTE SACRAMENTO

[3] Reconhecendo que uma só palavra não podia, de modo algum, exprimir a sublime dignidade deste admirável Sacramento, procuraram os sagrados autores interpretá-la por meio de várias designações.

Chama-lhe, às vezes, Eucaristia. É um termo que se traduz em vernáculo por "boa graça", ou também "ação de graças". Com propriedade se diz que este Sacramento é "boa graça", não só por prefigurar a vida eterna, da qual está escrito: "A graça de Deus é a vida eterna"[302]: mas também por conter em si a Cristo Nosso Senhor, que é a graça por excelência e a fonte de todas as graças.[303]

Não menos acertado é o sentido que se dá como "ação de graças", pois que pela imolação desta Vítima puríssima rendemos, todos os dias, infinitas graças a Deus por todos os benefícios recebidos, sobretudo pelo inefável dom de Sua graça, que nos é outorgada neste Sacramento.

Esse nome condiz, perfeitamente, com tudo o que Cristo Nosso Senhor fez na instituição deste Mistério. É o que lemos na Sagrada Escritura: "Ele tomou o pão, partiu-o, e rendeu graças".[304] Do mesmo modo Davi, abismado na contemplação [profética] deste grandioso Mistério, cantou o hino: "Misericordioso e compassivo, fez o Senhor um memorial de Suas maravilhas, [e] deu alimento aos que O temem"[305]; mas julgou necessário antepor-lhe uma ação de graças, e por isso exclamou: "Digna de louvor e grandiosa é a Sua obra".[306]

[4] É frequente dar-se-lhe também o nome de "Sacrifício". Só mais tarde é que falaremos deste Mistério com mais vagar.

---

301. Mt 26,26; Lc 22,19 ss.; Mc 14,22; 1Cor 11,24 ss.
302. Rm 6,23.
303. Jo 1,4; Tt 2,11.
304. Lc 22,19; 1Cor 11,23 ss.
305. Sl 110,4.
306. Sl 110,3.

CAPÍTULO IV - DO SACRAMENTO DA EUCARISTIA

Chama-se igualmente "Comunhão", termo que se deriva positivamente da passagem do Apóstolo: "O cálice da bênção, que benzemos, não é porventura a comunhão do Sangue de Cristo? E o pão, que partimos, não é por certo a participação do Corpo de Cristo?"[307]

Com efeito, no sentir de São João Damasceno[308], este Sacramento nos liga com Cristo, faz-nos participar de Sua Carne e Divindade, une-nos e congrega-nos uns aos outros, articula-nos, por assim dizer, num só corpo no mesmo Cristo.

Tal é também a razão de chamar-se Sacramento da paz e caridade, para nos dar a entender quanto são indignos do nome cristão os que cultivam inimizades, e quanto se faz mister exterminar radicalmente os ódios, rixas e discórdias, como sendo a mais negra peste entre os cristãos; isto tanto mais, porque no Sacrifício cotidiano de nossa Religião prometemos fazer o maior esforço possível por conservar a paz e a caridade.

[5] Muitas vezes, os autores sagrados dão-lhe também o nome de "Viático"[309], por ser o alimento espiritual que não só nos sustenta na peregrinação desta vida, como também nos prepara o caminho para a eterna glória e felicidade.[310]

Por esta razão, vemos a Igreja Católica observar o antigo preceito, que nenhum dos fiéis deve morrer, sem a recepção deste Sacramento.[311]

Os mais antigos Padres da Igreja estribavam-se na autoridade do Apóstolo, quando deram algumas vezes o nome de "Ceia" à Sagrada Eucaristia, pelo fato de que Cristo Nosso Senhor a instituiu durante os salutares mistérios da última Ceia.[312]

[6] Com isso, porém, não se quer dizer que seja lícito consagrar ou receber a Eucaristia, depois que se tenha comido ou bebido alguma coisa. Conforme diziam os antigos escritores, foram os Apóstolos que introduziram o salutar costume, desde então sempre mantido e observado, que as pessoas só recebam a Comunhão em jejum natural.

---

307. 1Cor 10,16.
308. São João Damasceno, *De fide orthod*, lib. 4, cap.13.
309. Em latim: viaticum = farnel, matalotagem, provisão de viagem.
310. Ex, 12, 3-11.
311. CIC can. 864-865.
312. 1Cor 11,20. A expressão "Ceia" é hoje a preferida por várias seitas protestantes.

III. POR QUE A EUCARISTIA É VERDADEIRO SACRAMENTO

[7] Após a explicação do nome, força é ensinar que a Eucaristia é verdadeiro Sacramento, um dos sete que a Santa Igreja sempre reconheceu e conservou, com religiosa veneração.

Antes de tudo, porque na consagração do Cálice é designada como "Mistério da fé".[313] Depois, porque são quase inúmeras as declarações, pelas quais os sagrados autores sempre afirmaram o caráter genuinamente sacramental da Eucaristia. No entanto, não os citaremos aqui, visto chegarmos às mesmas conclusões pela consideração da essência e finalidade deste Sacramento.

De fato, na Eucaristia concorrem os sinais externos e sensíveis [de Sacramento], bem como a virtude de significar e produzir a graça. Ademais, nem os Evangelistas, nem os Apóstolos deixam a menor dúvida de que foi instituída por Cristo.[314]

Ora, como aqui se verificam todas as condições, que dão prova do genuíno caráter sacramental, já não precisamos recorrer a nenhuma outra argumentação.

[8] Todavia, tenham os pastores o cuidado de advertir que, neste Mistério, entram vários fatores, aos quais os sagrados autores atribuíam outrora o nome de Sacramento. Assim designavam às vezes a Consagração e a Comunhão, e amiúde o próprio Corpo e Sangue de Nosso Senhor, que se contêm na Eucaristia.

Diz Santo Agostinho[315] que este Sacramento consta de duas coisas: aparência visível dos elementos, e realidade invisível da Carne e do Sangue de Nosso Jesus Cristo. Ora, da mesma forma dizemos que se deve adorar este Sacramento, e, com tais palavras, nos referimos ao Corpo e ao Sangue de Nosso Senhor.

Verdade é que todas estas coisas não se chamam Sacramento, no rigor da palavra. O nome [de Sacramento] só tem aplicação real e absoluta às espécies de pão e de vinho.

---

313. Cânon da Missa. "Mistério" quer dizer aqui "Sacramento".
314. Mt 26,26; Mc 24,22; Lc 22,10; 1Cor 11,24 ss.
315. Santo Agostinho, *De catech. rud.*, cap. 26.

[9] Fácil é de verificar quanto vai a diferença deste Sacramento a todos os mais. Os outros Sacramentos só adquirem sua razão de ser pela aplicação da matéria, quando são administrados a qualquer pessoa. O Batismo, por exemplo, não surte seu efeito sacramental, senão no próprio instante em que alguém recebe realmente a ablução de água. No entanto, para a integridade [sacramental] da Eucaristia basta a consagração da matéria; ambas as espécies não deixam de ser Sacramento, ainda que sejam guardadas no cibório.[316]

Mais ainda. Na feitura dos outros Sacramentos, a matéria ou elemento não se muda em substância diversa. A água batismal e o óleo de Crisma não perdem respectivamente a substância própria de água ou de azeite, quando se administram os Sacramentos do Batismo e da Confirmação. Mas, na Eucaristia, o que antes da Consagração era simples pão e vinho, é verdadeira substância do Corpo e Sangue de Nosso Senhor, desde que se efetuou a Consagração.

[10] Apesar de serem dois os elementos que constituem a natureza integral da Eucaristia, a saber pão e vinho, dizemos contudo que eles não perfazem vários, mas um só Sacramento, conforme no-lo ensina o magistério da Igreja. Do contrário, não poderia aliás ser sete o número total dos Sacramentos, assim como a Tradição sempre o afirmou, e os Concílios de Latrão, Florença e Trento o definiram.[317]

Pois, como a graça deste Sacramento produz um só Corpo Místico, um só deve ser também o próprio Sacramento, para que a sua natureza corresponda à graça produzida. E deve ser um, não porque seja um todo indivisível, mas porque assinala uma só operação da graça.

Se compararmos, comida e bebida são duas coisas diversas, mas que se empregam para a mesma finalidade, ou seja, para restaurar as forças do corpo. Assim, pois, no Sacramento, convinha que a elas correspondessem duas espécies diversas, para representarem o alimento espiritual com que as almas se sustentam e dessedentam. Por isso é que Nosso Senhor declarou: "Minha Carne é verdadeiramente comida, e Meu Sangue é verdadeiramente bebida".[318]

---

316. A Santa Reserva. Hoje só se guardam as espécies de pão.
317. Dz 695-702, 844, 996, 1470. O IV Conc. de Latrão cita os sete Sacramentos só implicitamente. Cfr. Dz 424, 430.
318. Jo 6,56.

Portanto, torna-se mister que os pastores não se cansem de desenvolver toda a significação do Sacramento da Eucaristia. Destarte, os fiéis poderão alimentar o espírito pela contemplação das verdades divinas, enquanto acompanham os Sagrados Mistérios com os olhos corporais.

[11] Ora, três são as coisas que este Sacramento nos recorda. A primeira, que já passou, é a Paixão de Cristo Nosso Senhor. Ele próprio havia dito: "Fazei isto em memória de Mim".[319] E o Apóstolo testemunhou: "Todas as vezes que comerdes deste pão e beberdes do cálice, anunciareis a Morte do Senhor, até que Ele venha".[320]

A segunda é a graça divina e celestial, que o Sacramento confere no instante da recepção, para nutrir e conservar as forças da alma. Assim como o Batismo nos faz renascer para uma vida nova, e a Crisma nos dá alento para resistir a Satanás, e confessar publicamente o nome de Cristo: assim também recebemos na Eucaristia alimento e vigor espiritual.

A terceira, reservada para o futuro, é o fruto da eterna alegria e glória que havemos de possuir na pátria celestial, em virtude da promessa feita por Deus.

Estas três coisas que claramente se distinguem, quanto ao tempo presente, passado e futuro, são expressas de tal maneira pelos Sagrados Mistérios, que o Sacramento, apesar das espécies diversas, constitui em seu aspecto total uma só representação. Esta exprime, por sua vez, a razão de ser daquelas três coisas, consideradas separadamente.[321]

IV. A MATÉRIA DA EUCARISTIA

[12] Os pastores devem, antes de tudo, conhecer a matéria deste Sacramento, já para que eles mesmos o possam consumar validamente,

---

319. Lc 22,19.
320. 1Cor 11,26.
321. A compreensão desta alínea oferece alguma dificuldade. O P. Antônio Koch S. J. (RK II p. 96) dá a seguinte explicação: "Para exprimir, com propriedade, o simbolismo destas três coisas: Paixão de Cristo, sagrado Banquete da alma no mundo, e Banquete celestial: era preciso que houvesse as duas espécies, já porque todo banquete consta de comida e bebida, já porque na Paixão de Cristo o Sangue se separou do Corpo. Daí não resulta, porém, que cada espécie constitua por si mesma um sinal sacramental, a ponto de haver dois Sacramentos. Pelo contrário, são ambas as espécies juntas, como Sacramento em seu aspecto total, que fornecem uma imagem adequada ou sinal sacramental para a Paixão de Cristo, e para os Banquetes na terra e na pátria celestial". Cfr. também o que foi dito supra: CRO II I 8.

já para que os fiéis tenham uma noção de seu valor simbólico, e nutram em si o amoroso e intenso desejo de possuir aquilo que a matéria significa. Dupla, portanto, é a matéria deste Sacramento.

1. Pão de trigo

a) Requisito para validez

Uma é o pão feito de trigo. Falaremos desta em primeiro lugar, e da outra[322] nos ocuparemos mais adiante.

Dizem, pois, os Evangelistas Mateus, Marcos e Lucas[323], que Cristo Nosso Senhor tomou pão em Suas mãos, benzeu-o e partiu-o, pronunciando as palavras: "Isto é o Meu Corpo". No Evangelho de São João, Nosso Senhor também disse de Si mesmo que era pão, quando declarava: "Eu sou o pão vivo, que desci do céu".[324]

Ora, o pão pode ser de várias espécies, ou porque difere na matéria de que é feito, havendo pão de trigo, de cevada, de legumes, e de outros produtos da terra; ou porque difere nas várias maneiras de se preparar, havendo pão levedado e pão sem fermento de espécie alguma.

Quanto à primeira espécie, as palavras do Salvador mostram que o pão deve ser feito de trigo. Pois, na linguagem comum, não há dúvida que se pensa em pão de trigo, quando nos referimos ao pão sem mais explicações.

Esta interpretação é também confirmada por uma figura da Antiga Aliança; pois o Senhor havia prescrito que os pães de proposição, símbolo deste Sacramento, fossem feitos da mais pura farinha de trigo.[325]

b) Requisito para licitude

[13] Assim como só ao pão de trigo podemos considerar matéria apta para se fazer o Sacramento: assim também nos será fácil concluir que o pão deve ser ázimo, se nos cingirmos ao exemplo que nos deu Cristo Nosso Senhor. Com efeito, Ele fez e instituiu este Sacramento no

---

322. O vinho.
323. Mt 26,26; Mc 14,22; Lc 22,19.
324. Jo 6,41.
325. Lv 24,5. *Thom. III q. 74 c. 3.

primeiro dia dos ázimos[326], no qual não era permitido aos judeus terem em casa coisa alguma que fosse fermentada.[327]

Querendo alguém alegar a autoridade de São João Evangelista, segundo o qual tudo se realizara "na véspera da Páscoa"[328], a objeção pode ser facilmente rebatida. Diziam os outros Evangelistas que era no "primeiro dia dos ázimos", quando Nosso Salvador celebrou a Páscoa, porque os dias santos dos ázimos já começavam quinta-feira de tarde; mas era o mesmo dia que São João designava como vigília da Páscoa, pois ele queria antes de tudo indicar o espaço de um dia natural, que começa com o nascer do sol. Por isso é que também São João Crisóstomo considerava como primeiro dos ázimos o dia, em que pela tarde se deviam comer os pães ázimos.[329]

E o Apóstolo mostra-nos quanto a consagração de pão ázimo condiz com a pureza e integridade interior que os fiéis devem apresentar, desde que se aproximam para receber este Sacramento. Motivo por que nos exorta: "Deitai fora o velho fermento, para que sejais uma massa nova, porquanto sois ázimos; pois Cristo foi imolado, para ser a nossa Páscoa. Portanto, celebremos o nosso banquete, não com o velho fermento, nem com o fermento da malícia e perversidade, mas com os ázimos da sinceridade e da verdade".[330]

[14] Este requisito, porém, não é tão essencial, que sem pão ázimo não se possa consumar o Sacramento. Ambas as espécies de pão, quer ázimo, quer fermentado, conservam o nome e as qualidades de verdadeiro pão.

No entanto, a ninguém é lícito modificar, por alvitre, ou antes, por capricho próprio, este louvável costume de sua Igreja.[331] Muito menos o poderiam fazer os sacerdotes do rito latino, aos quais os Soberanos Pontífices ainda por cima ordenaram celebrassem os Sagrados Mistérios só com pão ázimo.[332]

A respeito da primeira matéria deste Sacramento, bastam as noções que acabamos de apresentar. Convém apenas advertir que a Igreja nunca determinou quanta matéria se deve empregar para a consagração do Sa-

---

326. Mt 26,17; cfr. Ex 12,8.
327. Ex 12,19.
328. Jo 13,1.
329. São João Chrisóstomo, *In Mt. homil. 81* 1.
330. 1Cor 5,7 ss.
331. Dz 465, 692. CIC can. 818.
332. CIC can. 816.

cramento, por não ser possível determinar também o número das pessoas, que possam ou devam receber os Sagrados Mistérios.

2. Vinho, e vinho de uva

[15] Resta-nos, agora, falar da segunda matéria deste Sacramento. É o vinho pisado do fruto da vide, ao qual se mistura um pouco de água.

A Igreja Católica sempre ensinou que Nosso Senhor e Salvador empregava vinho na instituição deste Sacramento, pois Ele mesmo havia dito: "Doravante, não tornarei a beber deste fruto da vide, até chegar aquele dia".[333] Ao que comenta São João Crisóstomo: "Do fruto da vide, que certamente produzia vinho, e não água".[334] Era como se ele quisesse, com tanta antecedência, esmagar a heresia daqueles que julgavam que nestes Mistérios se devia usar água exclusivamente".[335]

[16] A Igreja, porém, sempre misturou água com o vinho. Em primeiro lugar, porque assim o fizera Cristo Nosso Senhor, conforme nos provam a autoridade dos Concílios[336] e o testemunho de São Cipriano.[337] Depois, porque essa mistura faz lembrar que do lado de Cristo manou sangue e água. Ademais, as "águas" significam o povo, como lemos no Apocalipse[338]; assim também, misturada ao vinho, a água simboliza a união do povo fiel com Cristo, que é a sua Cabeça.[339]

E a Santa Igreja sempre manteve este costume, por ser de tradição apostólica.

[17] São tão fortes as razões para se misturar água ao vinho, que seria grave culpa deixar de fazê-lo. Entretanto, a omissão não impediria que se consumasse o Sacramento.

Mas, assim como é de preceito misturar água ao vinho, nos Sagrados Mistérios, os sacerdotes devem também cuidar de não o fazer

---

333. Mt 26,29; Mc 14,15.
334. São João Crisóstomo, *In Mt. hom. 82* 2.
335. Os encratitas, chamados também aquários, "consagravam" só com água.
336. Conc. de Florença e de Trento. Dz 698, 945, 956.
337. São Cipriano, *Epist. 63*.
338. Ap 17,15. Cfr. Dz 698, 945.
339. Ef 4,15.

senão em pequena quantidade; pois os santos autores julgam e ensinam que essa [pouca] água se converte em vinho.³⁴⁰

Nesse sentido escreveu o Papa Honório: "No teu território, arraigou-se um abuso pernicioso, como seja o de empregar, no sacrifício, maior quantidade de água que de vinho; porquanto a razoável praxe da Igreja Universal prescreve que se tome muito mais vinho do que água".³⁴¹

Como estes dois elementos são os únicos a constituírem a matéria sacramental, muita razão teve a Igreja de proibir, por vários decretos³⁴², que se não oferecessem outras coisas, além do pão e do vinho, conforme alguns se atreviam de fazer.

3. O simbolismo da matéria

Agora, vamos ver quanto os símbolos de pão e de vinho se prestam para designar as coisas, de que são sinais sacramentais, consoante a nossa profissão de fé.

[18] Em primeiro lugar, apresentam-nos Cristo como a verdadeira vida dos homens. Nosso Senhor em pessoa havia dito: "Minha Carne é verdadeiramente comida, e Meu Sangue é verdadeiramente bebida".³⁴³ Ora, se o Corpo de Cristo Nosso Senhor dá alimento para a vida eterna aos que recebem o Seu Sacramento com o coração puro e santificado, de muito acerto é que o Sacramento tenha, por símbolo, as matérias que conservam a nossa vida terrena. Assim, os fiéis não custam a compreender que a Comunhão do Precioso Corpo e Sangue de Cristo lhes nutre, plenamente, a alma e o coração.

Estes elementos materiais também concorrem, não pouco, para que os homens venham a reconhecer que este Sacramento encerra, de fato, o Corpo e o Sangue de Nosso Senhor. Pois, ao vermos todos os dias que, por um processo natural, o pão e o vinho se convertem em carne e sangue do homem, mais facilmente chegamos a crer, mediante essa analogia, que a substância do pão e do vinho se convertem, pelas palavras da Consagração, na verdadeira Carne de Cristo e no Seu verdadeiro Sangue.

---

340. O Papa Inocêncio III em 1202. DU 416.
341. Corpus jur. can. c. 13 X de celebrat. Missae III 41. Cfr. Dz 441.
342. Corpus jur. can. c. 13 de consecrat. dist. 2.
343. Jo 6,56.

A admirável mutação dos elementos incute-nos, ainda, uma pálida noção daquilo que se opera na alma. Deveras, ainda que se não perceba nenhuma mudança exterior no pão e no vinho, contudo a sua substância passa, verdadeiramente, a ser Carne e Sangue de Cristo: assim também, de modo análogo, nossa vida se renova interiormente, quando recebemos a verdadeira vida no Sacramento da Eucaristia, posto que em nós parece não ter havido nenhuma mudança.

Mais ainda. Sendo a Igreja um corpo que se compõe de muitos membros[344], nenhuma coisa é mais adequada para fazer ressaltar essa união, do que o pão e o vinho. O pão se faz de muitos grãos, e o vinho se espreme de muitos cachos. Desta maneira, simbolizam como também nós, apesar de sermos muitos, nos unimos estreitamente pelos vínculos deste Mistério, e constituímos, por assim dizer, a unidade de um só corpo.[345]

V. A FORMA DA EUCARISTIA

[19] Chega agora a vez de tratarmos da forma, que se deve empregar na consagração do pão. Salvo motivo particular, estas explanações não se destinam ao simples povo fiel — pois delas não precisam os que não receberam Ordens Sacras — mas são dadas, sobretudo, para que a ignorância da forma não induza os sacerdotes a cometerem erros torpes na consumação do Sacramento.[346]

1. Para a consagração do pão

Consoante a doutrina dos Evangelistas São Mateus e São Lucas, bem como do Apóstolo São Paulo[347], sabemos que essa forma consiste nas seguintes palavras: "Isto é o Meu Corpo". Pois está escrito: "Quando estavam na ceia, tomou Jesus o pão, benzeu-o, partiu-o, e deu-o aos Seus Discípulos, dizendo: Tomai e comei, isto é o Meu Corpo".[348]

---

344. 1Cor 12,12; 10,17.
345. Cfr. a "Didaché", ou "Doutrina dos 12 Apóstolos", que desenvolve essa bela comparação.
346. Os autores do CRO visam aqui o clero do século XVI. Tais receios, podemos dizer, caducaram posteriormente, com as Reformas Tridentinas.
347. Mt 26,26; Lc 22,19; 1Cor 11,24.
348. Mt 26,26.

Esta forma de consagração, a Igreja Católica sempre a empregou, por ser a que Cristo Nosso Senhor havia observado. E aqui deixamos de parte os testemunhos dos Santos Padres, cuja enumeração seria um nunca acabar, e o decreto do Concílio de Florença[349], por bastante conhecido e acessível a quantos o queiram consultar. Se assim procedemos, é porque se pode também inferir a mesma verdade daquelas palavras de Nosso Salvador: "Fazei isto em memória de Mim".[350]

Aquilo, pois, que Nosso Senhor dera ordem de fazer, deve referir-se não só ao que Ele havia feito, mas também ao que Ele havia dito. Isto deve, sobretudo, entender-se das palavras que Ele proferira, tanto para significar, como para produzir [o efeito sacramental].

O mesmo se pode facilmente demonstrar à luz da razão.

Forma é aquilo que significa o efeito operado por este Sacramento. Ora, como as palavras citadas declaram, de maneira explícita, o efeito que se opera, isto é, a conversão do pão no verdadeiro Corpo de Nosso Senhor, segue-se, portanto, que elas mesmas constituem a forma da Eucaristia. Nesse sentido se deve tomar a expressão do Evangelista: "benzeu-o". Era como se dissesse: "Ele tomou o pão, benzeu-o, pronunciando as palavras: Isto é o Meu Corpo".

[20] O Evangelista refere antes as palavras: "Tomai e comei". Sabemos, porém, que estas palavras não designam a consagração da matéria, mas apenas o uso que se deve fazer do Sacramento.

O Sacerdote tem a estrita obrigação de pronunciá-las, mas não são de valor essencial para a realização do Sacramento. O mesmo se diga da conectiva "pois", na consagração do pão e do vinho.

Do contrário, não seria lícito consagrar o Sacramento, quando não houvesse a quem administrá-lo. No entanto, ninguém pode contestar que o sacerdote consagra realmente a matéria apta do pão, todas as vezes que profira as palavras de Nosso Senhor, ainda que na mesma ocasião não administre a ninguém a Sagrada Eucaristia.

---

349. Dz 698, 715.
350. Lc 22,19.

2. Para a consagração do vinho

[21] Pelas mesmas, razões, já alegadas, deve o sacerdote ter uma perfeita noção da forma para consagrar o vinho, que é a segunda matéria deste Sacramento.

Devemos crer, com inabalável certeza, que ela está contida nas seguintes palavras: "Este é o Cálice do Meu Sangue, da nova e eterna Aliança, Mistério da fé, o qual por vós e por muitos será derramado, em remissão dos pecados".[351]

Destas palavras, muitas foram tiradas das Sagradas Escrituras, algumas, porém, são conservadas pela Igreja, em virtude da Tradição Apostólica.

Senão vejamos. "Este é o Cálice" — são palavras escritas por São Lucas e o Apóstolo São Paulo.[352] O que vem a seguir: "do Meu Sangue", ou "Meu Sangue da Nova Aliança, o qual por vós e por muitos será derramado em remissão dos pecados" — são palavras que se acham parte em São Lucas, parte em São Mateus.[353] As palavras "da eterna [Aliança]" e "Mistério da fé" foram-nos comunicadas pela Sagrada Tradição, que é a medianeira e zeladora da verdade católica.

[22] Ninguém poderá contestar a exatidão desta forma, se também aqui tiver em vista o que já foi dito acerca da forma na consagração da matéria do pão. Pois certo é que nas palavras que exprimem a conversão do vinho no Sangue de Cristo Nosso Senhor, está contida a forma correspondente a esta matéria. Ora, como aquelas palavras a exprimem claramente, é de toda a evidência que se não deve estabelecer outra forma.

Além disso, essas palavras exprimem certos efeitos admiráveis do Sangue derramado na Paixão de Nosso Senhor, efeitos que estão na mais íntima relação com este Sacramento. O primeiro é o acesso à eterna partilha, cujo direito nos advém da "nova e eterna Aliança". O segundo é o acesso à justiça pelo "Mistério da fé"; porquanto Deus nos propôs Jesus como vítima propiciatória, mediante a fé em Seu Sangue, para que Ele mesmo seja justo e justifique a quem acredita em Jesus Cristo.[354] O terceiro é a remissão dos pecados.

---

351. Cânon da Santa Missa.
352. Lc 22,20; 1Cor 11,25.
353. Lc 22,20; Mt 26,28.
354. Rm 3,25 ss.

[23] Como estas palavras da Consagração [do vinho] encerram um sem-número de Mistérios, e são muito adequadas ao que devem exprimir, força é considerá-las com mais vagar e atenção.

Quando pois se diz: "Este é o Cálice do Meu Sangue", cumpre entender: "Este é o Meu Sangue, que está contido neste cálice". Como aqui se consagra sangue, para ser bebida dos fiéis, é oportuno e acertado fazer-se menção do cálice. O sangue como tal não lembraria bastante a ideia de bebida, se não estivesse colocado num recipiente.

Acrescentam-se depois as palavras "da Nova Aliança", para compreendermos que o Sangue de Cristo Nosso Senhor é dado aos homens, em sua absoluta realidade, pela razão de pertencer à Nova Aliança; não somente em figura, como acontecia na Antiga Aliança, da qual contudo lemos, na epístola do Apóstolo aos Hebreus[355], não ter sido selada sem sangue.

Nesse sentido é que o Apóstolo explicou: "Por isso mesmo", Cristo "é o Mediador da Nova Aliança, para que, intervindo a Sua morte, recebam a promessa da herança eterna os que a ela foram chamados".[356]

O adjetivo "eterna" refere-se à herança eterna, que legitimamente nos cabe pela morte de Cristo Senhor Nosso, o eterno Testador.

A cláusula "Mistério da fé" não tem por fim excluir a verdade objetiva; significa que devemos crer, com fé inabalável, o que nele se oculta, de maneira absolutamente inacessível à vista humana.

Mas estas palavras não têm aqui o mesmo sentido, que se lhes atribui também com relação ao Batismo. Fala-se, pois, de "Mistério da fé", porque só pela fé vemos o Sangue de Cristo, velado que está na espécie de vinho. Como, porém, o Batismo abrange toda a profissão da fé cristã, temos razão em chamar-lhe "Sacramento da fé", o que corresponde ao "mistério" dos gregos.[357]

Existe, ainda, outro motivo de chamarmos "Mistério da fé" ao Sangue de Nosso Senhor. A razão humana oferece muita dificuldade e relutância, quando a fé nos propõe a crer que Cristo Nosso Senhor, verdadeiro Filho de Deus, sendo Deus e Homem ao mesmo tempo, sofreu a morte por amor de nós. Ora, esta Morte é justamente representada pelo Sacramento do Seu Sangue.

---

355. Hb 9,18.
356. Contração de Hb 9,15.
357. Cfr. CRO II II 4. Em linguagem teológica, a distinção entre mistério e Sacramento fixou-se a partir do século XII.

[24] Em vista desse fato, era bem comemorar-se aqui, e não na Consagração do Seu Corpo, a Paixão de Nosso Senhor, mediante as palavras: "que será derramado em remissão dos pecados". Consagrado separadamente, o Sangue tem mais força e propriedade, para revelar, aos olhos de todos, a Paixão de Nosso Senhor, a Sua Morte, a modalidade de Seu sofrimento.

As palavras que se ajuntam "por vós e por muitos", foram tomadas parte de São Mateus, parte de São Lucas.[358] A Santa Igreja, guiada pelo Espírito de Deus, coordenou-as numa só frase, para que exprimissem o fruto e a vantagem da Paixão.

De fato, se considerarmos sua virtude, devemos reconhecer que o Salvador derramou Seu Sangue pela salvação de todos os homens. Se atendermos, porém, ao fruto real que os homens dele auferem, não nos custa compreender que sua eficácia se não estende a todos, mas só a "muitos" homens.

Dizendo, pois, "por vós", Nosso Senhor tinha em vista, quer as pessoas presentes, quer os eleitos dentre os judeus, como o eram os Discípulos a quem falava, com exceção de Judas.

No entanto, ao acrescentar "por muitos", queria aludir aos outros eleitos, fossem eles Judeus ou gentios. Houve, pois, muito acerto em não se dizer "por todos", visto que o texto só alude aos frutos da Paixão, e esta sortiu efeito salutar unicamente para os escolhidos.[359]

Tal é o sentido a que se referem aquelas palavras do Apóstolo: "Cristo imolou-Se uma só vez, para remover totalmente os pecados de muitos"[360]; e as que disse Nosso Senhor no Evangelho de São João: "Eu rogo por eles; não rogo pelo mundo, mas por estes que Vós Me destes, porque eles são Vossos".[361]

Nestas palavras da Consagração [do vinho] vão ainda muitos outros Mistérios. Com a graça de Deus, poderão os pastores facilmente descobri-los, se fizerem assídua e aturada meditação das coisas divinas.

---

358. Mt 26,28; Lc 22,20.
359. O comentário desta passagem não deve rumar para o mistério da predestinação. A Paixão de Cristo só não aproveita a quem despreza as graças que dela dimanam, em benefício de todos os homens sem exceção. Dz 794-802, 1294 ss., 1382.
360. Hb 2,28.
361. Jo 17,9.

[25] Mas agora reatemos a explanação de [outras] verdades, que os fiéis de modo algum podem desconhecer. Como o Apóstolo afirma ser enorme o crime cometido por aqueles "que não distinguem o Corpo do Senhor"[362], digam os pastores, em primeiro lugar, que o espírito e a inteligência devem aqui abstrair absolutamente das impressões sensíveis. Pois, se os fiéis julgassem que este Sacramento só contém o que eles percebem com os sentidos, cairiam forçosamente na maior das impiedades. Seriam levados a crer que, no Sacramento, nada mais existe além de pão e de vinho, porquanto a vista, o tato, o olfato e o paladar só acusam as aparências de pão e de vinho. Devem, pois, os pastores envidar esforços, para que o espírito dos fiéis prescinda, o mais possível, da opinião dos sentidos, e se alevante à contemplação da soberania e onipotência de Deus.

[26] São três os efeitos, dignos da maior admiração e acatamento, produzidos pelas palavras da Consagração, conforme o que a fé católica crê e professa, sem nenhuma hesitação.

O primeiro é que, neste Sacramento, se contém o verdadeiro Corpo de Cristo Nosso Senhor, aquele mesmo que nasceu da Virgem, e está sentado nos céus à mão direita do Pai.

O segundo é que nele não remanesce nenhuma substância dos elementos, por mais estranho e contrário que isto pareça à percepção dos sentidos.

O terceiro, que se deriva dos dois anteriores, está claramente indicado pelos termos da Consagração. É que os acidentes, quais se nos deparam à vista e aos demais sentidos, continuam a subsistir, de uma maneira admirável e inexplicável, sem que coisa alguma lhes sirva de suporte. Podemos, pois, enxergar todos os acidentes do pão e do vinho, mas eles não inerem a nenhuma substância; subsistem em si mesmos, porquanto a substância do pão e do vinho se convertem de tal maneira no próprio Corpo de Nosso Senhor, que a substância do pão e do vinho deixam totalmente de existir.[363]

---

362. 1Cor 11,29.
363. Na transubstanciação, Deus mesmo mantém a existência dos acidentes, sem lhes servir de sujeito ou substância. O assunto do presente parágrafo é bastante especulativo, mas o pregador ou catequista não terá necessidade de apresentá-lo assim.

VI. A PRESENÇA REAL DO CORPO E SANGUE DE CRISTO NA EUCARISTIA

1. Testemunho das Escrituras

[27] Para entrarem na exposição do primeiro efeito, farão os pastores por mostrar como são claras e inequívocas as palavras de Nosso Salvador, pelas quais Ele designa a presença real de Seu Corpo neste Sacramento.

Quando pois Ele diz: "Isto é o Meu Corpo, este é o Meu Sangue"; nenhuma pessoa de bom-senso pode desconhecer o que tais palavras significam, tanto mais que se referem à natureza humana que era em Cristo uma realidade, conforme o que a fé católica a todos propõe como doutrina indubitável. Assim é que Santo Hilário, varão de muita virtude e prudência, teve a agudeza de observar que já não é possível duvidar da presença real do Corpo e Sangue de Cristo, desde que o próprio Senhor declarou, e a fé nos ensina, que Sua Carne é verdadeiramente comida.[364]

[28] Os pastores deverão ainda elucidar uma outra passagem, pela qual será fácil concluir que, na Eucaristia, se contém o verdadeiro Corpo e Sangue de Nosso Senhor. Depois de relatar como Nosso Senhor consagrara o pão e o vinho, e dera aos Apóstolos os Sagrados Mistérios, o Apóstolo acrescenta: "Examine-se, pois, o homem a si próprio, e assim coma deste pão e beba do cálice; porque quem come e bebe indignamente, come e bebe a sua própria condenação, por não discernir o Corpo do Senhor.[365]

Ora, se no Sacramento não houvesse outra coisa que venerar, como afirmam os hereges, senão uma lembrança e um sinal da Paixão de Cristo, que necessidade tinha o Apóstolo de exortar os fiéis, em linguagem tão grave, a examinarem-se a si mesmos?

Com aquela dura palavra "condenação", declarava o Apóstolo que comete nefando crime quem recebe indignamente o Corpo do Senhor, oculto de maneira invisível na Eucaristia, e não o distingue de outra qualquer comida.

Na mesma epístola, o Apóstolo já havia antes explicado de modo mais incisivo: "O Cálice da bênção, que benzemos, não é a comunicação

---

364. Santo Hilário, *De Trinit.* 8 14 ss.
365. 1Cor 11,28.

do Sangue de Cristo? E o Pão, que partimos, não é a participação do Corpo de Cristo?"³⁶⁶ São palavras que designam, claramente, a verdadeira substância do Corpo e Sangue de Cristo Nosso Senhor.

Os pastores devem, portanto, explicar estas passagens da Escritura, ensinando, expressamente, que elas não deixam nenhuma dúvida ou incerteza, sobretudo porque [assim] as interpretou a sacrossanta autoridade da Igreja de Deus.

2. *Testemunho do Magistério da Igreja*

[29] Por dois processos podemos alcançar essa interpretação da Igreja.

a) *Ensino dos Santos Padres*

O primeiro é consultar os Padres que, desde os primórdios da Igreja floresceram em cada século, e são os melhores abonadores da doutrina eclesiástica.

Ora, eles são absolutamente unânimes em ensinar, com a maior clareza, a verdade deste dogma. Mas, como custaria muito esforço e trabalho alegar aqui o testemunho de cada um deles, será bastante referir, ou melhor, apontar alguns testemunhos que permitam ajuizar os demais, sem maior dificuldade.

Seja, pois, Santo Ambrósio o primeiro a fazer seu depoimento de fé. No seu livro sobre os Catecúmenos³⁶⁷, afirmou que neste Sacramento recebemos o verdadeiro Corpo de Cristo, assim como foi verdadeiramente tomado da Virgem; e que esta verdade deve ser aceita com absoluta adesão da fé. E, noutro lugar, ensina que, antes da Consagração, há pão sobre o altar; mas que, depois da Consagração, está ali a Carne de Cristo.³⁶⁸

Venha, como segunda testemunha, São João Crisóstomo, cuja doutrina não é de menos força e autoridade. Em muitas passagens de suas obras, professa ele e ensina a verdade deste dogma, mas de modo mais pronunciado na sexagésima Homilia sobre aqueles que comungam indignamente, bem como nas Homilias quadragésima quarta e quadragé-

---

366. 1 Cor 10,16.
367. Santo Ambrósio, *De mysteriis*, cap. 9.
368. Santo Ambrósio, *De Sacramentis*, lib. 4, cap.4.

sima quinta sobre o Evangelho de São João. "Obedeçamos a Deus, diz ele, e não façamos objeção, ainda quando parece propor-nos coisas contrárias às nossas ideias e à nossa visão; porquanto a Sua palavra é infalível, e nossos sentidos facilmente se enganam".

Com tais passagens concorda plenamente o que Santo Agostinho, como rijo defensor da fé, sempre ensinava, mormente na explicação do título do Salmo 33. Diz ele: "Impossível é ao homem carregar-se a si mesmo nas próprias mãos. Isso podia aplicar-se somente a Cristo, pois que Se trazia a Si nas próprias mãos, quando entregou Seu Corpo com as palavras: "Isto é o Meu Corpo".[369]

Concordando com São Justino e Santo Ireneu, São Cirilo afirma, no Quarto Livro sobre o Evangelho de São João, a existência da Carne de Cristo neste Sacramento, e usa de termos tão declarados, que não é possível dar-lhes uma interpretação errônea e tendenciosa.

Caso queiram outros ditos dos Santos Padres, os pastores poderão sem mais acrescentar São Dionísio, Santo Hilário, São Jerônimo, São João Damasceno, e muitos outros que não nos é possível enumerar. Suas autorizadas opiniões sobre este dogma foram cuidadosamente coligidas, graças aos esforços de autores doutos e piedosos, que assim no-las tornaram fáceis de consultar em qualquer oportunidade.[370]

b) Condenação da doutrina contrária

[30] O segundo processo para conhecermos o sentir da Igreja em matéria de fé, consiste na condenação que ela fulmina contra as doutrinas e opiniões contrárias.

Ora, é um fato histórico, que a fé na presença real do Corpo de Cristo na Eucaristia estava de tal sorte disseminada e arraigada na Igreja Universal, e gozava de tanta aceitação entre todos os fiéis que, atrevendo-se Berengário, há quinhentos anos atrás[371], a negá-la e atribuir-lhe apenas o caráter de simples emblema, o Concílio de Vercelli, convocado por Leão IX, logo o condenou por consenso unânime dos Padres, e fulminou sua heresia com a pena de excomunhão.

---

369. Santo Agostinho, in *Sl 33*, 1-10.
370. Modernamente, temos o "Enchiridion Patristicum, auctore M. J. Rouêt de Journet S. J. apud Herder et Socios Friburgi Brisgoviae".
371. Isto, com relação à época do CRO. Berengário viveu no século XI.

Quando ele mais tarde recaiu na loucura da mesma impiedade foi [novamente] condenado por três outros Concílios, por um em Tours, e por dois em Roma, sendo o primeiro destes convocado pelo Papa Nicolau II, e o segundo pelo Papa Gregório VII. Esta mesma doutrina foi mais tarde confirmada por Inocêncio III no Concílio Ecumênico de Latrão. Depois, os Concílios de Florença e de Trento declararam e definiram, mais explicitamente, o sentido desta verdade revelada.[372]

[31] Nenhuma alusão fazemos aqui a pessoas que, obcecadas por opiniões errôneas, nada aborrecem tanto, como a luz da verdade; mas, se os pastores explicarem bem estas verdades[373], poderão confortar os fracos, e encher de suma e cordial alegria os espíritos piedosos, tanto mais que para os fiéis a verdade deste dogma deve estar implicitamente incluída na profissão dos outros artigos da fé.

Crendo, pois, e professando o supremo poder de Deus sobre todas as coisas, força lhes é crerem também que a Deus não falta poder para realizar este sumo prodígio que, extasiados, adoramos, no Sacramento da Eucaristia. E crendo, também, a Santa Igreja Católica, necessariamente devem acreditar que as verdades relativas a este Sacramento são conformes à explicação, que acabamos de dar.[374]

3. Grande dignidade da Igreja ao contemplar este mistério

[32] Sem dúvida alguma, quando os fiéis se põem a considerar a singular grandeza deste incomparável Sacramento, não há o que lhes possa contribuir para maior gozo e proveito espiritual.

Em primeiro lugar, reconhecerão como é sublime a perfeição da Nova Aliança, à qual foi dado possuir na realidade o [Mistério] que, na época da Lei Mosaica, era apenas insinuado por sinais e figuras. Por isso, São Dionísio[375] teve a inspiração de dizer que a nossa Igreja fica de permeio entre a Sinagoga e a Jerusalém celestial[376], razão por que também participa da grandeza de ambas.

---

372. Dz. 355.
373. De que tratam os presentes §§ 28-29.
374. Isto quer dizer: A Eucaristia é um dogma apresentado pelo magistério infalível da Igreja.
375. Dionísio Areopagita, *De eccles. hier.* 5 2.
376. Ap 3,12; 21,2-10.

De fato, os fiéis jamais poderão admirar bastante a perfeição da Santa Igreja e a sublimidade de sua glória; ao que parece, entre ela e a bem-aventurança celestial medeia apenas a distância de um só grau.

Pois o que temos de comum com os bem-aventurados é o possuirmos, nós e eles, a presença de Cristo como Deus e como Homem. Todavia, o único grau que nos separa é gozarem eles Sua presença na visão beatífica, ao passo que nós, com fé firme e inabalável, veneramos Sua presença, vedada contudo à nossa vista corporal, porquanto Se encobre debaixo do admirável véu dos Sagrados Mistérios.[377]

Além do mais, é neste Sacramento que os fiéis experimentam a suprema caridade de Cristo Nosso Salvador.[378] Sob todos os pontos de vista, convinha à Sua bondade não apartar de nós, em tempo algum, a natureza que de nós havia assumido, mas antes querer ficar conosco, na medida do possível, para que em todos os tempos fosse plena realidade aquela palavra da Escritura: "Tenho minhas delícias em estar com os filhos dos homens".[379]

4. Explicação da presença eucarísitica

[33] Nesta altura, os pastores hão de explicar que, neste Sacramento, se contém não só o verdadeiro Corpo de Cristo, e tudo o que constitui realmente o corpo humano, como os ossos e músculos, mas também Cristo todo inteiro. Devem dizer que "Cristo" é um nome que designa o Homem-Deus, isto é, uma única Pessoa, e no qual se ligam as naturezas divina e humana.[380] Sendo assim, devemos crer que tudo está encerrado no Sacramento da Eucaristia: ambas as substâncias, e o que se deriva das duas substâncias, isto é, a Divindade e toda a natureza humana, que consta da alma, do corpo com todas as suas partes, e até do sangue.

Com efeito, já que no céu a Humanidade completa de Cristo está unida à Divindade numa só Pessoa e hipóstase[381], grave erro seria supor que o Corpo, em sua presença sacramental, estivesse separado da mesma Divindade.

---

377. Isto é, das sagradas espécies do pão e do vinho.
378. Jo 13,1.
379. Pr 8,31.
380. No latim, o relativo "in quo" refere-se a "Christum".
381. Hipóstase (do grego) = o que fica por baixo, que está sotoposto, que serve como suporte. O termo é tomado no sentido rigorosamente filosófico e teológico.

[34] No entanto, devem os pastores levar em conta que todos estes elementos não estão contidos no Sacramento pela mesma razão e maneira.

De alguns dizemos estarem presentes no Sacramento, pela virtude própria das palavras consecratórias. Como essas palavras produzem o que significam, dizem os teólogos que no Sacramento se contém, em virtude do próprio Sacramento, o que exprimem as palavras da forma. Se acontecesse ficar algum elemento inteiramente separado dos outros, afirmam também os teólogos que no Sacramento se conteria apenas o que está expresso pela forma, com exclusão dos elementos restantes.

Outros elementos, porém, estão contidos no Sacramento, por se ligarem às coisas expressas pela forma. Na consagração do pão, por exemplo, a forma empregada significa o Corpo de Nosso Senhor, porquanto se diz: "Isto é o Meu Corpo". Assim, pois, em virtude do Sacramento, se torna presente na Eucaristia o próprio Corpo de Cristo Nosso Senhor. Ora, estando unidos ao Corpo, o Sangue, a Alma e a Divindade, todos esses elementos estão também contidos no Sacramento, não em virtude das palavras consecratórias, mas por estarem realmente unidos ao Corpo.

[Em linguagem teológica] se diz que eles estão no Sacramento "por concomitância".[382] Torna-se, pois, evidente ser esta a razão por que Cristo se acha totalmente presente no Sacramento. Quando duas coisas realmente se unem entre si, força é que esteja uma onde se encontra também a outra. Segue-se, portanto, que a presença de Cristo é total, quer na espécie de pão, quer na espécie de vinho: e de tal maneira, que nos acidentes do pão não se acha realmente presente só o Corpo, mas também o Sangue e Cristo todo; bem como na espécie de vinho está verdadeiramente presente, não só o Sangue, mas também o Corpo e Cristo todo inteiro.

[35] Apesar desse fato, a que os fiéis devem atribuir uma certeza absoluta, era muito legítimo se estabelecesse o preceito de fazerem-se duas Consagrações separadas.

Em primeiro lugar, para realçar melhor a Paixão de Nosso Senhor, na qual o Sangue se separou do Corpo. Por esse motivo, na Consagração, nos referimos ao Sangue que foi derramado.

Depois, como se destinava à nutrição de nossa alma, era absolutamente razoável que o Sacramento fosse instituído à maneira de comida

---

382. Por um nexo necessário.

e bebida, que constituem, na opinião geral, os componentes da boa alimentação para o organismo.

[36] Na explicação, porém, cumpre não omitir que Cristo está todo presente não só em cada uma das espécies, mas também em cada parcela de ambas as espécies. Assim escreveu Santo Agostinho em suas obras: "Cada qual recebe Cristo Nosso Senhor, e em cada porção está Ele todo presente. Não fica menor, quando repartido a cada um individualmente, e dá-Se todo a cada um dos comungantes".[383]

Além disso, podemos facilmente comprovar a mesma verdade através dos textos evangélicos. Não é também de supor que Nosso Senhor consagrasse com forma própria cada pedaço de pão, mas que pela mesma forma consagrou, ao mesmo tempo, todo o pão suficiente para a celebração dos Sagrados Mistérios, e para a distribuição aos Apóstolos. Quanto ao cálice, não padece dúvida que assim procedeu, porquanto Ele mesmo disse: "Tomai e reparti entre vós".[384]

As explicações dadas até agora destinam-se aos pastores, para que possam demonstrar como no Sacramento da Eucaristia se contém o verdadeiro Corpo e Sangue de Cristo.

VII. A TRANSUBSTANCIAÇÃO
1. A coisa

[37] Agora devem os pastores tratar do segundo ponto já mencionado, ensinando que, após a Consagração, não permanecem as substâncias do pão e do vinho. Pode este Mistério provocar justamente a mais forte admiração, mas é uma consequência necessária da doutrina que acabamos de demonstrar.

Na verdade, se depois da Consagração o verdadeiro Corpo de Cristo está presente debaixo das espécies do pão e do vinho, uma vez que antes ali não estava, era necessário que isso se efetuasse, ou por mudança de lugar, ou por criação, ou pela conversão de outra coisa nesse mesmo Corpo.

Ora, é certo que não podia o Corpo de Cristo estar presente no Sacramento, por mudança de um lugar para outro. Nesse caso, viria a deixar as mansões celestiais, pois nada se move, sem abandonar o lugar donde parte o movimento.

---

383. Corpus jur. can. c. 75 (cfr. 77) dist. II de consecratione.
384. Lc 22,17.

Mais absurdo seria admitir-se uma [nova] criação do Corpo de Cristo, de sorte que tal hipótese nem pode ser levada em consideração.

Resta, portanto, uma única possibilidade. O Corpo de Nosso Senhor está presente no Sacramento, porque o pão se converte no próprio Corpo [de Cristo]. Como consequência, devemos admitir que não remanesce coisa alguma da substância do pão.

[38] Foi esta razão que levou os Padres e Teólogos da antiguidade a confirmarem abertamente a verdade deste dogma, pelos decretos do Concílio Ecumênico de Latrão e do Concílio de Florença.[385] Mais explícita, porém, é a definição do Concílio Tridentino: "Seja anátema quem disser que no sacrossanto Sacramento da Eucaristia remanesce a substância do pão e do vinho, juntamente com o Corpo e Sangue de Nosso Senhor Jesus Cristo".[386]

2. *Testemunhos das Escrituras*

Mas era fácil também tirar-se esta conclusão dos testemunhos da Escritura. Em primeiro lugar, porque o próprio Nosso Senhor havia dito na instituição deste Sacramento: "Isto é o Meu Corpo". A palavra "isto" designa, pelo seu sentido, toda a substância de uma coisa presente. Ora, se persistisse a substância do pão, em hipótese alguma poderia Ele dizer com propriedade: "Isto é o Meu Corpo".

No Evangelho de São João, diz ainda Cristo Nosso Senhor: "O pão que Eu darei, é a Minha Carne para a vida do mundo".[387] Chama, pois, ao pão a Sua Carne. Mais adiante acrescentou: "Se não comerdes a Carne do Filho do Homem, e não beberdes o Seu Sangue não tereis a vida em vós".[388] Em seguida rematou: "A Minha Carne é verdadeiramente comida, e o Meu Sangue é verdadeiramente bebida".[389]

Se em termos tão claros e incisivos designa Sua Carne como pão e verdadeiro alimento, e Seu Sangue como bebida igualmente verdadeira, prova é suficiente de que Cristo dava a entender que, no Sacramento, não restava nenhuma substância de pão nem de vinho.

---

385. Conc. Lat. c. 1; Eugenius IV in epist. ad Armenos data et adprobata a Conc. Florentino (cfr. Dz 430, 698).
386. Dz 884. O CRO cita apenas a primeira parte do cânon (Conc. Trid. can. 2 de ss. Eucharistia).
387. Jo 6,52.
388. Jo 6,53.
389. Jo 6,56.

3. Testemunhos dos Santos Padres e do Magistério

[39] Quem versar os Santos Padres, desde logo verá que foram sempre unânimes na exposição desta doutrina.

Santo Ambrósio, por exemplo, escreve nestes termos: "Tu dizes talvez: O meu pão é pão comum.[390] No entanto, este pão é pão antes das palavras sacramentais. Logo que se realiza a Consagração, de pão que é, torna-se Carne de Cristo".[391] E a provar, mais comodamente, as suas afirmações, aduz ele muitos exemplos e semelhanças.

Noutro lugar, onde se põe a interpretar a passagem: "O Senhor fez tudo quanto queria no céu e na terra"[392], tece o seguinte comentário: "Com serem as aparências de pão e de vinho, todavia devemos crer que, feita a Consagração, nelas não existe outra coisa senão a Carne e o Sangue de Cristo".[393]

Santo Hilário, por sua vez, expõe a mesma doutrina quase pelas mesmas palavras. Ensina que o Corpo e o Sangue de Nosso Senhor estão verdadeiramente presentes, ainda que por fora só se veja a representação de pão e de vinho.[394]

[40] Nesta altura, façam ver os pastores que não é para admirar se depois da Consagração ainda falamos de "pão". Implantou-se o costume de chamar assim à Eucaristia, já porque tem as aparências de pão, já porque conserva a virtude natural de nutrir e sustentar o corpo, qualidade intrínseca de todo pão.[395]

Além do mais, as Escrituras costumam chamar as coisas pelas suas aparências, assim como claramente nos mostra aquela passagem do Gênesis, na qual se diz "terem aparecido a Abraão três homens"[396], que [na realidade] eram três Anjos. E "aqueles dois" que apareceram aos Apóstolos, na Ascensão de Cristo Nosso Senhor aos céus, são chamados "homens", apesar de serem Anjos.[397]

---

390. Não é o maná, alimento extraordinário, do qual S. Ambrósio falara antes.
391. Santo Ambrósio, *De Sacram.* 4 (14).
392. Sl 134,6.
393. Cfr. Corpus jur. can. c. 74 dist. II de consecr.
394. Santo Hilário, *De Trinit.* lib. 8; Corpus iur. can. c. 28 dist. II de consecr.
395. "*Praeter unionem spiritualem Christi cum anima suscipientis in hoc Sacramento habetur etiam coniunctio physicacorporis Christi cum corpore nostro, quatenus caro Christi per species Eucharistiae contactu corpori nostro coniungitur, illudque influxu corporis sui speciali modo sanctificat*" (Noldin S. Th. Mor. III IV c. I art. 2 n.º 104).
396. Gn 18,2.
397. At 1,20.

4. Modo de verificar-se a transubstanciação

[41] Dificílima se torna, sob todos os pontos de vista, uma explicação mais ampla deste mistério.

Ainda assim, tentarão os pastores explicar a maneira dessa admirável conversão, pelo menos aos que forem mais versados nos Mistérios Divinos. Quanto aos menos instruídos, seria para temer que não suportem o peso da doutrina.

Essa conversão se opera de tal sorte que, pelo poder de Deus, a substância total do pão é convertida na substância total do Corpo de Cristo, e a substância total do vinho na substância total do Sangue de Cristo, sem que Nosso Senhor sofra qualquer alteração de Sua natureza. Pois Cristo ali não é gerado, nem mudado, nem aumentado, mas permanece na integridade de Sua substância.

Na explicação deste Mistério, diz Santo Ambrósio: "Vês como é eficiente a palavra de Cristo. Se a palavra do Senhor Jesus é de tanta virtude, que fez começar o que não existia, como por exemplo o mundo, quanto mais eficiência não terá para conservar as coisas já existentes e convertê-las em outras".[398]

No mesmo sentido escreveram também outros Padres antigos, muito respeitáveis pela autoridade de sua doutrina. Diz Santo Agostinho: "Cremos que, antes da Consagração, subsistem o pão e o vinho, conforme os fez a natureza; mas, depois da Consagração, existem a Carne e o Sangue de Cristo, que a palavra da bênção consagrou". São João Damasceno se exprime assim: "O Corpo está realmente unido à Divindade, o mesmo Corpo tomado do seio da Santíssima Virgem; não porque esse Corpo desça do céu para onde havia subido, mas porque o próprio pão e o vinho se convertem no Corpo e no Sangue de Cristo".[399]

[42] É com justeza e propriedade, observa o Concílio de Trento[400] (que a Santa Igreja Católica chama de "transubstanciação" essa portentosa conversão. Assim como a geração natural pode, adequadamente, chamar-se "transformação", porque nela se efetua uma mudança de forma; assim também foi com muito acerto que nossos maiores inventaram

---

398. Santo Ambrósio, *De Sacram.* 4 4 (segundo outros 15).
399. S. Agostinho, cit pelo Corpus jur. can. c. 41 dist. II de consecr. Joh. Damasc. de orthodoxa fide 4 13 (segundo outros 38).
400. Conc. Trid. XIII can. 4 (Dz 877).

o termo "transubstanciação"; porquanto, no Sacramento da Eucaristia, a substância total de uma coisa se converte na substância de outra coisa.

[43] Cumpre-nos, entretanto, lembrar aos fiéis uma recomendação, que os Santos Padres sempre tornavam a encarecer. É que se não deve investigar, com excessiva curiosidade, de que maneira se processa essa conversão, pois não a podemos perceber com os sentidos, nem encontramos fato análogo nas mudanças da natureza, nem até na própria criação das coisas. Só pela fé podemos saber o que ela vem a ser, mas não devemos inquirir curiosamente a maneira de sua realização.

Não menos avisados sejam os pastores na exposição daquele outro mistério, isto é, de como o Corpo de Cristo Nosso Senhor se contém todo até na mínima partícula de pão. Raras vezes haverá necessidade de tais explanações; mas, quando as exigir a caridade cristã, lembrem-se [os pastores], em primeiro lugar, de premunir os ânimos dos fiéis com aquela palavra inspirada: "A Deus nada é impossível".[401]

[44] Ponham-se então, a ensinar que Cristo Nosso Senhor não está neste Sacramento como que num lugar. Nos corpos, lugar é um resultante natural de suas próprias dimensões. Segundo a nossa doutrina, Cristo não está no Sacramento, enquanto é grande ou pequeno — o que exprime quantidade — mas está presente como substância. Ora, a substância do pão converte-se na substância de Cristo, e não em Sua grandeza ou quantidade.

Sem dúvida alguma, uma substância tanto se contém num espaço pequeno como num grande. Assim é que a substância e natureza do ar está toda numa pequena porção de ar, da mesma forma que se encontra num grande volume. Por igual razão, num pequeno vaso se contém necessariamente toda a natureza da água, como a que existe num rio volumoso.

Portanto, já que o Corpo de Nosso Senhor se substitui à natureza do pão, força é dizer que Ele está no Sacramento, do mesmo modo que estava a substância do pão, antes de ser consagrada. Para esta, porém, tanto fazia encontrar-se em maior ou menor quantidade.

---

401. Lc 1,37.

VII. AS ESPÉCIES EUCARÍSTICAS

1. Modo como permanecem as espécies de pão e vinho na Eucaristia

[45] Resta considerar um terceiro ponto, que parece ser a mais sublime e maravilhosa particularidade deste Sacramento. Sua explicação, porém, já será mais fácil para os pastores, depois de terem desenvolvido os dois pontos anteriores. É que neste Sacramento as espécies de pão e de vinho subsistem, sem nenhuma substância que lhes sirva de suporte.

Como há pouco se demonstrou, neste Sacramento está realmente o Corpo e o Sangue de Nosso Senhor, de sorte que já não subsiste nenhuma substância de pão e de vinho, pois tais acidentes não podem ficar inerentes ao Corpo e ao Sangue de Cristo. Portanto, a única explicação possível é que eles se sustentam por si mesmos, sem se firmarem em nenhuma substância, por um processo que transcende todas as leis da natureza.

Esta é a doutrina que a Igreja sempre manteve como certa. Pode, por sua vez, ser facilmente comprovada pelos mesmos testemunhos que serviram, anteriormente, para evidenciar que, na Eucaristia, não resta nenhuma substância de pão e de vinho.

2. Motivos da permanência das espécies eucarísticas

[46] No entanto, pondo de parte estas questões mais difíceis, o que mais importa à piedade dos fiéis é reverenciar e adorar a majestade deste admirável Sacramento, e considerar, além disso, a infinita Providência de Deus, porquanto estabeleceu a administração dos Sacrossantos Mistérios debaixo das espécies de pão e de vinho.

Com efeito, em sua natureza normal, o homem sente a máxima repugnância em comer carne humana ou tomar sangue humano. Foi, portanto, uma graça de infinita sabedoria, que Deus nos fizesse administrar o Santíssimo Corpo e Sangue nas espécies de pão e de vinho, que são os mais acessíveis e mais deleitáveis de nossos alimentos cotidianos.

Aqui entram também em consideração duas outras vantagens. A primeira é ficarmos a coberto de aleivosas acusações, a que dificilmente poderíamos escapar, se os incrédulos nos vissem comer a Carne de Nosso Senhor em sua forma natural.

A segunda é que essa maneira de tomar o Corpo e o Sangue de Nosso Senhor promove, em grau eminente, a fé de nossos próprios corações, porque não podemos averiguar, com os sentidos, a realidade de Sua presença. A isto se refere aquela frase tão conhecida de São Gregório: "Não há lugar para merecimento, onde a certeza provém da própria razão humana".[402]

Estas verdades, que estamos a explicar, os pastores não as devem propor senão com grande cautela, atendendo ao nível intelectual dos ouvintes e à necessidade das circunstâncias.

VII. EFEITOS DA EUCARISTIA

[47] No entanto, com relação ao que se pode dizer da admirável virtude e dos frutos deste Sacramento, não há nenhuma classe de fiéis, para os quais esse conhecimento não seja possível, e até sumamente necessário. Força é reconhecer que, se alargamos bastante a explicação deste Sacramento, temos por fim principal que os fiéis compreendam a utilidade da Eucaristia.

Como, porém, não há termos humanos que possam exprimir, adequadamente, suas imensas vantagens e aplicações, os pastores procurarão, pelo menos, tratar um ou outro ponto, para mostrarem quanta não é a abundância e afluência de todos os bens, que se encerram nestes Sagrados Mistérios.

Conseguirão demonstrá-lo, até certo ponto, se, depois de exposta a virtude e a natureza de todos os Sacramentos, compararem a Eucaristia a uma fonte viva, e os demais a regos de água. Na verdade, a Eucaristia deve ser forçosamente considerada como a fonte de todas as graças; porquanto encerra em si, de modo admirável, a própria fonte de todos os dons e carismas celestiais, Cristo Senhor Nosso, o Autor de todos os Sacramentos, do qual promanam, como de uma fonte, todos os valores e perfeições que possa haver nos demais Sacramentos. Sendo assim, podemos sem mais concluir que desta fonte da divina graça procedem os imensos benefícios que nos são dispensados neste Sacramento.

---

402. São Gregório, Homil. 26 in Evang.

1. A Eucaristia produz na alma os mesmos efeitos que o vinho e o pão no corpo

[48] Muito prático será também considerar, como ponto de partida, a própria natureza do pão e do vinho, enquanto são os sinais simbólicos deste Sacramento.

Os mesmos efeitos que o pão e o vinho produzem no corpo, a Eucaristia também os produz todos, de modo mais elevado e mais perfeito, para a salvação e bem-aventurança da alma.

Verdade é que este Sacramento não se assimila à nossa natureza, como o faz o pão e o vinho; mas somos nós que de certo modo nos convertemos em sua natureza. Cabem aqui aquelas palavras de Santo Agostinho: "Alimento sou das grandes almas. Faz por crescer, e ter-Me-ás por alimento. Não Me converterás em ti, como o fazes com o alimento do teu corpo, mas em Mim te converterás a ti mesmo".[403]

a) A Eucaristia comunica a graça para sustentar a vida divina

[49] Ora, se "por Jesus Cristo vieram a graça e a verdade"[404], é preciso que uma e outra se derramem na alma de quem, com retidão e piedade, recebe Aquele que disse de Si mesmo: "Quem come a Minha Carne e bebe o Meu Sangue, permanece em Mim e Eu nele".[405]

Sem dúvida alguma, quem toma este Sacramento, com fervor e piedade, de tal maneira acolhe dentro de si o Filho de Deus, que se integra em Seu Corpo como um membro vivo, de acordo com o que está escrito: "Aquele que Me toma por alimento, viverá por Minha causa".[406] Da mesma forma: "O pão que Eu darei, é a Minha Carne para a vida do mundo".[407]

Num comentário desta passagem, ponderava São Cirilo: "O Verbo de Deus, em Se unindo à própria carne, deu-lhe a virtude de vivificar. Portanto, nada é mais consentâneo de que Ele se una aos nossos corpos, de um modo misterioso, mediante a Sua sagrada Carne e o Seu precioso Sangue, que recebemos, no pão e no vinho, pela bênção vivificante [da Consagração]".[408]

---

403. Santo Agostinho, *Confissões*. 7 10.
404. Jo 1,17.
405. Jo 6,57.
406. Jo 6,57.
407. Jo 6,56.
408. São Cirilo. *In Ioan*. 14 3.

[50] Como se diz que a Eucaristia confere a graça, devem os pastores observar que isto não é para se entender, como se não fosse preciso adquirir antes o estado de graça, quando alguém quer receber este Sacramento, de maneira real e frutuosa.

Assim como a um cadáver nada aproveita o alimento natural, assim também é coisa vista que os Sagrados Mistérios não aproveitam, de modo algum à alma que esteja privada da vida sobrenatural. A presença das espécies de pão e de vinho indica também que eles foram instituídos, não para restituir, mas para conservar a vida da alma.

Há razões para assim falarmos. A graça primeira, com a qual devem estar previamente ornados todos aqueles que se atrevem a tocar com a boca a Sagrada Eucaristia, para não comerem e beberem a sua própria condenação, ela não é dada a ninguém que não tenha, pelo menos, o desejo e a intenção de receber este Sacramento. Pois a Eucaristia é o fim de todos os Sacramentos, é o emblema da mais estreita unidade da Igreja. E, fora da Igreja, ninguém pode conseguir a graça.

b) A Eucaristia fortalece e deleita a alma

[51] Outra razão. O alimento espiritual não só conserva o corpo, mas também o faz crescer. Ao paladar, proporciona-lhe todos os dias novos prazeres e regalos. É o que também faz o alimento da Eucaristia. Não só sustenta a alma, mas dá-lhe também novas forças; faz com que o espírito se deixe enlevar cada vez mais pelo gosto das coisas divinas. Por conseguinte, razões há para se dizer, com toda a justeza e verdade, que este Sacramento confere a graça por excelência. Com fundamento, pode comparar-se ao "maná", no qual se experimentava "a suavidade de todos os sabores".[409]

c) A Eucaristia extingue as faltas veniais e restaura as forças da alma

[52] Não devemos tampouco duvidar que a Eucaristia tem por efeito remitir e apagar os pecados mais leves, pecados veniais, como se diz de ordinário. O que a alma perde, pelo ardor das paixões, quando comete pequenas faltas em matéria leve, a Eucaristia lho restitui integralmente, pela eliminação das próprias faltas menores.

---

409. Sb 16,20; cfr. Jo 6,49.

Para não nos afastarmos da comparação feita, isso tem analogia com o processo, pelo qual sentimos o alimento natural aumentar e refazer, aos poucos, as calorias que se gastam e perdem em combustão diária.

Assiste-lhe, pois, toda a razão, quando Santo Ambrósio diz deste celestial Sacramento: "Toma-se este pão de cada dia, para remediar as fraquezas de cada dia".[410] Isto, porém, só tem aplicação aos pecados, em que a alma se não deixa levar a um consentimento plenamente voluntário.[411]

[53] Os Mistérios Eucarísticos possuem ainda a virtude de conservar-nos puros e limpos de pecados mortais, indenes nos assaltos das tentações, premunindo a alma com uma espécie de remédio celestial, para que o veneno de alguma paixão mortífera não a possa facilmente contagiar e corromper.

Por isso mesmo, como no-lo atesta São Cipriano[412], quando os tiranos da época arrastavam, arbitrariamente, os fiéis aos suplícios e à pena de morte, por terem confessado a sua fé cristã, era antigo costume da Igreja Católica administrarem-lhes os Bispos o Sacramento do Corpo e Sangue de Nosso Senhor, para que [os mártires] não desfalecessem nessa luta pela salvação, assoberbados talvez pela veemência das dores.

Ademais, a Eucaristia refreia e modera as paixões da carne; pois, na medida que vai abrasando os corações com o fogo da caridade, abafa necessariamente os ardores da má concupiscência.

2. A Eucaristia nos abre as portas da glória eterna

[54] Afinal, para exprimir, numa só fórmula, todos os frutos e graças deste Sacramento, cumpre-nos dizer que a Sagrada Eucaristia é sumamente eficaz para nos conseguir a vida eterna, pois está escrito: "Quem come a Minha Carne, e bebe o Meu Sangue, tem a vida eterna, e Eu o ressuscitarei no último dia".[413]

---

410. Santo Ambrósio, *De Sacram*. 15 4 (segundo outros 25).
411. Cfr. Trid. XIII c. 2 (Dz 875). A Eucaristia remite os pecados veniais "ex opere operato", mas esse efeito pressupõe que a alma procure desapegar-se do pecado. Essa é a interpretação do CRO, de todo o ponto certa, e que Noldin e outros moralistas consideram "sententia communior".
412. São Cipriano, *Epist. 54*.
413. Jo 6,55.

Pela graça deste Sacramento, os fiéis gozam, já em vida, da maior paz e tranquilidade de consciência. Chegado que for o momento de deixarem o mundo, subirão para a eterna glória e bem-aventurança, fortalecidos pela sua virtude, à semelhança de Elias que, com o vigor de um pão cozido debaixo da cinza, caminhou até Horeb, a montanha de Deus.[414]

Podem os pastores desenvolver, amplamente, todas estas doutrinas, ou tomando a explicação do sexto capítulo de São João, em que se mostram vários efeitos deste Sacramento; ou percorrendo os feitos admiráveis de Cristo Nosso Senhor, para evidenciar quanta razão temos de julgar muito felizes todos aqueles que O receberam em casa, durante a Sua vida mortal[415], ou recuperaram a saúde, ao tocarem as Suas vestes ou a fímbria de Sua túnica[416]; mas que muito mais felizes e venturosos somos nós, pois Ele não despreza de entrar em nossas almas, revestido de glória imortal, para lhes curar todas as feridas, para as unir a Si mesmo, depois de tê-las ornado com os mais ricos dons de Sua graça.

VIII. DISPOSIÇÕES PARA RECEBER A SAGRADA EUCARISTIA

[55] Agora, porém, é preciso ensinar que pessoas estão em condições de receber os incalculáveis frutos da Sagrada Eucaristia, ainda há pouco mencionados; cumpre dizer também que são várias as maneiras de comungar, para que o povo cristão aprenda a desejar "melhores dons espirituais".[417]

1. Três modos de comungar

Conforme lemos no Concílio Tridentino[418], nossos antigos mestres distinguiam, com muito acerto, três modos de se receber este Sacramento. Alguns cristãos só recebem o Sacramento. São os pecadores, que não hesitam em tomar os Santos Mistérios, com a boca e o coração manchados de impureza. São eles que, no dizer do Apóstolo, "comem e bebem

---
414. 1Rs 19,8.
415. Mt 8,10; 15 ss.; 9,10; Lc 10,38 ss.; 19,5 ss.
416. Mt 9,20; Mc 5,25.
417. 1Cor 12,31.
418. Conc.Trid. XIII, *De Euchar.* c. 8 (Dz 881-882).

indignamente o Corpo de Nosso Senhor".[419] Deles escreve Santo Agostinho: "Quem não permanece em Cristo, e no qual Cristo por sua vez não permanece, esse não come espiritualmente a Sua Carne, embora tenha entre os dentes, de maneira carnal e sensível, o Sacramento de Seu Corpo e Sangue".[420] Por conseguinte, quem nesse estado de alma recebe os Santos Mistérios, além de não auferir fruto algum, "come e bebe a sua própria condenação", como no-lo atesta o mesmo Apóstolo.

Muitos recebem a Eucaristia só espiritualmente, como se costuma dizer. São aqueles que se nutrem deste Pão Celestial, pelo desejo e a intenção de recebê-lo, animados de uma fé viva, "que se torna operosa pela caridade".[421] Por essa prática, alcançam, se não todos os frutos, pelos menos grande abundância deles.

Outros há, enfim, que tomam a Eucaristia, sacramental e espiritualmente. São os que se examinam antes a si mesmos, como o requer o Apóstolo[422], e se adornam com a veste nupcial[423], para então chegarem à Mesa Divina. Assim auferem da Eucaristia aqueles ubérrimos frutos, de que já fizemos menção.

Em vista de tais razões, compreendemos, claramente, como se privam, dos maiores bens sobrenaturais, as pessoas que podem preparar-se para a recepção sacramental do Corpo de Nosso Senhor, mas só se contentam de fazer a Comunhão espiritual.

2. *Preparação necessárria para receber a Eucaristia*

[56] A seguir, devemos expor quais disposições deve haver na alma dos fiéis, antes que eles recebam sacramentalmente a Eucaristia.

Em primeiro lugar, para que se reconheça que tal preparação é sumamente necessária, cumpre aduzir o exemplo de Nosso Salvador. Antes de dar aos Apóstolos o Sacramento do Seu precioso Corpo e Sangue, Cristo "lavou-lhes os pés, apesar de que [os Apóstolos] já estavam puros".[424] Queria, assim, indicar como devemos ter todo o cuidado de que nada

---

419. 1Cor 11,29.
420. Santo Agostinho. *In Iohan. tratc.*, 26 18.
421. Gl 5,6.
422. 1Cor 11,28.
423. Mt 22,11.
424. Jo 13,5 ss.

falte à máxima pureza e retidão de nossa alma, quando vamos receber os Mistérios Eucarísticos.

Depois, devem os fiéis compreender o seguinte. Quem toma a Eucaristia, com boas e santas disposições, é provido com os mais abundantes dons da graça divina. Em razão inversa, quem comunga sem estar preparado, não só nenhum proveito tira, mas até incorre em muitos danos e prejuízos.

Como é notório, existe, nas coisas mais úteis e salutares, a propriedade de sortirem os melhores efeitos, quando aplicadas a propósito: e de causarem ruína e destruição, quando aplicadas fora do momento oportuno. Não é, pois, de estranhar, que estes imensos e preciosos dons de Deus nos ajudem, poderosamente, a conseguir a glória celestial, quando os recebemos com boas disposições; e que ao invés produzam em nós a morte eterna, se deles nos fazemos indignos [por falta de boa preparação].

Disso temos uma prova cabal no exemplo da Arca do Senhor, que os Israelitas prezavam acima de todas as coisas. Por ela, o Senhor lhes havia dispensado um sem-número dos maiores benefícios.[425] Aos filisteus, porém, que a tinham roubado, a Arca da Aliança acarretou-lhes uma peste maligna, e um flagelo que os cobria de eterna vergonha.[426]

Assim também acontece com os alimentos. Quando ingeridos por um estômago bem disposto, sustentam e fortalecem o organismo. Se entram, porém, num estômago viciado, provocam até graves enfermidades.

a) Preparação da alma: fé inabalável

[57] A primeira coisa que os fiéis devem fazer, como preparação, é distinguir entre mesa e mesa, entre esta Mesa Sagrada e as outras profanas, entre este Pão do céu e o pão comum. De fato faremos tal distinção, se crermos que ali está presente o verdadeiro Corpo e Sangue de Nosso Senhor, que os Anjos adoram no céu[427]; a cujo aceno estremecem e vacilam as colunas do firmamento[428]; e de cuja glória estão cheios o céu e a terra.[429]

---

425. 1Sm 5,1 ss.
426. 1Sm 5,9-12.
427. Sl 96,8.
428. Jó 26,11.
429. Is 6,3.

Realmente, nisso consiste o "distinguir o Corpo do Senhor", como recomendava o Apóstolo. Sem embargo, devemos antes reverenciar, silenciosos, a grandeza desse Mistério, em vez de querermos devassar a sua realidade com investigações impertinentes.

O segundo ponto de preparação, absolutamente indispensável, consiste em examinar-se cada qual a si mesmo, se vive em paz com os outros[430], se ama realmente ao próximo de todo o coração.[431] "Portanto, se apresentas tua oferta diante do altar, e aí te lembras que teu irmão tem motivo de queixa contra ti, deixa a tua oferenda diante do altar, vai primeiro reconciliar-te com teu irmão, e vem depois fazer a tua oferta".[432]

Em seguida, devemos examinar, cuidadosamente, a nossa consciência, se não está talvez manchada de alguma culpa mortal, de que precisamos penitenciar-nos. Ela deve ser extinta, antes de comungarmos, pelo remédio da contrição e da Confissão. Pois o Santo Concílio de Trento decretou que ninguém pode receber a Sagrada Eucaristia, se a consciência o acusa de algum pecado mortal; embora se julgue contrita, deve a pessoa purificar-se, antes, pela Confissão sacramental, contanto que haja a presença de um sacerdote.[433]

Afinal, devemos considerar, no silêncio de nossas almas, quanto somos indignos desta divina mercê que o Senhor nos dispensa. De todo o coração, repetiremos aquelas palavras do Centurião, a cujo respeito o próprio Salvador disse que não havia encontrado tanta fé em Israel: "Senhor, eu não sou digno de que entreis em minha casa".[434]

Vejamos, outrossim, se podemos fazer nossa aquela declaração de São Pedro: "Senhor, Vós sabeis que eu Vos amo".[435] Pois não devemos esquecer: Aquele que, "sem a veste nupcial tomara lugar no banquete do Senhor, foi lançado num cárcere tenebroso"[436], e condenado a penas eternas.

---

430. Lc 9,49.
431. Mt 22,37; Mc 12,30.
432. Mt 5,23 ss.
433. Trid XIII, *de Euchar.* can. 11 (Dz 893). CIC can. 856. Quanto à presença do confessor, à "copia confessarii", de que falam o Trident. e o CIC, consultar os moralistas. No mesmo sentido, o CRO se refere à "sacerdotis facultas".
434. Mt 8,8-10.
435. Jo 21,17.
436. Mt 22,11.

b) Preparação do corpo: jejum natural

[58] De mais a mais, não só a alma, mas também o corpo precisa de certas disposições. Para nos aproximarmos da Sagrada Mesa, devemos estar em jejum, de sorte que não tenhamos comido nem bebido nada em absoluto, desde a meia-noite antecedente até o momento de recebermos a Sagrada Eucaristia.

Requer ainda a dignidade de tão sublime Sacramento que as pessoas casadas se abstenham por alguns dias, a exemplo de Davi que, antes de receber do sacerdote os pães de proposição, afiançou que ele e seus soldados, desde três dias, estavam longe das esposas.[437]

São estas, pouco mais ou menos, as condições principais que os fiéis devem levar em conta, a fim de se prepararem para uma frutuosa recepção dos Sagrados Mistérios. Outras disposições ainda, que se refiram à preparação, podem facilmente reduzir-se aos pontos já especificados.

IX. OBRIGAÇÃO DE RECEBER A SAGRADA EUCARISTIA

1. Existe obrigação de receber a Sagrada Eucaristia ao menos uma vez ao ano, na festa da Páscoa

[59] Para evitar que alguns talvez se descuidem de receber este Sacramento, por acharem dura e incômoda tão grande preparação, devem os pastores advertir muitas vezes os fiéis da existência de um preceito que obriga todos a receberem a Sagrada Eucaristia.[438] Além disso, determinou a Igreja que de seu grêmio seja excluído quem não comungar ao menos uma vez cada ano, por ocasião da Páscoa.[439]

[60] Não se contentem os fiéis de receber o Corpo de Nosso Senhor uma única vez cada ano, para se submeterem à determinação do decreto. Persuadam-se, pelo contrário, de que é preciso fazer mais vezes a Comunhão Sacramental. Todavia, não se pode dar a todos uma norma

---

437. Cfr. 1Sm 21,5.
438. Preceito divino: Jo 6,54 ss. — Há também certa necessidade de meio, pelo menos para conservar a graça nos adultos: "Nam verba 'Nisi manducaveritis... non habebitis vitam in vobis'non tam iussionem quam dependentiam quandam vitae supernaturalis a communione tanquam effectus a sua causa significant" (Noldin, S. T. Mor. III IV art. 2 n.º 136). — Preceito eclesiástico: DU 437, 891, 2137. CIC can. 859.
439. O CIC aboliu esta pena de excomunhão. A rigor, quem não comunga pela Páscoa, pode ser considerado pecador público.

determinada, se lhes é mais aconselhável comungar todos os meses, todas as semanas, ou todos os dias. Ainda assim, temos por muito acertada aquela regra de Santo Agostinho: "Faz por viver de tal modo, que possas comungar todos os dias".[440]

Será, pois, um dever do pároco exortar, assiduamente, os fiéis a que se não descuidem de alimentar e fortalecer, todos os dias, as suas almas pela recepção deste Sacramento, do mesmo modo que também julgam necessário proporcionar ao corpo uma alimentação diária. Compreende-se, perfeitamente, que a alma não tem menos necessidade do alimento espiritual, que o corpo do sustento material.

Neste passo, será de muito proveito lembrar-lhes, de novo, os imensos benefícios divinos, que nos obtém a Comunhão Sacramental da Eucaristia, conforme já ficou provado anteriormente.

Acrescente-se também aquela figura do "maná, que devia refazer todos os dias as forças do corpo".[441] Da mesma forma, vejam-se as declarações dos Santos Padres, que muito encareciam a recepção frequente deste Sacramento. Entre os Padres da Igreja, Santo Agostinho não era o único a perfilhar a seguinte doutrina: "Tu pecas mesmo todos os dias. Comunga, pois, todos os dias".[442] Quem investigar atentamente, há de logo reconhecer uma perfeita conformidade de doutrina entre todos os Santos Padres, que se ocuparam do assunto em suas obras.

[61] Antigamente, conforme se deduz dos Atos dos Apóstolos[443], houve tempos em que os fiéis recebiam todos os dias a Eucaristia. Todos os que professavam a fé cristã, ardiam em tão real e sincera caridade que, entregues continuamente a orações e outros exercícios da religião, tinham todos os dias as devidas disposições, para receberem o Santo Sacramento do Corpo de Nosso Senhor.

Esse costume, que estava em visível decadência, foi mais tarde parcialmente restaurado por Santo Anacleto, Papa e mártir, quando ordenou que, à Missa, comungassem os ministros assistentes, afirmando ser tal exigência de instituição apostólica.[444]

---

440. Diz Gatterer que este citado se encontra quase textualmente em S. Ambrósio "de Sacramentis 5 4 (25)". Em S. Agostinho ocorre aproximadamente na homília 42. Doney cita assim: Aug. de verbis Domini sermo 28 qui desumptus est ex Ambr. 5 de Sacram. Cap. 4.
441. Ex 16,4 ss.
442. A frase não é de S. Agostinho, mas de S. Ambrósio. Cfr. de Sacramentis 4 6.
443. At 2,42.
444. Anacleti epist. 2. Cfr. Corpusjur. can. p. III dist. II c. 10.

Na Igreja, houve também por muito tempo o costume que, ao terminar o Sacrifício, o sacerdote, depois de sua própria Comunhão, se volvesse ao povo ali presente, e convidasse os fiéis para a Sagrada Mesa, dirigindo-lhes estas palavras: "Vinde, irmãos, à Comunhão!" Então, os que estavam preparados, recebiam os Santos Mistérios com a maior piedade.

Mais tarde, arrefecendo o amor e a devoção, a ponto de serem muito raros os fiéis que frequentavam a Sagrada Eucaristia, decretou o Papa Fabiano[445] recebessem todos a Comunhão três vezes por ano, no Natal do Senhor, na Ressurreição, e em Pentecostes.

Depois, foi esta determinação confirmada por muitos Concílios, mormente pelo Primeiro Concílio de Agda.[446] Por último, como os fiéis chegassem ao extremo de não só abandonar a observância daquele salutar preceito, mas até de diferir por muitos anos a Comunhão da Sagrada Eucaristia, prescreveu o Concílio de Latrão que todos os fiéis recebessem o Sagrado Corpo de Nosso Senhor, ao menos uma vez cada ano, por ocasião da Páscoa; e que fossem excluídos do grêmio da Igreja todos aqueles que o deixassem de fazer.[447]

4. Esta norma não obriga às crianças que não atingiram o uso da razão

[62] Promulgada pela autoridade de Deus e da Igreja, essa obrigação abrange todos os fiéis. Muito embora, devem os pastores ensinar que dela estão excetuados todos aqueles que, por insuficiência de idade, ainda não chegaram ao uso da razão. Estes não sabem distinguir a Sagrada Eucaristia do pão comum e profano, nem podem conciliar, para a sua recepção, a devida piedade e reverência.

Isto parece também muito contrário ao que Cristo Nosso Senhor declarou com as palavras da instituição. "Tomai e comei", diz Ele. Ora, sabemos perfeitamente que as criancinhas em tenra idade não são ainda capazes de "tomar e comer".

Houve, sim, em alguns lugares um costume antigo de dar-se a Sagrada Eucaristia também às criancinhas. Mas a autoridade da Igreja fez, desde muito, cessar esse costume, já pelas razões que acabamos de ale-

---

445. Fabiani epist. ad Hilar. episc. Cfr. Corpus jur. can. p. III dist. II c. 16.
446. Conc. Agathense, anno 506, can. 16. Agda fica na província do Languédoc.
447. Conc. Later. IV (anno 1215), can. 21 (Dz 437). A excomunhão foi abolida pelo CIC.

gar, já por outros motivos que muito condizem com os sentimentos da piedade cristã.

[63] Quanto à idade, em que se devem ministrar às crianças os Sagrados Mistérios, ninguém poderá melhor determiná-la, senão o próprio pai, ou o sacerdote a quem elas confessam os seus pecados.[448] A eles, pois, compete averiguar, por perguntas feitas às crianças, se já possuem alguma noção deste admirável Sacramento, e o gosto de recebê-lo.[449]

[64] Não se deve, muito menos, dar o Sacramento aos alienados, que na ocasião forem incapazes de sentimentos de piedade. Ainda assim, por decreto do Concílio de Cartago[450], se antes da demência demonstraram sinceras disposições de fé e piedade, será lícito dar-lhes a Eucaristia na hora da morte, contanto que não haja nenhum perigo de vômito, ou de qualquer outra profanação ou inconveniência.

---

448. Desta passagem se deduz que, na mente do CRO e do CIC (can. 854 § 4), a primeira Confissão não coincide com a primeira Comunhão. Nisso vai uma ótima medida pastoral. A preparação das crianças deve compreender duas fases distintas: primeira Confissão, e depois a primeira Comunhão, precedida de uma reconciliação na véspera. Assim, o neo-comungante já está mais familiarizado com a Confissão, e isto evita confusões, remorsos ou temores, talvez infundados, mas que anuviariam o dia mais feliz da vida. Nestes termos, uma preparação de quatro semanas, adotada em muitos lugares, não seria plenamente satisfatória. Felizes as crianças que, antes da primeira Comunhão, já têm a consciência bem formada para a digna e frutuosa recepção do Sacramento da Penitência.

449. De pleno acordo com a doutrina do CRO, o CIC promulgou as seguintes normas, baseadas por sua vez [verificar se não é nome próprio, se for é com letra maiúscula] no decreto de Pio X sobre a primeira Comunhão (8 de Agosto de 1910): "Cânon 854: § 1. Não seja ministrada a Eucaristia a crianças que, pela insuficiência da idade, não possuem a noção nem o gosto deste Sacramento. — § 2. Em perigo de morte, pode e deve ministrar-se a Santíssima Eucaristia às crianças, bastando que elas saibam distinguir entre o Corpo de Cristo e o alimento comum, e adorá-lO com reverência. — § 3. Fora do perigo de morte, deve com razão exigir-se um conhecimento mais amplo da doutrina cristã e uma preparação mais cuidadosa da alma: que segundo sua compreensão infantil conheçam pelo menos os mistérios que são necessários como meios para a salvação, e que com a devoção própria de sua idade se aproximem da Santíssima Eucaristia. — § 4. Para julgar sobre a preparação suficiente das crianças à primeira Comunhão, são competentes o sacerdote que as confessa, os seus pais ou aqueles que fazem as vezes dos pais. — § 5. Ao Pároco cabe a obrigação de vigiar, até por meio de um exame, se o julgar prudente e oportuno, que as crianças não cheguem ao Banquete Sagrado antes de alcançarem o uso da razão, ou antes de terem uma preparação suficiente: como também a obrigação de cuidar que as crianças já em uso da razão, e suficientemente preparadas, sejam quanto antes fortalecidas com este Manjar Divino". — "Cânon 860: A obrigação do preceito de receber a Comunhão, que atinge os impúberes [isto é, os menores até os 14 anos de idade], recai também, de modo particular, sobre os que são responsáveis por eles, isto é, sobre os pais, tutores, confessor, mestre, educador, e pároco".

450. Conc. Carth. IV can. 76.

3. Este sacramento só deve ser administrado aos fiéis sob a espécie de pão

[65] Acerca do rito da Comunhão, digam os párocos que a lei da Santa Igreja proíbe a todo cristão tomar a Sagrada Eucaristia, em ambas as espécies, a não ser que tenha autorização da mesma Igreja.[451] Exceptuam-se os sacerdotes, quando consagram o Corpo do Senhor, no Santo Sacrifício.

Como declarou o Concílio de Trento[452], ainda que Cristo Nosso Senhor, na Última Ceia, instituiu este augusto Sacramento sob as espécies de pão e de vinho, e assim o administrou aos Apóstolos, daí não se segue que Nosso Senhor e Salvador estabelecesse a obrigação de se dar, a todos os fiéis, os Sagrados Mistérios em ambas as espécies.

Pois, ao falar deste Sacramento, Nosso Senhor aludia muitas vezes a uma só espécie, quando, por exemplo, declarou: "Se alguém comer deste Pão, viverá eternamente". — "O Pão que Eu darei, é a Minha Carne para a vida do mundo". — "Quem come deste Pão, viverá eternamente".[453]

[66] Compreende-se, desde logo, serem muitas e gravíssimas as razões que induziram a Igreja, não só a confirmar o costume de se preferir a Comunhão debaixo de uma só espécie, mas a torná-lo até obrigatório, pela promulgação de uma lei propriamente dita.

Em primeiro lugar, impunha-se a máxima precaução, para que se não derramasse por terra o Sangue de Nosso Senhor. Isto, porém, parecia difícil de evitar, quando fosse necessário ministrar [o Santíssimo Sangue] a uma grande multidão de povo.

Depois, como a Sagrada Eucaristia devia estar sempre de reserva para os enfermos, grande perigo havia de azedarem-se as espécies de vinho, se fora preciso guardá-las por mais tempo.

Além disso, muitas pessoas não podem de modo algum tolerar o sabor, nem sequer o cheiro do vinho.[454] Ora, para não tornar nocivo ao corpo, o que se deve ministrar para a saúde da alma, com muito acerto determinou a Igreja que os fiéis somente comungassem sob as espécies de pão.

---

451. O CRO refere-se ao decreto da XIII sessão do Conc. De Trento que deixava ao Papa a decisão de permitir, ou não, o Cálice aos leigos em casos particulares. Pio IV o permitiu em algumas dioceses da Alemanha, mas a permissão foi logo retirada, porque ninguém se servia dela.
452. Conc. Trid. XXI *de Communione* etc. Cap. I-III (Dz 930-932).
453. Jo 6,52-59.
454. São os "abstêmios"; modernamente, talvez se falasse de "alérgicos".

A estas e outras razões acresce que, em muitas paragens, há grande escassez de vinho, o qual só pode ser importado de outros lugares, com avultadas despesas, em longas e difíceis vias de transporte.

Afinal, a mais imperiosa de todas as razões era extirpar a heresia daqueles que negavam a presença total de Cristo em cada uma das espécies, afirmando que na espécie de pão só se contém o Corpo sem o Sangue, e o Sangue só na espécie de vinho. E assim, para que melhor transparecesse, aos olhos de todos, a verdade do dogma católico, introduziu-se com muito critério a Comunhão debaixo de uma só espécie, por sinal que na espécie de pão.

Existem ainda outras razões, colhidas pelos autores que tratam deste assunto mais em particular. Os párocos poderão aduzi-las, se o julgarem conveniente.

X. O MINISTRO DA EUCARISTIA

[67] Embora seja matéria que ninguém desconhece, vamos agora discorrer acerca do ministro [da Eucaristia], para não deixar fora nenhum ponto que pertença à doutrina deste Sacramento.

1. Somente o sacerdote

Devemos, pois, ensinar que só aos sacerdotes foi dado poder de consagrar a Sagrada Eucaristia, e de distribui-la aos fiéis cristãos. Sempre foi praxe da Igreja que o povo fiel recebesse o Sacramento pelas mãos dos sacerdotes, e os sacerdotes comungassem por si próprios, ao celebrarem os Sagrados Mistérios. Assim o definiu o Santo Concílio de Trento[455]; e determinou que esse costume devia ser religiosamente conservado, por causa de sua origem apostólica, e porque também Cristo Nosso Senhor nos deu o exemplo, quando consagrou Seu Corpo Santíssimo, e por Suas próprias mãos O distribuiu aos Apóstolos.[456]

De mais a mais, com o intuito de salvaguardar, sob todos os aspectos, a dignidade de tão augusto Sacramento, não se deu unicamente aos sacerdotes o poder de administrá-lo: como também se proibiu, por uma

---

455. Trid. XIII de Eucharistia cap. 8 can. 10 (Dz 881, 892).
456. Lc 22,19-20; 1Cor 11,23-26.

lei da Igreja, que, salvo grave necessidade ninguém sem Ordens Sacras ousasse tomar nas mãos ou tocar vasos sagrados, panos de linho, e outros objetos necessários à confecção da Eucaristia.[457]

2. Mesmo o sacerdote indigno

[68] Destas determinações podem todos, os próprios sacerdotes e os demais fiéis, inferir quão virtuosos e tementes a Deus devem ser aqueles que se dispõem a consagrar, a ministrar, ou a receber a Sagrada Eucaristia.

Isto não obstante, se dos outros Sacramentos já dizíamos que podem ser [validamente] administrados por sacerdotes indignos[458], quando estes observam os requisitos necessários para a sua confecção, outro tanto se deve dizer também com relação ao Sacramento da Eucaristia.

Pois devemos crer firmemente que todos esses efeitos sacramentais não se baseiam no mérito pessoal dos ministros, mas se operam na virtude e poder de Cristo Senhor Nosso. São estes os pontos que se devem explicar acerca da Eucaristia, considerada como Sacramento.

XI. A EUCARISTIA COMO SACRIFÍCIO

[69] O que resta, agora, é encará-la como Sacrifício, para os pastores saberem quais são os pontos principais que, por decreto do Sagrado Concílio, devem ser explanados ao povo fiel, nos domingos e dias de festa.[459]

Este Sacramento não é apenas um tesouro de riquezas celestiais, que nos garante a graça e o amor de Deus, quando o usamos nas devidas disposições; mas tem ainda uma virtude particular, que nos põe em condições de agradecer a Deus os imensos benefícios que nos tem dispensado.

Um confronto nos fará compreender como deve ser agradável e bem aceita a Deus esta Vítima, uma vez que imolada segundo as prescrições

---

457. Note-se, de passagem, que "confecção" nesse sentido não é galicismo. — Segundo o atual Direito Canônico, podem tocar nos vasos e linhos sagrados, todos os clérigos, e todos os sacristães provisionados, ainda que não sejam clérigos (cfr. CIC can. 1306 § 1). Seria louvável que os clérigos menores e os sacristães não-clérigos forrassem as mãos com um pano, quando levam ao altar, ou dele tiram cibórios, píxides, etc.
458. Cfr. CRO III 19-20.
459. Conc. Trid. XXII de sacrif. Missae cap. 8 (Dz 946).

da Lei. Dos sacrifícios da Antiga Aliança está escrito: "Não quisestes sacrifício, nem oferenda."[460] E noutro lugar: "Se quisésseis um sacrifício, Eu certamente o teria oferecido; mas Vós não Vos comprazeis com holocaustos".[461] No entanto, esses mesmos sacrifícios eram tão agradáveis ao Senhor, que, no dizer da Escritura, "Deus os sorvia como um suave odor".[462] Ora, que não devemos, pois, esperar deste outro Sacrifício? Nele é imolado e oferecido Aquele mesmo, de quem por duas vezes se ouviu falar a voz do céu: "Este é o Meu Filho bem-amado, em quem pus as Minhas complacências".[463]

Força é que os párocos se detenham bastante na exposição deste Mistério, para que os fiéis, por ocasião do culto divino, aprendam a meditar, com atenção e piedade, o Sagrado Sacrifício a que assistem.

1. Motivos por que Cristo instituiu a Eucaristia

[70] Antes do mais, os pastores ensinarão que Cristo instituiu a Eucaristia por duas razões. A primeira, para ser um alimento celestial de nossa alma, com que pudéssemos proteger e conservar em nós a vida espiritual.

A segunda razão era para que, na Igreja, houvesse um sacrifício perene, em reparação de nossos pecados, pelo qual o Pai do céu, a quem tantas vezes ofendemos gravemente com nossos crimes, Se volvesse da cólera à misericórdia, e do justo rigor à clemência.

Como imagem e semelhança dessa finalidade, podemos considerar o Cordeiro Pascal, que os Filhos de Israel costumavam oferecer e comer, como Sacrifício e como Sacramento.[464]

Na verdade, quando estava prestes a imolar-Se a Deus Pai no altar da Cruz, não podia Nosso Salvador dar prova mais cabal do Seu imenso amor para conosco, do que esta de deixar-nos um Sacrifício visível, em renovação daquele que pouco depois ia consumar-se na Cruz, de maneira cruenta, uma vez por todas, e cuja memória a Igreja havia de celebrar todos os dias, com o máximo proveito, em toda a redondeza da terra.[465]

---

460. Sl 39,7.
461. Sl 50,18.
462. Gn 8,21.
463. Mt 3,17.
464. Lv 23,12.
465. Ml 1,11.

[71] Há, porém, uma grande diferença entre estas duas noções. O Sacramento é consumado pela Consagração. O Sacrifício tem toda a sua razão de ser no ato de ofertar.[466] Por isso, quando conservada no cibório, ou levada a um enfermo, a Eucaristia tem caráter de Sacramento, e não de Sacrifício.

Enquanto é Sacramento, torna-se ela causa de mérito para quem recebe a Divina Hóstia, e confere-lhe todos os frutos espirituais, que acabamos de mencionar. Enquanto é Sacrifício, possui a virtude não só de merecer, como também de satisfazer. Assim como Cristo Nosso Senhor mereceu e satisfez por nós em Sua Paixão: da mesma forma, os que oferecem este Sacrifício, pelo qual se põem em comunhão conosco, merecem os frutos da Paixão de Nosso Senhor e prestam satisfação.

2. Quando Cristo instituiu este sacramento do Novo Testamento

[72] Acerca da instituição deste Sacrifício, o Santo Concílio de Trento não deixa lugar a nenhuma dúvida. Pois declarou ter sido instituído por Cristo Nosso Senhor na Última Ceia; fulminou, ao mesmo tempo, a pena de excomunhão contra quem afirmasse que não se oferece a Deus um verdadeiro Sacrifício, no rigor da palavra, ou que a oblação sacrificial não consiste em outra coisa senão em dar-Se Cristo a Si mesmo como comida.

3. A quem se pode oferecer este sacrifício

[73] O Concílio teve, porém, o cuidado de precisar que só a Deus se pode oferecer Sacrifício. Ainda que a Igreja costuma, às vezes, celebrar Missas em memória e honra dos Santos, contudo sempre ensinou que o Sacrifício é oferecido, não a eles, mas unicamente a Deus, que coroou os Santos de glória imortal.

Esta é a razão por que o sacerdote jamais dirá: "Ofereço-te este Sacrifício, ó Pedro, ou, ó Paulo". Mas, oferecendo o Sacrifício só a Deus, rende-Lhe graças pela insigne vitória dos bem-aventurados Mártires, aos quais implora proteção, mas de tal maneira, "que no céu se dignem interceder por nós aqueles cuja memória celebramos na terra".[467]

---

466. Cfr. Conc. Trid. XXII de Missae sacrif. cap. 1-2 (Dz 938-940).
467. Oração do Ofertório, no "Ordo Missae".

4. De onde procede a dourina do Sacrifício e do sacerdócio da Nova Lei

[74] O que a Igreja Católica ensina acerca deste Sacrifício, como dogma de fé, foi por ela tirado das palavras de Nosso Senhor, quando naquela última noite confiou aos Apóstolos os próprios Mistérios Sagrados, e lhes disse: "Fazei isto em Minha memória".[468]

Consoante a definição do Sagrado Concílio, foi nessa ocasião que Ele os instituiu sacerdotes, e lhes ordenou que eles mesmos e seus sucessores no ministério sacerdotal imolassem e oferecessem o Seu Corpo.

Uma prova bastante clara desse fato está nas palavras que o Apóstolo escreveu aos Coríntios: "Não podeis, diz ele, beber o Cálice do Senhor e o cálice dos demônios; não podeis tomar parte na Mesa do Senhor e na mesa dos demônios".[469] Ora, se por "mesa dos demônios" devemos entender o altar em que lhes eram oferecidos sacrifícios, a "Mesa do Senhor" não pode significar outra coisa, senão o altar em que se sacrificava ao Senhor. Só nesse sentido é que as palavras do Apóstolo têm sua força de argumentação.

[75] Se buscarmos figuras e oráculos deste Sacrifício, no Antigo Testamento, encontraremos em primeiro lugar o que dele vaticinou Malaquias, com perfeita clareza: "Desde o nascer do sol até o ocaso, grande é o Meu Nome entre as nações; e, em todo lugar, é sacrificada e oferecida ao Meu Nome uma oblação pura, porque o Meu Nome é grande entre as nações, diz o Senhor dos exércitos".[470]

Ademais, antes e depois da promulgação da Lei, foi este Sacramento prefigurado por várias espécies de sacrifícios; pois todos os bens da salvação, significados por aqueles sacrifícios, estão contidos neste único Sacrifício, que constitui, por assim dizer, o remate e a consumação de todos os outros.

Entre eles, porém, não se pode considerar uma figura mais expressiva, do que o sacrifício de Melquisedec.[471] O próprio Salvador, na última Ceia, ofereceu a Deus Pai Seu Corpo e Sangue, sob as espécies de pão e de vinho, e assim Se declarava constituído Sacerdote, segundo a ordem de Melquisedec.

---

468. Lc 22,19; 1Cor 11,24.
469. 1Cor 10,20 ss.
470. Ml 1,11.
471. Gn 14,18; Sl 109,4; Hb 7,17.

5. Natureza da Santa Missa

[76] Dizemos, portanto, que o Sacrifício que se oferece na Missa, e o sacrifício oferecido na Cruz são, e devem ser considerados como um único e mesmo Sacrifício. Da mesma forma, a Vítima é uma e a mesma, Cristo Senhor Nosso, que uma vez só Se imolou de modo cruento no altar da Cruz.

As vítimas, cruenta e incruenta, não são tampouco duas vítimas, mas constituem uma única, cuja imolação se renova todos os dias na Eucaristia, desde que o Senhor assim determinou: "Fazei isto em Minha memória!"[472]

[77] Mas o Sacerdote também é o mesmo, Cristo Nosso Senhor. Pois os ministros que oferecem o Sacrifício, não fazem prevalecer a sua própria, mas a Pessoa de Cristo, quando consagram Seu Corpo e Sangue. É o que mostram as próprias palavras da Consagração. Não diz o sacerdote: "Isto é o corpo de Cristo", mas diz: "Isto é o Meu Corpo". Representando, assim, a Pessoa de Cristo Nosso Senhor, converte a substância do pão e do vinho na verdadeira substância de Seu Corpo e Sangue.

[78] Nestes termos, é preciso ensinar, sem nenhuma hesitação, um ponto que também já foi exposto pelo Sagrado Sínodo. O Sacrossanto Sacrifício da Missa não é apenas um Sacrifício de louvor e ação de graças, ou uma simples comemoração do Sacrifício consumado na Cruz, mas é também um verdadeiro Sacrifício de propiciação, pelo qual Deus se torna brando e favorável a nosso respeito.

Por conseguinte, se imolarmos e oferecermos esta Vítima Sacratíssima, com pureza de coração, fé ardente, e profunda compunção de nossos pecados, podemos estar certos de que havemos de conseguir "do Senhor misericórdia e graça em tempo oportuno".[473]

Pois é tão agradável ao Senhor o perfume desta Vítima, que [por ela] nos dá os dons da graça e da penitência, e desta maneira nos perdoa os pecados. Este é o sentido daquela súplica oficial da Igreja: "Quantas vezes se celebra a memória deste Sacrifício, tantas vezes entra em ação a obra de nossa Redenção".[474] Noutros termos, este Sacrifício incruento derrama, então, sobre nós os ubérrimos frutos do Sacrifício cruento.

---

472. Lc 22,19; 1Cor 11,24.
473. Hb 4,16.
474. Secreta do domingo IX depois de Pentecostes.

[79] Depois, ensinarão os párocos ser tal a virtude deste Sacrifício, que não só aproveita a quem oferece e a quem comunga, mas também a todos os fiéis cristãos, quer vivam ainda conosco aqui na terra, quer já tenham morrido no Senhor, sem estarem de todo purificados. A estes últimos não é aplicado com menos fruto do que se aplica aos vivos, por seus pecados, penas, satisfações, por qualquer desgraça e aflição. Assim o ensina, com absoluta certeza, a Tradição Apostólica.

[80] Por aqui vemos, sem mais dificuldade, que todas as Missas são comunitárias[475], porquanto dizem respeito ao bem e à salvação comum de todos os homens.

6. As cerimônias da Missa

[81] Em torno deste Sacrifício se fazem muitas cerimônias, sobremaneira solenes e grandiosas.

Nenhuma delas deve ser considerada inútil ou inexpressiva. Pelo contrário, todas elas têm por fim realçar a majestade de tão sublime imolação, e mover os fiéis, que contemplam os ritos salutares, a considerarem as realidades divinas que se ocultam nesse mesmo Sacrifício.

No entanto, não é mister tratarmos mais de perto este assunto: já por que sua explicação exorbita de nosso programa; já porque os sacerdotes podem ter à mão esses quase inumeráveis opúsculos e comentários, que sobre a matéria escreveram homens de notável piedade e erudição.[476]

Com isso julgamos ter dito, com a ajuda de Nosso Senhor, o necessário sobre os pontos principais, que se referem à Eucaristia, como Sacramento e como Sacrifício.

---

475. "Comunitário" é o que diz respeito à comunidade. Os adjetivos "comum" e "coletivo" não exprimem essa ideia.
476. Com certeza, uma alusão aos escritos de S. Pedro Canísio, S. Roberto Belarmino, Jorge Witzel, Edmundo Auger, Possevin, e outros.

CAPÍTULO 5
Do Sacramento da Penitência

1. Com cuidado e, frequentemente, a doutrina da Penitência deve ser proposta aos fiéis.

I. Do nome Penitência. — 2.Vários significados da palavra penitência. — 3. Diferença entre esses vários significados.

II. A Penitência considerada como virtude. — 4. Natureza da penitência interior. — 5. A fé não faz parte da penitência, mas a precede. — 6. A penitência interior é verdadeira virtude. — 7. Disposições que o verdadeiro penitente deve ter. — 8. Em que graus se sobe a esta virtude de penitência. — 9. Qual é o principal fruto da penitência.

III. A Penitência considerada como sacramento. — 10. O que se deve crer da Penitênecia exterior, e por que Cristo a colocou entre os Sacramentos. — 11. A penitência é verdadeiro sacramento da nova Lei. — 12. O sacramento da Penitência pode ser repetido.

IV. Matéria da Penitência. — 13. Matéria deste sacramento.

V. Forma da Penitência. — 14. Forma do sacramento da Penitência. — 15. Por que se acrescentam outras orações à forma. — 16. Quão diferente é o poder dos sacerdotes da nova Lei para discernir a lepra do pecado, em relação aos sacerdotes da antiga Lei. — 17. Disposições e ritos com os quais os penitentes devem confessar-se.

VI. Efeitos da Penitência. — 18. Principais frutos deste sacramento. — 19. Por que se diz que alguns pecados não podem ser perdoados. — 20. Sem a Penitência ninguém pode conseguir o perdão dos seus pecados.

VII. Partes constitutivas da Penitência. — 21. Quantas são as partes integrais da Penitência. — 22. Como se unem entre si estas três partes da Penitência.

VIII. A contrição. — 23. Natureza da contrição. — 24. Por que os Padres do Concílio chamaram a contrição de dor. — 25. Por que a contrição é frequentemente chamada de detestação do pecado. — 26. Outros nomes utilizados para designar a detestação do pecado. — 27. Por que esta dor deve a ser a maior e mais veemente de todas. — 28. A contrição não deixa de ser verdadeira, mesmo que a dor sensível dos pecados não seja absoluta. — 29. Na contrição, todos os pecados mortais devem ser detestados um por um. — 30. Às vezes é suficiente detestar os pecados em geral. — 31. O que é necessário principalmente para a verdadeira contrição.— 32. Para a contrição, são necessárias as dores das faltas passadas e o objetivo de evitá-las a partir de agora. — 33. Devemos perdoar aos outros, se nós mesmos queremos ser perdoados. — 34. Declara-se a virtude e utilidade da verdadeira contrição. — 35. Meios para alcançar a contrição perfeita.

IX. A confissão. — 36. Excelência, necessidade e utilidade da confissão para a saúde espiritual dos cristãos. — 37. A confissão aperfeiçoa a contrição. — 38. Descrição e natureza da confissão sacramental. — 39. Por que e quando instituiu Cristo a confissão. — 40. Prova-se o mesmo em outros lugares da Escritura. — 41. Das palavras do Senhor, segue-se que a confissão deve necessariamente ser feita aos sacerdotes, e que os sucessores dos apóstolos são juízes. — 42. A Igreja adicionou algumas cerimônias à confissão sacramental.— 43. Aqueles que cometeram pecados mortais não podem recuperar a saúde espiritual fora da confissão. — 44. Idade e época do ano em que existe a obrigação de se confessar. — 45. Quantas vezes os cristãos devem confessar. — 46. Na confissão, todos os pecados devem ser declarados um por um. — 47. As circunstâncias dos pecados também devem ser declaradas na confissão. — 48. A confissão em que se oculta advertidamente algo sério deve ser repetida. — 49. Não há obrigação de repetir a confissão em que se omitiu algo por esquecimento ou descuido leve. — 50. A confissão deve ser natural, simples e clara. — 51. A confissão deve ser discreta e vergonhosa. — 52. A confissão não pode ser feita por um interlocutor ou por escrito.— 53. Para o cristão, é sobremaneira útil frequentar a confissão.

X. Ministro da Penitência. — 54. Duplo poder com o qual o legítimo ministro deste sacramento deve estar revestido. — 55. Em caso de necessidade, todo sacerdote pode absolver qualquer pecador.— 56. Da escolha do confessor por quem zela pela sua salvação. — 57. Sigilo sacramental que o confessor deve guardar perpetuamente. — 58. A que o sacerdote que ouve confissões deve principalmente atentar — 59. Como o confessor deve se comportar com aqueles que pedem perdão por seus pecados — 60. Como deve se comportar com aqueles que têm vergonha de confessar seus pecados ou que vão sem se preparar. — 61. Como deve se comportar diante da vergonha de alguns.

XI. A satisfação. — 62. O que significa a palavra satisfação, tanto em geral quanto em matéria de confissão. — 63. Quantos são os tipos de satisfação, que incluem alguma compensação pelo pecado. — 64. Em que consiste a satisfação própria deste sacramento. — 65. Quando se perdoa a culpa, a penalidade eterna é perdoada, mas nem sempre toda a pena temporal. — 66. Por que Deus não perdoa o homem pelo sacramento da penitência, o mesmo que perdoa pelo batismo. — 67. Como os outros se aproveitam das penitências que nos são impostas.— 68. Pela penitência nos assemelhamos a Jesus Cristo. — 69. Na satisfação, justiça e misericórdia se unem.— 70. Pela penitência, nos livramos das penas que Deus preparou para nós. — 71. De onde vem o nosso trabalho que é meritório e gratificante. — 72. Nossas obras satisfatórias não diminuem o valor da satisfação e do mérito de Cristo.— 73. O que se requer em uma obra para que tenha valor de verdadeira satisfação. — 74. Classes de obras satisfatórias. — 75. As penalidades que de fora vem ao homem são também satisfatórias. — 76. Um pode satisfazer pelo outro, mas não se arrepender ou confessar.— 77. Não se pode comunicar aos outros todos os efeitos da satisfação.

XII. A absolvição. — 78. Não se pode dar a absolvição a quem não promete restituir os objetos roubados. — 79. Que satisfação deve ser imposta ao penitente.

[1] Em vista da fraqueza e inconstância da natureza, qual todos conhecemos e facilmente sentimos, por experiência própria, ninguém pode ignorar de quanta necessidade é o Sacramento da Penitência.

Ora, se a importância e gravidade do assunto serve de critério para a diligência, que os párocos devem empregar na exposição de cada ponto, diremos categoricamente que nunca será demais o zelo que consagrarem à explicação da presente doutrina.

Vamos mais adiante. Deste Sacramento devem eles tratar mais explicitamente que do Batismo, pois o Batismo é administrado uma só vez, e não pode ser reiterado, ao passo que a Penitência se impõe como obrigação, quantas vezes o homem caia em pecado, depois do Batismo. Neste sentido, declarou o Concílio de Trento[477], que o Sacramento da Penitência não é menos necessário para quem tenha pecado depois do Batismo, do que o Batismo para a salvação dos que ainda não foram regenerados.

Conhecida é a comparação de São Jerônimo, muito apreciada por todos os teólogos posteriores. A Penitência, diz ele, é uma segunda tábua de salvação.[478] Com efeito, quando naufraga uma embarcação, o único recurso para salvar a vida está em agarrar, por sorte, uma prancha da carcaça. Assim também, depois de perdida a inocência do Batismo, se a pessoa se não agarrar à tábua da Penitência, é certo que devemos desesperar de sua salvação.

Dizemos estas verdades para exortar não só os pastores, mas também os simples fiéis, a fim de não se tornarem culpados de indiferença em negócio da mais alta importância. Conscientes da fragilidade comum a todos os homens, o mais ardente desejo de todos será poderem, com o auxílio de Deus, progredir no caminho do Senhor, sem nenhuma queda ou deslize.

Mas, se caírem uma vez e outra, tenham ante os olhos a suprema clemência de Deus que, à maneira do Bom Pastor, Se compraz em ligar e curar as feridas de Suas ovelhas. Assim nunca lhes acudirá a ideia de deixarem, para mais tarde, o salubérrimo remédio da Penitência.

1. DO NOME PENITÊNCIA

[2] Ao entrarmos agora no assunto propriamente dito, explicaremos primeiro as várias acepções da palavra, para evitar que a ambiguidade do conceito não induza alguém a opiniões errôneas.

---

477. Concílio de Trento, seção 6, *A justificação,* cap. 14 (Dz 895, 911, 807); seção 14, *O sacramento da Penitência,* cap. 2 (Dz 895).

478. São Jerônimo, *In cap.* 3 Is.

Alguns tomam penitência no sentido de satisfação.⁴⁷⁹ Outros fazem-na apenas consistir numa vida nova, julgando que a penitência não deve levar em conta a vida passada, e com isso se apartam completamente da doutrina da fé católica. Eis por que se torna necessário explicar as várias significações da palavra.

Em primeiro lugar, fala-se de penitência⁴⁸⁰, quando alguém se desgosta de uma coisa que antes lhe agradava, sem atender de modo algum à sua bondade ou malícia. Assim se penitenciam todos aqueles que se entristecem segundo as máximas do mundo, e não segundo os sentimentos de Deus. Tal penitência não traz salvação, mas gera a morte.⁴⁸¹

Outra espécie de penitência consiste em doer-se alguém de um pecado cometido, não por atenção a Deus, mas por causa de si próprio.

Uma terceira espécie de penitência consiste, não só em doer-nos intimamente do pecado cometido, e darmos até algum sinal externo de nossa compunção, mas também em nos afligirmos unicamente por causa de Deus.

A todas essas espécies, que acabamos de mencionar, é aplicável a definição de penitência.⁴⁸²

Trata-se, evidentemente, do sentido figurado, quando lemos nas Sagradas Escrituras que Deus se penitenciou.⁴⁸³ Com tal modo de falar, acomodado aos sentimentos dos homens, as Sagradas Escrituras querem simplesmente exprimir que Deus decretou mudar alguma coisa. Realmente, os homens fazem assim. Quando se arrependem de alguma coisa, empregam todos os meios a fim de mudá-la. Neste sentido se diz na Escritura: "Deus se arrependeu de ter criado o homem".⁴⁸⁴ Noutro lugar também: "[Deus] se arrependeu de ter constituído rei a Saul".⁴⁸⁵

[3] Cumpre, todavia, estabelecer uma grande diferença entre estas três espécies de penitência. Pois a primeira deve ser considerada pecaminosa. A segunda é um estado natural da alma, proveniente de comoção e perturbação. A terceira constitui, como dizemos, uma virtude e parte

---

479. Por exemplo, quando dizem: rezar a penitência.
480. Em vernáculo, melhor se diria aqui "arrependimento".
481. 2 Cor 7,10.
482. No contexto, *paenitentia* equivale a arrependimento.
483. Gn 6,6; Sl 105,45; Jr 26,3; 13,19.
484. Gn 6,6.
485. 1 Sm 15,11.

integrante do Sacramento. Esta última é a noção própria de penitência, que ora passamos a considerar.

II. A PENITÊNCIA CONSIDERADA COMO VIRTUDE

1. Natureza da virtude da penitência

Primeiro, falaremos da penitência como virtude, não só porque aos pastores incumbe instruir os fiéis em todas as virtudes, mas também porque os atos dessa virtude proporcionam, por assim dizer, a matéria em que se opera este Sacramento. Ademais, se os fiéis não tiverem antes uma noção exata do que seja a virtude da penitência, não lhes será possível compreender deveras a eficácia do Sacramento.

[4] É preciso, antes de tudo, advertir e exortar os fiéis a procurarem, com todo o esforço e cuidado, aquela profunda penitência interior, a que chamamos virtude. Sem ela, muito pouco lhes pode aproveitar a prática da penitência exterior.

Consiste a penitência interior em converter-nos a Deus de todo o coração; em aborrecer e odiar os pecados cometidos; em firmar-nos no determinado propósito de mudar de vida e corrigir os maus costumes: mas tudo isso na esperança de conseguirmos perdão da misericórdia divina.

A esta penitência se associa, quase como companheira da detestação dos pecados, uma certa dor e tristeza, uma perturbação sensível a que muitos dão o nome de paixão. Por isso, alguns Santos Padres viam nesse tormento da alma uma definição da Penitência.

[5] Entretanto, na pessoa do penitente, é necessário que a fé preceda à penitência. Sem possuir a fé, ninguém pode converter-se a Deus. Esta é a razão por que a fé não pode, de modo algum, ser tida como parte integrante da penitência.[486]

[6] Prova irrefragável de que a penitência interior constitui uma virtude, conforme dizíamos há pouco, são as muitas prescrições promulgadas acerca da penitência. Pois a Lei só pode preceituar atos que se cumprem com virtude.

---

486. Conc. Trid. XIV de Paenit. Cap. 3 can. 4 (Dz 896, 914).

Mais ainda. Ninguém negará que seja ato de virtude o entregar-se à penitência no tempo, modo e medida que for determinada. Ora, é um efeito da virtude da penitência que tudo isso se faça como deve ser.

Acontece, por vezes, não terem os homens dor suficiente dos pecados que cometeram. Como escreve Salomão, homens há que até se regozijam do mal praticado.[487]

Outros, pelo contrário, se entregam de tal maneira à dor e aflição, que desesperam inteiramente da salvação. Tal era, provavelmente, a disposição de Caim, quando bradou: "Muito grande é a minha iniquidade, para que eu mereça perdão".[488] Mas tal era, certamente, a disposição de Judas. "Tocado de arrependimento"[489], enforcou-se, e perdeu assim a vida e a própria alma.

Portanto, é precisamente a virtude da penitência que nos ajuda a regular a justa expansão de nosso arrependimento.

[7] O caráter de virtude na penitência se deduz também dos fins, que a si mesmo se propõe o pecador verdadeiramente arrependido.

Seu primeiro propósito é extinguir o pecado, e purificar a alma de toda culpa e mancha.

O segundo é satisfazer a Deus pelos pecados cometidos. Nisso vai evidentemente um postulado de justiça. Ainda que entre Deus e os homens não possa haver estrita relação de justiça, por estarem separados numa distância infinita, todavia existe uma espécie de justiça, semelhante à que vigora entre pai e filhos, entre senhor e escravos.

O terceiro é voltar o homem às boas graças de Deus, cujo ódio e inimizade havia contraído pela torpeza do pecado.

Todos estes considerandos provam, à saciedade, que a penitência constitui uma virtude.

2. Degraus pelos quais nos elevamos à prática dessa virtude

[8] Os pastores ensinarão, ainda, por quais degraus nos elevamos à prática dessa virtude sobrenatural. Em primeiro lugar, é a misericórdia de Deus que nos predispõe, e converte a Si os nossos corações. Em suas

---

487. Pr 2,14.
488. Gn 4,13.
489. Mt 27,3-5; At 1,18.

súplicas, o Profeta pedia essa graça: "Convertei-nos a Vós, Senhor, e nós nos converteremos".⁴⁹⁰

Depois, iluminados por essa luz, a fé nos faz tender interiormente para Deus, assim como atesta o Apóstolo: "Quem se aproxima de Deus, deve crer que Ele existe, e que é o remunerador daqueles que O procuram".⁴⁹¹

Sobrevêm, então, um sentimento de temor, pois a alma se desapega do afeto ao pecado, quando medita nos acerbos tormentos que ele lhe acarreta. Ao que parece, cabem neste lugar as palavras de Isaías: "Aconteceu-nos a nós, como à mulher grávida que, na iminência do parto, se contorce e brada no meio de suas dores".⁴⁹²

Acresce, porém, a esperança de alcançar a misericórdia divina. Reanimados por essa esperança, tomamos a resolução de emendar nossa vida e nossos costumes.

Por fim, inflama-se a caridade em nossos corações, e dela nasce aquele amor filial, digno de filhos bons e nobres. Só com o receio de agravar em alguma coisa a majestade de Deus, largamos então definitivamente o hábito de pecar.

Tais são, por assim dizer, os degraus que nos fazem chegar a esta inestimável virtude da penitência.

3. Principal fruto da virtude de penitência

[9] Na verdade, devemos considerá-la como uma virtude toda divina e celestial, a que as Sagradas Escrituras fazem a promessa do Reino dos Céus, conforme o que escreve São Mateus: "Fazei penitência, porque está próximo o Reino dos Céus".⁴⁹³ E o Profeta Ezequiel: "Se o ímpio fizer penitência de todos os pecados que cometeu; se guardar todos os Meus Mandamentos; se proceder com equidade e justiça: é certo que terá a vida".⁴⁹⁴ Noutro lugar ainda: "Não quero a morte do pecador, mas que o pecador se converta de seu caminho, e tenha a vida".⁴⁹⁵

---

490. Lm 5,21.
491. Hb 11,6.
492. Is 26,17.
493. Mt 4,17.
494. Ez 18,21.
495. Ez 33,11.

Incontestavelmente, são palavras que devem entender-se da vida eterna e bem-aventurada.

III. A PENITÊNCIA CONSIDERADA COMO SACRAMENTO

[10] Acerca da penitência exterior, devemos ensinar que nela propriamente consiste a essência do Sacramento. Consta de alguns atos exteriores e sensíveis, que exprimem os efeitos que se operam interiormente na alma.

1. Causas da instituição deste sacramento

Antes de tudo, convém explicar aos fiéis por que Cristo Nosso Senhor quis incluir a Penitência entre o número dos Sacramentos. O motivo principal foi tirar-nos todas as dúvidas sobre a remissão dos pecados, que Deus prometeu com as palavras: "Se o ímpio fizer penitência, etc."[496] Realmente, se assim não fosse, muitas dúvidas ficariam a respeito de nossa penitência interior, pois ninguém pode, e com razão, fiar-se da maneira de ajuizar, pessoalmente, as suas próprias ações.

A fim de nos livrar dessa inquietação, Nosso Senhor instituiu o Sacramento da Penitência, para que tivéssemos a confiança de serem perdoados os nossos pecados, pela absolvição do sacerdote; para que nossas consciências ficassem mais tranquilas, por causa da fé que justamente devemos ter na eficácia dos Sacramentos. Pois, quando o sacerdote nos perdoa os pecados, na forma sacramental, suas palavras têm o mesmo sentido que as palavras de Cristo Nosso Senhor ao paralítico: "Tem confiança, filho, teus pecados te são perdoados".[497]

Depois, como ninguém pode conseguir a salvação senão por Cristo, e na virtude de Sua Paixão, havia conveniência em si e muita utilidade para nós, que fosse instituído um Sacramento, por cuja eficácia corresse sobre nós o Sangue de Cristo, a fim de nos purificar dos pecados cometidos depois do Batismo; e assim reconhecemos que devemos unicamente a Nosso Salvador a graça da reconciliação.

---

496. Ez 18,21.
497. Mt 9,2.

[11] Sendo assim, nenhuma dificuldade terão os pastores em demonstrar que a Penitência é um Sacramento. O Batismo é Sacramento, porque apaga todos os pecados, e de modo particular o pecado original. Ora, pela mesma razão, a Penitência deve chamar-se Sacramento, em sentido próprio e verdadeiro, pois tira todos os pecados cometidos depois do Batismo, quer por desejos, quer por obras.

De mais a mais, a razão principal é que os atos exteriores, tanto do penitente, como do sacerdote, são os sinais sensíveis daquilo que se opera interiormente na alma. Quem pois poderia duvidar de que a Penitência não tenha o caráter próprio de verdadeiro Sacramento? Sacramento é sinal de uma coisa sagrada. Ora, o pecador arrependido professa, claramente, por palavras e ações, que seu coração já se apartou da torpeza do pecado. Da mesma forma, nos atos e palavras do sacerdote reconhecemos a misericórdia de Deus, que perdoa esses mesmos pecados. Isto é o que provam, abertamente, as palavras do Salvador: "Eu te darei as chaves do Reino dos céus... tudo o que desligares na terra, será desligado também no céu".[498] Portanto, a absolvição enunciada pelas palavras do sacerdote exprime a remissão dos pecados, que se opera dentro da alma.

[12] Devem os fiéis aprender que a Penitência não só pertence ao número dos Sacramentos, mas figura também entre os que podem ser reiterados. Quando Pedro perguntou se podia dar o perdão de um pecado até sete vezes, Nosso Senhor lhe retorquiu: "Eu não te digo até sete vezes, mas até setenta vezes sete".[499]

Por isso, ao tratarem com pessoas que pareçam desconfiar da bondade e misericórdia divina, devem os pastores incutir-lhes coragem, e confortá-las, para que tenham esperança do perdão divino. Será fácil de consegui-lo, se desenvolverem esta e outras passagens, tão frequentes nas Sagradas Escrituras; se recorrerem também às razões e argumentos, que se encontram na obra de São João Crisóstomo sobre os que prevaricaram[500], e nos livros de Santo Ambrósio sobre a Penitência.[501]

---

498. Mt 16,19 (Dz 894, 911).
499. Mt 18,22.
500. São João Crisóstomo, *Líber de Lapsis*.
501. Santo Ambrósio, *De Paenitentia*.

IV. MATÉRIA DA PENITÊNCIA

[13] Como o povo cristão deve mormente conhecer o que diz respeito à matéria deste Sacramento, cumpre adverti-lo que, nesse ponto, vai uma grande diferença entre este e os demais Sacramentos. Nos outros, a matéria consta de alguma coisa física, natural ou artificial; porém no Sacramento da Penitência, conforme o definiu o Concílio de Trento[502], há uma quase-matéria constituída pelos atos do penitente, a saber, contrição, acusação, e satisfação. Estes atos chamam-se partes da Penitência, porque da parte do penitente são necessários por instituição divina, para que haja integridade do Sacramento, e perfeita remissão dos pecados.

O Santo Concílio dá a estes atos o nome de quase-matéria, não por que não tenham o caráter de verdadeira matéria, mas por que não são matéria de aplicação exterior, como a água no Batismo e o crisma na Confirmação.

Outros asseveram que a matéria deste Sacramento são os próprios pecados. No fundo, tal opinião não difere da doutrina exposta, se a considerarmos com mais atenção. Assim como dizemos que matéria do fogo é a lenha, que a ação do fogo consome: assim também há razão de chamarmos matéria deste Sacramento aos pecados, que são destruídos pela Penitência.[503]

V. FORMA DA PENITÊNCIA

[14] Os pastores não deixarão tampouco de explicar a forma, pois tal conhecimento só pode levar os fiéis a receberem com a máxima devoção a graça deste Sacramento. A forma é a seguinte: "Eu te absolvo..." Estriba-se, é verdade, nas célebres palavras: "Tudo o que desligares sobre a terra, será desligado também nos céus".[504] Mas, em seu teor, nós a recebemos da própria doutrina de Cristo Nosso Senhor, conforme reza a Tradição dos Apóstolos.

---

502. Conc. Trid. XIV cap. 3 can. 4 (Dz 896, 914).
503. É oportuno lembrar a distinção teológica de *"materia ex qua et materia circa quam"*. *Materia ex qua fit Sacramentum sunt actus paenitentis; materia circa quam fit Sacramentum sunt peccata.*
504. Mt 18,18.

Ora, como os Sacramentos produzem o que significam, as palavras "Eu te absolvo" mostram que, na administração deste Sacramento, se opera a remissão dos pecados. Assim, torna-se evidente que são elas a forma perfeita da Penitência. Os pecados comparam-se a uns laços que prendem as almas, e dos quais as desliga o Sacramento da Penitência.

Isso não deixa de se verificar, quando o sacerdote absolve uma pessoa que já tenha alcançado o perdão da parte de Deus, em virtude de uma ardorosa contrição, unida ao desejo de confessar-se sacramentalmente.[505]

[15] Ajuntam-se então algumas preces, que não são de valor essencial para a forma. Sua finalidade é remover qualquer obstáculo que, por culpa do penitente, possa talvez prejudicar os plenos efeitos do Sacramento.

[16] Sobejas razões têm os pecadores para render infinitas graças a Deus, porque outorgou tão amplos poderes aos sacerdotes da Igreja. Já não acontece, como na Antiga Lei, que os sacerdotes só testemunhavam se alguém estava realmente livre de sua lepra.[506] Agora, na Igreja, os sacerdotes não têm apenas o poder de declarar que alguém está absolvido de seus pecados, mas são eles próprios que os absolvem na qualidade de ministros de Deus. Este efeito vem do próprio Deus, que é o Autor e Doador da graça e da justificação.[507]

[17] Ponham os fiéis todo o empenho em observar as cerimônias que acompanham este Sacramento. Destarte se gravarão mais profundamente, em seus corações, os frutos que alcançam mediante o Sacramento, isto é, a reconciliação de servos com o mais bondoso dos senhores, ou antes de filhos com o melhor dos pais. Assim também reconhecerão, com menor esforço, o que lhes incumbe fazer, se quiserem — e todos o devem querer — mostrar-se gratos e reconhecidos por tão grande benefício.

Quem está, pois, arrependido de seus pecados, prostra-se humildemente aos pés do sacerdote, para que esse ato exterior de humildade lhe faça reconhecer como é necessário arrancar da alma todas as raízes do orgulho[508], donde nasceram e vingaram todos os pecados que agora lamenta.

No sacerdote, que se conserva sentado, como seu legítimo juiz, venera ele a pessoa e o poder de Cristo Nosso Senhor. Pois na administração

---

505. Cfr. Neste mesmo capítulo os §§ 27,34.
506. Lv 13,9.
507. Sl 83,12; Rm 8,33.
508. Eclo 10,15.

da Penitência, como dos demais Sacramentos, o sacerdote exerce o ministério de Cristo.

Depois, o penitente enumera os seus pecados, mas de maneira que se reconheça digno do maior e mais duro castigo, e pede com instância o perdão de seus delitos. Nas obras de São Dionísio, encontram-se testemunhos formais de que todas estas práticas são antiguíssimas.[509]

VI. EFEITOS DA CONFISSÃO

[18] Nada será mais útil aos fiéis, nem lhes proporcionará maior alegria em receberem o Sacramento da Penitência, do que a frequente explicação que os párocos façam de suas inestimáveis vantagens para as nossas almas. Eles verão com quanta verdade se pode dizer da Penitência, que as suas raízes são amargas, mas os seus frutos extremamente doces.

Toda a virtude da Penitência se resume em reconciliar-nos com Deus, e unir-nos a Ele pela mais íntima amizade. Em pessoas piedosas, que recebem este Sacramento com santas disposições, tal reconciliação costuma, não raro, produzir profunda paz e tranquilidade de consciência, acompanhada de inefável alegria espiritual.

De mais a mais, não pode haver delito tão grave e abominável, que não seja apagado pelo Sacramento da Penitência, por sinal que não só a primeira vez, mas também a segunda e outras vezes mais. Disso nos falou o Senhor, pela boca do Profeta: "Se o ímpio fizer penitência de todos os pecados por ele cometidos, se observar os Meus Mandamentos, se proceder com equidade e justiça, terá a vida, e não morrerá. De todas as iniquidades que praticou, não guardarei lembrança".[510] E São João diz assim: "Se confessarmos nossos pecados, [Deus] é fiel e justo, para nos perdoar nossos pecados".[511] E logo acrescenta: "Se alguém pecou" — o Apóstolo não exclui, pois, nenhuma espécie de pecado — "temos junto ao Pai um Advogado, Jesus Cristo, o Justo. Ele é a propiciação pelos nossos pecados, e não só pelos nossos, mas também pelos pecados do mundo inteiro".[512]

---

509. Dion. epist. 8 1. Vejam-se quase os mesmos pensamentos em CRO II V 42.
510. Ez 18,21 ss.
511. 1 Jo 1,9.
512. 1 Jo 2,1 ss.

[19] Quando lemos, nas Escrituras, que alguns homens não conseguiram do Senhor nenhuma misericórdia, apesar de a terem pedido com instância, devemos entender que tal aconteceu, porque eles não tinham verdadeiro e sincero arrependimento de seus pecados.[513]

Outrossim, quando nas Sagradas Escrituras, ou nos Santos Padres, ocorrem passagens em que parece afirmar-se que certos pecados não podem ser perdoados, devemos por elas entender que é muito difícil alcançar-se o perdão de tais pecados.[514]

Assim como uma moléstia é tida como incurável, se a pessoa atacada sente horror ao remédio, que lhe pode restituir a saúde: assim há também certa espécie de pecados, para os quais não se dá nenhum perdão, porque levam a repelir o remédio próprio da salvação, que é a graça de Deus.[515]

Neste sentido se pronunciou Santo Agostinho, quando escrevia: "Se alguém que, pela graça de Cristo, chegou ao conhecimento de Deus, mas combate seus irmãos na fé, e resiste à própria graça, para se entregar aos ardores da inveja, esse chega a tão malignas disposições, que já não tema humildade de pedir perdão, embora seja forçado, pelos remorsos de consciência, a reconhecer e confessar o pecado".[516]

[20] Mas voltemos à Penitência.[517] A virtude de apagar os pecados lhe é tão própria, que sem a Penitência não podemos absolutamente alcançar, nem sequer esperar uma remissão de pecados. Pois está escrito: "Se não fizerdes penitência, todos vós perecereis da mesma maneira".[518] Verdade é que Nosso Senhor se refere aos pecados mais graves e mortais, embora os pecados mais leves, ditos veniais, também careçam de alguma penitência. Santo Agostinho já dizia: "Havendo uma espécie de penitência, que na Igreja se faz, todos os dias, pelos pecados veniais, ela seria completamente inútil, se os pecados veniais pudessem ser perdoados sem penitência".[519]

---

513. 2Mc 9,13; Hb 12,17.
514. Ex 4,21; 1Sm 2,25; Mt 12,31-32; Hb 6,4 ss.; 10,26 ss.
515. Jd 4 ss.; 2Pd 3,3 ss.; 1Jo 2,7ss.
516. Segundo Aug. de sermon. Domini in monte 1 22 (alias 75).
517. Aqui volta o CRO a tratar da Penitência como virtude.
518. Lc 13,3.
519. Cfr. Aug. epist. 265; sermon. 351 3.

VII. PARTES INTEGRANTES DA CONFISSÃO

[21] Em matéria de aplicação prática, como esta, não bastam as explicações genéricas. Por isso mesmo, devem os pastores entrar em todos os pormenores necessários, para que os fiéis possam ter uma compreensão da verdadeira penitência e de seus efeitos salutares.

Ora, além da matéria e forma, que ocorrem em todos os Sacramentos, é próprio deste Sacramento ter também aquelas partes já mencionadas, que constituem, por assim dizer, a perfeita integridade da Penitência: contrição, acusação, satisfação. Delas fala São João Crisóstomo nestes termos: "A penitência impele o pecador a suportar tudo de boa vontade. Em seu coração está o arrependimento; em sua boca, a acusação; em suas obras, plena humildade e proveitosa satisfação".[520]

Dizemos partes, e nisso seguimos a linguagem comum, porque elas se assemelham a partes que são necessárias para constituir um todo perfeito. Por exemplo, o corpo humano compõe-se de muitos membros, mãos, pés, olhos, e outras partes semelhantes. Com razão é tido por imperfeito, se lhe faltar uma dessas partes, e por perfeito, se lhe não faltar nenhuma.

Assim, a Penitência de tal modo se compõe dessas três partes que, embora a contrição e acusação, justificando o homem, sejam bastantes para constituir a essência do Sacramento, todavia não fica aquela[521] perfeitamente integrada, se não lhe acresce também a terceira das partes, que é a satisfação.

Por isso, tão estreita é a conexão entre as partes, que o arrependimento inclui o propósito de confessar e satisfazer; a contrição e a intenção de satisfazer precedem à acusação; a satisfação, afinal, pressupõe as duas outras partes.

[22] Como razão de ser dessas três partes da Penitência, podemos alegar que os pecados contra Deus são precisamente cometidos por pensamentos, palavras e obras. Havia, pois, justiça e conveniência que, para nos sujeitarmos às chaves da Igreja, procurássemos aplacar a cólera de Deus, e conseguir d'Ele o perdão dos pecados, pelos mesmos meios, com que havíamos ultrajado a santíssima Majestade Divina.

---

520. São João Crisóstomo, *sermon. 1 de paenit.* Cfr. Corpus jur. can. II c. 33 q. 5 dist. 1 c. 40.
521. A Penitência.

Podemos, ainda, dar outra argumentação. A Penitência é uma espécie de compensação dos delitos, nascida da livre vontade do delinquente, mas sujeita ao arbítrio de Deus, contra quem se cometeu o pecado. Destarte, não só se requer a vontade de compensar, o que muito condiz com o caráter do arrependimento, mas também é necessária a submissão do penitente ao juízo do sacerdote, que faz as vezes de Deus, para que o mesmo possa determinar uma pena proporcional à gravidade dos pecados. Daí deduzimos, claramente, a razão e a necessidade, tanto da acusação, como da satisfação.

VIII. A CONTRIÇÃO

1. Natureza da contrição

[23] Dada a obrigação de se mostrar aos fiéis a essência e função destas três partes, devemos começar pela contrição, e explicá-la cuidadosamente. Pois a contrição não deve faltar nenhum instante dentro de nossa alma, quer nos venham à lembrança os pecados de outrora, quer tenhamos cometido alguma falta atual.

Dela formularam os Padres do Concílio de Trento a seguinte definição: "Contrição é uma dor da alma, e uma detestação do pecado cometido, com o firme propósito de não tornar a pecar".[522] Mais adiante, falando do caráter da contrição, acrescentam: "Assim, prepara afinal para a remissão dos pecados, contanto que seja acompanhada da confiança na misericórdia divina, e da intenção de fazer tudo o que se requer para a digna recepção deste Sacramento".

Através desta definição, os fiéis hão de reconhecer que a essência da contrição não consiste apenas em deixar alguém de pecar, ou em decidir uma mudança de vida, ou até em começá-la realmente; mas, antes de tudo, em odiar e detestar os erros da vida passada.

Confirmam esta doutrina os frequentes clamores que saíam da boca de santos varões da Antiga Lei, conforme lemos nas Sagradas Escrituras. Assim lamentava Davi: "Estou fatigado de tanto gemer. Todas as noites, chego a lavar meu catre com lágrimas".[523] "O Senhor escutou o clamor

---

522. Conc. Trid. XIX cap. 4 (Dz 897-898).
523. Sl 6,7.

do meu pranto".[524] E outro profeta dizia também: "Diante de Vós, repassarei a conta de todos os meus anos, na amargura de minha alma".[525] Certamente, estas e outras dolorosas exclamações só podiam irromper de um verdadeiro ódio e profundo arrependimento dos pecados da vida passada.

a) Conceitos da "dor"

[24] Já que definimos a contrição como uma dor, cumpre advertir os fiéis não suponham que seja uma dor perceptível aos sentidos corporais. Pois a contrição é um ato da vontade. Santo Agostinho explicava que a dor [sensível] é uma companheira da penitência, mas não é a própria penitência.[526]

Todavia, os Padres do Concílio usaram da expressão "dor", para designar a detestação e o ódio do pecado, já porque assim lhe chamam as Sagradas Escrituras — por exemplo, nas palavras de Davi: "Até quando nutrirei dúvidas em minha alma, e dor em meu coração, durante o dia inteiro?"[527]; — já porque, da própria contrição, nasce uma dor na parte inferior da alma, sede da concupiscência.

Havia, pois, cabimento em se definir como dor a contrição, porque esta causa dor realmente. Como manifestação dessa dor, costumavam os penitentes trocar as suas vestes. A tal costume alude Nosso Senhor no Evangelho de São Mateus: "Ai de ti, Corozaim! Ai de ti, Betsaida! Pois se em Tiro e na Sidônia fossem operados os milagres que se efetuaram no meio de vós, desde muito teriam já feito penitência no cilício e na cinza".[528]

b) Conceito de "detestação"

[25] Há muita propriedade em chamar contrição à detestação dos pecados, de que estamos tratando, porque [o termo] exprime, perfeitamente, a ação violenta dessa dor. Baseia-se numa analogia tirada das coisas materiais, que são inteiramente trituradas por meio de uma pedra

---

524. Sl 6,9.
525. Is 38,15.
526. Santo Agostinho, *Sermo 351*,1.
527. Sl 12,2.
528. Mt 11,21.

ou de outro objeto mais duro. Assim também deve a força do arrependimento contundir e triturar os nossos corações, que a soberba deixou empedernidos.

Por isso, a nenhuma outra dor se aplica essa designação, nem a dor que sentimos pela morte de pais ou filhos, ou por qualquer outra desgraça. É um termo privativo, para exprimir a dor que nos empolga, quando perdemos a graça de Deus e a inocência da alma.

c) Outras designações

[26] Sem embargo, existem ainda outras expressões para designar a detestação dos pecados. Chama-se também contrição do coração, porquanto as Sagradas Escrituras tomam amiúde a palavra "coração" no sentido de vontade.[529] Assim como o coração é o centro dos movimentos do corpo, assim também a vontade acerta e regula todas as outras potências da alma.

Os Santos Padres chamavam-lhe também compunção do coração, e gostavam desse termo, para intitular as obras que escreveram sobre a penitência. Pois, do mesmo modo que se cortam os tumores com um ferro, para que possa vazar o pus acumulado: assim também se cortam os corações com o escalpelo da contrição, para que possam eliminar o veneno mortal do pecado. Por essa mesma semelhança, o Profeta Joel considera a contrição como o ato de rasgar o coração: "Convertei-vos a Mim, de todo o vosso coração, com jejuns, com lágrimas, com lamentos. E rasgai os vossos corações".[530]

2. *Qualidades da contrição*

a) Dor suma

[27] A dor pelos pecados deve ser suma e máxima, de maneira que se não possa conceber outra maior. Fácil será demonstrá-lo pelas seguintes ponderações.

A contrição perfeita é um ato de caridade, nascido do temor filial. É claro, pois, que a contrição e a caridade se medem pela mesma escala.

---

529. Gn 6,6; Jó 1,5; Sl 4,3; Mt 5,28, et passim.
530. Jl 2,12 ss.

Ora, como a caridade com que amamos a Deus é um amor sumamente perfeito, assim também a contrição deve envolver a mais viva dor da alma. Se devemos amar a Deus sobre todas as coisas, devemos pela mesma razão detestar, acima de tudo, o que nos traz inimizade com Deus.

Aqui vem a propósito observar que as Sagradas Escrituras usam das mesmas expressões, para designar o âmbito da caridade e da contrição. Assim está escrito a respeito da caridade: "Amarás o Senhor teu Deus de todo o teu coração".[531] De outro lado, o Senhor incita à contrição pelo clamor do Profeta: "Convertei-vos de todo o vosso coração".[532]

Demais, se Deus é o maior bem, entre todas as coisas dignas de serem amadas, o pecado é o maior mal entre todas as coisas que o homem deve odiar. Portanto, pela mesma razão que nos leva a reconhecer, em Deus, o objeto de um amor absoluto e soberano, devemos também tomar-nos de um ódio inexcedível contra o pecado.

O amor a Deus deve antepor-se a todas as coisas, de sorte que nunca será lícito pecar, nem até para salvar a vida, conforme no-lo ensinam claramente aquelas palavras de Nosso Senhor: "Quem ama seu pai ou sua mãe mais do que a Mim, não é digno de Mim".[533] E noutro lugar: "Quem quiser salvar a sua vida, há de perdê-la".[534]

Mas aqui há lugar para uma outra observação. Como, no sentir de São Bernardo, a caridade não comporta limites, porque a medida de amar a Deus é amá-lO sem medida[535], assim também não se pode pôr limites à detestação do pecado.

b) Dor veemente

Ora, esta não só deve ser máxima em sua extensão, mas também tão vibrante em sua eficiência, que exclua qualquer sinal de inércia e indiferença. Pois assim está escrito no Deuteronômio: "Quando buscares o Senhor teu Deus, encontra-l'O-ás, contanto que O busques de todo o teu coração, e com toda a angústia de tua alma".[536] E no Profeta Jere-

---

531. Dt 6,5.
532. Jl 2,12.
533. Mt 10,37.
534. Mt 16,25.
535. São Bernardo, *De diligendo Deo*, cap. 1.
536. Dt 4,29.

mias: "Buscar-Me-eis, e haveis de achar-Me, se Me procurardes de todo o vosso coração. Então, deixar-Me-ei encontrar por vós, diz o Senhor".[537]

[28] Embora não consigamos, talvez, uma contrição absolutamente perfeita, ainda assim pode ela ser verdadeira e eficaz. Acontece, muitas vezes, que as coisas sensíveis nos calam mais no sentimento, do que as coisas espirituais. Assim, pois, há pessoas que pela morte dos filhos experimentam uma dor mais sensível, do que pela torpeza do pecado.

Aplique-se o mesmo princípio, quando as lágrimas não acompanham a veemência da contrição. Sem embargo, são elas desejáveis e muito recomendáveis na penitência, conforme o declaram as incisivas palavras de Santo Agostinho: "Não tens entranhas de caridade cristã, se choras um corpo de que a alma se separou, e não choras uma alma da qual Deus se apartou."[538]

Aqui cabem aquelas palavras de Nosso Senhor, já citadas anteriormente: "Ai de ti, Corozaim! Ai de ti, Betsaida! Pois se em Tiro e Sidônia fossem operados os milagres, que se efetuaram no meio de vós, desde muito teriam já feito penitência no cilício e na cinza".[539]

No entanto, para comprovar o valor das lágrimas, bastam os preclaros exemplos dos Ninivitas, de Davi, da mulher pecadora, do Príncipe dos Apóstolos[540]; todos eles imploraram, com muitas lágrimas, a misericórdia de Deus, e conseguiram o perdão de seus pecados.

3. Objeto da contrição

[29] Com toda a instância, é preciso exortar e advertir os fiéis a que façam um ato de particular contrição, para cada pecado mortal que tiverem cometido. Assim descreve Ezequias a contrição, quando diz: "Em Vossa presença, repassarei pela lembrança todos os meus anos, na amargura da minha alma".[541] Pois revolver todos os anos é examinar cada um de nossos pecados, para nos arrependermos deles. Em Ezequiel também está escrito: "Se o ímpio fizer penitência de todos os seus pecados... terá a vida".[542]

---

537. Jr 29,13-14.
538. Segundo Aug. sermo 41 de Sanctis. Tauchnitz cita 65 6.
539. Mt 11,21.
540. Jn 3,5; 2Sm 12,13; Sl 6 et 50; Lc 7,37 ss.; Mt 26,75.
541. Is 38,15.
542. Ez 18,21.

Nesse mesmo sentido, recomendava Santo Agostinho: "O pecador deve considerar a qualidade de seu pecado, pelas circunstâncias de lugar, de tempo, de espécie, e de pessoa".[543]

[30] Mas, com isso não devem os fiéis perder a confiança na infinita bondade e misericórdia de Deus. Levado pelo mais ardente desejo de salvar-nos, Deus não faz delongas em nos dar o perdão, e com amor paternal acolhe o pecador, desde que este caia em si e se converta ao Senhor, detestando em geral todos os seus pecados, com a intenção de recordá-los mais tarde, na medida do possível, para detestar cada um deles em particular. Dessa forma, Deus nos manda ter esperança, pois Ele diz pela boca do Profeta: "A maldade do ímpio não o prejudicará, a partir do dia em que se converta de sua impiedade".[544]

4. Recapitulação: Elementos constitutivos da contrição

[31] Desta exposição podem os pastores inferir quais são, antes de tudo, as condições necessárias, para que haja verdadeiro arrependimento. E devem esmerar-se na explicação desta matéria ao povo cristão, para que todos conheçam por que meios poderão chegar ao verdadeiro arrependimento, e tenham ao mesmo tempo uma norma, para julgarem quão longe estão ainda da perfeição desta virtude.

a) Detestação dos pecados

O primeiro requisito é aborrecer e detestar todos os pecados cometidos. Se nos arrependêssemos só de alguns, nossa penitência seria falsa e simulada, e não teria efeito salutar. Aplicam-se, nesse caso, as palavras de São Tiago Apóstolo: "Pode alguém observar toda a Lei; mas, se a transgredir num só ponto, torna-se culpado de quebrar todos os seus preceitos".[545]

O segundo é que a contrição deve incluir a vontade de confessar-se e de satisfazer. Mas deste ponto falaremos mais adiante.

O terceiro é que o penitente tome a firme e inabalável resolução de emendar a sua vida. Claramente o exprimem as palavras do Profeta: "Se o ímpio fizer penitência de todos os pecados por ele cometidos, se

---
543. Aug. de vera et falsa paenit. c. 14 (obra pseudo-agostiniana).
544. Ez 33,12.
545. Tg 2,10.

observar todos os Meus Mandamentos, e se proceder com equidade e justiça, terá a vida, e não morrerá. De todas as iniquidades que praticou, nem guardarei lembrança".[546] Pouco adiante acrescenta: "Se o ímpio se apartar da iniquidade que praticou, e proceder com equidade e justiça, ele mesmo fará viver a sua alma".[547] Saltando alguns versículos, lemos ainda: "Convertei-vos, e fazei penitência de todas as vossas iniquidades, e a iniquidade não causará a vossa ruína. Arrojai para longe de vós todas as prevaricações, pelas quais vos tornastes culpados, e formai dentro de vós um novo coração e um novo espírito".[548] A mesma ordem deu Cristo Nosso Senhor à mulher, que fora apanhada em adultério: "Vai, e não tornes a pecar".[549] Da mesma forma falou ao paralítico, que Ele curara, na Piscina das Ovelhas: "Eis que ficaste são. Não peques mais!"[550]

[32] A natureza da coisa e a própria razão nos mostram claramente que, para a contrição, são necessárias duas condições: dor pelo pecado cometido, e previdente resolução de não tornar a cometê-lo.

O indivíduo que deseja reconciliar-se com um amigo, a quem ofendera, deve não só mostrar-se pesaroso de tê-lo agravado, mas também precaver-se que nada, para o futuro, venha comprometer a amizade.

Mas a estas duas condições deve unir-se necessariamente a obediência, pois é justo que o homem obedeça à Lei a que está ligado, seja ela lei natural, divina, ou humana. Por conseguinte, se o penitente tirou alguma coisa de seu próximo, por violência ou por fraude, está obrigado a restituir. Da mesma forma, deve dar satisfação, mediante qualquer serviço ou benefício, quem lesou a fama ou a vida de outrem, por atos e palavras. Tornou-se sentença vulgar o que a respeito escreveu Santo Agostinho: "Não se perdoa o pecado, sem se restituir o roubado".[551]

[33] Entre outros mais, é requisito essencial para a boa contrição que não haja menos cuidado e diligência em perdoarmos, plenamente, todas as afrontas recebidas de nosso próximo. Esta é a ordem formal de Nosso Senhor: "Se vós perdoardes aos homens as suas ofensas, tam-

---

546. Ez 18,21 ss.
547. Ez 18,27.
548. Ez 18,30 ss.
549. Jo 8,11.
550. Jo 5,14.
551. Aug. epist. 153. Tauchnitz e Manz citam o cap. 6.

bém o vosso Pai Celeste vos perdoará os vossos pecados. Mas, se não perdoardes aos homens, o vosso Pai também não vos perdoará os vossos pecados".[552]

São estas as disposições a que os fiéis devem atender em matéria de contrição. Outras mais, que os pastores poderão facilmente aduzir, contribuem para tornar a contrição mais perfeita em seu gênero. Nem por isso devemos julgá-las tão essenciais, que sem elas não possa haver verdadeiro e salutar arrependimento.

5. *Importância da contrição*

[34] Não devem os pastores limitar-se a instruir os fiéis nas verdades necessárias à salvação, mas devem ainda envidar todos os esforços, para que eles conformem toda a sua vida com as normas que lhes são prescritas. Para esse fim, será de muito proveito explicar-lhes, com frequência, a natureza e a eficácia da contrição.

Deus, por vezes, rejeita outros exercícios de piedade, como sejam esmolas aos pobres, jejuns, orações[553], e outras obras santas e honestas, por culpa das pessoas que as praticam. Mas é certo que a contrição nunca pode deixar de Lhe ser agradável e bem aceita, porquanto diz o Profeta: "Não desprezareis, ó Deus, um coração contrito e humilhado".[554]

Ainda mais. Apenas surge a contrição [perfeita] em nossos corações, Deus logo nos concede o perdão dos pecados, conforme o declaram, noutro lugar, as palavras do mesmo Profeta: "Eu disse: Contra mim mesmo confessei ao Senhor a minha iniquidade. E Vós perdoastes a malícia do meu pecado".[555]

Desta verdade, vemos uma concretização nos dez leprosos, que Nosso Senhor enviara aos sacerdotes, e que ficaram livres da lepra, antes de lá chegarem.[556] Isto nos dá a conhecer que a verdadeira contrição, como vínhamos dizendo, tem a virtude especial de nos conseguir de Deus o perdão imediato de todos os nossos pecados.[557]

---

552. Mt 6,14 ss.; Mc 11,26.
553. Pr 15,8; Is 27,58 ss.
554. Sl 50,19.
555. Sl 31,5.
556. Lc 17,14.
557. Cfr. neste mesmo capítulo o § 14. Para o perdão de faltas mortais, fora da confissão, se requer a contrição perfeita, unida ao desejo e propósito da confissão sacramental.

6. Modo de alcançar a contrição

[35] Para os fiéis, será um poderoso estímulo, se os pastores lhes ensinarem uma espécie de método, pelo qual possa cada um mover-se à contrição. Nesse sentido, importa exortá-los a que todos examinem amiúde a própria consciência, vendo se observaram os Mandamentos de Deus e da Igreja.

E quem se reconhecer culpado de alguma transgressão, acuse-se logo a si mesmo, peça humildemente perdão a Deus, rogue que lhe conceda o tempo necessário, para confessar e satisfazer. Antes de tudo, peça também os auxílios da divina graça, para não recair nos mesmos pecados, que tanto lhe pesa haver cometido.

Em seguida, os pastores farão por incutir, nos ânimos dos fiéis, um ódio extremo contra o pecado, não só pela sua indizível infância e torpeza, mas também pelos gravíssimos males e danos que nos acarreta. Com efeito, o pecado subtrai-nos a amizade de Deus, de quem recebemos os maiores bens, e de quem podemos esperar e conseguir outros muito maiores; sujeita-nos, pelo contrário, à morte eterna, e faz-nos sofrer perpetuamente os mais dolorosos suplícios.

Eis o que tínhamos de dizer acerca da contrição. Passaremos agora a tratar da confissão, que é a Segunda parte da Penitência.

IX. CONFISSÃO

[36] Os bons cristãos estão, geralmente, persuadidos de que as manifestações de santidade, piedade e religião que a imensa bondade de Deus até hoje conservou em sua Igreja, devem ser atribuídas, em grande parte, à Confissão.

Ninguém estranha, portanto, que o inimigo do gênero humano, querendo arrasar a fé católica, faça seus escravos e apaniguados lançarem mão de todos os meios para investir contra esse baluarte da virtude cristã. Desta persuasão geral podem os pastores inferir o cuidado e interesse, com que lhes incumbe explicar esta parte da Penitência.

1. Utilidade da confissão

Em primeiro plano, ensinarão que para nós havia muita vantagem, digamos até, absoluta necessidade de que fosse instituída a Confissão.

Reconhecemos, sim, que a contrição apaga os pecados, mas quem ignora que ela deve ser tão forte, tão intensa, e tão ardente, que a veemência da dor esteja em justa proporção com a gravidade dos pecados? Ora, como são muito poucos os que chegam a esse grau de arrependimento, segue-se que muito poucos poderiam, por esse meio, esperar o perdão de seus pecados.

[37] Por isso, era necessário que Nosso Senhor, em sua grande clemência, providenciasse um meio mais fácil para a salvação dos homens em geral. Assim o fez realmente, quando por um desígnio admirável entregou as chaves do Reino dos céus à sua Igreja.[558]

Com efeito, a fé católica nos propõe um ponto de doutrina, que todos devem aceitar e professar como dogma: Quando alguém confessa, sinceramente, seus pecados ao sacerdote, estando arrependido de os haver cometido, tendo ao mesmo tempo o propósito de não tornar a cometê-los, todos os seus pecados lhe são plenamente perdoados, em virtude do poder das chaves, ainda que a dor de sua contrição, de per si, não seja suficiente para impetrar a remissão dos pecados.[559]

Com razão, pois, diziam os antigos Padres da Igreja, varões de insigne santidade, que as chaves da Igreja franqueiam as portas do céu. E ninguém pode, com razão, duvidar dessas palavras, pois lemos no decreto do Concílio de Florença que o efeito da Penitência é a absolvição dos pecados.[560]

Existe ainda um fato, que nos leva a reconhecer quantas vantagens se tiram da Confissão. Pois vemos, por experiência, que nada contribui tanto para emendar os costumes de pessoas desviadas e corrompidas, como o confiarem, de vez em quando, os seus ocultos sentimentos, suas palavras e obras a um amigo fiel e ponderado, que lhes possa valer com seus préstimos e conselhos.

Pela mesma razão, devemos julgar de muito proveito que as pessoas, atormentadas pelos remorsos de suas culpas, exponham as doenças e chagas de sua alma ao sacerdote, que faz as vezes de Cristo aqui na terra, e ao qual foi imposta a mais estrita obrigação de sigilo. Nisso terão elas uma pronta medicação, não só para curar os seus achaques atuais, mas

---

558. Mt 16,19; 18,18; Jo 20,23.
559. Isto quer dizer que a atrição ou contrição imperfeita é suficiente, quando unida à Confissão Sacramental.
560. Conc. Florent. Decret. pro Armenis (DU 699).

até para premunir a alma com um vigor celestial, que dali por diante há de preservá-la de futuras recaídas em tais pecados e misérias.

Afinal, não devem os pastores passar em silêncio a grande importância da Confissão, para o bem-estar e segurança da sociedade.

Se eliminarmos da vida cristã a Confissão Sacramental, é certo que em toda a parte se insinuarão crimes ocultos e nefandos; depois, os homens não terão vergonha de cometer, publicamente, outros crimes mais graves ainda, uma vez que se depravaram com o hábito de pecar. Ora, o pudor natural de confessar impõe uma espécie de freio à desenvoltura do pecado, e reprime os maus sentimentos do coração.

Acabamos, pois, de expor as vantagens da Confissão, devem os pastores falar, agora, de sua natureza e virtude.

2. Natureza da Confissão

[38] A Confissão se define como uma acusação sacramental dos pecados, feita no intuito de alcançarmos perdão, mediante o poder das chaves.

Com propriedade dizemos ser uma acusação, porque os pecados não devem ser relatados, como se quiséramos fazer gala de nossos atos condenáveis, à semelhança dos que "se alegram de terem procedido mal"[561]; nem devemos dizê-los com displicência, como se estivéssemos a recrear ouvidos ociosos com história amena. Não, na intenção de acusar-nos a nós mesmos, devemos enumerar de tal forma os pecados, que também sintamos, em nosso coração, o desejo de penitenciá-los.

Todavia, se confessamos os pecados, é para alcançar o perdão. Nisso está, justamente, a enorme diferença entre este tribunal e as ações judiciais, que se movem contra crimes graves. Estas preveem para o réu confesso pena e execução, em vez de isenção da culpa e condenação do delito.

Embora usassem de outros termos, era quase neste mesmo sentido que os Santos Padres definiam a Confissão. Haja vista ao que declarava Santo Agostinho: "Ela é uma declaração, pela qual se descobre uma doença oculta, na esperança do perdão".[562] E São Gregório: "Confissão

---

561. Pr 2,14.
562. Cfr. Aug. Sermo 29 5 (cit. De Tauchnitz e Manz); sermo 8 1 de verbis Domini (cit, de Gatterer, Costa e Cruz); sermo 4 de verb. Domini (cit. de Doney, Benedetti, Marbeau, Lecoffre).

é detestação dos pecados".⁵⁶³ Ambas as afirmações se reduzem facilmente à nossa definição, porque nela estão contidas.

3. A Confissão, instituída por Cristo

[39] Agora vem um ponto, a que se deve ligar a máxima importância. Os párocos ensinarão e dirão aos fiéis, com plena segurança, que este Sacramento foi instituído como efeito da infinita bondade e misericórdia de Cristo Nosso Senhor, que "fez bem todas as coisas"⁵⁶⁴, unicamente por causa de nossa salvação. Pois, estando os Apóstolos reunidos no mesmo lugar, Cristo bafejou-os com o Seu hálito, e disse-lhes: "Recebei o Espírito Santo. A quem perdoardes os pecados, ser-lhes-ão perdoados; e a quem os retiverdes, ser-lhes-ão retidos".⁵⁶⁵

[40] Ora, desde que Nosso Senhor conferiu aos sacerdotes o poder de reterem e perdoarem pecados, torna-se evidente que também os institui juízes dessa matéria. Nosso Senhor parece ter dado isso mesmo a entender, quando incumbiu os Apóstolos de desprenderem, das ataduras a que estava ainda ligado, Lázaro ressuscitado dentre os mortos.⁵⁶⁶ Desta passagem fazia Santo Agostinho o seguinte comentário: "Os sacerdotes já podem prestar maiores serviços [do que os simples leigos]. Podem também usar de maior clemência para com os confessados, a quem conferem o perdão das culpas. Sem dúvida, quando Nosso Senhor por meio dos próprios Apóstolos entregou Lázaro ressuscitado aos Discípulos, para que estes o desatassem, queria mostrar como o poder de desligar fora entregue aos sacerdotes".⁵⁶⁷

Foi também nesse sentido que Nosso Senhor mandou aos leprosos, curados durante o caminho, se apresentassem aos sacerdotes e se submetessem ao seu julgamento.⁵⁶⁸

---

563. São Gregório, *Moral.* 10 15. Tauchnitz cita Homil. 40 in Evang.
564. Mc 7,37.
565. Jo 20,22 ss.
566. Jo 11,44.
567. Aug. de vera et falsa paenit. c. 10. Esta obra, como já observamos, é pseudo-agostiniana (cfr. nota 558); data do século XI, mais ou menos. — Não obstante, veja-se o mesmo pensamento da citação supra em August. sermo 8 1 de verbis Domini, et Ernarrationes 2 3 in Ps 101 (Nota de Rk II p. 178).
568. Lc 17,14 ss.

[41] Desde que Nosso Senhor conferiu aos sacerdotes o poder de reterem e perdoarem pecados, torna-se evidente que também os instituiu juízes dessa matéria.[569] Ora, o Santo Concílio de Trento[570] ponderou, com muita justeza, que não se pode julgar nenhum processo, nem moderar a justiça na aplicação de penas aos delitos, sem que haja pleno e absoluto conhecimento de causa. Donde se deduz logicamente que, pela confissão dos penitentes, todos os pecados devem ser discriminados um por um aos sacerdotes.

Esta é a doutrina que os pastores hão de ensinar, de acordo com a definição do Sagrado Concílio de Trento, e com a tradição constante da Igreja Católica.

Se, pois, percorrermos com atenção os Santos Padres, encontraremos a cada passo os mais inequívocos testemunhos, a comprovarem que este Sacramento foi instituído por Cristo Nosso Senhor, e que o preceito da Confissão Sacramental, designada pelos Santos Padres com os vocábulos gregos de "exomológesis" e "exagóreusis", tem o caráter de uma lei evangélica.

Se quisermos recorrer às figuras do Antigo Testamento, é indubitável que se referiam à confissão dos pecados, as diversas categorias de sacrifícios que os sacerdotes ofertavam, em expiação das várias espécies de pecados.[571]

[42] Além de saberem que a Confissão foi instituída por nosso Senhor e Salvador, devem os fiéis tomar conhecimento de que a Igreja, por sua própria autoridade, lhe acrescentou certos ritos e cerimônias solenes. Embora não constituam a essência do Sacramento, fazem todavia realçar a sua grandeza e afervoram os piedosos corações dos penitentes, para que consigam, mais facilmente, a graça de Deus.

Quando, pois, prostrados aos pés do sacerdote, de cabeça descoberta, com o rosto inclinado para a terra, com as mãos erguidas num gesto de súplica, e com outros sinais de humildade cristã, que não são necessários para a validade do Sacramento, confessamos então os nossos pecados: acode-nos logo a lembrança nítida de que devemos não só reconhecer a

---

569. A edição autêntica de Tauchnitz, que seguimos, e as de Doney, Lecoffre, Benedetti repetem aqui a frase inicial do parágrafo precedente. Omitem-na no parágrafo precedente, e colocam-na aqui: Gatterer, Marinho, Manz, Costa e Cruz.
570. Conc. Trid. XIV de paenit. cap. 5 (DU 899-901).
571. Ex 29,10 ss.; Lv cap. 4-6,9-7 ss, 12,6 ss, 14,3 ss, 21 ss, 15,29,12,6 ss.

celestial virtude deste Sacramento, mas também procurar e pedir a misericórdia divina, com todas as veras de nossa alma.[572]

4. Necessidade e obrigação da Confissão

[43] Não Pense alguém que Nosso Senhor instituiu a Confissão, mas sem determinar que fosse de uso obrigatório. Devem os fiéis estar certos de que toda pessoa, onerada de culpa grave, não pode reintegrar-se na vida sobrenatural, senão pelo Sacramento da Confissão.

Disso temos um sinal evidente na belíssima metáfora usada por Nosso Senhor, quando Ele deu o nome de chave dos céus ao poder de administrar este Sacramento.[573] Como ninguém pode entrar num recinto fechado, sem a intervenção de quem guarda as chaves: assim também não será admitida pessoa alguma no céu, se as portas lhe não forem abertas pelos sacerdotes, a cuja discrição Nosso Senhor entregou as chaves.

Do contrário, nenhum valor teria, na Igreja, o exercício do poder das chaves. Se houvesse outro meio de franquear a entrada, debalde o detentor das chaves excluiria alguém de entrar no céu. Santo Agostinho reconheceu essa situação, com muita perspicácia, quando assim se externava: "Ninguém diga de si para consigo: Eu faço penitência às ocultas, na presença do Senhor. Deus sabe o que me vai na alma, e me dará perdão. Seriam, então, infundadas aquelas palavras: o que desligardes na terra, será desligado também no céu? Será que as chaves foram confiadas, inutilmente, à Igreja de Deus?"[574]

A mesma opinião expende Santo Ambrósio no seu Livro sobre a Penitência, onde confuta a heresia dos Novacianos, segundo os quais o poder de perdoar pecados deve reservar-se exclusivamente a Deus Nosso Senhor. "Queria eu saber, diz ele, quem honra mais a Deus: aquele que obedece às Suas ordens, ou aquele que Lhe opõe resistência? Deus mandou-nos obedecer aos Seus ministros. Quando, pois, lhes obedecemos, somente a Deus é que prestamos homenagem".[575]

[44] Depois de averiguarmos, acima de toda dúvida, que o preceito da Confissão foi decretado pelo próprio Nosso Senhor, cumpre agora

---

572. Vejam-se os mesmos pensamentos em CRO II V 17.
573. Mt 16,19.
574. Santo Agostinho, *Sermo 392,3*.
575. Santo Ambrósio, *De paenit.* 1, 2.

estabelecer para quais pessoas, para qual idade, e para qual época do ano entra em vigor a sua obrigação.

Em primeiro lugar, pelo teor do cânon do Concílio de Latrão[576] que começa pelas palavras — "Todos os fiéis de ambos os sexos" — vemos claramente que ninguém está obrigado ao preceito da Confissão, antes da idade em que tenha alcançado o uso da razão. Essa idade não é determinada por certo número de anos. Não obstante, podemos dar como norma geral que a criança fica obrigada a confessar-se, desde a época em que saiba distinguir entre o bem e o mal, e possa ter malícia em seu coração.

Quando, pois, a pessoa chega à idade de tomar decisões acerca da eterna salvação, começa para ela a obrigação de confessar seus pecados ao sacerdote, visto que de outra maneira não pode esperar salvação, quem tenha a consciência oprimida de pecados.

Quanto ao tempo em que urge a obrigação de confessar, a Santa Igreja já o determinou no cânon supracitado, porquanto decretou que os fiéis confessem seus pecados, ao menos uma vez cada ano.

[45] Além disso, não devemos negligenciar a Confissão, todas as vezes que o exija a segurança de nossa salvação, como acontece em perigo iminente de vida, ou quando nos dispomos para qualquer ação, que não seria lícita ao homem em estado de pecado, por exemplo, a administração ou recepção dos Sacramentos.

A mesma obrigação se impõe, igualmente, quando receamos que nos esqueça alguma falta cometida. Não podemos confessar pecados de que já não temos lembrança; de outro lado, não alcançaremos de Nosso Senhor o perdão de nossas culpas, a não ser que sejam eliminadas pela acusação, no Sacramento da Penitência.[577]

5. Propriedades da Confissão

[46] Dos vários requisitos, que devemos observar na Confissão, uns se referem à essência do Sacramento, enquanto outros não são de absoluta necessidade. Por isso, é preciso desenvolver estas questões com bastante exatidão. Não faltam, porém, manuais e comentários, donde será fácil tirar explicações mais completas da matéria.

---

576. Conc. Lat. IV c. 21 (Dz 437). CIC can. 906-907.
577. Esta alínea pode ser mal entendida. Para não fomentar a escrupulose, veja-se o que diz mais adiante o § 49 deste mesmo capítulo.

a) Completa e determinada

Como ponto principal, que os pastores ensinem os fiéis a cuidarem que a acusação seja completa e determinada, pois é de obrigação revelarem-se ao sacerdote todos os pecados mortais.

Temos por costume confessar também as faltas veniais, que não nos privam da amizade de Deus, e nas quais caímos com mais frequência. Isto está certo, e traz proveito, conforme no-lo mostra a experiência de pessoas piedosas. Todavia, não vai nenhum pecado em omitir-se as faltas veniais, porque há muitos outros meios de repará-las.

Quanto aos pecados mortais, como já dissemos, é preciso enumerá-los todos, por mais ocultos e encobertos que sejam, e talvez só pertençam aos pecados proibidos pelos dois últimos preceitos do Decálogo. Muitas vezes, tais pecados ferem mais profundamente a alma, do que os pecados que os homens costumam cometer de maneira pública e manifesta.

De mais a mais, esta é uma doutrina definida pelo Sagrado Concílio de Trento[578], e sempre ensinada pela Tradição da Igreja Católica, conforme no-lo declaram os testemunhos dos Santos Padres.

Santo Ambrósio, por exemplo, se pronunciou da seguinte maneira: "Ninguém pode justificar-se do pecado, sem fazer confissão do mesmo pecado".[579] São Jerônimo corrobora esta mesma doutrina, dizendo no seu comentário do Eclesiastes: "Quando a serpente infernal morde alguém às ocultas, e o contamina com a peçonha do pecado, sem que pessoa alguma o saiba: não lhe poderá valer o mestre que tem a palavra para o curar, se o infeliz ficar em silêncio, não fizer penitência, e não quiser declarar seu ferimento a quem é seu irmão ou superior".[580]

No sermão sobre os que caíram em pecado de idolatria, São Cipriano ensina a mesma verdade, em termos bem declarados: "Embora não cometessem o crime de oferecer sacrifício, ou de aceitar uma patente de sacrifício aos ídolos, todavia tiveram tal intenção, e por isso mesmo devem acusá-la ao sacerdote de Deus, com todo o arrependimento de sua alma".[581]

---

578. Conc. Trid. XIV, *De paenit.* cap. 5 can. 7 (Dz 899, 917). CIC 901.
579. Santo Ambrósio, *Liber de paradiso,* cap. 4.
580. São Jerônimo, *In Ecclesiasten,* 10 11.
581. São Cipriano, *De lapsis,* c. 28. A patente de sacrifício chamava-se "libellus sacrificii". Por isso, os apóstatas se chamavam "Libellatici".

Afinal, esta é doutrina e convicção comum, entre todos os Doutores da Igreja.

[47] Na acusação, devemos empregar aquele supremo esforço e diligência, que se costuma consagrar aos negócios de maior alcance. Cumpre-nos fazer todo o empenho para sanar as feridas da alma, e arrancar as raízes do pecado.

Por esse motivo, torna-se mister indicar, na acusação, não só as faltas graves como tais, mas também todas as circunstâncias que, de modo notável, lhes aumentam ou diminuem a malícia.

Algumas circunstâncias são tão graves, que só por elas já consta a espécie do pecado mortal; por isso, todas elas devem ser sempre acusadas na confissão. Por exemplo, quando alguém matou seu semelhante, deve especificar, se o morto era clérigo ou leigo; da mesma forma, quem pecou com alguma mulher, deverá indicar se foi com pessoa solteira, casada, parenta, ou ligada a Deus por voto religioso. Estas circunstâncias constituem várias espécies de pecado. Na linguagem dos teólogos moralistas, o primeiro desses casos seria simples fornicação; o segundo seria adultério; o terceiro, incesto; o quarto, sacrilégio.

O furto, por exemplo, deve ser tido também como pecado[582]; mas quem furta uma moeda de ouro, comete pecado menor do que a pessoa que furta cem ou duzentas moedas, ou até uma enorme quantia de ouro, sobretudo quando se trata de dinheiro destinado a fins sagrados.

Aplicam-se os mesmos princípios às circunstâncias de lugar e tempo. Os exemplos atinentes se tornaram tão conhecidos, através das obras de muitos autores, que já não precisamos lembrá-los neste lugar.

Como dissemos, são estas as circunstâncias que devem ser declaradas. Podemos, entretanto, omitir sem culpa alguma as circunstâncias que não aumentam, consideravelmente, a malícia formal de um pecado.

[48] Consoante as explicações anteriores, a integridade perfeita é tão necessária para a confissão, que a pessoa não tiraria nenhum proveito dela, e até cometeria outro grande pecado, se deliberadamente omitisse uma parte daquilo que devia acusar, e só declarasse outra parte.

---

582. Subentende-se: pecado mortal em seu gênero (mortale in genere suo), como dizem os moralistas.

Nessas condições, a enumeração dos pecados nem merece o nome de Confissão Sacramental. O penitente deve, pelo contrário, fazer nova Confissão, e acusar-se a si mesmo de ter profanado a santidade do Sacramento, por meio de uma Confissão simulada.

[49] No entanto, se por outro motivo houver falta de integridade na Confissão, seja porque o penitente esqueceu alguns pecados, seja porque não devassou bastante todos os recônditos da consciência, embora tivesse sempre a intenção de acusar integralmente todos os seus pecados: em tal emergência, não tem ele nenhuma obrigação de repetir a Confissão. Caso venha a lembrar-se dos pecados que esquecera, basta-lhe acusá-lo ao sacerdote noutra ocasião.

É preciso, todavia, averiguar se talvez fomos tão distraídos e negligentes, no exame de consciência, tão descuidosos em lembrar-nos dos pecados cometidos, que com razão parecesse não querermos sequer recordá-los. Se tal aconteceu, será de absoluta necessidade repetir a Confissão.

[50] Além do mais, é preciso cuidar que a acusação seja clara, singela e franca, sem aquelas divagações que muitos fazem, como se quisessem antes dar contas de sua vida em geral, em vez de acusar os seus pecados.

Na acusação, devemos mostrar-nos ao sacerdote, da mesma maneira que nos conhecemos a nós mesmos, e apresentar como certo o que for certo, e como duvidoso o que for duvidoso.

Ora, se não dissermos todos os pecados, ou se nos metermos em explicações fora de propósito, é claro que a acusação não terá as qualidades supracitadas.

c) Discreta e reverente

[51] Muito para louvar são os fiéis que, na exposição de seus pecados, dão prova de certa discrição e reverência. Pois não devemos demasiar-nos em muitas palavras, mas com modesta brevidade dizer somente o que for necessário, para declarar a natureza e as circunstâncias de cada pecado.

d) Secreta

[52] Particular solicitude devem ter, tanto o penitente como o sacerdote, em conservar secretas as palavras trocadas na Confissão. Esta é também a razão por que a ninguém formalmente se permite confessar, por intermédio de outra pessoa[583], ou por correspondência, porque assim não seria possível fazê-lo secretamente.

e) Frequente

[53] Afinal, devem os fiéis empenhar-se, acima de tudo, em purificar a alma, pela frequente confissão de seus pecados. Em vista dos muitos perigos que ameaçam a vida humana, nada pode ser mais salutar para quem tem culpa grave na consciência, do que confessar sem demora os seus pecados.

Ainda que uma pessoa pudesse contar com largos anos de vida, para nós, que tanto nos esmeramos em remover as imundícies do corpo e do vestuário, seria certamente uma vergonha não impedirmos, com igual solicitude, que a fulgurante beleza de nossa alma seja empanada pelas ignóbeis manchas do pecado.

X. MINISTRO DA CONFISSÃO: SACERDOTE JURISDICIONADO

a) Poder de ordem e de jurisdição

[54] Agora temos que falar sobre o ministro deste Sacramento. Com bastante clareza, mostram as leis da igreja[584] que esse ministro é o sacerdote, enquanto possui jurisdição ordinária ou delegada para absolver; pois quem deve desempenhar tal ministério deve ter não só o poder de ordem, mas também o poder de jurisdição.[585]

Uma brilhante afirmação desse ministério são aquelas palavras de Nosso Senhor no Evangelho de São João: "A quem perdoardes os pecados, ser-lhes-ão perdoados. E a quem os retiverdes, ser-lhes-ão retidos".[586] Como sabemos, essas palavras não foram ditas a todos, mas unicamente aos Apóstolos, cujos sucessores no ministério são os sacerdotes.

---

583. O CIC faculta a Confissão por interprete (can. 903), nas condições estabelecidas pelo cânon 889 § 2.
584. Dz 670, 146, 807, 902. CIC can. 871.
585. Dz 437, 699, 903, 919, 921, 1537. CIC can. 872.
586. Jo 20,23.

Mas havia muita razão que assim fosse. Como todas as graças próprias deste Sacramento derivam de Cristo, enquanto é a cabeça que se comunica aos membros: assim também convinha ao Corpo Místico de Cristo, isto é, aos fiéis, que só pudessem administrá-lo àqueles que têm o poder de consagrar o verdadeiro Corpo do mesmo Cristo; tanto mais que, pelo Sacramento da Penitência, os fiéis são habilitados a receber a Sagrada Eucaristia nas devidas disposições.

Com quanto escrúpulo se respeitava, na Igreja Primitiva, a jurisdição do simples sacerdote, fácil será depreender das antigas prescrições eclesiásticas que determinavam não oficiasse nenhum Bispo ou sacerdote em paróquia estranha, sem autorização do pároco competente, a não ser que houvesse urgente necessidade. Assim o havia estabelecido o Apóstolo, quando ordenou a Tito que, em todas as cidades, constituísse sacerdotes[587], para nutrirem e formarem os fiéis com o alimento celestial da doutrina e dos Sacramentos.

[55] Em perigo iminente de morte, quando não é possível chamar sacerdote da paróquia, sempre foi praxe da Igreja, conforme ensina o Concílio de Trento, que todo e qualquer sacerdote pudesse não só perdoar todos os pecados de qualquer espécie, sem embargo de reservação, mas até absolver dos vínculos de excomunhão[588], para que assim se evitasse a perda de alguma alma.

b) Ciência e discrição

[56] Além dos poderes de Ordem e jurisdição, que são absolutamente indispensáveis, deve o ministro deste Sacramento possuir antes de tudo a necessária ciência, experiência e tino pastoral, por isso que tem de exercer, a um tempo, os ofícios de juiz e de médico.[589]

Nessa primeira qualidade, é evidente que deve dispor de uma ciência acima das noções vulgares, para analisar os pecados, para discriminar entre as várias espécies de pecados, quais são graves, quais são leves, segundo o caráter e a condição da pessoa.

---

587. Tt 1,5.
588. Conc. Trid., XIV, *De Paenit.* 7 (Dz 903). O CIC concede todos os poderes ao sacerdote não jurisdicionado, ainda que esteja presente outro sacerdote aprovado; ressalva, porém, a absolvição do cúmplice, fora o caso de necessidade (can. 884). Passado o perigo, há obrigação, quanto aos pecados reservados e às penas eclesiásticas, de recorrer aos poderes competentes (cfr. CIC can. 2252).
589. Cfr. CIC can. 888.

Como médico, necessita também de suma prudência, porquanto lhe incumbe todo o cuidado em aplicar ao doente a medicação mais indicada, não só para lhe curar a alma, como também para a proteger, futuramente, contra os assaltos da enfermidade.

Dessa averiguação, podem os fiéis deduzir com quanta diligência deve cada qual escolher um sacerdote recomendável pela integridade de vida, pelo preparo intelectual, pela segurança de suas decisões: [um sacerdote] que, lembrado das altas responsabilidades do seu ministério, saiba perfeitamente discernir quais penas merece cada pecado, e quais penitentes estão em condições de ser desligados ou ligados.

c) Sigilo sacramental

[57] Como é natural, todo homem sente o mais vivo desejo de que seus pecados e fraquezas permaneçam ocultos. Por isso, devemos advertir os fiéis que não há nenhum motivo para temer que o sacerdote descubra, jamais, as revelações feitas em confissão, ou que, da própria acusação, lhes possa um dia resultar qualquer perigo.

Com efeito, os sagrados cânones estabelecem as mais rigorosas sanções contra os sacerdotes, que não guardarem perpétuo e absoluto silêncio acerca de todos os pecados, que alguém lhes tenha confessado. Nesse sentido, lemos uma determinação do Concílio Ecumênico de Latrão: "Tome o sacerdote todas as precauções, para não trair o pecador em nenhuma circunstância, nem por palavras, nem por sinais, nem por outra qualquer maneira".[590]

2. Como procederá o sacerdote com certos penitentes

[58] Depois de termos falado do ministro, leva-nos a sequência do assunto a expor aqui alguns pontos capitais, que muito se recomendam para o bom exercício do ministério da Confissão.

Existe avultado número de fiéis, para os quais em geral nada custa tanto passar, como os dias que a Igreja determinou para a Confissão. A tal ponto se afastaram de uma vida perfeitamente cristã, que mal se recordam dos pecados que deveriam acusar ao sacerdote, e nem observam as outras condições, as quais são de inegável eficácia para se conseguir a graça divina.

---

590. Conc. Later. IV can. 21 (Dz 438). CIC 889, 890, 2369, 1737 § 3 n.º 2.

Sendo, pois, necessário trabalhar com maior zelo pela salvação dessas almas, devem os sacerdotes, em primeiro lugar, investigar cuidadosamente se o penitente tem verdadeiro arrependimento de seus pecados, e o firme e deliberado propósito de abandonar o pecado para o futuro.

a) Penitente bem disposto e contrito

Se virem o penitente nessas disposições, advirtam-no e exortem-no, porfiadamente, a render graças a Deus por tão grande e singular benefício: a não deixar jamais de pedir-Lhe os auxílios da graça celestial, por cuja força e proteção possa, facilmente, repelir e vencer as más inclinações.

Ensinem-lhe, também, que não deixe passar um só dia sem fazer alguma meditação dos mistérios da Paixão de Nosso Senhor, para se mover ao ardente desejo de segui-lO e amá-lO, no mais alto grau de caridade. Por efeito de tal meditação, há de sentir-se cada vez mais fortalecido contra todas as tentações do demônio. Na verdade, se nos ataques do inimigo esmorecemos e sucumbimos, tão depressa e tão facilmente, o único motivo está em não procurar, pela meditação das coisas sobrenaturais, inflamar-nos daquele fogo do amor divino, que enche nossa alma de nova força e coragem.

b) Penitente mal disposto e sem suficiente contrição

Quando, porém, o sacerdote reconhece que o penitente não mostra tanta dor de seus pecados, de sorte que não possa considerá-lo verdadeiramente arrependido, faça tudo por lhe incutir forte desejo de contrição, para que o mesmo, inflamado pela cobiça desse dom inestimável, se resolva a pedir, com instância, que Deus lho conceda em Sua misericórdia.

c) Penitentes presunçosos

[59] Antes de tudo, é preciso reprimir a soberba daqueles que, por meio de escusas, procuram justificar ou atenuar os seus pecados. Isso acontece, por exemplo, quando alguém confessa que se entregou a explosões de cólera, mas desde logo atribui a culpa dessa desordem a outra pessoa, da qual se queixa ter sido a primeira a injuriá-lo.

Na exortação, façamos ver ao penitente como tais escusas denotam soberba de coração; como são próprias de pessoas que desprezam ou ignoram por completo a gravidade de seu próprio pecado; como as desculpas desse gênero contribuem antes para aumentar, do que para diminuir o pecado. Quem assim procura justificar seu modo de proceder, parece declarar que só terá paciência, quando ninguém lhe faça agravo. Isso, porém, seria o que há de mais indigno para um cristão. Em vez de deplorar, sinceramente, o estado de alma de quem o injuriou, ele não se dói da malícia do pecado, mas irrita-se contra o seu irmão. Quando se lhe oferece uma bela oportunidade para glorificar a Deus, por um ato de paciência, e corrigir seu irmão pelo exemplo de brandura, ele converte a ocasião de virtude em causa de própria ruína.

d) Penitentes não sinceros

[60] De piores efeitos, ainda, é a culpa daqueles que, por descabida vergonha, não se atrevem a confessar os seus pecados. É preciso animá-los, com bons conselhos, exortá-los que não há motivo algum para se envergonharem de dizer os seus pecados. Pois ninguém deve admirar-se, quando reconhece que os homens pecam; trata-se de um achaque comum a todos os homens, que de per si deve ser atribuído à fragilidade humana.

e) Penitentes desatentos e ignorantes

Outros cristãos, que raras vezes se confessam, ou que não põem a menor atenção e diligência no exame de suas faltas, não sabem por isso mesmo explicar os pecados em Confissão, nem sequer dar início ao desempenho dessa obrigação. Estes merecem, sem dúvida, uma admoestação mais enérgica. Como ponto primordial, devemos ensinar-lhes que, antes de chegarem ao sacerdote, procurem fervorosamente excitar-se à contrição de seus pecados; que isso, porém, será praticamente impossível, se não tiverem o cuidado de recordá-los, um por um, e assim conhecê-los todos.

Por conseguinte, quando o sacerdote vê que tais pessoas não fizeram nenhuma preparação, trate de despedi-las, com termos de maior brandura, e não deixe de exortá-las a que levem algum tempo em recordar os pecados, para depois voltarem à Confissão. Se todavia retrucarem que nisso já puseram todo o esforço e boa vontade, deve o sacerdote atendê-las, por causa do grande receio de não voltarem, uma vez que sejam assim despachadas; [deve fazê-lo] principalmente quando mostram algum desejo de emenda, e podem ser levadas a acusarem essa negligência, com a promessa de repará-la oportunamente, por meio de um exame mais exato e cuidadoso. Ainda assim, em tais casos, terá o sacerdote de proceder com muita cautela.

Se pela própria acusação o sacerdote ajuizar que o penitente não se descurou, inteiramente, de enumerar seus pecados, nem de aborrecê-los com compunção, pode absolvê-lo. Vendo, porém, que ao penitente lhe falta essa dupla disposição, procure levá-lo com boas razões a que ponha mais tento no examinar a sua consciência, da maneira que já foi explicada. Em seguida, despedirá a pessoa, depois de lhe ter assim dispensado as mais carinhosas atenções.

f) Penitente que se esqueceu de algum pecado

[61] Acontece, por vezes, que mulheres esquecem um pecado na Confissão, e não se atrevem a voltar ao sacerdote, receando que o povo as tenha em conta de grandes pecadoras, ou que lhes seja atribuída a presunção de procurarem singularidade na prática da Religião. Por esse motivo, cumpre repetir muitas vezes, assim em público, como em particular, que ninguém possui memória tão fiel a ponto de lembrar-se de tudo quanto tenha feito, dito e pensado; que nada, por conseguinte, deve intimidar os fiéis a tornarem ao sacerdote, se lhes ocorrer à lembrança algum pecado esquecido anteriormente.[591]

Estas e muitas outras normas devem os sacerdotes observar, quando ouvem confissões.

XI. A SATISFAÇÃO

[62] Agora trataremos da terceira parte da Penitência. Chama-se satisfação.

1. Nome e natureza da satisfação

Antes de tudo, devemos explicar qual sentido e extensão se atribui ao termo "satisfação".

---

591. Neste ponto, o CRO é rigorista. Segundo os moralistas, basta acusar, na Confissão seguinte, o pecado mortal esquecido.

Os inimigos da Igreja Católica tiraram dessa questão amplos pretextos para desavenças e discórdias, com o máximo prejuízo para a cristandade.[592]

Ora, satisfação é o pagamento integral de uma coisa devida; pois nada falta, se a coisa é bastante.[593] Quando, por exemplo, nos referimos a uma reconciliação, "satisfazer"[594] significa o mesmo que prestar a outrem quanto seja "bastante"[595], para desagravar da injúria a pessoa indignada. Logo, satisfação vem a ser a reparação de uma injúria feita a outrem.

Quanto ao sentido que neste lugar interessa, os teólogos empregam o termo "satisfação", para designarem a reparação que o homem presta a Deus, quando lhe tributa alguma coisa pelos pecados cometidos.

2. Classes de satisfação

a) Satisfação plena

[63] Como o modo de reparar admite muitos graus, daí resultam as várias acepções em que se toma o termo satisfação.

A primeira espécie de satisfação, e a mais nobre de todas, resgata, plenamente, o que devemos pela gravidade de nossos pecados, ainda que Deus quisesse tratar-nos, com o rigor de sua justiça. Nessas condições estava aquela reparação que aplacou a Deus, e no-l'O tornou propício; devemo-la unicamente a Cristo Nosso Senhor, que na Cruz pagou o resgate pelos nossos pecados, e assim prestou a Deus a mais perfeita satisfação.

Nenhuma criatura teria em si tanto valor e préstimo, que pudesse livrar-nos de tamanha dívida. Por isso, como atesta São João, "Ele próprio é a propiciação pelos nossos pecados, e não só pelos nossos, mas pelos pecados do mundo inteiro".[596]

Esta é, pois uma satisfação plena e superabundante, que em tudo corresponde à gravidade dos pecados que jamais se cometeram neste mundo. Pelo peso de tal satisfação, as obras dos homens adquirem grande valor e mérito aos olhos de Deus; sem ela, já não seriam objeto de nenhu-

---

592. Alusão às lutas religiosas do século XVI.
593. A frase é mais clara em latim: *quod satis est ei nihil videtur*. É uma explicação etimológica de "satis", componente do termo "satisfactio".
594. Mais corrente seria talvez dizer-se: dar satisfação.
595. Em latim: *satis esse possit*.
596. 1Jo 2,2.

ma estima e consideração. A este fato parecem referir-se aquelas palavras em que Davi prorrompeu, depois de tê-lo ponderado de si para consigo: "Que retribuirei ao Senhor por todos os benefícios que me tem feito?" E nada encontrando que fosse digno para retribuir tão grandes e tão numerosos benefícios, senão esta satisfação, a que dava o nome de "cálice", Davi acrescentou em seguida: "Tomarei o cálice da salvação, e invocarei o nome do Senhor".[597]

b) Satisfação canônica

Outra espécie de satisfação é a que se chama satisfação canônica. Cumpre-se num prazo determinado. Na Igreja Primitiva, vigorava o costume de impor-se alguma pena aos pecadores, quando eram absolvidos. Ora, o cumprimento dessa pena veio a chamar-se satisfação.

c) Satisfação particular

Dá-se, porém, o mesmo nome de satisfação a qualquer espécie de penitência, que escolhemos e cumprimos voluntariamente, sem nos ser prescrita pelo sacerdote.

[64] No entanto, essa espécie de satisfação não pertence de modo algum ao Sacramento. Como parte integrante do Sacramento, só podemos considerar aquela que o sacerdote nos manda prestar a Deus, em reparação dos pecados cometidos, mas com a condição de que nos decidamos a fugir, a todo o transe, qualquer pecado para o futuro.

Alguns definiram a satisfação da maneira seguinte: Satisfazer é tributar a Deus a honra que Lhe é devida. Naturalmente, ninguém pode tributar a Deus a devida honra, se não tiver a inabalável resolução de evitar o pecado. Satisfazer é extirpar as causas dos pecados, e não dar ouvido às suas insinuações.

Neste mesmo sentido, disseram outros que satisfação é um processo de purificação, pelo qual são lavadas todas as impurezas que encardiram a alma por causa da mancha do pecado; e mediante o qual alcançamos a remissão das penas temporais que nos estavam reservadas.

---

597. Sl 115,12-13.

3. Necessidade e conveniência da satisfação

[65] Sendo assim, fácil será convencer os fiéis de que os penitentes precisam dedicar-se, zelosamente, à prática da satisfação.

a) Deus não perdoa sempre pela confissão toda a pena do pecado

Diga-se-lhes, também, que todo pecado acarreta consigo duas consequências: culpa e castigo. Ainda que, pela extinção da culpa, seja também perdoado o suplício da morte eterna no inferno, todavia, como declarou o Concílio de Trento[598], Nosso Senhor nem sempre perdoa os remanescentes dos pecados e a pena temporal que lhes é devida.

Dessa verdade, há exemplos formais na Sagrada Escritura: no terceiro capítulo do Gênesis, nos capítulos duodécimo e vigésimo segundo dos Números, e em muitos outros lugares. No entanto, o mais claro e o mais sugestivo dos exemplos, vemo-lo na pessoa de Davi. Natã lhe havia assegurado: "O Senhor também te perdoou o pecado, e não morrerás".[599] Isso não obstante, Davi submeteu-se, voluntariamente, às mais duras penitências, e implorava dia e noite a misericórdia divina: "Lavai-me sempre mais de minha iniquidade, e purificai-me do meu pecado; porquanto reconheço a minha iniquidade, e meu pecado está continuamente diante dos meus olhos".[600]

Por estas palavras, pedia ele ao Senhor lhe perdoasse não só a culpa, mas também o castigo merecido pela culpa; que, depois de o purificar dos resquícios do pecado, lhe restituísse a antiga formosura e integridade da alma. Não obstante o fervor de suas preces, foi todavia punido por Nosso Senhor com a morte do filho que tivera do adultério; com a revolta e a morte de Absalão, a quem amava com particular carinho; com outros castigos e flagelos, que já antes lhe haviam sido cominados.

Caso análogo se lê no Êxodo. Muito embora o Senhor, instado pelas súplicas de Moisés, perdoasse ao povo que caíra em idolatria, contudo ameaçou que, com graves castigos, iria punir tão grande crime. O próprio Moisés teve de anunciar que o Senhor tomaria a mais estrita vingança desse crime até a terceira e quarta geração.[601]

---

598. Conc. Trid. XIV cap. 8 can. 12,15 (Dz 904, 921, 924).
599. 2 Sm 12,13.
600. Sl 50,4-5.
601. Ex 32,14-34.

Esta é também a doutrina que os Santos Padres sempre ensinaram na Igreja Católica; demonstra-o, com toda a evidência, a autoridade de suas próprias declarações.

b) A justiça e bondade divina exige uma satisfação

[66] A razão por que a pena não é de todo perdoada no Sacramento da Penitência, ao contrário do que acontece no Batismo, o Concílio de Trento no-la explica, com muita clareza, pelo texto seguinte: "Em sua razão de ser, a justiça divina parece exigir que Deus tenha uma maneira para reabilitar na graça aqueles que, antes do Batismo, pecaram por ignorância; e outra diferente, para aqueles que não temeram profanar, advertidamente, o templo de Deus e contristar o Espírito Santo[602], uma vez que haviam sido libertados da escravidão do pecado e do demônio, e que haviam recebido o dom do Espírito Santo. Corresponde também à bondade divina que os pecados não nos sejam assim perdoados, sem nenhuma satisfação, para evitar que, na primeira ocasião, tenhamos os pecados por muito leves, e, com atrevida afronta ao Espírito Santo, caiamos em outros mais graves, cumulando ira sobre nós para o dia da ira.[603] Sem dúvida alguma, estas penas satisfatórias são de grande eficácia para apartar do pecado; reprimem à semelhança de freios, e tornam os penitentes mais precavidos e vigilantes para o futuro".[604]

c) A satisfação dá testemunho da dor do pecado

Outra razão ainda. As penas satisfatórias constituem, por assim dizer, uma documentação pública da dor, que sentimos, pelos pecados cometidos. Assim damos também uma reparação à Igreja, que fica gravemente prejudicada com os nossos pecados.[605] Nesse sentido, disse Agostinho: "Deus não despreza um coração contrito e humilhado. Todavia, a dor de um coração quase sempre se mantém oculta aos demais, e nem chega ao conhecimento de outrem, por palavras ou sinais de qualquer espécie. Por isso, tiveram razão os prelados da Igreja em determinar tempos para

---

602. 1Cor 3,17; Ef 4,30.
603. Rm 2,5; Tg 5,3.
604. Conc. Trid. XIV cap. 8 (Dz 904).
605. Em razão do escândalo e da sedução ao mal. "Igreja" aqui pode ter também o sentido mais particular de "comunidade de fiéis".

penitência, a fim de se dar satisfação também à Igreja, dentro da qual são remitidos os próprios pecados".[606]

d) *A satisfação serve de exemplo para o próximo*

[67] Ademais, os exemplos de nossa penitência mostram aos outros como eles devem regular a sua própria vida, e entregar-se aos exercícios de piedade. Ao verem as penitências que nos foram impostas, por causa de nossos pecados, os outros homens se capacitarão de que precisam governar bem todos os atos de sua vida, e corrigir os velhos modos de proceder.

Por isso, a Igreja determinou, com muito acerto, fosse imposta uma penitência pública aos fiéis que pecaram publicamente, para que os outros, escarmentados pelo castigo, pusessem maior cautela em não pecar para o futuro. De vez em quando, costumava a Igreja fazer assim até com os pecados ocultos de maior gravidade.

Mas, quanto aos pecados públicos, como já dissemos, sempre foi disciplina eclesiástica não absolver os responsáveis, sem que antes se sujeitassem a uma penitência pública.

Durante a penitência pública, os pastores rogavam a Deus pela salvação dos penitentes, e não cessavam de exortá-los fizessem outro tanto por si mesmos. Nesse particular, teve Santo Ambrósio um zelo excepcional. Conta-se que, por suas lágrimas, abrandou a muitos que se aproximavam empedernidos do Sacramento da Penitência, de sorte que chegaram a sentir a dor de uma verdadeira contrição.[607]

Posteriormente, o rigor da antiga disciplina diminuiu tanto, e a caridade arrefeceu de tal maneira que, para alcançarem o perdão dos pecados, na maior parte os fiéis já não julgam necessária a dor íntima da alma, nem o gemer do coração, mas dão-se por satisfeitos com as aparências de arrependimento.

e) *A satisfação nos aproxima da Paixão de Cristo*

[68] Pela sujeição a tais penas, conseguimos também reproduzir, em nós mesmos, a imagem e semelhança de Jesus Cristo, nossa Cabeça, que

---
606. Santo Agostinho, *Enchiridion*, cap. 65.
607. Paulini Vita S. Ambrosii 9 39.

como tal padeceu, e foi tentado.⁶⁰⁸ Nada mais repugnante, diz São Bernardo, do que ser um membro delicado ligado a uma cabeça coroada de espinhos.⁶⁰⁹ Pois, como afirma o Apóstolo, "somos coerdeiros de Cristo; mas, isto somente, se sofrermos com Ele".⁶¹⁰ E noutro lugar escreveu: "Se com Ele morrermos, com Ele também viveremos. Se perseverarmos no sofrimento, havemos também de reinar com Ele".⁶¹¹

f) A satisfação serve de medicina para alma

[69] Ensina São Bernardo que no pecado aparecem dois efeitos: conspurcação e ferimento da alma. A conspurcação, diz ele, é tirada pela misericórdia de Deus; mas, para curar os ferimentos do pecado, é muito necessária a medicação, que se faz com o remédio da Penitência.⁶¹²

Pois, curada que for uma ferida, restam ainda certas cicatrizes que é preciso pensar. Assim também, perdoada a culpa, ficam na alma uns resíduos que exigem uma purificação. Esta doutrina é plenamente confirmada por São João Crisóstomo, quando declara: "Não basta arrancar a seta do corpo; força é também curar a ferida aberta pela seta. Assim, depois de alcançado o perdão da culpa, é preciso curar, pela penitência, a ferida que ainda permanece".⁶¹³

Santo Agostinho também nos ensina, muitíssimas vezes, que na Penitência devemos atender a dois aspectos: a misericórdia e a justiça divina. Pela misericórdia, Deus perdoa os pecados e as penas eternas que lhes são consectárias; pela Sua justiça, castiga o homem com penas temporais.⁶¹⁴

g) A satisfação detém os castigos divinos

[70] Finalmente, as obras de penitência que tomamos sobre nós, têm por efeito atalhar as penas e castigos que Deus nos havia reservado. Esta é a explicação que dá o Apóstolo pelas palavras: "Se nos julgássemos a nós mesmos, certamente não seríamos julgados. Mas, desde que somos

---

608. Hb 2,18.
609. São Bernardo, *sermo 5 de omnibus Sanctis* 9.
610. Rm 8,17.
611. 2Tm 2,11 ss.
612. Cfr. São Bernardo, *Sermon. In Coena Domini* 3.
613. São João Crisóstomo, *Homil. 80 ad populum Antioch.*
614. Santo Agostinho, in Ps 50,7.

julgados, é o Senhor que nos castiga, para não sermos condenados com este mundo".[615]

Se forem dadas estas explicações, é quase impossível que os fiéis não sintam grande entusiasmo pelas obras de penitência.

4. Algumas aclarações sobre a Satisfação

a) Nossa satisfação recebe todo seu valor da Paixão de Cristo

[71] Para se conhecer quão grande é a sua eficácia, basta notar que a satisfação se baseia, por completo, nos merecimentos da Paixão de Cristo Nosso Senhor. Em virtude desses merecimentos nossas obras surtem dois grandes efeitos. O primeiro é merecermos, por elas, o galardão da glória imortal, a ponto de não ficar sem recompensa nem o simples copo de água fria, que tivermos dado em Seu nome.[616] O segundo é podermos satisfazer pelos nossos pecados.

b) Nossa satisfação não diminui a de Cristo

[72] Esta doutrina não apouca a absoluta perfeição e plenitude da satisfação prestada por Cristo Nosso Senhor. Pelo contrário, faz com que esta transpareça com muito mais brilho e evidência.

Na verdade, a graça de Cristo afigura-se-nos mais abundante, enquanto nos comunica o que Ele mereceu e reparou, não só por Si mesmo, mas também por homens santos e justos, como cabeça em união com os seus membros.

Através deste prisma, vemos logo por que se revestem de tanto valor e prestígio as obras boas e justas, praticadas por pessoas virtuosas. Pois Cristo Nosso Senhor não cessa de difundir Sua graça sobre aqueles que Lhe estão unidos pela caridade, como a cabeça se comunica aos membros, e a videira aos bacelos.[617]

Esta graça é que sempre precede, acompanha, e segue as nossas boas obras. Sem ela não podemos, de modo algum, granjear merecimentos, nem prestar a Deus qualquer satisfação. Assim, nada parece faltar aos

---

615. 1Cor 11,31 ss.
616. Mt 10,42; Mc 9,40.
617. Ef 4,16; Jo 15,4ss.

justos; mediante as obras que praticam, com o auxílio de Deus, podem não só satisfazer à lei divina, na medida de sua condição humana e mortal, mas também merecer a vida eterna, que certamente hão de conseguir, se partirem da vida presente, adornados com a graça de Deus.[618]

Conhecida é aquela declaração de Nosso Salvador: "Quem beber desta água, que Eu hei de dar-lhe, não tornará a ter sede. A água, porém, que Eu lhe darei, tornar-se-á nele uma fonte de água a jorrar para a vida eterna".[619]

5. *Requisitos para a satisfação*

[73] Na satisfação, cumpre ao homem respeitar dois requisitos principais. Primeiro, quem satisfaz deve ser justo e amigo de Deus. Em hipótese alguma, podem agradar a Deus as obras que se façam sem fé e sem caridade.

Segundo, devemos para esse fim empreender obras que, de sua natureza, produzam dores e incômodos. Torna-se absolutamente necessário que tenham alguma amargura, pois são compensações pelas culpas passadas; no dizer do mártir São Cipriano, devem resgatar os pecados.[620]

Naturalmente, quando alguém se entrega a tais obras penosas, nem sempre lhe acontece ter sensação de dor. Frequentes vezes, o hábito de sofrer, ou a intensidade do amor divino, faz com que a pessoa não sinta sequer o que, aliás, seria duríssimo de suportar.

Nem por isso perdem tais obras seu valor satisfatório; pois que o apanágio dos filhos de Deus é abrasarem-se, de tal forma, no amor e na consagração a Ele, que já não sintam quase nenhuma dor, quando atormentados pelos mais cruéis suplícios, ou que tudo sofram com os maiores transportes de alegria.

6. *Classes de obras satisfatórias*

[74] Neste ponto, dirão os pastores que todas as obras satisfatórias se reduzem a estas três classes principais: oração, jejum, esmola. Correspondem a três ordens de bens, que todos recebemos de Deus: bens da alma, bens do corpo, e bens de fortuna.

---

618. 1Cor 15,18; 2Cor 3,17; 2Tm 4,8; Hb 6,10.
619. Jo 4,13.
620. Rm 14,13; 1Cor 13,3. A citação de S. Cipriano, na alínea abaixo, é epist. SS.

Com efeito, nada pode haver de mais próprio e adequado, para extirpar as raízes de todos os pecados. Como, na verdade, "tudo o que há no mundo é concupiscência da carne, concupiscência dos olhos, e soberba da vida"[621]; ninguém desconhece que a estas três causas de doença espiritual se contrapõem, acertadamente, outros tantos remédios: à primeira, o jejum; à Segunda, a esmola; à terceira, a oração.

Por outro lado, se considerarmos os que são atingidos pelos nossos pecados, poderemos, sem mais, compreender por que toda satisfação se reduz a estas três classes principais. Ora, os atingidos são: Deus, o próximo, e nós mesmos. Assim, pela oração aplacamos a Deus; pela esmola, damos satisfação ao próximo; pelo jejum, infligimos castigo a nós mesmos.[622]

7. *Considerações finais*

a) *Satisfação proveitosa é a paciência nas tribulações*

[75] Enquanto vivemos neste mundo, estamos sujeitos a muitos trabalhos e sofrimentos, que se apresentam nas mais variadas modalidades. Por isso mesmo, os fiéis devem, antes de tudo, ficar sabendo que adquirem amplo cabedal de méritos e satisfações todos aqueles que suportarem, com paciência, as dores e provações enviadas por Deus; mas que ficarão privados de todos os frutos satisfatórios, se sofrerem tais penas de má vontade e com repugnância, e terão de padecê-las, só como castigo e flagelo de Deus, que em Seus justos juízos assim vinga o pecado.[623]

b) *É possível satisfazer pelo outro, ainda que parcialmente*

[76] Com os maiores louvores e ações de graças, devemos exaltar a infinita bondade e misericórdia de Deus, porque a tal ponto condescendeu com a fraqueza humana, que nos deu o poder de satisfazer uns pelos outros. Isto constitui, realmente, um caráter privativo desta parte da penitência. Pois, em matéria de contrição e acusação, força é dizer que ninguém pode arrepender-se ou confessar-se em lugar de outrem.

---

621. 1Jo 2,16.
622. Argumento de ótimo efeito psicológico. Logicamente, preciso explicar de que maneira o pecado atinge a Deus, ao próximo, e a nós mesmos. A última razão de satisfazer está, propriamente, na ofensa sacada contra Deus.
623. Cfr. Conc. Trid. XIV de paenit. cap. 9 can. 13 (Dz 906, 923).

Mas quem está na graça de Deus, pode prestar, em nome de outrem, a satisfação que for devida a Deus. Desta forma acontece que, em dada proporção, "um leva o fardo do outro".[624]

E disso não pode haver dúvida alguma para nós, fiéis, que, no Símbolo dos Apóstolos, professamos a Comunhão dos Santos. Ora, se todos renascemos para Cristo pela ablução do mesmo Batismo; se temos parte nos mesmos Sacramentos; se cobramos forças, sobretudo com o comer e beber o mesmo Corpo e Sangue de Cristo Nosso Senhor: tudo são provas evidentes de que todos nós somos membros de um mesmo corpo.

Assim, pois, como o pé exerce sua função, não só em próprio benefício, mas também em proveito dos olhos; e os olhos, por sua vez, não gozam da visão para sua exclusiva utilidade, mas para o bem-estar comum de todos os membros: assim devemos também admitir que as obras satisfatórias têm um valor comum que a nós todos aproveita.

[77] Há, porém, restrições que fazer, se levarmos em conta todas as vantagens resultantes da satisfação. As obras satisfatórias constituem uma espécie de medicação e tratamento, que se receita ao penitente, para lhe curar as paixões desordenadas. É claro que deste fruto se privam, absolutamente, os que não satisfazem por si próprios.

Eis indicada a matéria que se deve explicar, com muita extensão e clareza, acerca das três partes da Penitência: contrição, acusação e satisfação.

XII. A ABSOLIVÇÃO

1. Necessidade de restituir antes de receber a absolvição

[78] Entretanto, resta ainda um ponto, a que os sacerdotes devem atender com toda a solicitude.

Ouvida a acusação das culpas, antes de absolverem o penitente de seus pecados, cuidem, conscienciosamente, que o mesmo se comprometa a uma reparação especial, caso tenha lesado o próximo nos bens de fortuna ou de reputação, e mereça ser condenado por causa dessa culpa. Pois ninguém pode ser absolvido, sem que antes prometa restituir ao próximo o que lhe pertence.

---

624. Gl 6,2.

Havendo muitos que, com belas palavras, prometem cumprir a sua obrigação, ao mesmo tempo que estão firmemente decididos a nunca executar a promessa, é de todo necessário obrigá-los formalmente à restituição. Sempre de novo devemos martelar-lhes aquelas palavras do Apóstolo: "Quem furtava, já não furte; mas antes trabalhe, ocupando-se com suas mãos em algum mister honesto, para ter o que dar a quem padece necessidade".[625]

2. Outras particularidades

a) A penitência deve ser proporcional à culpa

[79] Na imposição da obra satisfatória, compreendam os sacerdotes que nada poderão estabelecer arbitrariamente, mas que em tudo devem governar-se pelos ditames da justiça, prudência e caridade.[626]

Para mostrar que aferem os pecados por essa forma, e para levar os penitentes a conhecerem melhor a gravidade de suas culpas, é de vantagem que os párocos se ponham a explicar-lhes, de vez em quando, as penas que os antigos cânones, chamados penitenciais, estabeleciam contra certos pecados. Por conseguinte, a natureza da culpa determinará a medida de toda e qualquer satisfação.

b) Que penitências convém aconselhar

De todas as espécies de satisfação, a mais recomendável é impor aos penitentes que, em alguns dias determinados, se entreguem ao exercício da oração, e façam preces a Deus por todos, principalmente por aqueles que morreram na paz do Senhor.

É preciso exortá-los a repetirem muitas vezes, por sua livre vontade, as mesmas obras de satisfação que lhes foram impostas pelo sacerdote; a reformarem de tal modo os seus costumes, que nunca deixem de cultivar a virtude da penitência, embora já tenham zelosamente cumprido tudo quanto exigia a integridade do Sacramento da Penitência.

---

625. Ef 4,28.
626. Cfr. CIC can. 887.

c) Penitências públicas

Se alguma vez for preciso exigir penitência pública, porque houve também escândalo público, não se deve facilmente atender às instâncias do penitente, quando procura esquivar-se dela. Pelo contrário, devemos persuadi-lo a sujeitar-se, de bom grado, a uma penitência que terá salutares efeitos, tanto para ele mesmo, como para os outros.

Estas lições, relativas ao Sacramento da Penitência e todas as suas partes, devem ser dadas de tal forma, que os fiéis as entendam perfeitamente, e se resolvam, pela graça de Deus, a pô-las em prática com piedosa exatidão.

CAPÍTULO VI

Do Sacramento da Extrema-unção

1. Por que os párocos devem falar ao povo frequentemente deste sacramento.
I. Do nome Extrema-unção. — 2. Por que este sacramento se chama Extrema-unção.
II. Por que a Extrema-unção é verdadeiro sacramento. — 3. A Extrema-unção é verdadeiro sacramento. — 4. Ainda que haja várias unções, o sacramento é um só.
III. Matéria da Extrema-unção. — 5. Qual é a matéria da Extrema-unção.
IV. Forma da Extrema-unção. — 6. Com que forma se administra este Sacramento. — 7. Por que se diz esta forma por modo de oração.
V. Instituição da Extrema-unção. — 8. Quem é o Autor deste sacramento.
VI. Sujeito da Extrema-unção. — 9. A quem se deve administrar a Extrema-unção. — 10. Que partes do corpo devem ser ungidas. — 11. A Extrema-unção pode ser repetida.
VII. Disposições para receber a Extrema-unção. — 12. Respeito e disposições com que se deve receber este Sacramento.
VIII. Ministro da Extrema-unção. — 13. Quem é o ministro deste Sacramento.
IX. Frutos da Extrema-unção. — 14. Que frutos produz no homem este Sacramento. — 15. Ciladas do demônio contra a alma na hora da morte. 16. Este sacramento devolve às vezes a saúde corporal.

[1] "Em todas as tuas obras, lembra-te dos teus novíssimos, e nunca chegarás a pecar".[627] Estas santas palavras das Escrituras são uma tácita advertência aos párocos de que não percam nenhuma ocasião de exortar os fiéis a entreter-se com a assídua meditação da morte.

Como o Sacramento da Extrema-Unção traz forçosamente consigo a recordação daquele último dia, desde logo se compreende a necessidade de sempre tornar a explicá-lo, não só pela máxima conveniência de versar os Mistérios relativos à salvação, como também para que os fiéis reprimam as paixões desordenadas, quando se recordam de que a todos foi imposta a necessidade de morrer.

Outro efeito dessa explicação é que os fiéis se sentem menos perturbados na iminência da morte, e dão até infinitas graças a Deus, porque instituiu o Sacramento da Extrema-Unção, para que tivéssemos, na saída

---
627. Eclo 7,40.

desta vida mortal, um caminho mais rápido para o céu, da mesma forma que, pelo Sacramento do Batismo, já nos havia aberto uma porta para a vida verdadeira.

I. DO NOME EXTREMA-UNÇÃO

[2] Para explicarmos os pontos capitais, na mesma ordem que se observou na exposição dos demais Sacramentos, começaremos por dizer que este Sacramento se chama Extrema-Unção, porque de todas as sagradas unções, prescritas por Nosso Senhor em sua Igreja, esta é a última na ordem de administração.

Por isso, os nossos antepassados também lhe chamaram Unção dos Enfermos e Sacramento dos moribundos[628], nomes que por si mesmos fazem despertar nos fiéis a lembrança daquele novíssimo.

II. POR QUE A EXTREMA-UNÇÃO É VERDADEIRO SACRAMENTO

[3] Em primeiro plano, é preciso demonstrar que a Extrema-Unção possui o caráter de verdadeiro Sacramento. Far-se-á com a maior clareza, se analisarmos as palavras com que o Apóstolo São Tiago promulgou a obrigatoriedade deste Sacramento. Diz ele: "Há entre vós algum enfermo? Mande chamar os sacerdotes da Igreja para rezarem sobre ele, e ungirem-no com óleo, em nome do Senhor. E a oração da fé salvará o enfermo, e o Senhor lhe dará alívio. E, se estiver em pecados, ser-lhe-ão perdoados".[629]

Quando o Apóstolo diz que os pecados são perdoados, quer por aí declarar a ação e a natureza de um Sacramento. Esta foi sempre a inalterável doutrina da Igreja Católica acerca da Extrema-Unção, conforme o testemunharam não só muitos outros Concílios[630], mas antes de tudo o Concílio de Trento, que chegou até a fulminar pena de

---

628. Em latim, é mais expressivo: *Sacramentum exeuntium* — Sacramento dos que partem.
629. Tg 5,14 ss.
630. II Conc. de Pavia em 850, II Conc. de Lião em 1274, Conc. de Constança em 1414, Conc. de Florença em 1438 (Dz 315, 465, 669, 700).

excomunhão contra quem ousasse ensinar ou pensar de outra maneira.[631] O Papa Inocêncio I também recomendou muito aos fiéis este Sacramento.[632]

[4] Com toda a insistência, devem os pastores ensinar que aqui temos um verdadeiro Sacramento, por sinal que um só, e não vários Sacramentos, apesar de administrado com muitas unções, empregando-se, para cada qual, orações e fórmulas especiais.

O Sacramento constitui uma unidade, não por uma junção indivisível de suas partes, mas porque cada uma delas contribui para a sua perfeita integridade, assim como acontece em todas as outras coisas que se componham de várias partes. Uma casa, por exemplo, se compõe de muitas partes diferentes, e sua perfeição está na unidade da planta. Assim, este Sacramento também se compõe de várias coisas e palavras; no entanto, constitui um só sinal, e tem a eficácia de produzir o efeito único por ele significado.

III. MATÉRIA DA EXTREMA-UNÇÃO

Os párocos ensinarão, outrossim, quais são as partes deste Sacramento, digamos melhor, o elemento e a palavra.[633] São Tiago não deixou de mencioná-las.[634] Numa e outra há Mistérios que merecem a nossa atenção.

[5] Consoante as definições dos Sagrados Concílios, entre os quais avulta o Tridentino[635], o elemento ou matéria deste Sacramento é o óleo consagrado pelo Bispo, não qualquer líquido consistente e gorduroso, mas só o azeite extraído dos bagos de oliveira.

Esta matéria assinala, com muita propriedade, o efeito intrínseco que o Sacramento produz na alma. Pois, assim como o azeite doce serve, otimamente, para mitigar as dores do corpo, assim também a virtude do Sacramento atenua a dor e aflição da alma.

O azeite tem ainda por efeito restituir a saúde, despertar alegria, alimentar o clarão da luz; presta-se, também, para revigorar o corpo alquebrado pela fadiga.

---

631. Conc. Trid. XIV de Extr. Unctione, cap. 1, can. 1 (Dz 909, 926).
632. Innoc. I epist. 25 8 (Dz 99).
633. Isto é, matéria e forma.
634, Tg 5,14.
635. Conc. Trid. XIV de Extr. Unctione cap. 1 (Dz 908).

Ora, todas estas qualidades [do azeite] simbolizaram os efeitos que, por virtude divina, produz no enfermo a administração deste Sacramento. Tanto basta acerca da matéria.

IV. FORMA DA EXTREMA-UNÇÃO

[6] A forma sacramental consiste nos dizeres da solene deprecação, que o sacerdote profere, ao aplicar cada uma das unções. Seu teor é o seguinte: "Por esta santa Unção, Deus te perdoe tudo quanto fizeste de mal pela vista... pelo olfato... pelo tato...".[636]

Tal é a forma autêntica e própria deste Sacramento, como o dá a entender o Apóstolo São Tiago com as palavras: "E rezem sobre ele, e a oração da fé salvará o enfermo".[637] Delas se conclui, também, que a forma deve ser deprecatória, embora o Apóstolo não indicasse o teor exato de sua redação.

Entretanto, esse teor chegou até nós, por fiel tradição dos Santos Padres, de sorte que todas as igrejas conservam a mesma forma empregada pela Santa Igreja de Roma, que é a Mãe e Mestra de todas as igrejas.

Nessa forma, há variantes de palavras. Por exemplo, em lugar de "perdoe-te, Deus, etc.", dizem algumas liturgias "remita" ou "indulte", ou também "sare"[638], tudo quanto de mal fizeste. Isso, porém, não traz nenhuma alteração de sentido. Por conseguinte, é fato averiguado que, em todas as igrejas, se observa rigorosamente a mesma forma [sacramental].

[7] Ninguém deve estranhar o seguinte. Nos demais Sacramentos, a forma declara, de modo absoluto, o efeito que ela produz — por exemplo, quando dizemos: "Eu te batizo", "Eu te assinalo com o sinal da Cruz" — ou vem expressa em termos de intimação, como acontece no Sacramento da Ordem: "Recebe o poder, etc.". Mas a forma da Extrema-Unção é a única que consiste numa deprecação.

Na verdade, isso tem sua boa razão de ser. A finalidade deste Sacramento, além da graça espiritual que confere, é restituir ao doente a saúde do corpo. Ora, como os enfermos nem sempre conseguem recobrar a

---

636. O CRO resume, ao citar, as palavras do Ritual. Cfr. Rit. Rom. Cap. II n.º 8-10.
637. Tg 5,14-15.
638. Difícil de traduzir, porque em vernáculo os termos se confundem: *Indulgére, remítere, párcere.*

saúde, emprega-se a forma deprecatória, para alcançar da bondade de Deus um efeito que a virtude do Sacramento não costuma produzir, com infalível regularidade.

Há também ritos próprios, para a administração deste Sacramento; consistem, grande parte, nas deprecações que o sacerdote faz para pedir a saúde do enfermo. Nenhum outro Sacramento é ministrado com a recitação de tantas preces. Sobejam razões para isso, pois nessa ocasião é que os fiéis mais precisam de ser ajudados com piedosas súplicas. Por conseguinte, todas as outras pessoas que assistirem ao ato, mas principalmente o próprio pároco, devem rezar a Deus de todo o coração, e com muito fervor recomendar à Sua misericórdia a vida e a saúde do enfermo.

V. INSTITUIÇÃO POR CRISTO

[8] Ficou provado que a Extrema-Unção pertence ao número dos Sacramentos, em sentido próprio e verdadeiro. Segue-se, portanto, que sua instituição remonta a Cristo Nosso Senhor. Mais tarde, foi proposta e inculcada aos fiéis pelo Apóstolo São Tiago.

No mais, ao que parece, Cristo já havia instituído uma unção semelhante, quando enviou Seus Discípulos, dois a dois, diante de Si. Deles escreveu o Evangelista: "Postos a caminho, pregavam que fizessem penitência. Expulsavam muitos demônios. Ungiam com óleo muitos enfermos, e eles saravam".[639] Devemos, pois, admitir que essa unção não foi inventada pelos Apóstolos, mas prescrita por Nosso Senhor, não dotada de qualquer virtude natural, mas cheia de mistério, instituída mais para curar as almas do que para socorrer ao corpo.

Assim o testemunham São Dionísio, Santo Ambrósio, São João Crisóstomo, e São Gregório Magno. Não resta, pois, nenhuma dúvida. Com profundo respeito, devemos considerar na Extrema-Unção um dos sete Sacramentos da Igreja Católica.

---

639. Mc 6,12 ss.

VI. SUJEITO DA EXTREMA-UNÇÃO

l. Sujeito remoto

[9] Outro ponto que os fiéis devem aprender. Este Sacramento destina-se para todos, mas excetuam-se certas classes de pessoas a que não pode ser ministrado.

Em primeiro lugar, são excluídas as pessoas que estejam em gozo de perfeita saúde. Não se deve administrar-lhes a Extrema-Unção, de acordo com o ensinamento do Apóstolo: "Há algum enfermo entre vós?" Prova-o também um simples raciocínio, porquanto foi instituída para remédio, não só da alma, mas também do corpo.

Como só precisam de medicação os que estão doentes, assim também este Sacramento só pode ser ministrado aos que sofrem de doença tão grave, que para eles haja o perigo de um desenlace fatal. Isto não obstante, cometem falta muito grave os responsáveis que, para ungir o doente, aguardam o momento em que o mesmo, já sem nenhuma esperança de salvar-se, começa a perder a vida e os sentidos.[640]

Pois é certo que muito concorre para intensificar a graça sacramental, se o doente recebe a unção dos Sagrados Óleos com plena lucidez de espírito, e pode ainda despertar sentimentos de fé e piedade. Nisso vai uma advertência aos párocos, para aplicarem este celestial remédio, de per si tão salutar, enquanto virem que os doentes o podem tornar mais eficaz ainda, pelo fervor de suas próprias disposições.

Não se deve, pois, dar o Sacramento da Extrema-Unção a quem não estiver gravemente enfermo, ainda que se exponha a perigo de vida, como acontece aos que se aprestam para uma navegação arriscada, ou que entram em batalha, com perigo de morrer, ou que são levados ao suplício, por sentença capital.

Além disso, não são capazes de receber este Sacramento todos os que estão privados do uso da razão: as crianças que não cometem pecados, cujos resíduos devam ser purificados por este Sacramento; os alienados e loucos furiosos, a não ser que tenham intervalos

---

640. Isto se refere ao sacerdote em primeiro lugar, mas também aos parentes do enfermo, que chamam o sacerdote no último instante. Ora, se chamar tarde é pecado, que dizer então dos que deixam de chamar o sacerdote?

lúcidos, durante os quais mostrem sentimentos religiosos, e peçam a Extrema-Unção.[641]

Não pode, porém, receber a Extrema-Unção quem é louco de nascença. Deve todavia ser ungido o enfermo que pedira o Sacramento, enquanto estava com juízo perfeito, e só depois caiu em loucura furiosa.

2. Sujeito próximo

[10] Não se devem ungir todas as partes do corpo mas somente aquelas que a natureza assinalou no homem, como instrumentos dos sentidos: os olhos, por causa da vista; as orelhas, por causa da audição; o nariz, por causa do olfato; a boca, por causa do paladar e da linguagem; as mãos, por causa do tato que, embora distribuído pelo corpo inteiro, tem nessa parte sua esfera principal.[642]

A Igreja Universal conserva esta maneira de ungir, porque se adapta, engenhosamente, ao caráter deste Sacramento, instituído à semelhança de um remédio. Nas doenças corporais, ainda que o corpo esteja todo atacado, não se aplica o remédio senão na parte onde está localizada a fonte e causa da enfermidade. Assim, também, não se unge o corpo inteiro, mas só os membros, que são os órgãos principais das sensações; por igual, são ungidos os rins como centro das paixões libidinosas[643], e os pés como instrumentos naturais de transporte e locomoção.[644]

3. Repete-se a Extrema-Unção, todas as vezes que aparecer novo perigo de vida

[11] É necessário atender que, na mesma doença, enquanto o doente estiver no mesmo perigo de vida, só se pode ministrar uma vez a Extrema-Unção.[645]

---

641. Entenda-se bem. Não é condição essencial que o doente peça os Santos Óleos; basta que os aceite de bom grado, ou pelo menos não os repila, quando lhe oferecemos os Santos Sacramentos.
642. O CRO não se refere aqui aos pés, por não constituírem propriamente um sentido, mas apenas um órgão de locomoção.
643. O CIC suprimiu a unção dos rins (can. 947 § 2).
644. A unção dos pés pode ser omitida, por qualquer motivo razoável (CIC can. 947 § 3).
645. Na mesma doença, pode há ver várias crises perigosas.

Se convalescer depois da Unção, o doente poderá ter o socorro deste Sacramento, todas as vezes que cair em novo perigo de vida. Isso mostra que a Extrema-Unção pertence aos Sacramentos que podem ser reiterados.[646]

VII. DISPOSIÇÕES PARA RECEBER A EXTREMA-UNÇÃO

[12] É preciso cuidar, com todo o escrúpulo, que a graça deste Sacramento não seja sustada por nenhum óbice. Ora, como nada lhe faz maior obstáculo, do que a consciência de um pecado mortal, cumpre observar o costume que a Igreja Católica sempre manteve, de ministrar-se antes da Extrema-Unção os Sacramentos da Penitência e da Eucaristia.

Depois, procurem os párocos induzir o enfermo a que se faça ungir pelo sacerdote, naquela mesma fé com que as pessoas se apresentavam outrora, para serem curadas pelos Apóstolos.

Em primeiro lugar, devemos pedir a salvação da alma, depois a saúde do corpo, mas com a ressalva: "Se a saúde for útil para a glória eterna".

Para os fiéis, não pode haver a menor dúvida de que Deus atende aquelas santas e solenes orações, recitadas pelo sacerdote, não em seu próprio nome, mas em nome da Igreja e de Nosso Senhor Jesus Cristo.

A razão decisiva para exortar os enfermos a que peçam, com fé e piedade, a administração desta salubérrima Unção Sacramental, é que a luta então recrudesce, enquanto as forças da alma e do corpo começam a desfalecer.

VIII. MINISTRO DA EXTREMA-UNÇÃO

[13] Da boca do mesmo Apóstolo, que promulgou o preceito de Nosso Senhor, ficamos também sabendo que é o ministro da Extrema-Unção. Conforme bem explicou o Concílio de Trento[647], quando o Apóstolo diz que "chame os presbíteros"[648], não quer por esta palavra designar

---

646. Noldin e outros autores opinam, com S. Afonso de Ligório, que a Extrema-Unção pode repetir-se após um mês, porque nesse ínterim o primeiro perigo já passou. Noldin afirma que, em certas doenças, como asma e tuberculose, o perigo pode passar em menos tempo, digamos, após uma semana. Nesse caso, pode repetir-se a Extrema-Unção, para que o doente não fique privado de todos os seus frutos (Noldin, III lib. VI q. V n.º 488).
647. Conc. Trid. XIV cap. 3 can. 4 (Dz 910, 929).
648. Tg 5,14.

os mais idosos⁶⁴⁹, nem os mais nobres do povo, mas os sacerdotes validamente ordenados pelos próprios Bispos, mediante a imposição das mãos.

Ao sacerdote, pois, está confiada a administração deste Sacramento.⁶⁵⁰ No entanto, por determinação da Santa Igreja, não é lícito a qualquer sacerdote administrar este Sacramento, mas somente ao próprio pároco jurisdicionado, ou a outro sacerdote que receba dele a autorização de substitui-lo.⁶⁵¹

Acima de tudo, não se perca de vista que, nessa administração, como aliás em todos os demais Sacramentos, o sacerdote faz as vezes de Cristo Nosso Senhor e da Santa Igreja, Sua Esposa.

IX. EFEITOS DA EXTREMA-UNÇÃO

[14] Devemos também esmerar-nos na explicação das vantagens que se tiram deste Sacramento, para que os fiéis, se não o fizerem por nenhum outro motivo, ao menos sejam levados a recebê-lo em seu próprio interesse; porque uma propensão natural nos faz avaliar quase todas as coisas pela medida de nossas conveniências pessoais.

Ensinem, pois, os pastores que a graça, conferida por este Sacramento, apaga os pecados, principalmente os mais leves, os que se conhecem por veniais; as faltas mortais são tiradas pelo Sacramento da Penitência. A Extrema-Unção não foi instituída com o fito primordial de extinguir pecados graves; somente o Batismo e a Penitência é que o fazem, em virtude de sua própria finalidade.⁶⁵²

Outro fruto da Sagrada Unção é livrar a alma da indolência e fraqueza, contraída por seus pecados, bem como de todos os outros remanescentes do pecado. Certamente, o tempo mais oportuno para essa cura é a ocasião em que somos atormentados por doença grave, quando nos ameaça perigo de vida.

---

649. Segundo o étimo grego, presbítero quer dizer ancião.
650. CIC can. 938.
651. O que amiúde acontece onde há escassez de Clero, como no Brasil.
652. Acidentalmente, a Extrema-Unção confere a graça primeira, quando já não é possível a Confissão, contanto que haja contrição e o desejo de confessar-se, se fora possível. — O CRO não realça um efeito importante da Extrema-unção. Quando recebida em boas disposições, a Extrema-Unção extingue os castigos temporais do pecado; livra, portanto, do Purgatório.

Por natureza, o homem nada mais teme, neste mundo, do que a morte. Ora, esse temor agrava-se, sobremaneira, com a lembrança dos pecados passados, mormente quando a consciência nos oprime com temerosas recriminações; pois está escrito: "Comparecerão medrosos com a lembrança de seus pecados, e suas iniquidades levantar-se-ão contra eles, para os acusar".[653]

Muito aflitiva é também a lembrança de que, dentro em breve, é preciso apresentar-nos ao tribunal de Deus que, segundo nossos merecimentos, há de proferir sobre nós uma sentença de inexorável justiça. Não raras vezes acontece que, sob a influência desse terror, os fiéis sentem uma perturbação extraordinária.

De outro lado, nada contribui tanto para uma morte tranquila, como o lançarmos fora a tristeza, e aguardarmos com alegria a vinda do Senhor[654], prontos a restituir-Lhe de boa vontade o nosso depósito[655], em qualquer hora que o queira exigir. Ora, o Sacramento da Extrema-Unção tem por efeito livrar dessa angústia os corações dos fiéis, e encher-lhes a alma de santa e piedosa alegria.

[15] Pela Extrema-Unção, conseguimos ainda outro fruto que, por boas razões, é considerado como o maior de todos. Enquanto vivemos, o inimigo do gênero humano não deixa jamais de premeditar a nossa ruína e destruição; mas, para alcançar nossa perda completa, e, possivelmente, para nos tirar toda a esperança na misericórdia divina, em tempo algum investe com mais força, senão quando vê aproximar-se o último dia de nossa vida. Por isso é que este Sacramento fornece aos fiéis armas e recursos com que possam quebrar a violenta arrancada do inimigo, e opor-lhe a mais tenaz resistência. A alma toma novo alento pela esperança na bondade divina, e, assim confortada, suporta mais facilmente todos os incômodos da doença, e com menos custo desfaz a rija astúcia do próprio demônio, que lhe insidia o calcanhar.[656]

[16] Como fruto final, acresce a saúde do corpo, todas as vezes que for de proveito. Se na época atual[657] muitos doentes não recuperam a saúde, não é por defeito do Sacramento; devemos antes admitir que não

---

653. Sb 4,20.
654. Tt 2,13.
655. 2 Tm 1,12.
656. Gn 3,15
657. Isto no século XVI. Que dizer de nossa época?

há bastante fé na maior parte daqueles que recebem ou administram a Extrema-Unção. Com razão diz o Evangelista que Nosso Senhor deixou de fazer muitos milagres, entre os seus compatriotas, "por causa da incredulidade que havia entre eles".[658]

Muito embora, quanto mais a Religião Cristã se vai arraigando profundamente no coração dos homens, não erramos em afirmar que ela já não carece do auxílio de tais milagres, naquela mesma proporção que se tornavam necessários nas primeiras origens da Igreja. Ainda assim, devemos nesse ponto estimular vivamente a nossa fé.

Sem embargo do que Deus, em Seus desígnios, aprouver determinar acerca da saúde corporal, cumpre que os fiéis tenham a firme esperança de alcançar a saúde espiritual, e de sentirem em si, quando sobrevier a morte, os salutares efeitos daquelas palavras das Escrituras: "Bem-aventurados os mortos que morrem no Senhor!"[659]

Até aqui o tratado sobre a Extrema-Unção. Verdade é que o damos resumido, mas se os pastores desenvolverem mais amplamente estes pontos capitais, com o zelo que o assunto demanda, não há a menor dúvida de que os fiéis colherão, desta doutrina, os mais abundantes frutos de piedade.

---

658. Mt 13,58
659. Ap 14,13.

CAPÍTULO VII
Do Sacramento da Ordem

1. Por que os párocos devem explicar cuidadosamente ao povo a doutrina sobre o sacramento da Ordem.

I. Dignidade da Ordem Sacerdotal. — 2. Não existe na terra dignidade mais excelsa que o sacerdócio. — 3. Quem é chamado por Deus ao sacerdócio e aos ministérios eclesiásticos. — 4. Quem se aproxima mal das sagradas Ordens, e entra na Igreja por outra parte. — 5. Quanto os que se consagraram à Igreja através das ordens sagradas devem superar os outros fiéis.

II. O poder da Ordem. — 6. De quantas maneiras pode ser o poder eclesiástico. — 7. Até onde se extende o poder da ordem. — 8. O sacerdócio de Cristo é superior ao da lei natural e ao da lei mosaica.

III. Nome da Ordem Sacerdotal. — 9. O que é a Orden, e por que se chama assim o ministério eclesiástico.

IV. Por que a Ordem é verdadeiro sacramento. — 10. A Ordem é verdadeiro sacramento.

V. Ordens de que consta este Sacramento. — 11. Por que se estabeceu na Igreja várias Ordens de ministros. — 12. Quantas são as Ordens dos ministros da Igreja, e como são geralmente repartidas.

VI. Primeira Tonsura. — 13. Que significa a Tonsura clerical e o nome de clérigo. — 14. Por que se distingue aos clérigos por uma coroa redonda na cabeça.

VII. Ordens menores. — 15. Função dos Ostiários. — 16. Ofício dos Leitores. — 17. Cargo dos Exorcistas. — 18. Ministérios dos Acólitos.

VIII. Ordens maiores. — 19. Ministério do Subdiácono, e ritos prescritos para sua ordenação. — 20. Ofício de Diácono. — 21. Qualidades requeridas para o Diaconado. — 22. Dignidade e excelência do Sacerdócio.

IX. O grau do Sacerdócio. — 23. De quantas classes é o Sacerdócio, tanto da Lei nova como da Antiga. — 24. Além do Sacerdócio interno, existe outro externo. — 25. Quais são os ministérios próprios dos Sacerdotes. — 26. Ainda que a Ordem sacerdotal seja una, há nela vários graus de dignidade e poder. — 27. Antigas Sedes Patriarcais. — 28. O Romano Pontífice é, por direito divino, o maior de todos os bispos.

X. Ministro do sacramento da Ordem. — 29. Quem é o ministro legítimo do sacramento da Ordem.

XI. Sujeito da Ordem Sacerdotal. — 30. Por que se exige retidão especial para ser promovido ao Sacerdócio. — 31. Pureza de vida e de costumes que se reclama no Ordenando. — 32. Ciência requerida no Sacerdote. — 33. Quem deve ser excluído da dignidade sacerdotal.

XII. Efeitos da Ordem Sacerdotal. — 34. Principais efeitos deste Sacramento.

[1] Quem analisar, com atenção, a natureza e o caráter particular dos outros Sacramentos, desde logo reconhecerá que todos eles dependem do Sacramento da Ordem, de sorte que, na sua falta, alguns não poderiam de nenhum modo ser feitos e ministrados, enquanto outros ficariam privados de suas solenes cerimônias e ritos litúrgicos. Para os pastores será de obrigação, quando desenvolvem a doutrina dos Sacramentos, tratarem também do Sacramento da Ordem com o maior cuidado e diligência.

Essa explicação será muito proveitosa, em primeiro lugar para os próprios pastores; depois, para os outros que iniciaram a carreira eclesiástica; afinal, para os simples fiéis cristãos. Para eles mesmos, porque no desenvolvimento do assunto serão mais facilmente levados a renovar em si a graça que receberam pela virtude deste Sacramento.[660]

Para os outros, que são chamados para a herança do Senhor, seja porque se afervoram no mesmo desejo de piedade sacerdotal, seja porque ficam conhecendo as condições que lhes são mais necessárias, para serem mais facilmente promovidos às Ordens Maiores.

Para os demais fiéis, porque aprendem, em primeiro lugar, quanto são dignos de veneração os ministros da Igreja; depois, havendo não raro entre eles, quem de boa mente queira, mais tarde, consagrar seus filhinhos ao serviço da Igreja[661], ou quem queira pessoalmente abraçar, de sua livre e espontânea vontade, esse gênero de vida: não é justo deixar tais pessoas na ignorância das principais questões relativas a esta matéria.

I. A SUBLIME DIGNIDADE DO SACERDOTE

1. *Grandeza desta dignidade*

[2] Primeiro, devemos mostrar aos fiéis quanta é a nobreza e excelência desta vocação, considerada no seu apogeu, que é o sacerdócio. Se os Bispos e sacerdotes, como que intérpretes e medianeiros de Deus, em Seu nome anunciam aos homens a Lei Divina e as normas da vida cristã, e representam o próprio Deus aqui na terra: é claro que se não pode imaginar dignidade maior do que a deles. Por isso, são chama-

---

660. 2 Tm 1,6.
661. O CIC determina: "Deve cuidar-se que os candidatos às Ordens Sacras sejam admitidos no Seminário, desde a tenra idade" (can. 972 § 1).

dos não só "anjos"⁶⁶², mas até "deuses"⁶⁶³, pois representam entre nós o poder e a majestade de Deus imortal.

Ainda que os sacerdotes, em todos os tempos, já gozavam da mais alta consideração, todavia os da Nova Aliança sobrelevam consideravelmente a todos os mais em dignidade; pois o poder que lhes foi outorgado, seja para consagrar e oferecer o Corpo e o Sangue de Nosso Senhor, seja para remitir os pecados, excede a compreensão da inteligência humana, e muito menos se encontrará na terra um poder que lhe seja igual ou similar.

[3] Como Nosso Salvador foi enviado pelo Pai⁶⁶⁴, e os Apóstolos e Discípulos foram enviados por Cristo Nosso Senhor através do mundo inteiro⁶⁶⁵; assim também os sacerdotes são enviados todos os dias, com o mesmo poder que eles, "a fim de aperfeiçoarem os santos, exercerem o sagrado ministério, edificarem o Corpo de Cristo".⁶⁶⁶

2. A vocação sacerdotal

Por conseguinte, a obrigação de tão grave ministério não deve ser imposta, temerariamente, a quem quer que seja, mas unicamente aos que a possam cumprir, pela santidade de sua vida, pela sua instrução, pela sua fé e prudência. Nem tampouco deve alguém tomar para si essa dignidade, "senão aquele que por Deus é chamado, como o foi Aarão".⁶⁶⁷

Consideramos, porém, chamados por Deus os que são chamados pelos legítimos ministros da Igreja⁶⁶⁸; pois, daqueles que por arrogância se intrometem neste ministério, já dizia evidentemente Nosso Senhor: "Eu não os enviava como profetas, e eles corriam".⁶⁶⁹ Não pode haver homens mais infelizes e desgraçados do que eles, nem mais perniciosos para a Igreja de Deus.⁶⁷⁰

---

662. Ml 2,7.
663. Ex 22,28.
664. Jo 3,17.
665. Jo 20,21.
666. Ef 4,12.
667. Hb 4,12.
668. Os legítimos ministros são aqui os bispos. A vocação subjetiva do candidato é consolidada pelo "chamamento" da Igreja.
669. Jr 23,21.
670. "É pecado forçar alguém, por qualquer motivo que seja, a entrar no estado clerical, ou dele afastar a quem tenha capacidade canônica" (CIC can. 971). A Igreja fulmina tais pessoas com a pena de excomunhão (can. 2352).

[4] Em qualquer empresa, é de muita importância o fim que cada um se propõe alcançar; pois, estando certo o fim colimado, tudo o mais decorre na melhor ordem. Em primeiro lugar, devemos, portanto, advertir os candidatos ao sacerdócio que se não proponham fim algum indigno de tão sublime ministério. Disto se deve tratar, com tanto mais escrúpulo, quanto mais gravemente costumam os fiéis pecar contra essa matéria, nos tempos que correm.

Alguns abraçam este modo de vida, na intenção de prover-se do necessário para comida e roupa, de sorte que no sacerdócio só miram lucros materiais, como fazem geralmente os outros homens, que se entregam a baixas especulações. Na verdade, o Apóstolo ensina que as leis natural e divina mandam "viver do altar a quem está a serviço do altar"[671]; mas, subir ao altar, por causa do ganho e lucro, é um enorme sacrilégio".

Outros há que são levados ao sacerdócio, porque desejam e cobiçam altas dignidades; outros, ainda, querem as Ordens Sacras como fontes de grandes riquezas; por sinal, só pensam em ordenar-se, quando recebem a oferta de rendoso benefício eclesiástico. A estes é que Nosso Salvador chama de "mercenários"[672], e deles também dizia Ezequiel que "apascentam a si próprios, e não as ovelhas".[673]

A torpe malícia desses homens denigre a tal ponto o estado sacerdotal, que aos olhos dos fiéis nada pode haver de mais baixo e aviltante; de outro lado, faz com que eles mesmos nenhum fruto possam tirar do seu sacerdócio, senão o que Judas colheu do exercício de seu apostolado: acarretou-lhe a condenação eterna. Com razão, porém, dizemos que entram pela porta[674] os que são legitimamente chamados por

Deus, e assumem as obrigações sacerdotais unicamente para se porem a serviço da glória de Deus.

3. Chamamento só aos que querem consagrar-se ao ministério da Igreja

[5] Entretanto, não é para entender que esta mesma obrigação não seja imposta por igual a todos os homens; pois todos os homens foram cri-

---

671. 1 Cor 9,13.
672. Jo 10,13.
673. Ez 34,2 ss.
674. Jo 10,1.

ados para prestar culto a Deus. E devem fazê-lo "de todo o seu coração, de toda a sua alma, e com todas as suas forças"[675], principalmente os fiéis cristãos, por terem alcançado a graça do Batismo.[676]

Todavia, os que desejam receber o Sacramento da Ordem, devem propor-se, como obrigação, não só de procurar a honra de Deus em todas as coisas — o que certamente é um dever comum de todos os homens, sobretudo dos fiéis cristãos — mas também de consagrar-se a um determinado ministério na Igreja, e servir assim a Deus "em santidade e justiça".[677]

Num exército, todos os soldados obedecem às ordens do general. Porém um deles é capitão, outro é tenente, outros ainda têm as suas graduações próprias. Assim também, ainda que todos os fiéis devam esmerar-se na prática da piedade e pureza — objeto principal do culto a Deus — todavia, os que receberam o Sacramento da Ordem, estão obrigados a desempenhar na Igreja certos cargos e funções especiais, de grande responsabilidade.

Eles oferecem, pois, o Sagrado Sacrifício, por si mesmos e por todo o povo cristão[678]; explanam o sentido da Lei de Deus[679]; exortam os fiéis a cumpri-la com coragem e alegria; administram os Sacramentos de Cristo Nosso Senhor, pelos quais toda graça é conferida e aumentada. Para o dizer numa palavra, eles vivem separados do resto do povo, e como tais exercem o maior e o mais sublime de todos os ministérios.

Dadas essas explicações, os párocos começarão a tratar das questões peculiares deste Sacramento, para que os fiéis, desejosos de abraçar o estado eclesiástico, compreendam a que ministério são chamados, e vejam quão grande é o poder que Deus conferiu à Igreja e seus ministros.

II. O PODER SACERDOTAL

[6] Ora, esse poder é duplo: de Ordem e de jurisdição. O poder de Ordem refere-se ao verdadeiro Corpo de Cristo Nosso Senhor na Sagrada Eucaristia. O poder de jurisdição aplica-se inteiramente ao Corpo

---

675. Dt 7,5; Mt 22,37; Lc 10,27.
676. Dz 803-804. CIC can. 87.
677. Lc 1,75.
678. Hb 5,3.
679. Lv 10,11; Dt 17,8 ss.

Místico de Cristo, e sua finalidade é governar e dirigir o povo cristão, e levá-lo à eterna bem-aventurança no céu.

[7] O poder de Ordem não envolve apenas o poder de consagrar a Eucaristia, mas prepara também os corações dos homens, e confere-lhes a aptidão necessária para a receberem; enfim, abrange tudo o que, de qualquer maneira, diga respeito à Eucaristia.

Em abono deste poder, falam muitas passagens que se podem tirar da Sagrada Escritura; porém as mais belas e mais enérgicas se encontram nos Evangelhos de São Mateus e São João. São, pois, palavras de Nosso Senhor: "Assim como o Pai Me enviou, também Eu vos envio a vós. — Recebei o Espírito Santo. A quem vós perdoardes os pecados, ser-lhes-ão perdoados; e a quem os retiverdes, ser-lhes-ão retidos".[680] E ainda: "Em verdade vos digo, tudo o que ligardes sobre a terra, será ligado também no céu".[681]

Sobre esta verdade, podem as supraditas passagens projetar muita luz e clareza, desde que os pastores as expliquem segundo a autorizada doutrina dos Santos Padres.

[8] O poder de que falamos sobrepuja, de muito, ao que a lei natural conferia outrora a certos indivíduos, para que se encarregassem do culto religioso. A era que precedeu à Lei escrita, tinha necessariamente seu sacerdócio com o respectivo poder espiritual; pois consta, com bastante evidência, que tinha também uma lei própria.[682] Esses dois elementos[683], conforme ensina o Apóstolo, estão de tal modo ligados entre si, que a mudança de um acarreta forçosamente a imediata mudança do outro.[684] Ora, como os homens reconhecessem, por um senso natural, a obrigação de prestarem culto a Deus, deviam instituir, pois, em cada comunidade, algumas pessoas a que fossem cometidos os sacrifícios e demais atos do culto divino, e cujo poder fosse, de certo modo, considerado como espiritual.

No povo de Israel, havia também um poder assim, superior em dignidade ao que possuíam os sacerdotes no regime da lei natural; mas incomparavelmente inferior ao poder espiritual que vigora na Lei do Evangelho.[685]

---

680. Jo 20,21.
681. Mt 18,18.
682. Ditada pela própria lei natural, que se impõe no coração de todos os homens.
683. Lei e sacerdócio.
684. Cfr. Hb 7,12: "Ora, a mudança de sacerdócio importa necessariamente em mudança de lei".
685. Hb 8,11.

Este poder é celestial, e ultrapassa até a virtude dos próprios Anjos. Sua origem não remonta ao sacerdócio mosaico, mas a Cristo Nosso Senhor, que foi Sacerdote, "não à maneira de Aarão, mas segundo a ordem de Melquisedec".[686] Ele é quem tinha um poder infinito para conferir a graça e perdoar os pecados, e quem deixou à sua Igreja esse mesmo poder, embora o limitasse em seus efeitos, e o ligasse aos Sacramentos.

Por esse motivo, são instituídos determinados ministros para o exercício de tal poder, e sagrados com a pompa de determinadas cerimônias. Esta sagração é que se chama Sacramento da Ordem, ou Sagrada Ordenação.

III. DO NOME ORDEM

[9] Os Santos Padres preferiram adotar este termo, de sentido genérico, para melhor indicarem a dignidade e grandeza dos ministros de Deus. Realmente, se a tomarmos em sua própria acepção, "ordem" é uma composição de coisas, umas superiores e outras inferiores, mas de tal modo acomodadas entre si, que permanecem numa relação recíproca. Assim, havendo neste ministério várias categorias e funções, que se distribuem todas numa determinada classificação, houve muito acerto e vantagem em dar-se-lhe o nome de "Ordem".

IV. POR QUE A ORDEM É UM VERDADEIRO SACRAMENTO

[10] Que a Sagrada Ordenação pertence aos Sacramentos da Igreja, o Santo Concílio de Trento[687] o comprovou por uma argumentação já alegada repetidas vezes: Sacramento é o sinal de uma coisa sagrada. Ora, o rito exterior da Ordenação assinala a graça e o poder que se confere ao ordinando. Logo, é absolutamente lógico concluir que a Ordem tem o caráter de verdadeiro Sacramento, no sentido próprio da palavra.

Por esse motivo, quando entrega ao ordinando o cálice com vinho e a patena com o pão, o Bispo pronuncia as seguintes palavras: "Recebe o poder de oferecer o Sacrifício, etc.". Consoante o que sempre ensinou a

---

686. Sl 109,4; Hb 7,11.
687. Conc. Trid. XXIII de Ordine cap. 1 can. 3 (Dz 957, 963).

Igreja, estas palavras, ditas na entrega da matéria, conferem o poder de consagrar a Eucaristia, e imprimem na alma um caráter particular, ao qual está ligada a graça necessária para o exercício exato e legítimo desse ministério.[688] A este ponto alude o Apóstolo nas palavras seguintes: "Eu te exorto a que faças reviver a graça de Deus, que em ti está, pela imposição das minhas mãos; pois que Deus não nos deu o espírito de temor, mas o de força, de amor e sobriedade".[689]

V. OS VÁRIOS GRAUS DE ORDEM DESTE SACRAMENTO

[11] Servindo-nos das palavras do Sagrado Concílio[690], dizemos que o exercício de tão sublime sacerdócio é uma função divina. Ora, para ser desempenhada com mais dignidade e reverência, convinha haver, na ótima organização da Igreja, várias e diversas ordens de ministros que, por ofício, servissem ao sacerdócio, e de tal modo distribuídos que, após a recepção da tonsura, subissem das Ordens Menores para as Maiores.

[12] Devemos ensinar que, na constante tradição da Igreja, todos esses graus de Ordem perfazem um setenário, e seus nomes são os seguintes: ostiário, leitor, exorcista, acólito, subdiácono, diácono, sacerdote.

Com muito acerto, foi fixado esse número de ministros, como podemos demonstrá-lo, pelos ministérios, que parecem necessários no Sacrossanto Sacrifício da Missa, na consagração e administração da Eucaristia, por cuja causa foram principalmente instituídos.

---

688. Com a Constituição Apostólica "Sacramentum Ordinis", de 28 de janeiro de 1948, Pio XII dirimiu todas as controvérsias que dividiam os teólogos a respeito da matéria e forma do sacramento da Ordem. Diz ele no n. 5: "Na ordenação de Diáconos a matéria é a única imposição da mão do Bispo que ocorre neste rito. A forma consta das palavras da "Prefação", sendo essenciais e, por isso, requeridas para a validade, as seguintes: "Emitte in eum, quaesumus, Domine, Spiritum Sanctum, quo in opus ministerii tui fideliter exsequendi septiformis gratiae tuae munere roboretur". — Na ordenação de Presbítero a matéria é a primeira imposição das mãos do Bispo que se faz em silêncio... A forma consta das palavras da "Prefação", sendo essenciais e, por isso, requeridas para a validade, as seguintes: "Da, quaesumus, omnipotens Pater, in huncfamulum tuum Presbyteri dignitatem; innova in visceribus eius spiritum sanctitatis, ut acceptum aTe, Deus, meriti munus obtineat censuramque morum exemplo suae conversationis insinuet". — Finalmente na Sagração Episcopal a matéria é a imposição das mãos feita pelo Bispo Sagrante. A forma consta das palavras da "Prefação", sendo essenciais e, por isso, requeridas para a validade as seguintes: "Comple in Sacerdote tuo ministerii tui summam, et ornamentis totius glorificationis instructum caelestis unguenti rore sanctifica".
689. 2 Tm 1,6-7.
690. Conc. Trid. XXIII, *de Ordine*, cap. 2 (Dz 958, 962).

Destas Ordens, umas são maiores, ditas também Ordens Sacras, e outras são menores. As Ordens Maiores ou Sacras são: presbiterato, diaconato, subdiaconato. Às Ordens Menores pertencem os acólitos, exorcistas, leitores, ostiários. De cada uma dessas Ordens diremos algumas palavras, para que os párocos tenham os elementos necessários à instrução daqueles que, na sua opinião, devem receber alguma Ordem.[691]

VI. PRIMEIRA TONSURA

[13] Vamos começar pela Primeira Tonsura. Diremos que é uma espécie de preparação para receber as Ordens. Assim como os exorcismos preparam o homem para o Batismo, e os esponsais para o matrimônio: assim também o corte do cabelo é uma consagração a Deus, que lhe franqueia, por assim dizer, o caminho para o Sacramento da Ordem.

A Tonsura exprime quais predicados deve ter quem deseja ordenar-se. O nome de clérigo, que desde logo lhe é imposto, quer dizer que terá doravante o Senhor por sorte e partilha[692], assim como O tinham, entre os Hebreus, aqueles que estavam ligados e consagrados ao culto divino. O Senhor proibiu que, na Terra Prometida, lhes fossem dado algum quinhão, porquanto afiançava: "Eu serei a tua partilha e herança".[693] Essa palavra se refere a todos os fiéis em geral, mas aplica-se em sentido mais particular àqueles que se consagraram ao serviço de Deus.

[14] Corta-se o cabelo na forma e semelhança de uma coroa, que deve ser sempre conservada, e mais tarde ampliada em sua circunferência, todas as vezes que alguém passar a um grau mais alto de Ordem. Ensina a Igreja que tal costume é de tradição apostólica, pois o costume de se fazer tonsura já é mencionado por São Dionísio Areopagita, Santo Agostinho, São Jerônimo, Padres muito respeitáveis pela sua antiguidade e pela autoridade de sua doutrina.

---

691. Isto na Idade Média. Desde muito, a Igreja já não admite candidatos que só queiram contentar-se com os graus inferiores da Ordem. Na recepção das primeiras Ordens, há o compromisso moral de se chegar também até ao presbiterato, não sobrevindo nenhum impede se chegar também até ao presbiterato, não sobrevindo nenhum impedimento ou irregularidade. O clérigo que não quisesse receber as Ordens subsequentes, seria reduzido ao estado leigo.

692. Do grego: *klêros*. — O termo "Primeira Tonsura" refere-se às ampliações da Tonsura nas Ordens Maiores, principalmente no Episcopado.

693. Nm 18,20.

Corre uma tradição de que o Príncipe dos Apóstolos foi de todos o primeiro a introduzir esse costume, em recordação da coroa de espinhos posta na cabeça de Nosso Salvador. Assim, o que os ímpios haviam inventado, para humilhação e sofrimento de Cristo, deviam os Apóstolos usar como sinal de honra e glória, enquanto davam também a entender a obrigação, que aos ministros da Igreja incumbe, de procurarem tornar-se, em tudo, uma imagem e semelhança de Cristo Nosso Senhor.

Todavia, na opinião de outros, esse distintivo denota a régia dignidade que, antes de tudo, parece reservada aos que são chamados à sorte do Senhor. Sem dificuldade, somos levados a crer que aos ministros da Igreja compete, de modo particular e mais apropriado, o que São Pedro atribuía ao povo fiel: "Vós sois uma raça eleita, um sacerdócio real, um povo santo".[694]

Sinal da vida perfeita Não falta quem diga que o círculo, a mais perfeita das figuras geométricas, simboliza a vocação do clérigo a uma vida mais perfeita, o menosprezo das coisas mundanas, e a renúncia aos cuidados e vaidades da vida; o que se expressa no cortar o cabelo, como se fosse algo de supérfluo no corpo humano.

VII. ORDENS MENORES

1. Ostiário

[15] Depois da primeira Tonsura, o primeiro passo costuma ser para a Ordem de Ostiário, cujo ofício era guardar as chaves e a porta do templo, e afastar do templo aqueles que estavam interditos de entrar nele.

Assistia também ao Sacrifício da Missa, com a obrigação de atender a que ninguém se aproximasse demais do altar, e perturbasse o sacerdote na celebração dos Sagrados Mistérios. Estava ainda incumbido de outros encargos, conforme se deduz dos ritos próprios de sua Ordenação.

Realmente, quando o Bispo toma as chaves, que estão sobre o altar, para as entregar a quem vai ordenar-se ostiário, profere as seguintes palavras: "Comporta-te como quem há de prestar contas a Deus das coisas que são fechadas com estas chaves".

---

694. 1Pd 2,9; cfr. Ex 19,6.

Na Igreja Primitiva, era muito elevada a dignidade desta Ordem. Chegamos a essa conclusão pelos costumes que ainda hoje se conservam na Igreja. O cargo de tesoureiro, que era ao mesmo tempo guarda da sacristia, estava confiado aos ostiários; ainda agora é um dos cargos mais honrosos da Igreja.[695]

2. Leitor

[16] O segundo grau de Ordem é o ministério de Leitor, a quem pertencia ler na Igreja, em voz alta e inteligível, os livros do Antigo e do Novo Testamento, sobretudo aqueles que costumam ser lidos durante a recitação noturna dos Salmos. Era também de sua obrigação ensinar aos fiéis os primeiros rudimentos da doutrina cristã.

Por conseguinte, no ato da ordenação, o Bispo entrega-lhe, à vista do povo, um livro que contém todas as prescrições relativas a este ministério, e diz as palavras: "Recebe este Livro, e transmite a Palavra de Deus. Se desempenhares teu ofício com perseverança e edificação, terás parte com aqueles que, desde o começo, souberam administrar a palavra de Deus".

3. Exorcista

[17] A terceira é a Ordem dos Exorcistas, aos quais foi dado o poder de invocar o nome do Senhor sobre os possessos de espírito imundos. Por isso, ao ordená-los, o Bispo entrega-lhes o Livro de exorcismos, e usa esta fórmula: "Toma e guarda na memória este Livro, e fica com o poder de impor as mãos aos possessos, quer sejam batizados, quer sejam catecúmenos".

4. Acólito

[18] O quarto grau é a Ordem dos Acólitos, a última dentre as que se chamam Ordens Menores, não Sacras. Incumbe-lhes a obrigação de acompanhar e servir, nas funções do altar, aos diáconos e subdiáconos, que são os ministros de Ordens Maiores.

---

695. Situação do século XVI. Atualmente, esta ideia está inteiramente obliterada. Na sacristia, guardava-se muitas vezes a Santa Reserva.

Além disso, são eles que levam e apresentam os círios na celebração do Sacrifício da Missa, principalmente quando se faz a leitura do Evangelho; razão pela qual também se chamam ceroferários.

No ato de ordenação, o Bispo observa o rito seguinte. Depois de bem instruí-los acerca das obrigações de seu ministério, entrega a cada um dos ordinandos um círio, e pronuncia as palavras: "Recebe este castiçal com a vela, e reconhece que ficas obrigado a acender as luzes na igreja, em nome do Senhor". Depois, dá-lhes também, vazias, as galhetas, em que se serve água e vinho para o Sacrifício: "Recebe as galhetas, a fim de ministrares vinho e água para o Sacrifício Eucarístico do Corpo de Cristo, em nome do Senhor".

VIII. AS ORDENS MAIORES

[19] As Ordens Menores, não-Sacras, de que tratamos até agora, abrem o legítimo acesso e promoção para as Ordens Maiores e Sacras.

1. Subdiácono

No primeiro grau destas está o subdiácono, cuja função, como diz o próprio nome, é a de servir o diácono ao altar. Cabe-lhe preparar os corporais, os vasos, pão e o vinho, que são necessários para o Sacrifício. Hoje em dia, derrama água, quando o Bispo e o sacerdote lavam as mãos, durante o Sacrifício da Missa.[696]

O subdiácono lê também a Epístola, que antigamente era recitada pelo diácono na Missa. Assiste, como testemunha, ao Santo Sacrifício, e atende que ninguém possa perturbar o sacerdote celebrante.

Todas estas obrigações, inerentes ao ministério de subdiácono, são expressas pelas solenes cerimônias que acompanham a ordenação. Antes de tudo, o Bispo faz lembrar que esta Ordem traz consigo a obrigação de perpétua castidade, e declara, formalmente, que não pode ser admitido à Ordem de Subdiaconato quem não se proponha tomar a si essa obrigação.[697]

---

696. Esta rubrica, alegada pelo CRO, já não existe. Onde houver costume, o diácono ministra a água, e o subdiácono o manustérgio na Missa Solene de Réquiem (Reus, *Curso de Liturgia*).
697. Antes de conferir as Ordens Menores, deve o Bispo ter uma certeza moral da aptidão canônica do candidato (CIC can. 973 § 3). Por isso mesmo, há obrigação de proclamar os ordinandos

Recitada solenemente a ladainha de Todos os Santos, o Bispo põe-se a enumerar e explicar as funções e deveres do subdiácono. A seguir, cada um dos ordinandos recebe, das mãos do Bispo, o cálice e a sagrada patena; do arcediago, porém, as galhetas cheias de vinho e água, juntamente com uma bacia e toalha para enxugar as mãos, para assim se mostrar que o subdiácono deve servir o diácono em suas funções. E nessa ocasião, diz o Bispo: "Considerai qual ministério vos é confiado. Por isso, eu vos exorto, portai-vos de maneira que Deus possa ter em vós a Sua complacência".

Acrescentam-se ainda outras orações. Por último, depois de revestir o subdiácono das vestes sagradas, usando para cada uma delas orações e cerimônias apropriadas, o Bispo lhe entrega o epistolário, e diz ao mesmo tempo: "Toma o Livro das Epístolas, e recebe o poder de lê-las na Santa Igreja de Deus, assim pelos vivos, como pelos defuntos".

2. *Diácono*

[20] Ocupa o segundo grau de Ordens Sacras o diácono, cujo ministério é mais amplo, e sempre tido como mais sagrado. Cabe-lhe a obrigação de acompanhar sempre o Bispo, fazer-lhe guarda durante a pregação, assistir o Bispo e o sacerdote na celebração da Missa, ou na administração de outros Sacramentos, e fazer a leitura do Evangelho no Sacrifício da Missa.

Antigamente, o diácono exortava os fiéis a estarem atentos aos Sagrados Mistérios. Ministrava também o Sangue do Senhor nas igrejas, onde os fiéis costumavam receber a Eucaristia debaixo de ambas as espécies. Além disso, ao diácono estava entregue a administração dos bens eclesiásticos, com a incumbência de fornecer a cada um o que era necessário para a sua manutenção.

Ao diácono pertence, também, como se fora os olhos do Bispo, investigar, cuidadosamente, quem na cidade leva vida cristã e piedosa, e quem não leva; quem comparece à Missa e à pregação nos dias marcados, e quem não comparece, para que o Bispo, por ele informado de tudo o que acontece, possa então exortar e advertir cada um à puridade, ou censurar e corrigir publicamente, conforme o julgar mais indicado.

---

nas respectivas igrejas paroquiais, e os fiéis devem denunciar os inaptos ou impedidos (CIC can. 998-999). O pároco deve fazer sindicância, e comunicar o resultado ao Bispo (can. 1000).

Deve, outrossim, proclamar os nomes dos catecúmenos, e apresentar ao Bispo os que estão para receber o Sacramento da Ordem. Na ausência do Bispo ou do sacerdote, pode explicar o Evangelho, mas não do púlpito, para se dar a entender que isso não é próprio do seu ministério.

[21] Descrevendo a Timóteo os costumes, a virtude, a integridade própria do diácono, o Apóstolo mostra quanta precaução se deve ter a que nenhum indigno seja promovido a este grau de Ordem. É o que também indicam, com muita clareza, os solenes ritos e cerimônias, que o Bispo emprega no ato de ordenação. O Bispo diz maior número de orações mais solenes, na Ordenação do diácono, do que na Ordenação do subdiácono, e faz entrega de outras alfaias a mais. Além disso, impõe-lhe as mãos; lemos na Escritura que assim praticaram os Apóstolos, quando instituíram os primeiros diáconos.[698] Por fim, entrega-lhes o Livro dos Evangelhos, dizendo a fórmula: "Recebe o poder de ler o Evangelho na Igreja de Deus, assim pelos vivos, como pelos mortos, em nome do Senhor".

3. Sacerdote

[22] O terceiro, e o supremo grau de todas as Ordens Sacras, é o sacerdócio. Aos que possuem este grau, os Santos Padres costumavam designá-los por dois nomes. Por vezes, chamavam-lhes "presbíteros", palavra grega que significa "anciãos", não só pela madureza da idade, que é muito necessária para este grau de Ordem; mas, muito mais ainda, pela cordura de caráter, pela doutrina e pelo bom-senso, pois está escrito: "A velhice veneranda não é a que dura muito, nem a que se mede pelo número de anos; porém o bom-senso do homem supre as suas cãs, e a vida ilibada é uma verdadeira velhice".[699]

Outras vezes, chamavam-lhes "sacerdotes", já porque são consagrados a Deus, já porque lhes compete administrar os Sacramentos, e tratar das coisas sagradas e divinas.[700]

---

698. At 6,6.
699. Sb 4,8 ss.
700. Os termos sacerdote, consagrar, Sacramento derivam do mesmo étimo latino: *sacer* = santo, sagrado.

IX. O GRAU DO SACERDÓCIO

1. Classes de sacerdócio e qual delas é sacramento

[23] Desde que nas Sagradas Escrituras se fala de um duplo sacerdócio, um interno, e outro externo, devemos fazer uma distinção, para que os pastores possam explicar de qual deles se trata neste lugar.

a) Sacerdócio interno

Relativamente ao sacerdócio interno, todos os fiéis são considerados sacerdotes, a partir do momento em que receberam a regeneração do Batismo; mas, de primazia, os justos que possuem o Espírito de Deus, e pela graça de Deus se tornaram membros vivos de Jesus Cristo, o Sumo Sacerdote.

São eles que, no altar de seus corações, oferecem a Deus sacrifícios espirituais[701], naquela fé que se abrasa na caridade. A tais sacrifícios pertencem todas as obras boas e virtuosas que se praticam, na intenção de glorificar a Deus. Por isso lemos no Apocalipse: "Em Seu Sangue, Cristo lavou-nos de nossos pecados, e fez de nós um Reino, e instituiu-nos sacerdotes para Deus, Seu Pai".[702]

Nesse mesmo sentido, declarou o Príncipe dos Apóstolos: "Sobre Ele sois edificados, à maneira de pedras vivas, como edifícios espirituais, como um santo sacerdócio, a fim de oferecerdes sacrifícios espirituais, que sejam agradáveis a Deus por Jesus Cristo".[703]

E o Apóstolo nos exorta a que "façamos de nossos corpos uma oblação viva, santa, agradável a Deus, como um culto razoável de nossa parte".[704] Muito antes, Davi também havia dito: "Aos olhos de Deus, o espírito compungido vale como um sacrifício. Vós, meu Deus, não desprezareis um coração contrito e humilhado".[705] Naturalmente, todas estas passagens se referem ao sacerdócio interno.

---

701. 1Pd 2,5.
702. Ap 1,5 ss.
703. 1Pd 2,5.
704. Rm 12,1 ss.
705. Sl 50,19.

b) Sacerdócio externo

[24] O sacerdócio externo, porém, não pertence à coletividade de todos os fiéis, mas só a certos indivíduos, ordenados e consagrados a Deus, pela legítima imposição das mãos, segundo o solene cerimonial da Santa Igreja, e que se destinam de modo particular ao sagrado ministério.

Esta distinção, entre dois sacerdócios, também se verificava no Antigo Testamento. Acabamos de ver como Davi falou do sacerdócio interno. De outro lado, todos sabem perfeitamente que o Senhor havia dado muitas prescrições a Aarão e Moisés acerca do sacerdócio externo.[706] Além do mais, reservou toda a tribo de Levi para o serviço do Templo, e assentou lei que ninguém de outra tribo ousasse ingerir-se nesse ministério.[707] E, de fato, o rei Ozias foi ferido de lepra pelo Senhor, porque havia usurpado o ministério sacerdotal, e assim expiou durissimamente a sua sacrílega arrogância.[708]

Como na Lei do Evangelho também se pode averiguar a mesma distinção entre os dois sacerdócios, é necessário prevenir os fiéis que, neste lugar, tratamos do sacerdócio externo, conferido a uma determinada classe de homens, pois só este sacerdócio faz parte do Sacramento da Ordem.

2. Ofício próprio do sacerdote

[25] Ofício do sacerdote é oferecer a Deus o Sacrifício, administrar os Sacramentos da Igreja, conforme evidenciam os ritos da Ordenação. Quando, pois, o Bispo ordena algum sacerdote, impõe-lhe as mãos em primeiro lugar, fazendo outro tanto os sacerdotes que estiverem presentes. Depois, lança-lhe aos ombros a estola, e dispõe-na em forma de cruz sobre o peito, para assinalar que o sacerdote se reveste da força do alto, pela qual consegue tomar, sobre si, a Cruz de Cristo Nosso Senhor e o jugo suave da Lei Divina, e apregoá-los, não só de boca, mas também pelo exemplo de uma vida muito santa e muito pura.

A seguir, unge-lhe as mãos com o Óleo Sagrado, e entrega-lhe o cálice com o vinho e a patena com a hóstia, dizendo: "Recebe o poder de oferecer o Sacrifício a Deus, de celebrar Missas, tanto pelos vivos, como

---

706. Ex 28-29; Lv 8-10,21,23; Nm 8,5 ss, 15,18,28.
707. Nm 3,10.
708. 2Cr 26,19

pelos mortos". Por estas cerimônias e palavras, o candidato é constituído intérprete e medianeiro entre Deus e os homens, e nisso consiste a principal função do sacerdote.

Por último, impõe-lhe de novo as mãos sobre a cabeça, e diz as palavras: "Recebe o Espírito Santo. A quem perdoardes os pecados ser-lhe-ão perdoados, e a quem os retiveres, ser-lhe-ão retidos".[709] Assim lhe confere aquele poder sobrenatural, que Nosso Senhor havia dado a seus Discípulos, o de perdoar e reter pecados.

São estes os principais ministérios, privativos da Ordem sacerdotal.

3. Graus de dignidade e poder sacerdotal

[26] Existe um só sacerdócio, mas que comporta vários graus de dignidade e poder. Ao primeiro grau pertencem os que se chamam simplesmente sacerdotes, e cujas funções foram explicadas até agora.

O segundo grau é dos Bispos, que são postos à frente das dioceses, não só para dirigirem os outros ministros da Igreja, mas também o povo cristão, provendo à salvação de todos, com o máximo cuidado e vigilância.

Por isso, as Sagradas Escrituras lhes chamam muitas vezes pastores de ovelhas. Suas funções e deveres, São Paulo os descreve naquele sermão aos Efésios, que lemos nos Atos dos Apóstolos.[710] São Pedro, o Príncipe dos Apóstolos, estabeleceu por sua vez uma norma divinamente inspirada para o exercício do ministério episcopal.[711] Se os Bispos governarem zelosamente por ela, não há dúvida que serão bons pastores, e como tais também considerados. Os Bispos chamam-se também pontífices, nome usado pelos pagãos, que costumavam chamar pontífices aos sumos sacerdotes.

O terceiro grau é constituído pelos Arcebispos. Estão à frente de vários Bispos. Chamam-se também metropolitas, por serem Bispos de cidades, que são tidas como mães da Província Eclesiástica. Por esse motivo, são superiores aos Bispos em dignidade e jurisdição, mas em nada diferem deles pela sagração episcopal.[712]

---

709. Cfr. Jo 20,23.
710. At 20,28 ss.
711. "Apascentai o rebanho de Deus que vos está confiado; cuidai dele, não constrangidos, mas de boa vontade, segundo Deus, não por sórdida ganância, mas feitos sinceramente modelos para o rebanho" (1Pd 5,2-3).
712. Quanto à jurisdição atual dos metropolitas, vide CIC can. 271-274.

Em quarto grau estão os patriarcas, ou sejam os primeiros e mais eminentes dos Padres.[713]

[27] Além do Sumo Pontífice Romano, antigamente só havia quatro patriarcas na Igreja Universal; mas que por sua vez não se igualavam em dignidade. Por causa da predominância do Império Bizantino, o Patriarca de Constantinopla granjeou uma posição de maior prestígio, embora sua elevação fosse posterior a de todos os mais Patriarcas. O imediato era o Patriarca de Alexandria, cuja igreja o Evangelista São Marcos havia fundado por ordem do Príncipe dos Apóstolos. O terceiro é Patriarca de Antioquia, onde São Pedro havia primeiro assentado sua sede episcopal. No último grau, ficava o Patriarca de Jerusalém, e sua igreja foi governada por São Tiago, o "irmão do Senhor".[714]

[28] Mas, acima de todos eles, a Igreja Católica sempre reverenciou o Bispo de Roma como o Pontífice Máximo. No Concílio de Éfeso, São Cirilo de Alexandria chama-lhe Arcebispo, pai e patriarca de toda a redondeza da terra. Como ocupa a cadeira de Pedro, Príncipe dos Apóstolos, que nela consta ter ficado até o fim de sua vida, a Igreja reconhece nele o sumo grau de dignidade e a plenitude de jurisdição, mas que lhe foram outorgados, não por decisão sinodal ou qualquer alvitre humano, mas em virtude de um direito divino.

Por isso, o Pontífice Romano é pai e guia de todos os fiéis e Bispos, de todos os mais prelados, quaisquer que sejam suas funções e poderes. Como sucessor de São Pedro, como verdadeiro e legítimo representante de Cristo Nosso Senhor, governa a Igreja Universal.

Servindo-se destas exposições, os pastores ensinarão também quais são os principais deveres e funções das várias Ordens e dignidades eclesiásticas, e quem é o ministro deste Sacramento.

X. MINISTRO DO SACRAMENTO DA ORDEM

[29] É certo que a administração deste Sacramento pertence ao Bispo. Não custa prová-lo pela autoridade da Sagrada Escritura, pela

---
713. Da etimologia grega: "patriarches".
714. Essa classificação teve sua origem no IV Concílio de Constantinopla (can. 21) e no IV Concílio de Latrão (cap. 5). Cfr. Dz 341, 436, 466. Desde 1716, o Arcebispo de Lisboa tem o título de Patriarca. Antigamente, os Patriarcas gozavam de certos direitos e privilégios pelo CIC, salvo algumas concessões de direito particular (can. 271).

Tradição que é absolutamente certa, pelo testemunho dos Santos Padres, pelos decretos dos Concílios, pela praxe contínua da Santa Igreja.

Alguns abades recebem, às vezes, a licença de conferir as Ordens Menores, não-Sacras[715], mas nem por isso pode ninguém contestar que esse ministério é próprio do Bispo, a quem unicamente pertence, e a mais ninguém, conferir as outras Ordens, que se chamam Maiores ou Sacras. Por conseguinte, somente o Bispo pode ordenar subdiáconos, diáconos e presbíteros. É de tradição apostólica, sempre mantida na Igreja, que os Bispos sejam sagrados por três Bispos.

XI. SUJEITO DA ORDEM SACERDOTAL

1. Necessidade de seleção

[30] Resta, agora, explicar quem é idôneo para receber este Sacramento, sobretudo a Ordenação Sacerdotal, e quais são em primeira linha os predicados que neles se requerem. Isso permite facilmente estabelecer o que se deve observar na admissão para as outras Ordens, de acordo com seu grau e dignidade.

Na administração deste Sacramento, deve haver a maior cautela, como se deduz da seguinte consideração. Os outros Sacramentos produzem a graça, para utilidade e santificação de quem os recebe. Mas quem toma Ordens Sacras, torna-se participante da graça divina, a fim de promover, pelo ministério sacerdotal, o bem da Igreja e com isso a salvação de toda a humanidade.

Reconhecemos ser este o motivo por que as Ordenações só se realizam em dias determinados, nos quais a Igreja Católica, por costume muito antigo, marcava solenes jejuns. O povo cristão devia, por meio de santas e fervorosas preces, alcançar de Deus tais ministros do Santuário, que fossem particularmente idôneos para o digno exercício de tão sublime ministério, em proveito da Igreja.

---

715. Esse direito é hoje extensivo a todos os abades, nas condições postas pelo CIC can. 964 § 1.
— Quanto à data de ordenação, o CIC determina o seguinte: "A sagração episcopal deve ser conferida, durante a Missa, num domingo, ou na festa de um Apóstolo. A colação de Ordens Maiores seja feita durante a Missa, nos Sábados das Têmporas, no sábado antes da dominga da Paixão e no Sábado Santo. Havendo motivo grave, o Bispo pode dá-las em qualquer domingo ou festa de preceito. A primeira Tonsura pode ser conferida em qualquer dia e hora; as Ordens Menores nos domingos e festas de rito duplo, mas durante a manhã" (CIC can. 1006 §§ 1-4).

a) Santidade de vida e costumes

[31] Em primeiro lugar, o candidato ao sacerdócio deve distinguir-se, sobremaneira, pela pureza de vida e caráter. Não só porque cometeria uma incrível monstruosidade, se procurasse a Ordenação, ou consentisse em recebê-la, estando consciente de alguma culpa mortal: mas, antes de tudo, porque deverá ser um luzeiro de virtude e inocência para os seus semelhantes.

Aqui devem os pastores explicar as prescrições do Apóstolo a Tito e a Timóteo.[716] Ensinem também que, pela Lei do Evangelho, devemos antes referir aos defeitos da alma, em sentido figurado, os defeitos corporais que, na Lei Antiga, excluíam do sacerdócio, por determinação do Senhor.[717]

Por esta razão, vemos a Igreja manter o santo costume de que os candidatos a Ordens Sacras procurem purificar, cuidadosamente, a sua consciência antes da Ordenação.[718]

b) Instrução adequada

[32] Ademais, é necessário que o sacerdote tenha não só as noções indispensáveis ao uso e administração dos Sacramentos, mas também um tal conhecimento das Sagradas Escrituras, que possa instruir o povo cristão nos Mistérios da Fé, explicar-lhe os Preceitos da Lei de Deus, incitá-lo à prática da virtude e da piedade, e apartar os fiéis dos vícios.

Portanto, dois são os deveres do sacerdote. O primeiro é fazer e administrar legitimamente os Sacramentos. O segundo é instruir, nas verdades e preceitos necessários à salvação, o povo que está confiado à sua responsabilidade. Assim já ensinava Malaquias: "Os lábios do sacerdote serão depositários da ciência; e de sua boca hão de conhecer a Lei, porque ele é um Anjo do Senhor dos exércitos".[719]

Pode o sacerdote cumprir essa primeira obrigação, ainda que tenha um preparo medíocre; mas a segunda obrigação não requer certamente

---

716. Tt c. 1; 1Tm c. 3.
717. Lv 21,16 ss. — O CIC estabelece irregularidade por defeitos físicos: "São irregulares os defeituosos de corpo, que não podem exercer o ministério do altar com a devida segurança, por causa da fraqueza, nem com o devido decoro, por causa da deformidade" (can. 984).
718. O CIC prescreve Retiro Espiritual para a recepção das várias Ordens: três dias antes da Tonsura e Ordens Menores; seis dias, pelo menos, antes das Ordens Maiores (can. 1001).
719. Ml 2,7.

um estudo vulgar, mas antes uma instrução esmerada. De todos os sacerdotes não se exige um conhecimento requintado de questões difíceis, mas apenas o que lhe seja suficiente para o desempenho de seu cargo e ministério.

3. A quem não se deve admitir a dignidade sacerdotal

[33] Este Sacramento não é para se conferir a crianças, dementes e loucos furiosos. Todavia, se lhes fosse ministrado, é ponto certo de fé que, na alma, lhes ficaria impresso o caráter sacramental. Quanto à idade requerida para cada grau de Ordem, é fácil estabelecê-la pelos decretos do Concílio Tridentino.[720]

São também excluídos os escravos, porque não pode consagrar-se ao culto divino quem não é senhor de si mesmo, e vive na sujeição de outrem.

São igualmente irregulares, os que exercem uma profissão sangrenta, e os homicidas, porque não são admitidos pela Lei da Igreja. Na mesma condição se acham os espúrios, e todos os que não nasceram de legítimo Matrimônio. Convém, pois, que os candidatos ao sacerdócio nada tenham em si, que seja para os outros justo motivo de desprezo e pouco caso.

Afinal, não podem ser admitidos os que sofrem de algum defeito físico de maior vulto, ou são aleijados das mãos. Tais disformidades e fraquezas físicas provocam reparos, e dificultam forçosamente a administração dos Sacramentos.[721]

XII. EFEITOS DA ORDEM SACERDOTAL

[34] Dadas estas explicações, só resta aos pastores ensinar quais são os efeitos deste Sacramento. Verdade é que este Sacramento, como já foi dito, tem por fim primordial a vantagem e grandeza da Igreja; mas, ainda assim, produz também na alma de quem se ordena, uma graça santificadora, que o torna idôneo e disposto para bem exercer o seu

---

720. Conc. Trid. XXIII cap. 12 *de reformat.* — Vejam-se as prescrições atuais do CIC, can. 975 ss. O Subdiaconato não pode ser conferido antes dos 21 anos completos; o diaconato, não antes dos 22 anos completos; o presbiterato, não antes dos 24 anos completos.
721. Vejam-se as irregularidades e impedimentos no CIC, can. 983-991.

ministério, e administrar os Sacramentos; de maneira análoga, como a graça do Batismo também confere ao indivíduo a aptidão de receber os demais Sacramentos.

Por certo, outra graça inegável deste Sacramento é o poder especial, com relação ao Santíssimo Sacramento da Eucaristia. No sacerdote, esse poder é pleno e perfeito, por ser ele o único que pode consagrar o Corpo e o Sangue de Nosso Senhor; nos outros ministros de Ordens inferiores, o poder é maior ou menor, na proporção em que cada qual se achega, mais ou menos, do Sacramento do Altar, em virtude de seu próprio ministério.

Este poder se chama também caráter espiritual, porque distingue dos outros fiéis os iniciados em Ordens Sacras, por meio de um sinal, que lhes imprime no interior da alma, e os consagra exclusivamente ao serviço do culto divino.

O Apóstolo parece referir-se a esse caráter, quando escreve a Timóteo: "Não deixes de aproveitar a graça, que em ti existe, e que te foi dada em virtude de uma palavra profética, juntamente com a imposição de mãos dos sacerdotes".[722] E noutro lugar: "Eu te exorto a que faças reviver a graça de Deus, que está em ti, pela imposição de minhas mãos".[723]

Basta o que já dissemos acerca do Sacramento da Ordem. Nosso intento era apresentar aos pastores só os pontos capitais, e sugerir-lhes temas que sirvam para a catequese e para a formação religiosa do povo cristão.

---

722. 1Tm 4,14.
723. 2Tm 1,6.

CAPÍTULO VIII
Do Sacramento do Matrimônio

1. Por que os párocos devem cuidar para que o povo conheça a natureza e santidade do Matrimônio.
I. Nomes do Matrimônio. — 2. Por que esta santa união se chama Matrimônio, União conjugal e Núpcias.
II. Natureza do Matrimônio. — 3. Definição do Matrimônio. — 4. Em que consiste a essência do Matrimônio. — 5. Que consentimento se requer para o Matrimônio, e como deve expressar-se. — 6. O consentimento deve expressar-se com palavras do presente. — 7. Os sinais podem substituir as palavras. — 8. Não se requer a união carnal para que haja verdadeiro Matrimônio. — 9. De quantas maneiras se pode considerar o Matrimônio.
III. O matrimônio como contrato natural. — 10. Quem instituiu o Matrimônio considerado como dever da natureza. — 11. O Matrimônio é indissolúvel, ainda como dever da naturaleza. — 12. A lei do Matrimônio não obriga a todos os homens. — 13. Por que devem casar-se o homem e a mulher. — 14. Que outro fim persegue o Matrimônio depois do pecado.
IV. O Matrimônio como Sacramento. — 15. Por que Cristo elevou o Matrimônio à dignidade de sacramento. — 16. O Matrimônio é verdadeiro sacramento da Lei evangélica. — 17. Demonstra-se pelas palavras do Apóstolo que o Matrimônio é sacramento. — 18. Quanto se diferencia o Matrimônio do Evangelho do da lei natural ou mosaica. — 19. Nem na lei natural depois do pecado, nem na Lei de Moisés, conservou o Matrimônio a dignidade de sua primeira instituição por Deus. — 20. O vínculo matrimonial não pode dissolver-se pelo divórcio. — 21. Por que convém que o Matrimônio seja absolutamente indissolúvel. — 22. Os que se separam podem reconciliar-se de novo. — 23. Bens que se conseguem com este Sacramento, e primeiramente a prole. — 24. Em que consiste a fidelidade do Matrimônio, e como deve guardar-se. — 25. Que é o sacramento, considerado como um dos bens do Matrimônio. — 26. Principais deveres do marido. — 27. Deveres da esposa.
V. Ritos e impedimentos do Matrimônio. — 28. Que se deve notar sobre os ritos do Matrimônio. — 29. Os matrimônios clandestinos são inválidos. — 30. É conveniente explicar também os impedimentos do Matrimônio.
VI. Disposições para contrair Matrimônio. — 31. Como devem dispor-se os que vão contrair Matrimônio. — 32. Para que o Matrimônio seja lícito, é preciso contar com o consentimento dos pais.
VII. Uso do Matrimônio. — 33. Que se deve aconselhar sobre o uso do Matrimônio. — 34. De vez em quando os cônjuges devem se abster do uso do Matrimônio.

[1] Como os pastores devem empenhar-se em que o povo cristão tenha uma vida feliz e perfeita, seria muito para desejar que formulassem os mesmos votos que o Apóstolo fazia pelos Coríntios, quando lhes escreveu nestes termos: "Por mim, eu quisera que todos os homens fossem como eu"[724], isto é, que todos observassem a virtude da continência.

Realmente, nesta vida não pode haver maior ventura para os fiéis, do que repousar o coração no exercício da piedade e na meditação das coisas celestiais, desde que ele já não se distrai com nenhuma preocupação mundana, e que dominou e reprimiu os maus instintos da carne.

Como, todavia, o próprio Apóstolo adverte que "cada um recebe de Deus o seu dom particular, um desta maneira, outro daquela"; como também o Matrimônio foi enriquecido de grandes valores espirituais, pois é um Sacramento próprio e verdadeiro, entre os demais Sacramentos da Igreja Católica; como Nosso Senhor honrou, com Sua presença, a celebração de umas núpcias: daí se deduz, com bastante evidência, a necessidade de tratarmos também da doutrina sobre o Matrimônio.

Isso tanto mais, quando vemos São Paulo[725] e o Príncipe dos Apóstolos[726] tratarem detidamente, em várias passagens, não só da dignidade do Matrimônio, mas também das obrigações que lhe são inerentes. Iluminados pelo Espírito de Deus, viam, perfeitamente, quantos e quão grandes benefícios deviam resultar para a sociedade, se os fiéis conhecessem bem a santidade do Matrimônio, e a guardassem inviolavelmente: de outro lado, como seriam inúmeros e gravíssimos os danos e provações que recairiam sobre a Igreja, se não fosse reconhecida e respeitada essa mesma santidade.

De início, pois, devemos explicar a natureza e as propriedades do Matrimônio. Uma vez que os vícios costumam disfarçar-se em aparências de virtude, é preciso tomar precauções, para que os fiéis não se iludam com simulacros de casamento, e não manchem a alma com torpezas e excessos pecaminosos.

Para entrar na explicação da matéria, começaremos pelo significado etimológico da palavra.

---

724. 1Cor 7,7.
725. Rm 7,2 ss.; 1Cor 7; Ef 5,22; Cl 3,13.
726. 1Pd 3,1 s.

I. DO NOME MATRIMÔNIO

[2] Chama-se "Matrimônio", porque o fim principal que a mulher deve propor-se, quando casa, é tornar-se mãe. Noutros termos: porque a função própria de uma mãe é conceber, dar à luz, e criar a sua prole.

Chama-se também "conjúgio", do étimo latino "coniungere", porque a legítima esposa e o marido ficam, por assim dizer, ligados um ao outro, por meio de um jugo comum.

Dá-se-lhe, afinal, o nome de "núpcias"[727], porque no dizer de Santo Ambrósio as donzelas costumavam cobrir-se com um véu, em sinal de recato; ao mesmo tempo, davam assim a entender que deviam obediência e submissão a seus maridos.[728]

II. NATUREZA DO MATRIMÔNIO

1. Definição

[3] No sentir comum dos teólogos, o Matrimônio se define da maneira seguinte: "Matrimônio é a união conjugal do homem com a mulher, entre pessoas canonicamente habilitadas, e que estabelece uma inseparável comunhão de vida".

Para melhor se compreender esta definição em suas partes, cumpre ensinar que, num Matrimônio perfeito, deve haver consentimento interior, contrato exterior manifestado por palavras, compromisso e vínculo decorrentes desse contrato, e união carnal dos cônjuges, pela qual fica consumado o Matrimônio; mas que nenhum destes elementos determina, propriamente, a natureza do Matrimônio, senão aquele dever e vínculo recíproco, expresso pelo próprio sentido da palavra "união".[729]

Acrescenta-se "conjugal", porque todas as outras espécies de contratos que fazer possam entre si homens e mulheres, para se auxiliarem mutuamente, por dinheiro ou por qualquer outro fim não têm nenhuma relação com a natureza do matrimônio.

---

727. Do latim: núbere = velar, cobrir com um véu.
728. Ambros. de Abraham 1,9.
729. Em latim: *coniunctio*.

Seguem-se as palavras "entre pessoas canonicamente habilitadas", porque não podem contrair núpcias as pessoas que forem legitimamente excluídas. Se o fizerem, são nulas as núpcias. Por exemplo, os que estão ligados por parentesco até o quarto grau[730]; os rapazes antes dos catorze anos, e as donzelas antes dos doze[731] — idade prescrita pelas leis da Igreja — não podem contrair legítimo Matrimônio.

A última cláusula "estabelecendo inseparável comunhão de vida" designa o caráter do vínculo indissolúvel, que liga marido e mulher.

2. O vínculo conjugal

[4] Destas explicações concluímos que, no vínculo, está a natureza e a razão de ser do Matrimônio. Todavia, em outras definições, vemos teólogos de grande projeção atribuírem esse valor ao consentimento, de sorte que o Matrimônio é constituído, como eles dizem, pelo consentimento do homem e da mulher.

Isso deve entender-se que o próprio consentimento é a causa eficiente do Matrimônio, como ensinaram os Padres do Concílio de Florença.[732] Com efeito, o vínculo obrigatório só pode ter sua origem no mútuo consenso e contrato.

3. O consentimento matrimonial

[5] Mas é absolutamente necessário exprimir o consentimento em termos que refiram ao tempo presente. O Matrimônio não é uma simples doação, é um contrato recíproco. Por conseguinte, não basta o consentimento de uma só parte. Para se contrair Matrimônio, é preciso o mútuo consentimento, dado por ambas as partes.

É claro que, para manifestar o mútuo consentimento, se requer o uso de palavras. Se, para haver Matrimônio, bastasse o consentimento interior, sem nenhuma manifestação externa, seguir-se-ia necessariamente que duas pessoas, residentes em lugares muito diversos e distantes, se consentissem interiormente em casar-se, ficariam ligadas por verdadeiro

---

730. Agora, só até o 3.º grau (CIC 1076 § 6).
731. Agora, antes dos 14 e 16 anos completos, para as donzelas e os rapazes, respectivamente (CIC can. 1067 § 1).
732. Conc. Florent. *Decret. pro Armenis* (Dz 702).

Matrimônio indissolúvel, antes até que pudessem declarar um ao outro as suas intenções, quer por carta, quer por mensageiro. Isto, porém, vai de encontro ao bom-senso humano e às tradições e leis da Santa Igreja.

[6] Com razão se diz que o consentimento precisa ser expresso em palavras que designem tempo presente[733]; pois as palavras que indicam tempo futuro, não constituem o Matrimônio, mas só exprimem os esponsais.

De mais, é evidente que o futuro ainda não existe. Ora, daquilo que não existe, pouca ou nenhuma firmeza e duração podemos esperar. Portanto, quem promete casar com uma mulher, nem por isso adquire sobre ela direitos matrimoniais. Porém, se não cumpriu imediatamente o que havia prometido, deve todavia respeitar a palavra dada. Se o não fizer, torna-se culpado de perjúrio.[734]

Mas quem se liga a outra pessoa, mediante o contrato matrimonial, ainda que depois se arrependa, já não pode mudar, nem anular ou desfazer o que está feito. Por conseguinte, uma vez que o Matrimônio não consiste numa simples promessa, mas numa alienação recíproca, pela qual o marido entrega realmente à mulher o poder sobre o corpo, e a mulher faz outro tanto, com relação ao marido: é necessário que sua celebração se faça com palavras que exprimam tempo presente. Tanto que forem proferidas, essas palavras permanecem em vigor, e conservam marido e mulher ligados por um vínculo indissolúvel.

[7] Entretanto, em lugar de palavras, podem bastar para o Matrimônio não só acenos e outros sinais que manifestem, claramente, o consentimento no íntimo do coração, mas também o próprio silêncio, quando a donzela se cala por acanhamento, e seus pais respondem por ela.[735]

4. O uso do Matrimônio

[8] De acordo com esta doutrina, os párocos explicarão aos fiéis que a essência e o efeito do Matrimônio estão no vínculo e compromisso. Para haver verdadeiro Matrimônio, só se requer o consentimento, na forma que dissemos, mas não é necessário que haja união dos sexos.

---

733. Em linguagem forense: palavras de presente.
734. Para serem válidos, os esponsais devem ser feitos em termo escrito, assinado pelas partes, pelo pároco ou pelo Ordinário do lugar, ou na falta de ambos, por duas testemunhas (CIC can. 1017 § 1).
735. Isto, *suppositis supponendis,* com muita reserva, quanto à liberdade do consentimento.

É absolutamente certo que, antes do pecado, nossos primeiros Pais já estavam unidos por verdadeiro Matrimônio, muito embora não tivesse ainda havido, entre eles, nenhuma relação carnal, conforme o testemunham os Santos Padres. Por esse motivo, afirmavam os Santos Padres que o Matrimônio não consiste no comércio carnal, mas no consentimento. Doutrina que vemos frequentemente afirmada por Santo Ambrósio, em seu Livro sobre as Virgens.[736]

[9] Nesta altura das explicações, cumpre ensinar que o Matrimônio se apresenta sob dois aspectos. Pode ser considerado como união natural, pois que o Matrimônio não é invenção humana, mas instituição da natureza: ou como Sacramento, cuja eficiência vai além das condições normais da natureza.

Ora, como a graça aperfeiçoa a natureza, pois em primeiro lugar não vem "o espiritual, mas o animal, e depois o que é espiritual"[737]: pede a sequência lógica do assunto que, antes de tudo, se trate do Matrimônio como função e obrigação da natureza, para depois tratar dos aspectos, que lhe são próprios, como Sacramento.

III. O MATRIMÔNIO COMO CONTRATO NATURAL

1. Sua instituição

[10] Os fiéis devem saber, antes de tudo, que o Matrimônio foi instituído por Deus. Está escrito no Gênesis: "Criou-os como homem e mulher; e Deus os abençoou, e disse: "Crescei, e multiplicai-vos".[738] Logo mais: "Não é bom que o homem esteja só. Façamos-lhe um auxiliar semelhante a ele mesmo".[739] Pouco depois: "Mas para Adão não havia auxílio que lhe fosse semelhante... Mandou, pois, o Senhor Deus um sono profundo a Adão; quando este pegou no sono, tirou-lhe [Deus] uma das costelas, e encheu de carne o lugar dela. E da costela, que havia tirado de Adão, formou o Senhor Deus uma mulher, e levou-a a Adão. E Adão exclamou: Isto agora é osso dos meus ossos, e carne de minha carne. Ela se chamará Virago, porque do varão foi tomada. Por isso,

---

736. Santo Ambrósio, *De institut. Virginum* 6 42.
737. 1Cor 15,46.
738. Gn 1,27-28.
739. Gn 2,18.

deixará o homem seu pai e sua mãe, e unir-se-á à sua esposa, e serão dois numa só carne".[740]

Estas palavras, como diz o próprio Nosso Senhor, no Evangelho de São Mateus, provam que o Matrimônio é uma instituição divina.

2. Sua indissolubilidade

[11] Deus, porém, não se limitou apenas a instituir o Matrimônio. Segundo a definição do Sagrado Concílio de Trento[741], acrescentou-lhe um nó perpétuo e indissolúvel. Na verdade, Nosso Salvador declarou: "O que Deus uniu, não deve o homem separá-lo".[742]

Se para o Matrimônio, já como função da natureza, convém que não haja possibilidade de dissolver-se: o mesmo se aplica, com a mais forte das razões, ao Matrimônio considerado como Sacramento. Esse caráter sacramental é que também leva ao sumo grau de perfeição todas as propriedades, que a lei da natureza confere ao Matrimônio.

Além do mais, a dissolubilidade do vínculo não se compadece com a boa educação da prole e com os outros bens do Matrimônio.

3. A quem obriga o Matrimônio

[12] Quando disse: "Crescei e multiplicai-vos"[743], Nosso Senhor queria indicar a finalidade por que havia instituído o Matrimônio, mas não queria impor a cada homem em particular a obrigação de contraí-lo. Hoje em dia, propagado como já está o gênero humano, não há nenhuma lei que obrigue a pessoa a casar-se.[744] Pelo contrário, muito se recomenda o estado de virgindade, que as Sagradas Escrituras a todos apresenta como melhor do que o estado matrimonial, e provido de maior perfeição e santidade. Assim o declarou Nosso Senhor e Salvador: "Quem puder compreender, que compreenda".[745] E o Apóstolo falou: "Quanto às virgens, não recebi nenhum mandamento do Senhor. Dou, porém, um conselho, como quem do Senhor conseguiu misericórdia para ser fiel".[746]

---

740. Gn 2,20 ss Cfr. Ef 5,31.
741. Conc. Trid. XXIV de Sacram. Matrim. (Dz 969).
742. Mt 19,6; Mc 10,9.
743. Gn 1,28.
744. Nunca houve preceito individual. A ordem de Deus foi dada ao gênero humano.
745. Mt 19,12.
746. 1Cor 7,25.

4. Causas da instituição do Matrimônio

[13] Agora, vamos explicar as razões por que o homem e a mulher devem unir-se em Matrimônio.

A primeira é a união dos sexos diferentes, apetecida pelo próprio instinto da natureza, baseada na esperança de mútuo auxílio, para que uma parte, amparada pela outra, possa mais facilmente sofrer os incômodos da vida, e suportar a debilidade da velhice.

A segunda razão é o desejo de gerar filhos, não tanto para os deixar como herdeiros de seus bens e riquezas, quanto para os criar como seguidores da verdadeira fé e religião. Mostram-nos, claramente, as Sagradas Escrituras que era esta a principal aspiração dos Santos Patriarcas, quando tomavam esposas.

Por isso, ao ensinar a Tobias como devia rebater o ataque do mau espírito, disse-lhe o Anjo: "Eu te mostrarei quais são aqueles sobre quem o demônio tem poder. São aqueles que se casam com tais disposições, que lançam a Deus fora de si e de seu coração, e entregam-se aos maus apetites, à semelhança do cavalo e do macho, que não têm entendimento: sobre eles é que o demônio tem poder".[747] Depois, acrescentou: "Receberás a donzela no temor do Senhor, levado mais pelo desejo de ter filhos, do que por sensualidade, a fim de conseguires nos filhos a bênção reservada à descendência de Abraão".[748]

Este é também o único fim primário, por que Deus havia desde o início instituído o Matrimônio. Portanto, crime é gravíssimo, quando pessoas casadas impedem a concepção ou provocam aborto, por meio de medicamentos.[749] Tal proceder equivale a uma ímpia conspiração de homicidas.[750]

[14] Às outras razões acresceu uma terceira, depois da queda de nosso primeiro Pai, quando a concupiscência começou a rebelar-se contra a reta razão, porquanto o homem perdeu a justiça em que fora criado. Quem pois sente a sua própria fraqueza, e não quer tomar sobre si a luta contra a carne, deve valer-se do Matrimônio, como remédio que faz evitar os pecados de incontinência.

---

747. Tb 6,16 ss.
748. Tb 6,22.
749. O CIC fulmina excomunhão contra os que provocam aborto, sem excluir a própria mãe abortante, se a tentativa sortir o efeito desejado (can. 2350 § 1).
750. De fato, tal crime raramente se comete sem cúmplices.

Nesse sentido, escreveu o Apóstolo: "Por causa da luxúria, tenha cada um a sua mulher, e cada mulher o seu marido".[751] Mais adiante, depois de ensinar que, por causa da oração, convinha de vez em quando abster-se do débito conjugal, ele acrescentou a explicação: "Tornai, porém, a viver como de costume, para que Satanás não venha a tentar-vos, por causa de vossa incontinência".[752]

São estas as finalidades do casamento. Deve ter uma delas em vista quem deseja contrair núpcias, de uma maneira santa e piedosa, como convém a filhos de Santos.[753]

Se a tais razões acresceram outras, que movam o homem a casar-se, e, na escolha da esposa, a preferir uma pessoa em lugar de outra, pelo desejo de deixar herdeiro, ou por causa da riqueza, formosura, nobreza de linhagem, afinidade de caráter: esses motivos não são em si reprováveis, porquanto não se opõem à santidade do Matrimônio. Nas Sagradas Escrituras, não vemos que o Patriarca Jacó merecesse repreensão, porque a Lia preferiu Raquel, por causa de sua formosura.[754]

Tais são os pontos que se devem ensinar acerca do Matrimônio, como união baseada na natureza.

IV. O MATRIMÔNIO COMO SACRAMENTO

1. Dignidade do Matrimônio como Sacramento

[15] Considerado como Sacramento, devemos explicar que [o Matrimônio] assume um caráter muito mais sublime, e tende a uma finalidade incomparavelmente mais elevada.

Se como união natural fora, desde o início, instituído para a propagação do gênero humano, o Matrimônio foi depois elevado à dignidade de Sacramento, a fim de que se gerasse e criasse um povo para o culto e adoração do verdadeiro Deus e de Cristo Nosso Salvador.

Querendo dar uma imagem adequada de Sua íntima união com a Igreja, e de Seu infinito amor para conosco, Cristo Nosso Senhor indicou a dignidade de tão grande Mistério, principalmente pela comparação que fez com essa sagrada união entre o homem e a mulher.

---

751. 1Cor 7,2.
752. 1Cor 7,5.
753. Tb 8,5.
754. Gn 29,30.

Realmente, essa comparação vem muito a propósito, porque de todas as relações entre os homens, como nos será fácil verificar, nenhuma prende de maneira mais forte do que o vínculo do Matrimônio; e porque também marido e mulher estão ligados um ao outro pela mais intensa caridade e benevolência. Por isso é que as Sagradas Escrituras nos apresentam, tantas vezes, a união de Cristo com a Igreja sob a imagem de núpcias.[755]

2. O Matrimônio é verdadeiro Sacramento

[16] Apoiada na autoridade do Apóstolo, a Igreja sempre teve por certo e averiguado que o Matrimônio é um Sacramento. Pois assim escreve o Apóstolo aos Efésios: "Devem os maridos amar suas mulheres, como [amam] os seus próprios corpos. Quem ama sua mulher, ama-se a si mesmo. Pois ninguém jamais odiou sua própria carne; pelo contrário, nutre-a e consagra-lhe os cuidados necessários, assim como o fez Cristo à Sua Igreja, porque somos membros do Seu Corpo, carne de Sua Carne, osso de Seus Ossos. Por isso, deixará o homem seu pai e sua mãe, e unir-se-á à sua esposa, e serão dois numa só carne. Este Mistério é grande; quero, porém, dizer que em Cristo e na Igreja".[756]

Ora, quando [São Paulo] diz que "este mistério é grande", ninguém pode duvidar que o diga com referência ao Matrimônio; porquanto a união do homem com a mulher, estabelecida por Deus, é um Mistério[757], quer dizer, um sinal sagrado daquele sacratíssimo vínculo que une Cristo Nosso Senhor à Igreja.

[17] Nos comentários dessa passagem, mostram os antigos Santos Padres que tal é o sentido verdadeiro e próprio daquelas palavras. Assim também o declarou o Sagrado Concílio de Trento.[758]

Pois, com toda a evidência, quer o Apóstolo comparar o marido a Cristo, e a esposa à Igreja. O marido é a cabeça da mulher, assim como Cristo o é da Igreja; por isso, deve o marido amar sua esposa, e de sua parte deve a esposa amar e respeitar seu marido. Pois Cristo amou a Igreja, e entregou-Se por ela; por sua vez, como diz o mesmo Apóstolo, a Igreja está sujeita a Cristo.[759]

---

755. Mt 22,2; Ap 21,2-9.
756. Ef 5,22 ss.
757. No original está "*Sacramentum*".
758. Conc. Trid. XXIV de Matrim. doctr. et can. 1 (Dz 969-971).
759. Acerca desta alínea, veja-se Ef 5,22-25.

Ora, este Sacramento significa e confere uma graça; e nisso está principalmente o caráter sacramental. É o que definem as seguintes palavras do Concílio: "A graça, porém, que devia aperfeiçoar aquele amor natural, consolidar sua unidade indissolúvel, santificar os cônjuges, o próprio Cristo no-la mereceu, Ele que é o Autor e Consumador dos veneráveis Sacramentos".[760]

Por conseguinte, devemos ensinar que a graça deste Sacramento faz com que marido e mulher, unidos pelos laços de mútua caridade, encontrem satisfação em seu afeto recíproco, não procurem amores e relações estranhas e ilícitas, e que "o Matrimônio seja honesto", em todos os sentidos, "e o leito nupcial imaculado".[761]

3. Superioridade do Matrimônio cristão

[18] Fácil será reconhecer quanta vantagem o Sacramento do Matrimônio leva sobre os casamentos que se celebravam antes ou depois da Lei Mosaica. Apesar de que os gentios viam no matrimônio algo de divino, e por isso mesmo consideravam contrários à natureza e dignos de repressão as uniões livres, os estupros, os adultérios, e outras espécies de libertinagem; todavia, seus matrimônios não tinham verdadeiro caráter de Sacramento.

Em geral, os judeus observavam mais escrupulosamente as leis matrimoniais, e não se pode duvidar que suas núpcias se revestiam de maior santidade. Como tinham recebido a promessa de que todos os povos seriam abençoados na descendência de Abraão[762], era para eles um grande dever de religião gerar filhos, e propagar a raça do povo eleito, dentro do qual havia de nascer, como Homem, Cristo Nosso Senhor e Salvador. Ainda assim, também suas uniões matrimoniais não tinham o caráter de verdadeiro Sacramento.

[19] Acresce uma circunstância. Se consideramos o regime matrimonial, quer na lei da natureza, depois do pecado, quer na Lei dada por Moisés, desde logo reconheceremos que o Matrimônio decaiu de sua primitiva dignidade moral.

---

760. Conc. Trid. XXIV, de Matrim. can. 1 (Dz 971).
761. Hb 13,4.
762. Gn 12,3; 22,18.

CAPÍTULO VIII - DO SACRAMENTO DO MATRIMÔNIO

Quando ainda vigorava o regime da lei natural, muitos houve, entre os antigos Patriarcas, dos quais temos a certeza de haverem tomado várias mulheres ao mesmo tempo.[763]

Mais tarde, já na Lei de Moisés, foi permitido dar libelo de repúdio, se houvesse motivo, e assim divorciar-se da mulher.[764] Ambas as disposições foram abolidas pela Lei do Evangelho, e o Matrimônio tornou ao seu estado de primitiva pureza.[765]

Ainda que alguns dos antigos Patriarcas não mereçam censura, pois não tomaram várias mulheres sem permissão divina, contudo a poligamia é contrária à natureza do Matrimônio, como o prova Cristo Nosso Senhor pelas seguintes palavras: "Por isso, deixará o homem seu pai e sua mãe, e unir-se-á à sua esposa, e serão dois numa só carne". Depois acrescentou: "Portanto, já não serão dois, mas uma só carne".[766] Com tais palavras, demonstrou que o Matrimônio foi, de tal maneira, instituído por Deus, que se limita à união de duas pessoas, e não de várias.

Noutro lugar, aliás, expõe a mesma doutrina com toda a clareza: "Todo aquele que despedir sua mulher, e casar com outra, comete adultério contra ela; e, se a mulher repudiar seu marido e casar com outro, torna-se adúltera".[767]

Realmente, se ao homem fora lícito tomar várias mulheres, nenhuma razão haveria para ser mais culpado de adultério, um por tomar outra esposa, além da que já tinha em sua casa, do que outro por se unir a uma segunda mulher, depois de haver repudiado a primeira.

Por essa razão, vemos como o infiel, que tenha várias mulheres, segundo os costumes e tradições de sua gente, é intimado pela Igreja, quando se converte à verdadeira Religião, a deixar todas as outras e a ficar só com a primeira, na qualidade de verdadeira e legítima esposa.[768]

---

763. Gn 4,19; 16,3; 21,24; 26,34; 28,9; 29,28; 30,1-9.
764. Dt 24,1 ss.
765. Mt 19,9.
766. Mt 19,5 ss.
767. Mt 19,9; Mc 10,11; Lc 16,18.
768. A respeito do Privilégio Paulino, em benefício dos pagãos recém-convertidos, veja-se o CIC, can. 1120-1127, com os documentos VI-VIII, anexos ao próprio Código. No entanto, para um estudo sistemático, consultar os autores de moral.

4. Indissolubilidade do Matrimônio cristão

[20] Esse mesmo testemunho de Cristo Nosso Senhor demonstra, sem mais, que nenhum divórcio pode dissolver o vínculo do Matrimônio. Se depois de entregue o libelo de repúdio, a mulher ficasse realmente livre de sua obrigação para com o marido, ser-lhe-ia lícito casar com outro homem, sem incorrer em nenhum crime de adultério. Mas Nosso Senhor advertiu expressamente: "Quem repudia sua mulher, e casa com outra, comete adultério".[769]

Por conseguinte, é claro que nada, senão a morte, pode desfazer o vínculo do Matrimônio. Em abono desta doutrina, diz também o Apóstolo: "A mulher está ligada à lei, durante todo o tempo que seu marido viver. No entanto, se lhe morrer o marido, fica livre da lei. Case com quem quiser, uma vez que seja no Senhor".[770] E mais uma feita: "Aos casados, ordeno — não eu, mas o Senhor — que a mulher se não separe do marido. No caso, porém, de se separar, fique sem casar, ou faça as pazes com seu marido".[771]

À mulher que, por justo motivo, tenha abandonado o marido, deixa, pois, o Apóstolo a escolha de ficar sem outro casamento, ou de reconciliar-se com seu próprio marido. A santa Igreja, por sua vez, não permite que marido e mulher se apartem, um do outro, sem motivos de maior gravidade.[772]

[21] Para que ninguém ache dura por demais esta lei da absoluta indissolubilidade do Matrimônio, devemos, pois, explicar as vantagens que lhe são inerentes.

Antes de tudo, faz os homens reconhecerem que, na realização de casamentos, é preciso atender mais à virtude, à semelhança de costumes, do que à riqueza e à formosura. Ninguém pode, com razão, duvidar que isso garante, da melhor maneira possível, a boa harmonia na vida comum dos casados.

Depois, se o divórcio pudesse dissolver o casamento, jamais faltariam pretextos aos homens para se divorciarem, pois o velho inimigo da paz e da pureza lhos haveria de sugerir todos os dias.

---

769. Lc 16,18; Mt 19,9; Mc 10,11.
770. 1Cor 7,39; Rm 7,2.
771. 1Cor 7,10 ss.
772. Conc. Trid. XXIV can. 5,7,8 (Dz 975, 977-978). Cfr. CIC can. 1128-1132.

Quando, porém, os fiéis ponderam de si para consigo que, embora já não tenham convivência conjugal, continuam todavia ligados pelo vínculo do Matrimônio, e nenhuma esperança lhes fica de poderem casar com outra mulher: essa consideração faz com que sejam menos propensos a cóleras e desavenças. Se por vezes chegam de fato a divorciar-se, não podem suportar, por mais tempo, a saudade do outro cônjuge, e reconciliam-se facilmente, pela intervenção de pessoas amigas, e retornam à comunhão de vida conjugal.

[22] Entrementes, não devem os pastores omitir uma salutar advertência de Santo Agostinho. Para mostrar que os fiéis não devem dificultar a reconciliação com as esposas, das quais se haviam separado por causa de adultério, desde que elas se arrependam de seu delito, explica-se ele nos seguintes termos: "Por que o marido fiel não há de receber outra vez a sua esposa, se a Igreja a recebe novamente? Ou, por que não perdoará a mulher ao marido adúltero, mas penitente, a quem Cristo também já perdoou?"[773]

Quando a Escritura chama de louco ao que "retém consigo a mulher adúltera"[774], refere-se àquela que, depois de caída, não se arrepende, nem quer largar de sua torpeza.

Assim, torna-se evidente que o Matrimônio cristão sobrepuja aos casamentos dos pagãos e dos judeus, tanto pela sua perfeição, como pela sua nobreza.

5. Os bens do Matrimônio

[23] Agora, é preciso dizer aos fiéis que são três os bens do Matrimônio: prole, fidelidade, Sacramento. Eles compensam e atenuam aqueles incômodos a que se refere o Apóstolo nas seguintes palavras: "Ainda assim, sentirão as tribulações da carne".[775] Além disso, outorgam valor moral à união dos corpos que, fora do Matrimônio, seria justamente condenável.

---

773. Santo Agostinho, *de conjug. adult.* II 5 8 (alias II 6 9).
774. Pr 18,22.
775. 1Cor 7,28.

a) A prole

O primeiro dos bens é a prole, quer dizer, os filhos havidos da esposa própria e legítima. O Apóstolo dava tanto valor a esse bem, que chegou a dizer: "A mulher salvar-se-á pela geração dos filhos".[776] Isto, porém, não se entende apenas da geração, mas também da educação e preparação dos filhos para a vida de piedade. Por esse motivo, acrescenta sem demora: "...se perseverar na fé".

A Sagrada Escritura, de mais a mais, adverte: "Tens filhos? Ensina-os bem, e acostuma-os à sujeição, desde a sua infância".[777] O Apóstolo, por sua vez, professa os mesmos princípios.[778] Nas Sagradas Escrituras, Tobias, Jó e outros santos Patriarcas nos dão belíssimos exemplos dessa maneira de educar.[779]

Quais sejam, porém, os deveres dos pais e dos filhos, isso explicaremos mais por extenso, quando tratarmos do Quarto Mandamento.

b) A fidelidade

[24] A seguir, falaremos da fidelidade, que é o segundo bem do Matrimônio. Não se trata daquele hábito de virtude que nos foi infundido na alma, quando recebemos o Batismo, mas de uma peculiar fidelidade, pela qual marido e mulher se ligam mutuamente, de maneira que um entrega ao outro o poder sobre seu corpo, e ambos prometem não violar jamais a santa aliança do casamento.

Essa relação de fidelidade se deduz, facilmente, das palavras proferidas pelo nosso primeiro Pai, ao receber Eva como esposa, palavras que Cristo Nosso Senhor confirmou no Evangelho[780]: "Por isso, deixará o homem seu pai e sua mãe, e unir-se-á à sua esposa, e serão dois numa só carne".[781] E também desta passagem do Apóstolo: "A mulher não tem poder sobre o seu corpo, mas sim o marido; da mesma sorte, o marido não tem poder sobre o seu corpo mas sim a esposa".[782]

---

776. 1Tm 2,15.
777. Eclo 7,25.
778. Ef 6,4.
779. Tb 4,1 ss; Jó 1,5.
780. Mt 19,5; Ef 5,31.
781. Gn 2,24.
782. 1Cor 7,4.

Com muita razão, pois, que o Senhor infligia, na Antiga Lei, as mais graves penas contra os adúlteros, pelo fato de violarem esta fidelidade própria do Matrimônio.[783]

A fidelidade matrimonial exige, ainda, que marido e mulher estejam unidos por um amor todo particular, cheio de virtude e pureza; que se amem um ao outro, não como fazem os adúlteros, mas como Cristo amou a Igreja. Tal é a norma que o Apóstolo estabeleceu, quando dizia: "Maridos, amai as vossas esposas, como Cristo amou a Igreja".[784] E certamente amou Ele a Igreja com um amor sem medida, não por próprio interesse, mas procurando apenas a utilidade de Sua Esposa.

3) O sacramento

[25] O terceiro bem se chama Sacramento, que vem a ser o vínculo indissolúvel do Matrimônio. Pois assim disse o Apóstolo: "O Senhor ordenou que a mulher não se aparte de seu marido. Se ela se apartar, permaneça sem outro casamento, ou faça as pazes com seu marido. E o marido, por sua vez, não mande sua mulher embora".[785]

Se, pois, o Matrimônio, como Sacramento, simboliza a união de Cristo com a Igreja, força é que a mulher, no tocante ao vínculo matrimonial, não possa separar-se do marido, porquanto Cristo jamais se separa da Igreja.

6. Deveres dos cônjuges

Mas, para que esta santa comunhão de vida mais facilmente se mantenha, sem nenhum ressentimento, devemos agora expor as obrigações do marido e da mulher, conforme foram indicadas por São Paulo e São Pedro, Príncipe dos Apóstolos.[786]

a) Deveres do marido

[26] É, pois, dever do marido tratar sua mulher com bondade e consideração. Importa-lhe recordar que Adão chamou Eva de companheira, quando dizia: "A mulher que me destes por companheira".[787]

---

783. Lv 20,10.
784. Ef 5,25.
785. 1Cor 7,10 ss.
786. Ef 5,22 ss; 1Pd 3,1 ss.
787. Gn 3,12.

Por esse motivo, como ensinaram alguns dos Santos Padres, ela não foi formada dos pés, mas da ilharga do homem; da mesma forma, não foi tirada da cabeça, para reconhecer que não era senhora do marido, mas antes sua subordinada.

Depois, é preciso que o marido tenha sempre alguma boa ocupação, não só para prover o necessário ao sustento da família, mas também para não amolecer na ociosidade, fonte de quase todos os vícios.

Finalmente, deve o marido governar bem a sua família, corrigir as faltas de todos os seus membros, e manter cada qual no cumprimento de suas obrigações.

b) Deveres da esposa

[27] De outro lado, as obrigações da mulher são aquelas que o Príncipe dos Apóstolos enumerou na seguinte passagem: "Sejam as mulheres submissas a seus maridos, de sorte que, se alguns deles não acreditam na palavra, sejam ganhos pelo procedimento de suas mulheres, sem o auxílio da palavra, quando consideram a vossa vida santa, cheia de temor de Deus. Seu adorno não consista exteriormente em toucados, em adereços de ouro, em requintes no trajar; mas antes [ornai] a índole humana que se oculta dentro do coração, com a pureza de sentimentos pacíficos e modestos, que são preciosos aos olhos de Deus. Desta forma se ornavam, antigamente, as mulheres santas que em Deus punham sua esperança, e viviam submissas a seus maridos, assim como Sara obedecia a Abraão[788], a quem chamava de seu senhor".[789]

Outro dever principal, para elas, seja também educar os filhos na prática da Religião, e cuidar zelosamente das obrigações domésticas.

De boa vontade vivam dentro da casa. Não saiam senão por necessidade, e nunca se atrevam a fazê-lo, sem a permissão do marido.[790]

Ao fim, como requisito essencial para a boa união entre casados, estejam sempre lembradas de que, abaixo de Deus, a ninguém devem mais amor e estima do que a seus maridos; aos quais devem também atender e obedecer, com suma alegria, em todas as coisas que não forem contrárias à virtude cristã.

---

788. Gn 12,13; 18,6-12.
789. 1Pd 3,1 ss.
790. Levem-se conta certas transformações sociais, do século XVI a esta parte, sem cair nas tendências paganizantes e anticristãs de hoje.

V. RITOS E IMPEDIMENTOS DO MATRIMÔNIO

[28] Como complemento destas explicações, devem os pastores falar agora das cerimônias que se observam na celebração do Matrimônio. Todavia, ninguém há de esperar que se exponham aqui as respectivas prescrições; pois o Sagrado Concílio de Trento as determinou, com toda a minúcia e rigor, e os pastores não podem ignorar essa legislação.[791] Por conseguinte, será bastante exortá-los a que estudem, do Concílio de Trento, a doutrina relativa a esta parte, e a exponham aos fiéis com a devida solicitude.[792]

[29] Antes de tudo, a fim de evitar que jovens e donzelas, na idade de maior ausência de critério, contraiam ligações de amor impuro, iludidos por algum falso título de casamento[793], não se cansem os párocos de ensinar, repetidas vezes, que só podem ser considerados legítimos e verdadeiros os Matrimônios que forem contraídos em presença do pároco, ou de outro sacerdote, com licença[794] do próprio pároco ou do Ordinário do lugar, e perante um determinado número de testemunhas.[795]

[30] Devem também ser explicados os impedimentos matrimoniais. Nas obras que escreveram sobre os vícios e as virtudes, a maior parte dos mais ponderados e instruídos moralistas trataram esta matéria tão exaustivamente, que a todos será fácil intercalar aqui a doutrina por eles ministrada, ainda mais que os párocos quase nunca poderão deixar tais livros fora da mão.

Por conseguinte, lerão atentamente essas prescrições, bem como os decretos do Sagrado Sínodo acerca dos impedimentos resultantes de parentesco espiritual, de pública honestidade, de fornicação[796], e farão por esclarecer os fiéis a esse respeito.

---

791. Conc. Trid. XXVI, de reformat. Matrim. (Dz 969-982).
792. O CIC regulou novamente as prescrições acerca da forma, nos cânones 1094-1099. Vejam-se também os cânones 1019-1033 sobre a preparação, mormente os proclamas.
793. Não excluído, hoje em dia, o mero contrato civil, que para os católicos não estabelece a vida conjugal propriamente dita.
794. Não é uma simples licença. Trata-se, pelo contrário, de uma verdadeira delegação a um sacerdote determinado para um casamento igualmente determinado (CIC can. 1096 § 1).
795. O CIC prescreve pelo menos duas testemunhas (can. 1094).
796. Conc. Trid. XXIV, de reformat. Matrim. can. 2-4 (Dz 972-974). Veja se a legislação atual no CIC, can. 1035-1080.

VI. DISPOSIÇÕES PARA CONTRAIR O MATRIMÔNIO

[31] Da doutrina exposta, não custa averiguar com que disposições devem os fiéis apresentar-se, quando estão para contrair Matrimônio.

Compenetrar-se-ão, forçosamente, de que não vão tratar de um negócio puramente humano, mas de uma instituição divina, para a qual devem trazer invulgar pureza de sentimentos e piedade. Assim o demonstram, claramente, os exemplos dos Patriarcas da Antiga Aliança. Embora seus Matrimônios se não revestissem da dignidade sacramental, nem por isso deixavam de considerá-los dignos do maior respeito e da mais santa veneração.

[32] Entre outras recomendações, é preciso exortar, seriamente, os filhos adultos a terem tanta consideração aos pais e aos detentores do pátrio poder, que não contraiam núpcias, sem eles o saberem, muito menos contra a sua vontade, ou não obstante a sua oposição.[797]

Observa-se, no Antigo Testamento, que os pais sempre determinavam o casamento de seus filhos.[798] A grande importância que, nessa parte, se deve consagrar à vontade dos pais, o Apóstolo parece insinuá-la naquelas suas palavras: "Quem casa sua filha donzela, faz bem; quem não a casa, faz melhor".[799]

VII. USO DO MATRIMÔNIO

[33] Como última questão, resta-nos tratar do uso do Matrimônio. Na elucidação dessa matéria, devem os pastores exprimir-se de tal maneira, que de sua boca não escape nenhuma palavra susceptível de melindrar os ouvidos cristãos, de perturbar as consciências piedosas, ou de provocar risotas maliciosas.[800]

---

797. O CIC determina que os párocos não assistam ao Matrimônio de menores, sem prévio consentimento dos pais, ou contra a sua vontade, a não ser que o Ordinário do lugar o tenha permitido (can. 1034).
798. Gn 24,3 ss.
799. 1Cor 7,38.
800. O sacerdote não deve recuar, ante a dificuldade intrínseca do assunto. As multidões de hoje perderam o pudor de antanho, e deixam-se doutrinar por uma literatura cínica e anticristã.

Dado que as "palavras do Senhor são castas"[801], é de suma necessidade que o doutrinador do povo cristão use de uma linguagem em que transpareça uma extraordinária gravidade e nobreza de coração.

Ora, duas são as principais instruções, que se devem dar aos fiéis. Em primeiro lugar, que ninguém se entregue à vida conjugal [só] por prazer e sensualidade, mas use do Matrimônio dentro daquelas normas que foram prescritas por Nosso Senhor, conforme o que acima ficou demonstrado.[802]

Convém lembrar, aqui, a exortação do Apóstolo: "Os que têm mulher, vivam como se a não tivessem".[803] Da mesma forma, aquela opinião de São Jerônimo: "O homem sensato deve amar sua esposa com discernimento, não ao sabor da paixão. Regulará os impulsos da sensualidade, e não se deixará arrastar cegamente à satisfação da carne. Nada mais vergonhoso, do que amar alguém a sua esposa, como se ela fora uma adúltera".[804]

[34] De outra parte, como devemos alcançar de Deus todos os bens, por meio de santas orações, os párocos devem ensinar aos fiéis, em segundo lugar, que se abstenham de vez em quando das relações conjugais, por amor das orações e súplicas que fazem a Deus.

Tal aconteça, principalmente, pelo menos três dias antes de receberem a Sagrada Eucaristia[805]; mais vezes até, durante o tempo em que se observa o santo jejum da Quaresma, de acordo com as boas e graves prescrições que os nossos Santos Padres nos deixaram.[806]

Desta forma, eles verão os bens do Matrimônio avultarem, dia-a-dia, com o aumento sempre maior da graça divina. Pela fervorosa prática da piedade, não só terão, neste mundo, uma vida tranquila e bonançosa, mas poderão também apoiar-se naquela verdadeira e sólida esperança, que "não engana"[807], de conseguirem a vida eterna, graças à misericórdia de Deus.

---

801. Sl 11,7.
802. O CIC diz assim: "O fim primário do Matrimônio é a geração e criação da prole; o secundário é o auxílio mútuo dos cônjuges e o remédio da concupiscência" (can. 1013 § 1).
803. 1Cor 7,29.
804. São Jerônimo, *contra Jovinianum* 1 30 (alias 1 49).
805. Estes conselhos ascéticos caducaram com a Comunhão frequente e cotidiana, desconhecida no século XVI. São também posteriores aos primeiros tempos do cristianismo, quando os fiéis assistiam à Missa, e comungavam como participantes dos Sagrados Mistérios.
806. É assunto de exposição muito delicada. Não deve ser levado ao púlpito. Convém omiti-lo nas instruções individuais aos noivos, porque no Matrimônio as obrigações são bilaterais. Além disso, os tempos mudaram. Ainda mal, as gerações de hoje não compreendem a candura e a elevação de certos pensamentos cristãos a antiguidade.
807. Rm 5,5. — Acerca do Matrimônio, é indispensável o estudo das admiráveis encíclicas papais *Arcanum divinae Sapientiae*, de Leão XIII e *Casti Connubii*, de Pio XI.

TERCEIRA PARTE

OS MANDAMENTOS

CAPÍTULO I

Dos Preceitos Divinos contidos no Decálogo

I. Introdução: necessidade de explicar o Decálogo. — 1. O Decálogo é a suma de todos os Mandamentos de Deus. — 2. Os párocos devem explicar o Decálogo com muita clareza.
II. Deus é Autor do Decálogo. — 3. Quem é o Autor do Decálogo e da lei natural. — 4. Como se moverá o povo a guardar a lei por ser Deus seu Autor. — 5. Que grande benefício de Deus foi dar-nos Sua lei. — 6. Por que a lei foi dada aos israelitas com tanta majestade.
III. Necessidade de observar os Mandamentos. — 7. Com o amor se pode cumprir facilmente a lei promulgada com tanto terror. — 8. Todos os homens estão obrigados a guardar esta lei. — 9. Frutos que conseguem os que guardam a lei de Deus. — 10. Fazendo todos os seres a vontade de Deus, é muito justo que também o homem o faça.
IV. Promulgação histórica do Decálogo. — 11. Ainda que a lei de Moisés tenha sido dada aos israelitas, obriga a todos os homens. — 12. Por que Deus escolheu aos judeus para ser seu povo. — 13. Por que os hebreus foram tão atribulados e por tanto tempo antes de receberem a lei. — 14. Por que a lei foi dada naquele lugar e tempo. — 15. O que esse exórdio significa e que mistérios contêm. — 16. Que sentimentos os fiéis devem extrair desse exórdio do decálogo.

I. INTRODUÇÃO: A IMPORTÂNCIA DE SE EXPLICAR O DECÁLOGO

[1] Conforme escreveu Santo Agostinho[1], o Decálogo é um resumo ou apanhado de todas as leis.

Ainda que o Senhor falasse de muitas coisas, a Moisés entregou só duas lápides, as chamadas tábuas do futuro testemunho[2] na Arca da Aliança.

Na verdade, quem faz por compreender, reconhecerá que todas as outras determinações de Deus dependem daqueles dez preceitos grava-

---
1. Santo Agostinho, *Super Ex,* q. 140.
2. Ex 32,15; Dt 10,5.

dos nas duas lápides; e que os dez Mandamentos, por sua vez, se reduzem aos dois preceitos fundamentais do amor a Deus e ao próximo, "em que se funda toda a Lei e os Profetas".[3]

[2] Sendo, portanto, o Decálogo a suma de toda a Lei, cabe aos pastores a obrigação de meditá-lo dia e noite[4], não somente para ajustarem sua vida por essa norma, mas também para instruírem, na Lei do Senhor, o povo que lhes está confiado. Pois "os lábios do sacerdote guardam a ciência, e de sua boca procuram os homens conhecer a Lei, porque ele é um Anjo do Senhor dos exércitos".[5]

Esta passagem se refere, de modo particular, aos pastores da Nova Lei. Eles estão mais chegados a Deus, e devem transformar-se "de claridade em claridade, como que levados pelo Espírito do Senhor".[6] Como Cristo Nosso Senhor disse que eles eram "luz"[7], compete-lhes a obrigação natural de serem um luzeiro[8] para os que se acham nas trevas[9]; de ensinarem os ignorantes, de educarem as crianças; e, "se alguém tiver o descuido de cair em algum pecado", eles, "que são homens espirituais, devem corrigi-lo".[10]

Ao ouvirem Confissões, exercem a função de juízes, e devem pronunciar a sentença segundo o gênero e a gravidade dos pecados. Portanto, se não quiserem, por sua ignorância, prejudicar-se a si mesmos e aos outros, devem aplicar nesse ministério a maior vigilância possível, e ser muito seguros na interpretação dos Preceitos da Lei de Deus, para poderem julgar, por essa norma divina, qualquer falta por comissão ou omissão; para transmitirem "a sã doutrina", como diz o Apóstolo[11]: quer dizer, uma doutrina que não envolva em si nenhum erro, e cure as enfermidades das almas, quais são os pecados, a fim de que o povo seja agradável a Deus, e "zeloso na prática de boas obras".[12]

Nestas explanações, o pároco proporá, a si mesmo e aos outros, os argumentos que sejam mais próprios para induzir à observância da Lei.

---

3. Mt 22,40.
4. Sl 1,2.
5. Ml 2,7.
6. 2Cor 3,18.
7. Mt 5,14.
8. Rm 2,19 ss.
9. Lc 1,79.
10. Gl 6,1.
11. 2Tm 4,3.
12. Tt 2,14.

II. DEUS É O AUTOR DO DECÁLOGO

[3] Dentre as razões que movem o coração do homem a cumprir os preceitos do Decálogo, sobressai, como a mais eficiente, o fato de ser Deus o autor dessa mesma Lei.

Diga-se, muito embora, que a Lei "foi promulgada pelos Anjos"[13]; contudo, ninguém pode contestar que seu autor é o próprio Deus. Atestam-no à saciedade, não só as palavras do Legislador, que logo mais serão explicadas, mas também os textos sem conta da Sagrada Escritura, que facilmente hão de acudir à lembrança dos pastores.

Ademais, ninguém há que não sinta, em seu coração, uma lei gravada por Deus, mercê da qual lhe é dado distinguir o bem do mal, o honesto do torpe, o justo do injusto. Ora, sendo provado que a força e a natureza desta Lei não difere da Lei escrita, quem se atreverá a negar que Deus seja o autor da Lei escrita, assim como é o autor da Lei inata em nossos corações?

Estava essa luz divina quase ofuscada por maus costumes e por vícios inveterados entre os homens. Todavia, pela promulgação da Lei a Moisés, Deus não trouxe uma luz nova, mas deu antes maior fulgor à primitiva. É preciso explicar assim, para que o povo não se julgue livre do Decálogo, quando ouve dizer que a Lei de Moisés está ab-rogada.

Ainda mais. E absolutamente certo que não devemos cumprir esses preceitos, por ser Moisés que os promulgou, mas por serem inatos em todos os corações, e por terem sido explicados e confirmados por Cristo Nosso Senhor.

[4] Grande apoio e poder de persuasão temos no pensamento de que a Lei foi promulgada por Deus; pois não podemos duvidar de Sua sabedoria e equidade, nem tampouco esquivar-nos de Seu infinito poder e majestade. Por isso, quando Deus mandava, pela boca dos Profetas, que se observasse a Lei, dizia ser Ele o Senhor Deus, como está escrito no próprio início do Decálogo: "Eu sou o Senhor teu Deus"[14]; e noutra parte: "Se Eu sou o Senhor, onde está o temor que Me é devido?"[15]

---

13. Gl 3,19.
14. Ex 20,2.
15. Ml 1,6.

[5] Tal pensamento, porém, moverá os corações dos fiéis não só à observância dos preceitos divinos, mas também à ação de graças, por ter Deus manifestado tão claramente a Sua vontade, na qual se encerra a nossa salvação.

Por esse motivo, as Sagradas Escrituras, em mais de um lugar, enaltecem esse máximo benefício, e exortam o povo a reconhecer a sua própria dignidade e a munificência de Deus. Assim diz o Deuteronômio: "Tal é a vossa sabedoria e inteligência em face dos povos, que todos os que ouvirem estes preceitos, se põem a dizer: Eis aqui um povo sábio e entendido, uma grande nação".[16] Nos Salmos se lê igualmente: "Não procedeu assim com todas as nações, nem lhes manifestou os Seus juízos".[17]

[6] Se então o pároco mostrar, pelos dizeres da Escritura, de que maneira foi a Lei promulgada, os fiéis compreenderão, facilmente, com quanto amor e humildade devem guardar a Lei que de Deus receberam.

Três dias antes da promulgação da Lei, por ordem de Deus foi dito a todos que lavassem seus vestidos, e não se aproximassem de suas mulheres, a fim de receberem a Lei com mais pureza e docilidade; e estivessem de prontidão para o terceiro dia.

Quando em seguida foram levados à montanha, onde o Senhor havia de dar-lhes a Lei por intermédio de Moisés, só a Moisés foi dada a ordem de subir a montanha. Sobre ela veio Deus com suma majestade. Cercou o lugar com trovões, relâmpagos, fogo e nuvens espessas. Começou a falar com Moisés, e deu-lhe as Leis.[18]

Se a Divina Sabedoria assim procedeu, não foi por outro motivo, senão para nos ensinar que devemos receber a Lei do Senhor com o coração puro e humilde, e que sobre nós cairão as penas previstas pela justiça divina, se desprezarmos os Seus Mandamentos.

III. NECESSIDADE DE OBSERVAR O DECÁLOGO

1. O Decálogo é uma lei fácil de cumprir

[7] O pároco terá ainda de mostrar que os preceitos da Lei não são difíceis de cumprir. Para tanto, poderá expor uma única razão, tirada de

---

16. Dt 4,6.
17. Sl 147,20.
18. Ex 19,9 ss.

Santo Agostinho: "Quero que me digam, será impossível ao homem amar, repito, amar o bondoso Criador, o Pai amantíssimo? Ainda mais, amar a sua própria carne na pessoa de seus irmãos? Ora, "quem ama... cumpre a Lei".[19]

Pelo mesmo motivo, o Apóstolo São João diz, abertamente, que os preceitos de Deus não são pesados.[20] No sentir de São Bernardo, Deus não podia exigir do homem nada que fosse mais justo, mais elevado, e mais proveitoso.[21]

Arrebatado, pois, pela imensa bondade de Deus, Santo Agostinho se volve a Deus mesmo, com as palavras: "Que é o homem, para quererdes ser amado por ele? E quando o homem não o faz, por que ameaçais enormes castigos? Não seria para mim castigo bastante, se eu não Vos amasse?"[22]

No entanto, se alguém der por escusa que a fragilidade de sua natureza o impede de amar a Deus, é preciso dizer-lhe que Deus, exigindo amor, infunde nos corações a força de amar pelo Seu Espírito Santo.[23] O Pai Celestial dá esse bom Espírito a quem lhe pede[24], assim como Santo Agostinho teve toda a razão de pedir: "Dai o que mandais, e mandai o que é de Vossa vontade".[25]

Estando, pois, o auxílio de Deus à nossa disposição, mormente após a Morte de Cristo Nosso Senhor, pela qual o príncipe deste mundo foi lançado fora[26], já não há motivo para alguém esmorecer com as dificuldades dos Mandamentos. Nada é difícil a quem ama.

2. O Decálogo é uma lei necessária para salvar-se

[8] De outro lado, muito contribuirá para despertar idênticas disposições, se falarmos claramente da necessidade de se obedecer à Lei; tanto mais que, em nossa época, não faltam pessoas que, para sua grande desgraça, se atrevem a declarar, impiamente, que a Lei, quer seja fácil, quer seja difícil, não é de modo algum necessária para a salvação.

---

19. Santo Agostinho, *Serm. 47, de Sanctis;* Rm 13,8.
20. 1Jo 5,3.
21. São Bernardo, *De diligendo Deo,* cap. 1.
22. Santo Agostinho, *Confissões,* 1, 5.
23. Rm 5,5.
24. Lc 11,13.
25. Santo Agostinho, *De dono perseverantiae* c. 53 (segundo outros *Confess.* 10 29).
26. Jo 12,31.

Essa opinião ímpia e abominável, deve o pároco refutá-la com os testemunhos da Sagrada Escritura, principalmente do mesmo Apóstolo, em cuja doutrina querem estribar a sua impiedade.[27]

Mas que diz o Apóstolo? "O que importa não é ser incircunciso ou circunciso, mas o que vale é observar os Mandamentos de Deus".[28] Quando, noutro lugar, repete a mesma doutrina, dizendo que só tem valor a nova criatura em Cristo[29], para nós é evidente que, por nova criatura em Cristo, quer designar aquele que observa os Mandamentos de Deus.

De fato, quem tem os Mandamentos de Deus, e os põe em prática, esse ama a Deus[30], conforme o que diz o próprio Nosso Senhor no Evangelho de São João: "Quem Me ama, guarda a Minha palavra".[31] Pode o homem justificar-se, e de ímpio que era, tornar-se justo, antes de haver cumprido, por atos externos, cada um dos preceitos da Lei; mas, tendo já a idade da razão, não é possível que, de ímpio, se torne justo, sem estar intimamente disposto a guardar todos os Mandamentos de Deus.

3. *O Decálogo é uma lei proveitosíssima*

[9] Para não se omitir nada do que possa induzir o povo cristão à observância da Lei, o pároco mostrará, finalmente, quão abundantes e consoladores são os frutos que dela se colhem.

Isso lhe será fácil provar pelas palavras do Salmo 18, no qual se proclamam os louvores da Lei de Deus. O maior de todos está em se dizer que a Lei engrandece a glória e majestade de Deus, muito mais do que o fazem os próprios astros celestes em sua beleza e harmonia; os quais atraem a si a admiração de todos os povos, até dos mais bárbaros, e fazem com que reconheçam a glória, sabedoria, e grandeza do Artífice e Criador de todas as coisas.[32] Por sua vez, a Lei do Senhor converte as almas para Deus.[33] Logo que pela Lei reconhecemos os

---

27. Rm 2,6 ss.
28. 1Cor 7,19.
29. Gl 6,15.
30. Jo 14,21.
31. Jo 14,23.
32. Rm 1,20.
33. Sl 18,8.

caminhos de Deus e Sua santíssima vontade, dirigimos nossos passos para os caminhos do Senhor.[34] E, como somente os que temem a Deus são verdadeiramente sábios, atribui-se à Lei também a virtude de "dar sabedoria aos pequeninos".[35]

Por isso, quem observa a Lei de Deus, terá como recompensa, nesta e na outra vida, verdadeiras alegrias, conhecimento dos mistérios divinos, além de incalculáveis gozos e prêmios.[36]

4. O Decálogo é uma lei sumamente justa

[10] Sem embargo, devemos cumprir a Lei, não tanto por nosso interesse, quanto por atenção a Deus, que na Lei manifestou Sua vontade ao gênero humano. Ora, se as outras criaturas se submetem à Sua vontade, com muito mais razão a deve também cumprir o próprio homem.

Não se deve também passar em silêncio que Deus mostrou Sua clemência para conosco e as riquezas de Sua infinita bondade, porquanto quis conciliar Sua glória com o nosso interesse, de sorte que o que fosse de vantagem para o homem, servisse também para a glorificação de Deus. Na verdade, poderia obrigar-nos a servir à Sua glória sem nenhuma recompensa.

Em se tratando, afinal, do maior e mais assinalado benefício, o pároco ensinará o que o Profeta diz por último: "Na guarda dos preceitos, há uma grande recompensa".[37] Pois não nos foram prometidas só aquelas bênçãos, que mais se referem à prosperidade temporal, para sermos abençoados na cidade, abençoados no campo[38]; mas temos também em vista "uma larga recompensa no céu"[39], e "uma boa medida, bem cheia, bem calcada, bem cogulada"[40], que merecemos por obras boas e justas, com os auxílios da divina misericórdia.

"Eu sou o Senhor teu Deus, que te tirei da terra do Egito, da casa de servidão. Não terás deuses estranhos diante de Mim. Não farás para ti imagem esculpida, etc."[41]

---

34. Lc 1,77 ss.
35. Sl 18,8.
36. Sl 18,9 ss.
37. Sl 18,12.
38. Dt 28,3.
39. Mt 5,12.
40. Lc 6,38.
41. Ex 20,2.

IV. PROMULGAÇÃO HISTÓRICA DO DECÁLOGO

1. A quem foi dado o Decálogo

[11] Apesar de ter sido dada pelo Senhor aos judeus, no cimo da Montanha[42], a Lei já estava, desde o princípio, impressa e gravada pela natureza nos corações de todos os homens.[43] Por isso, quis Deus que todos os homens lhe estivessem sujeitos por uma obediência perpétua.

Será, pois, de muito proveito não só explicar cuidadosamente os termos em que a Lei foi promulgada aos hebreus, por ofício e interpretação de Moisés[44], mas também contar a história do povo de Israel, que é toda cheia de mistérios.

O pároco começará por contar que, de todas as nações existentes debaixo do céu, Deus só escolheu uma[45], cujo tronco é Abraão[46], que por ordem de Deus viveu como forasteiro na terra de Canaã. Deus lhe havia prometido a posse dessa terra, mas ele e seus descendentes tiveram de vaguear por mais de quatrocentos anos, antes de poderem habitar na terra prometida.

Todavia, Deus nunca deixou de velar por eles durante essa peregrinação. Verdade é que passavam "de nação em nação, de um reino a outro reino"[47], mas Ele nunca permitiu lhes fosse feito o menor agravo, e chegou até a castigar reis por causa deles.[48]

Antes de descerem ao Egito, enviou, por diante, um homem que, graças à sua prudência, havia de salvá-los, tanto a eles como aos Egípcios.[49] No Egito, porém, Sua bondade os amparou de tal forma, que se multiplicavam milagrosamente, por mais que o Faraó se opusesse a eles, e procurasse exterminá-los.[50]

Quando a perseguição recrudesceu, e que eles eram tratados como escravos, com a maior crueldade, suscitou como chefe a Moisés, que os

---

42. Ex 19,20; Dt 5,2.
43. Rm 2,15.
44. 5,5; Gl 3,19.
45. Dt 4,37.
46. Gn 12,5.
47. Sl 104,13.
48. Sl 104,14.
49. Gn 37,28.
50. Ex 1,12 ss.

livrou com mão forte. A esta libertação alude o Senhor, no início da Lei, quando diz expressamente: "Eu sou o Senhor teu Deus que te tirei da terra do Egito, da casa da servidão".[51]

[12] Nesta narração, o pároco fará notar, antes de tudo, uma particularidade. De todas as nações, Deus escolheu uma, que devia chamar-se "Seu povo"; ao qual Se deu a conhecer, a fim de ser por ele venerado. Isto, porém, não porque ela excedesse as demais nações em virtude e número, como Deus fez ver aos Hebreus[52]; mas porque Deus foi servido de aumentar e enriquecer uma nação pequena e pobre, para que assim Seu poder e bondade se manifestassem, com maior brilho, a todas as nações.

Por miserável que fosse a condição daqueles homens[53], Deus "uniu-Se estreitamente a eles, e amava-os"[54] de tal forma que, sendo o Senhor do céu e da terra, não se envergonhou de ser chamado "o seu Deus". Queria assim provocar o estímulo das outras nações, para que todos os homens, vendo a felicidade dos israelitas, se convertessem ao culto do Deus verdadeiro.

Noutro sentido, São Paulo também movia seus patrícios à emulação, como ele mesmo confessa, pondo-lhes diante dos olhos a felicidade dos gentios, instruídos por ele no verdadeiro conhecimento de Deus.[55]

2. Preparação para esta promulgação

[13] Em seguida, o pároco terá de ensinar aos fiéis como Deus permitiu que os Patriarcas hebreus peregrinassem por muito tempo, e que seus descendentes padecessem a opressão do mais duro cativeiro, para nos convencer de que não podemos tornar-nos amigos de Deus se não formos inimigos do mundo, e não vivermos na terra como peregrinos.[56] Por conseguinte, com maior facilidade seremos admitidos à união mais íntima com Deus, se nada tivermos de comum com o mundo.

De outro lado, [assim aconteceu], para que nós, destinados ao serviço de Deus, reconhecêssemos quanto são mais felizes os que servem a Deus,

---

51. Ex 20,2.
52. Dt 7,7.
53. Os hebreus.
54. Dt 10,15.
55. Rm 11,14; Tg 4,4 ss.
56. 1Pd 2,11.

do que as pessoas que servem ao mundo. Esta é a advertência das Escrituras, quando nos dizem: "Todavia, eles lhe ficaram sujeitos [a Sesac], para conhecerem a diferença que há entre o servirem-Me a Mim, e o servirem os reinos da terra".[57]

Além disso, o pároco explicará que Deus diferiu por mais de quatrocentos anos o cumprimento de Suas promessas, para que Seu povo se alentasse na fé e na esperança. Pois Deus quer que seus tutelados dependam sempre d'Ele, e ponham toda a sua esperança em Sua bondade, consoante o que se dirá na explicação do Primeiro Mandamento.

3. Tempo e lugar da promulgação

[14] Finalmente, o pároco fará notar o tempo e o lugar em que o povo de Israel recebeu de Deus esta Lei. Foi quando chegava ao deserto, depois de sua libertação do Egito. A lembrança do recente benefício devia enternecê-lo, assim como a aspereza do lugar devia intimidá-lo, de sorte que se tornava mais dócil para receber a Lei.

Com efeito, os homens se deixam levar de preferência por aqueles que já lhes fizeram algum benefício, e recorrem à proteção divina, quando se reconhecem privados de toda a esperança humana.

Daí tiramos a conclusão de que os fiéis estarão tanto mais dispostos a seguir a doutrina celestial, quanto mais renunciarem às seduções do mundo e aos prazeres da carne.[58] Assim já escrevia o Profeta: "A quem ensinará [Deus] a ciência? E a compreensão de Suas palavras? Aos que já não se alimentam de leite, aos que já foram tirados do peito materno".[59]

4. Lições ao povo cristão

[15] Esforce-se o pároco por conseguir, na medida do possível, que os fiéis tenham sempre na mente estas palavras: "Eu sou o Senhor teu Deus". Por elas chegarão a reconhecer que seu Legislador é o próprio Criador, que lhes deu a existência, e que a conserva.

Com razão devem, portanto, repetir aquelas palavras: "Ele é o Senhor Nosso Deus, e nós somos o povo de Suas pastagens, e as ovelhas de

---

57. 2Cr 12,8.
58. Rm 8,5 ss.
59. Is 28,9.

Sua guarda".[60] A frequente e ardorosa meditação destas palavras tem por efeito que os fiéis se tornam mais dóceis para respeitar a Lei, e evitam de cair em pecado.[61]

[16] As palavras seguintes: "que te livrei da terra do Egito, da mansão do cativeiro", não se aplicam, à primeira vista, senão aos judeus que se emanciparam da dominação dos Egípcios. No entanto, se atendermos ao sentido mais amplo de uma salvação universal, elas se referem muito mais aos cristãos, que Deus arrancou, não do cativeiro do Egito, mas da região do pecado e do poder das trevas, e transferiu-os para o Reino de Seu amado Filho.[62]

Quando Jeremias contemplou, em visão, a grandeza deste benefício, fez a seguinte profecia: "Eis que chegarão os dias, diz o Senhor, e não se dirá: vive o Senhor que tirou os filhos de Israel da terra do Egito; mas, sim, vive o Senhor, que tirou os filhos de Israel da terra do Norte, e de todos os países em que Eu os havia lançado. Eu hei de levá-los novamente à sua terra, que havia sido dada a seus pais. Eis que mandarei muitos pescadores, diz o Senhor, e eles os pescarão, etc."[63]

Realmente, em Sua misericórdia infinita, o Pai congregou numa só família, por mediação de Seu Filho, todos os filhos que se achavam dispersos[64], para que, já não sendo escravos do pecado, mas servidores da justiça[65], "O servíssemos em santidade e justiça, diante de Sua presença, todos os dias de nossa vida".[66]

---

60. Sl 94,7.
61. 118,97 ss.
62. Cl 1,13.
63. Jr 16,14 ss.
64. Jo 11,52.
65. Rm 6,18.
66. Lc 1,74 ss.

CAPÍTULO II

DO PRIMEIRO MANDAMENTO

"Eu sou o Senhor teu Deus, que te tirei da terra do Egito, da mansão do cativeiro"[67]

I. Duplo preceito deste mandamento. — 1. O que nos manda e nos proíbe este primeiro mandamento. — 2. Este preceito inclui a fé, a esperança e a caridade. — 3. Explicação do preceito negativo deste mandamento. — 4. Este preceito deve ser considerado o maior de todos. — 5. Quem peca principalmente contra este mandamento. — 6. O culto aos santos, de acordo com a prática constante da Igreja, não se opõe a esse preceito.

II. Culto dos santos anjos. — 7. Prova-se pelas Escrituras que é lícito venerar aos anjos. — 8. Prova-se pelas Escrituras que devemos invocar aos Santos Anjos.

III. Culto dos Santos e de suas relíquias. — 9. A invocação dos Santos e a veneração de suas relíquias em nada diminuem a honra devida a Deus. — 10. Principais argumentos com que se deve defender a invocação dos Santos. — 11. Esta invocação dos Santos não nasce da desconfiança no auxílio de Deus, nem é sinal de uma fé deficiente. — 12. A mediação única de Cristo não elimina a mediação e invocação dos Santos. — 13. Prova-se a virtude das relíquias, e quão grande é seu valor e eficácia.

IV. Culto das santas imagens. — 14. A palavras que seguem não constituem um preceito distinto, mas um mesmo com as que precedem. — 15. O uso das imagens sagradas, admitido na Igreja, não vai contra este preceito. — 16. Principais modos de ofender a Deus por meio das imagens. — 17. Sentido exato da segunda parte deste mandamento. — 18. Não vai contra este preceito representar artisticamente as pessoas da Santíssima Trinidade. — 19. Podem também representar-se os anjos. — 20. O Espírito Santo pode representar-se sob a figura de pomba. — 21. As imagens de Cristo e dos Santos devem ser feitas e veneradas — 22. Qual é o uso legítimo das imagens na Igreja.

V. Ameaças contra violadores deste mandamento. — 23. Este apêndice pertence a todos os mandamentos. — 24. Da maneira diferente como essa penalidade deve ser proposta, dependendo de serem cristãos perfeitos ou carnais. — 25. O que indicam as palavras Eu sou Deus forte. — 26. Que significa Deus chamar-se zeloso. — 27. Que tipo de zelo deve-se atribuir a Deus. — 28. Significado da declaração de ameaça feita

---

[67]. Ex 20,2. É o preâmbulo do Decálogo. Está nas edições de Lecoffre, Benedetti, Gatterer, Marbeau, Marinho, Costa e Cruz. As edições estereotipas de Tauchnitz e Manz não o trazem neste lugar.

aqui.— 29. Como Deus castiga os pecados dos pais nos filhos até a terceira ou quarta geração. — 30. Como esta ameaça é conciliada com as palavras do profeta Ezequiel. — 31. Como se entende que aborrece a Deus quem infringe sua lei. — 32. Que significam as palavras: Usando de misericórdia com os que o amam.

I. DUPLO PRECEITO DESTE MANDAMENTO

[1] O pároco ensinará[68] que, no Decálogo, figuram primeiro os deveres para com Deus, e depois os deveres para com o próximo, porque em Deus está a razão de ser daquilo que devemos prestar ao próximo; pois só amamos o próximo segundo o preceito de Deus, quando o amamos por causa de Deus. Estas coisas estão gravadas na primeira Tábua da Lei.

Em segundo lugar, deverá o pároco mostrar como as palavras supracitadas encerram em si dois dispositivos, um dos quais é um preceito, e o outro é uma proibição.

Com efeito, quando se afirma: "Não terás deuses estranhos diante de Mim", declara-se implicitamente: "A Mim adorarás, como o Deus verdadeiro, e não renderás culto a deuses estranhos".

[2] A primeira cláusula abrange o preceito da fé, esperança e caridade. Ora, se de Deus afirmamos que é imóvel, imutável, e sempre igual a Si mesmo, assiste-nos toda a razão para dizermos que é fiel também, sem a menor sombra de injustiça. Daí decorre para nós a obrigação de aceitarmos as Suas palavras, e de crermos plenamente em Sua autoridade.

E quem medita em Sua onipotência, Sua clemência, Sua ativa propensão para fazer benefícios, será ainda capaz de não pôr n'Ele todas as suas esperanças?

E poderá alguém deixar de amá-lO, se contemplar os tesouros de Sua bondade e amor, que Ele derramou sobre nós?[69]

Por isso, nas Sagradas Escrituras, quando Deus intima Suas ordens e prescrições, costuma dizer, à guisa de exórdio e de conclusão: "Eu sou o Senhor teu Deus".[70]

---

68. Seria lógico intercalar, antes do presente parágrafo, o 3.º parágrafo do capítulo V, onde se fala das duas Tábuas da Lei.
69. Ef 1,4 ss.; Rm 5,5.
70. Ex 10,2; 31,13; Lv 11,45; 21,15; Is 45,3; 49,23; 60,16; 61,8; Ez 5,13; Os 2,20, et passim.

[3] A segunda cláusula do Preceito reza assim: "Não terás deuses estranhos diante de Mim". O Legislador exprimiu-Se desta forma, não porque uma redação positiva — "só a Mim adorarás como Deus" — não declarasse com bastante clareza o sentido do preceito, pois se Deus existe, só pode ser um único: mas foi antes por causa da cegueira de tantos homens, que naquele tempo faziam profissão de adorar o Deus verdadeiro, e não obstante veneravam uma multidão de deuses.

Desses homens, havia muitos entre os próprios hebreus, aos quais Elias acusava de manquejarem para dois lados.[71] Assim também procediam os Samaritanos, que adoravam simultaneamente o Deus de Israel e os deuses de gentios.[72]

[4] A tais explicações deve acrescentar-se que este Preceito é o primeiro e o maior de todos, não só pela ordem cronológica, mas também por sua natureza, dignidade e excelência. De nossa parte, merece Deus amor e vassalagem num grau infinitamente maior, do que o mereceria qualquer senhor ou rei.

Foi Ele quem nos criou, Ele é quem nos governa, quem nos nutre desde as entranhas de nossa mãe, e quem dali nos tirou à luz do mundo. Ele mesmo nos dá tudo quanto precisamos para a nossa vida e subsistência.

[5] Pecam contra este Preceito todos aqueles que não têm fé, nem esperança, nem caridade. E seu pecado abrange muitas variantes. A essa classe de homens pertencem os que caem em heresia, não crendo as verdades que a Santa Mãe Igreja propõe a crer; os que acreditam em sonhos, agouros, e outras coisas sumamente supersticiosas[73]; os que desesperam de sua própria salvação, e não confiam na bondade divina; os que se apoiam somente em riquezas, saúde, vigor corporal.

Desta matéria, encontra-se uma explicação mais ampla nos autores moralistas, na parte que trata dos vícios e dos pecados.

[6] Na exposição deste Mandamento, é preciso pôr em evidência que não são contrárias às suas prescrições a veneração e a invocação dos Santos, dos Anjos, das almas bem-aventuradas que já gozam da

---

71. 1Rs 18,21.
72. 1Rs 17,29.
73. Dt 18,10; Is 2,6; Jr 27,9.

glória celestial[74], nem tampouco o culto de seus corpos e relíquias mortais, na forma que sempre foi admitida pela Igreja Católica.[75]

Quando um rei decreta que nenhuma pessoa apareça como rei, e consinta em receber régias homenagens, quem seria tão insensato de concluir, sem mais nem menos, que o rei com isso proíba as honras devidas a seus magistrados?

Dizem, é verdade, que os cristãos se prostram diante dos Anjos, a exemplo dos santos varões do Antigo Testamento[76]; todavia, não se trata da mesma veneração que eles tributam a Deus.[77]

Se por vezes lemos nas Escrituras[78] que os Anjos se opuseram a que os homens os venerassem, deve entender-se no sentido de não quererem para si aquela veneração que só a Deus compete.

II. CULTOS DOS ANJOS

[7] O mesmo Espírito Santo que disse: "Só a Deus honra e glória"[79], também ordenou honrássemos os pais e as pessoas mais velhas.[80] Além disso, como narram as Escrituras, santos varões que veneravam um só Deus, "adoravam os reis", quer dizer, prostravam-se suplicantes diante de sua presença.[81]

Ora, se os reis, por quem Deus governa o mundo[82], são objetos de tão grandes homenagens, muito maiores são as honras que devemos prestar aos espíritos angélicos, que Deus quis fossem os Seus servidores[83], tanto mais que esses espíritos bem-aventurados excedem os próprios reis em dignidade.

---

74. Aqui seria o lugar de se falar de um ponto omisso pelo CRO: do culto e devoção às almas do Purgatório.
75. Diz o CIC, Canon 1276: "É bom e útil invocar fervorosamente os Servos de Deus, que reinam com Cristo, e venerar suas imagens e relíquias. De preferência aos demais, devem todos os fiéis consagrar uma filial devoção à Bem-aventurada Virgem Maria".
76. Gn 18,2; 19,1; Nm 22,31; Js 5,14.
77. Com referência às criaturas, "adorare" tem o sentido de prostrar-se ou ajoelhar-se, em sinal de reverência.
78. Ap 19,10; 22,9.
79. 1Tm 1,17.
80. Ex 20,12; Dt 5,16; Lv 19,32 etc.
81. 1Sm 24,9; 25,23; 2Sm 9,6-8; 1Cr 21,21.
82. Pr 8,15.
83. Hb 1,14.

E Deus serve-Se de Seu ministério, para o governo, não só de sua Igreja, mas também de todas as outras coisas criadas. Pela assistência dos Anjos, embora invisível aos nossos olhos, somos cotidianamente preservados dos maiores perigos, tanto da alma como do corpo.

Acresce ainda a caridade com que eles nos amam, e que os induz a rezar pelas províncias confiadas à sua direção, como facilmente verificamos nas Escrituras.[84] Sem dúvida alguma, o mesmo fazem por aqueles que são os seus tutelados, pois a Deus oferecem as nossas orações e as nossas lágrimas.[85]

Por tal motivo, Nosso Senhor ensinou, no Evangelho, que se não devia dar escândalo aos pequeninos, "porque os seus Anjos no céu estão contemplando, continuamente, a face do Pai que está no céu".[86]

[8] Eles devem, portanto, ser invocados, seja porque contemplam a Deus sem cessar, seja porque com a maior boa vontade patrocinam a nossa salvação, conforme lhes foi encomendado.

Nas Sagradas Escrituras, apresentam-se testemunhos de tal invocação. Ao Anjo, com quem havia lutado, pediu Jacó que o abençoasse. Chegou até a obrigá-lo, pois dizia que o não largaria, se não depois de ter recebido a bênção.[87] Esta lhe foi dada, não só quando o Anjo estava à sua vista, mas também quando não o via de maneira alguma, pois ele disse mais tarde: "O Anjo que me livrou de todos os males, abençoe estes rapazes".[88]

III. CULTO DOS SANTOS E SUA RELÍQUIAS

1. Razões do culto tributado aos santos

[9] Daqui também se pode tirar outra conclusão. O culto e a invocação dos Santos que adormeceram na paz do Senhor, a veneração de suas relíquias e cinzas, longe de diminuírem a glória de Deus, dão-lhe o maior vulto possível, na proporção que animam e reforçam a esperança dos homens, e os induzem a imitarem os Santos.

---

84. Dn 10,13.
85. Tb 3,25; Mt 18,10.
86. Mt 18,10.
87. Gn 32,26.
88. Gn 48,16. Refere-se à bênção de Jacó aos filhos de José.

Este efeito é encarecido pelo Segundo Concílio de Nicéia[89], pelos Concílios de Gangres[90] e de Trento, e pela autoridade dos Santos Padres.[91]

[10] A fim de se pôr em melhores condições de rebater os adversários desta verdade, leia o pároco antes de tudo o livro de São Jerônimo contra Vigilâncio, e as obras de São João Damasceno; a cujas provas se emparelha, como argumento principal, o costume de origem apostólica, sempre mantido e conservado pela Igreja de Deus.

E quem poderia exigir prova mais cabal e evidente, do que o testemunho das Sagradas Escrituras, quando celebram de maneira admirável os louvores dos Santos? Na verdade, de alguns Santos há encômios de inspiração verdadeiramente divina.[92] Ora, se as Sagradas Escrituras apregoam os seus louvores, por que não deveriam os homens render-lhes, de sua parte, uma honra toda particular?

Outro motivo, talvez mais poderoso, para a sua veneração e invocação é que os Santos rezam, assiduamente, pela salvação dos homens[93], e que Deus nos outorga muitos benefícios, em consideração ao seu mérito e caridade.

Se "no céu reina alegria, quando um só pecador faz penitência"[94], será possível que os moradores do céu não socorram os penitentes na terra? Se os invocarmos, não nos alcançarão o perdão dos pecados, e não nos garantirão a graça de Deus?

2. *Objeções contra o culto dos Santos*

[11] Poderá alegar-se, como de fato alguns alegam, que o patrocínio dos Santos é supérfluo, porque Deus não precisa de medianeiro para atender as nossas orações.

Estas ímpias asserções se rebatem facilmente com as palavras de Santo Agostinho de que Deus não concede muitas coisas, se não houver a intervenção de um mediador e advogado.[95] Isto se prova pelos preclaros

---

89. Convocado em setembro de 787, contra os iconoclastas. É o VII Concílio Ecumênico.
90. Foi por volta de 330. Gangres, hoje Chagreh, fica na Paflagônia (Ásia Menor).
91. Veja-se Damasc. *De orthodoxa fide* 4 6.
92. Eclo 44,50; Hb 11.
93. Ap 5,8; DU 984.
94. Lc 15,7.
95. Santo Agostinho, *Quaest. 140 super Ex.* (segundo outros Quaest. 149).

exemplos de Abimelec e dos amigos de Jó. Deus perdoou-lhes os pecados, só depois que Abraão e Jó intercederam por eles.[96]

Podem ainda objetar que, recorrendo aos Santos como nossos mediadores e advogados[97], só o fazemos por ausência e debilidade de fé. Mas que resposta terão eles ao luminoso exemplo do Centurião?[98] Deus Nosso Senhor enalteceu a sua fé com os maiores elogios, apesar de ter o homem enviado ao Salvador os anciãos dos judeus, para que lhe impetrassem a cura do servo doente.[99]

[12] Força nos é confessar que só nos foi dado um único mediador na pessoa de Cristo Nosso Senhor.[100] Só Ele nos reconciliou com o Pai Celestial, por meio do Seu Sangue.[101] Ele entrou uma só vez no Santo dos Santos, consumou uma Redenção eterna[102], e não cessa de interceder por nós.[103]

Mas daqui não se pode em absoluto concluir que não seja lícito recorrer à benevolência dos Santos. Se não fora permitido valer-nos da proteção dos Santos, porque Jesus Cristo é o nosso único Patrono, o Apóstolo nunca cairia no erro de desejar, com tanta instância, que seus irmãos vivos o secundassem com orações diante de Deus.[104] Pois, nesse caso, as orações dos vivos não fariam menos quebra à honra e glória de Cristo Medianeiro, do que a intercessão dos Santos no céu.[105]

3. Eficácia e virtude das relíquias

[13] Pelos milagres, que acontecem junto às sepulturas dos Santos, haverá quem descreia da veneração que lhes é devida, e da proteção que deles recebemos? Homens que estavam privados da vista, das mãos, de

---

96. Gn 20,17; Jó 42,8.
97. Por isso a Igreja condenou a opinião de que pessoas justas não precisavam dirigir atos de amor à Virgem Maria e aos Santos (Papa Inocêncio XI, em 1687. Dz 1255).
98. Mt 8,10.
99. Lc 7,3.
100. 1Tm 2,5.
101. Rm 5,10; 2Cor 5,18; Hb 9,12; Ap 5,9.
102. Hb 9,11-12.
103. Hb 7,25.
104. Rm 15,30; 2Cor 1,11.
105. A Igreja condenou a proposição: "Nenhuma criatura, nem a Virgem Bem-aventurada, nem os Santos devem ocupar lugar em nosso coração; pois Deus quer ocupá-lo sozinho" (Papa Inocêncio XI em 1687; cfr. Dz 12,56).

todos os seus membros, recuperam sua integridade primitiva; os mortos são restituídos à vida; os demônios são expulsos dos corpos humanos.

E são fatos que Santo Ambrósio e Santo Agostinho abonam, em suas obras, como testemunhas de absoluta confiança; não por terem ouvido, à maneira de muitos; nem por terem lido, como fazem pessoas de reconhecida autoridade; mas, por terem presenciado pessoalmente.[106]

Para que tantas palavras? Se as vestes, os lenços, a sombra dos Santos, já antes de sua morte, removiam as doenças e refaziam as forças do corpo[107]: quem se atreverá a negar que Deus não possa fazer os mesmos milagres, servindo-Se das sagradas cinzas, dos ossos, e de outras relíquias dos Santos?

Bem o demonstrou aquele cadáver, lançado por acaso na sepultura de Eliseu. Apenas lhe tocou no corpo, reanimou-se no mesmo instante.[108]

IV. CULTO DAS SANTAS IMAGENS

[14] Seguem-se as palavras: "Não farás para ti imagem esculpida, nem figura alguma daquilo que há em cima do céu, nem do que existe embaixo na terra, nem das coisas que existem nas águas, abaixo do nível da terra. Não as adorarás, nem lhes terás veneração".[109]

Muitos viam nestas palavras o segundo Mandamento, e achavam que as duas últimas prescrições[110] constituíam um só preceito. Santo Agostinho, porém, separou as últimas cláusulas em dois preceitos distintos, e incluiu em um só preceito as palavras acima transcritas.[111] De bom grado, seguimos sua opinião, que se tornou predominante na Igreja. Podemos, aliás, alcançar a razão própria e verdadeira dessa distinção, se dissermos que convinha incluir-se, já no primeiro Mandamento, o prêmio e o castigo aplicável em todo e qualquer preceito.[112]

---

106. Santo Ambrósio, *Epist. 85*; Santo Agostinho, *A cidade de Deus,* liv. XXII, cap. 8; *Epist. 137 et 147.*
107. At 19,12; 5,15; cfr. 2Rs 2,14.
108. 2Rs 13,21.
109. Ex 20,4-5.
110. Ex 20,17.
111. Aug. in Ex. q. 71.
112. Veja-se a continuação do texto bíblico: "Eu sou o Senhor teu Deus, o Deus forte e zeloso que vinga, etc.".

1. Sentido exato da proibição divina sobre as imagens

[15] Entretanto, não se vá julgar que este Preceito proíba simplesmente a arte de pintar, plasmar, e esculpir; pois, nas Sagradas Escrituras, lemos que por ordem de Deus foram feitas imagens de Querubins e a da serpente de bronze.[113]

Por conseguinte, só nos resta uma interpretação. Proibiram-se as imagens, para que tais representações, sendo adoradas quase como deuses, não prejudicassem o verdadeiro culto que se deve a Deus.[114]

[16] Com relação a este Mandamento, é evidente que a Majestade de Deus pode ser gravemente ultrajada, de duas maneiras principais.

Em primeiro lugar, quando se presta culto divino a ídolos e imagens; quando se acredita existir nelas uma divindade ou força extraordinária, que as torne dignas de adoração, e às quais se deva fazer alguma súplica; quando se põe toda a confiança em tais representações, como faziam outrora os pagãos, que punham nos ídolos a sua esperança. Estas são práticas que os Sagrados Livros censuram com muita insistência.[115]

Em segundo lugar, peca-se pela pretensão de querer representar, por alguma obra de arte, uma forma da Divindade, como se fora possível ver a Divindade com olhos corporais, ou dar-Lhe uma expressão sensível por meio de painéis e estátuas.[116]

"Quem poderá fazer uma representação de Deus", pergunta São João Damasceno, "pois se Ele não está ao alcance de nossa vista, se não tem corpo, se não cabe nos limites do espaço, se não pode ser representado por nenhuma figura?"[117] Esta doutrina foi amplamente desenvolvida pelo Segundo Concílio de Nicéia.[118]

Com muita agudeza declarou o Apóstolo: "Eles [os pagãos] trocaram a glória de Deus imperecível por imagens... de voláteis, de quadrúpedes, e de animais répteis".[119] Pois, fazendo deles figuras, veneravam todos esses animais, como se fossem o próprio Deus.

---

113. Nm 21,9; 1Rs 6,23-24; 2Cr cap. 3.
114. Esse perigo cessou com a Lei perfeita do Cristianismo.
115. Sb cap. 13-15; Sl 113,4-8; Is 44,6-20; 46,1 ss.; Ez 4,1 ss.; 23,1 ss.
116. Isto não exclui representações simbólicas e alegorias, buscadas nos ditos da própria Bíblia. Cfr. O § 20 deste mesmo capítulo.
117. São João Damasceno, *De orthodoxa fide*, 4 16.
118. O VII Concílio Ecumênico, convocado em 787 contra os iconoclastas. Cfr. Dz 302-304.
119. Rm 1,23.

Por isso, são chamados idólatras os israelitas que gritavam diante da imagem do bezerro: "Eis aí, Israel, os teus deuses que te salvaram da terra do Egito".[120] Pois "trocaram a sua glória pela imagem de um bezerro que come feno".[121]

[17] Uma vez que o Senhor proibia de adorar deuses estranhos, interdisse também que da Divindade se fizessem imagens de bronze fundido, ou de qualquer outra matéria, para assim extirpar radicalmente a idolatria.

Isaías exprime a mesma ideia, quando interpela: "Que semelhança tomastes para Deus, ou que expressão haveis vós de dar-Lhe?"[122]

Esta é a verdadeira significação deste preceito. Além dos escritos dos Santos Padres, que assim o interpretaram, de acordo com o VII Concílio Ecumênico[123], provam-no sobejamente aquelas famosas palavras do Deuteronômio, quando Moisés dizia, com o intuito de desviar o povo da idolatria: "Vós não vistes figura nenhuma, naquele dia que o Senhor no Horeb vos falou, do meio do fogo".[124]

Assim se exprimiu o bem avisado Legislador, para impedir que [os israelitas], iludidos por algum erro, fabricassem uma imagem da Divindade, e rendessem a uma criatura a honra que só a Deus é devida.

[18] Mas, nem por isso deve alguém julgar que seja delito contra a Religião e a Lei de Deus, quando uma das Pessoas da Santíssima Trindade é representada por meio de certos emblemas, que ocorrem, quer no Antigo, quer no Novo Testamento.[125]

Ninguém será tão rude para crer que tal imagem exprima a própria natureza da Divindade. O pastor lhes fará ver como elas apenas simbolizam propriedades e operações, que a Deus são atribuídas.

Quando, por exemplo, Daniel descreve o "Ancião cheio de dias", sentado num trono, em cuja presença foram abertos os Livros[126], quer ele assinalar, com tal expressão, a eternidade de Deus e Sua infinita sabedoria,

---

120. Ex 32,8.
121. Sl 105,20. O ponto de alusão é que Deus era a verdadeira glória e grandeza dos Israelitas.
122. Is 48,18.
123. O II Concílio de Nicéia em 787.
124. Dt 4,15.
125. Gn 18,2; Ex 33,22; Mt 3,16; Ap 14,1 ss. Cfr. A condenação dos respectivos erros jansenistas por Alexandre VIII em 1690, e por Pio VI em 1794. Cfr. Dz 1315, 15, 69.
126. Dn 7,9-10.

pelas quais perscruta todas as ideias e ações dos homens, para sobre elas lavrar sentença.

[19] Os anjos também são representados com feições humanas e com asas, para que os fiéis compreendam quanto eles são obsequiosos para com o gênero humano, e como estão sempre alerta para cumprir as ordens de Nosso Senhor. "Todos eles são espíritos servidores, em benefício daqueles que devem herdar a salvação".[127]

[20] A forma de pomba e as línguas semelhantes a fogo, de que falam o Evangelho e os Atos dos Apóstolos, são por demais conhecidas, que não se faz mister usar muitas palavras, para dizermos quais atributos assinalam com referência ao Espírito Santo.[128]

[21] Como, porém, Cristo Nosso Senhor, Sua santíssima e puríssima Mãe, e todos os outros Santos, tinham uma fisionomia humana, revestidos que eram da natureza humana, a representação e a veneração de suas imagens, além de não serem proibidas por este Preceito, foram sempre tidas como um indício sagrado e seguro de um coração agradecido.

Confirmam esta asserção os monumentos dos tempos apostólicos, os Concílios Ecumênicos, e o consenso unânime que se revela nos escritos de tantos Santos Padres, insignes por sua virtude e erudição.

2. Uso legítimo das imagens na igreja

[22] Não se restrinja o pároco a provar que é lícito ter imagens dentro da igreja, e prestar-lhe culto e veneração. Dirá também que as honras a elas feitas se reportam aos seus protótipos.[129] Mais ainda. Explicará como essa praxe, até agora, sempre redundou nas maiores bênçãos para os fiéis cristãos. Disso nos convence o que diz São João Damasceno em seu livro sobre as imagens, e também o que estabelece o Sétimo Concílio Ecumênico, que é o Segundo de Nicéia.

Já que o inimigo do gênero humano forceja, por fraudes e astúcias, desnaturar as mais santas instituições, o pároco fará por corrigir qualquer abuso que, nesse sentido, possa haver entre o povo, lançando mão de todos os meios ao seu alcance, de acordo com as normas do Concílio

---

127. Hb 1,14.
128. Mt 3,13; Mc 1,10; Lc 3,22; Jo 1,32; At 2,3.
129. "Às sagradas relíquias e imagens devemos também prestar culto e veneração, mas que se aplica à pessoa, com a qual estão em relação" (CIC can. 1255 § 2).

Tridentino. Se achar oportuno, fará ao povo um comentário do próprio decreto.[130]

Além disso, aos ignorantes, que ainda não conhecem a finalidade das imagens, mostrará que são feitas para ilustrar a história de ambos os Testamentos, para renovar continuamente a sua lembrança, a fim de que a consideração dos mistérios divinos nos incuta maior fervor em adorar e amar o próprio Deus.

Afinal, dirá também que a exposição das imagens de Santos, em nossas igrejas, tem por fim incitar-nos à veneração dos próprios Santos, e, pela força do exemplo, levar-nos à perfeita imitação de sua vida e costumes.[131]

"Eu sou o Senhor teu Deus, forte e zeloso, que vingo a iniquidade dos pais nos filhos, até a terceira e quarta geração daqueles que me aborrecem; e que faço misericórdia até mil gerações aos que Me amam, e guardam os Meus Mandamentos".[132]

V. AMEAÇAS CONTRA OS INFRATORES DESTE MANDAMENTO

[23] Na última parte deste Preceito, há dois pontos que devem ser bem explicados. O primeiro é que pela enorme malícia dos pecados contra o Primeiro Mandamento, e pela propensão dos homens a cometê-los, vem a propósito incluir aqui a respectiva penalidade; mas esta constitui em si uma cláusula aplicável a todos os Mandamentos. Pois toda Lei induz os homens, por meio de prêmios e castigos, a observarem as suas [respectivas] determinações.

Esta é a razão por que, nas Sagradas Escrituras, se encontram tantas promessas, constantemente repetidas, da parte de Deus.

Vamos deixar de lado os testemunhos quase inumeráveis do Antigo Testamento. No Evangelho, porém, está escrito: "Se quiseres entrar na vida, observa os Mandamentos".[133] "Quem fizer a vontade do Meu Pai,

---

130. Conc. Trid. XXII de invocat. Sanctorum. Dz 984-988.
131. É jansenismo rejeitar, por princípio, o culto de "Imagens milagrosas". Veja-se a condenação de Pio VI em 1794: Dz 1570.
132. Ex 20,5-6.
133. Mt 19,17.

que está nos céus, entrará no Reino dos céus".[134] Ou aquela ameaça: "Toda árvore que não dá bom fruto, será cortada e lançada ao fogo".[135] Mais esta: "Quem se enraivecer contra seu irmão, merece ser condenado pelo Juízo".[136] E noutro lugar: "Se não perdoardes aos homens, vosso Pai também não vos perdoará os vossos pecados".[137]

[24] O segundo ponto é que, para homens carnais, a explicação desta cláusula deve ser muito diversa da que se faz a homens avançados na perfeição cristã.

Aos perfeitos, que "são guiados pelo Espírito de Deus"[138], e Lhe obedecem com alegria e prontidão, esta cláusula será, por assim dizer, uma verdadeira boa nova e uma grande demonstração da divina complacência para com eles.

Reconhecem nisso uma solicitude de seu Pai amantíssimo, que quase impele os homens, ora com prêmios, ora com castigos, a prestarem-lhe culto e veneração. Reconhecem Sua imensa bondade para com eles, que os quer dirigir, e valer-Se de sua colaboração para a glória do Nome Divino. E não só reconhecem, mas até esperam firmemente d'Aquele que manda o que quer, as forças necessárias para cumprirem os Seus Mandamentos.

Mas, quanto aos homens carnais, ainda não emancipados do "espírito de servidão"[139], que se abstêm de pecar, mais por medo dos castigos, do que por amor da virtude: eles, sim, acham duro e amargo o sentido desta cláusula. Por isso mesmo, é preciso animá-los com bondosas exortações, e guiá-los, quase pela mão, aos verdadeiros sentimentos que a Lei quer neles despertar.

São estas mesmas normas que o pároco deve levar em conta, todas as vezes que se lhe oferecer a oportunidade de explicar qualquer Mandamento.

[25] No entanto, quer aos carnais, quer aos espirituais, é preciso aplicar os dois acicates, de que faz menção a própria cláusula. Prestam-se, sobremaneira, para instigar os homens à observância da Lei.

---

134. Mt 6,15.
135. Mt 3,10.
136. Mt 5,22.
137. Mt 6,15.
138. Rm 8,14.
139. Rm 8,5-15.

1. *"Eu sou o senhor teu Deus forte"*

Pois Deus diz de Si mesmo que Ele é o "Forte". Ora, este atributo requer uma explicação mais minuciosa, justamente porque muitas vezes o coração humano pouco se abala com as ameaças divinas, e procura vários subterfúgios, pelos quais possa escapar à cólera de Deus, e livrar-se das penas que lhe são cominadas.

Quem nutre, porém, a firme convicção de que Deus é o Forte, aplicar-se-á a si mesmo aquelas palavras do poderoso Davi: "Para onde posso eu desviar-me do Vosso Espírito? E para onde fugir de Vossa Presença?"[140]

Outras vezes, quando o coração humano desconfia das promessas divinas, as forças do inimigo parecem-lhe tão avantajadas, que ele se julga absolutamente incapaz de oferecer resistência.

Havendo, pelo contrário, uma fé firme e constante, que não vacila diante de nenhum obstáculo, porquanto se estriba na força e poder de Deus, o homem reanima-se e toma novas forças, a ponto de exclamar: "O Senhor é a minha luz e a minha salvação. A quem poderei eu temer?"[141]

2. *"E zeloso"*

[26] O segundo acicate é o zelo próprio de Deus. Os homens cuidam, muitas vezes, que Deus não se ocupa das coisas humanas[142], nem sequer para ver se cumprimos ou desprezamos a Sua Lei. De tal opinião se derivam graves desmandos na vida do homem. Todavia, se crermos que Deus é zeloso de Seus direitos, essa lembrança facilmente nos conterá no cumprimento de nossas obrigações.

[27] O zelo atribuído a Deus não envolve nenhuma perturbação de espírito, mas consiste antes no amor e carinho, pelo qual Deus não permite à alma quebrar, impunemente, a fidelidade para com Ele. Pois Deus deita a perder todos os que Lhe forem infiéis.[143]

Assim, o zelo de Deus consiste naquela sereníssima e puríssima justiça, pela qual é repudiada como adúltera, e excluída das núpcias com

---

140. Sl 138,7.
141. Sl 26,1.
142. Jó 22,13-14.
143. Sl 72,27.

Deus, a alma que se deixou corromper por falsas doutrinas e por paixões desordenadas.

Muito embora, nós sentimos esse zelo de Deus como sendo extrema brandura e suavidade, porque nesse próprio zelo se manifesta o Seu imenso e inaudito amor para conosco.

Com efeito, entre os homens não se conhece amor mais ardente, nem união mais forte e mais estreita, do que entre as pessoas unidas pelos laços do Matrimônio. Deus mostra, pois, Seu grande amor para conosco, quando frequentemente Se compara a Si mesmo a um noivo ou esposo, e como tal Se declara ciumento.

Aqui faça o pároco uma aplicação. Os homens devem esmerar-se de tal maneira pelo culto e a glória de Deus, que se possa com razão ver nisso um amor desdobrado pelo zelo[144], à imitação daquele que disse de si mesmo: "Eu Me consumo de zelo pelo Senhor Deus dos exércitos".[145] Sim, façam por imitar o próprio Cristo, que proferiu estas palavras: "Devora-Me o zelo pela Vossa Casa".[146]

3. *"Que vinga a iniquidade dos pais nos filhos"*

[28] É preciso também expor o sentido da ameaça. Deus não deixará impunes os pecadores, mas há de corrigi-los como Pai, ou então há de puni-los rigorosamente, como Juiz, sem nenhuma contemplação.

Moisés declarou a mesma verdade, quando dizia noutro lugar: "E deverás saber que o Senhor teu Deus é um Deus forte e fiel; guarda Sua aliança e misericórdia aos que O amam e observam os Seus preceitos, até mil gerações; mas castiga sem demora os que O aborrecem".[147]

Josué também disse: "Vós não sereis capazes de servir ao Senhor. É um Deus forte e cioso, e não perdoará os vossos crimes e pecados. Se abandonardes o Senhor, e servirdes a deuses estranhos, Ele voltar-Se-á contra Vós, para vos abater e esmagar".[148]

---

144. Ao pé da letra: ... para que com razão se possam dizer pessoas que zelam, mais do que amam.
145. 1Rs 19,14.
146. Jo 2,17; cfr. Sl 68,10.
147. Dt 7,9.
148. Js 24,19 ss.

4. "Até a terceira e quarta geração"

[29] Como o povo deve ficar sabendo, a ameaça do castigo aos ímpios e criminosos, até a terceira e quarta geração, não quer dizer que todos os descendentes paguem indistintamente pelas culpas de seus antepassados; mas que nem toda a posteridade poderá evitar a cólera e vingança de Deus, embora os próprios culpados e seus filhos tenham ficado sem nenhuma punição.[149]

Foi o que aconteceu com o rei Josias.[150] Graças à sua exímia piedade, foi poupado por Deus, que o fez morrer em paz e repousar no túmulo de seus antepassados, para que não visse as desgraças que haviam de irromper sobre Judá e Jerusalém, por causa da impiedade de seu avô Manassés.[151] No entanto, logo que ele morreu, a vingança de Deus caiu sobre os seus descendentes, mas de tal maneira, que nem os próprios filhos de Josias foram poupados.[152]

[30] De que modo, porém, se conciliam estas palavras da Lei com a afirmação do Profeta: "A alma que pecar, ela mesma morrerá?"[153] Mostra-o, claramente, a autoridade de São Gregório, que se põe de acordo com todos os outros Padres antigos.

Ele diz assim: "Quem imita a ruindade de seu pai, que é mau, envolve-se também em seu pecado. Mas quem não imita a ruindade de seu pai, de modo algum responde pelo delito que o pai tenha perpetrado. Daí resulta, como consequência, que o mau filho de um pai perverso deve sofrer não só pelos pecados que ele mesmo cometeu, mas também pelos pecados de seu pai. Pois, sabendo que os pecados de seu pai provocaram a indignação de Deus, não se intimidou de acrescentar-lhe ainda a sua própria maldade. Se alguém, à vista do juiz inexorável, não teme prosseguir nos caminhos de seu pai perverso, é de justiça que, ainda nesta vida, seja forçado a expiar também as culpas de seu pai transviado".[154]

---

149. Trata-se de penas temporais, de certo modo medicinais.
150. 2Cr 34,1 ss.
151. 2Rs 21,11; Jr 15,4.
152. 2Cr 34,28; 2Rs 22,19 ss; 23,26.
153. Ez 18,4.
154. São Greg. Magno, *Moral*, 25 23 (segundo outros 15 21).

A seguir, o pároco fará ver quanto a bondade e misericórdia de Deus vai além de Sua justiça.[155] Pois Deus estende Sua cólera até a terceira e quarta geração, mas usa de Sua misericórdia com milhares de gerações.[156]

5. "Daqueles que me aborrecem"

[31] Nas palavras supracitadas: "daqueles que Me aborrecem", patenteia-se a gravidade do pecado. Com efeito, haverá sentimento mais vergonhoso e detestável, do que o ter ódio à suma Bondade, à suma Verdade?

Entretanto, tal acusação recai sobre todos os pecadores. Se "quem tem os Mandamentos" de Deus "e os observa"[157], tem amor a Deus: de quem despreza a Lei do Senhor, e não observa os Seus Preceitos, podemos dizer, com toda a razão, que tal pessoa odeia a Deus.

6. "E que usa de misericórdia até mil gerações com aqueles que me amam e guardam os meus preceitos

[32] A frase final: "e aos que Me amam", ensina-nos de que modo e por qual razão deve a Lei ser observada. Quem, pois, observa a Lei de Deus, deve ter, como motivo de sua observância, os mesmos sentimentos de amor e caridade que nutre para com Deus.

Doravante, esta verdade será lembrada em cada um dos Mandamentos.

---

155. Tg 2,13.
156. Ex 20,5-6. Convém acentuar que aqui se trata de punições temporais, já neste mundo. Nesta ordem de ideias, surde também um problema de grande palpitância: a prosperidade dos ímpios e descrentes e o sofrimento dos bons e virtuosos. Esse assunto merece ser tratado pelos pregadores e catequistas.
157. Jo 14,21.

CAPÍTULO III
DO SEGUNDO MANDAMENTO

"Não tomarás em vão o nome do Senhor teu Deus"[158]

1. Por que Deus quis dar este preceito de honrar seu próprio Nome. — 2. Com que cuidado devem explicar os párocos este preceito. — 3. Que manda e que proíbe este mandamento.

I. Preceito afirmativo deste mandamento. — 4. Que se entende aqui por Nome de Deus. — 5. De que maneira se há de venerar e honrar o Nome de Deus. — 6. Outros modos de cumprir este mandamento. — 7. Por que não é louvável o uso frequente do juramento.

II. O juramento em particular. — 8. Em que consiste a razão do juramento, e o que é jurar. — 9. O juramento execratório. — 10. Quantos tipos de juramento existem. — 11. Requisitos para o verdadeiro juramento. — 12. Como se presta juramento com verdade. — 13. Quem jura com juízo, e por que não se deve exigir juramento às crianças. — 14. Como se jura com justiça. — 15. Razões que demostram a licitude do juramento. — 16. Prova-se que é louvável o juramento bem feito. — 17. O fim do juramento é acabar com as contendas e pleitos. — 18. Em que sentido Cristo proibiu o juramento. — 19. Como entender o que Cristo disse, que procede de um mau princípio aquilo que vai além da simples afirmação da verdade.

III. Preceito negativo deste mandamento. — 20. Por que é pecado tão grave o juramento falso e temerário. — 21. Peca quem jura ser verdade o que pensa ser falso, mesmo que chegasse a ser certo. — 22. Peca quem jura algo falso que pensa ser verdade. — 23. Peca quem jura movido por leves conjecturas. — 24. Peca gravemente quem jura por deuses falsos. — 25. Peca quem não cumpre o que jurou ou prometeu. — 26. Peca quem jura cometer algum pecado mortal, ou contra os conselhos evangélicos. — 27. Peca quem desonra a palavra de Deus, ou a explica mal, ou a torce para coisas vãs. — 28. Pecam os que não invocam a Deus em suas desgraças. — 29. A blasfêmia contra Deus e seus Santos é o maior de todos esses pecados.

IV. Ameaças contra os infratores deste mandamento. — 30. Por que foram acrescentadas a este mandamento algumas ameaças.

[1] O primeiro Preceito da Lei Divina, mandando-nos honrar a Deus com filial afeição, contém necessariamente o objeto do segundo, pois quem quer ser honrado, exige também que por palavras exprima-

---

158. Ex 20,7.

mos nossa suma reverência para com ele, e proíbe qualquer atitude contrária.

Este é o sentido evidente daquelas palavras, que o Senhor proferiu pela boca do Profeta Malaquias: "O filho honra a seu pai, e o servo a seu senhor. Então, se sou Eu vosso Pai, onde está pois a Minha honra?"[159]

Ainda assim, pela importância da matéria, quis Deus dar um preceito particular sobre o culto de Seu divino e santíssimo Nome, e que o mesmo nos fosse promulgado em termos claros e formais.

[2] Em vista disso, deve o pároco sem mais convencer-se de que não lhe bastará, de modo algum, fazer um apanhado geral da matéria, e que agora se lhe apresenta a oportunidade para se deter nela mais tempo, de estudá-la sob todos os seus aspectos, e explicá-la aos fiéis com precisão, clareza e diligência.[160]

Neste ponto, não se tenha por demasiada nenhuma diligência, pois existem pessoas tão obcecadas pelas trevas de opiniões errôneas, que não temem de blasfemar d'Aquele, a quem os Anjos glorificam.[161] Sem temerem sequer a Lei para sempre promulgada, eles se atrevem, com a maior desfaçatez, a apoucar a majestade de Deus, dia por dia, quase hora por hora, a todos os instantes.

Quem não observa como juram em todas as afirmações, como tudo enchem com suas pragas e imprecações? Chegou ao ponto que, em vendas, em compras, em qualquer transação, quase ninguém deixa de recorrer ao sagrado juramento, invocando milhares de vezes o santíssimo Nome de Deus, por temeridade, até nas coisas mais fúteis e levianas.

Por isso, deve o pároco esmerar-se, num zelo cada vez maior, para incutir amiúde no ânimo dos fiéis, quão grave e abominável é esse pecado.

[3] Na explanação deste Mandamento, devemos primeiro assentar que, nas proibições previstas pela Lei, se incluem prescrições de coisas que os homens devem observar.[162] Contudo, é necessário explicar ambos os aspectos, separadamente, para que com mais facilidade se exponha primeiro o que a Lei manda, e depois o que ela proíbe.

---

159. Ml 1,6.
160. Cfr. Thomam II-II q. 122 art. 3; item I-II q. 100 art. 5.
161. Sl 88; Is 6,1-4.
162. Os autores do CRO atendem aqui à formulação negativa do Preceito: "Não tomarás, etc.".

Ora, o que ela manda é honrar o nome de Deus, jurar por ele santamente. O que ela proíbe é desprezar o Nome de Deus, tomá-lo em vão, jurar por ele falsa, inútil ou temerariamente.

I. PRECEITO AFIRMATIVO DESTE MANDAMENTO

1. Que se entende por nome de Deus

[4] Nesta parte do Preceito, que manda honrar o Nome de Deus, o pároco inculcará aos fiéis que não se deve tomar materialmente o Nome de Deus, em suas letras, em suas sílabas, no simples vocábulo como tal; mas que se deve atender ao sentido da palavra, enquanto designa a onipotente e sempiterna majestade de Deus Uno e Trino. Nestes termos, não custa averiguar quão descabida era a superstição de certos judeus que, embora escrevessem o nome de Deus, não se atreviam a pronunciá-lo, como se a virtude divina estivesse nas quatro letras, e não no sentido que elas exprimem.

Ainda que se diga no singular: "Não tomarás o Nome de Deus", não devemos, contudo, entendê-lo de um só nome, mas de quantos nomes se atribuem a Deus. Pois são muitos os nomes dados a Deus, tais como: Senhor, Onipotente, Senhor dos Exércitos, Rei dos Reis, Forte, e outros que se leem nas Escrituras.[163] Todos eles merecem por igual a mesma veneração.

A seguir, cumpre ensinar a maneira de se prestar ao Nome de Deus a honra devida; pois o povo cristão, cujos lábios devem continuamente anunciar os louvores de Deus, não poderia licitamente ignorar uma prática tão útil e tão necessária para a salvação.

2. Modos de louvar o Nome de Deus

[5] Vários são os modos de louvar o Nome de Deus, mas todos se reduzem, substancialmente, aos que passamos a explicar.

Em primeiro lugar, Deus é louvado, quando temos a coragem de proclamá-lO, publicamente, como Nosso Deus e Senhor; quando não só reconhecemos, mas também apregoamos, que Cristo é o Autor de nossa salvação.

---

163. Ex 13,3; Ap 1,8; Is 13,4; Ap 19,16; Is 9,6; et passim.

Em segundo lugar, quando estudamos, com santo fervor, a palavra de Deus, pela qual se manifesta a Sua vontade; quando nos pomos a meditá-la assiduamente, e a decorá-la com interesse, quer lendo, quer ouvindo, conforme for mais útil e adequado para a pessoa, e para o cargo que ela ocupa.

Em terceiro lugar, veneramos e respeitamos o Nome de Deus, quando por dever ou por devoção celebramos os louvores divinos[164], agradecendo a Deus, de modo especial, por todos os bens e males que nos aconteçam.

Assim dizia o Profeta: "Bendize, minha alma, ao Senhor, e não esqueças nenhum de Seus benefícios".[165] Existem ainda muitos Salmos em que Davi, cheio de entranhado amor a Deus, canta os louvores divinos com a maior suavidade. Outro tanto fazia Jó, que se nos apresenta como admirável exemplo de paciência. Tendo caído nas maiores e piores desgraças, nunca deixou de louvar a Deus com ânimo forte e inquebrantável.[166]

Por conseguinte, quando nos debatemos com dores espirituais e corporais, quando nos contorcemos em misérias e provações, empenhemos logo o nosso zelo e todas as energias de nossa alma em louvar a Deus, repetindo aquela palavra de Jó: "Bendito seja o Nome do Senhor!"[167]

[6] Em quarto lugar, não menos honrado é o Nome de Deus, quando pedimos confiantes a Sua proteção, ou para que nos livre de calamidades, ou para que nos dê força e coragem de suportá-las com perseverança. Assim quer Deus que se faça: "Invoca-Me, diz Ele, no dia da tribulação. Eu te salvarei, e tu Me darás a glória".[168] Desta invocação, encontram-se notáveis exemplos em muitos lugares da Escritura, mormente nos Salmos 16, 43 e 118.

Em quinto lugar, honramos também o Nome de Deus, quando invocamos a Deus por testemunha, para comprovar uma verdade. É um modo de louvor que muito difere dos precedentes. Pois os modos já enumerados são, de sua natureza, tão bons e desejáveis, que nada pode ser

---

164. Em primeiro lugar, pela recitação do Breviário, de outras preces litúrgicas, e de devoções aprovadas pela Igreja (cfr. Pio XII, encíclica "Mediator Dei" sobre a Liturgia).
165. Sl 102,2.
166. Jó 1,21; 2,10 et passim.
167. Jó 1,21.
168. Os 49,15.

mais ditoso e mais apetecível para o homem, do que exercer-se dia e noite em sua prática frequente. "Bendirei ao Senhor em todo o tempo", dizia Davi, "e em minha boca estará sempre o Seu louvor".[169]

O juramento, porém, ainda que seja bom em si, não é para louvar, quando usado frequentemente.

[7] A razão de tal diferença está em que o juramento só foi instituído como remédio da fragilidade humana, e como um meio necessário para comprovar a veracidade de nossas afirmações. Assim como não convém aplicar remédio ao corpo, sem haver necessidade, sendo até prejudicial o seu uso frequente: assim também não é salutar fazer-se juramento, desde que não haja, para isso, causa grave e justa.

Empregado muitas vezes, o juramento não só deixa de aproveitar, mas chega até a causar grande dano espiritual. Por isso dizia acertadamente São João Crisóstomo que não foi desde o início, mas em época já avançada do mundo, — quando os vícios se propagaram por toda a parte, e encheram todo o orbe da terra; quando nada mais se mantinha em sua ordem e lugar, e tudo ia de alto a baixo, no maior desconcerto, levando grande confusão nas coisas; quando, de todos os males o maior, quase todos os homens se precipitaram na degradante escravidão dos ídolos — só então, depois de longo tempo, é que se introduziu, entre os homens, a prática do juramento. Havendo, entre os homens, tanta perfídia e iniquidade, não era fácil fazer que alguém acreditasse [em seu semelhante]. Por isso, invocaram a Deus por testemunha.[170]

II. O JURAMENTO EM PARTICULAR

1. *Noção de juramento*

[8] O principal, nesta parte do Preceito, é mostrar-se aos fiéis como devem proceder, para se servirem do juramento com retidão e piedade.

Primeiro, é preciso dizer-lhes que "jurar" nada mais é senão invocar a Deus por testemunha, seja qual for a fórmula e expressão empregada. Pois tanto vale dizer: "Deus é minha testemunha", como dizer: "Juro por Deus".

---

169. Sl 33,2.
170. São João Crisóstomo, *in Acta hom.* 9 (Doney indica Ad pop. Antioch. hom. 26).

Há também juramento, quando juramos pelas criaturas, para fazer fé, como jurar pelos Santos Evangelhos de Deus, pela Cruz, pelas relíquias e pelos nomes dos Santos, e por outras coisas semelhantes. Naturalmente, elas de per si não conferem ao juramento nenhum valor e força, mas quem lho dá é o próprio Deus, porque nessas coisas vislumbra o esplendor de Sua majestade.

Por lógica conclusão, os que juram pelo Evangelho, juram pelo próprio Deus, cuja verdade está contida e explicada no Evangelho. O mesmo se diga do jurar pelos Santos, pois eles são templos de Deus[171], creram na verdade do Evangelho, observaram-na com toda a submissão, e propagaram-na entre os povos e as nações, até às mais remotas paragens.

[9] Outro tanto é o valor do juramento que se faz por imprecação, como aquele de São Paulo: "Invoco a Deus por testemunha, contra a minha vida".[172] Por uma cláusula dessa, a pessoa se submete ao juízo de Deus, enquanto é vingador da mentira.

Não negamos, porém, que algumas dessas fórmulas se podem entender de tal maneira, que já não tenham caráter de juramento. Convém, todavia, observar-se a seu respeito o que ficou dito do juramento, e aplicar-lhes as mesmas normas e princípios.

2. *Espécies de juramento*

[10] Há duas espécies de juramento. O primeiro se chama juramento assertório. Por exemplo, quando sob juramento afirmamos alguma coisa do presente ou do passado, como o fez o Apóstolo na epístola aos Gálatas: "Digo, na presença de Deus, que não minto".[173]

O segundo se chama promissório, a cuja categoria pertencem também os juramentos cominatórios.[174] Refere-se ao tempo futuro. Consiste em prometermos alguma coisa, com absoluta certeza, e a garantirmos com um juramento. Desta espécie, era o juramento de Davi que, jurando à sua mulher Bersabé "pelo Senhor seu Deus", prometeu que o filho dela, Salomão, seria o herdeiro do reino, e lhe sucederia no trono.[175]

---

171. 1Cor 3,16.
172. 2Cor 1,23.
173. Gl 1,20.
174. ... isto é, feitos sob a forma de ameaça.
175. 1Rs 1,30.

3. Condições requeridas para o verdadeiro juramento

[11] Para haver juramento, basta invocar a Deus por testemunha. Contudo, para que seja reto e santo, requerem-se muitas outras condições, que devem ser cuidadosamente explicadas. Elas foram, como atesta São Jerônimo[176], brevemente compendiadas pelo Profeta Jeremias, quando dizia: "Jurarás: Vive o Senhor!, [mas] com verdade, com juízo, e com justiça".[177]

Realmente, com tais palavras abrangeu [o Profeta], com suma precisão, os elementos que constituem toda a perfeição do juramento, a saber, verdade, critério, justiça.

a) A verdade

[12] No juramento, cabe à verdade o primeiro lugar. Isto quer dizer, o objeto da afirmação deve ser mesmo verdadeiro; e quem jura deve julgar que o seja de fato, não se baseando afoitamente em leves conjecturas, mas em provas de absoluta certeza.

A segunda espécie de juramento, que é o promissório, também requer a verdade, da mesma maneira. Pois quem promete alguma coisa, deve ter a deliberada vontade de cumpri-la realmente, e de satisfazer a promessa no tempo aprazado.

O homem honesto também não se comprometerá jamais a fazer alguma coisa que julgue contrária aos santíssimos Preceitos e à vontade de Deus.

Em matéria lícita de promessa e juramento, não pode tampouco mudar o que uma vez prometeu; salvo o caso em que, por mudança das circunstâncias, já não possa levar adiante o prometido, sem incorrer no ódio e desagrado de Deus.[178]

Ora, que a verdade é um requisito necessário do juramento, declara-o também Davi com as palavras: "Quem jura a seu próximo, e não o engana".[179]

---

176. São Jerônimo, *In Jeremian* 4,2.
177. Jr 4,2.
178. Aqui seria oportuno falar, mais explicitamente, das causas que fazem cessar o juramento, segundo a doutrina dos moralistas.
179. Sl 14,4. Este versículo é uma das várias respostas ao primeiro versículo: "Senhor, quem habitará em Vosso Tabernáculo? Ou quem descansará no Vosso Monte Santo?".

b) A necessidade

[13] Em segundo lugar, vem o critério, pois não se deve jurar com temerária leviandade, mas com madura reflexão.

Portanto, quem está para fazer juramento, deve primeiro averiguar se a tanto o obriga alguma necessidade; atenda também à ocasião, ao lugar, e a outras inúmeras circunstâncias. Não se deixe levar por ódio, nem por amor, nem por algum afeto desordenado, mas só pela necessidade decorrente da própria situação.

Portanto, se não lhe preceder essa rigorosa ponderação, o juramento será forçosamente precipitado e temerário. De tal jaez é o ímpio falar daqueles que, nas coisas mais leves e insignificantes, juram sem nenhum cuidado e reflexão, só por mau costume. É o que a cada passo observamos, todos os dias, entre vendedores e compradores. Juram sem escrúpulos, encarecendo ou depreciando a mercadoria: uns para a venderem pelo mais possível; outros, por sua vez, para a comprarem pelo menos possível.[180]

Como se requer juízo e prudência [para jurar], e, como pela idade as crianças não possuem ainda tino bastante para distinguir as coisas, decretou o Papa São Cornélio[181], que se não deve exigir juramento de crianças antes da puberdade, isto é, antes dos catorze anos.

c) A justiça

[14] A última condição é a justiça, postulado essencial do juramento promissório. Quem promete, com juramento, alguma coisa injusta ou desonesta, peca pelo fato de jurar. A este primeiro pecado acrescenta outro, se vier a cumprir o que prometeu.

Desta matéria, há no Evangelho o exemplo do rei Herodes que, ligado por temerário juramento, deu à jovem bailarina a cabeça de João Batista, como prêmio de sua dança.[182] Tal foi também o juramento daqueles judeus que, como narram os Atos dos Apóstolos, juraram não tomar alimento, enquanto não matassem a Paulo.[183]

---

180. Quadro social do século XVI.
181. Cfr. Corpus Iuris Canonici c. 16 C. XXII. — A atribuição deste decreto ao Papa Cornélio, pelo CRO, é errônea.
182. Mc 6,28.
183. At 23,12.

d) Licitude do juramento

[15] Depois de tais explicações, já não resta a menor dúvida de que pode jurar com segurança quem atender a todas estas circunstâncias, e usar dessas cláusulas como outras tantas garantias para o seu juramento.

E fácil é provar esta asserção por meio de muitos argumentos. Pois a "Lei do Senhor", que é "imaculada"[184] e "santa"[185], contém o preceito seguinte: "Temerás o Senhor teu Deus, e só a Ele servirás; e pelo Seu Nome é que jurarás".[186] E Davi escreveu: "Louvados serão todos aqueles que juram por Ele".[187]

Além do mais, as Sagradas Escrituras atestam que os santíssimos Apóstolos, luzeiros da Igreja, recorreram por vezes ao juramento. Isto transparece das epístolas do Apóstolo.[188]

Acresce que os próprios Anjos juram de vez em quando. No Apocalipse, escreveu São João Evangelista que um Anjo havia jurado por "Aquele que vive pelos séculos dos séculos".[189]

O que mais é, o próprio Deus, Senhor dos Anjos, faz uso do juramento. Em muitas passagens do Antigo Testamento, confirma Deus Suas promessas, por meio de juramento, como o fez a Abraão e a Davi.[190] Este nos deu a conhecer um célebre juramento de Deus: "Jurou o Senhor, e não há de arrepender-Se: Tu és Sacerdote por toda a eternidade, segundo a ordem de Melquisedec".[191]

[16] Com efeito, se considerarmos mais de perto toda a questão, se levarmos em conta a origem e a finalidade do juramento, não nos será difícil determinar o motivo por que o juramento é um ato louvável.

O juramento tem sua origem na fé, porquanto os homens creem que Deus é o autor de toda a verdade; que Ele não pode jamais enganar-Se a Si mesmo, nem enganar a outrem; que "a Seus olhos estão

---

184. Sl 18,8.
185. Rm 7,12.
186. Dt 6,13.
187. Sl 62,12.
188. Rm 1,9; 1Cor 15,31; 2Cor 1,23; Fl 1,8; 16,3; 1Ts 2,10.
189. Ap 10,6.
190. Hb 6,17; Sl 131,11.
191. Sl 109,4.

patentes e descobertas todas as coisas"[192]; que Ele afinal, por Sua admirável Providência, cuida de todos os negócios humanos, e governa o mundo inteiro.[193]

Assim, imbuídos desta fé, invocam os homens a Deus por testemunha da verdade. E negar-Lhe crédito [a Deus], seria crime e profanação.

[17] Quanto à sua finalidade, o juramento tende por natureza a provar, de modo absoluto, a justiça e a inocência de alguma pessoa, e pôr termo a litígios e demandas. Esta é também a doutrina do Apóstolo na epístola aos Hebreus.[194]

[18] De modo algum contrariam esta exposição de princípios as palavras de Nosso Salvador que se encontram no Evangelho de São Mateus: "Ouvistes o que se disse aos antigos: Não jurarás falso, e cumprirás ao Senhor os teus juramentos. Eu, porém, vos digo que não jureis de forma alguma: nem pelo céu, porque é o trono de Deus; nem pela terra, porque é o descanso de Seus pés[195]; nem por Jerusalém, porque é a cidade do grande Rei. Nem pela tua cabeça jurarás, porque não és capaz de tornar branco nem preto um só fio de cabelo. Mas seja o vosso modo de falar: Sim, sim; não, não. O que daí passa, tem sua origem no mal".[196]

Não se deve, pois, afirmar que tais palavras sejam uma reprovação formal e sumária do juramento, porque já vimos, há pouco, que o próprio Senhor e os Apóstolos juraram repetidas vezes.

Nosso Senhor queria, apenas, refutar a perversa opinião dos judeus, pela qual estavam persuadidos de que no juramento nada mais era preciso evitar senão a mentira. Por isso, por qualquer coisa sem a menor importância, juravam pessoalmente, e exigiam também que os outros também jurassem, da mesma forma. Este mau vezo é que o Salvador censura e reprova, ensinando que devemos absolutamente abster-nos de jurar, quando não o exige a necessidade.

[19] O juramento foi instituído por causa da fragilidade humana. Realmente, sua razão de ser está na malícia, pois revela de per si a in-

---

192. Hb 4,13.
193. Cfr. a antífona do Advento: O Sapientia (17 de Dezembro).
194. Hb 6,16. — Clemente XI, em 1705,e Pio VI, em 1794,condenaram como jansenista a opinião de que os juramentos exigidos pelas autoridades eclesiástica e civil são contrários ao espírito do cristianismo, e que em geral o juramento só é permitido em extrema necessidade, quando não haja outra evasiva. Cfr. Dz 1451,1575.
195. Cfr. Is 66,1.
196. Mt 5,33-37.

constância de quem jura, ou a obstinação daquele que nos faz jurar, porquanto não podemos levá-lo a crer de outra forma.

Isto não obstante, a necessidade de jurar tem sua justificação.

Quando o Salvador diz: "Seja o vosso falar: Sim, sim; não, não", Sua própria expressão dá claramente a entender que Ele só proíbe o costume de se jurar em assuntos familiares e corriqueiros. Por certo, o sentido principal da advertência de Nosso Senhor é que não sejamos demasiado fáceis para jurar, nem cedamos a qualquer propensão de fazê-lo. Este é um ponto que se deve ensinar com frequência, e inculcar aos ouvidos dos fiéis.

Pois não só pela autoridade das Sagradas Escrituras, como também pelo testemunho dos Santos Padres, temos provas de serem quase sem conta os males que resultam do exagerado costume de jurar.

No Livro do Eclesiástico está escrito: "Não se acostume tua boca a jurar, porque isso traz ocasião para muitas quedas".[197] E no mesmo lugar: "O homem que jura muito, será cheio de iniquidade, e a desgraça não se apartará de sua casa".[198]

Mais explicações sobre a matéria, podemos encontrá-las nos escritos de São Basílio e Santo Agostinho sobre a mentira.[199]

Até aqui se tratou do que o Preceito manda. Vejamos, doravante, o que ele proíbe.

III. PRECEITO NEGATIVO DESTE MANDAMENTO

1. Os que juram indevidamente

a) Contra a necessidade do juramento

[20] Proibido nos é tomar o Nome de Deus em vão. Evidentemente, grave pecado comete quem, no juramento, não se deixa guiar pela reflexão, mas antes por temerária leviandade. Mas que isto vem a ser até um pecado gravíssimo, declaram-no as palavras textuais: "Não tomarás em vão o Nome do Senhor teu Deus". Indicam[200], por assim dizer, a

---

197. Eclo 23,9.
198. Eclo 23,12.
199. *Vide Basilium in Ps 14 ad haec verba: Qui iurat proximo suo; Aug, *Liber de mendacio*, cap. 14.
200. O original latino traz *"afferret"* em vez de *"afferrent"*. É um lapso de concordância, a não ser

razão por que esse pecado é tão funesto e abominável; é por desacatar a majestade d'Aquele a quem reconhecemos como Nosso Deus e Senhor.

b) Contra a verdade do juramento

Este Preceito proíbe, portanto, que se faça juramento falso. Quem não recua de tamanho crime, como o de invocar a Deus como falsa testemunha, faz a Deus uma tremenda injúria, pois Lhe atira a pecha de ignorância, julgando que Ele possa desconhecer a verdade, ou a de perversão e má-fé, como se Ele se prontificasse a confirmar uma mentira com o Seu testemunho.

[21] Ora, jura falso não só quem jura verdade aquilo que ele mesmo conhece como falso, mas também a pessoa que jura alguma coisa verdadeira, na persuasão de que é falsa, embora seja de per si verdadeira.[201]

Se, pois, mentira é mentira, porque é expressa contra a verdade e a própria convicção de quem a profere, não resta dúvida que tal pessoa de fato mente, e comete perjúrio.

[22] Por igual motivo, comete também perjúrio quem jura uma coisa que julga verdadeira, mas que de fato é falsa, salvo se a pessoa de sua parte empregou toda a atenção e diligência de que era capaz, para descobrir e conhecer plenamente a verdade. Ainda que suas palavras estejam de acordo com o pensamento, a pessoa incorre todavia numa transgressão deste Preceito.[202]

[23] Deve também considerar-se réu do mesmo pecado aquele que com juramento promete fazer alguma coisa, sem a intenção de cumprir o prometido; ou, se tinha intenção, não cumpre de fato o que prometeu.

Aplica-se o mesmo princípio aos que se obrigam a Deus por algum voto, e deixam de satisfazê-lo.[203]

[24] Peca-se também contra este Preceito, quando se falta à justiça, uma das três condições que devem acompanhar o juramento.

Portanto, se alguém jura cometer algum pecado mortal[204], por exemplo, o de matar um homem, peca contra este Preceito, embora a pessoa

---

que se admita um anacoluto, aliás difícil de traduzir.
201. *Vide Aug. de verbis Apost. serm. 28.
202. Transgressão pelo menos material.
203. Sobre votos e promessas: Lv 37; Dt 23,21-22; Sl 75,12; Eclo 5, etc.
204. Não só pecado mortal, mas também qualquer pecado leve.

o prometa com reflexão e seriedade, e assim não falte ao juramento a verdade, condição que se exige em primeiro lugar, conforme já temos explicado.

Devemos acrescentar aqui as espécies de juramento que procedem de certo menosprezo; quando, por exemplo, alguém jura que não há de obedecer aos conselhos evangélicos, porquanto exortam à observância do celibato e da pobreza. Verdade é que ninguém tem a estrita obrigação de segui-los; mas, se alguém jura não querer observar tais conselhos, há nesse juramento desprezo e profanação dos conselhos divinos.

[25] Quebra igualmente este Preceito, e peca contra o critério necessário, a pessoa que jura, por convicção, o que é verdade, mas apoiando-se em conjecturas frágeis e rebuscadas. Ainda que amparado pela verdade tal juramento encobre, de certo modo, uma falsidade. Pois quem assim jura com negligência, expõe-se ao grande risco de cair em perjúrio.

c) Contra a justiça do juramento

[26] Mais ainda. Jura falso quem jura por falsos deuses. Que pode haver de mais estranho à verdade, do que invocar por testemunhas a deuses ilusórios e artificiais, como se fossem o Deus verdadeiro?

2. Os que menosprezam a Deus desonrando a sua palavra

[27] Ao proibir o perjúrio, a Escritura acrescenta: "Não mancharás o Nome do teu Deus".[205] Assim proíbe, outrossim, o menosprezo de outras coisas, às quais se deve veneração, em virtude deste mesmo Preceito.

Tal se dá com a palavra de Deus, cuja majestade não só os homens piedosos, mas às vezes até os ímpios acatam com temor, como se conta na história dos Juízes a respeito de Eglon, rei dos Moabitas.[206]

Ora, gravíssima injúria faz à palavra de Deus quem destitui a Sagrada Escritura de seu sentido reto e verdadeiro, para abonar doutrinas e heresias de homens ímpios. Contra tal crime nos põe em guarda o Príncipe dos Apóstolos com as palavras: "Há algumas coisas difí-

---

205. Lv 19,12.
206. Jz 3,30.

ceis de entender [nas epístolas de São Paulo], que pessoas ignorantes adulteram para a sua própria perdição, bem como outras passagens da Escritura".[207]

Há também uma indigna e vergonhosa conspurcação das Sagradas Escrituras, quando pessoas perversas tomam suas palavras e sentenças, que merecem toda a veneração, para as torcerem em sentido profano, como seja de chocarrices, bazófias, sandices, lisonjas, difamações, adivinhações, sátiras e outras infâmias. É um pecado que o Sagrado Concílio de Trento manda coibir com penas canônicas.[208]

3. Os que não invocam a Deus

[28] Mais ainda. Assim como honram a Deus os que imploram Seu poderoso auxílio nas tribulações: assim também negam a Deus a devida honra os que não pedem o Seu socorro. Davi censura-os com as palavras: "Não invocam a Deus. Por isso, tremem de pavor, onde não há o que temer".[209]

4. Os que blasfemam e maldizem o nome de Deus

[29] Incorrem, porém, em culpa muito mais abominável os que, com a sua boca impura e maligna, ousam blasfemar e maldizer não só o sacrossanto Nome de Deus, que todas as criaturas devem bendizer e exaltar com os maiores louvores; mas também os nomes dos Santos, que com Deus já estão participando do Seu Reino.

Este pecado é tão atroz e inqualificável, que as Sagradas Escrituras, quando falam da blasfêmia[210], usam às vezes o termo "bênção" [em lugar da expressão própria].

---

207. 2Pd 3,16.
208. Conc. Trid. IV de editione et usu sacrorum libr. Dz 786. As penas ficavam aos critérios dos Ordinários. O CIC silencia a respeito.
209. Sl 13,5.
210. 1Rs 21,13; Jó 1,11; 2,9.

IV. AS SANÇÕES DE DEUS CONTRA OS INFRATORES DESTE MANDAMENTO

[30] Para melhor sacudir as consciências, e mais facilmente mover os homens à observância deste Preceito, já que o temor de grave castigo costuma ser um vigoroso freio à leviandade de pecar, terá o pároco o cuidado de bem explicar esta segunda parte do Preceito, a qual vem à guisa de apêndice: "Pois o Senhor não deixará sem castigo aquele que tomar em vão o Nome do Senhor seu Deus".[211]

Em primeiro lugar, explicará a profunda razão por que, ao Preceito, se acrescentaram ameaças de castigo. Dão elas a conhecer a gravidade do pecado e a bondade de Deus para conosco. Pois, uma vez que não Se regozija com a perdição dos homens[212], Deus nos incute temor por meio dessas úteis ameaças, para não atrairmos sobre nós Sua cólera e desagrado, de sorte que venhamos a sentir antes a Sua bondade do que a Sua indignação.

Deve o pároco insistir neste ponto, e repisá-lo com toda a diligência, a fim de que o povo veja a gravidade de tal pecado; que o aborreça com mais decisão, e tenha mais empenho e cuidado em evitar as ocasiões de cometê-lo.

Mostre depois que, sendo tão forte a propensão dos homens a cometerem esse pecado, seria insuficiente promulgar-se o Preceito se não lhe acrescessem também ameaças de castigo. Não é de crer quanta vantagem traz consigo essa consideração; pois, se nada é tão prejudicial como uma incauta segurança de espírito, do mesmo modo é sumamente proveitoso o conhecimento da própria fraqueza.

Não deixe tampouco de explicar que Deus não marcou um castigo determinado; ameaçou, em geral, de não deixar impunes os que cometessem tal pecado.

Por isso, as diversas tribulações que todos os dias nos afligem devem recordar-nos deste pecado, pois não será fora de propósito presumir que, na violação deste Preceito, esteja o motivo de caírem os homens nas maiores desgraças. Se os homens tomarem a peito esta verdade, é provável que se tornem mais cautelosos para o futuro.

---

211. Ex 20,7.
212. Tb 3,22.

Os fiéis devem, pois, imbuir-se de santo temor, para fugirem desse pecado, custe o que custar. Se no último Juízo havemos de responder por toda palavra ociosa[213], que se dirá então dos gravíssimos pecados que envolvem em si um grande desprezo do Nome de Deus?

---

213. Mt 12,36.

CAPÍTULO IV
DO TERCEIRO MANDAMENTO

"Lembra-te de santificar o dia do sábado" [214]

1. O que se ordena aos fiéis neste terceiro mandamento. — 2. Por que o pároco deve lembrar perpetuamente o povo cristão do que se prescreve aqui. — 3. As autoridades civis serão exortadas a prestar auxílio aos Prelados da Igreja. — 4. Como este preceito se distingue dos outros no Decálogo. — 5. Abolidas as leis cerimoniais com a morte de Cristo, o sábado também foi abolido no que tinha de cerimonial. — 6. Em que este mandamento concorda com os outros nove. — 7. Os apóstolos transferiram a observância de sábado para domingo.

I. "Lembra-te de santificar o dia de sábado". — 8. O que geralmente se ordena com a palavra "lembra-te". — 9. O que significa *sábado e celebrar o sábado* nas Escrituras. — 10. De que modo se diz que os fiéis santificam o sábado. — 11. Qual é o significado adequado das palavras citadas.

II. "Trabalharás durante seis dias, e farás toda a tua obra, mas o sétimo dia é o sábado do Senhor, teu Deus." — 12. Que se indica na segunda parte deste preceito. — 13. Por que foi conveniente assinalar aos judeus um dia fixo, e este no sétimo dia, para o culto divino. — 14. De que coisas a celebração do sábado era um sinal. — 15. Em que consiste o sábado espiritual do povo cristão. — 16. Em que consiste o sábado dos bem-aventurados. — 17. Além do sábado, os judeus tiveram outros dias festivos. — 18. Por que os Apóstolos mudaram a obersvância do sábado para domingo. — 19. Por que além do domingo, outros feriados cristãos foram acrescentados. — 20. Em virtude desse preceito, os fiéis são encorajados a fugir da ociosidade.

III. "Não farás trabalho algum, nem tu, nem teu filho, nem teu servo, nem teu animal, nem o estrangeiro que está dentro de teus muros." — 21. O que se proíbe principalmente nos dias de festa. — 22. No sábado não estão proibidas as obras exteriores que se ordenam ao culto de Deus. — 23. Algumas obras servis também são lícitas quando a necessidade é urgente. — 24. Por que mandou o Senhor que os animais não trabalhem. — 25. Em que trabalhos os cristãos devem empenhar-se nos dias de festa.

IV. "Porque em seis dias o Senhor fez o céu, a terra, o mar e tudo que neles há, e repousou no sétimo dia; e, por isso, o Senhor abençoou o dia sétimo e o santificou." — 26. Por que foi preciso designar certos dias para o culto divino. — 27. Que benefícios a perfeita observância desta lei traz aos fiéis. — 28. O que deve ser dito, em contrapartida, daqueles que ignoram essa lei.

---

214. Ex 20,8-11.

[1] Este Preceito do Decálogo regula o culto externo, que devemos a Deus. Vem a propósito neste lugar, porque esse culto é, de certo modo, um fruto do Preceito anterior.

De fato, não podemos deixar de render exteriormente culto e ação de graças Àquele que a fé e a esperança nos levam a venerar, amorosamente, no fundo do coração.

Ora, como esse dever não pode ser facilmente cumprido, enquanto nos deixamos absorver por negócios e interesses humanos, foi marcado um tempo fixo, para que se possam comodamente satisfazer as obrigações do culto externo.

[2] Em se tratando de um Preceito que traz admiráveis frutos e vantagens, será de máxima importância que o pároco tenha a mais apurada diligência em sua explicação.

Para lhe inflamar o zelo e entusiasmo, há uma grande força expressa nas primeiras palavras do Mandamento: "Lembra-te". Como os fiéis devem lembrar-se deste Preceito, assim também deve o pároco trazer-lhe à lembrança, por meio de frequentes avisos e instruções.

O quanto aproveita aos fiéis respeitar este Preceito, transparece do fato de que sua exata observância induz, mais facilmente, os fiéis a guardarem os outros Preceitos do Decálogo. Dentre as mais obrigações prescritas em dias santos, uma é reunirem-se os fiéis na igreja, para escutar a palavra de Deus. Assim, quando conhecerem plenamente as prescrições divinas[215], conseguirão também observar a Lei do Senhor de todo o coração.[216]

Por esse motivo, a Sagrada Escritura ordena muitas vezes a celebração e santificação do sábado, como nos é dado verificar no Êxodo, Levítico, Deuteronômio, nos profetas Isaías, Jeremias e Ezequiel.[217] Em todos esses lugares se fala da obrigação de guardar o sábado.[218]

[3] Devem pois ser exortados os poderes públicos a coadjuvarem, com a sua autoridade, os pastores da Igreja, principalmente no que respeita à conservação e dilatação desse culto externo a Deus, e a mandarem ao povo que obedeça às determinações da hierarquia eclesiástica.

---

215. Os 118,61.
216. Sl 118,34.
217. Ex 16,23; Lv 16,31; Dt 5,12-14; Is 56,2-4; Jr 17,21-22; Ez 20,12 etc.
218. De verbi Dei praedicatione vide Conc. Trid. V cap. 2. Dz 426 CIC can. 1344-1348.

Porém, na explicação deste Preceito, é preciso cuidar que os fiéis aprendam as semelhanças e as diferenças em relação aos outros Mandamentos. Assim reconhecerão também a razão determinante por que guardamos e santificamos já não o sábado, mas o domingo.[219]

1. Pontos de diferença deste mandamento para os demais do Decálogo

[4] Como certa, deve considerar-se a diferença de que os demais Preceitos do Decálogo são naturais e perpétuos, e não podem de maneira alguma sofrer alteração. Por isso, não obstante a ab-rogação da Lei Mosaica, o povo cristão continua a observar todos os Preceitos que se contêm nas duas Tábuas. Tal acontece, não porque Moisés assim o mandasse, mas porque eles correspondem à própria natureza das coisas, cuja força intrínseca impele os homens a observá-los.

O Preceito, porém, de observar o sábado, no que refere à determinação do tempo, não é fixo nem perpétuo, mas é passível de mudança. Não pertence aos Preceitos morais, mas antes às prescrições cerimoniais. Não faz parte tampouco da lei natural, porque não é a natureza que nos ensina e move a render culto externo a Deus nesse dia, de preferência a outro qualquer. O próprio povo de Israel só começou a celebrar o dia de sábado, a partir do tempo em que foi libertado da escravidão do Faraó.

[5] O tempo em que se devia ab-rogar a observância do sábado como tal, coincide com a época em que deviam também caducar os demais ritos e cerimônias hebraicas, quer dizer, por ocasião da Morte de Cristo.

Essas cerimônias eram como que pálidas imagens da luz e da verdade. Força era, portanto, que desvanecessem ao raiar a própria luz e verdade, que é Jesus Cristo.[220] Nesse sentido é que São Paulo escreveu aos Gálatas, repreendendo os que observavam o rito mosaico: "Observais os dias e os meses, os tempos e os anos. Receio, pois, ter trabalhado entre vós inutilmente".[221] A mesma declaração fez ele na epístola aos Colossenses.[222]

---

219. Domingo quer dizer "dia do Senhor".
220. Jo 1,5; 1,17; 14,6. No decreto para os jacobitas, de 1441, declarou o Papa Eugênio IV: Após a morte de Nosso Senhor, podia observar-se o Sábado e a Lei Cerimonial, enquanto se implantava o Evangelho, mas só com a condição de não ser isto considerado como essencial para a salvação. No entanto, promulgado que foi o Evangelho, já não se podia de modo algum manter tal observância. Quem o fizer, peca gravemente, e expõe-se ao risco de condenação (Dz 712).
221. Gl 4,10-11.
222. Cl 2,16.

Tanto basta dizer acerca da diferença.

2. *Pontos comuns deste mandamento com os demais do Decálogo*

[6] Há, neste Preceito, pontos comuns com os restantes, não pelos seus ritos e cerimônias, mas pelo que também se liga à moral e à lei natural. Pois, pelo teor deste Preceito, o culto a Deus e a observância da Religião tiram sua origem do direito natural, porque a própria natureza nos induz a empregar algumas horas ao culto externo de Deus.

Em prova desta asserção, verificamos que todos os povos estabelecem determinadas festas, de caráter público, destinadas a piedosas práticas de Religião.

Para o homem, é natural consagrar algum tempo às funções da vida orgânica, como seja repouso corporal, sono, e outras coisas semelhantes. Assim também corresponde à natureza, que o homem conceda à sua alma algum tempo, como faz para o corpo, a fim de que ela possa restaurar suas forças no trato íntimo com Deus. Desde que deve reservar-se um tempo à ocupação com as coisas divinas e ao culto devido a Deus, é indubitável que o presente Preceito faz parte da Lei Moral.[223]

[7] Por esse motivo, resolveram os Apóstolos consagrar ao culto divino o primeiro dos sete dias da semana ao qual chamaram "Dia do Senhor"[224] No Apocalipse, São João já menciona o "Dia do Senhor"[225], e o Apóstolo determina se façam as coletas no "primeiro dia depois do sábado"[226], que é o dia de domingo, conforme a interpretação de São João Crisóstomo.[227] Isso nos dá a entender que já então se santificava o dia de Domingo.

Agora, para os fiéis saberem o que, nesse dia, devem fazer ou deixar de fazer, será oportuno que o pároco cuide de explicar todo o Preceito, palavra por palavra, o qual pode acertadamente dividir-se em quatro partes.

---

223. E não da Lei Cerimonial, abolida por Jesus Cristo.
224. *Dominicus dies*: daí a expressão "domingo" em vernáculo.
225. Ap 1,10.
226. 1Cor 16,2.
227. Chrysost. homil. 43 in 1 Cor.

I. "LEMBRA-TE DE SANTIFICAR O SÁBADO"

1. "Lembra-te"

[8] Primeiro, dar-se-á o sentido exato[228] da prescrição: "Lembra-te de santificar o sábado". Com intenção se colocou de início a palavra "Lembra-te", para indicar que a celebração desse dia, precisamente, pertence às leis cerimoniais. Parecia de bom aviso advertir o povo a respeito, visto que a lei natural, ensinando a necessidade de se tomar um tempo para o culto externo de Deus, não prescreve, taxativamente, em que dia deve ser prestado.

Além disso, sejam os fiéis esclarecidos de que de tal expressão se pode também coligir a maneira de trabalhar durante toda a semana. Pois, tendo sempre diante dos olhos o domingo como o dia em que, de certo modo, devemos dar contas a Deus de nossas ações e trabalhos, havemos forçosamente de cumprir tais obrigações, de maneira que não sejam reprovadas pelo juízo de Deus, nem nos sejam ocasião para "soluços e sobressaltos do coração".[229]

Afinal, a expressão nos ensina também uma coisa que devemos certamente levar em conta. É que não faltarão ocasiões de esquecermos este Preceito, quer movidos pelo exemplo daqueles que o menosprezam, quer arrastados pelo amor de espetáculos e divertimentos. Por via de regra, são estas coisas que nos desviam da santa e piedosa celebração deste dia.

Mas passemos então a explicar o significado da palavra "sábado".

2. Significação do termo "sábado"

[9] Sábado é um termo hebraico que, em vernáculo, quer dizer cessação de trabalho. Por isso, sabadear significa parar e descansar. Através dessa significação, o "sétimo dia" veio a chamar-se sábado, porquanto "Deus", depois de concluir e aperfeiçoar o universo, "descansou de toda a obra que tinha feito".[230] E por tal nome é que o Senhor chama esse dia no Êxodo.[231]

---

228. Em latim *"generatim"*, quer dizer, por gêneros e espécies; exatamente.
229. 1Sm 25,31.
230. Gn 2,2.
231. Ex 20,10.

Mais tarde, devido à sua importância, designou-se com o mesmo nome não só o sétimo dia, mas também a semana inteira. Nesse sentido, declarava o fariseu no Evangelho de São Lucas: "Eu jejuo duas vezes aos sábados".[232]

Tanto se diga sobre a significação da palavra "sábado".

3. Sentido do verbo "santificar"

[10] Pela Sagrada Escritura, a santificação do sábado está em largar os trabalhos corporais e interesses temporais, conforme o evidenciam as seguintes palavras do Preceito: "Nenhuma obra farás".[233]

Esta não é, todavia, a sua única significação, pois do contrário bastaria a declaração do Deuteronômio: "Guarda o dia do sábado".[234] No mesmo lugar, porém, se acrescenta: "para o santificares", mostrando esta expressão que o dia de sábado é de caráter religioso, consagrado ao culto divino e aos santos exercícios da Religião.

Por conseguinte, celebramos o dia de sábado com a máxima perfeição, se cumprirmos para com Deus os deveres de piedade e religião. Assim temos realmente um sábado, a que Isaías chama "deleitoso"[235], porque os dias festivos constituem, por assim dizer, as delícias do Senhor e dos homens religiosos.

Se a esta santa e piedosa celebração do sábado acrescentarmos as obras de misericórdia, muito grandes e copiosos serão certamente os prêmios que, no mesmo capítulo, nos são prometidos.[236]

[11] Portanto, o sentido próprio e verdadeiro desde Mandamento é que o homem se aplique, de corpo e alma, ao cuidado de prestar piedoso culto a Deus, conservando-se livre, em tempo determinado, de ocupações e trabalhos corporais.

---

232. Lc 18,12.
233. Ex 20,10.
234. Dt 5,12.
235. Is 58,13.
236. Is 58,8-13.

II. "SEIS DIAS TRABALHARÁS, E FARÁS TODOS OS TEUS SERVIÇOS. NO SÉTIMO DIA, PORÉM, É O SÁBADO DO SENHOR TEU DEUS"

1. *"No sétimo dia, porém, é o Sábado do Senhor teu Deus"*

[12] Na segunda parte do Preceito, mostra-se que o sétimo dia foi reservado ao culto de Deus, por instituição divina, pois assim rezam as Escrituras: "Seis dias trabalharás, e farás todas as tuas obras. O sétimo dia, porém, é o Sábado do Senhor teu Deus".[237]

O sentido destas palavras é que devemos considerar o sábado como consagrado ao Senhor, tributando-Lhe nesse dia atos de religião, tomando o sétimo dia como um memorial do descanso do Senhor.

a) O sábado judaico e seus diversos significados

[13] Foi designado esse dia para o culto divino, porque não convinha deixar ao critério de um povo mal avisado a livre escolha do tempo, porque iria talvez imitar as festas dos Egípcios.

Portanto, dos sete dias se escolheu o último para o culto de Deus, e esta determinação está cheia de mistério. Esta é a razão por que o Senhor lhe chama de sinal, no Êxodo e no Profeta Ezequiel.[238] "Tomai cuidado em guardar o Meu Sábado, porque é um sinal entre Mim e vós, através de vossas gerações, para que saibais que Eu sou o Senhor, que vos santifico".[239]

[14] Era pois um sinal, porque indicava aos homens a necessidade de se consagrarem a Deus, e de se santificarem para Ele. Santo é esse dia, por ser a ocasião principal em que os homens devem cultivar a santidade e a religião.

Depois, é um sinal e como que um monumento desta admirável criação do Universo.

Era, ainda, um sinal gravado na consciência dos Israelitas, para se lembrarem de que, por mercê de Deus, foram para sempre libertados da duríssima escravidão do Egito. É o que o Senhor prova com a solene

---

237. Ex 20,9-10.
238. Ez 20,12.
239. Ex 31,13.

afirmação: "Lembra-te de que tu mesmo foste escravo no Egito, e que de lá te tirou o Senhor teu Deus, com mão vigorosa e com braço armado. Por isso, Ele te mandou observar o sábado".[240]

Enfim, era também um sinal do sábado espiritual, bem como do sábado celestial.

b) O sábado espiritual

[15] Ora, o sábado espiritual consiste numa espécie de santo e místico repouso que se goza, quando o velho homem, sepultado com Cristo, ressuscita para uma vida nova[241], esmerando-se em práticas que são próprias da vida cristã.

Porquanto, "os que outrora eram trevas, e agora são luz no Senhor", devem "andar como filhos da luz... em toda a bondade, justiça e verdade... e não tomar parte nas infrutuosas obras das trevas".[242]

c) O sábado celestial

[16] Como diz São Cirilo[243], explicando a passagem do Apóstolo: "Para o povo de Deus, há pois a perspectiva de um repouso sabático"[244], o sábado celestial vem a ser aquela vida em que, vivendo com Cristo, gozaremos de todos os bens, após a total extirpação do pecado, de acordo com a palavra da Escritura: "Ali não haverá leão, nem por lá passará fera alguma"; mas "ali há de haver um caminho limpo, e chamar-se-á estrada santa".[245]

Na visão de Deus, a alma dos Santos logra todos os bens, pelo que o pároco deve exortar os fiéis e instá-los com as palavras: "Façamos empenho por entrar naquele descanso".[246]

---

240. Dt 5,15.
241. Rm 6,4.
242. Ef 5,8-11.
243. Cyrill. lib. IV in Jo 4 c. 6.
244. Hb 4,9.
245. Is 35,9 e 8.
246. Hb 4,11.

d) Outras festas judaicas

[17] Além do sétimo dia, tinha o povo judaico outros dias festivos e santificados, que foram instituídos por Lei Divina. Sua finalidade era manter sempre viva a lembrança de insignes benefícios.[247]

2. O domingo dia do Senhor

a) Mudança do sábado para o domingo

[18] A Igreja de Deus, porém, achou conveniente transferir para o domingo a solene celebração do sábado. Assim como nesse dia começou a brilhar a luz para o mundo universo[248], assim também nossa vida foi retirada das trevas para a luz, em virtude da Ressurreição de Nosso Salvador, realizada naquele mesmo dia, e que nos franqueou os umbrais da vida eterna. Por isso, quiseram os Apóstolos fosse ele chamado "domingo".[249]

Vemos também, pela Sagrada Escritura, que esse dia é memorável, pois nele teve início a criação do mundo, e nele foi comunicado o Espírito Santo aos Apóstolos.

b) Outras festas cristãs

[19] Desde o início da Igreja, e nos tempos posteriores, os Apóstolos e nossos santos Chefes instituíram outros dias festivos, para que celebrássemos, com amor e devoção, a lembrança dos benefícios divinos.

Entre eles, consideram-se, como os mais insignes, os dias que são consagrados ao culto divino, por causa dos Mistérios de nossa Redenção. Depois, os dias comemorativos da Santíssima Virgem Mãe, dos Apóstolos, dos Mártires e outros Santos, que reinam com Cristo. Pela exaltação de sua vitória, glorificamos a bondade e o poder de Deus, a eles mesmos tributamos as honras devidas, e o povo cristão é levado à imitação de suas virtudes.[250]

---

247. Ex 12; Lv 23-25; Nm 28-29; Dt 15-16; cfr. Thomam I-II q. 102.
248. Gn 1,3.
249. Quer dizer: Dia do Senhor; do latim *"dies Dominicus"*.
250. A preposição: "O preceito de guardar os dias santos não obriga debaixo de pecado mortal, a não ser que haja desprezo ou escândalo" — foi condenada, em 1679, pelo Para Inocêncio XI (Dz 1202). Em 1687, o mesmo Papa condenava esta outra proposição: "Almas interiores procedem

3. "Seis dias trabalharás"

[20] Para a sua observância, é de grande alcance uma cláusula do próprio Preceito, a qual se reveste das palavras seguintes: "Seis dias farás as tuas obras; porém o sétimo dia é o Sábado de Deus". Aqui está a razão por que o pároco deve esmerar-se na explicação desta parte.

Destas palavras pode ele inferir a obrigação de exortar os fiéis a que não façam uma vida ociosa e despreocupada; pelo contrário, que, lembrando-se do conselho do Apóstolo, tenha cada qual sua ocupação, e trabalhe de suas próprias mãos, conforme ele mesmo havia ordenado.[251]

Além disso, manda o Senhor, em virtude deste Preceito, fazer nossos trabalhos nesses seis dias, e não deixar para o dia santo nenhum dos trabalhos e obrigações, que devem recair nos outros dias da semana, para que assim o nosso espírito se não distraia do fervoroso culto às coisas da Religião.

III. "NESSE DIA, NÃO FARÁS NENHUMA OBRA, NEM TU, NEM TEU FILHO, NEM TUA FILHA, NEM TEU SERVO, NEM TUA SERVA, NEM TEU ANIMAL DE CARGA, NEM O FORASTEIRO QUE SE ACHAR DENTRO DE TUAS PORTAS"

1. O que proíbe este mandamento

[21] Agora vem a explicação da terceira parte do Preceito, que descreve mais de perto a maneira, pela qual devemos celebrar o dia de sábado.[252] Expõe-se, de preferência, o que nesse dia nos é proibido fazer.

Pois, diz o Senhor: "Não farás nesse dia trabalho algum, nem tu, nem teu filho, nem tua filha, nem teu servo, nem tua serva, nem teu animal de carga, nem o forasteiro que estiver dentro de tuas portas".[253]

Estas palavras nos ensinam, antes de tudo, a evitar categoricamente o que possa, de qualquer maneira, impedir a prática do culto divino.

---

mal, esforçando-se por serem mais fervorosas em dias santos, ou em lugares sagrados, porque para essas almas todos os dias, festas e lugares são igualmente santos" (Dz 1253).
251. 1Ts 4,11; Ef 4,28.
252. O CRO continua a usar o termo bíblico "sábado", mas com referência ao domingo cristão.
253. Dt 5,14.

É fácil reconhecer que se proíbe toda a espécie de obra servil, não porque seja indecorosa e má por natureza, mas porque distrai nosso espírito do culto a Deus, que é o fim determinado pelo Preceito.

Muito mais, ainda, devem os fiéis evitar pecados [nesse dia], pois estes não só desviam o espírito da ocupação com as coisas divinas, mas também nos apartam totalmente do amor a Deus.[254]

[22] No entanto, não se proíbem serviços e trabalhos, embora servis, que pertencem ao culto divino, como preparar o altar, ornamentar a igreja para um dia de festa, e outras ocupações semelhantes.

[23] Não devemos também julgar que este Preceito proíba obras servis, cuja omissão em dia santo acarretaria prejuízo.[255] Assim o permitem as próprias leis eclesiásticas.[256]

Nosso Senhor, no Evangelho, declarou que se podem fazer muitas outras coisas em dias santificados. O pároco verá facilmente quais são, nos Evangelhos de São Mateus e São João.[257]

[24] Para não omitir nada que possa tolher a celebração do sábado, menciona-se o "animal de carga", pois que o uso de tais animais impedem aos homens a celebração do sábado. Quando se emprega um animal para serviço em dia de sábado, torna-se também necessária a ação do homem para dirigir o animal, porquanto este não pode prestar serviço por si mesmo, mas só ajuda no trabalho que o homem executa.

Ora, nesse dia ninguém deve trabalhar, nem tampouco os animais que os homens empregam para o serviço.

Esta prescrição do Mandamento tem ainda outra finalidade. Se Deus quer que se poupem os animais no trabalho, com mais razão devem os homens evitar de serem desumanos para com seus semelhantes, cujo talento e esforço aproveitam para si mesmos.[258]

2. *O que nos obriga este mandamento*

[25] Não deve o pároco descuidar-se de bem explicar quais são as obras e atividades, que os cristãos devem desenvolver nos dias santos.

---

254. A circunstância de ser dia santo não acrescenta ao pecado uma malícia específica.
255. Subentende-se que o CRO fala de prejuízo grave.
256. O CIC fala da faculdade dos párocos para dispensar (cânon 1245 § 1).
257. Mt 12,3-5; Jo 5,8.
258. Aqui é oportuna uma palavra sobre o trabalho dominical dos empregados domésticos.

São as seguintes: visitar o templo de Deus, para ali assistir ao Sacrifício da Missa com sincera e verdadeira devoção; receber com frequência os Santos Sacramentos da Igreja, instituídos para a nossa salvação, a fim de curarem as feridas de nossa alma.

De fato, os cristãos nada farão de melhor e mais proveitoso do que confessar frequentemente seus pecados aos sacerdotes. Para tal fim poderá o pároco exortar o povo, tirando as razões e argumentos da matéria que, em seu lugar, foi explicada e definida, acerca do Sacramento da Penitência.[259] Todavia, não se contentará de convidar o povo a que receba este Sacramento, mas exortá-lo também à frequente recepção do sacrossanto Sacramento da Eucaristia.

Depois, é obrigação dos fiéis ouvirem a prédica com zelosa atenção. Nada é mais condenável, nem mais indigno, do que desprezar as palavras de Cristo, ou escutá-las com negligência.

Além do mais, devem os fiéis adestrar-se na fervorosa prática da oração e louvor a Deus.

Seja sua maior preocupação aprender, cuidadosamente, as regras da vida cristã, exercer-se nas obrigações da caridade, dando esmolas aos pobres e necessitados, visitando os enfermos, consolando os tristes e os oprimidos pela dor. Pois, como diz São Tiago, "a religião pura e imaculada perante Deus Pai é esta: socorrer os órfãos e as viúvas em sua tribulação".[260]

Do exposto, facilmente podemos inferir quais são as contravenções que se cometem contra a norma deste Preceito.

IV. "POIS EM SEIS DIAS FEZ O SENHOR O CÉU E A TERRA, O MAR, E TUDO QUE NELES SE ENCERRA, E NO SÉTIMO DIA DESCANSOU. POR ISSO, O SENHOR ABENÇOOU O DIA DE SÁBADO, E O FEZ SANTO"

[26] É também obrigação do pároco ter à mão certos autores, do quais possa tirar razões e argumentos, com o objetivo principal de levar o povo a cumprir, com o maior zelo e exatidão, o que se impõe neste Preceito.

---

259. CRO II V.
260. Tg 1,27.

Para isso, muito contribui, se o povo vir e reconhecer, plenamente, quanto é justo e razoável que haja certos dias consagrados integralmente ao culto divino, nos quais professamos, adoramos e veneramos a Nosso Senhor, de quem temos recebido imensos e inumeráveis benefícios.

Se Ele nos tivesse mandado tributar-Lhe todos os dias um culto religioso, não deveríamos, em atenção aos Seus máximos e incalculáveis benefícios para conosco, fazer todos os esforços de nossa parte, para obedecermos à Sua vontade, com alegria e prontidão?

Ora, sendo poucos os dias instituídos para o Seu culto, não há razão de sermos descuidados e vagarosos no cumprir uma obrigação, que não podemos omitir sem culpa gravíssima.

[27] Passe o pároco a demonstrar como é grande o efeito deste Mandamento, porquanto os que são fiéis em cumpri-lo parecem estar na presença de Deus e entreter-se com Ele.

Pois, quando nos entregamos à oração, contemplamos a majestade de Deus, e privamos com Ele; quando escutamos os pregadores, recebemos a voz de Deus, a qual chega aos nossos ouvidos por intermédio daqueles, que santa e piedosamente anunciam as coisas divinas. E no Sacrifício do Altar, adoramos a presença de Cristo Nosso Senhor. Ora, de todos estes bens se tornam participantes aqueles antes de tudo que cumprem zelosamente este Preceito.

[28] Os que desprezam formalmente este Preceito, não obedecendo a Deus[261] nem à Igreja, são inimigos de Deus e de Suas santas Leis.

Isto se torna evidente, porque este Preceito é de tal natureza, que pode ser observado sem nenhum sacrifício. Ora, Deus não nos impõe trabalhos — que aliás, deveríamos aceitar por amor a Ele, fossem embora os mais difíceis — mas, pelo contrário, ordena-nos de ficar tranquilos e livres de preocupações temporais. Seria, pois, sinal de grande temeridade rejeitar a obrigação imposta por este Preceito.

Devem servir-nos de exemplo os castigos que Deus infligiu contra os violadores deste Preceito, como vemos pela leitura do Livro dos Números.[262]

---

261. Mt 18,17; Lc 10,16; Jo 20,21; Hb 13,17.
262. Nm 15,35.

Para não incorrermos nessa cólera de Deus, vale a pena recordar muitas vezes a palavra "Lembra-te", ponderando maduramente os frutos e as vantagens que resultam da observância dos dias festivos, como acima foi declarado.

E muitas outras ideias atinentes ao assunto, um pároco bom e zeloso pode amplamente desenvolvê-las, na medida que se apresenta o momento oportuno.

CAPÍTULO V
DO QUARTO MANDAMENTO

"Honra teu pai e tua mãe, para teres longa vida na terra, que o Senhor teu Deus te há de dar"[263]

1. Excelência deste mandamento, e como se relaciona com os anteriores. — 2. Até onde se estende a obrigação deste mandamento, e quanto se ajuda com ele aos pais.

I. Divisão dos preceitos do Decálogo em dois grupos. — 3. Por que os mandamentos da Lei se dividiram em duas tábuas. — 4. Por que o amor de Deus está contido nos três primeiros preceitos, e o do próximo nos outros sete, e que diferença há entre os dois amores. — 5. Por que o amor de Deus não tem limites, enquanto o amor do próximo o tem. — 6. Como se deve amar aos pais, e em que ocasiões eles não devem ser obedecidos.

II. "Honra teu pai e tua mãe". — 7. O que a palavra honra significa aqui. — 8. Quem é designado aqui com o nome do pai. — 9. Por que os filhos dos cristãos devem honrar principalmente seus pais naturais. — 10. Como se honra aos pais naturais. — 11. Os pais devem ser ajudados quando precisam e, muito mais, em risco de morte. — 12. Como se honra aos pais depois de sua morte. — 13. Como devem ser honrados os bispos e sacerdotes. — 14. Os sacerdotes devem receber o necessário para sua subsistência. — 15. As autoridades políticas devem ser honradas. — 16. Quando se deve obedecer às autoridades políticas, ainda que sejam más, e quando não.

III. "Para que teus dias se prolonguem sobre a terra que te dá o Senhor, teu Deus." —17. Que prêmio Deus promete àqueles que obedecem a seus pais. — 18. Quanto essa promessa de uma vida longa deve ser estimada. — 19. Como aqueles que honram seus pais recebem o prêmio desse preceito, mesmo que morram cedo.— 20. Com que penas aqueles que quebram esse preceito são castigados.

IV. Obrigações dos pais para se fazerem dignos de ser honrados. — 21. Por que meios principalmente poderão os pais fazer-se dignos da honra ordenada por Deus. — 22. Não devem os pais ser excessivamente indulgentes com seus filhos, nem esforçar-se demasiado para lhes deixar uma herança muito grande.

[1] Os preceitos anteriores são de suma importância e dignidade, com eles se emparelham os que vamos tratar agora, por causa de sua absoluta necessidade.

---

263. Ex 20,12.

Aqueles se referem diretamente ao nosso fim, que é Deus.[264] Estes nos ensinam a caridade do próximo; tomados, porém, em sua plena extensão, levam igualmente a Deus, que é a última razão por que amamos nosso próximo. Por isso, Cristo Nosso Senhor disse que eram iguais entre si os dois Preceitos de amar a Deus e amar ao próximo.[265]

Mal podemos descrever quantas vantagens se encerram nessa palavra de Nosso Senhor, ela produz seus frutos, abundantes e excelentes, e constitui uma espécie de sinal, que faz transparecer a obediência e veneração que se devem ao Primeiro Mandamento.

São João diz: "Quem não ama seu irmão, a quem vê, como pode amar a Deus, a quem não vê?"[266] Analogamente, se não amamos e respeitamos nossos pais, a quem devemos amar segundo a vontade de Deus, apesar de estarem quase sempre diante de nossos olhos: que estima e veneração tributaremos a Deus, Pai supremo e boníssimo[267], a quem não vemos de maneira alguma? Por aí se patenteia a consonância que existe entre ambos os Mandamentos.

[2] O âmbito, porém, deste Preceito é muito vasto. Além daqueles que nos geraram, muitas são as pessoas que devemos venerar, como se fossem nossos pais, em razão de sua autoridade[268], de sua posição[269], de sua benemerência[270], de seu cargo ou função importante.

Por sua parte, este Preceito suaviza também a tarefa dos pais e todos os superiores, cujo cuidado principal é conseguir que seus subordinados tenham uma vida honesta, enquadrada na Lei Divina. Ora, muito fácil será tal tarefa, se todos reconhecerem que, por ordem e disposição de Deus, se deve tributar aos pais a mais alta veneração possível.

Mas, para isto conseguirmos, é preciso conhecer certa diferença que há entre os Preceitos da Primeira e os da Segunda Tábua da Lei.

---

264. Cfr. 1Tm 1,5.
265. Mt 22,39; Mc 12,31.
266. 1Jo 4,20.
267. Ml 1,6.
268. 2Rs 5,13.
269. 1Cor 4,15.
270. Eclo 4,10.

I. DIVISÃO DOS PRECEITOS DO DECÁLOGO EM DOIS GRUPOS

[3] Esta é, portanto, a primeira explicação que o pároco deve fazer. Antes de tudo, dirá que os divinos Preceitos do Decálogo[271] foram gravados em duas tábuas. A primeira, como reza a tradição dos Santos Padres[272], continha os três Preceitos que já foram explicados. A segunda abrangia os restantes. Essa enumeração vem muito a propósito, porquanto a própria sequência dos Preceitos faz ressaltar a sua razão intrínseca.

Ora, nas Sagradas Escrituras, todas as ordens e proibições da Lei Divina se reduzem a uma das duas categorias, pois toda e qualquer obrigação se relaciona com a caridade, quer para com Deus, quer para com o próximo.

Por sinal, os três Preceitos anteriores ensinam a caridade para com Deus; o que, porém, diz respeito ao amor e união dos homens entre si, se contém nos sete Preceitos restantes. Não é, pois, sem motivo que se fez tal distinção, de sorte que uns Preceitos foram descriminados na Primeira Tábua, e outros na Segunda.

[4] Nos três Preceitos anteriores, de que já tratamos, o objeto intrínseco, por assim dizer, é Deus, o sumo Bem; nos demais é o bem do próximo. Aqueles propõem o amor máximo; estes, um amor que fica próximo do supremo. Aqueles visam o fim [de toda a Lei]; estes, os meios que se coordenam ao fim.[273]

Mais ainda. O amor a Deus de Deus depende, pois Deus deve ser sumamente amado, por atenção a Ele mesmo, e não por outro motivo qualquer. Porém o amor ao próximo tem sua origem no amor a Deus, e deve referir-se a esse amor, como norma segura.

Pois, se amamos nossos pais, se obedecemos aos superiores, se respeitamos as autoridades, fazemo-lo, antes de tudo, porque Deus é quem os criou e quis prepô-lo a outros, para governar e defender os demais pelo seu ministério. Ora, sendo Ele mesmo que nos manda honrar tais pessoas, é de nossa obrigação fazê-lo, por isso mesmo que Deus as distinguiu com essa dignidade.

---

271. Ex 24,1; cap. 2; 31,18; Dt 4,13; 5,22; 9,10.
272. Clemente de Alexandria, *Stromatum satis ante finem*, lib. VI; Santo Agostinho, in Ex. q. 71 et epist. 119 c. 11; D. Thomam I-II q. 100 art. 4.
273. D. Thom. II-II q. 122 art. 1-2; et in Opusc. VII cap. de Primo Praecepto.

Em consequência, a honra que prestamos aos pais parece referir-se antes a Deus, do que aos homens. Assim o lemos em São Mateus, quando fala do acatamento devido aos superiores: "Quem vos recebe, a Mim recebe".[274] E na epístola aos Efésios, instruindo os escravos, diz o Apóstolo: "Servos, obedecei aos vossos senhores temporais, com temor e tremor, de coração sincero, como se fosse a Cristo; não servindo só quando sois vistos, como para agradar aos homens, mas fazei-o como servidores de Cristo".[275]

[5] Acresce, ainda, que nenhuma honra, nenhuma reverência, nenhuma veneração é bastante digna de tributar-se a Deus. O amor para com Ele pode crescer em proporções infinitas. Por isso, é necessário que nosso amor a Deus se torne cada vez mais ardente, pois segundo o Seu preceito devemos amá-lO de todo o nosso coração, de toda a nossa alma, de todas as nossas forças.[276]

Ora, o amor que nutrimos ao próximo tem seus limites. Nosso Senhor manda amar o próximo como a nós mesmos.[277] Se alguém ultrapassa os limites, a ponto de ter igual amor a Deus e ao próximo, comete um pecado de máxima gravidade.

O Senhor declarou: "Se alguém vem a Mim, e não odeia[278] seu pai, sua mãe, sua esposa, seus filhos, seus irmãos e irmãs, e até a sua própria vida: não pode ser Meu discípulo".[279] No mesmo sentido falou: "Deixa os mortos sepultarem os seus mortos", quando certo homem queria primeiro enterrar seu pai, para depois seguir a Cristo.[280]

Mais clara é a explicação que deste assunto se acha em São Mateus: "Quem ama pai e mãe mais do que a Mim, não é digno de Mim".[281]

[6] Não há dúvida, devemos extremar-nos no amor e respeito a nossos pais. Mas, para que nisso haja piedade filial, é preciso, antes de tudo, prestar-se a principal honra e veneração a Deus, que é o Pai e Criador de todos os homens.[282] Por conseguinte, devemos amar nossos pais, de modo que toda a veemência desse amor se refira ao Pai Celeste e Sempiterno.

---

274. Mt 10,40.
275. Ef 6,5; 1Pd 2,18.
276. Dt 6,5; Lc 10,27.
277. Mt 22,37.
278. ... quer dizer: quem não ama os pais menos do que a Mim.
279. Lc 14,26.
280. Lc 14,26, Lc 9,60.
281. Mt 22,37.
282. Dt 32,6; Is 63,16; Jr 31,9; 2Mc 7,23.

Se alguma vez as ordens dadas pelos pais contrariarem os Preceitos de Deus, é evidente que os filhos devem antepor a vontade de Deus aos maus intentos dos pais, lembrando-se daquela advertência: "É preciso obedecer antes a Deus do que aos homens".[283]

II. HONRA TEU PAI E TUA MÃE

1. "Honra"

[7] Feita esta explicação, o pároco comentará as palavras do Preceito, começando pela primeira, que é "honrar". Consiste ela em ter apreço por alguma pessoa, e nutrir o mais alto conceito de tudo o que se lhe refira.

Acompanham essa honra os sentimentos de amor, respeito, obediência e veneração. De caso pensado, empregou-se na Lei o termo "honra", e não "amor" ou "temor", apesar do muito que devemos amar e temer nossos pais. Quem ama, nem sempre respeita e venera; quem teme, nem sempre ama. Mas quem honra de coração, também ama e teme.

Depois de haver explicado estas coisas, tratará o pároco da cláusula "pais", declarando quais pessoas são especificadas com tal designação.

2. "Teu pai e tua mãe"

[8] Ainda que a Lei fale, precipuamente, dos pais que nos geraram, esse nome se aplica também a outras pessoas que a Lei por certo abrange da mesma maneira. Sem mais dificuldade o deduzimos de numerosas passagens da Sagrada Escritura.

Conforme já fizemos notar, além dos pais que nos deram a vida, falam as Sagradas Escrituras de outras espécies de pais, a quem se deve uma honra correspondente.

Em primeiro lugar, chamam-se pais os Superiores eclesiásticos, tanto prelados como sacerdotes. Prova-o a passagem do Apóstolo, quando escrevia aos Coríntios: "Não escrevo estas coisas para vos confundir, mas exorto-vos como filhos meus caríssimos. Pois, ainda que tenhais dez mil mestres em Cristo, não tendes contudo muitos pais. Mas fui eu

---

283. At 5,29.

que pelo Evangelho vos gerei em Jesus Cristo".[284] E no Eclesiástico está escrito: "Louvemos os ilustres varões, nossos pais, a cuja geração pertencemos".[285]

Dá-se ainda o nome de "pais" àqueles que receberam uma jurisdição, uma delegação de poderes, o governo geral da Nação. Assim é que Naamá era chamado pai pelos seus servos.[286]

Outrossim, chamamos de "pais" aqueles a cuja direção, lealdade, honradez e prudência estão confiadas outras pessoas. Desta categoria são os tutores, curadores, educadores e mestres. Por isso, os filhos dos Profetas davam o título de "pai" a Elias e Eliseu.[287]

Afinal, chamamos de "pais" os anciãos e as pessoas encanecidas, a quem aliás, devemos reverência.

Nestas instruções, tenha o pároco como ponto principal o ensinar que devemos honrar todos os pais, seja qual for a sua categoria, mas que em primeiro lugar estão os pais que nos puseram no mundo, pois a eles é que a Lei Divina se refere de modo particular.

a) Os pais naturais

[9] São eles, por assim dizer, imagens de Deus imortal; neles vemos uma representação de nossa origem; por eles nos foi dada a vida; deles Se serviu Deus para nos dar uma alma racional; foram eles que nos levaram aos Sacramentos, que nos formaram para a vida religiosa e social, que nos instruíram na integridade e pureza de costumes.

Queira o pároco advertir que com razão se menciona o nome de "mãe", neste Preceito, para termos em consideração seus benefícios e benemerências para conosco, com quanto cuidado e angústia ela nos trouxe debaixo de seu coração, com quanta dor e sofrimento nos deu à luz e nos criou.

[10] Devemos honrar nossos pais de tal maneira, que nossas demonstrações de respeito para com eles procedam, visivelmente, de um coração cheio de amor e carinho.

---

284. 1Cor 4,14.
285. Eclo 44,1.
286. 2Rs 5,13.
287. 2Rs 2,12; 13,14.

O principal motivo desta nossa obrigação é o nutrirem eles tal afeição para conosco que, por nossa causa, não recusam nenhum trabalho, nenhuma fadiga, nenhum perigo, não podendo experimentar maior alegria do que se sentirem benquistos de seus filhos, a quem amam extremosamente.

José do Egito, com ser o primeiro em glória e majestade abaixo do Rei, recebeu com todas as honras a seu pai, quando este se transferiu para o Egito.[288] Salomão levantou-se, indo ao encontro de sua mãe que chegava, inclinou-se diante dela, e colocou-a à sua direita no trono real.[289]

Há ainda outras mostras de honra, que devemos prestar aos nossos pais. Assim é que também os honramos, quando nos afervoramos em pedir a Deus, para que tudo lhes corra prosperamente; que tenham a maior estima e consideração entre os homens; que sejam bem aceitos aos olhos de Deus e dos Santos no céu.

Outra maneira de honrar nossos pais é regular nossos planos pelo seu juízo e vontade. Assim o aconselha Salomão: "Ouve, meu filho, as advertências de teu pai, e não abandones a doutrina de tua mãe, para que isto seja como um adorno em tua cabeça, e como um colar no teu pescoço".[290] Do mesmo sentido são as exortações dadas por São Paulo: "Filhos, obedecei a vossos pais no Senhor, pois assim é de justiça".[291] E também: "Filhos, obedecei em tudo a vossos pais, porque nisso se compraz o Senhor".[292]

Abonam esta doutrina os exemplos de pessoas muito virtuosas. Isaac submeteu-se, humilde, sem relutância, quando seu pai se pôs a ligá-lo para o holocausto.[293] E os Recabitas, por não contrariarem o preceito de seu pai, abstiveram-se de vinho para sempre.[294]

Honramos também nossos pais, imitando-lhes os bons exemplos e costumes, pois o maior sinal de estima que se pode dar a uma pessoa é procurar a maior semelhança com ela.

Da mesma sorte, honramos nossos pais, quando não só pedimos, mas também pomos em prática os seus conselhos.

---

288. Gn 46,29.
289. 1Rs 2,19.
290. Pr 1,8-9.
291. Ef 6,1.
292. Cl 3,20.
293. Gn 22,9.
294. Jr 35,5 ss.

[11] Honramos igualmente nossos pais, quando os socorremos, ministrando-lhes o necessário para a sua mantença e posição social.

Prova-o uma palavra de Cristo que, reprovando a dureza dos fariseus para com os pais, lhes perguntou: "Por que violais o Mandamento de Deus, por amor de vossa tradição? Pois Deus disse: Honra teu pai e tua mãe, e: Quem amaldiçoar seu pai ou sua mãe, seja punido de morte. Vós, porém, apregoais: Todo aquele que dissera seu pai ou à sua mãe: Qualquer oferenda que eu faça a Deus te há de aproveitar — esse já não está obrigado a honrar seu pai e sua mãe. Desta forma, invalidastes o Mandamento de Deus, por causa de vossa tradição".[295]

Os deveres da piedade filial, devemos cumpri-los em todas as ocasiões, mas sobretudo quando os pais caem em doença perigosa. Cumpre-nos cuidar que nada se omita a respeito da Confissão e dos mais Sacramentos, que todos os cristãos devem receber, quando a morte está iminente.

Procuremos que pessoas boas e piedosas os visitem com frequência, para os confortarem e aconselharem, quando enfraquecidos na fé, para os levarem à esperança da vida eterna, quando já se acham em boas disposições, de sorte que ponham toda a sua alma nas mãos de Deus, depois de tê-la desapegado das coisas humanas.

Sendo, assim, venturosamente acompanhados pela fé, esperança e caridade, tendo o socorro da santa Religião, [nossos pais] não só temerão a morte, que é realmente inevitável, mas até a julgarão desejável, porque franqueia o acesso para a eternidade.

[12] Por último, presta-se honra aos pais, quando falecidos, fazendo-lhes os funerais, promovendo condignas exéquias, preparando uma honesta sepultura, garantindo os sufrágios e Missas aniversárias, executando fielmente suas declarações de última vontade.

b) *Bispos e sacerdotes*

[13] Devemos, no entanto, honrar não só aqueles que nos deram a vida, mas também os que merecem o nome de pais, como são os Bispos, sacerdotes, reis, príncipes, magistrados, tutores, curadores, mestres, educadores, anciãos e outras pessoas de igual condição. Todos eles são dignos, uns mais e outros menos, de tirar proveito de nossa caridade, de nossa obediência, de nossa fortuna.

---

295. Mt 15,3 ss.

Dos Bispos e outros superiores eclesiásticos está escrito: "Sacerdotes, que desempenham bem o seu ministério, são dignos de honra dobrada, mormente os que se afadigam em pregar e ensinar".²⁹⁶ Na verdade, quantas provas de amor não deram os Gálatas ao Apóstolo? Ele próprio lhes rendeu grande preito de gratidão, quando escrevia: "Posso assegurar-vos que, se possível fora, até os próprios olhos teríeis arrancado, para me fazerdes presente deles".²⁹⁷

[14] Aos sacerdotes, devemos proporcionar-lhes o que for necessário para a sua manutenção. Por isso perguntava o Apóstolo: "Quem vai jamais à guerra, e custeia-se a si mesmo?"²⁹⁸ E no Eclesiástico está escrito: "Honra os sacerdotes, e purifica-te do pecado pela oferta das espáduas. Dá-lhes, como te foi mandado, a parte das primícias e da expiação".²⁹⁹

Deve-se-lhes também obediência, conforme ensina o Apóstolo: "Obedecei aos vossos superiores, e sujeitai-vos a eles, pois eles estão vigilantes, como quem há de dar contas de vossas almas".³⁰⁰ E Cristo Nosso Senhor mandou até obedecer aos maus pastores, quando declarava: "Na cadeira de Moisés estão sentados os escribas e fariseus. Respeitai, pois, e executai tudo o que vos disserem. Mas não façais de acordo com suas obras, porque eles falam e não praticam".³⁰¹

c) *Reis, príncipes, magistrados, tutores*

[15] Outro tanto se diga dos reis, príncipes, magistrados e mais pessoas, a cujo poder estamos submetidos. Na epístola aos Romanos, o Apóstolo se detém em especificar qual honra, respeito e submissão lhes devemos a eles.³⁰² Faz lembrar a obrigação de se rezar também por eles.³⁰³ E São Pedro diz por sua vez: "Sede submissos, por amor de Deus, a toda autoridade humana, seja ao rei como soberano, seja aos governantes como seus delegados".³⁰⁴

---

296. 1Tm 5,17.
297. Gl 4,15.
298. 1Cor 9,7.
299. Eclo 7,33. — Das vítimas, a espádua pertence por direito ao sacerdote. Cfr. Ex 29,27 ss.; Lv 7,33. — Décimas solvendas esse, vide D. Thomam II-II q. 81. Dz 427, 598. Conc. Trid. sess. XXV cap. 12.
300. Hb 13,17.
301. Mt 23,2-3.
302. Rm cap. 13.
303. 1Tm 2,2.
304. 1Pd 2,13. *Vide Tertull. in Apolog. 6 30 et 32.

A honra que lhes tributamos a Deus se refere, pois os homens acatam a preeminência do cargo, por ser esta um reflexo do poder divino. Assim reverenciamos também a Providência de Deus que, confiando-lhes o exercício de um cargo público, se serve deles como ministros de Seu poder.[305]

[16] Nossa veneração, naturalmente, não se reporta à malícia e perversão humana, se tal houver nos detentores do poder, mas à autoridade divina de que estão revestidos. Por mais estranho que pareça, nunca poderá haver uma razão suficiente para lhes negarmos o devido respeito, ainda que eles nos persigam com todo rancor e hostilidade.

Assim é que Davi levava por diante suas grandes atenções para com Saul, embora este lhe mostrasse os piores sentimentos. Davi no-lo dá a entender nas seguintes palavras: "Eu era pacato com os que odiavam a paz".[306]

Contudo, não podemos obedecer-lhes de maneira alguma, quando dão ordens ímpias e injustas, porque não o fazem de acordo com os seus poderes, mas por injustiça e maldade.

Depois de haver especificado estes pontos, o pároco passará a falar da recompensa prometida aos que observam este divino Preceito, e mostrará também como ele vai ao encontro das aspirações humanas.

III. "PARA QUE TENHAS LONGA VIDA NA TERRA, QUE O SENHOR TEU DEUS TE HÁ DE DAR"

[17] Seu maior fruto, porém, é que "tenham longa vida".[307] Na verdade, digno de lograr um benefício, o mais tempo possível, se torna aquele que o tem continuamente na lembrança. Portanto, os que honram seus pais, e se mostram gratos a quem lhes deu o gozo da luz e da vida, merecem com razão alcançar a extrema velhice.

Depois, é preciso dar uma explicação bem declarada da divina promessa, pois não se promete apenas o gozo de uma vida eterna e ven-

---

305. Vide Aug. de civit. Dei V c. 10 11 14 et 15. — "Procurando, igualmente, defender seus próprios direitos e os direitos dos outros, a Igreja não julga oportuno definir a que forma de governo se dar preferência... As várias formas de governo lhe são gradas, enquanto não forem de encontro à Religião e aos preceitos da Moral. Por esta norma, devem orientar-se todos os cristãos em suas ideias e ações". Cfr. Leão XIII, na encíclica *Sapientiae christianae*, de 10 de Janeiro de 1890 (Dz 1871).
306. Sl 119,7.
307. Ex 20,12.

turosa, mas também da vida que levamos aqui na terra. Assim o explica São Paulo naquela passagem: "A piedade para tudo é proveitosa; tem a promessa, tanto para a vida presente, como para a futura".[308]

[18] Esta recompensa não é pequena, nem desprezível, ainda que grandes Santos, como Jó, Davi e Paulo anelavam pela morte[309], e que pessoas tristes e sofredoras não encontram prazer numa vida prolongada.

Pois a cláusula que vem a seguir: "[na terra] que o teu Senhor te há de dar", promete não só uma vida dilatada, mas também o repouso, a paz e a segurança que se requer para uma vida venturosa. O Deuteronômio não se limita a dizer: "para que tenhas longa vida", mas acrescenta também: "para que sejas feliz".[310] O mesmo pensamento foi, mais tarde, inculcado pelo Apóstolo.[311]

[19] Dizemos, todavia, que Deus prodigaliza tais bens aos homens, cuja piedade filial Ele quer remunerar. Aliás, a divina promessa não deixa de ser menos segura e constante, ainda que por vezes seja mais curta a vida daqueles que tiveram grande amor filial a seus pais.

Isto acontece, ou porque é melhor para eles deixar o mundo, antes que abandonem a prática da virtude e do dever: são, pois, arrebatados, para que "a malícia não lhes perverta o entendimento, e a hipocrisia não lhes seduza o coração"[312]; ou então são separados de seus corpos, na iminência de males e flagelos públicos, para escaparem às provações dos tempos que correm. "O justo, diz o Profeta, é arrebatado, em vista da malícia reinante".[313] Assim acontece, para que não venha a perigar sua virtude e salvação, quando Deus castiga os pecados dos homens; ou para que, em tempos de suma tristeza, não tenham de chorar, amargamente, a desgraça de parentes e amigos.

Por isso, mais razões há para se temer [grandes castigos de Deus], quando pessoas virtuosas são ceifadas por uma morte prematura.

[20] Assim como Deus prometeu prêmio e bênção, pelo cumprimento de seu dever aos que são carinhosos para com os pais, assim também

---

308. 1Tm 4,8. O termo latino "pietas" significa piedade, amor filial, reverência devida aos pais e superiores.
309. Jó 3,3; Sl 119,5; Fl 1,23; 2Cor 5,8.
310. Dt 5,16.
311. Ef 6,3.
312. Sb 4,11.
313. Is 57,1.

reserva penas gravíssimas aos filhos ingratos e impiedosos. Pois está escrito: "Quem amaldiçoar seu pai ou sua mãe, seja punido de morte".[314] E "quem acabrunha seu pai, e foge de sua mãe, é um infame e desgraçado".[315] Noutro lugar: "Quem amaldiçoar seu pai ou sua mãe, verá sua candeia apagar-se no meio das trevas".[316] Afinal: "O olho que escarnece de seu pai, e despreza o parto de sua mãe, seja arrancado pelos corvos das torrentes, e comido pelos filhotes da águia".[317]

Conforme lemos nas Escrituras, dos filhos que ultrajaram os próprios pais, muitos houve contra os quais se inflamou a vingança da cólera divina.[318] Assim Deus não deixou Davi sem desafronta. Infligiu o devido castigo a Absalão, e puniu seu crime, fazendo que fosse trespassado por três lanças.[319]

Daqueles, porém, que não obedecem aos sacerdotes, está escrito: "Quem se ensoberbece, não querendo obedecer ao sacerdote, que nesse tempo ministra ao Senhor teu Deus, tal homem seja, por sentença do juiz, condenado à morte".[320]

IV. OBRIGAÇÕES DOS PAIS E SUPERIORES

[21] Se, pois, a Lei de Deus manda aos filhos honrar, obedecer e acatar seus pais, é também dever e encargo dos pais educar os filhos por princípios e costumes bem assentados, dar-lhes as melhores normas de vida, para que eles, tendo boa instrução e formação religiosa, sirvam a Deus com perseverança e fidelidade. Dessa maneira procederam os pais de Susana, consoante o que lemos nas Escrituras.[321]

Por isso mesmo, advirta o sacerdote que, para com os filhos, devemos pais haver-se como mestres da virtude, pela retidão, continência, modéstia, e santidade, procurando, antes de tudo, evitar três pontos, contra os quais costumam muitas vezes cometer faltas.

---

314. Ex 21,17.
315. Pr 19,26.
316. Pr 20,20.
317. Pr 30,17.
318. Gn 9,25.
319. 2Sm 18,14.
320. Dt 17,12.
321. Dn 13,3.

Primeiro, quando falam ou repreendem, não sejam ásperos demais para com os filhos. É o que manda o Apóstolo na epístola aos Colossenses: "Pais, não provoqueis o rancor de vossos filhos, para que se não tornem retraídos".[322] Há perigo de ficarem covardes e subservientes, porque de tudo se arreceiam. Por isso, deve [o pároco] ordenar que os pais evitem o rigor demasiado, procurando antes morigerar os filhos, do que castigá-los propriamente.

[22] Segundo, não perdoem nada aos filhos, por nímia indulgência, quando cometerem alguma falta que exija castigo e repreensão. Não raras vezes os filhos se desencaminham por causa da excessiva brandura e complacência dos pais. Para os desviar dessa irrazoável condescendência, sirva-lhes de exemplo o sumo sacerdote Heli, que sofreu o pior dos castigos, por se ter excedido na bondade para com os filhos.[323]

Terceiro, não sigam os pais princípios errados na instrução e educação dos filhos, o que seria a maior das calamidades.[324] Pois muitos são os que pensam e só cuidam em deixar aos filhos bens materiais, rendas pecuniárias, grandes e suntuosas heranças. Não os exortam à prática da religião e piedade, nem à aquisição de bons conhecimentos, mas antes à ganância de aumentarem sempre mais a sua fortuna. Pouco se lhes dá o bom nome e a salvação eterna dos filhos, contanto que estes tenham dinheiro e façam grande fortuna. Poder-se-ia falar ou pensar de modo mais vergonhoso?

Assim herdam eles aos filhos não tanto os bens de fortuna, quanto os seus crimes e desordens. Em última análise, tornam-se guias que os não conduzem ao céu, mas aos eternos suplícios do inferno.

Procure, pois, o sacerdote incutir no espírito dos pais os mais sólidos princípios de educação, e induzi-los a imitar o exemplo de Tobias[325], para terem igual virtude. Depois de educarem devidamente seus filhos no temor a Deus e na santidade, receberão deles copiosos frutos de amor, obediência e respeito.

---

322. Cl 3,21.
323. 1Sm. 4,18.
324. Na atualidade, os funestos princípios do socialismo e comunismo. Vejam-se as encíclicas *Quanta cura* de Pio IX (Dz 1694, 1695), e *Divini illius Magistri* de Pio XI (Dz 2202-2224).
325. Tb cap. 4.

CAPÍTULO VI
DO QUINTO MANDAMENTO

"Não matarás!"[326]

1. Fruto e utilidade da doutrina deste mandamento. — 2. O que se proíbe e o que se manda por este mandamento.
I. Preceito negativo deste mandamento. — 3. É lícito alimentar-se de carne de animais e matá-los. — 4. É lícito condenar à morte em justo juízo a certos homens. — 5. Tampouco são culpados de homicídio os que matam em guerra justa. — 6. Não infringe este mandamento quem mata a outro de forma casual — 7. Quando a morte provocada casualmente é culpada de homicídio. — 8. Também é lícito matar a outro para defender a própria vida. — 9. Ninguém pode matar a outro por autoridade própria. — 10. Este preceito protege a vida de todo homem, quaquer que seja sua condição. — 11. De quantos modos se pode infringir este preceito. — 12. Quando se peca por ira, e quando não. — 13. Como os homens podem guardar perfeitamente este preceito, e quantos são os que pecam contra ele. — 14. Quanto Deus detesta o homicídio nas Sagradas Letras. — 15. Mostra-se pela razão quão horrendo pecado é o homicídio.
II. Preceito afirmativo deste mandamento. — 16. Que nos ordena Deus por este preceito. — 17. Que obras de caridade são ordenadas por este preceito. — 18. A obra mais perfeita da caridade é amar aos inimigos. — 19. Em que obra brilha mais a caridade com o próximo, preceituada por este mandamento. — 20. Razões particulares para reprimir o ódio e induzir os fiéis a perdoar as injúrias. — 21.Os homens que nos perseguem são ministros e executores de Deus, ainda que trabalhem com vontade maléfica. — 22. Quais são os prêmios concedidos àqueles que perdoam voluntariamente os insultos. — 23. Quais e quantos males provêm do ódio aos inimigos.— 24. Demonstra-se que do ódio nascem muitos pecados. — 25. Remédios contra o pecado do ódio.

[1] Singular ventura está prometida aos pacíficos, "porquanto serão chamados filhos de Deus".[327] Esta consideração deve, forçosamente, levar os pastores a explicarem aos fiéis a doutrina deste Mandamento com todo o carinho e exatidão.

Com efeito, para apaziguar os ânimos dos homens, não há melhor alvitre, do que a exata observância deste Preceito, como é de obrigação para todos, desde que receberam uma boa explicação de seus dispositi-

---
326. Ex 20,3.
327. Mt 5,9.

vos. Só então é de esperar que os homens, congraçados na mais perfeita igualdade de sentimentos, cultivem ciosamente a paz e a concórdia.

O quanto se torna necessária uma boa explicação deste Preceito, nós o percebemos pelo fato de que, após o imenso Dilúvio Universal, a primeira e a única proibição, que Deus impôs aos homens, foi esta: "O sangue de vossa vida, Eu o vingarei da mão de todos os animais, e da mão do [próprio] homem".[328]

E também no Evangelho, quando Nosso Senhor explicara pela primeira vez as leis da Antiga Aliança, começou por este Mandamento, como está escrito em São Mateus: "Foi dito: Não matarás", e o mais que do assunto se diz naquela mesma passagem.[329]

Os fiéis devem, por sua vez, ouvir com atenção e prazer a explicação deste Preceito. Em sua eficácia, serve para defender a vida de quem quer que seja, porquanto as palavras "Não matarás" proíbem o homicídio de maneira categórica.

Por isso, todos os homens devem aceitá-lo com tanta alegria do coração, como se Deus, sob ameaça de Sua cólera e de outras penas gravíssimas, tivera proibido nominalmente que alguém fosse ferido. Logo, se nos é grato ouvir falar deste Preceito, grata nos deve ser também a advertência contra os pecados que ele proíbe.

[2] Ao explicar as obrigações deste Preceito, mostrou Nosso Senhor que nele se continham duas modalidades. A primeira, o que nos é proibido: Não matar. A segunda, o que nos é ordenado: Tratar os inimigos com cordial amizade, ter paz com todos os homens, levar com paciência todos os sofrimentos.

I. PRECEITO NEGATIVO DESTE MANDAMENTO

1. Mortes que não se proíbem neste mandamento

[3] Quanto à proibição de matar, devemos primeiro explicar quais espécies de morte não são proibidas por este Mandamento. Não é, pois, proibido matar os animais. Se Deus permitiu aos homens que se alimentassem deles, também permitiu que os matassem.[330]

---

328. Gn 9,5.
329. Mt 5,21-26.
330. Gn 9,2; Ex ca. 12.

Sobre este particular, diz Santo Agostinho: "Quando ouvimos dizer "Não matarás", não entendemos que isto se refira às plantas, porque elas não têm nenhuma sensação; nem aos brutos irracionais, porque não se ligam a nós por nenhuma relação de sociedade".[331]

[4] Outra espécie de morte lícita é a que compete às autoridades. Foi-lhes dado o poder de condenar à morte, pelo que punem os criminosos e defendem os inocentes, de acordo com a sentença legalmente lavrada. Quando exercem seu cargo com espírito de justiça, não se tornam culpados de homicídio; pelo contrário, são fiéis executores da Lei Divina, que proíbe de matar.

Se o fim da Lei é garantir a vida e segurança dos homens, as sentenças [capitais] dos magistrados obedecem à mesma finalidade, enquanto eles são os legítimos vingadores dos crimes, reprimindo a audácia e a violência mediante a pena de morte. Por essa razão dizia Davi: "Desde o romper do dia, exterminava eu todos os pecadores da terra, a fim de suprimir da cidade de Deus todos os que praticam iniquidade".[332]

[5] Da mesma forma, não pecam aqueles que, em guerra justa, tiram a vida dos inimigos, não por cobiça ou crueldade, mas unicamente por amor da causa comum de seu povo.[333]

Aqui pertencem também as mortes que se fazem por ordem expressa de Deus. Assim é que os filhos de Levi não pecaram, quando num só dia mataram tantos milhares de homens. Feita a matança, disse-lhes Moisés: "Hoje consagrastes ao Senhor as vossas mãos".[334]

[6] Não infringe tampouco este Preceito quem mata um homem, sem querer nem refletir, por mera casualidade. Sobre tal emergência, escreve o Livro do Deuteronômio: "Quem ferir seu próximo sem querer, não se provando que tivesse ódio contra ele, nem ontem, nem anteontem; mas que indo com ele simplesmente à floresta para cortar

---

331. Santo Agostinho, *A cidade de Deus*, I 20; *item de Moribus Manich. II 13-15.
332. Sl 100,8.
333. Thom. II-II q. 40 art. 4. "À coletividade em que nascemos e fomos criados, devemos particular amor e fidelidade, de sorte que o bom cidadão não deve recear a própria morte, em defesa de sua pátria" (Leão XIII, encíclica "Sapientiae christianae": DU 1936a). — Pio IX havia condenado a seguinte proposição: "Sendo por amor à Pátria, qualquer ato criminoso e reprovável, contrário à Lei divina, não só não merece censura, mas é até absolutamente lícito e digno dos maiores encômios" (Dz 1764).
334. Ex 32,29.

lenha, e, no derrubar a madeira, o machado lhe escapou da mão, e o ferro, saindo do cabo, feriu e matou seu amigo..."[335]

Como ocorrem sem nenhuma intenção ou premeditação, tais homicídios não entram, de modo algum, na categoria de pecados. Comprova-o a opinião de Santo Agostinho: "Longe de nós, diz ele, que nos atribuam como pecado a ação boa e honesta por nós praticada, que ensejou algum mal, contra a nossa intenção".[336]

[7] No homicídio acidental, pode haver pecado, por dois motivos. Primeiro, quando uma pessoa mata outra, ao praticar alguma ação injusta. Por exemplo, alguém dá um soco ou pontapé numa mulher grávida, sobrevindo por isso o aborto. Tal acontece, é verdade, contra a intenção do agressor, mas este não deixa de ter sua culpa, porque de modo algum lhe seria lícito agredir uma mulher grávida.[337]

Segundo, quando alguém mata outro, por descuido e negligência, por não ter tomado todas as precauções necessárias.

[8] Pela razão alegada, é de toda evidência que não transgride este Preceito, quem mata outra pessoa, em defesa de sua própria vida, se tiver usado todas as precauções necessárias.[338]

2. Mortes que se proíbem neste mandamento

Estas espécies de homicídios, que acabamos de enumerar, não estão incluídas na proibição deste Mandamento. Com exceção delas, todas as mais são proibidas, quer se tenha em vista o assassino, quer a vítima, quer a maneira de matar.

[9] Quanto ao autor de um homicídio, não se faz exceção de ninguém, nem de ricos, nem de poderosos, nem de patrões, nem de pais. A todos é proibido matar, sem nenhuma seleção ou distinção de pessoa.[339]

---

335. Dt 19,4 ss. — O texto sagrado continua assim: "... ele se acolherá a uma das sobreditas cidades de asilo, e viverá".
336. Santo Agostinho, *Epist.* 47.
337. Quando o aborto é intencional, há incursão em penas canônicas: excomunhão, irregularidade, suspensão (cfr. CIC can. 985 § 4 e 2350, veja-se também DU 1184, 1185, 1889-1890c).
338. As precauções necessárias consistem em não ferir mortalmente, se um golpe leve basta para neutralizar a agressão. É o que os moralistas chamam "moderamen inculpatae tutelae". — Não será lícito matar alguém, para defender a própria honra, a boa fama, nem para evitar uma sentença injusta (cfr. Dz 1117 ss. 1180 ss.).
339. A todos é proibido o duelo, ainda que, não aceitando o cartel, venha alguém a perder seu cargo ou sua reputação (Dz 1491 ss., 1939 ss. Vejam-se também as penas contra os duelantes e

[10] Quanto à vítima de um homicídio, este Preceito abrange todos os homens. Não há pessoa, por mais humilde e desprezível, que não seja protegida pela força deste Preceito.

A ninguém, tampouco, é permitido suicidar-se, porque ninguém dispõe assim de sua vida, que possa a seu talante procurar a morte de própria mão.[340] Por isso, o Preceito não tem por teor as palavras: "Não mates a outrem", mas diz simplesmente: "Não mates".

[11] Se atentarmos, porém, os vários modos de praticar homicídio, vemos que não há exceção para ninguém. Não só se proíbe tirar a vida do próximo, com as mãos, com ferro, pedra, cacete, corda, veneno; mas é também absolutamente ilícito dar ocasião a um homicídio, por meio de conselho, dinheiro, cooperação pessoal, ou de qualquer maneira que seja.

Inqualificável era, neste ponto, a obtusão moral dos judeus, que julgavam respeitar este Mandamento, contanto que se abstivessem de matar com suas próprias mãos.[341]

O cristão, porém, pela doutrina de Cristo conhece o sentido espiritual da Lei, que de nós exige não só mãos puras, mas também um coração casto e ilibado.[342] Ele não pode, de modo algum, contentar-se com o que os judeus julgavam cumprir com bastante perfeição.

Pois a ninguém é lícito nem sequer irar-se contra o próximo, como ensina o Evangelho, porquanto Nosso Senhor declarou: "Eu, porém, vos digo: Todo aquele que se enraivecer contra seu irmão, será réu perante o juízo. Quem chamar seu irmão de 'raca', será réu diante do conselho. Quem chamar seu irmão de 'louco', será réu do fogo do inferno".[343]

[12] Dessas palavras se deduz, com evidência, que não está livre de pecado quem se zanga com seu irmão, ainda que reprima a cólera dentro de si mesmo. Todavia, muito mais grave é a falta de quem não receia tratar duramente seu irmão e dirigir-lhe palavras injuriosas.[344]

---

seus padrinhos: CIC can. 1240 § 1 n.º 4; 1241, 2351).
340. O suicida não pode ter sepultura eclesiástica. Pela simples tentativa, o criminoso incorre em penas canônicas (CIC 2350 § 2).
341. Cfr. Jo 18,31.
342. Cfr. Mt 15,1-20.
343. Mt 5,22.
344. Thom. II-II q. 158 art. 3.

Este pecado, porém, só se verifica, quando não há o que possa justificar nossa indignação. Perante Deus e Suas Leis³⁴⁵, temos razão de alterar-nos, todas as vezes que corrigimos nossos subordinados, por causa de suas faltas.

A cólera do cristão não deve proceder dos sentidos carnais, mas da ação do Espírito Santo, já que nos compete a dignidade de "templos do Espírito Santos"³⁴⁶ nos quais habita Jesus Cristo.³⁴⁷

[13] Nosso Senhor nos deu ainda muitos outros ensinamentos, que se referem à perfeita observância deste Preceito. Dessa natureza é a passagem seguinte: "Não arrostes a quem e mau. Antes, se alguém te bater na face direita, apresenta-lhe também a outra. E a quem quiser pleitear contigo em juízo e tirar-te a túnica, larga-lhe também a tua capa. Se alguém te forçar a correr uma milha, vai com ele duas milhas".³⁴⁸

Da citação feita, podemos inferir quanto os homens propendem aos pecados que se proíbem neste Mandamento, e como são numerosos os que cometem o crime de homicídio, senão de fato, ao menos pelo desejo do coração.

3. Gravidade do homicídio

[14] Ora, como a Sagrada Escritura oferece remédios para essa doença tão perigosa, é dever do pároco ensiná-los aos fiéis com toda a exatidão.

O principal é que se reconheça quão atroz é o pecado de homicídio. Isto se pode ver em muitos e graves testemunhos da Sagrada Escritura.³⁴⁹

Segundo os sagrados textos, Deus aborrece a tal ponto o homicídio, que promete castigar até os animais pela morte dos homens, e manda matar o animal que tenha ferido algum homem.³⁵⁰ Quando exigiu do homem tivesse horror em alimentar-se de sangue³⁵¹, não era por outro motivo, senão para que aquele arredasse, a todo o transe, as mãos e o coração do abominável crime do homicídio.

---

345. Sl 4,5; Ef 4,26.
346. 1Cor 6,19.
347. Ef 3,17.
348. Mt 5,39 ss.
349. Gn 4,10; Ex 21,12; Lv 24,17.
350. Gn 9,5; Ex 21,28.
351. Gn 9,4.

[15] São os homicidas os mais encarniçados inimigos do gênero humano, diremos até de toda a natureza. Fazem quanto podem para destruir toda a obra de Deus, matando um homem, por cujo amor Deus declarou ter criado tudo o que existe.[352]

Ainda mais. Como no Gênesis é proibido matar um homem, porque Deus o criou à Sua imagem e semelhança[353], grave ofensa faz a Deus, e parece quase que Lhe põe mãos violentas quem tira do mundo uma Sua imagem.

Isto é que Davi considerava por divina inspiração, quando se queixou amargamente dos sanguinários, e proferiu aquelas palavras: "Seus pés são velozes para derramarem sangue".[354] Não diz simplesmente "matar", mas "derramar" sangue. Tais palavras falou, para salientar a enormidade do nefando crime e a bárbara crueza dos que matam. E disse "seus pés são velozes", para mostrar, antes de tudo, como eles, impelidos pelo demônio, se precipitam em cometer tal crime.

II. PRECEITO AFIRMATIVO DESTE MANDAMENTO

1. O preceito da caridade

[16] O que Cristo Nosso Senhor manda observar neste Preceito tem por fim promover nossa paz com todos os homens.[355] Ele mesmo disse, na explicação deste Preceito: "Se ao levares tua oferta te ocorrer que teu irmão tem alguma queixa contra ti, deixa tua oferenda diante do altar, e vai primeiro reconciliar-te com teu irmão, e depois virás oferecer o teu sacrifício".[356] E veja-se o mais que diz a mesma passagem.

Na explicação destas palavras, precisa o pároco ensinar que nossa caridade deve abranger todos os homens, sem exceção alguma. Quando pois, explicar este Preceito, o pároco fará o que estiver ao seu alcance, para concitar os fiéis à prática dessa caridade, porque nela resplandece, sobremaneira, a virtude do amor ao próximo.

---

352. Gn 1,26.
353. Gn 9,6.
354. Sl 113,3.
355. Rm 12,18.
356. Mt 5,23 ss.

Sendo o ódio expressamente proibido por este Preceito, porque "é homicida aquele que odeia a seu irmão"[357], segue-se necessariamente que isso também inclui o preceito do amor e da caridade.

[17] Mas, ordenando o amor e a caridade, este Preceito impõe também todos os deveres e traças, que costumam nascer da caridade.

"A caridade é paciente", diz São Paulo.[358] Logo, aqui há para nós o preceito da paciência, pela qual havemos de possuir nossas almas, conforme ensina o Nosso Salvador.[359]

Depois, uma companheira inseparável da caridade é a beneficência, porque a "caridade é benigna". Ora, a virtude da benignidade e da beneficência é de ampla atuação. Seu fito principal consiste, para nós, em dar de comer aos que têm fome, de beber aos que têm sede, de vestir aos que estão nus; em usar de maior largueza a generosidade, na medida que alguém mais precisar de nossa assistência.

[18] Estes serviços de caridade e bondade, nobres por sua natureza, tornam-se muito mais grandiosos, quando são prestados aos inimigos. Pois Nosso Salvador declarou: "Amai vossos inimigos, fazei bem aos que vos odeiam".[360] O mesmo conselho dá o Apóstolo: "Se teu inimigo tiver fome, dá-lhe de comer. Se tiver sede, dá-lhe de beber. Fazendo assim, amontoarás brasas vivas sobre a cabeça dele. Não te deixes vencer pelo mal, mas vence o mal pelo bem".[361]

Enfim, se considerarmos o preceito da caridade, enquanto esta é benigna, reconheceremos que ela nos obriga a praticar tudo o que se refira à mansidão, à brandura, e a outras virtudes semelhantes.

2. *O perdão das injúrias*

[19] Um dever que, de muito, supera todos os mais, abrangendo em si toda a plenitude da caridade, e ao qual nos cumpre aplicar nosso maior esforço, consiste em esquecermos e perdoarmos, de bom coração, todas as injúrias recebidas.

---

357. 1Jo 3,15.
358. 1Cor 13,4.
359. L 21,19.
360. Mt 5,41.
361. Rm 12,20 ss.

Para o conseguirmos na realidade, as Sagradas Escrituras, como já foi dito[362], nos exortam e aconselham muitas vezes, não só chamando bem-aventurados os que perdoam sinceramente[363], mas também afirmando que eles já alcançaram de Deus o perdão de seus pecados[364]; e que não alcançam perdão os que deixam de perdoar de fato, ou não querem fazê-lo de maneira alguma.[365]

Ora, estando quase que arraigado no coração dos homens o instinto de vingança, faça o pároco todo o possível, não só para ensinar que o cristão deve perdoar e esquecer as injúrias, como também por deixar os fiéis plenamente persuadidos de tal obrigação.

Desse ponto falam muito os escritores eclesiásticos. Deve o pároco consultá-los, a fim de poder quebrar a pertinácia daqueles que se obstinaram e empederniram no desejo de vingança. Tenha sempre à mão aqueles fortíssimos e oportuníssimos argumentos que os Santos Padres usavam com religiosa convicção, quando tratavam da presente matéria.

[20] Para esse fim, são três as principais razões que o pároco deve desenvolver. A primeira é conseguir de quem se julga ofendido a firme persuasão de que a primeira causa de seu dano ou ofensa não é a pessoa, da qual deseja vingar-se.

Assim procedeu Jó, aquele varão admirável que, sendo gravemente lesado pelos Sabeus, Caldeus, e pelo próprio demônio, não lhes atribuiu nenhuma responsabilidade; mas, como homem justo e sobremaneira piedoso, proferiu as acertadas palavras: "O Senhor o deu, o Senhor o tirou".[366] Pela palavra e pelo exemplo desse varão pacientíssimo, tenham os cristãos, como absoluta verdade, que tudo quanto sofremos nesta vida vem de Nosso Senhor, Pai e Autor de toda a justiça e misericórdia.

[21] Em Sua bondade, Ele não nos castiga, como se fôssemos Seus inimigos; pelo contrário, como a filhos é que nos educa e corrige.

Se bem atendermos, os homens nestas coisas não deixam de ser realmente ministros e como que instrumentos de Deus. Pode o homem nutrir profundo ódio contra seu semelhante, e desejar a sua ruína total, mas não poderá absolutamente fazer-lhe mal algum, sem a permissão de Deus.

---

362. Vejam-se supra os §§ 16-18.
363. Mt 5,4; 9,44.
364. Eclo 28,2; Mt 6,14; Mc 11,25; Lc 6,37; Ef 4,32; Cl 3,13.
365. Eclo 28,1; Mt 6,15; 18,34; Mc 11,26.
366. Jó 1,21.

Compenetrado desta verdade, aturou José, com paciência, as ímpias maquinações de seus irmãos, e Davi os doestos que lhe dirigia Semei.[367]

Aqui vem a propósito um pensamento que São João Crisóstomo desenvolveu, com grande insistência e igual erudição: Ninguém pode ser lesado senão por si próprio.[368] Pois os que se julgam mal tratados por outrem, quando examinarem a coisa com isenção de espírito, hão de descobrir que de outros não receberam nenhuma ofensa ou dano. Com serem injuriados por agentes exteriores, são eles que causam a si mesmos o maior dano, se por isso maculam o próprio coração com o pecado do ódio, da vingança e da inveja.

[22] A segunda razão está em duas imensas vantagens, reservadas aos que, por filial amor a Deus, perdoam as ofensas de bom coração.

A primeira vantagem é que Deus promete perdão dos próprios pecados a quem perdoa as ofensas de seus semelhantes.[369] De tal promessa transparece o quanto Deus se compraz nesse ato de caridade.

A segunda vantagem é que assim conseguimos certa nobreza e perfeição da alma. Pois o perdão das injúrias nos torna, de certo modo, semelhantes a Deus, "que faz nascer o Seu sol sobre bons e maus, e faz chover sobre justos e injustos".[370]

[23] A terceira razão para ser explicada, está nos castigos que havemos de incorrer, se não quisermos perdoar as injúrias que nos forem feitas.

Às pessoas obstinadas em negar perdão aos inimigos, ponha-lhes o pároco diante dos olhos não só que o ódio é grave pecado, mas também que se incrusta cada vez mais na alma, quanto mais se prolongar a sua duração. Pois, quando tal sentimento de ódio se apoderou da alma, a pessoa fica sequiosa do sangue de seu inimigo, nutre plena esperança de poder vingar-se, vive dia e noite numa funesta agitação que a persegue continuamente.

Assim parece que não abandona um instante sequer a ideia de homicídio ou de outra proeza nefasta. Acontece, pois, que tal pessoa nunca, ou só com muita dificuldade, se decide a perdoar plenamente,

---

367. Gn 45,4 ss.; 2Sm 16,10 ss.
368. Chrysost. in libro "Quod nemo laeditur nisi a seipso".
369. Mt 6,14; 18,33.
370. Mt 5,45; Lc 6,35.

ou pelo menos em parte, as ofensas recebidas. Seu estado de alma, com razão, se compara ao de uma ferida em que o dardo permanece cravado.

[24] Muitos são os males e pecados que, por certa conexão, se ligam necessariamente a este pecado único de ódio. Por isso, foi nesse sentido que dizia São João: "Quem odeia seu irmão está em trevas, e anda nas trevas, e não sabe para onde vai, porque as trevas lhe cegaram os olhos".[371] Logo, é fatal que caia muitas vezes.

Do contrário, como poderia alguém fazer justiça às palavras e ações de uma pessoa, se nutre ódio contra ela? Daí nascem, portanto, os juízos temerários e injustos, as iras, as invejas, as detrações, e outros pecados semelhantes, que costumam envolver também as pessoas que a ela se ligam por parentesco e amizade.[372]

Deste modo acontece, muitas vezes, que de um só pecado nascem muitos outros. E não é sem cabimento que este pecado se chama "pecado do demônio"[373], porque o demônio foi "homicida desde o início"[374]. Por esta razão é que o Filho de Deus, Nosso Senhor Jesus Cristo, quando os fariseus queriam dar-lhe a morte, declarou que eles tinham por "pai o demônio".

3. Remédios contra o ódio

[25] Além destas alegações, que ensejam motivos para a detestação de tal pecado, encontram-se nos testemunhos da Sagrada Escritura outros remédios também, por sinal que eficacíssimos.

O primeiro e o maior de todos os remédios é o exemplo de Nosso Salvador, e devemos tê-lo diante dos olhos para nossa imitação. Ele, em cuja Pessoa não podia recair a mínima suspeita de pecado, depois de ser flagelado, coroado de espinhos, e finalmente crucificado, teve aquela palavra repassada de amor: "Pai, perdoai-lhes, pois eles não sabem o que fazem".[375] E Seu Sangue derramado, como atesta o Apóstolo, "fala mais vigorosamente do que o sangue de Abel".[376]

---

371. 1Jo 2,14.
372. Assim traduzimos "implicari solent". O ódio raramente permanece individual; alastra-se aos parentes da pessoa odiada, e vice-versa.
373. 1Jo 3,10-11.
374. Jo 8,44.
375. Lc 23,34.
376. Hb 12,24.

O segundo remédio nos é proposto pelo Eclesiástico: a recordação da morte e do dia do juízo. "Lembra-te dos teus novíssimos, diz Ele, e para sempre deixarás de pecar".[377]

O sentido destas palavras é como se dissesse: Lembra-te, muitas e muitas vezes, que em breve terás de morrer. Naquele instante, ser-te-á sumamente desejável e absolutamente necessário alcançar a infinita misericórdia de Deus. Por isso, é indispensável que desde já a tenhas continuamente diante de teus olhos. Desta forma, há de extinguir-se em ti aquele medonho desejo de vingança, pois não acharás meio mais próprio e mais eficaz para conseguir a misericórdia de Deus, do que o perdoares as injúrias e amares aqueles que te ofenderam, a ti ou aos teus, por atos ou palavras.

---

377. Eclo 7,40.

CAPÍTULO VII

DO SEXTO MANDAMENTO

"Não cometerás adultério"[378]

1. Qual é o fim deste preceito, e como os párocos devem explicá-lo. — 2. Que preceitos se contêm neste mandamento.
I. Preceito negativo deste mandamento. — 3. O que se proíbe aqui sob o nome de adultério. — 4. Várias espécies de luxúria proibídas nas Escrituras. — 5. Por que neste preceito se faz menção especial do adultério.
II. Preceito positivo deste mandamento. — 6. Que se manda neste preceito. — 7. O que deve ser considerado principalmente por quem deseja domar suas paixões desonestas. — 8. Com que razões se pode conhecer a grande maldade do adultério. — 9. Vários castigos e penas que geralmente se seguem aos pecados desonestos.— 10. De que coisas os homens devem se abster, por incitar a desonestidade. — 11. O excessivo adorno das mulheres, conversas obscenas e outros incentivos à lascívia devem ser evitados. — 12. Para conservar a castidade é necessário recorrer à Confissão e Comunhão, e dar-se à práctica de obras piedosas. — 13. Quem quer permanecer casto deve castigar seu corpo.

[1] Sendo o mais estreito possível o vínculo que une marido e mulher, nada pode haver de mais agradável para ambos, do que a certeza de se amarem mutuamente com um amor exclusivo. De outro lado, nada lhes é mais penoso do que sentir como esse amor legítimo e obrigatório se desvia deles, para se aplicar a outras pessoas.

Ao preceito destinado a defender a vida do homem contra o homicídio, segue-se, com razão e propriedade, o preceito que interdiz a luxúria e o adultério, para que ninguém se atreva, pelo crime do adultério, a profanar ou destruir a santa e nobre união do Matrimônio, que costuma ser uma grande fonte de caridade.

Contudo, na exposição da presente matéria seja o pároco muito cauteloso e prudente. Use expressões veladas, para tratar de um assunto que mais pede moderação do que redundância de palavras. Na verdade, se procurasse alongar-se na explicação das maneiras de transgredir as normas deste Preceito, seria para temer viesse a falar

---

378. Ex 20,14.

de coisas que serviriam, antes, para excitar as paixões impuras, em lugar de reprimi-las.

[2] Neste Preceito, porém, há muitos pontos que não podem ser omitidos. Os párocos devem explicá-los no momento oportuno. Pelo seu sentido, o Preceito divide-se em duas cláusulas. A primeira é uma proibição expressa do adultério; a segunda manda-nos, implicitamente, guardar a castidade da alma e do corpo.[379]

I. PRECEITO NEGATIVO DESTE MANDAMENTO

[3] Vamos começar pelo que é proibido. Adultério é uma violação do leito conjugal, quer seja alheio, quer seja próprio. Se um casado peca com mulher solteira, profana seu próprio matrimônio. Se um solteiro peca com a mulher de outro, profana um matrimônio alheio.[380]

Santo Ambrósio e Santo Agostinho[381] ensinam que, sob a proibição do adultério, se interdiz também tudo o que seja desonesto e impuro. Que tal seja a verdadeira interpretação destas palavras, facilmente se deduz dos Sagrados Livros do Antigo e do Novo Testamento; pois, além de adultério, eram punidas ainda outras espécies de luxúria, conforme dizem os Livros de Moisés.[382]

[4] No Gênesis, por exemplo, está a sentença de Judá contra a sua nora.[383] O Deuteronômio contém aquela esclarecida lei de Moisés de que entre as filhas de Israel não houvesse nenhuma mulher perdida.[384] No mesmo assunto, existe também a exortação de Tobias a seus filhos: "Guarda-te, ó meu filho, de toda a impureza".[385] O Eclesiástico diz por seu turno: "Envergonhai-vos de fixar os olhos numa mulher de má-vida".[386]

---

379. Thom. I-II q. art. 5; II-II q. 122 art. 6. Santo Agostinho, de bono coniugii cap. 16. Santo Ambrósio, de Abraham cap. 4.
380. Seria adultério, da mesma forma, ainda que o marido desse consentimento (cfr. Dz 1200).
381. Santo Ambrósio, *De Abraham* 1 4; Santo Agostinho, *Super Ex.* q. 71.
382. Por exemplo: Ex 22,16; Lv 18,22-23; 20,10-21; Dt 21,5.
383. Gn 38,24. Judá julgava tratar-se de simples fornicação.
384. Dt 23,17.
385. Tb 4,13.
386. Eclo 41,21-25.

Cristo Nosso Senhor também diz, no Evangelho, que do coração procedem os adultérios e os atos de luxúria, que maculam o homem.[387] O Apóstolo São Paulo condena, muitas vezes, este vício com as mais enérgicas expressões: "Esta é a vontade de Deus, a vossa santificação, que vos abstenhais da luxúria".[388] "Fugi da impureza".[389] "Não vos comuniqueis com os luxuriosos".[390] "A luxúria, porém, e toda a espécie de impureza e cobiça, nem sequer de nome seja lembrada entre vós".[391] "Nem os impuros, nem os adúlteros, nem os moles, nem os sodomitas, possuirão o Reino de Deus".[392]

[5] Na proibição deste Preceito menciona-se o adultério expressamente. Ora, sem contar o que sua malícia tem de comum com outras espécies de intemperança, o motivo principal [dessa menção] é porque nele concorre um pecado de injustiça, não só contra o próximo, mas também contra a sociedade civil.

Certo é, outrossim, que não se abstendo de outros excessos libidinosos, a pessoa facilmente resvala nesta incontinência específica do adultério. Por isso, podemos sem mais reconhecer que, pela simples proibição do adultério, são igualmente proibidas todas as espécies de lascívias e impurezas que mancham o corpo.[393]

Mais ainda. Este Preceito interdiz até qualquer luxúria íntima do coração. Prova-o não só a própria expressão da Lei, que nos consta ter sentido espiritual, mas também a doutrina de Cristo Nosso Senhor, que o declarou nas seguintes palavras: "Ouvistes como foi dito aos antigos: Não cometerás adultério. Eu, porém, vos digo que todo homem que olhar com maus desejos para alguma mulher, já cometeu adultério com ela em seu coração".[394]

Em nossa opinião, são estes os pontos que se devem ensinar publicamente aos fiéis. Além disso, acrescentar-se-ão as sanções do Concílio de

---

387. Mt 15,19.
388. 1Ts 4,3.
389. 1Cor 6,18.
390. 1Cor 5,9.
391. Ef 5,3.
392. 1Cor 6,9-10. Citação contraída do texto.
393. Esta proibição se baseia não só na lei positiva, mas também na lei natural. Cfr. Dz 1199 ss. 1140 1141.
394. Mt 5,27-28.

Trento contra os adúlteros e os que sustentam meretrizes e concubinas.[395] No entanto, não se trate publicamente das outras e variadas espécies de luxúria e libertinagem. Em ocasião própria, o pároco falará delas a cada um, em particular, conforme o exigir a necessidade das pessoas.

Pela ordem, devemos agora explicar aquilo que o Preceito manda fazer.

II. PRECEITO AFIRMATIVO DESTE MANDAMENTO

[6] Cumpre, pois, ensinar e encarecer aos fiéis ponham todo o zelo em guardar a pureza e a continência, em purificar-se de toda a imundície da carne e do espírito, aperfeiçoando pelo temor a Deus a sua própria santificação.[396]

Em primeiro lugar, força é lembrar-lhes que, embora a virtude da castidade resplandeça, com maior brilho, naquela classe de pessoas que observam, santa e religiosamente, o sublime voto de virgindade, realmente por Deus inspirado; contudo é também virtude própria daqueles que, sendo solteiros ou casados, se conservam puros e intactos de qualquer prazer proibido.[397]

[7] Como os Santos Padres[398] propuseram muitos meios que nos ensinam a refrear as paixões e a coibir o instinto sensual, o pároco esmerar-se-á em explicá-los ao povo, e desenvolvê-los em toda a sua amplitude.

1. Horror à torpeza desse pecado

Esses meios são em parte internos, em parte externos. O principal meio interno consiste em reconhecermos quanto é torpe e funesto tal pecado. Adquirida esta persuasão, ser-nos-á mais fácil detestá-lo.

a) Fealdade do pecado impuro em geral

Que aqui se trata de um vício pernicioso, podemos averiguá-lo pelo fato de serem os homens totalmente excluídos do Reino de Deus, em

---

395. Conc. Trid. sess. XXIV decretum de reformat. Matrim. Cap. 8.
396. Cfr. 2 Cor 7,1.
397. Aqui seria o lugar de se tratar da castidade conjugal, com vistas às práticas neomalthusianas. Veja-se a encíclica *Casti connubii*: Dz 2239-2246.
398. *Thom. II-II q. 15. Conc. Trid. decretum de reformat. Matrim. Cap. III.

consequência desse pecado.³⁹⁹ Isto, porém, representa a maior de todas as desgraças.

Sem dúvida, tal desgraça de per si é comum a todos os pecados mortais; mas, neste pecado, ela oferece uma nota particular. Quem o comete, dizemos que peca contra o próprio corpo. Assim o ensina o Apóstolo, quando escreve: "Fugi da luxúria! Pois qualquer outro pecado que o homem comete, fica fora do corpo; mas quem se entrega à luxúria, peca contra o seu próprio corpo".⁴⁰⁰ Com isso queria ele dizer que o impuro desonra o próprio corpo e lhe profana a santidade.

A esse respeito, São Paulo [também] escreve aos Tessalonicenses: "Esta é a vontade de Deus: a vossa santificação. Deveis abster-vos da luxúria. Saiba cada um de vós usar seu corpo com virtude e dignidade, e não com os ardores da concupiscência, como fazem os pagãos, que não conhecem a Deus".⁴⁰¹

Depois, o que é mais grave, se o cristão tiver mau procedimento com uma meretriz, converte em membros de meretriz os membros que a Cristo pertencem. Assim o declara São Paulo: "Não sabeis que os vossos corpos são membros de Cristo? Então, heis de tomar os membros de Cristo e fazê-los membros de uma meretriz? Isso nunca. Não sabeis: quem se junta a uma meretriz faz um só corpo com ela?"⁴⁰²

No dizer do mesmo Apóstolo, o cristão é "um templo do Espírito Santo".⁴⁰³ Ora, violar esse templo [pela luxúria] não é outra coisa senão expulsar dele o Espírito Santo.

b) Fealdade do adultério em particular

[8] O crime de adultério envolve também uma grande injustiça. Pois, como quer o Apóstolo, os casados de tal sorte se submetem um ao poder do outro, que nenhum dos dois já tem direito de dispor de seu próprio corpo.⁴⁰⁴

Estão de tal maneira ligados entre si, por uma espécie de servidão, que o marido deve acomodar-se à vontade da mulher, e a mulher ao

---

399. Gl 5,19-20; Ap 22,15.
400. 1Cor 6,18.
401. 1Ts 4,3 ss.
402. 1Cor 6,15 ss.
403. 1Cor 6,19.
404. 1Cor 7,4.

desejo e vontade do marido. Tratando-se, pois, de um direito alheio, o consorte que nega seu corpo ao outro, com o qual está ligado, comete certamente uma grande injustiça e impiedade.

Ora, como o temor da infâmia é muito eficaz, para levar os homens à prática de suas obrigações, e para os desviar das coisas proibidas, mostrará o pároco como o adultério imprime, nos homens[405], um pesado sinal de ignomínia. Assim o declara, expressamente, a Sagrada Escritura: "O adúltero perderá a sua alma, por causa da loucura de seu coração. Acumula para si a infâmia e a ignomínia, e a sua vergonha jamais desaparecerá".[406]

c) Castigos merecidos pelo adultério e demais pecados impuros

[9] Podemos também medir a gravidade deste crime, pela severidade de seu castigo. Por prescrição do Senhor, no Antigo Testamento, os adúlteros morriam apedrejados.[407]

E não é só isto. Às vezes, por causa de um único ato libidinoso, foi exterminado não só o delinquente, mas até uma cidade inteira, como lemos que aconteceu aos moradores de Siquém.[408]

Referem as Sagradas Escrituras muitos exemplos de punições divinas, e o pároco pode usá-los com vantagem, para demover os homens dos nefandos atos de luxúria. Por exemplo, a destruição de Sodoma e outras cidades vizinhas[409], a execução dos israelitas que pecaram com as filhas de Moab no deserto[410], a destruição da tribo de Benjamim.[411]

Os luxuriosos que escapam à morte, nem por isso escapam às intoleráveis dores e aos cruciantes castigos que muitas vezes os acometem. Pois, tomados de obcecação, que vem a ser o pior dos castigos, não respeitam absolutamente a Deus, nem a boa fama, nem a dignidade pessoal, nem a condição dos filhos, nem sequer a sua própria existência.

---

405. O texto latino traz *"hominibus"* e não *"viris"*. O sentido é, pois, genérico.
406. Pr 6,32 ss.
407. Lv 20,10; Js 8,5.
408. Gn cap. 34.
409. Gn cap. 19.
410. Nm cap. 25.
411. Jz cap. 20. Estes exemplos impressionam demais, por causa de seu realismo.

Chegam, assim, a tal grau de perversão e desequilíbrio, que já não podemos confiar-lhes nenhum negócio, e eles ficam numa inaptidão quase absoluta para qualquer serviço.[412]

Sirvam-nos, como prova, os exemplos de Davi e Salomão. O primeiro, depois do adultério, passou de repente por uma mudança total. Cheio de mansidão que era, tornou-se cruel a ponto de lançar à morte Urias, que lhe havia prestado os mais relevantes serviços.[413] O segundo, por se entregar à devassidão com mulheres, tão longe se afastou da verdadeira religião de Deus, que veio a seguir deuses estranhos.[414]

Portanto, como dizia Oséias, esse pecado arrebata o coração do homem[415], e não raro o leva à cegueira.

2. Remédios externos contra a impureza

[10] Agora, vamos tratar dos remédios externos contra a impureza.

a) O que se deve evitar

Em primeiro lugar, é preciso fugir absolutamente da ociosidade. Conforme se lê nas profecias de Ezequiel[416], foi o ócio que embruteceu os habitantes de Sodoma e os precipitou naquele imundíssimo crime da mais abjeta devassidão.

Depois, devemos esforçar-nos por evitar a intemperança. "Eu os saciei, diz o Profeta, e eles cometeram adultério".[417] A razão é porque o ventre cheio e saturado provoca a sensualidade. Nosso Senhor nos faz a mesma advertência: "Guardai-vos, pois, de agravar vossos corações com excessos de comida e bebida".[418] E o Apóstolo também diz: "Não vos embriagueis com vinho, pois nisso há luxúria".[419]

Muitas vezes, são sobretudo os olhos que ateiam a luxúria no coração. A isso alude aquela palavra de Cristo Nosso Senhor: "Se teu olho te for

---
412. Fina observação, confirmada pela psicologia experimental.
413. 2Sm cap. 11.
414. 1Rs cap. 11.
415. Os 4,11.
416. Ez 16,49.
417. Jr 5,7.
418. Lc 21,34.
419. Ef 5,18.

ocasião de pecado, arranca-o e lança-o para longe de ti".[420] Inúmeras são, aliás, as passagens dos Profetas que redundam na mesma doutrina. Por exemplo, o que dizia Jó: "Ajustei com os meus olhos, para que nem sequer me acudisse a lembrança de uma virgem".[421] Muitos também, e quase inumeráveis, são os exemplos de desgraças que tiveram sua origem na fixação de um olhar. Assim pecou Davi[422], assim pecou o príncipe de Siquém[423]; do mesmo modo delinquiram também os anciãos, que caluniaram Susana.[424]

[11] Por sua vez, os requintes da moda agradam muito à vista, mas provocam não raro fortes tentações impuras. Por isso mesmo, adverte o Eclesiástico: "Afasta teus olhos da mulher que estiver ataviada".[425] Ora, como as mulheres se comprazem em adornos exagerados, será de bom aviso que o pároco, de vez em quando, as advirta e repreenda naqueles termos rigorosos que o Apóstolo São Pedro empregou, quando falava desta matéria: "O adorno das mulheres não consista em exterioridades: cabelos armados, adereços de ouro, gala e luxo nos vestuários".[426] São Paulo também insiste em que elas não andem "com cabelos frisados, com joias de ouro, com pérolas e ricos vestidos".[427] Na verdade, muitas mulheres que se adornavam com ouro e pérolas, perderam a formosura da alma e do corpo.

A esta provocação de luxúria, proveniente do exagero no trajar, acresce outras que são as conversas torpes e obscenas. As palavras obscenas são como um facho que põe a arder o coração dos adolescentes. "As más conversas, diz o Apóstolo, corrompem os bons costumes".[428]

Piores efeitos, ainda, surtem as cantigas e os bailes sensuais e voluptuosos. Devem, pois, ser evitados com o maior escrúpulo.

Nesta categoria entram também os livros obscenos e romances amorosos. É um dever evitá-los, bem como as imagens indecentes,

---

420. Mt 5,29. O texto bíblico fala do olho direito.
421. Jó 31,1.
422. 2Sm 11,2.
423. Gn 34,2.
424. Dn 13,8.
425. Eclo 9,8.
426. 1Pd 3,3.
427. 1Tm 2,9.
428. 1Cor 15,33.

porque tais coisas arrastam, com a maior violência, a prazeres sensuais, e inflamam para o mal o coração dos jovens.[429]

O pároco, por sua vez, obrigar-se-á a cuidar, antes de tudo, que a respeito de imagens sejam estritamente observadas as santas e respeitáveis determinações do Sacrossanto Concílio de Trento.[430]

Havendo, pois, grande zelo e vigilância em se evitarem os perigos que acabamos de apontar, desaparecem quase todas as ocasiões para os desmandos da luxúria.

b) O que se deve praticar

[12] Mas a maior força para a sua repressão está no uso frequente da Confissão e da Eucaristia; depois, nas assíduas e fervorosas orações a Deus, acompanhadas de esmolas e jejuns. Pois a castidade é uma graça, que Deus não nega a quem a pede com as devidas disposições. Além do mais, Ele não permite que sejamos tentados acima de nossas forças.[431]

[13] Devemos, entretanto, exercer o corpo não só por meio de jejuns, preferindo os dias instituídos pela Santa Igreja, mas também por vigílias, piedosas romarias e outras espécies de mortificação. Devemos, pois, sofrear a petulância dos sentidos. Nestas e noutras práticas semelhantes é que mais se manifesta a virtude da temperança.

No mesmo sentido escrevia São Paulo aos Coríntios: "Todos aqueles que lutam na arena, fazem abstinência em todas as coisas. Eles assim procedem, para conseguirem uma coroa que murcha; nós, porém, [lutamos] por uma coroa incorruptível".[432] Mais adiante diz ele: "Castigo o meu corpo, e o reduzo à escravidão, para que, depois de haver pregado a outros, não seja eu mesmo condenado como réprobo".[433] E noutro lugar: "Não ceveis a carne em favor da má concupiscência".[434]

---

429. Não se creia, porém, que o perigo dependa só da idade. Além disso, ninguém tem o direito de querer "imunizar-se" pelo hábito da leitura imoral. Nas licenças para a leitura de livros proibidos, a Santa Sé exclui expressamente "opera res obscenas ex professo tractantia". Para quem deve ocupar-se dessas coisas, por dever profissional, excetuam-se as obras de caráter estritamente científico, empregando-se as devidas cautelas.

430. Concílio de Trento, *seção 25, Das sagradas imagens*. "... evite-se qualquer lascívia, de sorte que as imagens não sejam pintadas ou ornadas com licenciosa formosura".

431. 1Cor 10,3. — Sobre certos casos patológicos, hoje mais investigados, o pároco e outros sacerdotes consultarão, para seu governo, os autores de medicina pastoral.

432. 1Cor 9,25.

433. 1Cor 9,27.

434. Rm 13,14.

CAPÍTULO VIII
DO SÉTIMO MANDAMENTO

"Não furtarás"[435]

1. Importância deste preceito, e sua conexão com os dois anteriores. — 2. Sentido e significado deste preceito.
I. Preceito negativo deste mandamento. — 3. O que o Senhor quis entender aqui com o nome de furto. — 4. Por que Deus, ao proibir toda usurpação injusta, usou o nome de furto e não o de roubo. — 5. Vários tipos de furto, considerados amplamente. — 6. Não apenas se proíbe o furto, mas também o desejo de furtar. — 7. Por onde poderemos conhecer a gravidade do furto. — 8. Existe uma obrigação estrita de restaurar o que foi furtado. — 9. Principais classes de furto e quem deve ser considerado ladrão. — 10. Tipos de rapina, e quem deve ser considerado como rapinador. — 11. É rapina a usura, que é um pecado gravíssimo. — 12. Os juízes que se deixam subornar e os que fraudam seus credores também cometem rapina. — 13. São rapinadores os ricos que oprimem aos pobres, apoderando-se das coisas que lhes são necessárias. — 14. Também o são aqueles que monopolizam o trigo em tempos de fome.
II. Preceito afirmativo deste mandamento. — 15. Quem está obrigado a restituir. — 16. Que se pode dizer da esmola, que também está implicitamente ordenada neste preceito. — 17. É preciso excitar-os fiéis a dar esmola. — 18. Devemos trabalhar com o fim de dar esmola e fugir da ociosidade. — 19. Devemos viver sobriamente para aliviar a indigência dos outros e não lhes causar incômodo. — 20. Com que razões se poderá persuadir o povo cristão a abominar o furto e praticar a caridade. — 21. O que se deve dizer àqueles que com vãos pretextos desculpam seus furtos e sacrilégios. — 22. O que se deve responder àqueles que alegam para seus roubos razões de decência e conforto.— 23. O que se deve dizer aos que se justificam dizendo que só roubam aos ricos, ou por costume. — 24. O que se deve responder aos que roubam sob pretexto de que são movidos pela ocasião ou desejo de vingar-se. — 25. O que se deve replicar aos que roubam para pagar suas dívidas.

[1] Desde a antiguidade, foi costume da Igreja inculcar, aos que ouviam a palavra de Deus, o alcance e o sentido prático deste Preceito. Prova-o a censura do Apóstolo contra os que pretendiam desviar outros justamente daqueles vícios, em que eles mesmos se achavam atolados. "Tu a ensinar a outrem, e não te ensinas a ti próprio? Pregas que se não deve furtar, e tu mesmo furtas?"[436]

---

435. Ex 20,15.
436. Rm 2,21.

Este ensinamento tinha a vantagem não só de corrigir um vício, que era muito vulgar naqueles tempos, mas também de extirpar rixas e demandas, e outros males que o furto costuma provocar.

Ora, nossa época, ainda mal, sofre dos mesmos vícios e suas funestas consequências. Por isso, a exemplo dos Santos Padres e dos mestres da disciplina cristã, devem os párocos insistir nessa passagem da Bíblia, pondo todo o esforço em explicar, assiduamente, o sentido e o alcance do presente Mandamento.

Em primeiro lugar, farão por explicar o infinito amor de Deus para com o gênero humano, porquanto Deus — depois de colocar as duas proibições: "Não matarás" e "Não cometerás adultério" como baluartes para defender nossa vida, nosso corpo, nossa honra e reputação — quis também guardar e proteger nossos bens de fortuna pelo preceito: "Não furtarás", que lhes serve de proteção e segurança.

[2] De per si, o sentido mais profundo destas palavras não difere das noções que já foram dadas na explicação dos outros Mandamentos.

Deus colocou esses nossos bens de fortuna debaixo de Sua proteção, e por isso proíbe que alguém os roube ou danifique.[437]

Quanto mais benfazejo é para nós este Mandamento, tanto mais gratos devemos ser a Deus, Autor desse mesmo benefício. Ora, o melhor modo que temos para agradecer, consiste não só em ouvir os Preceitos de boa vontade, mas também em pô-los realmente em prática. E esta observância do Preceito é que os párocos devem instar os fiéis, e enchê-los de entusiasmo.

À semelhança dos anteriores, o presente Mandamento se divide em duas partes. A primeira é uma expressa proibição do furto. A segunda está contida na primeira; seu sentido e importância culminam na prescrição de sermos bondosos e prestimosos para com o próximo.

Começaremos, pois, pela primeira parte: "Não furtarás".

---

437. Thom. I-II q. 100 art. 3; II-II q. 122 art. 6.

I. PRECEITO NEGATIVO DESTE MANDAMENTO

1. *O furto, considerado genericamente*

a) Noção de furto

[3] Advertimos, desde já, que por furto não se entende apenas o tirar alguma coisa às ocultas[438], contra a vontade do dono, mas também o possuir alguma coisa alheia, contra a vontade do dono, que disso tem conhecimento.

E ninguém creia que quem proíbe o furto, deixe de condenar da mesma forma os roubos que se praticam com afrontosa violência. O Apóstolo já dizia: "Os salteadores não possuirão o Reino de Deus".[439]

O roubo é pecado mais grave do que o furto. Além de tirar o alheio, faz violência à pessoa, e causa-lhe maior humilhação.

[4] Todavia, não é de estranhar que, pela Lei Divina, o objeto deste Preceito seja designado como furto, que é o termo mais brando, e não como roubo. Nisso houve uma razão profunda. Furto é um termo de maior extensão do que roubo, e aplica-se a maior número de casos. Fazer roubos só está ao alcance daqueles que se avantajam por maior força e poder.

De mais a mais, ninguém desconhece que, pela proibição das faltas mais leves, são implicitamente proibidas também as faltas mais graves da mesma espécie.

b) Espécies de furto

[5] A usurpação e injusta retenção de coisas alheias tomam vários nomes, conforme a natureza daquilo que se tira contra a vontade e sem o conhecimento do próprio dono.

A subtração de uma coisa particular a uma pessoa particular chama-se "furto". O desvio de bens públicos tem o nome de "peculato". Há "plagiato"[440], quando um homem livre ou servo alheio é arrebatado, para cair na escravidão. Chama-se "sacrilégio" o roubo de objetos sagrados. Apesar de ser o mais ímpio e perverso dos crimes, integrou-se a tal ponto

---

438. O que corresponde, na linguagem do povo, ao sentido do verbo "surripiar".
439. 1Cor 6,10.
440. Este é o sentido próprio do termo: ação de desencaminhar escravos alheios, para os vender.

nos costumes atuais, que os bens necessários ao culto divino, à manutenção dos ministros da Igreja, ao socorro dos pobres — como tais vinculados por piedosas e louváveis fundações — são desencaminhados para a satisfação de ambições pessoais e de apetites depravados.[441]

[6] A Lei de Deus, porém, não se limita a proibir o próprio furto, isto é, o ato exterior de furtar, mas proíbe também o desejo e a vontade de fazê-lo. O Decálogo é uma lei espiritual que penetra até o coração, fonte das ideias e resoluções. Como diz Nosso Senhor no Evangelho de São Mateus: "Do coração é que saem os maus desígnios, os homicídios, os adultérios, as impurezas, os furtos e os falsos testemunhos".[442]

c) Gravidade do furto

[7] Prova suficiente de que o furto é uma grave desordem, temo-la nos postulados da própria lei natural, pois o furto se opõe à justiça, que dá a cada um o que é seu. Ora, se não quisermos a destruição da sociedade humana, é necessário manter-se em vigor a divisão e partilha dos bens, estabelecidas desde o início pela lei natural, e confirmadas pelas leis divinas e humanas, para que cada qual possa conservar a propriedade daquilo que por direito lhe pertence. Com efeito, diz o Apóstolo: "Nem os ladrões, nem os avarentos, nem os ébrios, nem os detratores, nem os salteadores, possuirão o Reino de Deus".[443]

Mostram a horrenda malícia deste pecado as inúmeras perversões que acompanham o furto. Provoca muitos juízos vãos e temerários contra muitas pessoas, faz prorromper ódios, desperta inimizades, promove muitas vezes a condenação de pessoas inocentes a penas gravíssimas.

d) Obrigação de restituir o furtado

[8] Que diremos da necessidade que Deus a todos impõe, de ressarcirem os danos de quem foi lesado? Diz Santo Agostinho: "O pecado não é perdoado, enquanto não se restituir o roubado".[444]

---

441. Alusões aos sequestros e secularizações de bens eclesiásticos, que se generalizaram depois da Reforma Protestante.
442. Mt 15,19.
443. 1Cor 6,10.
444. Aug. epist. 153 c. 6 (Gatterer cita epist. 153 c. 20).

Quão difícil seja, porém, esta restituição para os que se habituaram a locupletar-se com bens alheios, pode cada um julgá-lo, não só pelo procedimento dos outros, e por sua própria experiência, como também por aquele testemunho de Habacuc: "Ai daquele que acumula o que não é seu! Até quando? Sobre si amontoará lodo compacto".[445] À posse de coisas alheias chama o Profeta "lodo compacto", do qual os homens dificilmente podem desfazer-se e ficar livres.

2. O furto especificamente considerado

São tantas, porém, as espécies de furto, que seria muito difícil fazer uma conta completa. Basta termos falado só de dois, do furto e do roubo, porque deles se deduzem, como de uma fonte comum, as espécies que passaremos a tratar. Os párocos desdobrarão todo o seu zelo, para que os fiéis tenham pavor e repugnância desses atos criminosos.

[9] Agora, explanaremos as várias espécies desse gênero de pecado.

Por conseguinte, são também ladrões os que compram coisas furtadas, os que guardam para si objetos que foram achados, segurados, ou subtraídos de qualquer maneira. Santo Agostinho dizia assim: "Se achaste alguma coisa, e não a restituíste, um roubo cometeste".[446]

Quando, todavia, não logramos de modo algum descobrir o legítimo dono, tais objetos devem ser distribuídos aos pobres. Quem não se resolve a restituí-los, mostra por isso mesmo que roubaria tudo quanto pudesse, em toda a parte.

Igual pecado cometem os que enganam em vendas e compras, e fazem falsa propaganda comercial. Nosso Senhor punirá tais fraudes.

Mais arteiros e maliciosos para roubar são os que vendem, por bons e verdadeiros, artigos falsos e avariados; os que enganam os fregueses em peso, medida, número e comprimento. Pois no Deuteronômio está escrito: "Não terás no bolso pesos diversos".[447] E no Levítico: "Não façais injustiça na aferição, na medida de comprimento, no peso, na medida de capacidade. Seja justa a balança, justos os pesos, justo o alqueire,

---

445. Hb 2,6.
446. Aug. 1 serm. 178 c. 8 (Gatterer cita 178 c. 9).
447. Dt 25,13.

justo o quartilho".[448] E há ainda outra passagem: "Usar dois pesos é uma abominação diante de Deus. Não é boa a balança fraudulenta".[449]

Cometem furto manifesto os operários e artífices que de Seus patrões exigem salário por inteiro, sem lhes terem prestado serviço nas devidas condições.

Não se distinguem dos ladrões os criados e administradores infiéis a seus patrões. São até mais funestos do que os outros ladrões. Contra estes se usam as chaves, ao passo que dentro de casa nada se pode fechar e esconder diante de um criado ladrão.

Fazem furto, sem dúvida alguma, os que contam balelas ou simulam pobreza, para extorquir dinheiro. Sua culpa torna-se tanto mais grave, porque ao furto se junta a mentira.

Entram também na categoria de ladrões os empregados e funcionários que, em cargo particular ou público, pouco ou nada se incomodam com suas obrigações, e desfrutam todavia dos ordenados e emolumentos.

Iria longe, e, como já dissemos, muito difícil seria destrinçar todas as espécies de furtos, cuja origem está na esperta avareza, que lança mão de todas as traças para fazer dinheiro.

3. A rapina

[10] Por isso, vamos agora tratar do roubo, que é o segundo gênero desses pecados. Bom será que o pároco exorte o povo cristão a lembrar-se da seguinte advertência do Apóstolo: "Os que querem ficar ricos, caem na tentação e nas malhas do demônio".[450] E não permita que o povo nunca jamais esqueça o seguinte preceito: "Tudo quanto quiserdes que os homens vos façam, fazei-o vós também a eles".[451] Reflitam sempre naquelas palavras: "O que não quiseres que outros te façam, cuida também de nunca o fazeres a outrem".[452]

Como vemos, a noção do roubo é muito ampla. São ladrões, por exemplo, os que não pagam aos operários o salário devido. São Tiago convida-os à penitencia naquela célebre passagem: "Eia, pois, vós que sois ri-

---

448. Lv 19,35 ss.
449. Pr 20,23.
450. 1Tm 6,9.
451. Mt 7,12.
452. Tb 4,16.

cos, chorai, em altos brados, as misérias que estão para vos sobressaltar".[453] E logo acrescenta o motivo que há para tal penitência: "Pois o salário que injustamente negastes aos trabalhadores, que segaram vossos campos, está clamando contra vós; e o clamor dos ceifeiros chegou aos ouvidos do Senhor dos exércitos".[454] Esse modo de roubar é objeto de forte censura no Levítico, no Deuteronômio, em Malaquias, e em Tobias.[455]

Nesta classe de ladrões se incluem os que não pagam, ou desencaminham, ou aplicam para si mesmos os impostos, fintas, dízimos, e outras contribuições devidas aos superiores eclesiásticos e às autoridades civis.

[11] Aqui pertencem, outrossim, os usurários como os mais cruéis e implacáveis dos ladrões, pois com suas agiotagens depredam e esmagam o pobre povo.

Chama-se usura tudo o que se recebe além do título ou capital emprestado, quer seja em dinheiro, quer seja em título pecuniário.[456] No Profeta Ezequiel está escrito: "... quem não receber usura, nem mais do que emprestou".[457] E Nosso Senhor diz no Evangelho de São Lucas: "Emprestai, sem esperar retribuição".[458]

Até entre os pagãos, este pecado foi sempre tido como gravíssimo e sobremaneira odioso. Daí a expressão: "Que é usura? Que outra coisa é, senão matar um homem".[459] Com efeito, os usurários vendem duas vezes a mesma coisa, ou vendem o que realmente não existe.[460]

[12] São culpados de roubo os juízes venais, que põem a preço os seus julgamentos. Deixam-se subornar com dinheiro e presentes, e abafam então as mais justas reivindicações dos pobres e necessitados.

Serão condenados, pelo mesmo crime de roubo, os especuladores de crédito e os caloteiros que, usando de crédito próprio ou alheio, fazem compras a prazo determinado, e não solvem os seus compromissos. Tal crime se torna muito mais grave, porquanto os negociantes se prevalecem

---

453. Tg 5,1.
454. Tg 5,4.
455. Lv 19,13; Dt 24,14 ss.; Ml 3,5; Tb 4,15.
456. Hoje, empregamos o termo "juros" em lugar de "usura".
457. Ez 18,17. — No contexto, o Profeta se refere ao bom filho de um pai mau. O versículo termina assim; "... este não morrerá por causa da iniquidade de seu pai, mas certissimamente viverá".
458. Lc 6,35.
459. Ambros. cap. 14 de Tobias, citando Cícero "de officiis", cap. 2.
460. O CRO reproduz aqui a antiga teoria, hoje radicalmente modificada, em consequência das transformações econômicas do século XVI a esta parte.

desta falta de palavra e seriedade, para venderem tudo mais caro, com grande detrimento do povo em geral. Contra eles parece aplicar-se o conceito de Davi: "O pecador pede emprestado e não restitui".[461]

[13] Que diremos dos ricos que, sem dó, executam os credores insolventes, e, contra a proibição de Deus, tiram-lhes como penhor o que eles precisam para cobrir o corpo? Ora, Deus falou assim: "Se tomaste do teu próximo uma peça de roupa como penhor, tu lha restituirás, antes que o sol se ponha. Pois ela é a sua única cobertura, o resguardo de seu corpo, e [o pobre] não tem outra com que dormir. Se ele clamar por Mim, hei de atendê-lo, porque Eu sou misericordioso".[462]

Essa maneira cruel de executar chama-se, com razão, rapacidade. Por isso mesmo, dizemos que é crime de ladroeira.

[14] Os Santos Padres classificam, entre os ladrões, todos aqueles que na escassez da recolta retêm os cereais, e, por sua culpa, tornam os gêneros mais caros e mais difíceis de encontrar.[463] O mesmo devemos afirmar a respeito de todas as coisas que forem necessárias à manutenção da vida.

Sobre tais indivíduos recai a maldição de Salomão: "Quem esconde cereais será amaldiçoado entre os povos".[464] A esses devem os párocos repreender, com todo o desassombro, depois de lhes haver despertado a consciência de seus crimes. Devem também esmiuçar-lhes as penas que são previstas contra tais pecados.

II. PRECEITO AFIRMATIVO DESTE MANDAMENTO

1. A restituição

[15] Até aqui se tratou das proibições. Vejamos agora o que o Preceito manda fazer. Em primeiro lugar vem o dever de satisfação ou restituição, pois "o pecado não é perdoado, enquanto se não restituir o que foi roubado".[465]

---

461. Sl 36,21.
462. Ex 22,26 ss.
463. Cfr. o câmbio ou mercado negro de hoje.
464. Pr 11,26.
465. Santo Agostinho, *Epist. 153* c. 6 (Gatterer cita 153 c. 20).

Ora, o preceito de restituição obriga, não só o autor do furto, mas também todos os participantes, a ressarcirem a pessoa lesada. Precisamos, pois, indicar quais são os culpados que não podem eximir-se desta obrigação de reparar ou restituir.

Estes são muitos, e de várias categorias. À primeira pertence os que mandam furtar.[466] Eles não são meros sócios e promotores de roubos, mas são os mais infames ladrões da quadrilha.

A segunda categoria é da mesma casta de ladrões; iguala à primeira na malícia, mas fica-lhe atrás na audácia. São aqueles que, não podendo mandar, aconselham e estimulam os furtos.

A terceira categoria se compõe dos que são solidários com os ladrões.

A quarta categoria é daqueles que tomam parte nos furtos e disso auferem lucro; se é que se pode chamar lucro ao que os arrastará aos eternos suplícios, caso não façam antes penitência. Desses tais falava Davi: "Quando vias um ladrão, logo andavas com ele".[467]

A quinta categoria de ladrões são aqueles que podiam impedir o furto; mas, em vez de acometer o ladrão e opor-lhe resistência, facilitam e encorajam a sua audácia.

A sexta categoria se constitui daqueles que, tendo pleno conhecimento de um roubo e do lugar onde foi perpetrado, não o denunciam, e aparentam que nada sabem.

A última categoria abrange todos os que prestam auxílio aos ladrões, os que os guardam, os que os apadrinham, os que os açoitam e agasalham. Todos eles devem restituir aos que foram lesados, e precisamos intimá-los, com toda a energia, a cumprirem essa indispensável obrigação.

Afinal, não se escoimam absolutamente deste pecado os que aprovam ou louvam furtos cometidos. Incorrem, também, na mesma culpa, os filhos e as esposas que, às ocultas, tiram dinheiro de seus pais ou maridos.[468]

---

466. São os mandantes.
467. Sl 49,18.
468. O CRO intercala aqui três parágrafos sobre a esmola. Logicamente, devia seguir-se o assunto tratado mais adiante nos §§ 20 ss.

2. A esmola

[16] Este Preceito, porém, subentende a obrigação, que nos incumbe, de condoer-nos dos pobres e necessitados, de mitigar-lhes as misérias e provações com o nosso dinheiro e com os nossos serviços pessoais. É um assunto em que os párocos devem muitas vezes deter-se longamente. Para se desempenharem de tal obrigação, podem eles encontrar os argumentos necessários nas obras de São Cipriano, São João Crisóstomo, São Gregório de Nazianzo[469] e outros mais. Cabe-lhes afervorar os fiéis no zelo e na alegria de acudirem às pessoas que, para viver, precisam da caridade de seus semelhantes.

Exponham-lhes também quanto se faz mister a esmola. Para sermos liberais com os pobres, dando-lhes do nosso cabedal e de nosso trabalho, sirva-nos, como razão decisiva, que no dia do Juízo Final Deus há de repudiar e lançar no fogo eterno os que não cumpriram, ou cumpriram mal o dever da esmola: que pelo contrário há de exaltar e introduzir na Pátria Celeste os que usaram de misericórdia para com os pobres.

Estas duas sentenças, Cristo Nosso Senhor as proferiu de própria boca: "Vinde, benditos do meu Pai, tomai posse do Reino que vos está preparado". E a outra: "Afastai-vos de Mim, malditos, para o fogo eterno".[470]

[17] Devem ainda os sacerdotes recorrer a passagens de grande força persuasiva, como esta: "Dai, e dar-se-vos-á".[471] Falarão da promessa de Deus, com a qual não pode emparelhar-se outra mais generosa nem mais sublime: "Não há ninguém que tenha deixado, etc. e não receba o cêntuplo já nesta vida — e, no século futuro, a vida eterna".[472] Acrescentem também aquelas palavras de Cristo Nosso Senhor: "Granjeai amigos com a iniquidade do dinheiro, para que eles vos recebam nos eternos tabernáculos, quando sobrevier a vossa morte".[473]

Não deixem igualmente de explicar as várias modalidades de se cumprir esta obra obrigatória. Os que não podem dar aos pobres o necessário para viverem, devem pelo menos emprestar-lhes o que precisam, conforme a ordem de Cristo Nosso Senhor: "Emprestai, sem espe-

---

469. São Gregório Nazianzo, in Orat. 16, *De pauperum amore*.
470. Mt 25,34-41.
471. Lc 6,38.
472. Mc 10,29 ss.
473. Lc 16,9.

rar retribuição".[474] A felicidade de que assim procede, Davi a descreve com as palavras: "Ditoso o homem que se compadece, e dá emprestado".[475]

[18] Na falta de outro meio de acudir aos que precisam da compaixão alheia para se manterem, é próprio da caridade cristã trabalhar com as próprias mãos, para que se possa socorrer às necessidades dos indigentes, e também para evitar a ociosidade. A tanto nos exorta a todos o Apóstolo com o seu exemplo, quando diz na epístola aos Tessalonicenses: "Vós mesmos sabeis de que modo é preciso imitar-nos".[476] E no mesmo sentido lhes escreve ainda: "Fazei por levar uma vida tranquila, ocupando-vos de vossos negócios, e trabalhando com vossas próprias mãos, de acordo com as nossas diretivas".[477] E aos Efésios: "Quem furtava, deixe de furtar; procure antes ganhar honestamente, pelo trabalho de suas mãos, para ter com que aliviar os necessitados".[478]

[19] É preciso também levar uma vida frugal, e não abusar dos bens alheios, para não sermos pesados ou molestos aos outros.

Essa temperança se manifesta, inegavelmente, em todos os Apóstolos, mas rebrilha de modo particular em São Paulo, que assim escreve aos Tessalonicenses: "Estareis lembrados, meus irmãos, de nossos trabalhos e fadigas. Trabalhávamos dia e noite, para não sermos pesados a nenhum de vós. Foi assim que vos anunciamos o Evangelho de Deus".[479] O mesmo reafirma ele noutro lugar: "Noite e dia trabalhamos, com esforço e fadiga, para não incomodar nenhum de vós".[480]

[20] Para que o povo fiel tenha horror a qualquer espécie desses nefandos pecados, bem farão os párocos em aduzir, dos Profetas e dos outros Livros Sagrados, as passagens em que se condenam os furtos e roubos, e se promulgam as terríveis ameaças de Deus contra aqueles que cometem tais pecados.

O Profeta Amós põe-se a clamar: "Escutai isto, vós que esmagais o pobre, e deixais morrer à mingua os indigentes da terra, dizendo: Quando passará o mês, para vendermos as nossas mercadorias? E o sábado,

---

474. Lc 6,35.
475. Sl 111,5.
476. 2Ts 3,7. Nos versículos seguintes, o Apóstolo descreve como ele trabalhava com suas próprias mãos.
477. 1Ts 4,11.
478. Ef 4,28.
479. 1Ts 2,9.
480. 2Ts 3,8; At 20,34; 1Cor 4,12.

para abrirmos os nossos celeiros? Para podermos então diminuir as medidas, aumentar os preços, e empregar balanças falsas?"[481] De igual teor há muitas passagens de Jeremias, dos Provérbios, e do Eclesiástico.[482]

Não padece a menor dúvida, nestas transgressões se encontram, em grande parte, os germes dos males que com todo o seu peso oprimem a nossa geração.[483]

Para os cristãos se afeiçoarem a socorrer os pobres e mendigos, com os recursos de sua caridade e benevolência — o que pertence à segunda parte deste Preceito — devem os párocos apontar as imensas recompensas que Deus promete, tanto nesta vida como na outra, aos que são caridosos e benfazejos.

3. Refutação de alguns pretextos contra este mandamento

[21] Todavia, havendo pessoas que procuram inocentar seus furtos, é necessário adverti-las que Deus não aceitará nenhuma justificação de seus pecados; que tais escusas não diminuem, mas até agravam a culpa em proporção assustadora.

Assim, não se pode admitir o fausto de muitos nobres, que julgam atenuar sua própria culpa, quando alegam não ser por cobiça nem por avareza que lançam mão dos bens alheios, mas só para ressalvar a grandeza de sua casa e linhagem, cujo renome e esplendor descairiam, se não se apoiassem na usurpação da propriedade dos seus semelhantes.

Importa arrancá-los desse erro pernicioso e mostrar-lhes, ao mesmo tempo, que há um só meio de conservar e aumentar a riqueza, o poder, a glória dos antepassados. Consiste em obedecerem à vontade de Deus e cumprirem Seus Mandamentos. Pois, se estes forem desprezados, desmancham-se as fortunas mais sólidas e garantidas; reis perdem os seus tronos, são precipitados do apogeu de sua glória, e Deus às vezes põe em seu lugar homens de ínfima condição social, aos quais [os reis] votavam a mais profunda aversão.

Quase não é para crer a que ponto vai a cólera de Deus contra eles. Sirva de testemunha o Profeta Isaías, que transmite estas palavras de Deus: "Os teus príncipes são pérfidos, são companheiros de ladrões.

---
481. Am 8,4 ss.
482. Jr 7,8 ss.; Pr 21,6; 22,16; Eclo 10,9 ss.; 31; 35,17.
483. Se era assim no século XVI, que dizer do século XX?

Todos eles gostam de presentes, e correm atrás de remunerações... Por esse motivo, diz o Senhor Deus dos Exércitos, o Forte de Israel: Pois, sim, Eu hei de prevalecer contra Meus adversários, e vingar-Me-ei dos Meus inimigos. Contra ti voltarei a Minha mão, acrisolarei tua escória até a última depuração".[484]

[22] Outros, porém, não alegam a honra e glória da família, mas tomam, por desculpa, a maior facilidade de levarem um padrão de vida mais confortável.

Devemos rebater-lhes a opinião e mostrar-lhes quão ímpios, por atos e palavras, são aqueles que antepõem algum proveito próprio à vontade e à glória de Deus. Ora, espantosa é a ofensa que Lhe fazemos, quando calcamos aos pés os Seus Mandamentos.

De mais a mais, qual vantagem pode resultar do furto, se por sua natureza acarreta as piores consequências? Pois "sobre o ladrão recai a vergonha e o castigo", diz o Eclesiástico.[485] Dado ainda que não sofressem nenhum percalço, os ladrões assim mesmo aviltam o Nome de Deus, resistem à Sua vontade santíssima, desprezam os Seus salutares Mandamentos. E de tal fonte promana todo erro, toda injustiça e toda impiedade.

[23] Mas que responder, quando por vezes ouvimos os ladrões afirmarem que não cometem pecado algum, roubando de pessoas ricas e abastadas, que disso não sofrem dano algum, e nem chegam a perceber o furto? Na verdade, uma vil e funesta desculpa.

Na opinião de outros, deve admitir-se como desculpa que, adquirido o hábito de furtar, a pessoa já não pode facilmente desistir de tal intento e obra. Ora, se não tomarem a peito a advertência do Apóstolo: "Quem furtava, deixe de furtar"[486], esses terão de habituar-se, quer queiram ou não, aos eternos suplícios do inferno.

[24] Alguns se escusam que só a ocasião os induziu a roubar. Realmente, há um prolóquio popular: A ocasião faz o ladrão. Para os dissuadir de tão revessa doutrina, devemos inculcar-lhes a necessidade de resistirem às más paixões.

Pois, se fora lícito pôr em obra, sem mais nem menos, as insinuações da má concupiscência, até que ponto chegariam os pecados e crimes, e de que

---

484. Is 1,23 ss.; veja-se o contexto desde o versículo 21. V
485. Eclo 5,17.
486. Ef 4,28.

modo poderíamos reprimi-los? Trata-se, por conseguinte, de uma escusa sobremaneira vergonhosa: digamos, antes, é uma confissão pública do maior cinismo e perversidade. Quem diz que não peca só por não ter nenhuma ocasião de pecar, esse quase confessa, abertamente, que há de pecar sempre, todas as vezes que se lhe ofereça ocasião.

Muitos dizem que roubam, por represália, alegando que outros lhes fizeram a mesma injustiça. A estes deve dar-se a seguinte resposta: Primeiro, a ninguém é lícito vingar-se do mal recebido; segundo, ninguém pode ser juiz em causa própria; terceiro, muito menos permitido seria punir alguém por maldades que outros nos fizeram.

[25] Afinal, certas pessoas consideram seus furtos plenamente justificados, porque, estando cheias de dívidas, não podem pagá-las, senão por meio de algum furto.

Com elas, devemos usar da seguinte argumentação. Não há dívida mais pesada, que mais oprima o gênero humano, do que a dívida que todos os dias mencionamos na Oração Dominical: "Perdoai-nos as nossas dívidas".[487]

Seria arrematada loucura preferir alguém endividar-se com Deus, isto é, acumular pecados, para assim solver suas dívidas aos homens. Mais vale ser lançado no cárcere do que ser entregue aos eternos suplícios do inferno, pois é muito pior ser condenado pelo juízo de Deus, do que pelo tribunal dos homens. Por isso devem tais pessoas recorrer confiantes ao poder e à bondade paternal de Deus, para que d'Ele possam alcançar tudo o que precisam.

Restam, ainda, outros subterfúgios. Mas, pela prudência e o zelo próprio do seu ministério, poderão os párocos rebater sem maior dificuldade, a fim de conseguirem aos poucos a formação de "um povo zeloso na prática de boas obras".[488]

---

487. Mt 6,12.
488. Tt 2,14.

CAPÍTULO IX
DO OITAVO MANDAMENTO

"Não dirás falso testemunho contra o teu próximo"[489]

1. O quanto este mandamento é útil — 2. Sentido deste mandamento.
I. Preceito negativo deste mandamento. — 3. O que se proíbe especialmente neste mandamento. — 4. A quem se compreende aqui com o nome de próximo. — 5. Não é lícito dar falso testemunho ou mentir, ainda que para o bem do próximo. — 6. Quantos males produz o falso testemunho dito em favor de outro. — 7. Por este mandamento se proíbem os pecados de todos os que intervêm nos juízos, e toda mentira em geral. — 8. Este preceito proíbe também o vício da difamação. — 9. Quem se deve contar no número dos difamadores. — 10. É difamador quem dá ouvidos aos que falam mal do próximo, aos que semeiam discórdias entre os amigos. — 11. Este preceito proíbe também a adulação. — 12. Como alguns podem adular com grande dano o amigo gravemente enfermo. — 13. Os autores de libelos inflamatórios, os que mentem para fazer graça ou para não causar punição, e os hipócritas também pecam contra esse preceito.
II. Preceito afirmativo deste mandamento. — 14. A respeito dos juízos forenses, o que se manda na segunda parte deste preceito. — 15. Os réus, ao serem interrogados pelo legítimo juiz, não podem mentir. — 16. Qual é o dever das testemunhas. — 17. Como devem cumprir seu dever os advogados e procuradores. — 18. Como devem proceder os demandantes e promotores.
III. Do vício da mentira em particular. — 19. Como os cristãos poderão conhecer a maldade que encerra a mentira. — 20. Que danos as mentiras causam à sociedade humana. — 21. Refutam-se as vãs desculpas dos mentirsos. — 22. Não devemos mentir porque os outros mentem. — 23. Reprova-se a mentira jocosa e informal.

[1] O quanto é útil e até necessário explicar bem este Preceito e insistir na observância de suas obrigações, mostra-nos a palavra autorizada de São Tiago: "Quem não comete falta no falar, é um homem perfeito".[490] E mais adiante: "A língua é um membro pequenino, mas pode gloriar-se de grandes proezas. Reparai como um fogo insignificante põe a arder uma grande floresta".[491] E assim vai o Apóstolo discorrendo sobre o mesmo assunto.

---
489. Ex 20,16; Dt 5,20.
490. Tg 3,2.
491. Tg 3,5.

Duas coisas quer ele lembrar-nos. Primeiro, que o vício da má língua é muito espalhado. E o Profeta no-lo confirma com as palavras: "Todo homem é mentiroso."[492] Parece ser o único pecado que se encontra em todos os homens.

Segundo, que desse pecado surgem males sem conta. Pois um maldizente é, muitas vezes, culpado de que se percam bens de fortuna, a reputação, a vida, e até a salvação da alma. Isto pode atingir tanto o ofendido, que não sabe sofrer o agravo com paciência, e procura revidá-lo num verdadeiro desatino; como também o próprio ofensor que, por falso brio e respeito humano, se recusa a dar satisfação ao ofendido.

Aqui vem a pêlo exortar os fiéis a renderem muitas graças a Deus, porque nos deu o salutar Mandamento de não proferirmos falso testemunho. Este Preceito não só nos proíbe de fazer mal aos outros, mas também nos protege, para que os outros, pela sua observância, não nos façam também nenhuma injúria.

[2] A fim de explicar este Mandamento, seguiremos o mesmo método já praticado nos Preceitos anteriores. Nele distinguiremos duas cláusulas. Uma que nos proíbe dizer falso testemunho; outra que nos manda medir nossas palavras e ações pela simples verdade, pondo de parte qualquer simulação e artifício. A propósito dessa obrigação, exortou o Apóstolo aos Efésios: "Praticando a caridade, devemos crescer n'Ele sob todos os aspectos".[493]

I. PRECEITO NEGATIVO DESTE MANDAMENTO

[3] Com ser especificada pelo nome de falso testemunho, a primeira cláusula deste Preceito abrange toda afirmação categórica que se faça em abono ou desabono de outrem, quer em juízo, quer noutra circunstância. Mas, antes de tudo, proíbe o falso testemunho declarado em juízo, debaixo de juramento.

A testemunha jura por Deus. Ora, mediante o juramento e a invocação do Nome Divino, a declaração da testemunha adquire o sumo grau de crédito e autoridade. Tal testemunho é arriscado, e nisso está a razão principal de sua proibição. Na verdade, as testemunhas que afir-

---

492. Sl 115,11.
493. Ef 4,15.

mam alguma coisa, sob juramento, nem o juiz sequer pode excluí-las, a não ser nos casos previstos pela Lei, ou quando for notória a sua má-fé e perversidade. Isto, sobretudo, porque há um dispositivo da Lei de Deus: "Pela boca de duas ou três testemunhas seja apurada toda questão".[494]

Contudo, para terem os fiéis uma noção nítida deste Preceito, é preciso explicar-lhes o que significa a palavra "próximo", contra o qual é absolutamente proibido levantar falso testemunho.

1. A quem entendemos por próximo

[4] Consoante a doutrina de Cristo Nosso Senhor[495], próximo é todo aquele que carece de nosso auxílio, se parente ou estranho, patrício ou forasteiro, amigo ou inimigo. É um erro julgar que seja lícito proferir algum falso testemunho contra inimigos, porquanto o preceito de Deus Nosso Senhor nos obriga a amá-los.[496]

Ainda mais. Como cada qual, em certo sentido, é o próximo de si mesmo, não se permite levantar falso contra sua própria pessoa. Os que o fazem, lançam sobre si o ferrete da desonra e ignomínia, prejudicam-se a si mesmos e à Igreja, da qual são membros, à semelhança dos suicidas que lesam também a coletividade.

Por isso, Santo Agostinho doutrinava assim: "Aos menos perspicazes, poderia parecer não proibido declarar falso contra si mesmo, porque no Preceito se acrescentou: 'contra o teu próximo'. Mas nem por isso pode julgar-se livre deste pecado quem tiver dito falso testemunho contra si próprio; pois a regra de amor para com o próximo é o amor que cada qual tem para consigo".[497]

2. Distintos modos de dar falso testemunho

[5] Por ser proibido lesar o próximo com falso testemunho, ninguém julgue que se permite o contrário, isto é, jurar falso, para se conseguir algum bem ou vantagem a pessoas que nos estão ligadas por

---

494. Mt 18,16; 2Cor 13,11.
495. Lc 10,29 ss.
496. Mt 5,43 ss.
497. Santo Agostinho, *A Cidade de Deus*, I, 20; Mt 22,39; Mc 12,31; Lc 10,27; cfr. Lv 19,18.

laços naturais ou sobrenaturais. A ninguém podemos valer, com mentiras e subterfúgios, e muito menos com falsos juramentos.

Por isso, de acordo com os ensinamentos do Apóstolo, diz Santo Agostinho, na "Epístola a Crescêncio sobre a mentira", que a mentira faz parte dos falsos testemunhos, ainda quando se profira em pretenso louvor de alguém. E ao comentar a passagem: "Aparecemos como falsas testemunhas de Deus, porque contra Deus demos testemunho de que Ele ressuscitou a Cristo, quando de fato não O ressuscitou, se é verdade que os mortos não ressuscitam"[498], diz ele: "O Apóstolo chama de falso testemunho, se alguém declara uma mentira a respeito de Cristo, ainda que esta pareça reverter em Seu louvor".[499]

[6] Sucede, com muita frequência, que o falso testemunho em favor de uma pessoa vem a prejudicar outra. Certamente, faz o juiz errar na causa. Levado, às vezes, por falsas testemunhas, decide contra o direito em favor da injustiça, e vê-se até obrigado a sentenciar dessa maneira.

Quando uma pessoa ganha um processo, pelo falso testemunho de outra, sem que a justiça o possa impedir, não raro acontece que tal pessoa, radiante com a iníqua vitória, se habitua a subornar e empregar falsas testemunhas, na esperança de levar assim a bom termo todos os planos de sua ambição.

Mas a própria testemunha fica sumamente comprometida, porque a considera falsa e perjura, a própria pessoa a quem ajudou e defendeu com o seu juramento. De outro lado, como seu crime teve bom êxito, ela mesma vai-se adestrando, dia por dia, na prática habitual da audaciosa impiedade.

[7] Sendo proibidos os embustes, as mentiras e os perjúrios, por parte das testemunhas, há igual proibição para os autores, réus, defensores, promotores, procuradores, advogados, para todos em geral, que constituem o tribunal.

Por último, Deus proíbe todo [falso] testemunho que possa acarretar incômodo ou detrimento a terceiros, quer seja proferido em juízo, quer fora dele. No Levítico, onde novamente se inculcam estas determinações, está expresso: "Não furtareis, não mentireis, e ninguém se ponha a enganar o seu próximo".[500]

---

498. 1Cor 15,15.
499. Santo Agostinho, *De mendacio* 1 2 ss. (Gatterer cita 21).
500. Lv 19,11.

Assim, ninguém pode duvidar de que Deus, por este Preceito, proíbe e condena toda espécie de mentira. Davi também o atesta com a maior evidência: "Deitarás a perder todos aqueles que falam mentira".[501]

[8] Em virtude deste Preceito, proíbe-se não só o falso testemunho, mas também o abominável vício e costume de falar mal do próximo. Parece incrível, mas esta peste engendra os maiores e os mais graves danos e males.

O mau vezo de falar do próximo às ocultas, em termos maléficos e depreciativos, é reprovado a cada passo nas Sagradas Escrituras. "Com tal pessoa, eu não comia", declara Davi.[502] E São Tiago recomenda: "Não faleis mal uns dos outros".[503] Mas, além das prescrições, as Sagradas Escrituras aduzem exemplos que evidenciam a gravidade deste pecado. Assim, Amã conseguiu, por falsas acusações, indispor de tal maneira o rei Assuero contra os judeus, que este deu ordem de matar todos os varões daquele povo.[504] De tais exemplos estão repletas as Sagradas Escrituras. Os sacerdotes dar-se-ão, pois, ao trabalho de citá-los, para que os fiéis tenham horror ao tremendo pecado.

[9] Para se conhecer o pecado de detração, em todas as suas modalidades, é preciso notar que a boa fama pode ser lesada, não só pela calúnia, como pela exageração e exacerbação de faltas reais.

Com razão, é considerado detrator e maldizente quem revela uma falta absolutamente oculta, cuja divulgação prejudica e destrói o bom nome, não sendo exigida pelas circunstâncias, nem de lugar, nem de tempo, nem de pessoas.

Entretanto, a mais criminosa de todas as detrações é a praticada por aqueles que desfazem na doutrina católica e nos seus pregadores. Pecado análogo cometem os que louvam e exaltam os mestres de doutrinas viciosas e errôneas.

[10] Pertencem a esta mesma classe de homens, e participam da mesma culpa, os que dão ouvidos aos detratores e maldizentes, os que não os censuram, os que de bom grado concordam com as suas afirmações.

---

501. Sl 5,7.
502. Sl 100,5.
503. Tg 5,13.
504. Est, 13, 1-7.

Conforme escrevem São Jerônimo e São Bernardo⁵⁰⁵, não é fácil decidir-se o que seja mais condenável, se o murmurar, se escutar a murmuração. Pois, na verdade, não haveria detratores, se não houvera quem os escutasse.

São da mesma categoria os que, por seus enredos, desunem os homens, e assanham-nos uns contra os outros; os que muito se comprazem em semear discórdias, para com suas intrigas desfazerem as mais firmes uniões e alianças, para levarem os melhores amigos a ódios mortais e a lutas armadas.

Essa peste de homens, Nosso Senhor a detesta pelas seguintes palavras: "Não sejas caluniador, nem difamador no meio do povo".⁵⁰⁶

De tal jaez eram muitos dos conselheiros de Saul. Tentavam desviar-lhe a afeição por Davi, e indispô-lo como rei contra ele.⁵⁰⁷

[11] Afinal, pecam nesta parte contra o Preceito os aduladores e lisonjeiros. Com blandícias e fingidos louvores, procuram insinuar-se nos ouvidos e no coração de pessoas influentes, das quais esperam proteção, dinheiro e honras. Como observa o Profeta, eles "ao que é mal chamam bem, e ao que é bem chamam mal".⁵⁰⁸

Davi nos exorta a arredar tais pessoas de nosso trato e convivência. São suas as palavras seguintes: "Pode o justo, por caridade, corrigir-me e exprobrar-me; mas o óleo do pecador não há de ungir a minha cabeça".⁵⁰⁹

Ainda que nenhum mal digam do seu próximo, elas não deixam contudo de prejudicá-lo sobremaneira. Louvando-lhes os pecados, tornam-se causa de que o próximo neles persista até o fim da vida.

Mais prejudicial, em seu gênero, é a adulação que visa a desgraça e a ruína do próximo. Destarte, querendo expor Davi ao furor e à espada dos Filisteus, para que fosse morto, Saul o lisonjeava com estas palavras: "Aí está Merobe, minha filha mais velha. Eu ta darei por mulher, contanto que sejas valoroso, e faças as guerras do Senhor",⁵¹⁰ De maneira idêntica, os judeus dirigiram a Cristo as palavras insidiosas: "Mestre, sabemos que és verdadeiro, e que ensinas na verdade o caminho de Deus".⁵¹¹

---

505. São Jerônimo, *Epist. 52*; São Bernardo, *De considerai*, 2 13.
506. Lv 19,16.
507. 1Sm 22,9 ss.; 24,2-10.
508. Is 5,20.
509. Sl 140,5. O óleo do pecador é a adulação.
510. 1Sm 18,17.
511. Mt 22,16.

[12] Muito mais pernicioso é o falar de amigos, afins e parentes, quando às vezes lisonjeiam os doentes em estado mortal, já próximos de desatar o espírito. Afirmando-lhes que não há nenhum perigo de morrerem, insistem em que fiquem alegres e satisfeitos, e desviam assim sua atenção da Confissão dos pecados, como se fosse a mais triste das lembranças; fazem, afinal, que o doente não cuide nem reflita no sumo perigo a que está exposto.

Força é, portanto, evitar toda espécie de mentira, mas sobretudo aquela que pode causar grave dano ao próximo. A mais ímpia das mentiras consiste em mentir contra a Religião ou acerca de assuntos religiosos.

[13] Grave ofensa de Deus constituem as detrações e afrontas, que se fazem por meio de libelos difamatórios, ou por outros escritos injuriosos.

Mentiras jocosas e oficiosas são uma coisa absolutamente indigna, ainda que não ofendam nem defendam ninguém. Esta é a exortação do Apóstolo: "Abandonai a mentira, e dizei a verdade uns aos outros".[512]

De tal costume nasce uma grande propensão para mentiras frequentes e mais graves. Pelas mentiras jocosas tomam os homens o vezo de mentir, e ficam com a fama de não serem verdadeiros. Então, para se fazerem acreditar, são obrigados a jurar continuamente.

Por último, esta cláusula do Preceito repudia também o fingimento, porque há malícia de pecado, tanto no que se diga, como no que se faça hipocritamente. Palavras e ações são índices e reflexos do que se passa na alma humana. Por esse motivo, censurando os fariseus, Nosso Senhor lhes dá muitas vezes o nome de hipócritas.[513]

Tanto seja dito da primeira parte do Preceito, que é proibitiva.[514] Daqui por diante, vamos expor o que Nosso Senhor manda, positivamente, na segunda cláusula.

II. PRECEITO AFIRMATIVO DESTE MANDAMENTO

1. Deveres dos juízes

[14] O objeto próprio desta segunda parte do Preceito é fazer que os tribunais exerçam a justiça de acordo com as leis, não desviando para si

---

512. Ef 4,25.
513. Mt 15,7; 22,18; 23,14; 15,23; 25,27-29; Lc 12,56.
514. Vide Thom. II-II q. 211 pertotam.

as causas, nem usurpando a respectiva jurisdição. Pois, como escreve o Apóstolo, não é lícito julgar um servo alheio[515], para não se dar sentença sem pleno conhecimento de causa.

Contra esse ponto, errou a assembleia de sacerdotes e escribas, que julgaram Santo Estevão.[516] O mesmo erro cometeram os magistrados de Filipos, dos quais escreveu o Apóstolo: "Sem processo algum nos mandaram açoitar publicamente e lançar no cárcere, a nós, que somos cidadãos romanos, e agora querem soltar-nos às escondidas".[517]

Enfim, os juízes não condenem os inocentes[518], nem absolvam os culpados, não se deixando levar pela cobiça, nem pelo respeito humano, nem pelo ódio, nem pela simpatia.

Pois assim falou Moisés aos anciãos, que constituíra como juízes do povo: "Julgai segundo a justiça, quer se trate de um cidadão, quer de um forasteiro. Não deve haver nenhuma distinção de pessoas. Atendereis ao pequeno, assim como ao grande. Não olheis para a pessoa de ninguém, porque o juízo é de Deus".[519]

2. *Deveres dos acusados*

[15] Dos réus e culpados quer Deus que digam a verdade, se forem interrogados em forma judicial. Esse testemunho constitui, de certo modo, um louvor e glorificação de Deus, como o sentia Josué, quando procurou induzir Acão a confessar a verdade: "Meu filho, dizia ele, dá glória ao Senhor Deus de Israel; confessa-me o que fizeste, e não o ocultes."[520]

3. *Deveres das testemunhas*

[16] Como este Preceito se refere, muito em particular, às testemunhas, deve o pároco ocupar-se delas com maior advertência.

Pelo seu teor, o Preceito não se limita a proibir o falso testemunho, mas ordena também que se diga a verdade. Na vida humana, empre-

---

515. Rm 14,4.
516. At 6,9.
517. At 16,37.
518. Ex 23,7.
519. Dt 1,16-17.
520. Js 7,19.

ga-se largamente o verdadeiro testemunho, pois há um sem-número de coisas, que certamente escapariam ao nosso conhecimento, se não as soubéssemos pela declaração de testemunhas fidedignas.

Portanto, nada é mais necessário do que a veracidade dos testemunhos acerca de coisas que não sabemos por nós mesmos, mas que nem por isso podemos ignorar. Existe a propósito uma observação de Santo Agostinho: "Aquele que oculta uma verdade, como aquele que diz uma mentira, ambos são culpados. O primeiro, porque não quer ser útil; o segundo, porque deseja prejudicar".[521]

Por vezes, é lícito, fora do tribunal, calar a verdade. Em juízo, porém, deve dizer-se a verdade, sem nenhuma restrição, quando a testemunha é interrogada pelo juiz competente.[522] Nessa ocasião, guardem-se as testemunhas de confiar demais na própria memória, para não afirmarem como certo o que de sua parte não foi bem averiguado.

4. Deveres dos procuradores e advogados

[17] Resta falar-se, agora, dos autores e advogados, dos promotores e solicitadores. Nas ocasiões necessárias, não devem os primeiros negar às pessoas seu serviço e assistência profissional. De boa vontade assistirão aos pobres; não aceitarão a defesa de causas injustas; não devem protelar a ação com chicanas, nem paliá-las por avareza. A remuneração de seu esforço e trabalho seja, pois, determinada com justiça e equidade.[523]

5. Deveres dos autores e promotores

[18] Os autores e promotores sejam exortados a não oprimirem ninguém com injustas pronúncias, movidas por amizade, por ódio, ou por qualquer outra paixão.

Afinal, para todos os bons cristãos vale o preceito divino de sempre falarem sinceramente a verdade, nas suas reuniões e conversas, não dizendo nada que possa lesar a fama de outrem, nem sequer daqueles que, notoriamente, os ofendem e perseguem; não devem, pois, esquecer que

---

521. Cf. Graciano, *Decretales*, 2ap, causa 11, qu.3, can. 80.
522. A proposição "É sempre lícito ocultar a verdade por meio de restrições, quando for necessário para a defesa da vida, da honra, da fortuna, ou para qualquer boa obra" foi condenada pelo menos como doutrina perigosa (Dz 1177).
523. Thom. II-II q. 71 art. 5.

entre uns e outros se interpõe a mais íntima ligação, por serem todos membros de um mesmo corpo.[524]

III. DO VÍCIO DA MENTIRA EM PARTICULAR

1. Fealdade da mentira e males que ocasiona

[19] Mas, para que os fiéis mais se precatem do vício de mentir, o pároco lhes fará ver a enorme desgraça e torpeza desse pecado. Nas Sagradas Escrituras, o demônio chama-se "pai da mentira". Por não haver persistido na verdade, o demônio é mentiroso, é o autor da mentira.[525]

A fim de extirpar tão grande crime, o pároco falará de suas péssimas consequências. Como estas são inumeráveis, aponte pelo menos as principais origens e ramificações de seus danos e desgraças.

Primeiro, mostrará quanto o homem desleal e mentiroso ofende a Deus e provoca a sua cólera. Em abono do que diz, pode citar o testemunho de Salomão: "Seis são as coisas que o Senhor odeia, e há uma sétima que o Seu Espírito detesta: olhos arrogantes, língua mentirosa, mãos que derramam sangue inocente, coração que forja planos malignos, pés velozes para correr ao mal, pessoa que mente, testemunha que declara falso, etc.".[526]

Ora, se o homem [mentiroso] é singularmente odiado por Deus, quem o poderia livrar dos mais rigorosos castigos?

[20] Depois, haverá coisa mais torpe e infame, como reparou São Tiago, do que servir-nos da mesma língua com que bendizemos a Deus Pai, para maldizer os homens, feitos à imagem e semelhança de Deus. É como uma fonte que, pela mesma abertura, deita água doce e água salobra.[527]

Com efeito, a mesma língua que, antes, louvava e glorificava a Deus, põe-se depois pela mentira a cobri-lO, quanto pode, de injúrias e vitupérios. Esta é a razão por que os mentirosos são excluídos da posse da celeste bem-aventurança. Por isso, quando Davi se dirigiu a Deus com a pergunta: "Quem há de morar no Vosso Tabernáculo?", o Espírito

---

524. 1Cor 12,12-13; Cl 1,18; 2,19; Ef 1,22 ss.; 4,15 ss.; Gl 3,27; Cl 1,24.
525. Jo 8,44 ss.
526. Pr 6,16 ss.
527. Tg 3,9-11.

Santo lhe respondeu: "Aquele que diz a verdade no seu coração, e que não faz embustes com a sua língua".[528]

O pior dano da mentira é que ela constitui uma doença de espírito quase incurável. Pois o pecado de calúnia e o de detração à fama do próximo não são perdoados, enquanto o acusador não prestar satisfação ao ofendido pelas injustiças praticadas.

Isto, porém, se torna muito difícil aos homens; antes de tudo, porque se deixam levar, como já advertimos, por sentimentos de falsa vergonha e falsa dignidade. Ora, não podemos duvidar que, com tal pecado na consciência, a pessoa se condena aos eternos suplícios do inferno.

Ninguém pode, tampouco, esperar o perdão de suas calúnias e detrações, se antes não der satisfação a quem foi por ele lesado na fama ou consideração, quer em juízo público, quer em conversas familiares e reservadas.

Ora, esses efeitos perniciosos vão muito longe e atingem outras pessoas, porquanto a fraude e a mentira destroem a boa fé e a veracidade, que são os mais sólidos esteios da sociedade humana. Com a supressão destes, surge uma extrema confusão na vida cotidiana, de sorte que os homens em nada parecem distinguir-se dos demônios.

O pároco ensinará, ainda, que se deve evitar a loquacidade. Quem dela foge, arreda de si outros pecados, e dispõe de uma grande defesa contra a mentira. Deste vício dificilmente se guardam as pessoas muito dadas a falar.

2. *Refutação das escusas dos mentirosos*

[21] Por último, o pároco desfará o erro dos que tentam justificar a impostura de suas palavras, alegando o exemplo de pessoas precavidas, como dizem, que sabem servir-se da mentira, quando a ocasião o pede.

Deve então lembrar-lhes, como grande verdade, que a prudência da carne é morte.[529] Exorte os ouvintes a confiarem em Deus, por ocasião de aflições e necessidades, e a não recorrerem à astúcia da mentira. Quem procura tal saída, dá mostras de que quer antes apoiar-se em sua própria prudência, do que confiar na Providência Divina.

---

528. Sl 14,1-3.
529. Rm 8,6.

Alguns querem lançar a culpa de suas próprias mentiras sobre os outros, que também os enganaram com falsidades. Devemos ensinar-lhes que aos homens não é lícito vingar-se a si mesmos, nem retribuir o mal com o mal, mas que devem, antes, vencer o mal com o bem.[530]

Ainda que tal revide fora lícito, ninguém teria vantagem em vingar-se com dano próprio. Ora, gravíssimo é o dano que nos infligimos a nós mesmos, quando dizemos alguma mentira.

Aos que aduzem, como desculpa, a covarde fragilidade da natureza humana, devemos lembrar-lhes a obrigação natural de pedirem o auxílio divino, e de não cederem [sem mais nem menos] à fraqueza humana.

Outros, por sua vez, se escusam com o hábito adquirido. Ora, se adquiriram o hábito de mentir, cumpre admoestá-los a que se esforcem por contrair o hábito contrário, que é falar sempre a verdade; sobretudo, porque os useiros e vezeiros na mentira pecam mais gravemente do que o restante dos homens.

[22] Não falta quem aponte para o exemplo de outros, sustentando, em defesa própria, que os outros mentem e perjuram a cada passo. É preciso desenganá-los de tal argumento, porque os maus não são dignos de imitação, mas passíveis de censura e correção. Todavia, se nós mesmos praticarmos a mentira, pouca influência terão as nossas palavras, quando nos pomos a repreender e corrigir os nossos semelhantes.

Alguns objetam que, falando a verdade, tiveram muitas vezes de passar vexames. Devem os sacerdotes responder-lhes, como refutação, que tais palavras exprimem uma acusação em lugar de defesa, porque o dever do cristão é antes sofrer algum percalço, do que proferir uma mentira.

[23] Resta, ainda, falarmos de duas classes de pessoas, que acobertam suas mentiras. Como dizem, umas mentem por brincadeira; outras mentem por oportunismo, pois sem recorrer à mentira não fariam compras nem vendas vantajosas.

Ambos os grupos deve o pároco livrar dessa falsa mentalidade. Aos primeiros faça ver o quanto as mentiras frequentes arraigam o hábito de cometer tal pecado. Digam-lhes, também, que hão de dar contas de toda palavra ociosa.[531]

---

530. Rm 12,17-21; 1Pd 3,9 ss.
531. Mt 12,36.

Aos segundos repreenda, com mais rigor, porque sua desculpa envolve uma grave acusação contra eles mesmos. Pois assim dão claramente a entender que não acreditam nem aceitam aquelas palavras divinas: "Procurai, antes de tudo, o Reino de Deus e sua justiça, e todas estas coisas vos serão dadas por acréscimo".[532]

---

532. Mt 6,33.

CAPÍTULO X
NONO E DÉCIMO MANDAMENTOS

"Não cobiçarás a casa do teu próximo nem desejarás sua mulher, nem seu servo, nem sua serva, nem seu boi, nem seu animal de carga, nem coisa alguma que lhe pertença"[533]

1. Como esses dois preceitos compreendem os outros oito. — 2. Em que se diferenciam entre si estes dois mandamentos. — 3. Por que foi necessário adicionar esses dois preceitos ao sexto e sétimo mandamentos.— 4. Imenso benefício que Deus nos deu por esses mandamentos.— 5. Esses dois preceitos nos mostram a diferença entre a lei divina e a humana.

I. Preceito negativo deste mandamento. — 6. Que concupiscência não se proíbe aqui, e o que é concupiscência. — 7. Várias vantagens que a concupiscência nos brinda, de acordo com a reta razão. — 8. Em que sentido o Apóstolo chama a concupiscência de pecado. — 9. Qual é a concupiscência que não tem sequer razão de pecado. — 10. Qual a concupiscência proibída aqui. — 11. Como se pode saber que a concupiscência é pecado. — 12. Em que consiste principalmente o pecado de concupiscência. — 13. Qual é o sentido destes dois últimos mandamentos. — 14. O que neste preceito se deve entender pelo nome de casa. — 15. Que se entende pelos nomes de boi e animal de carga. — 16. De que servos se fala neste mandamento. — 17. Por que se faz também menção do próximo neste preceito. — 18. Não transgride este preceito quem deseja comprar pelo seu preço justo as coisas que o próximo ponha à venda. — 19. Como se deve entender o mandamento de não cobiçar a mulher do próximo. — 20. Não transgride esta lei quem pede em matrimônio a que considera solteira.

II. Preceito afirmativo deste mandamento. — 21. Que se manda fazer neste mandamento. — 22. No que os cristãos devem principalmente meditar para reprimir o ímpeto da concupiscência. — 23. Quem cai principalmente nos lapsos da concupiscência.

---

533. Ex 20,17.

[1] Antes de tudo, devemos saber que estes dois Preceitos, não obstante virem em último lugar, constituem por assim dizer a base para a observância de todos os mais.

Pela sua formulação, inculcam que muito importa ao indivíduo coibir a concupiscência, se quiser observar fielmente os Preceitos anteriores. Pois quem não arde em desejos desordenados, e vive satisfeito com o que possui não cobiçará o alheio; alegrar-se-á com a felicidade do próximo; glorificará a Deus imortal, e render-Lhe-á infinitas graças; respeitará o sábado[534], isto é, gozará de uma paz inalterável; respeitará os Superiores; não lesará ninguém, por atos ou palavras, nem de qualquer outra maneira.

Na verdade, germe e raiz de todos os males é a má concupiscência.[535] Os que se deixam abrasar por ela, precipitam-se em toda a sorte de crimes e maldades.[536]

Esta reflexão levará o pároco a esmerar-se na explicação da doutrina seguinte, e tornará os fiéis mais dóceis para a receber.

1. No que se diferenciam entre si estes dois mandamentos

[2] Explicam-se, aqui, os dois Preceitos em conjunto, porque seu objeto tem semelhanças e requer quase o mesmo método de exposição. Porém, nas suas exortações e advertências, pode o pároco tratá-los juntos ou separados, conforme julgar mais conveniente.

Em qualquer hipótese, quando se puser a explicar o Decálogo, deve ele fixar bem a diferença entre os dois Mandamentos, em que ponto uma cobiça se distingue da outra. Essa diferença, Santo Agostinho a salienta nas Questões sobre o Êxodo.[537]

A primeira espécie de cobiça vai só ao que é útil e proveitoso. A segunda propende à volúpia e à satisfação dos sentidos. Quem, pois, cobiça um campo ou uma casa, atende mais ao lucro do que a um prazer sensual. Aquele, todavia, que deseja a mulher do próximo, não sente a cobiça de lucro, mas arde no fogo da volúpia.

---

534. Isto é, o domingo.
535. Cfr. 1Tm 6,10; Tg 1,14; 4,1 ss.
536. Vide Santo Agostinho, *Retract.* I 15; *Epist. 200*; *Cidade de Deus,* VIII, 4-5.
537. Santo Agostinho, *Quaest. in Exodum* q. 71. *Vide etiam Thom. II-II q. 122 art. 6 ad 3 et 4.

2. Por que esses dois mandamentos foram adicionados ao sexto e ao sétimo

[3] Estes Preceitos eram duplamente necessários. Primeiro, para melhor se alcançar o sentido do Sexto e Sétimo Mandamentos. Ora, pela simples luz da razão, devia ser evidente que a proibição do adultério inclui também a proibição de desejar a mulher do próximo; pois, se fora lícito cobiçar, lícito também seria o possui-la.

Entretanto, a maioria dos judeus, cegos pelo pecado, eram irredutíveis em não acreditar que isso fosse proibido por Deus. Ainda mais. Depois de promulgada esta Lei de Deus, muitos que se diziam doutores da Lei persistiram na mesma aberração. É o que deduzimos das palavras de Nosso Senhor no Evangelho de São Mateus[538]: "Ouvistes como foi dito aos antigos: "Não cometerás adultério. Eu porém, vos digo [que todo homem que lançar olhares cobiçosos a uma mulher, já cometeu adultério com ela em seu coração"].

Em segundo lugar, estes Preceitos são necessários, porque proíbem, clara e terminantemente, alguns pontos, que não são objeto de formal proibição no Sexto e Sétimo Mandamentos.

Vejamos um exemplo. O Sétimo Mandamento proíbe que alguém cobice o alheio e se disponha a tirá-lo. Mas o presente Mandamento interdiz qualquer desejo, ainda que se possa satisfazer, justa e legalmente, se de sua consecução resultar algum dano para o próximo.

3. Grandíssimo bem que Deus nos outorga por estes mandamentos

[4] Antes de encetarmos a explicação do Preceito, cumpre-nos mostrar aos fiéis como a instituição desta lei nos leva não só a enfrear nossas paixões, como também a reconhecer que o paternal amor de Deus para conosco não tem medida.

Pelos Preceitos anteriores, Deus nos cercou com uma espécie de baluarte, para que ninguém nos lesasse tanto a nossa pessoa como a nossa propriedade. Ora, acrescentando este Preceito, quis antes de tudo evitar que nos lesássemos a nós mesmos com os nossos desejos desordenados: o que de certo aconteceria, se nos fora lícito, sem nenhuma restrição, nutrir todos os desejos e ambições.

---

538. Mt 5,27 ss.

Pela interdição da cobiça, expressa neste Mandamento, Deus providenciou que o aguilhão dos desejos, causa para nós de perigosas tentações, fosse de certo modo abalado pela força deste Preceito, e não nos perturbasse com tanta insistência. Aliviados, assim, da importunação dos maus desejos, temos mais folga para nos entregar às obras de religião e piedade, que são muitas e numerosas, conforme as devemos a Deus.

4. Diferença entre as leis divinas e as leis humanas

[5] Este duplo Preceito não só nos revela o amor de Deus para conosco, mas aponta também um caráter particular da Lei Divina. Ela não se contenta com a execução externa de suas prescrições, mas quer que haja também plena adesão de nossos sentimentos.

Entre as leis divinas e as humanas, existe a diferença de que estas se contentam com atos externos, enquanto aquelas exigem pureza, sinceridade e integridade de ânimo, porque Deus olha para o coração.

A Lei Divina é, pois, como um espelho, no qual descobrimos os vícios de nossa natureza. Por isso, dizia o Apóstolo: "Não conheceria eu a concupiscência, se a Lei não dissesse: Não cobiçarás!"[539]

A concupiscência, que é uma acendalha do pecado, provém da culpa original. Por estar sempre integrada em nossa natureza, ela nos faz reconhecer que nascemos no pecado.[540] Por esse motivo, devemos recorrer confiantes Àquele que unicamente pode purificar as manchas do pecado.

I. PRECEITO NEGATIVO DESTE MANDAMENTO

1. "Não cobiçarás"

[6] Ambos os Preceitos têm isto de comum com os outros, que em parte proíbem, que em parte ordenam alguma coisa. Quanto à cláusula proibitiva, o pároco explicará qual é a concupiscência que devemos evitar, em virtude deste Preceito. Pois ninguém deve cuidar que haja vício em desejos escoimados, como o apetecer do espírito contra a carne[541], e

---

539. Rm 7,7.
540. A opinião de que o Batismo ou uma vida perfeita extinguem totalmente a má concupiscência no homem, foi condenada repetidas vezes. Cfr. Dz 1275-1278, 1393.
541. Gl 5,17.

o ansiar continuamente pelas justas Leis de Deus, conforme o grande desejo que sentia Davi.[542]

a) Que é a concupiscência

Concupiscência, como devemos saber, é um certo impulso da alma, que leva os homens a cobiçarem coisas de seu agrado, que ainda não estão em seu poder. Ora, assim como nem todos os impulsos da alma são sempre maus, também não se deve afirmar, sem mais nem menos, que a concupiscência seja sempre desordenada. Não há, por exemplo, nada de mal em apetecer comida e bebida; em desejar calor, quando sentimos friagem; ou então, desejar frescura, quando o calor nos afronta.

Por disposição divina, a concupiscência bem ordenada tem sua origem em nossa própria natureza; mas, por efeito do pecado de nossos primeiros Pais, ela transgride os limites de sua natureza, e degenera a tal ponto, que se desvia muitas vezes a desejos contrários à razão e ao bom-senso.

b) Que concupiscência não se proíbe neste mandamento

[7] Porém, se for regulada e contida em justas proporções, a concupiscência também produz, muitas vezes, não poucos benefícios.

Em primeiro lugar, leva-nos a recorrer a Deus, em orações assíduas e fervorosas, pedindo com confiança o que ardentemente desejamos. A oração é a intérprete de nossos desejos. Faltasse esta santa concupiscência, não se fariam tantas orações na Igreja de Deus.

Em segundo lugar, faz com que tenhamos maior apreço aos dons de Deus. Quanto maior é o ardor com que apetecemos alguma coisa, tanto mais valor e estima merece de nossa parte quando a conseguimos.

Em terceiro lugar, o prazer que sentimos com a satisfação de nossos desejos, nos move a agradecer a Deus com mais acendrada piedade.

Por conseguinte, se há casos em que é lícito cobiçar alguma coisa, devemos logicamente admitir que nem toda concupiscência é proibida.

[8] Verdade é que São Paulo declarou ser pecado a concupiscência[543]; mas suas palavras se devem tomar no mesmo sentido de que falou Moisés, à

---

542. Sl 118,20.
543. "Que diremos, pois? A Lei é pecado? Longe disso. Mas eu não conheci o pecado senão pela Lei; porque eu não conhecería a concupiscência, se a Lei não dissesse; Não cobiçarás" (Rm 7,7).

cuja autoridade se reporta.[544] Na epístola aos Gálatas, chama-lhe concupiscência da carne, quando diz: "Vivei segundo o espírito, e assim não satisfareis os apetites da carne".[545]

[9] Portanto, a proibição não se refere à concupiscência natural, devidamente regulada, que se mantém em justos limites; muito menos, ao anseio todo espiritual de um coração puro, que nos faz suspirar precisamente por aquilo que repugna aos apetites da carne. A tal desejo somos até exortados pelas Sagradas Escrituras: "Cobiçai as minhas palavras".[546] E mais: "Vinde a mim vós todos que me desejais".[547]

b) Que concupiscência se proíbe nestes mandamentos

[10] A proibição deste Preceito não atinge, pois, a própria potência concupiscível, que pode reverter tanto para o bem como para o mal. Antes, são absolutamente proibidas as aplicações do mau apetite, que se chama concupiscência da carne e acendalha do pecado; pois, se nelas houver consentimento da vontade, devemos sempre considerá-las como verdadeiros pecados.

Nestas condições, só é interdito o prazer de cobiçar, ao qual o Apóstolo chama concupiscência da carne[548], a saber, aquelas manifestações da concupiscência, que excedem os termos da razão, e não se detêm nos limites marcados por Deus.

[11] Tal concupiscência é reprovável, ou porque cobiça o mal, como sejam adultérios, bebedeiras, homicídios e outros crimes nefandos, dos quais falou o Apóstolo: "Não cobicemos o mal como eles [os judeus] cobiçaram"[549]; ou porque há outras razões, para não cobiçarmos coisas, que aliás não são más por sua natureza.

Nessa categoria entram todas as coisas, cuja posse nos é defesa por Deus ou pela Igreja, pois não nos é lícito cobiçar o que nos for absolutamente proibido de possuir. Tal acontecia outrora, na Antiga Lei, com o ouro e a prata, de que eram fundidos os ídolos. No Deuteronômio, o Senhor havia proibido que alguém os cobiçasse.[550]

---

544. Ex 20,17. Veja-se a citação do texto no cabeçalho deste mesmo capítulo.
545. Gl 5,16.
546. Sb 6,12.
547. Eclo 24,26.
548. Gl 5,16; 1Pd 2,11; 1Jo 2,16.
549. 1Cor 10,6.
550. Dt 7,25.

Há, além disso, outra razão de se proibir a cobiça. É por ser desordenada, quando, por exemplo, se desejam bens alheios: casa, servo, serva, campo, mulher, boi, jumento, e outras coisas mais. Pelo fato de serem bens alheios, a Lei Divina proíbe de cobiçá-los. O desejo de tais coisas é desordenado, e constitui uma culpa gravíssima, desde que a vontade lhe preste consentimento.

[12] Mas só se comete realmente pecado, quando a alma, sob a ação dos maus desejos, se compraz em coisas pecaminosas, dando-lhes pleno consentimento, ou pelo menos não lhes oferecendo resistência.[551] É o que ensina São Tiago, ao descrever a origem e o desenvolvimento do pecado: "Cada qual é tentado pela sua própria concupiscência, que o seduz e arrebata. Depois de conceber, a concupiscência dá vida ao pecado. E depois de cometido, o pecado produz a morte".[552]

[13] A proibição do Preceito: "Não cobiçarás" significa, pois, que devemos refrear nossa avidez por coisas alheias. Com efeito, a ganância dos bens alheios é desmedida, é infinita, e nunca se dá por satisfeita, como diz a Escritura: "O avarento jamais se fartará de dinheiro".[553] Em Isaías também se lê a seguinte passagem: "Ai de vós, que aglomerais casas e casas, e emendais campo a campo..."[554]

Entretanto, se explicarmos [o Preceito] palavra por palavra, compreender-se-á a fealdade e gravidade desse pecado.

2. *"A casa do teu próximo, nem seu servo, nem sua serva, nem seu boi, nem seu animal de carga, nem coisa alguma que lhe pertença"*

[14] Sendo assim, o pároco ensinará que, por casa, não se entende apenas o lugar de nossa morada, mas em geral todo o nosso patrimônio. Nesse sentido costumam tomar a palavra as Sagradas Escrituras. No Êxodo, por exemplo, está escrito que o Senhor edificou casas para as parteiras[555]; isto queria dizer que lhes aumentou os bens de fortuna.

---

551. Os erros jansenistas de Miguel du Bay a esse respeito foram condenados pela Igreja: Dz 1050 ss. e 1074 ss.
552. Tg 1,14.
553. Ecl 5,9.
554. Is 5,8.
555. Ex 1,21. — Deus assim as recompensou, porque salvavam a vida dos recém-nascidos.

Desta interpretação se deduz que o Preceito nos proíbe aspirar gananciosamente às riquezas[556], e invejar a opulência, o poder e a nobreza dos outros; manda, pelo contrário, contentar-nos com a nossa condição, qual que ela seja, humilde ou elevada. Por conseguinte, devemos ficar cientes de que é proibido cobiçar a glória alheia, porque esta também se inclui na noção "casa".

[15] Os termos seguintes "nem boi, nem jumento", provam que é proibido cobiçar não só os bens de grande valor, como casa, nobreza e fama, mas também os bens somenos, de qualquer natureza, sejam animados, ou inanimados.

[16] Pela outra palavra "nem servo" entende-se tanto os cativos de guerra, como as demais categorias de escravos. Não nos é lícito cobiçá-los, da mesma forma que não podemos cobiçar outros bens alheios.

Quando, porém, pessoas livres servem voluntariamente a outrem, quer por ajuste de salário, quer por amizade e consideração, ninguém as deve subornar e seduzir, de modo algum a largarem seu serviço voluntário, nem por palavras de ameaça, nem por falsas pretensões, nem por ofertas e propinas. Ainda mais. Se elas abandonaram os patrões, antes de expirar o termo de contrato, devemos adverti-las que este Preceito as obriga a retornarem sem mais demora.

[17] Neste Preceito, a palavra "do teu próximo" tem por fim apontar o mau vezo com que os homens cobiçam justamente os campos que ficam vizinhos, as casas mais próximas, ou qualquer benfeitoria contígua à sua propriedade. A vizinhança de per si favorece a amizade; mas o vício da cobiça a desvia, do amor, para a malquerença.

[18] De modo algum transgridem este Mandamento os que desejam comprar, ou de fato compram, pelo seu justo preço, as coisas que o próximo tenha para vender. Pois assim não lesam o próximo, antes lhe prestam grande serviço, porque o dinheiro é para ele mais útil e vantajoso, do que as coisas postas à venda.

3. *"Não desejarás sua mulher"*

[19] Ao Mandamento que proíbe de cobiçar as coisas alheias, segue-se outro que, por sua vez, proíbe desejar a mulher do próximo. Esta

---

556. No texto latino, há redundância: ... *avide expectamus*.

Lei interdiz não só a lascívia, com que o adúltero cobiça a mulher do próximo, mas também o desejo de casar com a mulher de outrem.

Quando era ainda permitido o libelo de repúdio, podia facilmente acontecer que um homem esposasse uma mulher repudiada por outro. Mas Nosso Senhor o proibiu, para os maridos não serem tentados a largar suas esposas, e para as mulheres não se mostrarem tão duras e esquivas a seus maridos, que os põem quase na emergência de repudiá-las.

Agora, esse pecado[557] se reveste de maior gravidade, porque a ninguém é permitido casar com uma mulher, embora repudiada pelo marido, enquanto este não tiver morrido. Por isso mesmo, quem deseja a mulher do próximo, facilmente desliza de um mau desejo a outro. Ou deseja que o marido dela morra, ou deseja cometer adultério.

O mesmo princípio é de aplicar às mulheres ligadas a outrem por legítimos esponsais. Não é lícito cobiçá-las, porque quem procura desfazer esponsais, quebra um sacrossanto contrato de fidelidade.

Se o cobiçar uma mulher casada é uma grande iniquidade, assim também não é permitido, de maneira alguma, desejar matrimônio com uma mulher que se consagrou ao serviço de Deus, no estado religioso.

[20] Todavia, não quebra o Preceito quem deseja por esposa uma mulher casada, julgando tratar-se de pessoa solteira; por sinal que não a desejaria por esposa, se soubesse que já era casada. Assim aconteceu com Faraó e Abimelec. Lemos, nas Sagradas Escrituras, que ambos queriam Sara por esposa, supondo fosse uma irmã solteira, e não a mulher de Abraão.[558]

II. PRECEITO AFIRMATIVO DESTE MANDAMENTO

1. Remédios relativos à ação

[21] Afinal, deve o pároco indicar os remédios mais eficazes, para destruir o vício da concupiscência. Nesse intuito, explicará agora a segunda parte do Preceito, que consiste em não prender o coração às riquezas, quando elas se tornam abundantes[559]; em dispor-nos a abrir mão delas, por amor à religião e à piedade; em gastar dinheiro, de bom coração, para acudirmos às necessidades dos pobres; em suportar a pobreza, com

---

557. O desejo de esposar a mulher do próximo.
558. Gn 12,19; 20,5.
559. Sl 61,11.

alegre resignação, quando não possuímos bens de fortuna. Na verdade, se formos liberais em dar do que é nosso, conseguiremos extinguir em nós a cobiça dos bens alheios.

Da Sagrada Escritura e dos Santos Padres pode o pároco coligir muitas passagens sobre o valor da pobreza e o desvalor da riqueza. Deve, pois, ensiná-las ao povo cristão.

Este Preceito nos obriga também a querer, de todo o coração e com o maior empenho, que se faça, antes de tudo, não o que desejamos, mas o que Deus quer, conforme se explica na Oração Dominical.[560]

Ora, a vontade de Deus manda acima de tudo que nos distingamos pela santidade: estremando nosso coração de toda a mácula — exercendo nosso espírito em obras que se oponham à concupiscência da carne — seguindo, à luz da razão e da fé, o caminho de uma vida direita, depois de termos coibido os apetites sensuais — mortificando energicamente os sentidos, porque são eles que nutrem e fomentam as nossas paixões e concupiscências.

2. Remédios relativos ao pensamento

[22] Para extinguir o fogo das más paixões, muita vantagem há em ponderarmos as funestas consequências que delas promanam.

O primeiro dano está no absoluto domínio, que o pecado adquire sobre a nossa alma, pelo fato de nos entregarmos a tais concupiscências. Por isso, o Apóstolo advertia: "Não deixeis o pecado reinar em vosso corpo mortal, para que não obedeçais às suas concupiscências".[561]

Ora, o poder do pecado esmorece, na medida que resistimos aos maus desejos; assim também, quando sucumbimos na luta contra os mesmos, lançamos o Senhor fora do Seu trono, para O suplantar pelo pecado.[562]

O segundo dano, ensina São Tiago, é que da má concupiscência derivam, como de uma fonte, todas as espécies de pecados.[563] E outra não é também a doutrina de São João: "Tudo o que há no mundo é concupiscência da carne, concupiscência dos olhos e soberba da vida".[564]

---

560. Mt 6,10.
561. Rm 6,12.
562. Cfr. 1Cor 6,15-19 ss.
563. Tg 1,14.
564. 1Jo 2,16.

O terceiro dano é que a má concupiscência turva o bom discernimento. Quando obcecados pelas trevas de suas paixões, os homens julgam honesto e digno tudo quanto cobiçam.

O quarto dano, afinal, é que o vigor da concupiscência sufoca a palavra divina que Deus, o grande Semeador, lançou dentro de nossa alma. Pois assim escreveu São Marcos: "Os grãos semeados entre espinhos são aqueles que ouvem as palavras de Deus; mas, sobrevindo os cuidados terrenos, as ilusões da riqueza, e a ambição de outras coisas, abafam a palavra e tiram-lhe a sua eficácia".[565]

[23] Como certas pessoas se entregam, mais do que outras, ao vício da cobiça, o pároco deve consagrar maior atenção em exortá-las à observância deste Preceito.

Tais são os que se divertem com jogos ilícitos, ou que jogam desenfreadamente; os negociantes que desejam carestia e falta de mantimentos; os que não toleram, ao seu lado, outros compradores ou vendedores, para poderem eles mesmos vender mais caro ou comprar mais barato. Cometem o mesmo pecado os que desejam necessidade ao próximo, para lucrarem mais nas vendas e compras. Pecam também os soldados que desejam a guerra, para terem ocasião de pilhar; os médicos que querem a irrupção de doenças; os juristas que ambicionam grande afluência de processos e litígios; os produtores gananciosos, que desejam a carência de gêneros e outras utilidades, a fim de tirarem dessa situação o maior lucro possível.

Afinal, pecam gravemente contra este Preceito os que desejam e cobiçam para si mesmos a honrosa posição de outros, e por isso não deixam de denegrir-lhes a boa fama; mormente, quando tais ambiciosos são pessoas covardes e desmoralizadas. Pois fama e glória são uma recompensa da virtude e do esforço, e não da preguiça e incapacidade.

---

565. Mc 4,18-19.

QUARTA PARTE

A ORAÇÃO

CAPÍTULO I
Da oração em geral

I. Necessidade da oração. — 1. Como devemos rezar a Deus. — 2. A oração é necessária para salvar-se. — 3. Como se demonstra a necessidade da oração. — 4. Não temos, fora da oração, outra maneira de remediar todas as nossas necessidades.
II. Utilidade da oração. — 5. Qual é o primeiro fruto da oração. — 6. Segundo fruto que conseguimos ao rezar. — 7. Deus sempre ouve as orações piedosas. — 8. Por que às vezes não conseguimos o que pedimos na oração. — 9. Os que rezam com as devidas disposições alcançam mais do que pedem. — 10. Qual é o terceiro fruto da oração. — 11. Por que Deus, sabendo de nossas necessidades, quer que nós as exponhamos. — 12. Na oração se exercita a caridade para com Deus. — 13. Com a perseverança na oração nos fazemos dignos da divina graça e conseguimos humildade e força contra o demônio. — 14. Qual é o quarto fruto que os homens tiram da oração. — 15. Quinto fruto da oração.
III. Partes e graus da oração. — 16. De que partes consta a oração cristã. — 17. A petição e a ação de graças. — 18. Pondera-se a grande benignidade e generosidade de Deus para com os homens. — 19. Qual é o modo mais perfeito de orar, e o grau supremo da oração. — 20. Segundo grau de oração. — 21. Terceiro grau de oração, e quem se encontra nele. — 22. Quem está no menor grau de oração.
IV. O que se deve pedir na oração. — 23. Que coisas se deve pedir a Deus. — 24. Que se deve pedir a Deus em primeiro lugar e absolutamente. — 25. Como se deve pedir os bens do corpo e da fortuna. — 26. Como se deve usar das riquezas e demais bens do corpo que temos recebido da bondade de Deus. — 27. Como se deve pedir a Deus os bens de talento e de ciência.
V. Por quem se há de rezar. — 28. Não há nenhuma categoria de homens pela qual não podemos rezar a Deus. — 29. Por quem devemos rezar principalmente. — 30. Também devemos rezar por nossos inimigos e pelos da Igreja. — 31. Nossa oração deve incluir igualmente aos difuntos. — 32. A oração dos demais não aproveita aos que morrem impenitentes. — 33. Como se deve entender as maldições que se leem na Escritura. — 34. Como se pratica a ação de graças. — 35. Que ação de graças ocupam o primeiro lugar entre todas as que dirigimos a Deus por causa dos Santos.
VI. A quem se deve rezar. — 36. A oração deve dirigir-se principalmente a Deus. — 37. Também pode dirigir-se aos Santos, que estão reinando com Cristo. — 38. Devemos invocar a Deus de modo distinto que aos Santos. — 39. Como se poderá pe-dir aos Santos que se compadeçam de nós.
VII. Devida preparação para rezar. — 40. Principais virtudes com que a alma deve preparar-se para rezar. — 41. Que pecado sobretudo deve evitar quem deseja rezar com fruto. — 42. A fé em Deus é necessária para rezar. — 43. Motivos que nos le-

vam a ter fé e confiança de conseguir o que pedimos na oração. — 44. O Espírito Santo é o autor de nossas orações. — 45. Como devemos buscar ajudar na fé para alcançar os benefícios de Deus.

VIII. Modo necessário para rezar. — 46. Deve ensinar-se ao povo o melhor modo de rezar, e em que consiste rezar em espírito e em verdade. — 47. Qual é a principal utilidade da oração vocal. — 48. O uso da voz não é tão necessário na oração privada como na pública. — 49. É próprio do cristão rezar em espírito, ainda que não deva evitar por isso as orações prolongadas. — 50. Deus rechaça as orações dos hipócritas. — 51. Devemos seguir rezando, ainda que Deus não atenda o que pedimos. — 52. Cristo nos manda que peçamos em seu nome ao Pai celestial o que desejamos. — 53. Devemos imitar o fervor dos Santos na oração, e acompanhar a súplica com a ação de graças. — 54. Para que a oração seja fervorosa e eficaz, deve ser acompanhada de jejum e esmola.

I. NECESSIDADE DA ORAÇÃO

[1] Entre as obrigações do ministério pastoral, a mais necessária para a salvação do povo fiel é o ensino da prece cristã. Certamente, grande número de pessoas ficará sem conhecer sua natureza e eficácia, se o pastor não fizer por explicá-la com religiosa perseverança.

Por isso, o principal empenho do pároco está em conseguir que seus piedosos ouvintes compreendam o que devem pedir a Deus, e de que maneira o devem fazer.

Ora, todos os requisitos dessa oração tão necessária se encontram naquela fórmula divina, que Cristo Nosso Senhor quis ensinar aos Apóstolos, e por eles e seus sucessores, a todos os que dali por diante abraçassem a Religião Cristã. Seu teor e sentido devem gravar-se de tal maneira no espírito e coração, que nos ocorram com a maior facilidade.

Para facultar aos párocos os meios de ensinarem aos fiéis ouvintes essa espécie de oração, vamos dar aqui os pontos essenciais, tirados de autores que se ocuparam, largamente, do assunto, com a máxima competência. Se precisarem de outras explicações, podem os pastores hauri-las dessas mesmas fontes.[1]

[2] O primeiro ponto que se deve ensinar é a absoluta necessidade da oração. A prescrição de rezar não foi formulada como simples conselho, mas antes como um dever rigoroso. Cristo Nosso Senhor o inculcou

---

1. *De oratione scripserunt Tertullianus, Cyprianus, Augustinus (epist. 111 ad Probam); Chrysost. hom. 15; Joh. Damasc. de orthodoxa fide III 24; Petrus Chrysol. serm. 67; Cassianus Collat. IX; Alexander de Hales 4 9 9 88; Thomas in Opusculis, et 2 2 q. 85 art. 17.

nos termos seguintes: "É preciso orar sempre".[2] A Igreja também dá a entender a necessidade de rezar, naquela espécie de prefácio à Oração Dominical: "Exortados por ordens salutares, e guiados por norma divina, ousamos dizer..."[3]

Já que a oração era necessária para os cristãos, e como os Discípulos Lhe haviam pedido expressamente: "Senhor, ensinai-nos a rezar"[4], o Filho de Deus prescreveu-lhes uma forma de oração, e deu-lhes ao mesmo tempo a esperança de alcançarem o que pedissem.

Ele mesmo se tornou um modelo vivo de oração, pois não só a praticava assiduamente, mas até ficava a rezar durante noites inteiras.[5]

Os Apóstolos, por sua vez, não deixaram jamais de transmitir as normas dessa obrigação aos que se convertiam à fé de Jesus Cristo. Com a maior insistência, se punham São Pedro e São João a exortar os fiéis a esse respeito.[6] Atentando à sua importância, o Apóstolo lembra aos cristãos, em muitas passagens, a salutar necessidade de fazer oração.[7]

[3] De mais a mais, sendo tantos os bens e auxílios de que havemos necessidade para a salvação do corpo e da alma, devemos recorrer à oração como única e melhor intérprete de nossa indigência, como nossa intermediária em todas as nossas necessidades.

Uma vez que Deus a ninguém deve coisa alguma[8], não nos resta outro recurso senão impetrar, por meio de orações, aquilo de que necessitamos. Pois Deus nos deu a oração como meio indispensável para lograrmos o objeto de nossos desejos.

[4] Há, sobretudo, algumas coisas que não podemos indubitavelmente conseguir, sem o auxílio da oração. Existe, por exemplo, nas sagradas preces, uma virtude extraordinária que promove eficazmente a expulsão dos demônios. Pois de uma casta de demônios consta que só pode ser expulsa mediante o jejum e a oração.[9]

---

2. Lc 18,1.
3. Palavras do Missal Romano, após o Canon.
4. Lc 11,1.
5. Lc 6,12.
6. 1Pd 3,7; 4,7; 1Jo 3,22; 5,14-16.
7. Rm 12,13; 15,30; Ef 6,18; Fl 4,6; 1Tm 2,1-8; 5,5; Hb 4,16.
8. Rm 11,35.
9. Cfr. Mt 17,20.

Por isso, privam-se de ótima ocasião de conseguir graças singulares todos aqueles que se não dedicam ao exercício habitual da oração fervorosa e frequente. São Jerônimo observava: "Está escrito: Dar-se-á a todo aquele que pede".[10] Portanto, se a ti não é dado, o único motivo de se não dar é o deixares de pedir. Sendo assim, pedi, e recebereis".[11]

II. DA UTILIDADE DA ORAÇÃO

[5] Esta obrigação de rezar traz consigo gratíssimas vantagens, porque produz, de per si, os mais abundantes frutos espirituais. Das Sagradas Escrituras, podem os pastores aduzi-los em grande número, quando tiverem de explicá-los ao povo cristão. Dentre tantos, escolhemos só alguns, que se nos afiguram mais aplicáveis à nossa época.

1. Primeiro fruto da oração

O primeiro fruto que tiramos consiste em honrar a Deus pela oração. A prece é uma prática de religião, que nas Escrituras se compara ao incenso, pois diz o Profeta: "Erga-se minha oração, como o incenso, em Vossa presença".[12]

Pela oração, confessamos nossa dependência de Deus, a quem reconhecemos e apregoamos como Autor de todos os bens; só n'Ele pomos nossa esperança, porque é o único baluarte de nossa defesa e salvação, nosso único amparo e refúgio.

Lembram-nos também este fruto, aquelas palavras da Escritura: "Clama por Mim, no dia da tribulação. Eu te livrarei, e tu Me hás de dar honra".[13]

2. Segundo fruto da oração

[6] Em Deus ouvir nossas preces, temos mais um fruto da oração, repleto de bênçãos e alegrias. Segundo a doutrina de Santo Agostinho, "a oração é uma chave do céu, pois quando sobe a oração, desce a mi-

---

10. Mt 7,8.
11. S. Jerônimo, in cap. VII Matth.
12. Sl 140,21.
13. Sl 49,15.

sericórdia de Deus. Por mais baixa que fique a terra, e por mais alto que seja o céu, Deus ouve todavia a linguagem do homem".[14]

Com efeito, a oração possui tanta eficácia e utilidade, que por ela conseguimos a plenitude dos bens celestiais. Impetramos que Deus nos conceda o Espírito Santo, como guia e protetor; alcançamos a conservação e integridade da fé, a fuga dos castigos, o amparo divino nas tentações, e a vitória sobre o demônio.

A oração encerra em si o auge de uma alegria toda singular. Por esse motivo, Nosso Senhor declarou: "Pedi, e recebereis, para que a vossa alegria seja completa".[15]

[7] E não pode haver dúvida alguma de que Deus, em Sua bondade, atende prontamente ao apelo de nossa oração. Provam-no os testemunhos das Sagradas Escrituras. Mas, como estes são fáceis de achar, só citaremos, a título de exemplo, algumas passagens de Isaías: "Então clamarás, e o Senhor há de ouvir. Gritarás, e Ele há de responder: Já estou aqui".[16] E a outra: "E acontecerá que, antes de clamarem, Eu os ouvirei; estando eles a falar, Eu já os atenderei".[17]

Deixamos de lado os exemplos daqueles que, por suas preces, aplacaram a Deus. São quase inumeráveis, e entram-nos pelos olhos adentro.

[8] Às vezes, porém, acontece não alcançarmos aquilo que pedimos. Isto é um fato. Mas, então é que Deus garante, do melhor modo possível, a nossa [real] utilidade, seja porque Ele nos outorga benefícios maiores e mais abundantes, seja porque nosso pedido não nos é necessário, nem vantajoso; digamos mais, porque tal concessão poderia ser talvez supérflua, ou até prejudicial. No dizer de Santo Agostinho, "Deus nega algumas coisas por misericórdia, e [só] as concede como sinal de Sua cólera".[18]

Outras vezes, também, rezamos com tanta tibieza e negligência, que nós mesmos não damos atenção às nossas palavras. Ora, a prece é uma elevação da alma a Deus.[19] Mas, se o espírito, que devia volver-se a Deus,

---

14. Aug. sermo 47 in append.; Gatterer cita serm. 116 de tempore; Marinho e Marbeau, serm. 226; Gatterer e Manz acrescentam a cláusula: "... si mundam habent conscientiam". Gatterer e Costa e Cruz incluem-na simplesmente na tradução vulgar.
15. Jo 16,24. — Is 58,9.
16. Is 58,9
17. Is 65,24; Sl 80,8; Pr 15,29.
18. Santo Agostinho, *Serm. 58 de verbo Domini*. Cfr. epist. 130 14; Tract. in Joh. 13.
19. *Veja-se a definição de S. João Damasceno (*De orthodoxa fide* III, 25), e de S. Agostinho (*De sermone Domini in monte* 7; *Serm. 230 de tempore*).

começa a devanear durante a oração: se as fórmulas são ditas temerariamente, sem convicção alguma, sem nenhum esforço de piedade, como poderemos chamar prece cristã ao vão ruído de tal oração? Por isso, não admira que Deus desatenda o nosso pedido, se pela nossa incúria e distração damos prova, nós mesmos, de não querermos realmente o que pedimos, ou de pretendermos coisas que nos são prejudiciais.

[9] Todavia, aos que rezam com atenção e piedade, Deus lhes concede muito mais do que pediram, atesta-o o Apóstolo em sua epístola aos Efésios.[20] Mostra-o também aquela parábola do filho pródigo, que se julgava bem tratado, quisesse o pai recebê-lo na qualidade de simples mercenário.[21]

Não só quando pedimos, mas também quando fazemos a reta intenção, Deus nos enche de Sua graça, quer pela abundância de Seus benefícios, quer pela presteza com que os distribui. É o que provam as Sagradas Escrituras por aquela célebre palavra: "O Senhor ouviu o desejo dos pobres".[22] Deus antecipa-se às íntimas e secretas aspirações dos pobres, sem esperar que eles se ponham a pedir.

3. *Terceiro fruto da oração*

[10] Outro fruto a mais é que, pela oração, exercemos e aumentamos as virtudes de nossa alma, sobretudo a fé. Não podem rezar com eficácia os que não têm fé em Deus. Pois "como hão de invocar Aquele em quem não acreditam?", pergunta o Apóstolo.[23]

De outro lado, quanto mais os fiéis se afervorarem na oração, tanto maior e mais segura será a sua fé na operosa Providência de Deus. Esta exige de nós, expressamente, que Lhe submetamos as nossas necessidades, e d'Ele peçamos todas as coisas.

[11] Deus poderia dar-nos todas as coisas com profusão, sem que o pedíssemos ou sequer desejássemos; assim como Ele dá aos brutos irracionais tudo o que lhes é necessário para conservarem a existência. Mas, como Pai de imensa bondade, quer ser invocado por Seus filhos; quer que peçamos com uma confiança sempre maior, na medida que vamos

---

20. Ef 3,20.
21. Lc 15,11 ss.
22. Sl 9,17; 20,3; 102,5.
23. Rm 10,14; Mt 21,21; Mc 11,24; Tg 5,15.

pedindo, todos os dias, nas devidas condições; pela concessão de nossos pedidos, quer enfim comprovar e enaltecer, cada vez mais, a Sua liberalidade para conosco.

[12] Pela oração, cresce também a caridade. Desde que reconhecemos a Deus como Autor de todos os nossos bens e regalias, nós nos afeiçoamos a Ele com a maior caridade de que somos capazes.

Ora, assim como as conversas e entrevistas inflamam, cada vez mais, o afeto das pessoas enamoradas: assim também as pessoas piedosas, quanto mais rezam a Deus, como que a conversar com Ele, e mais imploram a Sua misericórdia, tanto mais sentem crescer a alegria em cada oração, e tanto mais se afervoram em prestar a Deus amor e reverência.

[13] Outro fruto é que Deus exige de nós a prática da oração, para que, abrasados pelo desejo de pedir, afervoremos nosso zelo pela assiduidade da petição, a ponto de nos tornarmos dignos dos benefícios que nosso espírito, pobre e acanhado, não poderia abranger anteriormente.[24]

Além disso, Deus quer de nossa parte a expressa convicção de que nada podemos por própria virtude, se nos faltar o auxílio da graça celestial; que por isso mesmo devemos dedicar-nos ao exercício da oração com todas as veras de nossa alma.

Na oração temos, por assim dizer, as mais poderosas armas contra os mais encarniçados inimigos de nossa natureza, porquanto Santo Hilário assim ponderava: "Contra o demônio, e contra o seu poder ofensivo, devemos lutar ao clamor de nossas orações".[25]

4. *Quarto fruto da oração*

[14] Há ainda um fruto notável, que conseguimos pela oração. Apesar de que, por fraqueza ingênita, propendemos ao mal e aos vários apetites de concupiscência, Deus ainda assim consente em ser objeto de nossos pensamentos. Por esse motivo, quando nos pomos a rezar, e forcejamos por conseguir Suas graças, logramos realmente a disposição para uma vida pura e a purificação de nossa consciência, depois de havermos destruído toda mancha, proveniente de nossos pecados.

---

24. *Cfr. Santo Agostinho, *Epist. 121*, c.8.
25. Santo Hilário, in Ps 65; Gatterer e Marinho citam in Ps 68.

5. Quinto fruto da oração

[15] Afinal, consoante uma palavra de São Jerônimo, a oração resiste à cólera divina.²⁶ Esta é a razão por que Deus falou a Moisés: "Deixa-Me!"²⁷, quando queria castigar o povo, e Moisés com suas orações o impedia de fazê-lo.²⁸

Com efeito, para abrandar a Deus irado, para retardar ou suspender Sua indignação, já na iminência de castigar os criminosos, não há nada que possa igualar-se à oração dos homens piedosos.

III. ESPÉCIES E GRAUS DA ORAÇÃO

1. Partes da oração

[16] Depois de exposta a necessidade e utilidade da prece cristã, importa ao povo fiel saber também de quantas e de quais partes se compõe a oração.

Isto faz parte do perfeito exercício da oração, conforme o atesta o Apóstolo. Na epístola a Timóteo, exortando a rezar com piedoso recolhimento, ele enumera cuidadosamente as espécies de oração: "Peço, diz ele, que antes de tudo se façam súplicas, orações, expiações, ações de graças, na intenção de todos os homens".²⁹

Entretanto, não deixa de ser arguta essa distinção das várias maneiras de rezar. Se os párocos julgarem útil explicá-las assim aos ouvintes, poderão consultar, entre outras, as obras de Santo Hilário e Santo Agostinho.³⁰

[17] Porém, havendo na oração duas espécies principais, a petição e a ação de graças, donde derivam como de sua fonte todas as outras, julgamos que de modo algum devemos omiti-las.³¹

---

26. São Jerônimo, *Comment. in Jr.* 7 16.
27. Ex 32,10.
28. Ex 32,11 ss.
29. 1Tm 2,1.
30. *Cfr. Santo Hilário, *in Ps 1* 40,2; Santo Agostinho, *Epist. 59 ad Paulinum*. Videsis Cassianum Collat. IX 8 ss.; item Thomam II-II q. 83.
31. O CRO é omisso, quanto à oração de adoração, da qual se derivam propriamente o louvor, a ação de graças, e a expiação. O ato de adoração é reconhecer em Deus a Sua absoluta perfeição e soberania, e em nós a mais profunda imperfeição e dependência.

Na verdade, quando nos aproximamos de Deus, com sentimentos de adoração e veneração, é para Lhe pedir alguma coisa, ou para Lhe agradecer os constantes benefícios, com que Sua bondade largamente nos favorece.

Estas duas espécies de oração, Deus mesmo as designou como absolutamente necessárias, quando pela boca de Davi proferiu as seguintes palavras: "Invoca-Me a Mim no dia da tribulação. Eu te livrarei, e tu Me darás a honra".[32]

Realmente, atentando a enorme miséria e pobreza dos homens, quem poderá negar quanto se nos faz mister a bondade e a liberalidade divina?

[18] Ora, todos os que tenham olhos para ver e inteligência para compreender, reconhecem quanto o amor de Deus se inclina ao gênero humano, e quanto sua clemência se expande para conosco, pois, onde quer que ponhamos a vista, onde quer que dirijamos nosso pensamento, diante de nós refulge o admirável clarão da bondade e munificência divina.

Que possuem os homens, que não lhes tenha vindo da liberalidade de Deus?[33] E se tudo são dons e presentes de Sua bondade, não deveriam todos os homens louvar a Deus beneficentíssimo, e render-Lhe graças na medida de suas forças?

2. Graus da oração

a) Primeiro grau de oração

Nessa dupla obrigação, tanto de pedir a Deus como de Lhe agradecer, existem muitos graus, sendo uns mais elevados e mais perfeitos do que outros. Portanto, para se conseguir, não só que o povo reze simplesmente, mas também que o faça do melhor modo possível, os pastores devem ensinar-lhe o método mais elevado e mais perfeito de rezar, e insistirão que o ponha em prática.

[19] Mas qual é o melhor modo de rezar e o grau mais sublime de oração? Certamente aquele que praticam as pessoas piedosas e tementes a Deus. Apoiando-se nos firmes alicerces da verdadeira fé,

---

32. Sl 49,15.
33. Cfr. 1Cor 4,7.

vão elas subindo por certos degraus do recolhimento e da meditação, até o ponto de poderem contemplar o infinito poder, a imensa bondade e sabedoria de Deus.[34]

Nesse estado de alma, adquirem a inabalável esperança de alcançarem tudo quanto pedem para a vida presente, como também aquela abundância de dons inefáveis, que Deus prometeu de dar aos que imploram o Seu auxílio divino, com toda a confiança e piedade.

A alma, como que levada ao céu por essas duas asas[35], chega até Deus, num enlevo de amor, para Lhe render todos os louvores e graças, porque Ele a mimoseou com os maiores benefícios. Com inigualável afeição e reverência, expõe então confiadamente todas as suas necessidades, à semelhança do filho único que desabafa com seu pai amantíssimo.

A este modo de rezar dão as Escrituras o nome de "efusão". Diz o Profeta: "Derramo minha oração em Sua presença, e exponho diante d'Ele a minha tribulação".[36]

Pelo sentido da própria expressão, quem se põe a rezar nada deve calar, nada deve dissimular; antes, desabafe[37] tudo o que sente, acolhendo-se confiante ao coração e Deus, que é Pai amantíssimo.

Ora, a tanto nos persuade aquela doutrina celestial que assim nos ensina: "Derramai diante d'Ele os vossos corações".[38] Noutro lugar: "Atira sobre o Senhor os teus cuidados".[39]

Tal grau de oração é que Santo Agostinho dá a entender, quando diz no livro chamado "Enchiridion": "O que é objeto de fé, a esperança e a caridade o fazem objeto de oração".[40]

b) Segundo grau de oração

[20] Outro é o grau de oração daqueles que vivem onerados de culpas mortais. Com uma fé que se chama morta[41], fazem força para se

---

34. Aqui está insinuada a oração de adoração. Veja-se supra a nota 399.
35. ... da fé e da esperança.
36. Sl 141,3.
37. Em latim é mais expressivo: *effundat* = derrame.
38. Sl 61,9.
39. Sl 54,23.
40. Santo Agostinho, *Enchiridion* 7; Gatterer cita o cap. 2. - Versão mais literal: "A esperança e a caridade pedem o que a fé acredita".
41. Tg 2,17.

levantar e subir até Deus. Mas, estando suas forças quase extintas e sua fé extremamente debilitada, não podem soerguer-se da terra.[42] Ainda assim, por reconhecerem seus pecados, por sentirem remorso à vista deles, pedem a Deus perdão de seus crimes e paz [para sua consciência]; fazem-no com humildade e submissão, embora sua penitência fique ainda longe de ser plenamente satisfatória.

Todavia, a oração deles surte bom efeito aos olhos de Deus. Suas súplicas são atendidas. O que mais é, Deus misericordioso tem a largueza de convidar tais homens com as palavras: "Vinde a Mim, vós todos que estais aflitos e sobrecarregados, e Eu vos aliviarei".[43]

A essa classe de homens pertencia o publicano que, não ousando sequer levantar os olhos para o céu, saiu do templo, no dizer de Nosso Senhor, "mais justificado do que o fariseu".[44]

c) Terceiro grau de oração

[21] Há mais o grau de oração dos que ainda não receberam a luz da fé. Como Deus em Sua bondade lhes ateia a débil luz da razão, sentem eles o ardente desejo de conhecer e possuir a verdade. Tais pessoas pedem em fervorosas súplicas, a graça de receber instrução. Ora, se perseverarem nessa disposição de ânimo, a clemência de Deus não lhes rejeita o fervor, como se comprova pelo exemplo de Cornélio, o Centurião.[45] Ninguém que peça de bom coração, encontra fechadas as portas da misericórdia divina.

d) Quarto grau de oração

[22] O ínfimo grau de oração exercem aqueles que, em vez de se penitenciarem de seus crimes e iniquidades, vão acumulando delitos sobre delitos, e não se correm de pedir a Deus perdão de seus pecados, nos quais todavia tencionam perseverar.[46] Com esses sentimentos, não deveriam ter a audácia de pedir perdão nem sequer aos seus semelhantes.

---

42. Noutros termos, eles não conseguem livrar-se de seus vícios inveterados.
43. Mt 11,28.
44. Lc 18,10 ss.
45. At cap. 10.
46. Cfr. Eclo 34,30 ss.

Naturalmente, Deus não lhes escuta as orações. Pois, a respeito de Antíoco, dizem as Sagradas Escrituras: "Orava este malvado ao Senhor, do qual, porém, não havia de alcançar misericórdia".[47]

Em vista disso, aos que se acham em tão grande miséria espiritual, precisamos exortá-los, com viva instância, que desistam da intenção de pecar e se convertam a Deus, com toda a sinceridade.

IV. O QUE SE DEVE PEDIR NA ORAÇÃO

[23] Como nas várias petições [do Pai-Nosso] se dirá, oportunamente, o que devemos e o que não devemos pedir, basta por ora advertir em geral os fiéis só peçam a Deus coisas justas e honestas. Do contrário, os que pedissem coisas fora de propósito, seriam repelidos com a resposta negativa: "Vós nem sabeis o que pedis".[48]

Ora, o que podemos licitamente desejar, podemos também pedi-lo a Deus. Isto se demonstra naquela riquíssima promessa de Nosso Senhor: "Pedireis tudo quanto quiserdes, e ser-vos-á dado".[49] Ele promete, pois, conceder-nos todas as coisas.

[24] Por conseguinte, como norma primordial, devemos referir nossos pedidos e desejos a Deus, que é o Sumo Bem, objeto de sumo amor e afeição.

Depois, devemos desejar o que mais nos possa unir a Deus, ao mesmo tempo que eliminamos de nossos desejos e aspirações tudo quanto de fato nos separa d'Ele, ou pode provocar alguma separação.

Por aqui se infere a maneira, pela qual devemos desejar os outros bens [secundários], e pedi-los a Deus Nosso Pai, de acordo com a norma do Bem absoluto e perfeito.

[25] Portanto, os bens corpóreos e externos, como saúde, robustez, formosura, riqueza, honra, glória, servem às vezes de ocasião e matéria para o pecado. Por isso, pode acontecer que não os pedimos de maneira agradável a Deus e útil à nossa salvação.

Pedidos assim precisam conservar-se dentro de certos limites, pois só devemos pedir os regalos da vida, enquanto nos são necessários. Tal modo de pedir se mantém em justa relação com Deus.

---

47. 2Mc 9,13.
48. Mt 20,22.
49. Jo 15,7.

Na oração, é lícito pedirmos coisas, como Jacó e Salomão as pediram. Aquele dizia: "Se me der pão para comer, e roupa para vestir... o Senhor será o meu Deus".⁵⁰ Salomão falava nestes termos: "Dai-me somente o que for necessário para viver".⁵¹

[26] Já que a bondade de Deus nos proporciona uma condigna subsistência, é de justiça lembrar-nos daquela exortação do Apóstolo: "Os que adquirem, sejam como se não possuíssem; os que gozam dos bens deste mundo sejam como se não gozassem, porque passa a aparência deste mundo".⁵² E também esta outra passagem: "Se afluírem as riquezas, não apegueis a elas o vosso coração".⁵³

Das riquezas somos apenas usufrutuários, ainda sob a condição de reparti-las com os outros, consoante a doutrina que aprendemos do próprio Deus.⁵⁴ Pois, se gozamos de boa saúde, se nos sobejam os bens do corpo e da fortuna, nunca devemos esquecer que só nos foram dados, a fim de podermos servir melhor a Deus e partilhar tudo com o nosso próximo.

[27] Podemos também pedir os bens e dotes do espírito, como são as artes e as ciências, mas só com a ressalva de promoverem a glória de Deus e a nossa salvação.

Como já dissemos, o que se pode desejar de maneira absoluta, sem nenhuma reserva e restrição, é a glória de Deus e tudo o mais que tenha o dom de nos unir ao nosso Bem Supremo, como se dá com a fé, o temor de Deus, e a caridade.

Mas disso falaremos com mais demora, quando individuarmos as várias petições [do Pai-Nosso].

V. POR QUEM DEVEMOS ORAR

[28] Depois de saber o que se há de pedir, é preciso que o povo fiel saiba também por quem deve rezar. Ora, na prece distinguimos entre a petição e a ação de graças.⁵⁵ Por isso, falaremos da petição em primeiro lugar.

---

50. Gn 28,20 ss.
51. Pr 30,8.
52. 1Cor 7,30 ss.
53. Sl 61,11.
54. Cfr. Dt 15,4; 7-11; 28,11 ss.
55. Cfr. CRO IV III 2.

1. A Petição

Devemos, pois, pedir por todos, sem nenhuma ressalva de malquerença, raça e religião. Cada qual é nosso próximo, seja ele inimigo, forasteiro ou descrente.

Devemos amá-lo de acordo com o Preceito de Deus, e por isso mesmo devemos rezar por ele, o que constitui um ofício da caridade. Aqui tem lugar a admoestação do Apóstolo: "Peço encarecidamente, que se façam orações por todos os homens".[56]

Em tal oração, devemos pedir em primeiro lugar os bens necessários à salvação da alma, e depois os bens que correspondem às exigências materiais do corpo.

[29] Esse ofício da oração devemos, antes de tudo, exercê-lo em favor dos pastores de almas[57], conforme o que nos sugere uma atitude do Apóstolo. Escreveu aos Colossenses rezassem por ele, para Deus lhe abrir uma porta à sua pregação.[58] No mesmo sentido, apelou também aos Tessalonicenses.[59] E os Atos dos Apóstolos narram por sua vez: "A Igreja não cessava de fazer orações" por Pedro.[60]

No seu Livro sobre a vida cristã, São Basílio nos fala por igual dessa obrigação. "Devemos orar, diz ele, pelos que administram a palavra da verdade".[61]

Em segundo lugar, devemos rezar pelos governantes. É doutrina do mesmo Apóstolo.[62] Com efeito, ninguém ignora quanto lucra o bem público, quando nossos governantes são piedosos e justos. Devemos, por conseguinte, pedir a Deus que seja, como devem ser todos aqueles que são postos a governar os seus semelhantes.[63]

Ensinam-nos ainda os exemplos dos Santos que devemos rezar também pelas pessoas boas e piedosas. Elas precisam igualmente da oração

---

56. 1Tm 2,1.
57. Rigorosamente falando, devemos rezar, em primeiro lugar, pelos pais e por todos os que têm conosco parentesco de sangue. Os laços de sangue prevalecem aos vínculos espirituais. Cfr. Noldin, Summa Theol. Mor II I q. III art. III 80 3.
58. Cfr. Cl 4,3.
59. Cfr. 1Ts 5,25.
60. At 12,5.
61. São Basílio, *Lib. Moral. Regul.* 56 5.
62. 1Tm 2,2.
63. Vide Tertuliano, *Apolog.* 30.

dos outros. Deus assim o dispôs, para não caírem na soberba, porquanto reconhecem que não podem prescindir da oração de pessoas menos adiantadas na virtude.

[30] Além disso, o Senhor mandou-nos rezar por aqueles que nos "perseguem e caluniam".[64]

Uma tradição abonada por Santo Agostinho[65] faz remontar aos Apóstolos o costume de se oferecer orações e sacrifícios pelos que estão fora da Igreja: para que os infiéis consigam a fé; que os idólatras se livrem de suas ímpias aberrações; que os judeus, dissipadas as trevas de seu espírito, recebam a luz da verdade; que os hereges retornem ao bom-senso, e aprendam os princípios da doutrina católica; que os cismáticos, apartados da comunhão da Santíssima Mãe Igreja, voltem a unir-se com ela, pelo vínculo da verdadeira caridade.[66]

A grande eficácia destas orações, que de bom grado se fazem na intenção de tais homens, provam-na muitos exemplos de pessoas de todas as condições, que Deus diariamente arranca do poder das trevas, para as colocar no Reino de Seu Filho diletíssimo[67], transformando-as, de vasos de cólera, em vasos de misericórdia.[68] E ninguém pode honestamente duvidar que para isso muito contribuem as orações dos justos.

[31] As orações que se fazem pelos defuntos, a fim que livrá-los do fogo do Purgatório, constituem uma prática já instituída pelos Apóstolos. Porém, sobre este ponto já dissemos o que se fazia mister no tratado do Sacrifício da Missa.[69]

[32] De outro lado, as orações e sacrifícios dificilmente aproveitarão aos que, por assim dizer, pecam para a morte eterna.[70] Não obstante, é próprio da caridade cristã pedir também por eles, e instar, entre lágrimas, para que Deus se deixe aplacar e lhes faça misericórdia.

---

64. Mt 5,44.
65. Santo Agostinho, *Epist. 109*, 2; Gatterer cita epist. 107.
66. Cfr. As súplicas ou admoestações que se fazem, na Sexta-Feira Santa, pelos que estão separados da Igreja. Nos tempos primitivos, eram recitadas em cada Sacrifício Eucarístico.
67. Cl 1,13.
68. Rm 9,22 ss.
69. CRO II IV 77.
70. Cfr. 1Jo 5,16-17. O pecado que leva à morte eterna é a impenitência final, ou a obstinação no mal, com todas as suas consequências. É o pecado contra o Espírito Santo. Cfr. Mt 12,31 ss.; Mc 3,28 ss.; Lc 12,10. Vide Noldin, Theol. Mor. I IV art. 3. — Cfr. 1Tm 1,20. Vejam-se também as maldições de Davi no Salmo 108.

[33] As maldições, que homens virtuosos lançam contra os ímpios, devemos tomá-las, na opinião dos Santos Padres, como predições de futuros castigos, que cairão sobre os pecadores, ou como invectivas contra o próprio pecado, para lhes destruir a força, e salvar ao mesmo tempo os pecadores.[71]

2. A ação de graças

[34] No que diz respeito à segunda espécie de oração[72], devemos agradecer a Deus, quanto estiver em nossas forças, pelos Seus imensos benefícios, quais sempre dispensou e continua a dispensar, todos os dias, ao gênero humano.

De modo particular, cumprimos este dever de ação de graças quando louvamos a Deus por causa de todos os Santos, pelas gloriosas vitórias que, mediante a bondade divina, puderam alcançar contra todos os inimigos, tanto internos como externos.[73]

[35] Desta natureza é a primeira parte da Saudação Angélica, quando a recitamos como oração: "Ave, Maria, cheia de graça: O Senhor é convosco, bendita sois vós entre as mulheres".

Com tais palavras, rendemos a Deus os maiores louvores e ações de graças, que Lhe são devidas, por ter cumulado a Santíssima Virgem com a plenitude de todos os dons celestiais; e ao mesmo tempo gratulamos a própria Virgem pela sua inigualável bem-aventurança.[74]

Com muito acerto, a Santa Igreja de Deus ajuntou a esta ação de graças, orações e súplicas à Santíssima Mãe de Deus, pelas quais recorremos a Ela com fervorosa confiança, para que pela sua intercessão nos reconcilie com Deus, e nos alcance as graças de que havemos mister nesta vida terrena e na outra eterna.

Portanto, nós que vivemos neste vale de lágrimas, como degredados filhos de Eva, devemos invocar assiduamente a Mãe de misericórdia e Advogada do povo cristão, para que rogue por nós, pecadores. Por meio dessa prece, havemos de implorar o seu auxílio e assistência, pois seus

---

71. (Não consta nota)
72. Veja-se, neste mesmo tratado, o cap. III § 2, onde o CRO distingue entre petição e ação de graças, como sendo as principais espécies de oração.
73. Cfr. Ap cap. 7; 14,1 ss.; 19,1 ss.; cap. 21.
74. Vide Santo Agostinho, *Enchiridion 100*; *A cidade de Deus*, XXI, 24; *Contra Faustum* XX 21.

méritos são de máximo valor aos olhos de Deus, e absoluta é também a sua decisão de socorrer o gênero humano. Disso ninguém pode duvidar, a não ser por despudorada impiedade.[75]

VI. A QUEM DEVEMOS ORAR

[36] Antes de tudo, devemos orar a Deus, e invocar o Seu Nome. Isto é um ditame do senso natural, gravado no coração do homem. Não se trata somente de uma norma dada pela Sagrada Escritura, enquanto nos inculca aos ouvidos a ordem expressa de Deus: "Invocai-Me no dia da tribulação".[76] Pelo Nome de Deus, é claro, subentendemos as três Pessoas Divinas.

[37] Em segundo lugar, recorremos ao valimento dos Santos que estão nos céus. A obrigação de invocá-los é doutrina tão assente na Igreja de Deus, que os bons cristãos dela não poderão duvidar em hipótese alguma. Em se tratando, porém, de uma matéria já explicada em outro lugar, para lá remetemos os párocos e outros interessados.[77]

Entretanto, para afastar os espíritos de qualquer erro, valerá a pena esclarecer o povo cristão sobre a diferença entre o invocar a Deus e o invocar os Santos.

[38] Realmente, a Deus e aos Santos, não os invocamos da mesma maneira. Pois a Deus pedimos que Ele mesmo nos conceda favores ou nos livre de males. Aos Santos, por serem validos de Deus, suplicamos que advoguem a nossa causa, e nos alcancem de Deus tudo quanto necessitamos.

Por isso mesmo, empregamos duas fórmulas de oração, distintas em seu gênero. A Deus dizemos com propriedade: "Tende compaixão de nós! Ouvi-nos!" Aos Santos, porém: "Rogai por nós!"

[39] Sem embargo, podemos em certo sentido pedir aos próprios Santos que tenham compaixão de nós, porque eles são muito misericordiosos. Podemos, por conseguinte, rogar-lhes que se compadeçam de nossa angústia, e nos valham junto a Deus, com a sua amizade e intercessão.

---

75. A Ave-Maria compunha-se, primitivamente, das palavras de S. Gabriel e S. Isabel à Virgem Santíssima. Nessa forma, ocorria na liturgia de Santiago, após a Consagração. A petição "Santa Maria" foi acrescentada no fim do século XIV. A forma atual foi fixada e prescrita por S. Pio V, o Papa que promulgou o CRO.
76. Sl 49,15.
77. CRO III II 8.

Neste particular, o que muito importa a todos é não atribuirmos a nenhum Santo o que só a Deus compete.

Ainda mais. Quando recitamos a Oração Dominical, diante da imagem de algum santo, devemos fazê-lo na intenção de pedir-lhe que reze conosco; que nos ajude a alcançar o que se contém na fórmula da Oração Dominical; que seja afinal nosso intérprete e intercessor perante Deus. São João, no Apocalipse[78], ensina que os Santos, de fato, desempenham esse ministério.

VII. DA PREPARAÇÃO PARA REZAR

[40] Há, nas Escrituras, o seguinte conceito: "Antes de rezar, prepara a tua alma, e não sejas como um homem que tenta a Deus".[79] Pois tenta a Deus aquele que quer rezar bem, mas procede mal na sua vida; quem se deixa levar por devaneios, quando fala com Deus. Ora, sendo tão decisivas as disposições com que alguém reza a Deus, os párocos ensinarão aos piedosos ouvintes as várias regras da oração.

1. Espírito humilde e obediente

A primeira disposição é um sentimento de profunda humildade e uma verdadeira consciência dos próprios pecados. Quem se aproxima de Deus, deve reconhecer que suas faltas o tornam indigno, não só de pedir alguma coisa a Deus, como também de chegar à Sua presença para fazer oração.

As Sagradas Escrituras aludem, muitas vezes, a esta preparação, quando declaram: "[O Senhor] considerou a oração dos humildes, e não desprezou as suas súplicas".[80] E noutro lugar: "A oração de quem se humilha penetrará as nuvens".[81]

Os pastores bem instruídos terão à mão inúmeras passagens que se referem a esta parte de doutrina. Por esse motivo, deixamos de citar outras mais, pois seriam desnecessárias.

---

78. Ap 8,3 ss.
79. Eclo 18,23.
80. Sl 101,18.
81. Cfr. Jd 9 16; Sl 17 e 23; 27; 28; 29; Is 57; 66.

Contudo, não omitiremos dois exemplos, já lembrados noutro lugar[82], mas que aqui ilustram a exposição. O primeiro é a figura notória do publicano que, ficando à distância, nem os olhos se atrevia a despregar do chão.[83] O segundo é daquela mulher que, sacudida pelo arrependimento, banhou de lágrimas os pés de Cristo Nosso Senhor.[84] Ambos demonstraram quanto a oração se torna valiosa com a humildade cristã.[85]

A recordação dos pecados traz consigo uma certa angústia, ou pelo menos uma sensação de dor, porque não conseguimos uma verdadeira compunção de nossos pecados. Se o penitente não tiver ambas as disposições, ou pelo menos uma delas, não poderá alcançar perdão.

2. Mansidão e misericórdia

[41] Existem pecados, como o homicídio e a agressão, que tolhem absolutamente a Deus de atender ao que Lhe pedimos na oração. Devemos, pois, guardar nossas mãos limpas de tal crueza e violência. A propósito desse crime, declarou Deus pela boca de Isaías: "Quando estenderdes para Mim as vossas mãos, apartarei de vós os Meus olhos; por mais que digais orações, Eu não as escutarei, porque vossas mãos estão cheias de sangue".[86]

Devemos, outrossim, evitar a ira e a discórdia.

São, por sua vez, grandes obstáculos ao bom efeito de nossas orações. Disso falou o Apóstolo: "Quero que os homens orem em todo o lugar, erguendo as mãos puras, sem ira e sem contenda".[87]

Além do mais, é preciso não nos mostrarmos implacáveis por causa de alguma injúria. Enquanto nutrirmos rancor, não podemos com nossas orações mover a Deus a que nos conceda o Seu perdão. Ele mesmo disse: "Quando vos puserdes a rezar, perdoai, se tendes qualquer coisa contra alguém"[88], e alhures: "Se vós não

---

82. CRO IV IV 5; II V 28.
83. Lc 18,13.
84. Lc 7,38.
85. Outro exemplo de espírito humilhado seria Acabe, cfr. 1Rs 21,27-29.
86. Is 1,15.
87. 1Tm 2,8.
88. Mc 11,25.

perdoardes aos homens também o vosso Pai não vos há de perdoar os vossos pecados".[89]

Cumpre, ainda, evitar de sermos duros e desumanos para com os pobres. Contra os descaridosos se dirige aquela palavra da Escritura: "Quem fechar os ouvidos ao clamor do pobre, não será atendido, quando ele mesmo se puser a clamar".[90]

Que diremos então da soberba? Quanto agravo faz a Deus, mostra-nos aquela passagem: "Deus resiste aos soberbos, e aos humildes dá a sua graça".[91]

E quanto ao desprezo da palavra divina? Existe a propósito uma sentença de Salomão: "Quem desvia seu ouvido para não atender a Lei, fará uma oração execrável".[92]

Estas passagens da Escritura não excluem, entretanto, que sejam aceitas as súplicas de quem pecou por injúrias, homicídio, cólera, dureza com os pobres, soberba, menoscabo da palavra divina, e outros crimes possíveis, se a pessoa houver pedido antes a graça do perdão.

3. Fé e confiança

[42] Para essa preparação da alma, se requer também a fé, como disposição absolutamente necessária. Sem o auxílio da fé, não chegamos a conhecer a onipotência do Pai Supremo, nem a Sua misericórdia. Ora, desse conhecimento nasce a confiança de quem faz oração.

Assim o ensinou o próprio Cristo Nosso Senhor: "Na oração, tudo o que pedirdes com espírito de fé, alcançá-lo-eis".[93] Sobre o caráter desta fé, escreve Santo Agostinho num sermão, que se refere às palavras de Nosso Senhor: "Se faltou a fé, não houve oração".[94]

Como já foi dito[95], o essencial da boa oração é estarmos firmes e inabaláveis na fé. Para o provar, o Apóstolo argumenta pela razão contrária: "Como invocarão Aquele, em quem não acreditam?"[96]

---

89. Mt 6,15.
90. Pr 21,13.
91. Tg 4,6; 1Pd 5,5. Cfr. Pr 3,34.
92. Pr 28,9.
93. Mt 21,22.
94. S. Agostinho, *Serm. 1* 15 1; Gatterer, Marinho, Costa e Cruz citam serm. 36 *De verbis Domini*.
95. CRO IV III 4.
96. Rm 10,14.

Devemos pois exercer-nos na fé, tanto para podermos rezar, como para que não nos falte a própria fé, pela qual a oração se torna salutar. A oração, por seu turno, remove qualquer dúvida, e faz com que a fé seja mais firme e inabalável. Nesse mesmo sentido, exortava Santo Inácio às pessoas que se aproximavam de Deus pela oração: "Não faças oração com espírito duvidoso. Feliz daquele que não duvida".[97]

Por conseguinte, nada mais eficaz para conseguir de Deus o que pedimos, do que a fé e a inabalável esperança de sermos atendidos. Assim também o aconselha São Tiago: "Peça com fé, e sem nenhuma hesitação".[98]

[43] Muitos são os motivos que nos fazem confiar na eficiência da oração. Em primeiro lugar, a própria bondade e condescendência de Deus para conosco, porquanto nos manda chamá-lO de Pai[99], a fim de nos sentirmos [verdadeiramente] como Seus filhos.

Depois, sem conta é o número daqueles, cujas orações foram atendidas por Deus.

Além disso, temos um mediador supremo, Cristo Nosso Senhor, que está sempre pronto a interceder por nós. D'Ele nos fala São João: "Se alguém pecar, temos um advogado junto ao Pai: Jesus Cristo, o Justo. Ele mesmo é a propiciação pelos nossos pecados".[100] Da mesma forma, escreve o Apóstolo São Paulo: "Cristo Jesus, que morreu, ou antes, que ressuscitou, e está à direita de Deus, também intercede por nós".[101] Na epístola a Timóteo: "Há um só Deus e um só Medianeiro entre Deus e os homens: o Homem Cristo Jesus".[102] Afinal, na epístola aos Hebreus: "Convinha, portanto, que em tudo se tornasse semelhante aos irmãos, a fim de ser perante Deus um Pontífice misericordioso e fiel".[103]

Embora indignos de alcançar alguma coisa, devemos contudo esperar, com absoluta confiança nos méritos de Jesus Cristo, nosso ótimo Mediador e intercessor, que Deus nos há de conceder tudo o que por Ele pedirmos nas devidas condições.

---

97. Santo Inácio de Antioquia, *Epist. 10 ad Hernon*. — Essa epístola é apócrifa.
98. Tg 1,6.
99. Mt 23,9.
100. 1Jo 2,1-2.
101. Rm 8,34.
102. 1Tm 2,5.
103. Hb 2,17.

[44] Por fim, o Espírito Santo é quem promove a nossa prece. Se quisermos pois ser atendidos, força nos é rezar debaixo de Sua direção. Recebemos "o Espírito da filiação adotiva, que nos faz clamar: Abba, Pai".[104] Esse mesmo Espírito é quem acode à nossa fraqueza e ignorância em matéria de oração; quem "intercede por nós com gemidos inexplicáveis", como o Apóstolo chega até a dizer.[105]

[45] Se alguns por vezes titubeiam, e não sentem bastante firmeza na fé, ponham-se a dizer com os Apóstolos: "Senhor, aumentai-nos a fé"[106]; ou então com aquele cego[107]: "Senhor, ajudai-me na minha incredulidade".[108]

4. Conformidade com a vontade divina

Revigorada, assim, a nossa fé e esperança, alcançaremos tudo o que pedirmos a Deus, se conformarmos com a Sua Lei e vontade todas as nossas ideias, obras e orações. "Se permanecerdes em Mim, diz Cristo, e se em vós permanecerem as Minhas palavras, pedireis quanto quiserdes, e tudo vos será concedido".[109]

Como já dissemos, para tudo podermos conseguir de Deus, torna-se mister, como condição essencial, esquecer as injúrias e nutrir, para com o próximo, sentimentos benévolos e caritativos.

VIII. DA MANEIRA DE REZAR

[46] Na santa oração muito releva a maneira de praticá-la. Rezar é bom e salutar, sem dúvida alguma; mas não traz proveito, se não rezarmos nas devidas condições. Muitas vezes não alcançamos o que pedimos, como diz São Tiago[110], unicamente porque fazemos mal a nossa petição.

---

104. Rm 8,15.
105. Rm 8,26.
106. Lc 17,5.
107. Aqui vai um engano do CRO. Quem assim falava, era o pai do menino possesso. Cfr. Mc 9,23.
108. Mc 9,24.
109. Jo 15,7.
110. Tg 4,3.

CAPÍTULO I - DA ORAÇÃO EM GERAL

Em vista disso, o pároco ensinará ao povo fiel a maneira mais acertada de pedir e rezar, quer em público, quer em particular.[111] Ora, as regras da oração cristã se deduzem da doutrina de Cristo Nosso Senhor.

1. *Em espírito e verdade*

Antes de tudo, devemos orar "em espírito e verdade", pois o Pai Celestial procura homens que O adorem "em espírito e verdade".[112] Reza de tal maneira quem procura afervorar-se, para rezar do íntimo do coração. Esse modo de rezar em espírito, devemos exigi-lo até na oração vocal.

Com razão, porém, damos a primazia à oração que brota de um peito abrasado na caridade. Deus escuta tal oração, ainda que não seja dita de boca, pois Ele conhece os mais secretos pensamentos dos homens.

Assim atendeu as silenciosas preces de Ana, mãe de Samuel, da qual lemos nas Escrituras que orava entre lágrimas, e só movia os lábios.[113] Davi também rezava dessa maneira: "Falou-Vos o meu coração, e meus olhos Vos procuraram".[114] Tais exemplos depara a cada passo quem lê as Sagradas Escrituras.

[47] Porém a oração vocal tem sua própria vantagem e necessidade, pois excita o fervor da alma, e abrasa a devoção de quem reza, como Santo Agostinho o descreveu a Proba nos termos seguintes: "Muitas vezes, as palavras e outros sinais levam-nos, com maior insistência, a aumentar o desejo das coisas santas".[115]

Outras vezes, a exuberância de fervor e piedade move-nos a desabar, em palavras, o que nos vai na alma. Quando, por exemplo, o coração exulta de alegria, é natural que também exulte a língua. Na verdade, convém fazermos [na oração] o duplo sacrifício da alma e do corpo. Assim costumavam os Apóstolos fazer a sua oração, conforme averiguamos em muitas passagens dos Atos dos Apóstolos e das epístolas de São Paulo.[116]

---

111. Aqui viria a propósito uma palavra sobre a formação litúrgica, baseada na doutrina da encíclica *Mediator Dei,* de Pio XII.
112. Jo 4,23.
113. 1Sm 1,13.
114. Sl 26,8.
115. Santo Agostinho, *Epist. 130*, 9; segundo outros, *Epist. 121*. — O CRO não faz aqui citação literal. Pode ser que o presente parágrafo seja todo moldado nessa epístola de S. Agostinho.
116. At 11,5; 16,25; 1Cor 14,15; Ef 5,19; Cl 3,16.

[48] Há, como sabemos, duas espécies de oração, a particular e a pública. Na oração particular, fazemos uso de palavras, para secundarem o fervor e a devoção da alma. Na oração pública, instituída que foi para promover a piedade do povo cristão, não se pode absolutamente omitir a prolação de palavras em certos tempos determinados.[117]

[49] O rezar "em espírito" é um apanágio do cristianismo. Os infiéis não o cultivam de maneira alguma. Acerca deles ouvimos o conceito de Cristo: "Quando orardes, não useis de muitas palavras, como os pagãos, que cuidam ser atendidos mediante sua loquacidade. Não os imiteis, porque vosso Pai sabe de que haveis mister, antes de Lhe fazerdes o pedido".[118]

Entretanto, ao reprovar a demasia nas palavras, Nosso Senhor não condena as longas preces, que nascem de uma devoção ardente e duradoura, mas até nos induz a tal oração pelo Seu exemplo, pois não só rezou noites inteiras[119], mas também repetiu três vezes a mesma oração.[120] Uma única coisa, portanto, deve ficar bem assente: é que Deus, para nos atender, não se deixa levar por vãos palavrórios.

[50] Os hipócritas, por sua vez, não rezam em espírito. Cristo Nosso Senhor nos previne contra o seu modo de rezar, e nos dirige a seguinte admoestação: "Quando orardes, não façais como os hipócritas, que gostam de rezar empertigados nas sinagogas e nas esquinas das praças públicas, para serem vistos pelos homens. Em verdade vos digo que já receberam a sua recompensa. Tu, porém, quando orares, entra no teu quarto, fecha a porta, e ora a teu Pai em segredo. E teu Pai, que vê as coisas ocultas, te dará o galardão".[121]

Por "quarto" devemos entender, nesta passagem, o coração do homem. No entanto, não basta só entrar nele, mas é preciso também fechá-lo, para que nos corações não possa insinuar-se alguma coisa de fora e violar a integridade da oração. Nestas condições é que o Pai Celeste, conhecendo a fundo os desígnios e os pensamentos mais ocultos de todos os homens, atende às súplicas de quem Lhe faz oração.

---

117. Por exemplo, necessariamente em todos os atos litúrgicos, nas devoções coletivas.
118. Mt 6,7-8.
119. Lc 6,12.
120. Mt 26,41-44.
121. Mt 6,5 ss. Cfr. a atitude de Eliseu em 2Rs 4,33.

2. Com perseverança

[51] A oração requer perseverança. A grande eficácia da oração perseverante, o Filho de Deus no-la mostra pelo exemplo daquele juiz que, apesar de não temer nem a Deus nem aos homens, se deixou vencer pelos assíduos pedidos da viúva, e concedeu-lhe o que ela desejava.[122]

Devemos, portanto, rezar a Deus com toda a perseverança. Não são para imitar os que rezam uma ou outra vez, e abandonam a oração, se não alcançam logo o que pedem. Pois, na prática da oração, não deve haver esmorecimento, conforme nos ensina a autorizada doutrina de Cristo Nosso Senhor e dos Apóstolos.[123] Se alguma vez arrefecer a nossa disposição de rezar, peçamos a Deus a graça da perseverança.

3. Em nome de Jesus

[52] O Filho de Deus quer também que nossa oração se dirija ao Pai em nome d'Ele; pois o mérito e valimento de Sua intercessão faz com que o Pai Celestial se digne atendê-la. São de Cristo aquelas palavras no Evangelho de São João: "Em verdade, em verdade vos digo: Se alguma coisa pedirdes ao Pai em Meu nome, Ele vo-la dará. Até agora, nada pedistes em Meu nome. Pedi, e recebereis, para que a vossa alegria seja completa".[124] E noutro lugar: "Tudo o que pedirdes ao Pai em Meu nome, Eu vo-lo farei".[125]

4. Com fervor

[53] De nossa parte, pois, imitemos o zelo ardente que os Santos punham na oração. Com a petição unamos também a ação de graças, a exemplo dos Apóstolos, que sempre costumavam proceder assim, conforme se pode averiguar nas epístolas do Apóstolo.[126]

---

122. Lc 18,2 ss. Cfr. 11,5 ss.
123. Lc 18,1 ss.; 11,10; Mt 15,22 ss.; Jo 13,13-14; 15,7-16; 16,23- 24; 1Ts 5,17; Rm 8,26-27; 12,12; Hb 4,16 Tg 5,13; 1Jo 5,14.
124. Jo 16,23-24.
125. Jo 14,13.
126. 1Cor 14,19-20; Cl 1,3-12; 2,7; 3,15; 4,2; Rm 1,8; Ef 1,3 ss.; 2Tm 1,3; cfr. Mt 26,27; Mc 6,41; Lc 9,16; 17,15 ss.

5. Com jejuns e esmolas

[54] À oração juntemos também o jejum e a esmola.[127] O jejum está, certamente, na mais íntima relação com a oração. Quem sobrecarrega o estômago de comida e bebida, fica com o espírito tão pesado, que não pode concentrar-se em Deus, nem atinar com a finalidade da oração.

A esmola, por sua vez, é também uma íntima aliada da oração. Pois quem dispõe de recursos, mas não acode ao que precisa da caridade alheia, nem ajuda ao seu próximo e irmão, como poderia presumir-se caridoso? E, não tendo caridade, com que semblante poderá ele implorar o auxílio de Deus? A não ser que antes rogue a Deus perdão desse pecado, e para si peça ao mesmo tempo o dom da caridade.

Quis a Divina Providência promover a salvação dos homens por esse tríplice remédio. Se pelo pecado ofendemos a Deus, agravamos o próximo, e lesamos a nós mesmos: as santas orações aplacam a Deus, a esmola resgata as ofensas feitas ao próximo, o jejum nos purifica as máculas de nossa própria vida.

Embora cada um desses remédios seja indicado para todas as espécies de crimes, contudo são particularmente aplicáveis a cada um dos pecados que acabamos de enumerar.

---

127. Tb 12,8.

CAPÍTULO II

Introdução à Oração Dominical:

"Pai-Nosso, que estais nos céus"

I. "Pai". — 1. Por que Cristo quis que no princípio desta oração usássemos o nome de Pai, e não o de Senhor ou Juiz. — 2. Primeiro motivo por que os homens chamam a Deus de Pai. — 3. Segundo motivo por que Deus é chamado Pai dos homens. — 4. Primeira prova da bondade de Deus para com os homens: a divina Providência encomendou aos anjos a custódia do gênero humano. — 5. Razões que dão a entender claramente o grande bem que é para os homens a guarda dos anjos. — 6. O anjo que libertou a São Pedro do cárcere. — 7. Segunda prova do cuidado paternal de Deus para com os homens. — 8. Demonstra-se a bondade de Deus conosco com o exemplo de nossos primeiros pais. — 9. Prova-se que a bondade de Deus para com os homens não pode se esgotar por nenhum pecado, por maior que seja. — 10. Terceiro motivo que demonstra plenamente o amor paternal de Deus para com o gênero humano. — 11. Por singular benefício de Deus somos feitos seus filhos mediante a obra da redenção. — 12. Como os cristãos, feitos já filhos de Deus, devem corresponder ao seu Pai celestial, depois de ter recebido tantas provas de seu amor paternal. — 13. Deve-se inculcar aos fiéis que Deus nunca se esquece de nós.

II. "Nosso". — 14. Por que nos é mandado aqui chamar Pai a Deus com o adjetivo plural "nosso", e não "meu". — 15. Por que os fiéis são considerados irmãos de Cristo. — 16. Devemos pedir uns pelos outros, e nos amarmos mutuamente como irmãos. — 17. Por que motivos estão unidos os cristãos por um laço de estreita união. — 18. Em que o cristão deve meditar ao pronunciar as primeiras palavras da oração dominical, Pai Nosso.

III. "Que estás nos Céus". — 19. Por que se diz que Deus mora especialmente no céu, se está em todas as partes. — 20. O que oferecem à consideração dos fiéis estas palavras: Que estais nos Céus.

[1] Esta fórmula de oração cristã, ensinada por Jesus Cristo, é de tal feitio que, antes de chegarmos às petições propriamente ditas, temos de começar por uma espécie de introdução. Todas as vezes que a Deus nos apresentamos como filhos, essas palavras nos tornam capazes de fazê-lo com maior confiança. Compete, pois, ao pároco a obrigação de explicá-las com toda a clareza possível, para que o povo fiel faça a oração com mais prazer, e compreenda que vai tratar com Deus, enquanto é seu Pai.[128]

---

128. *Orationem Dominicam explicant*: Tert. in libro de oratione; Cyprianus in libro de orat. Domi-

Em seus termos, a introdução é brevíssima, mas o seu conteúdo é muito profundo e repleto de mistérios.

I. "PAI"

A primeira palavra que, por ordem e instituição de Deus, proferimos nesta oração é o nome de "Pai". Nosso Salvador podia muito bem iniciar esta oração divina com outra palavra mais majestosa, como seria a de Criador ou Senhor. Mas deixou de fazê-lo, porque isso podia ao mesmo tempo intimidar-nos. Preferiu uma expressão que granjeia o amor e a confiança dos que rezam e pedem a Deus alguma coisa. Com efeito, haverá palavra mais suave do que o nome de pai? Só evoca carinho e amor.[129]

[2] As razões, porém, de se atribuir a Deus o nome de Pai, teremos facilidade de explicá-las pelo que já foi dito acerca da Criação, o Governo do mundo, e a Redenção.[130] Ora, Deus criou o homem à Sua imagem e semelhança, mas não conferiu igual prerrogativa aos outros seres animados.[131]

1. Deus é Pai como Criador

Por haver outorgado ao homem essa singular prerrogativa, é com razão que as Sagradas Escrituras dão a Deus o nome de Pai de todos os homens, tanto dos fiéis, como dos infiéis.[132]

2. Deus é Pai como Providência

[3] Se atentarmos o governo do mundo, ser-nos-á possível provar que Deus nos ama com amor de Pai, pela particular solicitude e providência com que garante e promove o bem-estar dos homens.

---

ni; Cyrillus Hieros. catech. mystag. 5; Chrysost. hom. de orat. Dominica; Ambros. lib. de sacram. IV 4; Aug. epist. 121 ad Probam; de serm. Domini in monte II 5-9; homil. 42; de bono perseverantiae 2 ss.; serm. 126 135 182 de tempore; Cass. collat. VII 18-21; Thomae Opusc, et II-II q. 83 art. 9.
129. Vide Leonem Magnum, serm. VI de Nativit. Domini.
130. CRO I II 15 ss.; I V 14-15.
131. Entenda-se isto de criaturas corpóreas, pois em a natureza angélica há também uma imagem e semelhança de Deus.
132. Dt 32,6; Is 63,16; Ml 6,9; 18,14; Lc 11,2; Jo 20,17; Rm 8,15; 1Cor 8,6; 2Cor 1,3; 6,18; Gl 4,6; Ef 4,6; 1Ts 2,16; Mt 5,45; Lc 6,35; Jo 17,2 ss.

Mas para que, na exposição desta doutrina, sobressaia melhor o paternal cuidado de Deus pelos homens, parece-nos oportuno dizer alguma coisa sobre a proteção dos Anjos, à cuja guarda os homens foram confiados.

a) Providência especial de Deus ao designar-nos os anjos da guarda

[4] Por um desígnio de Sua Providência, confiou Deus aos Anjos a obrigação de guardarem o gênero humano como tal, e de assistirem a todos os homens individualmente, para que não sofram nenhum dano de maior gravidade.

Assim como os pais dão aos filhos guardas, que os defendam de perigos, quando precisam de viajar por caminhos expostos e arriscados; assim também o Pai Celestial, nesta viagem que fazemos para a Pátria Celeste, destinou a cada um de nós um Anjo que nos proteja, com seu auxílio e vigilância, para podermos evitar as emboscadas dos inimigos, e repelir seus tremendos ataques contra nós; para que, sob a sua direção, possamos conservar-nos no caminho reto, e que nenhum ardil do inimigo nos faça desviar do rumo que leva ao céu.

[5] Grande vantagem nos traz a singular disposição, pela qual a Divina Providência se ocupa dos homens, mediante a operosa intervenção dos Anjos, cuja natureza constitui um meio-termo entre Deus e os homens.

Patenteiam-no muitos exemplos das Sagradas Escrituras, os quais nos atestam como Deus, em Sua bondade, fez muitas vezes os Anjos operarem prodígios à vista dos homens[133], para nos advertir que nem se podem contar os milagres invisíveis que, na ordem temporal e espiritual, os Anjos realizam como protetores de nossa salvação.

O "Anjo Rafael"[134], que Deus enviara como companheiro e condutor de Tobias, levou-o e trouxe-o são e salvo, livrou-o de ser devorado por enorme peixe, e indicou-lhe quanta força medicinal havia no fígado, fel e coração do mesmo peixe. Foi ele que expulsou o demônio, e lhe quebrou as forças, para que não pudesse fazer mal a Tobias. Foi ele que explicou ao jovem o verdadeiro e legítimo uso do Matrimônio. Foi ele, afinal, que restituiu a luz dos olhos ao pai de Tobias, que havia cegado.[135]

---

133. Gn 15,7; 19,1 ss.; 21,17; 22,11; Ez 10-11; Dn 8,15 ss.; 9,21; 10,5; 11,1 ss.; 12,1 ss.; 14,33 ss.
134. Tb 12,3.
135. Cfr. Tb cap. 5-12.

[6] A história do Anjo, que livrou o Príncipe dos Apóstolos, fornece também copioso assunto para instruirmos o fiel rebanho sobre os admiráveis efeitos da solícita proteção dos Anjos.

Os párocos mostrarão, portanto, como o Anjo dissipou as trevas do cárcere, tocou na ilharga de Pedro, despertou-o do sono, desatou-lhe os grilhões, rompeu-lhe as cordas, mandou-lhe que se levantasse e o seguisse, depois de tomar o calçado e a roupa de corpo. Mostrarão, ainda, como o mesmo Anjo retira Pedro do cárcere, dá-lhe livre passagem por entre os guardas, abre a porta de fora, e leva-o a lugar seguro.[136]

Como já dissemos, de tais exemplos estão cheias as páginas da Sagrada Escritura. Eles nos fazem compreender como são insignes os benefícios que Deus dispensa aos homens pelo ministério dos Anjos, Seus intérpretes e mensageiros.

E Deus não só envia Seus Anjos em certas ocasiões e para fins particulares, mas também lhes confiou nossa proteção desde o primeiro instante de nossa existência, e estabeleceu-os para velarem pela salvação individual de todos os homens.

Se for bem explanada, esta doutrina não deixa de animar os ouvintes, e leva-os a reconhecer e adorar a paternal solicitude e providência de Deus para com eles.[137]

b) Grandes bens que Deus derrama sobre o homem, mesmo depois do pecado

[7] Nesta altura, o pároco deve mencionar e exaltar, sobretudo, as riquezas da bondade divina para com o gênero humano. Desde os primeiros pais do gênero humano, e autores do pecado, não cessamos até hoje de ofender a Deus com inúmeros crimes e maldades. E Deus persiste, todavia, em nos amar, e não abandona Sua inigualável solicitude para conosco.

Quem julgasse que Deus olvida os homens, pensaria como um louco, e faria a Deus a pior das afrontas. Deus irou-Se contra Israel, pelas blasfêmias que esse povo proferia, por se julgar desamparado do auxílio celestial, pois no Êxodo se declara: "Tentavam o Senhor, dizendo: Está Deus conosco, ou não está?"[138] No dizer de Ezequiel, Deus se irritou con-

---

136. At cap. 12.
137. Matéria mais ampla sobre os Anjos: CRO III 17.
138. Ex 17,7.

tra esse mesmo povo, porque havia dito: "O Senhor não nos vê; o Senhor abandonou a terra".[139]

À vista de tais testemunhos, pois, devem os fiéis apartar-se da nefanda opinião de que Deus possa jamais esquecer os homens.[140] Para esse fim, ouçamos da boca de Isaías como Deus se queixa contra o povo de Israel, e refuta suas objeções, empregando uma mimosa comparação. Lá está escrito: "Disse Sião: O Senhor desamparou-me, e o Senhor esqueceu-Se de mim". Ao que Deus respondeu: "Porventura pode uma mulher esquecer-se de seu filhinho, a ponto de não se compadecer do fruto de suas entranhas? Ainda que ela o esquecesse, Eu de minha parte não Me esquecerei de ti. Por sinal que te gravei nas Minhas mãos".[141]

[8] Os textos citados estabelecem claramente a verdade. Mas para levar o povo à plena convicção de que nunca pode acontecer que Deus se esqueça dos homens, e lhes subtraia os benefícios de Seu amor paternal, os párocos alegarão, como prova inconfundível, a história dos primeiros homens.[142] Tinham eles desprezado e transgredido a ordem de Deus. Ouvimos, então, como foram duramente acusados e condenados por aquela terrível sentença: "A terra será maldita por causa de tua obra. Com sacrifício tirarás dela o teu sustento, todos os dias de tua vida. Ela te produzirá espinhos e abrolhos, e tu comerás ervas da terra".

Vemos, também, como foram expulsos do Paraíso. Conforme se lê nas Escrituras, um Querubim se postou à entrada do Paraíso, brandindo uma espada de fogo, para lhes tirar toda esperança de lá tornarem. Reconhecemos como Deus, para Se desagravar da ofensa, os tinha punido com toda a sorte de sofrimentos interiores e exteriores. Sendo assim, não havíamos de dar o homem por perdido? Não teríamos motivo de julgá-lo, não só privado de toda assistência divina, mas também exposto a todos os vexames?

Não obstante, em tão graves sinais da cólera e vingança divina, transparece, como um clarão, o amor que Deus tem aos homens. Pois dizem as Escrituras: "Deus Nosso Senhor fez para Adão e sua mulher umas

---

139. Ez 8,12.
140. Veja-se o deísmo, que nasceu do livre-pensamento inglês do séc. XVII, e se desenvolveu no filosofismo francês e no protestantismo liberal alemão. É a "religião" da maçonaria. Reconhece a existência de um Criador, mas nega sua interferência na conservação do mundo.
141. Is 49,14 ss.
142. Gn cap. 3.

túnicas de peles, e assim os cobriu".[143] Nesse fato vai a maior prova de que Deus jamais haveria de abandonar os homens.[144]

[9] A verdade de que o amor de Deus não se estanca com nenhuma afronta dos homens, Davi a interpreta naquelas palavras: "Será que Deus, em Sua ira, detém as Suas misericórdias?"[145] Habacuc também a expõe, ao dirigir a Deus as seguintes palavras: "Quando estiverdes irado, lembrar-Vos-eis também da Vossa misericórdia".[146] No mesmo sentido é a explicação de Miquéias: "Qual Deus se assemelha a Vós, que tirais a iniquidade, e perdoais os pecados dos sobreviventes de Vosso povo? Ele já não derramará o Seu furor, porque ama a misericórdia".[147]

E assim é realmente. Quanto mais perdidos nos sentimos, e mais privados do auxílio divino, tanto mais Deus nos procura e protege com a Sua imensa bondade e providência, porquanto suspende a espada que havia alçado em Sua cólera, e não cessa de distribuir os inesgotáveis tesouros de Sua misericórdia.

3. Deus é Pai sobretudo como Redentor

[10] A criação e o governo do mundo são também fatos adequados para evidenciar a providência especial com que Deus ama e protege o gênero humano. Entretanto, a redenção do homem excede a tal ponto as duas obras anteriores, que nosso Deus e Pai bondosíssimo quis demonstrar, por este terceiro benefício, como levava até ao extremo a superabundância de Seu carinho paternal para conosco.[148]

Por isso mesmo, deve o pároco lembrar aos seus filhos espirituais, e inculcar-lhes frequentemente aos ouvidos, essa insigne caridade de Deus para conosco, a fim de reconhecerem que, pela Redenção, se tornaram milagrosamente Filhos de Deus. Pois, "Ele lhes deu, como diz São João, o poder de se tornarem filhos de Deus".[149] E mais adiante: [De fato], "nasceram de Deus".[150]

---

143. Gn 3,21.
144. Argumento mais decisivo, não alegado pelo CRO, é o Proto-Evangelho (Gn 3,15).
145. Sl 76,10.
146. Hb 3,2.
147. Mq 7,18.
148. Jo 13,1.
149. Jo 1,12.
150. Jo 1,13.

Por esse motivo, o Batismo, no qual temos o primeiro penhor e lembrança da Redenção, se chama Sacramento da Regeneração.[151] Por ele nascemos [espiritualmente] como Filhos de Deus. Nosso Senhor mesmo disse: "Quem nasce do Espírito é espírito".[152] E ainda: "Importa-vos nascer de novo".[153] De igual forma se exprime São Pedro Apóstolo: "Vós renascestes, não de um germe corruptível, mas incorruptível, pela palavra de Deus vivo".[154]

[11] Pela força dessa Redenção [operada pelo Batismo], recebemos o Espírito Santo, e nos tornamos dignos da graça divina. Mediante esse dom, somos adotados como filhos de Deus, de acordo com o que o Apóstolo escreveu aos Romanos:

"Não recebestes o espírito de servidão, para viverdes em novo temor; mas recebestes antes o espírito de filiação adotiva, pelo qual nos é dado clamar: Abba, Pai!"[155]

O valor e o efeito dessa adoção, São João o expõe nos termos seguintes: "Vede quanto amor o Pai nos consagrou, que nos chamamos Filhos de Deus, e o somos na realidade".[156]

[12] Dadas estas explicações, é preciso lembrar ao povo fiel o que, de sua parte, deve retribuir a Deus, seu Pai amantíssimo, para que reconheça quanto amor e piedade, quanta obediência e veneração deve ao seu Criador, Guia e Redentor, e com quanta esperança e confiança deve também invocá-lO.

No intuito, porém, de remover a ignorância, ou de corrigir a maliciosa opinião daqueles que só admitem a ventura e o bem-estar como provas do amor de Deus para conosco, enquanto nos males e infortúnios com que Deus nos experimenta, só descobrem um sinal de hostilidade e total aversão da vontade divina contra nós[157]: força é provar que o Senhor, quando nos toca com Sua mão[158], não o faz absolutamente por inimizade[159]; mas que Ele fere para curar, e os golpes vindos de Deus são medicinais.

---

151. Ef 5,26; Tt 3,5.
152. Jo 3,6.
153. Jo 3,7.
154. 1Pd 1,23.
155. Rm 8,15.
156. 1Jo 3,1.
157. Cfr. Jó 19,6 ss.
158. Jó 19,21.
159. Dt 32,39.

Se castiga os pecadores, é para os regenerar, e, pela pena temporal, quer eximi-los da condenação eterna. Conquanto reprima com a vara as nossas maldades, e com açoites os nossos pecados, nem por isso nos subtrai a Sua misericórdia.[160]

Devemos, pois, exortar os fiéis a que, nesses castigos, vejam o paternal amor de Deus para conosco, e que tenham sempre na boca e no coração aquelas palavras de Jó, modelo de paciência: "Ele próprio fere, e cura ao mesmo tempo. Ele dá o golpe, e Suas mãos aplicam o remédio".[161] Repitam também o que escreveu Jeremias em nome do povo de Israel: "Vós me castigastes, e eu me corrigi, à maneira do novilho que ainda não fora amansado. Convertei-me, e ficarei convertido, porque Vós sois o Senhor meu Deus".[162] Tenham diante dos olhos o exemplo de Tobias que, na desgraça da cegueira, reconheceu a paternal mão de Deus que o feria, e por isso mesmo se pôs a exclamar: "Eu vos bendigo, Senhor Deus de Israel, por me terdes castigado, e por me terdes curado".[163]

[13] Antes de tudo, os fiéis não devem absolutamente julgar que Deus desconheça sua necessidade, quando se virem em algum sofrimento ou tribulação, pois que Ele mesmo afirmou: "De vossa cabeça, não se perderá um só cabelo".[164]

Devem antes consolar-se com o oráculo divino, que se encontra no Apocalipse: "Eu repreendo e castigo os a que tenho amor".[165] Nutram confiança na recomendação do Apóstolo aos Hebreus: "Meu filho, não desprezes a disciplina do Senhor, e não desanimes, quando Ele te repreender. Pois o Senhor castiga a quem Ele ama, e flagela todo filho que Lhe é querido... Se vos deixasse sem correção, seríeis bastardos, e não filhos legítimos... Se tivemos nossos pais por educadores corporais, e lhes prestávamos reverência, não havemos muito mais de obedecer ao Pai de nossas almas, e assim conseguir a vida?"[166]

---

160. Sl 88,33 ss.
161. Jó 5,18.
162. Jr 31,18-19.
163. Tb 11,17.
164. Lc 21,18.
165. Ap 3,19.
166. Hb 12,5-9.

II. "NOSSO"

1. Todos os cristãos são irmãos entre si

[14] Todos nós que invocamos o Pai, e Lhe damos a designação de Pai nosso, devemos compreender que da graça e privilégio da filiação divina se deduz, necessariamente, que todos os fiéis são irmãos, e como tais devem amar-se fraternalmente uns aos outros. "Todos vós sois irmãos, diz Nosso Senhor... pois um só é o vosso Pai, que está nos céus".[167] Por isso, em suas epístolas, os Apóstolos chamam de irmãos a todos os fiéis.[168]

2. Todos os cristãos são irmãos do filho de Deus

Daqui se tira outra ilação necessária. Pela mesma adoção divina, todos os fiéis não só ficam unidos como irmãos entre si, mas até se chamam e são realmente irmãos do Filho Unigênito de Deus, porquanto Ele assumiu a natureza humana.

Pois assim escreveu o Apóstolo na epístola aos Hebreus, quando lhes falava do Filho de Deus: "Ele não se corre de chamá-los Seus irmãos, porque disse: Anunciarei o Vosso Nome aos Meus irmãos".[169] Ora, havia muito que Davi tal coisa predissera de Cristo Nosso Senhor.[170] Consoante o Evangelho, Cristo disse pessoalmente às mulheres: "Ide, dai notícia a Meus irmãos, que se dirijam à Galileia; lá Me verão".[171]

É sabido, porém, que assim falou, depois de haver ressuscitado e conseguido a imortalidade, a fim de ninguém julgar que, pela Ressurreição e pela Ascensão aos céus, rompera Suas relações de irmão para conosco. Pelo contrário, a Ressurreição tão longe estava de desfazer essa amorosa união de Cristo conosco, que do trono de Sua glória e majestade, quando vier a julgar todos os homens de todos os tempos, Ele nos há de chamar pelo nome de irmãos, a nós que somos os mais humildes de Seus fiéis.[172]

---

167. Mt 23,8 ss.
168. Respigamos algumas passagens: Rm 1,13; 7,4; 10,1; 11,25; 1Cor 1,10; 2,1; 7,24; 16,20; 2Cor 1,8; 8,1; Gl 4,12; 6,1; Ef 6,23; Fl 3,17; 4,22; Cl 4,15; 1Ts 2,17; 5,12 ss.; 2Ts 2,13 ss.; 1Tm 4,6; Hb 3,1; 10,19; Tg 5,19; 1Pd 5,9; 2Pd 3,17; 1Jo 5,16; 3 Jo 3.
169. Hb 2,11.
170. Sl 21,23: "Então anunciarei o Vosso Nome aos meus irmãos".
171. Mt 28,11.
172. Mt 25,40.

[15] E como não havíamos de ser "irmãos de Cristo", se somos chamados seus coerdeiros?[173] Ele, como Primogênito[174], foi constituído "herdeiro de todos os bens".[175] Nós, porém, filhos segundos, somos Seus coerdeiros, na medida das graças que recebemos do céu, na razão da caridade com que nos fizermos ministros e cooperadores do Espírito Santo. Ele é quem nos impele à fervorosa prática da virtude e de obras salutares, para que, apoiados pela Sua graça, desçamos animosos à luta pela salvação.

Se a tivermos levado a bom termo, com tino e perseverança, receberemos do Pai Celestial, no fim de nossa existência, o justo galardão da vitória, constituído para todos os que se tiverem lançado na mesma competição. "Pois Deus, como diz o Apóstolo, não é injusto a ponto de esquecer nosso serviço e nossa caridade".[176]

[16] Com quanto afeto da alma devemos proferir a palavra "Nosso", no-lo declara uma explicação de São João Crisóstomo. Diz ele que Deus gosta de ouvir o cristão rezar, não só por si mesmo, mas também pelos outros. Rezar por si mesmo é condição da natureza; rezar pelos outros é um fruto da graça. Orar por si é lei da necessidade; rezar pelos outros é impulso da caridade fraterna. E por fim acrescenta que mais agradável a Deus é a oração encarecida pela caridade, do que a forçada pela necessidade.[177]

Nesta matéria de tanta importância, como é a oração frutuosa para a salvação, deve o pároco exortar instantemente a todos os fiéis, de qualquer idade, sexo ou condição, não esqueçam esse vínculo comum de fraternidade, tratando-se uns aos outros com ternura de irmãos, não se arrogando contra os outros regalias descabidas.

Se bem que na Igreja de Deus haja diversos graus de dignidade, contudo a variedade de ofícios e atribuições não destrói, de modo algum, a união íntima da caridade fraterna, assim como no corpo humano, as múltiplas atividades e funções dos membros não fazem com que esta ou aquela parte do corpo perca o caráter e o nome de membro.

[17] Suponhamos, por exemplo, que um homem é rei. Porventura, sendo ele cristão, não será também irmão de todos os que também co-

---

173. Rm 8,17.
174. Cl 1,18.
175. Hb 1,2.
176. Hb 6,10.
177. Cfr. Chrysost. Opus imperfectum in Matthaeum homil. 14.

mungam na mesma fé cristã? Por certo que sim. E qual a razão disso? O Deus, a quem os ricos e os reis soberanos devem a sua existência, é o mesmo, do qual procedem os pobres e os súditos reais; pois há um só Deus, que é Pai e Senhor de todos os homens. Por conseguinte, todos nós possuímos a mesma nobreza de origem espiritual, a mesma dignidade humana, a mesma distinção de linhagem, porquanto todos os que nascemos do mesmo Espírito[178], e do mesmo mistério da fé[179], somos Filhos de Deus e coerdeiros da mesma herança.[180]

Com efeito, não há um Cristo Deus para os ricos e poderosos, e outro para os pobres e fracos, pois aqueles não foram santificados por Sacramentos de outra espécie, nem esperam uma herança diferente no Reino Celestial. Pois todos somos irmãos, e, como diz o Apóstolo aos Efésios, "somos membros do Corpo de Cristo, formados de Sua carne e de Seus ossos".[181] O mesmo pensamento, o Apóstolo o reproduz na epístola aos Gálatas: "Vós todos sois filhos de Deus pela fé em Cristo Jesus, pois todos os que fostes batizados em Cristo, de Cristo vos revestistes. Já não há judeu, nem grego; não há escravo, nem livre; não há homem, nem mulher. Todos vós sois um em Cristo Jesus".[182]

Tratem, pois, os pastores de almas esta matéria com a devida exatidão. Detenham-se nela, deliberadamente, por ser apropriada, não só para consolar e reanimar os pobres e humildes, como também para conter e reprimir a arrogância dos ricos e poderosos. A fim de remediar esse mal entre os homens, encarecia o Apóstolo a caridade fraterna, e a recomendava aos fiéis cristãos.

4. Nesta oração o cristão deve acercar-se de Deus como seu filho

[18] Quando, pois, ó cristão, te dispuseres a recitar esta prece, lembra-te que chegas como filho à presença de Deus, teu Pai. Assim que começas esta oração, e proferes as palavras "Pai-nosso", considera a que relevância te exaltou a infinita bondade de Deus, porquanto te manda recorrer a Ele, não como um escravo que, contrafeito e temeroso, procu-

---

178. Jo 3,5.
179. Jo 1,12-13; At 10,43; Rm 8,29-30; 10,4; 1Cor 1,30; 6,11; Tt 3,4-7; Hb 10,38; 1Pd 3,18.
180. Rm 8,16-17.
181. Ef 5,30.
182. Gl 3,26-28.

ra o seu senhor; mas, como um filho que, com espontânea confiança, se acolhe junto de seu pai.

Depois de recordar e assimilar esta doutrina, pondera ainda com que zelo e piedade deves tu também aplicar-te à oração. Faz por te haveres como convém a um filho de Deus, quer dizer, faz que tuas orações e tuas obras não desmereçam da estirpe divina a que Deus quis elevar-te, em Sua bondade infinita.

Ao desempenho de tal obrigação nos exorta o Apóstolo, quando diz: "Sede, portanto, imitadores de Deus, como Seus filhos muito amados".[183] Façamo-lo assim, para que na verdade se possa dizer de nós o que o mesmo Apóstolo escrevia aos Tessalonicenses: "Todos vós sois filhos da luz, e filhos do dia".[184]

III. "QUE ESTAIS NOS CÉUS"

[19] Todos os que possuem uma noção exata de Deus, sabem perfeitamente que Ele está presente em todos os lugares e entre todas as nações. Isto, porém, não é para entender como se Deus estivesse dividido em partes, ocupando e conservando cada uma delas o seu respectivo lugar. Pois Deus é espírito, absolutamente estreme de qualquer divisão.

Quem se atreveria a imaginar a Deus imobilizado, circunscrito às raias de um espaço determinado, se Ele de Si mesmo afirmou: "Porventura não encho Eu o céu e a terra?"[185]

Esta expressão, por seu turno, deve entender-se da seguinte maneira: com Sua força e poder, Deus abrange o céu e a terra, e tudo o que neles se contém; mas Ele próprio não está circunscrito a nenhum lugar. Deus está presente a todas as coisas, quer pelo ato de criá-las, quer pelo ato de conservá-las. Todavia, Ele não se circunscreve a nenhum lugar e limite, nem se fixa de tal maneira, que não esteja presente em toda a parte com a Sua essência e poder.

É o que Davi, com santa intuição, exprimia naquelas palavras: "Se eu subir ao céu, Vós lá estais presente".[186]

---

183. Ef 5,1.
184. 1Ts 5,5.
185. Jr 23,24.
186. Sl 138,8. Veja-se a continuação do texto: "Se descer ao inferno, nele estais presente. Se eu tomar asas ao romper da aurora, e for habitar nos confins do oceano, ainda lá me guiará a Vossa

CAPÍTULO II - INTRODUÇÃO À ORAÇÃO DOMINICAL

Ainda que Deus está presente em todos os lugares e em todas as coisas[187], e não pode caber, como já dissemos, em nenhum limite, contudo nas Sagradas Escrituras se diz, muitas vezes, que Ele tem no céu Sua morada. Compreendemos que assim se diga, por ser o céu, visível aos nossos olhos, a parte mais nobre do Universo. Conserva-se imutável e incorruptível[188]; excede a todos os mais corpos celestes em força, grandeza e formosura; é dotado, afinal, de movimentos certos e regulares.

Portanto, se nas Sagradas Escrituras se diz que Deus assiste nos céus, é para excitar os homens a contemplarem o Seu poder e majestade, que na configuração dos céus se revela com o máximo fulgor. Mas é um fato inegável que também se diz, muitas vezes, não haver nenhuma parte do mundo que não seja abrangida pela essência e o poder de Deus ali presente.

[20] Na consideração desta verdade, tenham os fiéis diante dos olhos não só a imagem do Pai comum de todos os homens, mas também a de Deus que reina nos céus, para que, quando se põem a rezar, pensem na necessidade de elevarem ao céu a mente e o coração, pois, se grande é a esperança e confiança que nos inspira o nome de "Pai", igual deve ser também a submissão e piedade cristã, que de nós exige a suma perfeição e a divina majestade de nosso Pai, "que está nos céus".

Estas palavras dão a entender, a quem reza, qual deve ser o objeto de sua oração, pois todos os nossos pedidos, que se referem às conveniências e necessidades da vida presente, são inúteis e indignos de um cristão, se não tiverem também algum nexo com os bens sobrenaturais, e se não se subordinarem ao fim último [de toda criatura].

Os párocos devem, pois, instruir seus piedosos ouvintes acerca desta condição para bem rezarem. Como prova, podem invocar a palavra autorizada do Apóstolo: "Se ressuscitastes com Cristo, procurai o que está lá por cima, onde se acha Cristo, sentado à direita de Deus. Tende gosto pelas coisas do alto, e não pelas coisas da terra".[189]

---

mão, e me tomará a Vossa direita".
187. Cfr. Santo Agostinho, *Confissões*, I, 3.
188. Conceito da época (séc. XVI).
189. Cl 3,1 ss.

CAPÍTULO III
PRIMEIRA PETIÇÃO

"Santificado seja o Vosso Nome"

1. Por que devemos dar início a nossas peticições pela santificação do Nome de Deus.
I. Significado desta primera petição. — 2. Por que pedimos que seja santificado o Nome de Deus, sendo Ele a santidade mesma, que não pode aumentar-se nem diminuir-se. — 3. As palavras "Assim na terra como no Céu" se referem às três primeiras petições, e que significado têm nesta petição. — 4. Como pode o Nome santíssimo de Deus ser santificado por nós.
II. De que maneira o Nome de Deus deve ser santificado. — 5. Como pode o Nome de Deus ser santificado entre os infiéis. — 6. Como pode o Nome de Deus ser santificado pelos pecadores. — 7. Como poderão todos os homens santificar o Nome de Deus. — 8. O Nome de Deus é santificado principalmente pelo reconhecimento e veneração da Igreja Católica. — 9. De que maneira os cristãos ultrajam hoje o Nome de Deus.

[1] O que devemos pedir a Deus, e qual deve ser a ordem de nossos pedidos, o próprio Mestre e Senhor de todas as criaturas no-lo ensinou e determinou. Como a oração é mensageira e intérprete de nossos desejos e aspirações, nossas súplicas serão justas e razoáveis, todas as vezes que a ordem de nossos pedidos corresponda à hierarquia natural das coisas desejáveis.

Ora, a verdadeira caridade manda-nos aplicar todo o nosso amor e afeto a Deus. Por ser em Si mesmo o único sumo bem, Ele deve merecidamente ser amado com um amor intenso e singular.

Mas não podemos amar unicamente a Deus, de todo o coração, se não preferirmos Sua honra e glória a todas as coisas criadas. Todos os bens, tanto os nossos como os dos outros, e todas as coisas que mereçam o atributo de "boas", têm sua origem em Deus, mas não podem nem de longe igualar ao Sumo Bem.

Por conseguinte, para que se observasse na oração a ordem devida, Nosso Senhor antepôs a todas as outras, como primeira e principal, aquela petição que se refere ao Sumo Bem.

Com isso, queria ensinar-nos que, antes de pedirmos o necessário para nós ou para nosso próximo, devemos pedir o que promove a glória de Deus, apresentando a Deus mesmo os nossos votos e desejos nesse sentido.

Assim procedendo, seremos fiéis ao preceito da caridade, que nos ensina a amar a Deus, mais do que a nós mesmos, e a pedir em primeiro lugar o que desejamos para Deus, e só depois o que desejamos para nós mesmos.

I. SIGNIFICADO DESTA PRIMEIRA PETIÇÃO

[2] O que desejamos e pedimos são coisas de que carecemos. Ora, Deus, em Sua essência, não precisa de nenhum complemento, nem pode Sua natureza divina ser ampliada com alguma perfeição, pois já reúne em Si todas as perfeições, de um modo inexplicável. Devemos, portanto, compreender que nossos pedidos a Deus, com relação a Ele mesmo, não abrangem a Sua natureza, mas só dizem respeito à Sua glorificação extrínseca.

Assim, desejamos e pedimos que o Nome de Deus seja, cada vez mais, conhecido entre os povos; que Seu Reino se dilate sempre mais; que de dia para dia cresça o número daqueles que se submetem à Divina Majestade. Ora, estas três coisas — nome, reino, submissão — não fazem parte da essência divina, mas são-lhe atribuídas extrinsecamente.

[3] Sem embargo, para melhor se perceber o sentido e a força desta petição, devem os pastores advertir os fiéis que as palavras "assim na terra, como no céu" podem aplicar-se a cada uma das três primeiras petições, a saber: "Santificado seja o Vosso Nome, assim na terra, como no céu". Da mesma forma: "Venha a nós o Vosso Reino, assim na terra, como no céu". Afinal: "Seja feita a Vossa vontade, assim na terra, como no céu".

Porém, quando pedimos seja santificado o Nome de Deus, nosso desejo é que cresça cada vez mais a santificação do Nome Divino. Nesta parte, faça o pároco notar a seus piedosos ouvintes que o Salvador não queria afirmar que essa santificação [do Nome Divino] na terra seja igual à glorificação no céu — coisa aliás impossível — mas que ela deve nascer da caridade e do mais entranhável afeto de nosso coração.

[4] Embora seja absoluta verdade que o Nome de Deus de per si não carece de nenhuma santificação, porque é santo e tremendo[190], assim como o próprio Deus é santo por Sua natureza, e nenhuma santidade pode acrescer-Lhe, de que já não esteja possuído desde toda a eternidade: contudo, é certo também que, na terra, Sua santificação fica muito aquém do que Ele merece, sendo não raras vezes profanado com maldições e blasfêmias.

Por isso mesmo, pedimos ardentemente seja Deus louvado, honrado e glorificado [na terra], à imitação do louvor, honra e glória que recebe no céu.

Noutros termos, Seu louvor e veneração deve de tal forma calar em nossos pensamentos, afetos e palavras, que prorrompa em todas as formas do culto interior e exterior, para nos ser possível, a exemplo dos ditosos moradores do céu, prestar a mais perfeita homenagem a Deus, que é excelso, puro e santo.

Como os santos do céu, em perfeita harmonia, glorificam e louvam a Deus, assim pedimos que o mesmo suceda no orbe da terra: que todos os povos conheçam, respeitem e adorem a Deus; que nenhum mortal deixe de abraçar a Religião Cristã e de consagrar-se totalmente a Deus, na firme convicção de que nada pode haver de puro ou santo, que se não derive da santidade do Nome Divino, fonte de toda a santidade.

II. DE QUE MANEIRA DEVE SER SANTIFICADO O NOME DE DEUS

1. Entre os fiéis

[5] Diz um testemunho do Apóstolo que a Igreja foi purificada "no Batismo de água pela palavra da vida".[191] Ora, a "palavra da vida" significa o nome do Pai, e do Filho, e do Espírito Santo, em que fomos batizados e santificados.

Não podendo, pois, haver nenhuma expiação, nenhuma pureza, nenhuma inocência na pessoa, sobre a qual não se tenha invocado o Nome Divino, por isso mesmo pedimos ansiosamente a Deus que o gênero humano saia das trevas da sórdida infidelidade, seja iluminado pelos ful-

---
190. Sl 110,10.
191. Ef 5,26.

gores da luz divina[192], e reconheça a virtude desse Nome, a ponto de procurar nele a verdadeira santidade, e de fazer-se batizar em nome da santa e indivisível Trindade, alcançando assim, pelas mãos do próprio Deus, toda a perfeição da santidade.

2. Entre os pecadores

[6] Em nossos desejos e súplicas, devemos também incluir os que contraíram vícios e pecados, os que perderam a pureza batismal e a veste da inocência, dando ocasião a que o espírito imundo de novo se aboletasse nesses mal-aventurados.[193]

Almejamos, pois, e pedimos a Deus, que também neles seja santificado o Seu Nome, para que tornem à boa razão e à prática da virtude, recuperando pelo Sacramento da Penitência a primitiva santidade, tornando-se novamente templos e moradas de Deus, cheios de pureza e justiça.

3. Entre todos os homens

[7] Afinal, pedimos a Deus derrame Sua luz no coração de todos os homens, para reconhecerem como "todo bem absoluto e todo dom perfeito desce do Pai das luzes"[194], e nos é comunicado pelo próprio Deus. Mediante essa luz, devemos considerar a temperança e a justiça, a vida e a saúde, todos os bens interiores e exteriores, essenciais para alma e corpo, como uma liberalidade d'Aquele que é a fonte de todos os bens, conforme diz a oração da Igreja.[195]

Se o sol pelo seu esplendor, se os demais astros pelo seu curso regular trazem vantagem ao gênero humano; se o ar ambiente nos sustenta; se a terra entretém a vida de todos os homens com a abundância de seus frutos e cereais; se pelo esforço dos poderes públicos gozamos de paz e tranquilidade: todos esses e inúmeros outros benefícios semelhantes são dádivas que nos concede a imensa bondade de Deus.

Sendo assim, até as causas que os filósofos chamam "causas segundas", devemos considerá-las como se fossem uma espécie de mãos divi-

---

192. Isto é, pela graça.
193. Mt 12,43 ss.
194. Tg 1,17.
195. Coleta da Missa da V domingo depois da Páscoa.

nas, milagrosamente feitas e acomodadas às nossas necessidades, e pelas quais Deus nos distribui Seus benefícios, e os esparge profusamente por toda a parte.

[8] O sentido mais profundo desta Petição é fazer que todos reconheçam e acatem a Igreja como Esposa Santíssima de Jesus Cristo e como nossa Mãe, pois que só nela existe uma fonte abundante e inexaurível para lavar e suprimir todas as impurezas do pecado. Dessa fonte brotam todos os Sacramentos da salvação e santificação, pelos quais Deus faz verter, como por canais sagrados, a linfa e o orvalho da santidade em nossa alma.

Só a Igreja, e os que ela nutre e aconchega em seu regaço, podem na verdade invocar aquele Nome Divino, "o único dado aos homens debaixo do céu, em que nos cumpre operar a salvação".[196]

4. Entre os cristãos

[9] Há, porém, um ponto em que os párocos devem insistir sobremaneira. É que o bom filho não se limita a rezar a Deus Pai com palavras, mas também se esforça para que em suas obras e atitudes resplandeça a santificação do Nome Divino.

Oxalá não houvesse pessoas que, na oração, pedem assiduamente a santificação do nome de Deus, mas que pela sua vida fazem quanto podem para O deprimir e enxovalhar, tornando-se muitas vezes causa de blasfêmias contra Deus.

De tais cristãos dizia o Apóstolo: "Por vossa causa, o Nome de Deus é blasfemado no meio da gentilidade".[197] Em Ezequiel lemos também: "Foram ter com nações pagãs, e, chegados no meio delas, enxovalharam o Meu Santo Nome, porquanto se dizia a respeito deles: Este é o povo do Senhor, e não obstante, teve de sair de sua própria terra".[198]

Pela vida e mentalidade daqueles que professam a Religião, costuma o povo ignorante conceituar a própria Religião e seu Autor. Por isso, os que vivem de acordo com a fé cristã que abraçaram, e às suas normas ajustam a oração e o trabalho, dão aos outros grande motivo de louvarem o Nome do Pai Celestial, e de lhe renderem toda a honra e glória.

---

196. At 4,12.
197. Rm 2,24. Cfr. Is 52,5.
198. Ez 36,20.

Ora, o próprio Nosso Senhor nos impôs a obrigação de mover os homens, por atos de alevantada virtude, a louvarem e a enaltecerem o Nome de Deus.

No Evangelho, dirige-nos estas palavras: "De tal modo deve brilhar vossa luz diante dos homens, que vejam as vossas boas obras, e glorifiquem o vosso Pai, que está nos céus".[199] E, por seu turno, diz o Príncipe dos Apóstolos: "Comportai-vos bem entre os gentios, para que... vos julguem pelas vossas boas obras, e glorifiquem a Deus".[200]

---

199. Mt 5,16.
200. 1Pd 2,12. Cfr. 2Pd 3,15-16.

CAPÍTULO IV
SEGUNDA PETIÇÃO
"Venha a nós o Vosso Reino"

1. Muitas vezes se recomenda nas Escrituras a pregação do Reino de Deus. — 2. Que compreende esta segunda petição. — 3. Que devem fazer os que desejam conseguir o fruto desta petição. — 4. Razões para excitar nos homens o desejo do Reino dos Céus. — 5. Quão grande é a miséria do homem em comparação com as demais criaturas. — 6. Qual a principal causa de todas estas misérias.

I. Que se entende por Reino de Deus. — 7. Que se entende nas Sagradas Letras pelo Reino de Deus. — 8. Qual é o Reino de Cristo sobre os homens bons. — 9. Como reina Cristo em seus fiéis. — 10. O Reino da glória de Cristo Senhor nosso. — 11. Natureza e diferença entre o Reino da graça e o da glória.

II. Significado desta segunda petição: "Venha a nós o vosso Reino". — 12. Que pedimos primeiramente nesta petição. — 13. Que se pede em segundo lugar. — 14. Que se pede em terceiro lugar.

III. Com que espírito se deve fazer esta petição. — 15. Que devem fazer e contemplar principalmente os cristãos com motivo desta petição. — 16. Quão apetecível é o Reino de Cristo, aqui pela graça, e na outra vida pela glória. — 17. Humildade com que devemos fazer esta petição e as seguintes. — 18. Com quanto interesse devemos procurar conseguir ao fim o Reino dos Céus. — 19. Conclusão desta petição, e outra breve exposição dela.

[1] O Reino dos céus, que nesta segunda petição demandamos, deve ser o ponto de partida e o remate de toda a pregação evangélica.

Foi por ele que São João Batista começou a pregar penitência, quando dizia: "Fazei penitência, porque está próximo o Reino dos céus".[201] E não foi de outro modo que o Salvador do gênero humano iniciou a Sua pregação.[202] Naquele salutar sermão, quando na Montanha apontava aos Discípulos os caminhos da bem-aventurança, começou a falar do Reino dos céus como assunto principal de Sua pregação. "Bem-aventurados os pobres de espírito, exclamou, porque deles é o Reino dos céus".[203]

Ainda mais. Aos que desejavam detê-lO em certa ocasião, alegou como motivo, porque se impunha a Sua partida: "É preciso que Eu anun-

---

201. Mt 3,2.
202. Mt 4,17.
203. Mt 5,3.

cie também às outras cidades do Reino de Deus, porque para isso fui Eu enviado".²⁰⁴ Mais tarde, mandou aos Apóstolos pregassem esse mesmo Reino.²⁰⁵ A alguém que manifestou desejo de ir [primeiro] sepultar o pai, respondeu: "Quanto a ti, vai e anuncia o Reino de Deus".²⁰⁶ Depois de haver ressuscitado dos mortos, falava do "Reino de Deus", durante os quarenta dias em que apareceu aos Apóstolos.²⁰⁷

Aos párocos incumbe, por conseguinte, o dever de explicar com a máxima justeza esta segunda petição, para que os fiéis ouvintes compreendam bem o sentido e a necessidade de tal petição.

[2] Antes de tudo, para se dar uma boa e minuciosa explicação, bom será considerar que, não obstante a íntima ligação com todas as mais, Nosso Senhor mandou fazer esta petição separada das outras, para que buscássemos, com sumo ardor, aquilo que pedimos. Pois Ele diz: "Procurai primeiro o Reino de Deus e sua justiça, e todas essas coisas vos serão dadas de acréscimo".

Na verdade, tão ampla é a riqueza e abundância dos bens celestes, incluídos nesta Petição, que ela por si só abrange tudo o que é necessário para a manutenção da vida espiritual e corporal.

Ora, julgaríamos digno do título real o soberano que se não preocupasse com o bem-estar de seu reino? Mas, se há homens que velam, ciosamente, pela integridade de seu reino, força não é admitirmos quanto cuidado e providência desenvolve o Rei dos reis para garantir a vida e a salvação dos homens?

Portanto, nesta petição do Reino de Deus se encerram todas as coisas de que havemos mister nesta peregrinação, digamos antes, neste desterro. E são coisas que Deus, em Sua bondade, prometeu conceder-nos, pois logo adiantou: "Todas estas coisas vos serão dadas de acréscimo".²⁰⁸

Nestes termos, afirmou claramente ser Ele, na verdade, o Rei que, a mãos largas, reparte todos os bens ao gênero humano. Absorto na contemplação dessa infinita largueza, Davi se punha a cantar: "O Senhor me governa, e nada me há de faltar".²⁰⁹

---

204. Lc 4,43.
205. Mt 10,7.
206. Lc 9,60.
207. At 1,3.
208. Mt 6,33.
209. Sl 22,1.

[3] Porém não basta de modo algum pedir ardentemente o Reino de Deus, se com o nosso pedido não empregarmos todos os meios necessários para o buscar e achar.

As cinco virgens loucas pediam com instância: "Senhor, Senhor, dai-nos entrada!"[210], mas não foram admitidas, por não apresentarem as disposições que deviam acompanhar essa petição.[211] E nisso não houve injustiça, porque Deus mesmo havia lavrado como sentença: "Nem todo aquele que diz: Senhor! Senhor! entrará no Reino dos céus".[212]

[4] Em vista disso, os sacerdotes que tiverem encargo de almas, tomarão das fontes abundantíssimas da Sagrada Escritura os textos mais próprios para despertar nos fiéis um desejo operoso do Reino dos céus, e para lhes pôr diante dos olhos a calamitosa situação de nossa vida, fazendo-os entrar em si pela lembrança daquela suma ventura e dos bens inefáveis, que superabundam na eterna mansão de Deus Nosso Pai. Realmente, somos uns exilados[213], e vivemos num lugar, onde fizeram morada os demônios, cujo ódio contra nós não pode mitigar-se de maneira alguma[214], pois são inimigos declarados e irredutíveis do gênero humano.

Que dizer, então, das ardentes lutas internas[215], que de contínuo se travam entre o corpo e a alma, entre a carne e o espírito? Lutas que sempre fazem temer uma derrota de nossa parte. E se fora só para temer! Certamente, sucumbiríamos sem mais demora, se não nos amparasse a mão protetora de Deus. Por sentir o peso de tais misérias, o Apóstolo exclamava: "Que desgraçado sou eu! Quem me livrará do corpo que me traz essa morte?"[216]

[5] A triste condição do gênero humano, já manifesta por si mesma, torna-se ainda mais palpável pelo confronto com outros seres e criaturas. Quer seres irracionais, quer nos insensíveis, raramente vemos uma criatura falhar nos atos que lhe são próprios, nos seus instintos naturais, e não conseguir assim sua finalidade descriminada pela natureza. Isso é tão visível nos animais terrestres, aquáticos e voláteis, que já não se faz mister maior explicação.

---

210. Mt 25,11.
211. Isto é, a vigilância e a cooperação com a graça.
212. Mt 7,21.
213. Hb 11,13.
214. Ef 6,12.
215. Cfr. Mt 26,41; Rm 7,14 ss.; Gl 5,17.
216. Rm 7,24.

E, se erguermos os olhos para o céu, não vemos logo quão verdadeira é a palavra de Davi: "Vossa palavra, Senhor, se firma no céu para sempre?"[217] Há pois, no firmamento, rotações e translações, em cadência contínua, de sorte que não ocorre a mínima digressão da órbita marcada por Deus.

Se contemplarmos a terra e as outras partes do Universo, facilmente averiguamos que nenhuma ou pouca alteração apresentam em seu curso normal.

No entanto, o miserável gênero humano é que decai muitas vezes. O homem raramente põe em prática ideias acertadas. Por via de regra, abandona e despreza boas obras, que estavam em andamento. O que há pouco lhe agradava, como o melhor dos alvitres, já lhe desagrada de uma hora para outra. E largando mão do que é bom, descamba em planos torpes e ruinosos.

[6] Qual será, pois, a causa de tal inconstância e miséria? Outra não pode ser, senão o desprezo da graça divina. Cerramos os ouvidos às advertências de Deus. Não queremos abrir os olhos à luz da Revelação sobrenatural. Não obedecemos aos salutares preceitos que nos dá o Pai Celeste.

Os párocos devem, por conseguinte, não só antojar as nossas misérias ao povo cristão, mas também especificar as causas do mal, e sugerir a medicação apropriada. Para esse mister, colherão farto material nas obras de São João Crisóstomo e Santo Agostinho[218], mas principalmente nas explicações ministradas no Símbolo dos Apóstolos.

Ao reconhecer estas verdades, qual será o criminoso que, ajudado pela graça proveniente de Deus, não faça, como o filho pródigo[219], o esforço de levantar-se e compor-se, para chegar à presença do Rei Celestial, que é seu Pai?

---

217. Sl 118,89.
218. Vide Chrysost. in Ps 118; in cap. IV Isaiae; homil. 62 ad pop. Antioch.; serm. de vanitate et brevitate vitae; Aug, confess. X 28 et 31; de civit. Dei II 14; XXII 22.
219. Lc 5,18-19.

I. SIGNIFICAÇÕES DO "REINO DE DEUS"

[7] Depois de explicar estas condições, que tornam eficaz a oração dos fiéis, os pastores farão ver o sentido daquilo que pedimos a Deus com tais palavras. Esta explicação se impõe, tanto mais que o termo "Reino de Deus" comporta muitas significações. Ela não será inútil, para a interpretação geral da Escritura; mas, para a compreensão da presente passagem, é de absoluta necessidade.

1. O governo comum de Deus sobre todas as coisas

Num sentido mais lato, encontradiço nas Sagradas Escrituras, Reino de Deus não só quer dizer a soberania de Deus sobre todos os homens e todas as coisas, mas também a providência, pela qual Ele governa e acomoda todas as coisas. "Em Suas mãos, diz o Profeta, estão todos os confins da terra".[220] Por conseguinte, entendem-se todas as coisas que estão ocultas e metidas no seio da terra ou em qualquer parte do Universo. Do mesmo sentido, são as palavras proferidas por Mardoqueu: "Senhor Deus, Rei Onipotente, debaixo de Vosso poder estão postas todas as coisas, e não há quem possa resistir à Vossa vontade... Vós sois o Senhor de todas as coisas, e não há quem resista à Vossa majestade".[221]

2. O reino de Deus nos bons cristãos

[8] Por Reino de Deus, entende-se também um aspecto todo particular da providência com que Deus protege e defende as pessoas justas e virtuosas. A esta firme e extremada solicitude de Deus se referia Davi naquelas suas palavras: "O Senhor é quem me governa, e nada me faltará".[222] Da mesma forma Isaías: "O Senhor é o nosso Rei, Ele nos salvará".[223]

Se bem que nesta vida, como já dissemos, os justos e virtuosos estejam numa especial sujeição ao régio poder de Deus, contudo o próprio Cristo Nosso Senhor advertiu a Pilatos que o Seu Reino não era deste mundo[224],

---

220. Sl 94,4.
221. Et 13,9-11.
222. Sl 22,1.
223. Is 33,22.
224. Jo 18,36.

isto é, que de modo algum tinha sua origem neste mundo, o qual foi criado, e há de passar; pois, desse modo dominam os imperadores, reis, presidentes, governantes, e todos os que se constituíram chefes de povos e nações, quer por aclamação ou eleição dos homens, quer por violenta e injusta usurpação do poder. Porém Cristo Nosso Senhor, como diz o Profeta, foi constituído Rei pelo próprio Deus.[225]

Seu Reino, como ensina o Apóstolo, é justiça. "O Reino de Deus, diz ele, é justiça, é paz, é gozo no Espírito Santo".[226]

[9] Mas Cristo Nosso Senhor reina dentro de nós pelas virtudes íntimas do coração, pela fé, esperança e caridade. Essas virtudes nos constituem, por assim dizer, partes integrantes de Seu Reino; tornam-nos, de modo particular, vassalos de Deus, e nos consagram para o Seu culto e veneração. Por isso mesmo, à semelhança do que dizia o Apóstolo: "Vivo, mas não eu propriamente, Cristo é quem vive em mim"[227], podemos também nós dizermos: "Reino, mas não eu, Cristo é quem reina em mim".

Chama-se de justiça este Reino, porque é fundado na justiça de Cristo Nosso Senhor. Desse Reino fala Nosso Senhor no Evangelho de São Lucas: "O Reino de Deus está dentro de vós"[228] Pois ainda que Jesus Cristo reine pela fé em todos os filhos da Santíssima Mãe Igreja, contudo reina de modo mais acentuado naqueles que, possuídos de maior fé, esperança e caridade, se consagraram a Deus como membros puros e vivos. Neles é que dizemos estar o Reino da graça de Deus.

3. O reino da gloria celestial

[10] Há, também, outro Reino de Deus. É o Reino da glória, ao qual Cristo Nosso Senhor se refere no Evangelho de São Mateus: "Vinde, benditos de Meu Pai, tomai posse do Reino que vos está preparado desde o princípio do mundo".[229]

Pela narração de São Lucas, era a posse desse mesmo Reino que o ladrão pedia a Cristo, quando de maneira admirável confessou publi-

---

225. Sl 2,6.
226. Rm 14,17. — Veja-se a encíclica "Quas primas", de Pio XI, sobre Cristo-Rei.
227. Gl 2,20.
228. Lc 17,26.
229. Mt 25,34.

camente seus próprios crimes: "Senhor, lembrai-vos de mim, quando chegardes ao Vosso Reino".[230]

São João menciona igualmente este Reino: "Quem não renascer da água e do Espírito Santo, não pode entrar no Reino de Deus".[231] Dele faz menção também o Apóstolo na epístola aos Efésios: "Nenhum luxurioso, nenhum impuro, nenhum avarento — que vem a ser idólatra — terá herança no Reino de Cristo e de Deus".[232] Aqui entram também algumas parábolas de Cristo Nosso Senhor, nas quais fala do Reino dos céus.[233]

[11] É preciso, todavia, estabelecer primeiro o Reino da graça, pois não é possível que no homem reine a glória de Deus, se antes não reinar nele a graça divina. Consoante uma palavra do próprio Salvador, a graça é "uma fonte de água a jorrar para a vida eterna".[234] E que outra coisa diremos ser a glória senão a perfeição e a plenitude da graça?[235]

Enquanto estivermos revestidos deste corpo frágil e mortal, enquanto vivermos longe do Senhor[236], sem rumo e sem força, nas trevas da peregrinação, através do exílio deste mundo, tropeçamos e caímos muitas vezes, justamente porque lançamos para longe de nós o Reino da graça, esteio a que nos arrimávamos. Quando, porém, raiar para nós a luz do Reino da glória, que é perfeito[237], ficaremos firmes e seguros por toda a eternidade. Desaparecerá então todo o vício e obstáculo; toda fraqueza será sanada, e suprida pela força; o próprio Deus reinará afinal em nossa alma e em nosso corpo.

No Símbolo, esta matéria foi tratada mais amplamente, quando discorríamos sobre a ressurreição da carne.[238]

---

230. Lc 23,42.
231. Jo 3,5.
232. Ef 5,5.
233. Cfr. Mt 13,24 ss.
234. Jo 4,14.
235. Rm 6,23.
236. 2Cor 5,6.
237. 1Cor 13,10.
238. Cfr. CRO I XII 1 ss.

II. SIGNIFICADO DESTA PETIÇÃO: "VENHA A NÓS O VOSSO REINO"

[12] Depois de desenvolvermos, em seu sentido comum, o conceito de Reino de Deus, é preciso agora explicar o objeto próprio desta petição.

1. A propagação do Reino de Jesus Cristo que é a Igreja

Rogamos, pois, a Deus pela propagação do Reino de Cristo, que é a Igreja; pela conversão dos infiéis e judeus à fé de Cristo Nosso Senhor, e à noção do Deus verdadeiro; pelo retorno dos cismáticos e hereges à boa doutrina e à unidade da Igreja, que eles abandonaram; pela perfeita realização da profecia que Nosso Senhor mandou anunciar pela boca de Isaías: "Alarga o espaço de tua tenda... e estende as cobertas dos teus pavilhões. Alonga as tuas cordas e firma as tuas estacas. Pois hás de penetrar para a direita e para a esquerda... porque sobre ti reinará o teu Criador".[239] De forma análoga, disse: "Caminharão as nações na tua luz, e os reis no clarão de tua aurora. Ergue os olhos em redor de ti, e põe-te a ver. Todos esses [povos] se reuniram e vieram para junto de ti. De longe virão teus filhos, e tuas filhas surgirão de toda a parte".[240]

2. Pela conversão dos pecadores no seio da Igreja

[13] Muitos há, no seio da Igreja, que confessam a Deus por palavras, e por obras O renegam.[241]

Assim dão mostra de uma fé desvirtuada, e, por causa do pecado, o demônio mora e reina em seus corações, como se estivesse em sua própria casa.

Esta é a razão por que também pedimos venha para eles o Reino de Deus, a fim de arrancá-los das trevas de seus pecados, esclarecê-los com os raios da luz divina, reintegrá-los na antiga dignidade de Filhos de Deus. [Pedimos, portanto], que o Pai Celestial, removendo do Seu Reino todos os hereges e cismáticos, todos os escândalos e ocasiões de pecado,

---

239. Is 54,2; 3,5.
240. Is 60,3 ss.
241. Tt 1,16.

limpe a eira de Sua Igreja[242], para que esta possa render a Deus o devido culto e adoração, e gozar de absoluta paz e segurança.

3. Que só Deus viva e reine em nós

[14] Pedimos, afinal, que só Deus viva em nós, que só Ele reine dentro de nós[243]; que doravante não haja lugar para a morte, mas que seja antes absorvida pela vitória de Cristo Nosso Senhor[244]; que Ele vença e desbarate toda a vantagem, força e ousadia dos inimigos, e submeta tudo ao Seu próprio império.[245]

III. COM QUE ESPÍRITO SE DEVE FAZER ESTA PETIÇÃO

[15] De acordo com a importância da petição, será dever dos párocos ensinar ao povo fiel com quais ideias e considerações terá de preparar-se, se quiser dirigir a Deus uma oração piedosa.

1. Penetrando-se do espírito e significado da parábola do tesouro escondido

Antes de tudo, exortem-no a reparar no frutuoso sentido daquela parábola descrita pelo salvador: "O Reino dos céus é semelhante a um tesouro escondido no campo. O homem que o descobre, torna a escondê-lo, e, cheio de alegria, a gozá-lo de antemão, vai vender tudo quanto possuía, e comprou aquele campo".[246]

Realmente, quem reconheceu as riquezas de Cristo Nosso Senhor, desdenhará todas as coisas por causa delas. Dinheiro, riqueza e poder, tornam-se mesquinhos a seus olhos. Nada pode haver que se lhes iguale o sumo valor, ou que se lhes compare de qualquer maneira.

Por isso, os que chegaram a tal conhecimento, hão de exclamar, como fez o Apóstolo: "Dou por perda todas as coisas, e tenho-as por rebutalho, para poder lucrar a Cristo".[247]

---

242. Mt 3,12; Jo 10,16.
243. Gl 2,20.
244. 1Cor 15,54-55; Os 13,14; Is 25,8.
245. 1Cor 15,24-25.
246. Mt 13,44.
247. Fl 3,8; Jó 28,15; Pr 8,10; Sb 7,9-10.

Esta é a preciosa pérola do Evangelho.[248] Quem apura todos os seus haveres, para a comprar, será feliz por toda a eternidade.

[16] Que ditosos seríamos nós, se Jesus Cristo nos favorecesse com tanta luz, que nos fosse dado ver a pérola da graça divina, pela qual Ele reina nos seus escolhidos! Então, sim, venderíamos todos os nossos bens e até a nós mesmos, para a comprar e garantir a sua posse. Só então poderíamos afinal dizer sem nenhuma hesitação: "Quem nos separará da caridade de Cristo?"[249]

Entretanto, se quisermos conhecer o incomparável valor do Reino da glória, ouçamos o que dele disseram e sentiram o Profeta e o Apóstolo: "Nunca os olhos viram, nem os ouvidos escutaram, nem no coração do homem jamais penetrou, o que Deus tem preparado para aqueles que O amam".[250]

2. *Estar com espírito humilde*

[17] Para alcançarmos nossos pedidos, ser-nos-á de muito proveito ponderar bem que somos filhos de Adão, por justo motivo expulsos e desterrados do Paraíso; cuja malícia e perversidade devia provocar o mais entranhado ódio de Deus e os castigos da eternidade; que devemos, por isso mesmo, conservar-nos humildes e abatidos.

Nossa oração deve, pois, impregnar-se da maior humildade cristã. Animados de total desconfiança contra nós mesmos, temos de recorrer, como o publicano, à misericórdia de Deus.[251] Tudo atribuindo à Sua bondade, agradeceremos sem cessar Àquele que nos comunicou o Seu Espírito, por cuja valia nos encorajamos a clamar: "Abba, Pai!"[252]

3. *Esforçar-nos e pensar no que devemos fazer e evitar para chegar no Reino dos Céus*

[18] Depois, consideraremos, seriamente, o que nos toca fazer, e o que nos toca evitar, a fim de conseguirmos o Reino do céu. Com efeito,

---
248. Mt 13,46.
249. Rm 8,35.
250. Is 64,4; 1Cor 2,9.
251. Lc 18,13.
252. Rm 8,15.

Deus não nos chamou para a inércia e preguiça, porquanto chegou até a dizer: "O Reino do céu cede à violência, e são os esforçados que o arrebatam".[253] E noutra ocasião: "Se queres entrar para a vida, observa os Mandamentos".[254]

Por conseguinte, aos homens não lhes basta pedirem o Reino de Deus, se de sua parte não houver zelo e diligência para o alcançar; precisam, pois, colaborar vigorosamente com a graça de Deus[255], e manter-se no caminho que conduz ao céu.

Deus nunca nos abandona, porque prometeu estar sempre conosco.[256] Nosso único cuidado e esforço deve concentrar-se em não abandonarmos a Deus e a nós mesmos. Pois, no Reino da Igreja, das mãos de Deus provém tudo quanto conserva a vida humana, e garante a vida eterna: quer sejam os auxiliares invisíveis, como são as legiões de Anjos; quer sejam os tesouros visíveis dos Sacramentos, repletos de força celestial. Em tais meios pôs Deus tanta eficácia, que por eles podemos não só forrar-nos do jugo de nossos terríveis inimigos, mas também vencer e aniquilar o próprio tirano e seus ímpios satélites.

[19] Afinal, peçamos com veemência ao Espírito de Deus que nos mova a fazer tudo conforme o Seu agrado; que destrua o poder de Satanás; que ele nada possa fazer contra nós no Dia do Juízo; que Cristo vença e triunfe; que Suas Leis vigorem em todo o mundo, e Seus Preceitos sejam cumpridos; que ninguém O traia ou renegue; que todos procedam com tanta fidelidade, que possam sem temor comparecer diante de Deus, seu Rei, e tomar posse do Reino Celestial, que lhes foi preparado desde toda a eternidade[257], onde com Cristo reinarão venturosos, por todos os séculos dos séculos.

---

253. Mt 11,12.
254. Mt 19,17.
255. 1Cor 3,9.
256. Mt 28,20.
257. Mt 25,54.

CAPÍTULO V
TERCEIRA PETIÇÃO

"Seja feita a Vossa vontade, assim na terra como no Céu"

1. Por que, depois de pedir o Reino de Deus, se acrescenta em seguida que se faça a sua vontade. — 2. Como chegaremos a entender corretamente esta petição. — 3. Males que o pecado de Adão acarretou ao gênero humano. — 4. Ainda que o homem esteja cheio de tantos males, não conhece seu estado. — 5. Como as Sagradas Letras nos trazem à vista estas misérias. — 6. Grande debilidade que padece o homem, no estado de natureza corrompida, para fazer qualquer bem. — 7. No referente às coisas divinas, somos inteiramente semelhantes às crianças. — 8. Que remédio para tantos males nos oferece esta petição. — 9. Até os justos, que já obedecem a Deus, precisam faze esta petição. — 10. Nos justos segue havendo concupiscência, que nada pode extinguir por completo.

I. "Seja feita vossa vontade". — 11. Que se entende por vontade de Deus nesta petição. — 12. Significado desta terceira petição. — 13. Quem são especialmente os que sentem ardente desejo e amor das coisas que aqui se pedem. — 14. O que, além disso, se significa nesta petição. — 15. Temos de pedir que se faça o que Deus quer, e não o que nós desejamos. — 16. Não há que pedir a Deus as coisas que não tem aparência de bondade. — 17. Temos de pedir os bens referentes à vida corporal, mas com a condição de que respondam à vontade de Deus. — 18. Não podendo evitar o pecado sem o auxílio de Deus, pedimos também isto na presente petição.

II. "Assim na terra como no Céu". — 19. Que significa a cláusula assim na terra como no Céu. — 20. Temos de servir a Deus, não por interesse, mas por amor a Ele. — 21. Outras explicações desta cláusula. — 22. Esta petição contém também uma ação de graças.

III. Considerações sobre esta petição. — 23. Que devemos meditar nesta petição. — 24. Grande proveito que podemos retirar da meditação desta petição para levar uma vida sossegada.

[1] Disse Cristo Nosso Senhor: "Nem todo aquele que Me disser: Senhor, Senhor! Entrará no Reino do céu; mas só aquele que fizer a vontade do Meu Pai, que está no céu, esse há de entrar no Reino do céu".[258] Quem deseja chegar ao Reino do céu, deve portanto pedir a Deus que

---

258. Mt 7,21.

se cumpra a Sua vontade. Por isso é que a presente petição tem seu lugar logo após a petição do Reino de Deus.

[2] Para os fiéis compreenderem a necessidade daquilo que pedimos nesta súplica, e a abundância dos bens salutares que por ela alcançamos, devem os párocos demonstrar a quantas misérias e provações ficou sujeito o gênero humano, em consequência do pecado de nosso primeiro pai.[259]

1. Males que o pecado de Adão acarretou ao gênero humano

[3] Desde o início, Deus infundiu nas criaturas o instinto de seu próprio bem, de sorte que elas por uma propensão natural, buscam e cobiçam o seu fim, do qual nunca se afastam, a não ser que sejam tolhidas por algum obstáculo, vindo de fora.

No homem, a atração para Deus, causa e princípio de sua bem-aventurança, era inicialmente tanto mais acentuada e impulsiva, quanto mais se manifestava, nele, a inteligência e o livre arbítrio.

Mas, enquanto as criaturas irracionais conservaram seu pendor natural, e até hoje continuam na bondade primitiva de sua criação, o pobre gênero humano abandonou o bom caminho; pois não só deitou a perder os dons da justiça original, com que Deus o dotara e enobrecera, além das exigências da natureza humana, mas também obliterou esse apreciável gosto pela virtude, que é inato em seu coração. "Todos se transviaram, diz a Escritura, e se corromperam sem exceção. Não há quem faça o bem, não aparece um sequer".[260] Pois "os desejos e pensamentos do coração do homem propendem para o mal, desde a sua adolescência".[261]

Sendo assim, podemos sem mais compreender que ninguém por si mesmo acha gosto nas coisas da salvação, mas que todos os homens se inclinam para o mal[262], sendo inúmeras as más tendências que dominam os homens, quando se deixam arrastar, apaixonadamente, à cólera, ao ódio, à soberba, à ambição, e a quase todas as espécies de maldades.

[4] Nesses males vivemos continuamente, e a maior desgraça para o gênero humano é que já não encaramos muitos deles como verdadeiros males. Tal modo de pensar indicia a profunda corrupção dos homens.

---

259. Cfr. CRO I III 2.
260. Sl 52,4.
261. Gn 8,61.
262. Rm 7,19 ss.

Obcecados por maus desejos e paixões, não reconhecem que o que lhes parece salutar, o mais das vezes faz a sua própria ruína. Chegam, até, a precipitar-se sobre tais coisas perniciosas, como se fossem bens realmente apetecíveis; mas, ao que é bom e honesto nutrem aversão, como se diante de si tivessem coisas repugnantes.

Esta é uma opinião errada e viciosa, que Deus rejeita com as seguintes palavras: "Ai de vós, que ao mal chamais bem, e ao bem chamais mal; que as trevas tomais por luz, e a luz por trevas; que tendes o amargo por doce, e o doce por amargo".[263]

[5] Por conseguinte, para nos dar plena consciência de nossas misérias, as Sagradas Escrituras nos comparam aos que perderam o genuíno paladar, a ponto de recusarem a comida saudável, e preferirem alimentos prejudiciais. Comparam-nos, também, com os enfermos.[264] Como estes não podem fazer os serviços próprios de pessoas fortes e sadias, enquanto se não livrarem da doença, assim também nós não podemos praticar obras agradáveis a Deus, se não recebermos o apoio da graça divina.

[6] Se algum bem fazemos, apesar de tais disposições, coisa é de somenos importância, que pouco ou nada adianta para conseguirmos a bem-aventurança do céu.

Pois, sendo tão nobre e sublime prestar a Deus o devido amor e reverência, nunca a força humana no-lo permitiria fazer, se a graça divina, com seu apoio, não nos solevasse de nossa prostração moral.

[7] Outro paralelo muito apropriado, para indicar a miserável condição do gênero humano, é dizer-se que nos assemelhamos a crianças que, abandonadas a si mesmas, a tudo se abalançam, sem tino nem prudência. Somos realmente crianças sem juízo. Vamos atrás de conversas tolas e ocupações ridículas, quando nos vem a faltar a assistência divina. Por isso, a Sabedoria nos censura: "Até quando amareis como crianças a infantilidade, e fareis como os néscios que cobiçam as coisas que lhes são nocivas?"[265]

O apóstolo também nos admoesta da seguinte forma: "Não sejais como crianças no modo de pensar".[266] Sim, em nossas vaidades e ilusões,

---

263. Is 5,20.
264. Sl 6,3; 106,12.
265. Pr 1,22.
266. 1Cor 14,20.

somos piores do que crianças. Nestas, falta muito a prudência humana, mas elas podem adquiri-la, normalmente, com o avançar da idade. Nós, porém, não podemos aspirar à prudência divina, necessária para a salvação, se não formos ajudados pela graça de Deus. Pois, se não tivermos o auxílio de Deus, desprezamos os bens que são verdadeiros, e corremos voluntariamente ao encontro de nossa própria ruína.

2. Remédios para esses males

[8] Quando o cristão vê essas misérias humanas, depois que a luz divina lhe espancou as trevas da alma; quando, ao despertar de seu letargo, sente a lei dos membros, reconhece que os apetites sensuais contradizem ao espírito[267], e percebe enfim a absoluta propensão de nossa natureza para o mal: certamente fará todo o empenho para encontrar algum remédio contra esse vício, que acabrunha a nossa natureza, a fim de atinar com aquela norma salutar, que dirige e enobrece a vida do cristão.

É isto precisamente o que rogamos a Deus na presente petição: "Seja feita a Vossa vontade". Já que caímos nessas tribulações, por havermos desobedecido e desprezado a vontade de Deus, o único remédio que o Senhor nos propõe para tantos males é vivermos, daqui por diante, segundo a vontade de Deus, que pelo pecado desprezáramos, e por essa norma comedirmos todos os nossos pensamentos.

Para o conseguir, rogamos suplicantes a Deus: "Seja feita a Vossa vontade".

[9] Isto mesmo devem pedir, fervorosamente, aquelas pessoas, em cujo coração já reina Deus, e que já foram ilustradas pelos raios da luz divina, para que mediante essa [mesma] graça obedeçam à vontade de Deus. Pois não obstante os dons que assim receberam, também essas pessoas sentem as próprias paixões lutarem entre si, por causa da propensão para o mal, arraigada que está nos sentidos do homem.

Por conseguinte, também nós, aqui na terra, corremos grande risco de nos desviarmos do caminho da salvação, atraídos e seduzi-

---
267. Rm 7,23.

dos pelos apetites que pelejam em nossos membros.²⁶⁸ De tal perigo nos advertia Cristo naquela passagem: "Vigiai e orai, para não cairdes em tentação. O espírito está de sobreaviso, mas a carne é fraca".²⁶⁹

[10] Todavia, não está no poder do homem, nem daquele que já foi justificado pela graça de Deus, coibir de tal maneira os apetites da carne, que dali por diante nunca mais tornem a manifestar-se. Pois, naqueles que são justificados, a graça de Deus guarece a alma, mas não cura também a carne. Desta, escreveu o Apóstolo: "Sei que em mim, isto é, em minha carne, não habita o bem".²⁷⁰

Desde que o homem perdeu a justiça original, que constituía uma espécie de freio para as suas paixões, nunca mais pôde a razão contê-las em justos limites, para não cobiçarem o que também era contra a própria razão.

Por isso, escreve o Apóstolo que nessa parte de nossa natureza está o pecado, isto é, o rastilho do pecado²⁷¹, para nos dar a entender que não fica conosco só por algum tempo, como um hóspede, mas que se fixa para sempre em nossos membros, como inquilino de nosso corpo, enquanto nos durar a vida.

Ora, como nos vemos continuamente atacados por inimigos entranhados em nossa natureza, fácil é compreendermos a necessidade de recorrer ao auxílio de Deus, e pedir-Lhe que em nós se faça a Sua vontade.

Agora, devemos esforçar-nos para que os fiéis alcancem bem o sentido desta petição.

I. "SEJA FEITA VOSSA VONTADE"

1. Que se entende por vontade de Deus

[11] Aqui pomos de parte as úteis e substanciosas questões, que os escolásticos desenvolveram acerca da vontade de Deus. Só diremos que, por vontade, tomamos aqui a que se chama "significativa", isto é, aquilo que Deus nos manda ou aconselha fazer ou evitar.²⁷²

---

268. Tg 4,1.
269. Mt 26,41.
270. Rm 7,18.
271. Rm 7,17.
272. *Voluntas signi*: Os preceitos, proibições e conselhos de Deus são efeitos e, por isso mesmo,

Como conceito, a vontade de Deus abrange, aqui, todas as coisas que nos são propostas como meios para conseguirmos a bem-aventurança do céu, quer se refiram à fé, quer se refiram aos costumes: tudo, enfim, o que Cristo Nosso Senhor por Si mesmo, ou pela Sua Igreja, nos mandou ou proibiu que fizéssemos. Dessa vontade escreveu o Apóstolo: "Não sejais irrefletidos, mas procurai conhecer qual é a vontade de Deus".[273]

2. *Significado desta petição*

a) *Pedimos forças a Deus para cumprir os seus mandamentos*

[12] Quando, pois, rezamos: "Seja feita a Vossa vontade", pedimos, em primeiro lugar, que o Pai Celestial nos dê forças para obedecer aos Seus Mandamentos, e servi-lO em santidade e justiça todos os dias de nossa vida"[274]; para fazermos tudo segundo o Seu desígnio e vontade; para cumprirmos todos os deveres que as Sagradas Escrituras nos encarecem; para que, com o Seu apoio e inspiração, façamos tudo quanto se impõe como dever aos que não nasceram da carne, mas de Deus[275], e que seguiram o exemplo de Cristo Nosso Senhor, "feito obediente até a morte, e morte de cruz".[276] Assim estaremos antes dispostos a sofrer todos os tormentos, do que a desviar-nos de Sua vontade, na mínima coisa que seja.

[13] Ninguém se abrasará de maior amor e entusiasmo pelo objeto desta petição, se não lhe for dado compreender a suma dignidade daqueles que prestam obediência a Deus. Só então a pessoa reconhece com quanta verdade se diz que servir a Deus, e obedecer-Lhe, é reinar.[277] Pois diz o Senhor: "Todo aquele que fizer a vontade de Meu Pai Celestial, esse é para Mim irmão, irmã e mãe"[278]: isto é, com ele estou ligado pelos mais estreitos laços de amor e benevolência.

"sinais" de Sua vontade ("signa" em latim; portanto, em vulgar podemos dizer vontade significativa).
273. Ef 5,17.
274. Lc 1,775.
275. Jo 1,13.
276. Fl 2,8.
277. Cfr. a pós-comunhão da Missa votiva "Pro Pace". É interessante consignar que Frei Luís de Sousa atribui a S. Antonino de Florença O. P. a frase citada pelo CRO: *Servire Deo regnare est* (Hist. de S. Domingos, 2.ª parte, Livro VI, cap. XXII).
278. Mt 12,50.

Dentre os Santos, difícil será encontrar algum que não tenha implorado fervorosamente a Deus a graça contida nesta petição. Todos se serviam dessa valiosa súplica, ainda que muitas vezes o fizessem de várias maneiras.

Vejamos só com que admirável ternura variava Davi as suas súplicas neste sentido. Ora dizia: "Oxalá que meus passos se dirijam ao cumprimento de Vossas justas Leis".[279] Outra feita: "Guiai-me pelos caminhos de Vossos Mandamentos".[280] E depois: "Orientai meus passos pela Vossa palavra, para que não me empolgue nenhuma injustiça".[281] Aqui pertencem também as seguintes passagens: "Dai-me inteligência, para que eu compreenda os Vossos testemunhos".[282]

Assim vai ele repetindo, com outras palavras, os mesmos pensamentos. Tais passagens merecem a maior atenção, e devem ser explicadas aos fiéis, para que todos reconheçam a importância e riqueza dos salutares conceitos que se encerram nesta primeira parte da presente petição.

b) Abominamos as obras da carne

[14] Quando pedimos: "Seja feita a Vossa vontade", manifestamos, em segundo lugar, nosso horror às obras da carne, das quais escreveu o Apóstolo: "São notórias as obras da carne, tais como a fornicação, a impureza, a desvergonha, a luxúria... etc.".[283] E "se viverdes segundo a carne, tereis de morrer".[284]

Rogamos, pois, a Deus não nos deixe sucumbir ao arranco dos apetites sensuais e de nossa própria fraqueza, mas que o nosso querer se amolde, perfeitamente, à Sua [divina] vontade. Afastam-se dessa vontade divina os voluptuosos que, nas coisas da terra, concentram todos os seus desejos e cuidados. Deixam-se arrastar pelas más paixões, e arrebatam sofregamente tudo quanto lhes apetece. Na satisfação de seus depravados apetites fazem consistir toda a sua felicidade, e dão por feliz aquele que tudo consegue na medida de suas próprias ambições.

---

279. Sl 118,5.
280. Sl 118,35.
281. Sl 118,133.
282. Sl 118,73; 108,125.
283. Gl 5,19.
284. Rm 8,13.

Nós, porém, pedimos a Deus, como ensina o Apóstolo, que "não nutramos os apetites da carne"[285], mas que antes se faça a Sua vontade.

[15] Custa-nos, na verdade, pedir a Deus não satisfaça os nossos apetites. Não é fácil induzir a tanto o nosso coração. Com tal pedido parece que nos odiamos a nós mesmos, e os materialistas julgam-no uma verdadeira loucura.

De nossa parte, devemos todavia suportar de boa mente, que nos chamem de loucos, por amor a Cristo, que declarou: "Se alguém quiser vir após Mim, renuncie-se a si mesmo".[286] E isso fazemos com mais prazer, sabendo que muito mais vale desejar o que é justo e honesto, do que conseguir coisas contrárias à razão, à virtude, e às Leis Divinas.

Em pior situação está, certamente, quem logra tudo o que deseja, mediante um golpe temerário de sua cobiça, do que a pessoa que não alcança as suas mais justas aspirações.

c) Pedimos a Deus que não nos iludamos com o que aparentemente julgamos bom

[16] Todavia, não só pedimos que Deus não atenda nossos desejos arbitrários, quando partem de ambições certamente desordenadas, mas que também nos recuse o que às vezes pedimos, como um bem para nós, mas que na realidade não passa de forte sugestão do demônio, disfarçado em anjo de luz.[287]

Assim, pois, quando o Príncipe dos Apóstolos procurou dissuadir o Senhor do Seu plano de caminhar para a morte[288], parecia tal empenho muito justo, e repassado de filial dedicação. Nosso Senhor, porém, o censurou duramente, porque se deixava levar por sentimentos humanos, e não por motivos de ordem sobrenatural.

Que maior carinho a Nosso Senhor poderia haver naquela súplica de João e Tiago, varões de grande santidade, quando irados contra os Samaritanos, por terem recusado hospedagem ao Mestre, pediram que Ele fizesse baixar fogo do céu[289], para consumir aqueles homens brutos e desalmados? Cristo Nosso Senhor, no entanto, os repreendeu com as

---

285. Rm 13,14.
286. Mt 16,24; Mc 8,34; Lc 9,23.
287. 2Cor 11,14; cfr. Sl 90,6.
288. Mt 16,22 ss.
289. Lc 9,54.

palavras: "Não sabeis de que espírito estais possuídos. Pois o Filho do Homem não veio para perder, mas para salvar as almas".[290]

d) Pedimos a Deus que não nos conceda o que responde a um primeiro impulso

[17] Devemos pedir a Deus que se faça a Sua vontade, não só quando nosso desejo se volve para alguma coisa que seja, ou que pareça ser má, mas também quando a coisa não tem nada de mal em si. Assim acontece, por exemplo, quando a vontade humana, seguindo o primeiro impulso natural, apetece o que sustenta, e rejeita o que prejudica a natureza.

Por conseguinte, logo que tivermos de pedir coisas dessa natureza, digamos de todo o coração: "Seja feita a Vossa vontade". Imitemos Aquele, de quem recebemos a salvação e a ciência da salvação.[291] Sentia, sim, um pavor natural dos tormentos e da morte crudelíssima que O aguardavam; mas, naquele transe da maior angústia, identificou Sua vontade com a vontade de Deus: "Não se faça a Minha vontade, senão a Vossa".[292]

e) Pedimos a Deus que nos dê auxílio para evitar o pecado

[18] Espantosa é a depravação do gênero humano! Ainda que reprimam a concupiscência e a submetam à vontade divina, não podem os homens evitar o pecado, sem o auxílio de Deus, que nos preserva do mal e encaminha para o bem. Devemos, pois, recorrer a esta petição, suplicando a Deus leve a bom termo o que Ele mesmo em nós começou. Contenha a forte rebelião de nossas paixões; faça nossos apetites obedecerem à voz da razão; torne-nos, pois, perfeitamente conformes à Sua vontade.

Pedimos, outrossim, que o conhecimento da vontade de Deus se difunda por todo o orbe da terra[293], para que o mistério divino, oculto às idades e gerações, seja amplamente divulgado a todos os homens.[294]

---

290. Lc 55 ss.
291. Lc 1,77.
292. Lc 22,42.
293. 2Tm 2,4.
294. Cl 1,26.

II. "ASSIM NA TERRA, COMO NO CÉU"

[19] Pedimos, além disso, a forma e a medida de nossa obediência: isto é, que ela tenha a mesma norma que, no céu, observam os santos Anjos, e toda a legião dos Bem-aventurados.

Assim como eles, de própria vontade e com sumo prazer, obedecem ao poder de Deus: assim também obedeçamos nós à vontade de Deus com a máxima prontidão, da maneira que Lhe for mais agradável.

[20] Em tudo, porém, o que fazemos para o Seu culto e serviço, Deus exige de nós o mais alto grau de amor e uma dedicação a toda prova; a tal ponto que, se nos consagramos inteiramente a Ele, na esperança dos bens celestiais, não devemos esperá-los, senão porque aprouve à divina Majestade nutríssemos tal esperança. Por isso, toda a nossa esperança deve firmar-se naquele amor a Deus que, por prêmio de nosso amor, estabeleceu a eterna bem-aventurança.

Há pessoas que servem a outrem com carinho, mas em vista da recompensa, a que vai propriamente o seu amor.

Outras, enfim, são levadas unicamente pelo amor e a piedade filial. Naquele a quem servem, não consideram outra coisa senão a sua bondade e virtude. Com tais sentimentos, dão-se por felizes em poder prestar-lhe serviço.

[21] Esse é o sentido daquela contraposição: "assim na terra, como no céu". De todos os modos, devemos esforçar-nos por obedecer a Deus, como dissemos que fazem os espíritos bem-aventurados, cujo ministério é prestar a Deus a mais perfeita obediência, pelo que Davi lhes consagra num Salmo os maiores louvores: "Bendizei ao Senhor, vós todos que sois as Suas Virtudes; vós que sois Seus ministros, e fazeis a Sua vontade".[295]

Quem preferir a interpretação de São Cipriano[296], pode entender por "céu" os bons e justos, e por "terra" os maus e ímpios. De nossa parte, perfilhamos também uma outra explicação sua, pela qual "céu" designa o espírito, e "terra" a carne, contanto que tudo e todos obedeçam à vontade de Deus em todas as coisas.

[22] A presente petição encerra também uma ação de graças. Pois, se veneramos a Sua santíssima vontade, engrandecemos também todas

---

295. Sl 102,21.
296. São Cipriano, in Orat. Domin. 17.

as Suas obras, num transporte da maior alegria, rendendo os maiores louvores e ações de graças, por sabermos perfeitamente que Deus fez bem todas as coisas.[297]

Constando, como consta, que Deus é todo-poderoso, devemos necessariamente admitir que todas as coisas foram criadas por Sua determinação.

Com o dizer que Ele é o Sumo Bem, por própria natureza, proclamamos, ao mesmo tempo, que nenhuma de Suas obras deixa de ser boa, porque a todas comunicou a Sua própria bondade.

Apesar de não podermos alcançar os desígnios de Deus em todas as coisas, nem por isso temos dúvida ou receio de afirmar, absolutamente, com o Apóstolo, que "os Seus caminhos são inescrutáveis" em todas as coisas.[298]

Mas a razão decisiva que nos induz a cultuar a vontade de Deus é ter-nos Ele agraciado com a Sua luz celestial; pois "arrancou-nos do poder das trevas, e fez-nos passar ao Reino de Seu querido Filho".[299]

III. CONSIDERAÇÕES SOBRE ESTA PETIÇÃO

1. Fazer esta petição com modéstia e humildade

[23] Como remate, proporemos a maneira de se meditar esta petição. Para tanto, é preciso repetir o que, de início, havíamos explicado.

Devem os fiéis recitar esta petição com profunda humildade, ponderando que, em sua petulância, os apetites da natureza se opõem à vontade de Deus; reconhecendo que, nesse particular, eles levam a pior a todas as outras criaturas, das quais está escrito: "Todas as coisas Vos obedecem".[300] Porém o homem é tão fraco, que não pode começar nem perfazer qualquer obra agradável a Deus, se não for amparado pela assistência divina.

---

297. Mc 7,37; Sl 134,6.
298. Rm 11,33; cfr. Is 40,13.
299. Cl 1,13.
300. Sl 118,91.

2. Resolver-se a não fazer nada contra a vontade de Deus

Ora, nada havendo de mais honroso, nem de mais útil, como dizíamos, do que servir a Deus, e viver segundo Suas Leis e Preceitos, que poderá ser mais desejável para o cristão, do que trilhar os caminhos do Senhor, não pretender nem praticar nada que seja contrário à vontade de Deus?

Para encetar esse exercício, e continuá-lo com zelo e perseverança, devemos procurar, nas Sagradas Escrituras, os exemplos daqueles que se saíram mal em todas as coisas, por não terem regulado seus planos consoante a vontade de Deus.

3. Resignar-se sempre com a vontade de Deus

[24] Como derradeira advertência, diga-se aos fiéis repousem na vontade simples e absoluta de Deus. Quem ocupa um lugar, que não condiz com seu mérito pessoal, suporte paciente a sua condição, não abandone o seu estado, mas permaneça na vocação a que foi chamado[301], e submeta seu próprio juízo à vontade de Deus. Ele cuida de nós, muito melhor do que poderíamos desejar.

Quando nos oprimem privações, doenças, vexames, e outros males e angústias, tenhamos por certo que nada disso nos pode surpreender, sem a vontade de Deus, que é a suprema razão de tudo quanto acontece. Não devemos, pois, turbar-nos por demais, e soframos tudo com ânimo inquebrantável, tendo sempre na boca as palavras: "Seja feita a vontade do Senhor"[302], ou aquela declaração de Jó: "Como foi do agrado do Senhor, assim aconteceu. Bendito seja o Nome do Senhor!"[303]

---

301. 1Cor 7,20.
302. At 21,14.
303. Jó 1,21.

CAPÍTULO VI
QUARTA PETIÇÃO

"O pão nosso de cada dia nos dai hoje"

1. Qual é a ordem que se observa na oração dominical. — 2. Por que é lícito pedir e desejar os bens da vida presente. — 3. Com que fim e de que modo devemos pedir os bens temporais. — 4. Muitos e grandes bens de que gozava o homem no estado de inocência. — 5. Grandes e numerosos males que se seguiram ao pecado de Adão. — 6. O homem está obrigado a trabalhar para atender às suas necessidades, mas trabalha em vão se Deus não o favorece. — 7. A Deus devemos pedir que nos forneça o que é necessário, o que ele faz com generosidade.

I. "O pão nosso de cada dia": pão temporal. — 8. Que se entende por pão, e qual é o sentido desta petição. — 9. Prova-se que se podem pedir a Deus bens temporais. — 10. Pelo nome de pão entende-se aqui todo o necessário para a vida. — 11. Por que não pedimos aqui simplesmente pão, mas o pão nosso. — 12. Se pedimos o pão nosso, devemos ganhá-lo com nosso suor para que seja nosso. — 13. Por que se acrescentam as palavras: de cada dia. — 14. Que quer dizer a palavra "nos dai". — 15. Também os ricos, ainda que tenham abundância de tudo, devem fazer esta oração. — 16. Por que dizemos "nos dai", e não "me dai". — 17. Que significa a palavra hoje.

II. "O pão nosso de cada dia": pão espiritual. — 18. Que se deve entender aqui por pão espiritual, que também se compreende nesta petição. — 19. O verdadeiro pão de cada dia é Cristo Senhor nosso. — 20. Cristo está verdadeiramente na Eucaristia, que por isso se diz propriamente o pão nosso. — 21. Por que a Eucaristia se chama o pão nosso de cada dia.

III. Conclusão desta petição. — 22. Como devemos portar-nos se não conseguimos em seguida o pão que pedimos. — 23. Que matéria de meditação oferece esta petição.

[1] A quarta petição e as outras seguintes, nas quais especificamos os bens necessários para alma e corpo, estão em íntima conexão com as petições anteriores. Pois na Oração Dominical há uma sequência determinada, pela qual o pedido das coisas divinas precede às petições relativas à conservação do corpo e dos bens temporais. Assim como os homens tendem para Deus, seu fim último, pela mesma razão devem os bens da vida humana subordinar-se aos bens da glória divina.

1. De que modo se deve pedir os bens temporais

[2] Devemos pedir e desejar esses bens humanos, ou porque assim o requer a disposição de Deus; ou porque eles nos são necessários, para conseguirmos os bens divinos, enquanto nos servem de instrumentos para chegarmos ao fim que nos é proposto — o Reino e a glória do Pai Celestial — pela fiel observância dos Mandamentos, que são para nós a expressa manifestação da vontade de Deus. Por conseguinte, em Deus e Sua glória devemos colimar toda a razão de ser desta petição.

[3] Graças à diligência dos párocos, os fiéis ouvintes hão de compreender que, ao pedirmos a posse e o gozo dos bens terrenos, devemos regular nossos desejos e intenções pela vontade de Deus, sem dela nos desviarmos em hipótese alguma.

No pedir coisas terrenas e caducas é que mais se erra, confirmando o que escrevia o Apóstolo: "Não sabemos o que devemos pedir, como é necessário".[304] Devemos, portanto, pedir esses bens, mas "como convém", para que não aconteça desejarmos alguma coisa fora de propósito, e ouvirmos a resposta de Deus: "Vós não sabeis o que pedis".[305]

O critério mais seguro para se distinguir, se a petição é acertada ou descabida, está na intenção e sentimento de quem pede. Se alguém pede bens terrenos, disposto a julgá-los absolutamente bons, e a descansar na posse deles, como seu último fim, sem ter outras aspirações mais elevadas, esse certamente não reza "como é necessário". Pois são palavras de Santo Agostinho: "Não pedimos essas coisas temporais, como se fossem bens nossos, mas como necessidades nossas".[306]

O Apóstolo também ensina, na epístola aos Coríntios, que todas as coisas relativas às necessidades da vida devem servir para a glorificação de Deus. "Quer comais, diz ele, quer bebais, quer façais outra coisa qualquer, fazei tudo para a honra de Deus".[307]

---

304. Rm 8,26.
305. Mt 20,22.
306. Santo Agostinho, *Sobre o Sermão da Montanha*, II ,16.
307. 1Cor 10,31.

2. Por que é necessário pedir a Deus bens temporais

[4] Devem os fiéis reconhecer também a necessidade da presente petição. Os párocos hão de mostrar-lhes quanto precisamos das coisas exteriores, para a nossa vida e sustento. Isso calará melhor no espírito, se confrontarmos as necessidades do primeiro pai do gênero humano com as condições de vida que, dali por diante, se impunham aos outros homens.

Verdade é que ele precisava de alimento para reparar as forças, não obstante o glorioso estado de inocência, do qual [mais tarde] se privou a si mesmo e, por sua culpa, a todos os descendentes. Entretanto, muito vai de suas precisões às necessidades de nossa vida. Ele não carecia de roupa para cobrir o corpo, nem de casa para morar, nem de armas para se defender, nem de remédios para se curar, nem de outras coisas, que nos são necessárias, para acudirmos à nossa mísera e frágil natureza. Para conservar a vida imortal, bastar-lhe-ia o fruto que a ditosa árvore da vida havia de produzir, sem nenhum trabalho para ele e sua posteridade.

Mas, entre as maiores delícias do Paraíso, não ficaria o homem ocioso; pois foi para trabalhar que Deus o colocara naquele lugar de felicidade.[308] Todavia, nenhum esforço lhe seria penoso, nenhuma atividade deixaria de ser agradável. Pelo cultivo daqueles ditosos jardins, colheria sempre os frutos mais suaves, e jamais veria baldarem-se seus esforços e esperanças.

[5] Seus descendentes, ao invés, foram não só esbulhados do fruto da árvore da vida, mas até atingidos por aquela tremenda condenação: "Maldita será a terra por causa de tua obra. Com fadiga, tirarás dela o que comer, todos os dias de tua vida. Ela te produzirá espinhos e abrolhos, e tu comerás ervas do campo. No suor do teu rosto comerás o teu pão, até voltares à terra, da qual foste tomado; porque tu és pó, e ao pó hás de voltar".[309]

Para nós, pois, saiu tudo ao contrário do que caberia a Adão e sua posteridade, se ele desse ouvidos à palavra de Deus. Por isso, tudo mudou de face e reverteu na pior das desgraças.

A aflição chega ao seu auge, quando as maiores despesas, os mais aturados trabalhos e fadigas não dão, muitas vezes, nenhum resultado.

---

308. Gn 2,15.
309. Gn 3,17 ss.

Acontece, por exemplo, que as colheitas não correspondem às semeaduras; que ervas daninhas as sufocam; que a chuva, o vento, o granizo, a alforra e a ferrugem assolam e destroem as plantações. Desta sorte, qualquer catástrofe da natureza pode, em pouco tempo, reduzir a nada os trabalhos de um ano inteiro.

Todas essas coisas são uma consequência de nossos enormes pecados. Deus os aborrece, e por causa deles não abençoa de modo algum os nossos trabalhos, e faz prevalecer aquela terrível sentença, que desde o princípio havia lavrado contra nós.

[6] Neste lugar, incumbe aos pastores mostrar ao povo cristão que os homens caem, por sua própria culpa, em tais angústias e misérias. Façam o povo compreender que se não deve poupar nenhum trabalho nem fadiga, para se conseguir os meios de subsistência; mas que são ilusórias as esperanças, e inúteis os esforços, se Deus não abençoar a nossa atividade. Pois "o que vale não é quem planta, nem rega, mas quem faz crescer, que é Deus".[310] E mais: "Se o Senhor não edificar a casa, debalde se esforçam os que querem levantá-la".[311]

[7] Advirtam os párocos que há um sem-número de coisas cuja privação nos tiraria a vida, ou no-la faria insuportável. Desde que o povo cristão reconheça a necessidade dessas coisas, agravada pela impotência da natureza humana, ver-se-á obrigado a recorrer ao Pai Celestial, e a pedir-Lhe suplicante todos os bens temporais e espirituais.

Imitará, então, o filho pródigo que, começando a sofrer em lugar longínquo, não tinha quem, para matar a fome, lhe desse o bagulho dos porcos; caiu afinal em si, e reconheceu que só de seu pai alcançaria remédio para os males que o assoberbavam.[312]

O povo cristão dispor-se-á, também, a rezar com maior confiança, se pela consideração da divina bondade não esquecer que Deus como Pai conserva sempre os ouvidos atentos aos clamores de Seus filhos.

Por isso mesmo, quando Ele nos exorta a pedir pão, promete dá-lo em abundância a todos os que souberem pedir nas devidas condições. Ensinando-nos o modo de pedir, Ele nos convida a pedir; convidando, insiste conosco; insistindo, promete; prometendo, dá-nos a absoluta certeza de sermos atendidos.

---

310. 1Cor 3,7.
311. Sl 126,1.
312. Lc 15,11 ss.

I. "O PÃO NOSSO DE CADA DIA": PÃO TEMPORAL

1. "O pão"

[8] Depois de atilar e acender assim o ânimo dos fiéis, devem os párocos explicar, logo em seguida, o objeto desta petição, dizendo, antes de tudo, que pão é esse que pedimos aqui.

Ora, cumpre saber que, nas Sagradas Escrituras[313], o termo "pão" admite várias significações, entre as quais duas se distinguem mais em particular. A primeira acepção compreende tudo o que usamos para a manutenção do corpo e de nosso padrão de vida; a segunda, tudo o que a bondade de Deus outorgou para a vida e a salvação de nossa alma.

Mas, na sólida opinião dos Santos Padres, o que se pede aqui são os meios para a conservação de nossa vida temporal.

[9] Por conseguinte, não devemos absolutamente dar ouvidos aos que dizem ser vedado aos cristãos pedir a Deus os bens da vida terrena. Contra esse erro, depõe o consenso unânime dos Santos Padres, e uma infinidade de exemplos do Antigo e Novo Testamento.

Jacó, por exemplo, ao fazer um voto, rezou assim: "Se Deus for comigo, e me proteger no caminho que faço, e me der pão para comer e roupa para vestir; e se eu voltar são e salvo à casa de meu pai: o Senhor será o meu Deus, e esta pedra que levantei como padrão será chamada Casa de Deus; e de todas as coisas que me derdes, eu Vos oferecerei o dízimo".[314]

Salomão certamente pedia meios de subsistência, quando formulava aquela célebre oração: "Não me deis penúria, nem tampouco riqueza; dai-me somente o que for necessário para sustentar a vida".[315]

Que dizer então do Salvador do gênero humano? Ele nos manda pedir coisas que, indiscutivelmente, se reportam às exigências de nosso corpo. "Rogai, diz Ele, que a vossa fuga não seja durante o inverno, nem caia em dia de sábado".[316] Que julgaremos também daquelas palavras de São Tiago: "Está triste algum de vós? Recorra à oração. Se está alegre, meta-se a cantar".[317]

---

313. Gn 3,19; 14,18; Ecl 11,1; cfr. abaixo as citações do § 9.
314. Gn 28,20 ss.
315. Pr 30,8.
316. Mt 24,20.
317. Tg 5,13.

Que opinião faremos do Apóstolo, que assim falava aos Romanos: "Rogo-vos, irmãos meus, por Nosso Senhor Jesus Cristo, e pelo amor do Espírito Santo, que me ajudeis com vossas orações a Deus, para eu ficar livre dos infiéis que vivem na Judeia".[318]

Ora, como Deus mesmo permitiu aos fiéis peçam as coisas humanamente necessárias, e Cristo Nosso Senhor lhes ensinou esta fórmula perfeita de orar, não padece a menor dúvida de que ela assim faz parte das sete petições.

[10] Pedindo o pão "de cada dia", entendemos por pão as coisas necessárias para a subsistência: roupa suficiente para nos vestirmos, comida bastante para nos alimentarmos, e tanto faz que esta seja pão, carne, peixe, ou qualquer outro mantimento.

Vemos que, nesse sentido, falava o profeta Eliseu. Quando ele advertiu o rei mandasse dar pão aos soldados assírios, receberam estes muitas espécies de iguarias.[319] A mesma coisa lemos, nas Escrituras, acerca de Cristo Nosso Senhor. "Chegara, em dia de sábado, à casa de um chefe dos fariseus, para comer pão".[320] Ora, é claro que tal expressão designa tanto a comida como a bebida.

Para atinarmos com o pleno sentido desta petição, devemos ter em conta que o termo "pão" não se toma para exprimir alimentos e agasalhos em requintada abundância, mas unicamente em quantidade necessária, de acordo com a teoria do Apóstolo: "Se tivermos o que comer, e com que nos vestir, demo-nos por satisfeitos".[321] E também com aquilo que já citamos de Salomão: "Dai-me só o que preciso para viver".[322]

2. *"Nosso"*

[11] O termo imediato, também, nos concita à mesma simplicidade e temperança. Pois, quando dizemos "nosso", damos a entender que pedimos pão para nosso sustento, e não para ser desperdiçado. Não lhe chamamos "nosso", como se fôssemos capazes de adquiri-lo por nosso esforço, sem a mão dadivosa de Deus, uma vez que Davi declarou: "To-

---

318. Rm 15,30.
319. 2Rs 6,22-23.
320. Lc 14,1.
321. 1Tm 6,8.
322. Pr 30,8.

dos esperam de Vós, que lhes deis de comer a seu tempo. Se lho derdes, eles o receberão. Se abrirdes a Vossa mão, todos se encherão de Vossos bens".[323] E noutra passagem: "Os olhos de todos em Vós se esperançam, e Vós lhes dais de comer na ocasião oportuna".[324]

Dizemos "nosso", porquanto nos é necessário, e nos foi dado por Deus, Pai de todos, que pela Sua Providência sustenta todos os seres animados.[325]

[12] Chama-se ainda "pão nosso", porque devemos adquiri-lo por meios legítimos, e não por injustiças, fraudes e furtos. O que adquirimos, por especulações ilícitas, não é nosso, mas dos outros. O mais das vezes tal aquisição ou retenção é funesta e acarreta danos inevitáveis.

No entanto, os lucros honestos e laboriosos de pessoas tementes a Deus trazem consigo grande paz e felicidade, conforme sentencia o Profeta: "Por te sustentares com o trabalho de tuas mãos, serás feliz e terás prosperidade".[326] E noutro lugar, promete Deus a bênção de Sua bondade aos que procuram viver de trabalho honesto: "O Senhor lançará a Sua bênção sobre os teus celeiros, sobre todas as obras de tuas mãos, e te abençoará".[327]

Afinal, não só pedimos a Deus a graça de gozarmos daquilo que, ajudados de Sua bondade, conseguimos com o nosso suor e trabalho, e por isso chamamos "nosso", mas também Lhe rogamos nos dê as devidas disposições, para podermos usufruir, com retidão e prudência, o que foi por nós honestamente adquirido.

3. *"De cada dia"*

[13] A presente cláusula está intimamente ligada à noção de simplicidade e temperança, de que há pouco se falava; porquanto não pedimos iguarias variadas e esquisitas, mas só uma alimentação que corresponda às necessidades de nossa natureza. Esta petição deve, pois, cobrir de vergonha os que, enfastiados da comida e bebida comum, só procuram o que há de melhor em acepipes e marcas de vinho.

---

323. Sl 103,27.
324. Sl 144,15.
325. Sl 146,9.
326. Sl 127,2.
327. Dt 28,8.

Não menos atinge esta cláusula "de cada dia" todos os que são fulminados pela terrível ameaça de Isaías: "Ai de vós que juntais casa com casa, e acrescentais campo a campo, até chegardes ao fim do terreno. Por acaso sois vós os únicos para morar em toda a terra?"[328] Na verdade, insaciável é a cobiça desses homens, dos quais escreveu Salomão: "O avarento se fartará de dinheiro".[329] Quadra-lhes também aquela sentença do Apóstolo: "Os que querem enriquecer caem na tentação e nas ciladas do demônio".[330]

Sob outro aspecto, dizemos "pão de cada dia", porque o ingerimos para restaurar as forças vitais, que todos os dias se consomem pelo processo de combustão orgânica.

O último motivo de tal designação é a necessidade de pedir assiduamente, a fim de nos conservarmos na prática de amar e adorar a Deus, e para nos convencermos, acima de qualquer dúvida, que de Deus depende nossa vida e nossa salvação.

4. *"Nos dai"*

[14] Inegavelmente, estas duas palavras sugerem copioso assunto para se induzir os fiéis a honrarem e venerarem, com filial devoção, o poder infinito de Deus, em cujas mãos estão todas as coisas[331], e a detestarem aquela nefanda impostura de Satanás: "A mim me foram entregues todas as coisas, e eu as dou a quem eu quiser".[332] Pois somente Deus é que por Sua vontade distribui, conserva, e aumenta todas as coisas.

[15] Mas que obrigação, dirá alguém, foi imposta aos ricos, de pedirem o "pão de cada dia", se vivem na abundância de todas as coisas? Ora, eles precisam fazer a mesma petição, não para conseguirem o que, pela mercê de Deus, já possuem com largueza, mas para que não venham a perder o que, fartamente, lhes foi outorgado.

Por isso, como escreve o Apóstolo, aprendam os ricos a "não sobrelevar-se, nem a confiar na falsidade das riquezas, mas em Deus vivo, que para nosso gozo nos dá a abundância de todas as coisas".[333]

---

328. Is 5,8.
329. Ecl 5,9.
330. 1Tm 6,9.
331. Sl 23,1.
332. Lc 4,6.
333. 1Tm 6,17.

São João Crisóstomo procura ainda motivar esta petição, dizendo que não é só para termos alimento em abundância, mas também para que o mesmo nos seja distribuído pela mão do Senhor; pois, comunicando ao pão de cada dia um efeito benéfico e sobremaneira salutar, ela faz com que o alimento aproveite ao corpo, e o corpo por sua vez esteja a serviço da alma.[334]

[16] Por que dizemos "dai-nos", no plural, e não "dai-me"? Por ser próprio da caridade cristã, que cada qual não cuide apenas de si mesmo, mas procure também ocupar-se de seu próximo, e lembrar-se dos outros, quando trata de seus próprios interesses.

De mais a mais, ao fazer benefícios ao homem, Deus não os faz, para que um só indivíduo os desfrute ou ponha fora, mas para que reparta com o próximo tudo quanto sobejar de suas próprias utilidades. Pois São Basílio e Santo Ambrósio o declaram formalmente: "Aos famintos pertence o pão, que tu guardas; dos nus é a roupa que seguras em tua arca; ao resgate e livramento de míseros escravos se destina esse dinheiro, que tu escondes no fundo da terra".[335]

5. *"Hoje"*

[17] Este advérbio nos faz lembrar a insuficiência natural da condição humana. De per si, quem não se julgaria capaz de agenciar, por um só dia, a sua própria manutenção, embora não presumisse consegui-lo por tempo mais dilatado? Entretanto, nem essa confiança em nós mesmos, Deus não no-la deixou, pois que nos deu ordem de Lhe pedirmos o sustento para cada dia. Desse fato tiramos uma ilação necessária. Se todos, dia por dia, carecemos de pão, força é que todos também rezemos, diariamente, a Oração Dominical.

Até aqui se falou do pão, que ingerimos pela boca, para nutrir e conservar o nosso corpo. Deus o reparte a todos, sem distinção, a fiéis e infiéis, a justos e pecadores, por um admirável efeito de Sua bondade, pois Ele faz raiar o Seu sol sobre os bons e os maus, e derrama as chuvas sobre os justos e os injustos.[336]

---

334. S. João Crisóstomo, *Opus imperfectum in Matthaeum*, homil. 14.
335. Santo Ambrósio, *ex Basilii homília in Lc 12,18* (Destruam horrea) n° 7.
336. Mt 5,45.

II. "O PÃO NOSSO DE CADA DIA": PÃO ESPIRITUAL

1. A palavra de Deus

[18] Resta-nos falar agora do pão espiritual, que também pedimos neste lugar. Por ele, entendemos todas as coisas que neste mundo são necessárias para conservar e incentivar a vida sobrenatural da alma.

Assim como é variada a comida, com que se nutre e conserva o corpo, assim também não é uniforme o alimento que sustenta a vida sobrenatural da alma.

Nestas condições, um alimento da alma, temo-lo na palavra de Deus, pois diz a Sabedoria: "Vinde, comei do meu pão, e bebei do vinho que vos tenho temperado".[337]

Quando, pois, Deus priva os homens de ouvirem essa palavra — o que faz de ordinário, quando é mais gravemente ofendido pelos nossos pecados — dizem as Escrituras que Ele castiga o gênero humano por meio da fome. O profeta Amós o declara, nos termos seguintes: "Eu enviarei fome sobre a terra, não a fome de pão, nem a sede de água, mas a fome de ouvir a palavra do Senhor".[338]

Assim como é sinal certo de estar próxima a morte, quando alguém já não pode ingerir alimentos, nem retê-los no estômago, assim temos também um grande indício de condenação eterna, quando alguém não procura a palavra de Deus, nem aceita a sua pregação, e lança contra Deus aquele brado de impiedade: "Retirai-Vos de nós, pois não queremos saber de Vossos caminhos".[339]

Nessa turvação e cegueira de espírito, acham-se os que abandonaram seus legítimos pastores, os bispos e sacerdotes católicos; os que renegaram a Santa Igreja de Roma, para se fazerem discípulos dos hereges, que corrompem a palavra de Deus.[340]

---

337. Pr 9,5.
338. Am 8,11.
339. Jó 21,14.
340. Em idênticas condições se acham, hoje, os que professam o espiritismo, o comunismo, etc.

2. Jesus Cristo nosso principal alimento

[19] Como alimento de nossa alma, pão é para nós Cristo Nosso Senhor, que de Si mesmo declarou formalmente: "Eu sou o pão vivo, que desci do céu".[341]

Não é possível descrever o grande gozo e alegria, de que este Pão satura os corações fervorosos, mormente quando mais os contundem as amarguras e provações da terra. Sirva-nos de exemplo o sagrado Colégio dos Apóstolos, acerca dos quais está escrito: "Eles se retiraram alegres da presença do Conselho".[342]

De exemplos assim estão cheias as biografias dos Santos. E de tais alegrias íntimas, que são as arras dos virtuosos, nos fala Deus na passagem seguinte: "A quem vencer, darei o maná escondido".[343]

[20] Porém nosso pão por excelência é o próprio Cristo Nosso Senhor, enquanto mantém Sua presença substancial no Sacramento da Eucaristia. Ele nos deu esse penhor inefável de Sua caridade, quando estava na iminência de voltar para junto de Seu Pai. Desse pão declarou Ele: "Quem comer a Minha Carne, e beber o Meu Sangue, permanece em Mim, e Eu nele".[344] "Tomai e comei: Isto é o Meu Corpo".[345]

Para instruírem o povo cristão nas questões mais oportunas, podem os párocos recorrer ao tratado que explica, por partes, a natureza e eficácia deste Sacramento.[346]

[Como Eucaristia], dizemos que esse pão é "nosso", porque se destina só para os fiéis, isto é, para aqueles que unem a fé com a caridade, purificando-se das manchas de pecado pelo Sacramento da Penitência; para os que não esquecem jamais que são Filhos de Deus, recebendo e adorando o Divino Sacramento com a máxima piedade e veneração.

[21] Dizemos também ser de "cada dia", por duas razões que se justificam plenamente. A primeira é que, nos Sagrados Mistérios da Igreja de Cristo, diariamente se oferece a Deus esse Pão, e se distribui aos que o pedem, com santas e fervorosas disposições.

---

341. Jo 6,41.
342. At 5,41.
343. Ap 2,17.
344. Jo 6,57.
345. Mt 26,26; Mc 14,22; Lc 22,19; 1Cor 11,23.
346. Cfr. CRO II IV 1 ss.

A segunda é que o devemos tomar todos os dias, ou pelo menos viver, de modo que nos seja lícito tomá-lo todos os dias, se nos oferecer a oportunidade.

Os que abraçam a opinião contrária, entendendo que só de quando em quando deve a alma nutrir-se desse salutar alimento, ouçam o que diz Santo Ambrósio: "Se é pão de cada dia, por que o tomas só depois de um ano?"[347]

III. CONCLUSÃO DESTA PETIÇÃO

[22] Na presente petição, devemos ainda inculcar aos fiéis um aspecto de grande importância.

Depois de se terem empenhado, com reta intenção, por conseguir os meios necessários de subsistência, devem eles entregar a Deus o andamento das coisas, e conformar seus desejos com a vontade d'Aquele "que não deixará o justo numa eterna angústia".[348]

Com efeito, ou Deus atende o que Lhe pedem, e assim [os fiéis] alcançam a satisfação de seus desejos; ou não atende, e nisso vai a certeza absoluta de não ser salutar, nem proveitoso, o que Deus nega aos bons cristãos. Pois Deus cuida mais de sua salvação, do que eles próprios o poderiam fazer.

Na explicação deste problema, podem os párocos escudar-se nas exímias argumentações que Santo Agostinho desenvolve em sua epístola a Proba.[349]

[23] O tratado sobre a presente petição deve culminar numa advertência aos ricos. Vejam eles em seus largos cabedais uma mera dádiva de Deus, e não esqueçam que, na obrigação de reparti-las com os pobres, está a razão por que foram aquinhoados de tais riquezas.

Reforça esta doutrina o que o Apóstolo expõe na primeira epístola a Timóteo.[350] Dali podem os párocos tirar muitos pensamentos, divinamente inspirados, para confirmar esta tese com argumentações úteis e convincentes.

---

347. Santo Ambrósio, Lib. V. *de Sacram.* 4.
348. Sl 54,23.
349. Santo Agostinho, Epist. 130, aliás 121, ad Probam viduam..
350. 1Tm 6,6-10; 17-19

CAPÍTULO VII
QUINTA PETIÇÃO

"Perdoai-nos as nossas dívidas, assim como nós perdoamos aos nossos devedores"

1. A Paixão de Cristo mereceu o perdão de todos nossos pecados. — 2. O que compreende esta quinta petição. — 3. Por que nesta petição o modo de rezar é distinto das anteriores.
I. "Perdoai-nos". — 4. O que é necessário para aqueles que desejam alcançar o perdão de seus pecados. — 5. Por que razões se move o homem ao conhecimento de seus pecados. — 6. Como, depois de conhecido o pecado, se move a alma para dor de arrependimento e verdadera penitência. — 7. Pelo pecado nos entregamos à triste escravidão do demônio. — 8. Os muitos males que o pecado produz nas almas. — 9. Uma vez conhecida a gravidade dos pecados, devemos nos converter à penitência. — 10. Motivos para esperar o perdão dos pecados, depois de os ter reconhecido e detestado. — 11. Se estamos arrependidos, Deus facilmente perdoa nossos pecados.
II. "Nossas dívidas". — 12. O que se entende aqui pelo nome de dívidas. — 13. Não sendo o pecador capaz de pagar, como poderá satisfazer a dúvida contraída pelo pecado? — 14. Pede-se aqui o perdão de toda culpa venial e mortal. — 15. Não dizemos aqui *nossas dívidas* do mesmo modo que antes dissemos *o pão nosso*. — 16. Por que "perdai-nos", no plural, e não "perdoai-me".
III. "Assim como nós perdoamos aos nossos devedores". — 17. Como se deve entender estas palavras. — 18. O perdão das injúrias está de acordo com a lei natural e os preceitos de Jesus Cristo. — 19. Razões para mover o coração do homem à mansidão que o Senhor ordena aqui. — 20. Como se deve tratar os que não podem de todo esquecer as injúrias recebidas. — 21. Os que ainda mantêm o desejo de vingar-se, podem e devem rezar esta oração do Pai Nosso sem culpa alguma.
IV. Considerações sobre esta petição. — 22. O que deve fazer quem deseja tirar proveito desta petição sobre a remissão dos pecados. — 23. Quais são os principais remédios para curar as feridas da alma.

[1] Sem conta são as provas do infinito poder de desta petição: Deus, a que se une igual sabedoria e bondade. Para onde quer que volvamos nosso olhar e pensamento, deparam-se-nos sinais absolutos de Seu imenso poder e clemência.

Mas não há nenhum que nos mostre mais ao vivo os extremos de Seu amor e a Sua admirável afeição para conosco, do que o inefável mistério da Paixão de Jesus Cristo. Dela prorrompeu a fonte inesgotável que purifica as nódoas do pecado. Sob a ação da Bondade Divina, é nessa fonte que desejamos lavar-nos e justificar-nos, quando a Deus fazemos a súplica: "Perdoai-nos as nossas dívidas".

[2] Esta petição enfeixa, por assim dizer, todos os bens de que Jesus Cristo cumulou o gênero humano. Assim o ensinou Isaías, quando dizia: "Perdoada será a iniquidade da casa de Jacó, e o maior fruto está na eliminação de seu pecado".[351]

A mesma verdade demonstrou Davi, apregoando a ventura daqueles que puderam lograr esse fruto de salvação. Suas palavras são estas: "Felizes daqueles, a quem foram perdoadas as suas iniquidades".[352]

Em vista disso, devem os párocos esmerar-se na maneira de expor e considerar o sentido desta petição, pois lhe reconhecemos a grande importância para se conseguir a vida eterna.

[3] Nesta altura [do Pai-Nosso], iniciamos uma nova espécie de oração. Até aqui pedíamos a Deus não só bens eternos e espirituais, mas também valores temporais e vantagens terrenas. Doravante, rogaremos que de nós se afastem os males da alma e do corpo, tanto nesta vida, como na eternidade.

I. "PERDOAI-NOS"

[4] Sendo, porém, necessário pedir com boas disposições, se quisermos alcançar o que pedimos, força nos parece indicar com que sentimentos se deve dirigir esta petição a Deus.

Os párocos exortarão o povo fiel, que a primeira exigência para quem reza nessa intenção, é a de reconhecer os seus próprios pecados. A segunda é arrepender-se deles sinceramente. A terceira é admitir, sem mais dúvida, que Deus se apraz em perdoar aos pecadores, que tiverem as disposições já explicadas, para que, à dolorosa lembrança e consideração dos pecados, ninguém ceda àquela desesperança de perdão, que outrora

---

351. Is 27,9.
352. Sl 31,1.

empolgou os ânimos de Caim e Judas³⁵³, porquanto só viam em Deus um juiz irado e vingador, em vez de julgá-lO benigno e misericordioso.

Nesta petição, devemos compenetrar-nos de sentimentos que nos induzam a reconhecer pesarosos os nossos pecados, e a volver-nos a Deus como nosso Pai, e não como nosso Juiz, para Lhe pedirmos não nos trate com o rigor de Sua justiça, mas antes com a brandura de Sua misericórdia.

1. Conhecimento dos próprios pecados

[5] Chegaremos, facilmente, a reconhecer os nossos pecados, se dermos ouvido às advertências que, a esse respeito, nos faz o próprio Deus nas Sagradas Escrituras. Pela boca de Davi falou-nos assim: "Todos se transviaram, e prevaricaram sem exceção. Não há quem pratique o bem, não há nem um sequer".³⁵⁴ No mesmo sentido se manifesta Salomão: "Na terra, não há homem justo que faça o bem, e que não peque".³⁵⁵ Aqui se enquadra aquela outra passagem: "Quem pode afirmar: Limpo está o meu coração, eu estou livre de pecado?"³⁵⁶

Para prevenir os homens contra tal presunção, São João expressou-se de maneira análoga: "Se dissermos que não temos pecado, iludimo-nos a nós mesmos, e conosco não está a verdade".³⁵⁷ E Jeremias também escreveu: "Tu disseste: Estou sem pecado, e inocente. Por isso, aparte-se de mim a Vossa cólera. Porém Eu vou entrar contigo em juízo, porque sustentaste: Não pequei".³⁵⁸

Todas essas declarações, Cristo Nosso Senhor as fez pela boca dos Profetas, e as confirma pelo preceito desta petição, em que nos manda confessar nossa condição de pecadores.

Outra interpretação iria contra a autoridade do Concílio de Mileve, que assim definiu: "Aprouve-nos decretar: Quem afirmar que as palavras da Oração Dominical — perdoai-nos as nossas dívidas — são proferidas pelos Santos só por humildade, e não por íntima convicção, seja ele excomungado. Pois quem sofrerá uma pessoa que, na oração, esteja a mentir,

---

353. Gn 4,13; Mt 27,4.
354. Sl 13,3.
355. Ecl 7,21.
356. Pr 20,9.
357. 1Jo 1,8.
358. Jr 2,35.

não aos homens, mas ao próprio Senhor, dizendo de boca que pede perdão, mas protestando interiormente que não tem culpa, para lhe ser perdoada".[359]

2. *Arrependimento e verdadeira penitência dos pecados*

[6] O reconhecimento dos pecados é pois indispensável, e não basta recordá-los ligeiramente. A lembrança de nossos pecados deve encher-nos de amargura, deve afligir nosso coração, sacudir nossa consciência, e abrasar nosso íntimo da mais forte compunção.

Os párocos devem, portanto, extremar-se na explicação desta matéria, para que os fiéis ouvintes não só se lembrem de seus pecados e delitos, mas que também o façam com toda a dor e consternação; que recorram a Deus Pai, quando o remorso os atormenta, e peçam com instância lhes arranque da alma os aguilhões do pecado.[360]

a) *Iniquidade que supõe cada pecado*

Para esse fim, não devem apenas desvendar aos fiéis a torpeza dos pecados que se cometem, mas também a extrema abjeção do próprio homem. Pois nós, que nada somos senão carne corruptível, objeto do mais vil desprezo.

Temos contudo a incrível ousadia de ofender a Deus, tanto em Sua incompreensível majestade, como em Sua indescritível grandeza[361]; e isso, depois que por Deus fomos criados, remidos e agraciados com um sem-número de inestimáveis benefícios.

b) *E isto para se submeter à infame escravidão do demônio*

[7] E que nos adianta tal ofensa? Largamos a Deus Pai, que é o Sumo Bem, e, como infame vantagem de nosso pecado, nos vinculamos ao demônio, pela mais desconsoladora escravidão.

---

359. Conc. Milv. II can. 8 (cfr. Dz 108).
360. Tal pedido deve corresponder, em seu sentimento, à contrição perfeita, acompanhada pelo desejo da Confissão Sacramental.
361. Tg cap. 9 e 12.

Nem se pode descrever com quanta crueldade ele domina nas almas daqueles que sacodem o suave jugo de Deus, rompendo os laços dulcíssimos de amor que unem nossa alma a Deus Pai, para se bandearem com aquele figadal inimigo, a quem as Escrituras chamam "príncipe" e "dominador do mundo"[362], "príncipe das trevas"[363], "rei de todos os filhos da soberba".[364]

Aos que gemem sob a tirania do demônio, aplicam-se na verdade as palavras de Isaías: "Senhor, Deus Nosso, desde que fostes excluído, outros senhores tomaram posse de nós".[365]

c) Terríveis calamidades e desgraças que atraímos para nós pelo pecado

[8] Se pouco se nos dá havermos rompido os laços da caridade, deveríamos pelo menos impressionar-nos com os castigos e desgraças, em que nos faz cair o pecado.

Com efeito. Profana-se a santidade da alma, da qual sabemos ser esposa de Cristo.[366] Conspurca-se o templo de Deus, e contra seus violadores invectivou o Apóstolo: "Se alguém profanar o templo de Deus, Deus o deitará a perder".[367]

Inumeráveis são então os males que o pecado desencadeia sobre o homem. Essa perdição quase sem limites, Davi a caracterizou com as seguintes palavras: "Por causa de Vossa cólera, não há nada de são em minha carne; e nos meus ossos não há quietação, por causa de meus pecados".[368]

Bem conhecia ele a gravidade desse mal, quando confessava que nenhuma parte do seu ser ficara livre da pestilência do pecado; penetrara-lhe nos ossos o vírus do pecado, isto é, pervertera-lhe a razão e a vontade, que são as mais firmes potências da alma. Deste contágio fala as Sagradas Escrituras, quando aos pecadores chamam de coxos, surdos, cegos e entrevados.[369]

---

362. Jo 12,31; 14,30.
363. Ef 6,12.
364. Jó 41,25.
365. Is 26,13.
366. Jr 2,2; Os 2,19.
367. 1Cor 3,17.
368. Sl 37,4.
369. Sl 17,46; Pr 26,6; Is 42,18 ss.; 43,8; 29,18; 35,6; Mt 15,14; 23 ss.; Lc 14,21; Hb 12,13.

Mas, além de compungir-se de suas faltas, como de verdadeiros crimes, maior pavor ainda tinha Davi da cólera divina, que sabia estar contra ele, por causa de seu pecado.

Pois Deus guerreia os ímpios, dos quais recebe as mais incríveis afrontas, conforme disse o Apóstolo: "Cólera e indignação, tribulação e angústia invadirão a alma de todo homem que pratica o mal".[370]

Na verdade, ainda que o ato pecaminoso já tenha passado, todavia remanesce a ofensa e culpa do pecado, que Deus ameaça com a Sua cólera, e persegue continuamente, como a sombra acompanha o corpo.

[9] Como os remorsos lhe cruciavam a alma, sentia Davi a necessidade de pedir perdão de seus pecados. Do Salmo Quinquagésimo, podem os párocos deduzir a prática e os motivos de tal penitência, e por aí instruirão os seus fiéis ouvintes, para que estes, a exemplo do Profeta, se movam ao arrependimento, ou melhor, à verdadeira penitência e à esperança de lograrem perdão.

A grande vantagem que traz esse método, de ensinar como devemos arrepender-nos de nossos pecados, Deus a encareceu numa declaração que se encontra no profeta Jeremias. Ao exortar o povo de Israel à penitência, insistia que tomasse a sério os efeitos calamitosos do pecado. Dizia Ele: "Olha, pois, que é coisa má e amarga o haveres abandonado o Senhor teu Deus, e o não teres temor de Mim, diz o Senhor Deus dos exércitos".[371]

Os homens que carecem deste dom imprescindível, qual é o conhecimento de si mesmo e a compunção dos pecados, possuem "um coração duro, de pedra e de diamante", conforme dizem os profetas Isaías, Ezequiel e Zacarias.[372] São iguais a uma pedra, não se enternecem com nenhuma dor, não têm nenhum senso de vida, isto é, de salutar reflexão.

3. Esperança de alcançar o perdão

[10] Contudo, para que o povo, aterrado com o peso de seus pecados, não descreia da possibilidade de alcançar perdão, devem os párocos concitá-lo à esperança, por meio das seguintes considerações.

---

370. Rm 2,8-9.
371. Jr 2,19.
372. Is 46,12; Ez 36,26; Zc 7,12.

Cristo Nosso Senhor não só deu à Igreja o poder de perdoar pecados[373], conforme se diz no Sagrado Símbolo[374], mas também revelou, na presente petição, quanto Deus é bom e liberal para com o gênero humano. Não estivesse Deus pronto e disposto a perdoar os pecados aos que deles se arrependem, nunca nos teria prescrito esta fórmula de oração: "Perdoai-nos as nossas dívidas". Por conseguinte, em nossos corações deve gravar-se a absoluta convicção de que, para conosco, usará de Sua paternal misericórdia quem nestes termos nos mandou invocá-la expressamente.

[11] Pois, em seu sentido mais profundo, esta petição nos dá a entender que Deus nos é tão afeiçoado, que de boa mente perdoa aos verdadeiros arrependidos. Com efeito, é Deus, a quem ofendemos pela negação de obediência; é a ordem estabelecida por Sua sabedoria, que procuramos subverter de todos os modos; a Ele mesmo é que provocamos e ofendemos por palavras e obras.

Entretanto, esse mesmo Deus é um Pai bondosíssimo, que tudo pode perdoar; que não só declarou ser de Sua vontade fazê-lo, mas até obrigou os homens a pedir-Lhe perdão, ensinando as palavras de que se devem servir, para tal súplica. Portanto, ninguém pode duvidar que, com o auxílio de Deus, está em nós o podermos recuperar a graça de Sua amizade.

Ora, o fato de sabermos que a vontade divina está propensa a perdoar-nos, aumenta a fé, fortalece a esperança, e inflama a caridade. Vale, pois, a pena ilustrar esta doutrina com alguns lugares bíblicos[375], e com os exemplos de homens, a quem Deus concedeu o perdão dos maiores crimes.[376] Já que desenvolvemos bastante esta matéria, no proêmio desta petição e na parte do Símbolo relativa à remissão dos pecados, de lá tomarão os párocos o que acharem a propósito, e o mais colherão das fontes da Sagrada Escritura.

---

373. Mt 16,18-19; Jo 22,30.
374. CRO I IX 1 ss.
375. Jz 10,10 ss.; 2Sm 12,13.
376. Madalena, Pedro, o Bom Ladrão, Agostinho, e outros.

II. "AS NOSSAS DÍVIDAS"

1. Sentido de "dívidas"

[12] Sigam aqui os párocos o mesmo método que adotamos nas petições anteriores, e façam os fiéis compreenderem o que, neste lugar, se entende por "dívidas", para que se não enganem com a ambiguidade do termo, e peçam coisa diferente do que devem pedir.

a) O que não se pede

Antes de tudo, importa saber que, de nenhum modo, pedimos dispensa da obrigação de amarmos a Deus de todo o coração, de toda a nossa alma, de todos os nossos sentimentos. É uma dívida formal, que temos para com Deus, e cuja solvência é indispensável para a salvação.

Por dívida se entende também a obediência, o culto, a adoração a Deus, e outras obrigações da mesma natureza. Delas, igualmente, não pedimos livramento.

b) O que se deve pedir

Na verdade, o que pedimos é que Deus nos livre de nossos pecados. Assim o entendia São Lucas, quando em lugar de "dívidas" escreveu "pecados".[377] Certamente, porque nos tornamos culpados diante de Deus, todas as vezes que os cometemos, e nos expomos às penas devidas, que então temos de resgatar, quer pela satisfação, quer pelo sofrimento.

Desta espécie era a dívida, a que Cristo Nosso Senhor se referia, pela boca do Profeta: "Tive de pagar o que não devia".[378] Esta palavra, proferida por Deus, nos dá a entender que somos, não só devedores, mas até devedores insolventes, porque o pecador não pode, absolutamente, satisfazer por si mesmo.[379]

[13] Por isso mesmo, devemos recorrer à misericórdia de Deus. Ora, esta se põe em igualdade com Sua justiça[380], da qual Deus é guarda zelosíssimo. Devemos, portanto, valer-nos da oração, e defender-nos com a

---
377. Lc 11,4.
378. Sl 68,5 (Salmo messiânico): Cristo sofreu inocente pelo pecado dos homens.
379. Lc 7,41 ss.
380. Tb 13,8; Hb 1,7.

Paixão de Nosso Senhor Jesus Cristo, sem a qual ninguém jamais conseguiu o perdão de seus pecados; pois dela promana, como de uma fonte, toda a eficiência de qualquer satisfação.

Na verdade, o preço que Cristo Nosso Senhor pagou na Cruz, e nos comunica pelos Sacramentos, quando realmente os recebemos, ou quando desejamos recebê-los, esse preço é tão grande, que nos alcança e nos outorga o objeto colimado nesta petição: o perdão de nossos pecados.

[14] E aqui não pedimos apenas a remissão de pecados leves, os mais fáceis de perdoar, mas também dos graves e mortais. Naturalmente, quanto aos pecados graves, não terá esse efeito a oração, como já dissemos, se não for acompanhada pela recepção real do Sacramento da Penitência, ou pelo vivo desejo de recebê-lo de fato.

2. Sentido de "nossas dívidas"

[15] Dizemos "nossas dívidas", mas em sentido muito diverso daquele, com que há pouco dizíamos "pão nosso". Pois o pão é nosso, porque Deus no-lo concede em Sua liberalidade; mas os pecados são nossos, porque sobre nós recai toda a sua malícia. Nascem do nosso querer, e deixariam de ser pecados, se não fossem voluntários.

Logo, reconhecendo e confessando nossa culpa, imploramos a misericórdia divina, sem a qual não pode haver expiação de pecados. Nesse mister, não lançamos mão de nenhuma escusa, nem atribuímos a culpa a quem quer que seja, como o fizeram Adão e Eva, os primeiros homens.[381] Pelo contrário, nós nos acusamos a nós mesmos, e repetimos com cordura aquela oração do Profeta: "Não permitais que meu coração se transvie com palavras de malícia, para forjar desculpas de meus pecados".[382]

[16] Também não dizemos "perdoai-me", mas antes "perdoai-nos". Assim o exige a união e caridade fraternal entre os homens. Devemos interessar-nos pela salvação comum de nossos semelhantes, pedindo igualmente por eles, quando rezamos em nossa própria intenção.

Este modo de orar foi ensinado por Cristo Nosso Senhor. Era da prática muito pessoal dos Apóstolos, que o introduziram entre os demais cristãos.[383]

---

381. Gn 3,12-13.
382. Sl 140,4.
383. Cfr. Rm 1,9; 2Cor 11,28; 2Pd 1,15.

Deste ardoroso amor e zelo em rezar pela salvação do próximo, temos no Antigo e Novo Testamento o notável exemplo de Moisés e Paulo. O primeiro orava a Deus nestes termos: "Ou perdoai-lhes esta culpa, ou, se o não fazeis, riscai-me do Vosso Livro".[384] O segundo dizia assim: "Quisera eu ser excomungado por Cristo, em lugar de meus irmãos".[385]

III. "ASSIM COMO NÓS PERDOAMOS AOS NOSSOS DEVEDORES"

1. Significado destas palavras

[17] A partícula "assim como" admite dois sentidos. Significa uma equação, pela qual pedimos a Deus nos perdoe nossos pecados, da mesma forma que nós perdoamos as injúrias e afrontas a quem nos tenha ofendido.

Indica, também, uma cláusula de perdão, conforme o sentido que Cristo Nosso Senhor deu a esta fórmula: "Se perdoardes aos homens as suas faltas [para convosco], também Vosso Pai Celestial perdoará vossos pecados. Porém, se não perdoardes aos homens, nem o Vosso Pai vos perdoará vossos pecados".[386]

Ora, ambos os sentidos demonstraram por igual a necessidade de perdoar. Se queremos, portanto, que Deus nos perdoe os nossos delitos, força é que também nós perdoemos aos que nos fizeram algum agravo.

A tal ponto exige Deus, de nós, o esquecimento das injúrias e provas recíprocas de amor e benevolência, que Ele chega a rejeitar e desprezar as ofertas e sacrifícios de quantos se não puseram em boas pazes, uns com os outros.[387]

2. Motivos que temos para perdoar as injúrias

[18] De mais a mais, é uma lei da natureza que sejamos para com os outros o que desejamos sejam eles para conosco.[388] Seria, pois, a maior des-

---

384. Ex 32,31-32.
385. Rm 9,3.
386. Mt 6,14 ss.
387. Mt 5,23.
388. Tb 4,16; Mt 7,12.

façatez pedir alguém que Deus lhe relaxe a punição de suas culpas, enquanto ele próprio se obstina em sentimentos rancorosos contra o próximo.

Por conseguinte, todos os que receberam injúrias devem estar prontos e dispostos a perdoar. A tanto os deve levar o caráter desta petição, e aquela ordem expressa de Deus no Evangelho de São Lucas: "Se teu irmão pecar contra ti, repreende-o; e se ele se penitenciar, perdoa-lhe. E se pecar sete vezes contra ti, e sete vezes for procurar-te, dizendo: estou arrependido, — perdoa-lhe da mesma maneira".[389]

E, no Evangelho de São Mateus, está escrito assim: "Amai os vossos inimigos".[390] O Apóstolo também escreveu, e antes dele Salomão: "Se teu inimigo tiver fome, dá-lhe de comer; se tiver sede, dá-lhe de beber".[391] Afinal, em São Marcos Evangelista se encontra escrito: "Quando vos puserdes a orar, perdoai, se tiverdes queixa contra alguém; para que Vosso Pai Celestial também vos perdoe os vossos pecados".[392]

[19] No entanto, como nada mais custa ao homem, sua natureza decaída, do que perdoar a quem lhe faz injúrias, devem os párocos empregar todo o ardor do sentimento e toda a força da inteligência, para demover os corações dos fiéis, e reduzi-los a essa brandura e clemência, que é absolutamente necessária ao homem cristão.

Detenham-se na explicação dos oráculos bíblicos, que nos fazem ouvir como Deus manda perdoar aos inimigos.[393] Preguem a firme verdade de que os homens possuem um grande penhor de serem Filhos de Deus, se não sentem dificuldade em perdoar as injúrias, e se amam os inimigos de todo o seu coração. Pois, quando temos amor aos inimigos, transparece em nós uma certa semelhança com Deus nosso Pai, que Se reconciliou com o gênero humano, Seu mais odioso e irredutível adversário, e pela Morte de Seu Filho o resgatou da eterna condenação.

Seja remate deste aviso e preceito uma ordem formal de Cristo Nosso Senhor, que não podemos desatender, sem a maior vergonha e desgraça nossa: "Orai pelos que vos perseguem e caluniam, para serdes filhos de Vosso Pai, que está nos céus".[394]

---

389. Lc 17,3 ss.
390. Mt 5,44.
391. Rm 12,20; Pr 25,21.
392. Mc 11,25.
393. Lv 19,18; Ex 23,4; Dt 22,1; 1Sm 24,5 ss.; Jó 31,29; Sl 7,5; Pr 20,22; Rm 12,14 ss.; Mt 5,44 ss.; 26,50; 18,33; Mc 11,25 ss.; Lc 23,34; Ef 4,26; 1Ts 5,15; 1Pd 3,9; At 7,58 ss.; 1Cor 4,12.
394. Mt 5,44 ss.

3. Objeções contra esta doutrina

[20] Sem embargo, a presente matéria requer dos pastores um grau invulgar de prudência, para que ninguém desespere da salvação, ao reconhecer a dificuldade e a necessidade de se cumprir o preceito.

De fato, pessoas há que reconhecem a obrigação de não só eliminar as injúrias, esquecendo-as voluntariamente, mas também de amar aqueles que as perpetraram. Assim o desejam, e para isso envidam todos os seus esforços. Sentem, todavia, que não lhes será possível varrer da mente toda a recordação das ofensas recebidas, pois lhes ficam, por dentro, alguns ressaibos de malquerença. Sofrem, por conseguinte, grande abalo de consciência, e receiam não terem obedecido ao preceito de Deus, porquanto não se desfizeram das inimizades com bastante prontidão e franqueza.

Aqui devem os párocos falar, claramente, da oposição entre a carne e o espírito.[395] Apaixonada, aquela forceja pela vingança; ponderado, este se inclina para o perdão. Daí nasce entre ambos uma contínua luta e desavença.

Incumbe, pois, aos párocos demonstrar que, embora os apetites da natureza depravada clamem e se insurjam contra a razão, ninguém deve absolutamente desesperar da própria salvação, contanto que o espírito persista no cumprimento do dever, e na sincera vontade de perdoar as injúrias, e de amar ao próximo.

[21] Pode também haver alguns que, apavorados com a cláusula desta petição, deixem de rezar a Oração Dominical, porque não acabam consigo de esquecer as afrontas e de amar os inimigos. Diante disso, devem os párocos aduzir as duas razões seguintes, para os desviar de tão funesto engano.

Em primeiro lugar, cada um dos fiéis faz esta oração em nome de toda a Igreja. Ora na Igreja há, certamente, pessoas conscienciosas que perdoaram as dívidas aos seus devedores, no sentido que as entendemos aqui.[396]

Acresce, então, outra circunstância. Quando dirigimos a Deus esta petição, pedimos ao mesmo tempo todas as disposições, que de nossa parte se tornam necessárias para sermos atendidos. Pedimos tanto o

---

395. Gl 5,17; Mt 26,41; Mc 14,38.
396. É preciso completar o pensamento do CRO: O mérito de tais pessoas supre, de certo modo, as deficiências daqueles que ainda não conseguem rezar com as devidas disposições.

perdão dos pecados, como o dom da verdadeira penitência. Pedimos a graça do sincero arrependimento, e ao mesmo tempo a força de abominar os pecados, e de acusá-los ao sacerdote, com toda a compunção e sinceridade.

Portanto, como somos também obrigados a perdoar aos que nos causaram algum dano ou agravo, quando rogamos a Deus o perdão de nossos pecados, pedimos ao mesmo tempo nos dê o espírito de conciliação para com nossos desafetos.

Devemos, pois, dissuadir de sua opinião todos aqueles que se deixam levar pelo temor vão e prejudicial de que Deus se torne mais implacável contra eles, se recitarem a presente petição. Pelo contrário, é preciso exortá-los a que façam uso frequente desta prece, mediante a qual conseguirão de Deus Pai as disposições necessárias, para perdoarem aos ofensores, e amarem aos inimigos.

IV. CONSIDERAÇÕES SOBRE ESTA PETIÇÃO

1. Deus só concede seu perdão aos arrependidos

[22] Todavia, para que a nossa súplica seja de todo o ponto frutuosa, devemos primeiro compenetrar-nos de que compareceremos diante de Deus como necessitados, e Lhe pedimos um perdão, que se não concede senão a quem está verdadeiramente arrependido. Logo, devemos estar animados daquele amor e piedade que caracteriza os penitentes; pois a estes, a atitude que mais lhes convém, é a de terem diante dos olhos os seus pecados e crimes, para os lavarem com lágrimas de compunção.

A este sentimento, deve aliar-se a precaução de evitar, para o futuro, tudo o que motivou qualquer pecado, ou que possa dar ocasião de ofender a Deus Nosso Pai. Outra não era a preocupação de Davi, quando dizia: "O meu pecado está sempre diante de mim".[397] E noutro Salmo: "De lágrimas banharei o meu catre todas as noites, e com elas regarei o lugar do meu descanso".[398]

Além disso, tenhamos sempre diante dos olhos quanto se afervoram em rezar todos aqueles que, pela oração, impetraram de Deus a remissão de seus pecados. Assim o fez o publicano. Não podendo consigo, de tanta

---
397. Sl 50,5.
398. Sl 6,7.

confusão e arrependimento, se deixava ficar à distância, punha os olhos no chão, e só batia ao peito, para dizer de coração: "Ó Deus, sede-me propício a mim, que sou pecador!"³⁹⁹ E também aquela mulher pecadora que, recurvada diante de Cristo Nosso Senhor, lhe banhava os pés com as suas lágrimas, e os enxugava com os cabelos, para depois cobri-los de ósculos.⁴⁰⁰ E afinal temos São Pedro, o Príncipe dos Apóstolos, "que saiu dali, e chorou amargamente".⁴⁰¹

2. Deve-se receber frequentemente as medicinas da alma

[23] É preciso também levar em conta que, quanto mais fracos são os homens, e mais propensos a doenças da alma — quais são os pecados — tanto mais necessitam de uma medicação abundante e frequente. Ora, os remédios da alma enferma são a Penitência e a Eucaristia. Força é que o povo fiel os receba com a maior frequência possível.

Depois, como ensinam as Sagradas Escrituras⁴⁰², a esmola é um remédio apropriado para curar as feridas da alma. Portanto, quem deseja recitar frutuosamente esta prece, faça todo o bem que puder aos necessitados.

Quanta eficácia tem a esmola para tirar as manchas de pecados, claramente o manifesta o Anjo do Senhor São Rafael, por aquelas palavras que proferiu no Livro de Tobias: "A esmola livra da morte, sendo ela que apaga os pecados, e faz encontrar a misericórdia e a vida eterna".⁴⁰³ Outra testemunha é Daniel, que exortava o rei Nabuco nestes termos: "Resgata os teus pecados com esmolas, e as tuas injustiças pela comiseração para com os pobres".⁴⁰⁴

3. A melhor esmola é esquecer-se das injúrias

Porém a melhor dádiva e a maior prova de caridade que se deve praticar, está em esquecermos as injúrias, e nutrirmos benevolência para com quem nos tiver lesado, em nossa fortuna, em nossa fama, em nosso corpo, na pessoa de nossos parentes.

---

399. Lc 18,13.
400. Lc 7,37 ss.
401. Mt 26,75.
402. Dt 15,6 ss.; Tb 4,7; 12,9; Sl 40,2; Pr 14,19; Eclo 3,33; Lc 11,41.
403. Tb 12,9.
404. Dn 4,24.

Quem quiser, pois, que Deus lhe seja todo-misericordioso, deve depor as suas malquerenças nas mãos do próprio Deus, perdoar toda e qualquer injúria, rogar fervorosamente pelos inimigos, e aproveitar todas as ocasiões para lhes fazer algum benefício.

Como, porém, este ponto foi desenvolvido, quando se tratou do homicídio, para lá remetemos os párocos.[405] Contudo, a fim de rematar as explicações desta petição, digam eles que nada se pode imaginar de mais injusto do que ser alguém duro para com os seus semelhantes, e não usar de compaixão para com pessoa alguma, ao mesmo tempo, que para si mesmo, pede a Deus clemência e bondade.

---

405. CRO III VI 9 ss.

CAPÍTULO VIII
SEXTA PETIÇÃO

"E não nos deixeis cair em tentação"

1. O grande perigo de cair novamente em pecado, depois de ter recebido o per-dão das culpas. — 2. Cristo Nosso Senhor quis com esta petição fortalecer-nos contra as astúcias do inimigo. — 3. Como principalmente poderá o homem compreender a necessidade desta petição. — 4. A quantos e quão graves perigos está exposta a vida humana. — 5. Quão graves são as investidas que, segundo São Paulo, nos fazem os demônios. — 6. Quão grande é a audácia e perversidade do diabo para nos tentar. — 7. Por que os demônios perseguem menos aos maus, e mais aos justos. — 8. Os demônios não podem tentar o quanto querem nem todo o tempo que querem.

I. "Não nos deixeis cair em tentação". — 9. Que significa o verbo tentar, e como Deus nos tenta. — 10. Como o demônio tenta aos homens. — 11. De que modos se entende que o homem cai na tentação. — 12. Os divinos benefícios são às vezes para nós ocasião de tentação. — 13. Como se devem entender os textos da Escritura em que se atribui a Deus o mal em termos positivos. — 14. Não pedimos nesta petição para sermos totalmente livres das tentações, mas que nelas não nos desampare o Senhor. — 15. Devemos implorar o socorro de Deus em nossas tentações. — 16. Como poderemos conseguir a vitória sobre a tentação, e por meio de quem podemos obtê-la.

II. Considerações sobre esta petição. — 17. Jesus Cristo é nosso capitão nesta luta, e nossos companheiros são os Santos; locura que significa não segui-los. — 18. Como poderemos vencer ao demônio. — 19. Todas as forças para vencer ao demônio devem vir de Deus. — 20. Quais são os prêmios prometidos aos vencedores neste combate.

[1] Desde que alcançam o perdão de seus pecados, os Filhos de Deus afervoram-se em render culto e veneração a Deus, desejando ansiosamente o Reino do céu, cumprindo todos os seus deveres de filhos para com a Majestade Divina, abandonando-se inteiramente à Sua paternal vontade e providência.

Mas coisa é averiguada que, então, o inimigo do gênero humano mais se esforça em usar contra eles todas as astúcias, em lhes assestar todas baterias, em cercá-los de todos os lados. Isso dá motivo para temer que, mudando de resolução, venham eles a titubear e a reincidir nos antigos vícios, e se tornem muito piores do que antes eram. Com razão se lhes aplicaria aquele princípio do Príncipe dos Apóstolos: "Melhor lhes fora não terem jamais conhecido o caminho da justiça, do que, depois de conhecê-lo, voltarem atrás e afastarem-se da santa Lei que lhes foi ensinada".[406]

[2] Este é o motivo por que Cristo Nosso Senhor nos mandou recitar a presente petição. Devemos todos os dias encomendar-nos a Deus, implorar a Sua paternal proteção e assistência, não tendo a menor dúvida de que, se nos desamparasse o favor divino, ficaríamos presos nos laços do mais ardiloso inimigo.

De mais a mais, não foi só na Oração Dominical que Ele nos ordenou pedir a Deus não nos deixasse cair em tentação, mas também naquelas palavras que dirigiu aos Santos Apóstolos pouco antes de Sua Morte. Embora dissesse que todos estavam limpos[407], lembrou-lhes essa mesma obrigação: "Rezai, para não entrardes em tentação".[408]

Esta advertência, mais uma vez inculcada por Cristo Nosso Senhor, impõe aos párocos o rigoroso dever de induzirem o povo fiel ao uso frequente desta petição. Como o demônio, nosso inimigo, lança os homens, a cada instante, em tantos perigos dessa natureza, recorram eles a Deus, que unicamente pode conjurá-los, e peçam com toda a instância: "Não nos deixeis cair em tentação".

1. Nossa debilidade e ignorância

[3] Sem embargo, o povo fiel há de compreender melhor quanto se lhe faz necessário esse auxílio divino, se tiver lembrança de sua própria fraqueza e ignorância, se não olvidar aquelas palavras de Cristo Nosso Senhor: "O espírito está aparelhado, mas a carne é fraca"; se considerar quão graves e ruinosas são as quedas dos homens, a que o demônio os pode arrastar, se não forem sustentados pela poderosa destra de Deus.

Poderá haver exemplo mais impressionante da fraqueza humana, do que a sagrada junta dos Apóstolos? Pouco antes, estavam cheios de coragem; mas, aos primeiros sinais de perigo, abandonaram o Salvador, e fugiram desatinados.[409]

Mais palpável, ainda, é o exemplo do Príncipe dos Apóstolos. Com grande veemência, havia proclamado, pouco antes, a sua coragem e par-

---

406. 2 Pd 2,21.
407. Jo 13,10.
408. Mt 26,41.
409. Mt 26,56.

ticular afeição a Cristo Nosso Senhor, e cheio de confiança em si mesmo chegara a dizer: "Ainda que seja preciso morrer convosco, eu não Vos negarei".⁴¹⁰ Todavia, logo se atemorizou com a interpelação de uma única mulherzinha, e afirmou sob juramento que não conhecia o Senhor. O fato é que suas forças não corresponderam à grande prontidão de seu espírito.

Ora, se homens de eminente virtude pecaram gravemente, por fragilidade da natureza humana, em que punham demasiada confiança: quanto não devem temer os demais, que muitíssimo se distanciam de tal santidade?

[4] Por isso mesmo, devem os párocos falar, ao povo fiel, das lutas e perigos a que assiduamente nos achamos expostos, enquanto a alma viver em corpo mortal, e de todos os lados nos assediarem a carne, o mundo e o demônio.⁴¹¹ Que mal incalculável podem fazer em nós a cólera e a cobiça! Quantos já não o sentiram com grande prejuízo próprio! Quem não é atormentado por tais aguilhões? Quem não sente tais acicates? Quem não se queima com tais brasidos? A bem dizer, tão variados são os golpes, tão imprevistos os assaltos, que muito difícil será escapar alguém, sem graves ferimentos.

2. *A luta que os demônios armam contra nós*

Além desses inimigos, que moram e vivem conosco⁴¹², sobejam aqueles assanhados inimigos, dos quais dizem as Escrituras: "A nossa luta não é contra a carne e o sangue, mas contra os principados e as potestades, contra os dominadores deste mundo tenebroso, contra os espíritos malignos nas alturas".⁴¹³

a) Gravidade das investidas do diabo

[5] Aos combates interiores, acrescem, de fora, os ataques e investidas dos demônios, que não só nos agridem de frente, como também se insinuam com tanto disfarce em nossas almas, que mal podemos acautelar-nos contra eles.

---

410. Mt 26,35.
411. Jó 7,1 ss.
412. Mt 10,36.
413. Ef 6,12.

Chama-lhes o Apóstolo "príncipes" pela eminência de sua natureza, pois em virtude de seus dotes naturais sobrepujam aos homens e às demais criaturas sensíveis. Chama-lhes também "potestades", porque nos são superiores, já pela própria natureza, já pelo âmbito de seu poder.

Dá-lhes o nome de "dominadores deste mundo tenebroso", porque não governam o mundo formoso e luminoso, quais são os bons e justos, mas antes o mundo confuso e tenebroso, que se compõe daqueles que, obcecados pelas imundas trevas de uma vida dissoluta e criminosa, se comprazem em seguir ao demônio, príncipe das trevas.

Diz igualmente que os demônios são "espíritos malignos"; pois, havendo malícia da carne, há também uma malícia do espírito. A malícia carnal provoca o apetite dos gozos e prazeres sensuais. A malícia espiritual consta dos maus desejos e paixões desregradas, que empolgam as potências superiores da alma. É, pois, tanto mais funesta do que a outra, quanto mais nobre e elevada é a razão e a inteligência.

Como a malícia de Satanás visa, sobretudo, privar-nos da herança celestial, por isso é que o Apóstolo especificou "nas alturas". Donde devemos inferir que são grandes as forças de nossos inimigos, inflexível a sua coragem, cruel e imenso o seu ódio contra nós; que nos movem uma guerra contínua, de sorte que nem paz, nem tréguas podemos fazer com eles.

b) Audácia e perversidade do diabo em nos tentar

[6] A que ponto vai a sua arrogância, bem o mostra aquela palavra de Satanás, referida pelo Profeta: "Hei de subir até ao céu".[414] E de fato, acercou-se dos primeiros homens no Paraíso[415], investiu contra os Profetas[416], chegou-se aos Apóstolos, para os joeirar como o trigo, conforme dizia Nosso Senhor no Evangelho.[417] Não se vexou de se pôr na presença do próprio Cristo Nosso Senhor.[418] Dessa infrene cobiça e obstinada astúcia do demônio nos fala São Pedro naquela passagem: "O demônio, vosso inimigo, anda em redor como um leão a rugir, buscando a quem devorar".[419]

---

414. Is 14,13.
415. Gn 3,1 ss.
416. Jó 1,6 ss.; 1Cr 21,1.
417. Lc 22,31.
418. Mt 4,3.
419. 1Pd 5,8.

Além disso, Satanás não é o único que tenta os homens. Muitas vezes, os demônios se congregam para investir contra um indivíduo. Assim o confessou aquele demônio, a quem Cristo Nosso Senhor perguntara pelo nome, porquanto respondeu: "Meu nome é Legião".[420] Era, na verdade, um tropel de demônios que havia atormentado o pobre homem. E de outro demônio está escrito: "Toma consigo outros sete espíritos, piores do que ele, e, entrando, fazem ali a sua morada".[421]

c) Os justos, alvo das tentações do demônio

[7] Muitos julgam que tudo não passa de imaginação, só porque de modo algum experimentam, em si mesmos, as tentações e ataques dos demônios. Todavia, não admira não sejam tais pessoas acometidas pelos demônios, uma vez que se entregaram a eles de própria vontade.

Não possuem piedade, nem caridade, nem virtude alguma, própria de um cristão. Daí nasce estarem, inteiramente, no poder do demônio. E o demônio não precisa valer-se das tentações para as derribar, desde que consentiram, espontaneamente, em lhe dar morada no coração.

Entretanto, os que se consagraram a Deus, e levam na terra uma vida toda celestial, são por isso mesmo atingidos, mais do que todos, pelos furores de Satanás, que nutre contra eles um ódio implacável, e lhes arma ciladas a cada instante. A História Sagrada está cheia de exemplos, relativos a santos varões que ele derribou, por violência e traição, não obstante terem lutado corajosamente. Adão, Davi, Salomão, e outros mais, que seria difícil enumerar, sofreram violentos ataques e pérfidas traições dos demônios, a que a mera prudência e força humana não pode resistir.

Sendo assim, quem poderia julgar-se seguro, se contasse somente com o seu próprio resguardo? Com piedade e pureza de intenção, pois, devemos pedir a Deus não permita sermos tentados além do que podem as nossas forças, e nos faça, antes, tirar alento da própria tentação, para podermos resistir com firmeza.[422]

---

420. Mc 5,9.
421. Mt 12,45.
422. 1Cor 10,13.

d) O poder dos demônios para tentar é limitado

[8] Neste ponto, devemos também estimular os fiéis, se alguns por covardia ou ignorância ficam transidos com o poder dos demônios, para que, na tormenta das tentações, se acolham ao porto seguro desta petição.

Malgrado seu grande poder e obstinação, e seu ódio mortal contra o gênero humano, o demônio não pode tentar-nos e importunar-nos, com a força ou pelo tempo que ele queira, pois toda a sua influência é regulada pela vontade e permissão de Deus.

Disso temos em Jó o exemplo mais conhecido. Não tivesse Deus dito ao diabo a seu respeito: "Tudo quanto ele possui está em tuas mãos", não poderia Satanás tocar em nada que fosse dele. Todavia, se o Senhor não tivesse acrescentado: "Só não estendas tua mão contra a sua pessoa"[423], um único golpe do demônio o teria fulminado, juntamente com seus filhos e todos os cabedais. A tal ponto está ligado o poder dos demônios, que sem permissão de Deus não poderiam sequer entrar nos porcos, de que falam os Evangelistas.[424]

I. "NÃO NOS DEIXEIS CAIS EM TENTAÇÃO"

1. Que significa o verbo "tentar"

[9] Para se compreender o pleno sentido desta petição, força é explicar o que, neste lugar, significa "tentação", bem como o que quer dizer "cair em tentação".

Ora, tentar é pôr em situação perigosa a quem desejamos experimentar, a fim de fazê-lo trair seus sentimentos acerca de alguma coisa. Nessa modalidade, não se pode admitir nenhuma tentação da parte de Deus. Pois que coisa pode haver que Deus não saiba de antemão? Diz o Apóstolo: "Tudo está franco e descoberto aos Seus olhos".[425]

Outra espécie de tentação consiste em exagerar alvitres, que costumam sortir efeitos contrários, tanto para o bem, como para o mal. É para o bem, quando dessa forma se experimenta a virtude de alguma pessoa, com o fito de deixá-la bem averiguada, de cumular de honras e

---

423. Jó 1,12.
424. Mt 8,28 ss.; Mc 5,1 ss.; Lc 8,26 ss.
425. Hb 4,13.

benefícios a quem a pratica, de propor tal exemplo à imitação dos outros, e de incitar a todos que, por isso mesmo, rendam louvor a Deus.

Esta maneira de tentar é a única possível da parte de Deus. Exemplo de tal tentação são aquelas palavras do Deuteronômio: "O Senhor vosso Deus vos põe à prova, para que se torne manifesto, se O amais, ou não".[426]

Também se diz que Deus tenta os seus, quando os aflige com pobreza, doença e outras adversidades. Assim procede, para lhes apurar a paciência, e para os apresentar aos outros homens como exemplos do dever cristão.

Nesse sentido, lemos que Abraão foi tentado, porquanto devia imolar seu próprio filho[427]; e, pelo seu procedimento, se tornou um exemplo singular de obediência e resignação, que jamais se apagará da lembrança dos homens. De forma análoga, dizem as Escrituras a respeito de Tobias: "Porque eras benquisto de Deus, foi preciso que a tentação te provasse".[428]

[10] É para o mal, a tentação dos homens, quando estes são induzidos ao pecado, ou à ruína espiritual. Nisso vai um mister próprio do diabo, que tenta os homens, com o fito de enganá-los e perdê-los. Por isso, as Sagradas Escrituras lhe chamam simplesmente "o tentador".[429]

Em tais tentações, ele ora produz em nós uma rebelião interior, valendo-se dos apetites e inclinações de nossa alma; ora nos persegue exteriormente, lançando mão de fatores extrínsecos, uns favoráveis, para nos levar à soberba, outros prejudiciais para nos tirar a coragem. Às vezes, dispõe também de homens perdidos como seus emissários e batedores, entre os quais se destacam os hereges que, sentados na cadeira da pestilência[430], lançam por toda a parte a semente mortífera de suas perversas doutrinas, para fazerem a ruína completa dos fracos e vacilantes, que de si mesmos propendem para o mal, e não possuem nenhum critério para julgar entre a virtude e os vícios.

---

426. Dt 13,3.
427. Gn 22,1 ss.
428. Tb 12,13.
429. Mt 4,3.
430. Sl 1,1.

2. Sentido de *"cair em tentação"*

[11] Dizemos "cair em tentação"[431], todas as vezes que sucumbimos às tentações. Ora, há dois modos de cair em tentação. Primeiramente, quando nos deixamos conturbar, e nos rendemos ao pecado, para o qual alguém nos arrastou por sua instigação. Mas é certo que, deste modo, Deus não induz ninguém em tentação, porque Deus não pode ser causa de pecado para ninguém, pois até odeia "todos aqueles que praticam a iniquidade".[432] Assim o declarou também o Apóstolo São Tiago: "Quando alguém for tentado, não diga que é tentado por Deus, pois Deus não tenta para o mal".[433]

Em segundo lugar, de quem não nos tenta propriamente, nem contribui para sermos tentados, dizemos todavia que tenta da mesma forma, porquanto não nos atalha as ocasiões de tentação, ou não impede nossa derrota, embora lhe seja possível fazê-lo. Deus, por sua vez, permite que os bons e justos sejam tentados dessa maneira, mas não os deixa sem o auxílio de Sua graça. Algumas vezes, por um justo e secreto juízo de Deus, que nossos pecados provocaram, ficamos entregues às nossas próprias forças, e sucumbimos miseravelmente.

[12] Afirma-se, ainda, que Deus nos induz em tentação, quando, por desgraça nossa, abusamos dos dons e benefícios que Ele nos dispensou para nossa salvação, e, como o filho pródigo, desbaratamos a fortuna paterna na libertinagem, vivendo ao sabor de nossas paixões. A nosso respeito podemos repetir o que o Apóstolo havia dito da Lei: "Conforme averiguei, o preceito que devia levar à vida, tornou-se ocasião de morte".[434]

Disso temos um exemplo apropriado na cidade de Jerusalém, de acordo com o testemunho do profeta Ezequiel. Deus a tinha provido de todas as preciosidades, e chegou ao ponto de declarar pela boca do Profeta: "Tu eras perfeita no Meu ornato, qual Eu havia lançado sobre ti".[435]

Todavia, em vez de ser grata a Deus, pelo muito que lhe fizera, e continuava fazendo, e de aproveitar os dons celestes como meios que

---

431. Em latim se diz *induci in tentationem* = ser induzido, ser levado à tentação. Nossa tradução vernácula não exprime esse matiz do original.
432. Sl 5,7.
433. Tg 1,13.
434. Rm 7,10.
435. Ez 16,14.

recebera, para garantir a sua eterna bem-aventurança, aquela cidade, dotada de tantas mercês divinas, se mostrou ingratíssima para com Deus seu Pai, abandonou toda a esperança e recordação dos bens celestiais, para só gozar das riquezas terrenas, na mais ruinosa devassidão. Assim Ezequiel o descreve, largamente, no mesmo capítulo.[436]

Por igual motivo, são ingratos para com Deus, os homens que com Sua permissão empregam em vícios os abundantes favores que Deus lhes concede para a prática da virtude.

[13] Mas aqui é preciso levar em conta a linguagem da Sagrada Escritura. Para designar a permissão de Deus, usa certas locuções que, em seu sentido próprio, indicariam um ato positivo da parte de Deus. No Êxodo, por exemplo, está escrito assim: "Eu endurecerei o coração de Faraó".[437] Em Isaías: "Hás de cegar o coração deste povo".[438] Na epístola aos Romanos, escreve o Apóstolo: "Deus os entregou a paixões vergonhosas e sentimentos depravados".[439]

Ora, em tais passagens e noutras semelhantes, não se deve absolutamente entender que Deus tal fizesse, mas que o tinha apenas permitido.

3. *Que se pede nesta parte da oração dominical*

[14] Em vista do que foi exposto, não será difícil compreender o que se pretende nesta cláusula da petição. Nem de longe pedimos isenção completa de tentações, pois a vida do homem é uma provação sobre a terra.[440] Elas são úteis e proveitosas para o gênero humano, porque nas tentações ficamos conhecendo a nós mesmos, isto é, as nossas próprias forças.

Por esse motivo é que também nos humilhamos, debaixo da poderosa mão de Deus[441], e, depois de combatermos varonilmente, esperamos "uma coroa imarcescível de glória".[442] Pois "quem porfia na arena não é coroado, se não tiver lutado de acordo com todas as regras".[443] Ou, tam-

---

436. Ez 16,15 ss.
437. Ex 7,3.
438. Is 6,10.
439. Rm 1,26-28.
440. Jó 7,1 (segundo a versão Septuaginta).
441. 1Pd 5,6.
442. 1Pd 5,4.
443. 2Tm 2,5.

bém, como diz São Tiago: "Feliz o homem que sofre tentação, porque, depois de provado, receberá a coroa da vida, que Deus prometeu aos que O amam".[444]

Se os inimigos, por vezes, nos acossam com tentações, muito nos confortará a lembrança de que temos, para nos auxiliar, "um Pontífice que pode compadecer-Se de nossas fraquezas, uma vez que Ele mesmo foi provado em todas as coisas".[445]

Por conseguinte, que havemos de pedir aqui? Que não nos falte o auxílio divino, para não consentirmos — iludidos — nas tentações, nem cedermos a elas por falta de coragem; que prontamente nos acuda a graça de Deus, para nos confortar e alegrar, quando desfalecerem as nossas próprias forças.

[15] Por isso, devemos pedir, em geral, o auxílio de Deus em todas as tentações, e rezar de modo particular, todas as vezes que formos tentados. Lemos, nas Escrituras, que Davi assim procedia em quase todas as espécies de tentação. Contra a mentira rezava assim: "não tireis jamais de minha boca a palavra da verdade".[446] Nas tentações de cobiça: "Inclinai o meu coração para os Vossos Preceitos, e não para a avareza".[447] Contra as vaidades desta vida e as seduções da má concupiscência, usava a oração seguinte: "Desviai os meus olhos, para que não vejam a vaidade".[448]

Pedimos, portanto, a graça de não cedermos aos maus apetites; de não arrefecermos na luta contra as tentações[449]; de não nos arredarmos do caminho do Senhor[450]; de conservarmos igualdade e constância de ânimo, tanto na desgraça, como na ventura; que nenhuma parcela de nosso ser careça da proteção de Deus. Instamos, afinal, que Ele "esmague a Satanás debaixo de nossos pés".[451]

---

444. Tg 1,12.
445. Hb 4,15.
446. Sl 118,43.
447. Sl 118,36.
448. Sl 118,37.
449. Hb 12,3.
450. Dt 31,29; Sl 24,4.
451. Rm 16,20.

II. CONSIDERAÇÕES SOBRE ESTA PETIÇÃO

[16] Resta, pois, que o pároco esclareça os fiéis sobre as ideias e reflexões, que devem principalmente acompanhar esta petição.

1. Nas tentações é preciso desconfiar de si mesmo e confiar em Deus

Já que conhecemos nossa grande fragilidade, o melhor alvitre será desconfiar de nossas próprias forças, colocar na bondade divina toda a esperança de nossa salvação, entregar-nos cegamente à proteção de Deus, e ter assim uma coragem inabalável em face dos maiores perigos. Isso tanto mais, se cuidarmos como Deus já livrou da goela aberta de Satanás a muitos que estavam compenetrados dessa esperança e coragem.

Pois não foi Deus que salvou José do maior perigo, e lhe conferiu as mais altas honras, quando ele já se via envolto, de todos os lados, pelos loucos ardores de uma mulher libidinosa?[452] Não conservou Ele a vida de Susana que, assediada pelos agentes de Satanás, estava prestes a sofrer a morte, em consequência de uma sentença injusta?[453] Mas não admira que assim acontecesse, pois "seu coração punha toda a confiança no Senhor".[454] Insigne é também a honra e glória de Jó, por ter triunfado do mundo, da carne e do demônio.

Muitos são os exemplos dessa natureza, a que o pároco deve recorrer assiduamente, para exortar o povo fiel à prática de tal esperança e confiança.

2. Causa da vitória contra as tentações

[17] Por seu lado, devem os fiéis considerar qual é o chefe que lhes assiste nas tentações dos inimigos, a saber, Cristo Nosso Senhor, que nessa luta já alcançou a vitória.[455] Ele em pessoa venceu o demônio. Ele é o mais forte, que atacou e prostrou o inimigo armado, a quem subtraiu as armas e os despojos.[456]

---

452. Gn 39,7 ss.; 41 ss.
453. Dn 13,45 ss.
454. Dn 13,35.
455. Mt 4,1 ss.; Mc 1,12-13; Lc 4,1 ss.; 12,32.
456. Lc 11,22.

A respeito da vitória, que Ele alcançou sobre o mundo, diz São João no Evangelho: "Tende confiança, Eu venci o mundo".⁴⁵⁷ No apocalipse, é chamado o Leão triunfante, que saiu "como vencedor para vencer"⁴⁵⁸, porque pela Sua vitória deu aos Seus seguidores a possibilidade de também triunfarem. A epístola do Apóstolo aos Hebreus está cheia de vitórias obtidas por santos varões, "que pela fé venceram impérios... fecharam a boca dos leões"⁴⁵⁹, e outras coisas mais.

Essas façanhas, que lemos nas Escrituras, devem levar-nos a pensar nas vitórias que todos os dias alcançam, em lutas internas e externas contra os demônios, as pessoas animadas de verdadeira fé, esperança e caridade. São vitórias tão numerosas e tão brilhantes, que, se nossos olhos pudessem percebê-las, teríamos a convicção de que não acontece outra coisa no mundo, com mais frequência e grandeza. À derrota dos inimigos que atacam tais pessoas, se referem as palavras de São João: "Eu vos escrevo, jovens, porque sois fortes, porque a palavra de Deus permanece dentro de vós, e porque vencestes o maligno".⁴⁶⁰

3. Modo de vencer as tentações

[18] O demônio, naturalmente, não é vencido por meio da vadiagem, da sonolência, da bebedeira, da glutonaria e da luxúria, mas tão somente pela oração, pelo trabalho, pela vigilância, pela abstinência, pelo domínio de si mesmo, e pela castidade. Diz uma passagem da Bíblia, citada anteriormente: "Vigiai e orai, para não entrardes em tentação".⁴⁶¹ Ora, quem usa destas armas para lutar, afugenta os inimigos, pois o demônio foge daqueles que lhe fazem resistência.⁴⁶²

Considerando, porém, as vitórias dos Santos, que acabamos de referir, ninguém presuma de si mesmo, ninguém tenha a vaidosa confiança de poder resistir, por si mesmo, às rijas tentações e ataques dos demônios. Tal vitória não é mérito de nossa natureza, nem obra da fragilidade humana.

---

457. Jo 16,33.
458. Ap 5,5; 6,2.
459. Hb 11,33.
460. 1Jo 2,14.
461. Mt 26,41.
462. Tg 3,7.

[19] As forças, para vencermos o demônio e seus apaniguados, nos são dadas por Deus, que faz de nossos braços um arco de bronze.[463] Por Sua bondade, é quebrado o arco dos fortes, e os fracos são cingidos de força.[464] Ele nos dá a defesa da salvação, e nos sustenta com a Sua direita[465]; aparelha nossas mãos para o combate, e nossos punhos para a guerra.[466]

Sendo assim, a Deus somente devemos render todas as graças pela vitória, porque só pela Sua força e direção podemos sair vencedores.

Tal era a atitude do Apóstolo, quando dizia: "Graças a Deus, que nos deu a vitória por Jesus Cristo Nosso Senhor".[467] No Apocalipse, uma voz misteriosa do céu também O proclamava como autor da vitória: "Agora foi estabelecida a salvação, o poder, e o reinado de nosso Deus, e a soberania do Seu Ungido; porque acaba de ser precipitado o acusador de nossos irmãos... E eles o venceram pelo Sangue do Cordeiro".[468] O mesmo Livro fala, noutro lugar, da vitória que Cristo Nosso Senhor alcançou sobre o mundo e a carne: "Eles lutarão contra o Cordeiro, mas o cordeiro há de vencê-los".[469]

Tanto dizemos das condições essenciais para vencer. É quanto basta.

4. Almejar os prêmios da vitória

[20] Depois dessas explicações, os párocos falarão ao povo fiel das coroas que Deus prepara aos vencedores, e das infinitas recompensas que lhes destinou na eternidade.

Em abono de tal doutrina, poderão aduzir os divinos testemunhos do mesmo Apocalipse: "Quem sair vencedor, nada terá que sofrer da segunda morte".[470] E alhures: "Quem vencer, será adornado de vestiduras brancas. Eu não apagarei o seu nome do Livro da Vida, mas proclamarei o seu nome diante do Meu Pai, e na presença de Seus Anjos".[471]

---

463. Sl 17,35.
464. 1Sm 2,4.
465. Sl 17,36.
466. Sl 143,1.
467. 1Cor 15,57.
468. Ap 12,10 ss.
469. Ap 17,14.
470. Ap 2,11.
471. Ap 3,5.

Mais adiante, Deus Nosso Senhor mesmo diz a São João as seguintes palavras: "Ao que vencer, fá-lo-ei coluna no templo do Meu Deus, e dali não será jamais removido para fora".[472] E noutra passagem: "Quem vencer, Eu o farei sentar Comigo no Meu trono, assim como Eu mesmo também venci, e Me sentei com Meu Pai no Seu trono".[473]

Afinal, depois de descrever a glória dos Santos, e a eterna abundância de bens que hão de gozar no céu, acrescenta o Apocalipse: "Aquele que vencer, possuirá todas estas coisas".[474]

---

472. Ap 3,12.
473. Ap 3,21.
474. Ap 21,7.

CAPÍTULO IX
SÉTIMA PETIÇÃO

"Mas livrai-nos do mal"

1. Nesta petição inclui-se tudo que está contido nas petições anteriores.
I. Objeto desta petição. — 2. O que nos obriga a dirigir a Deus esta petição. — 3. Como temos de pedir a Deus que nos livre dos perigos e calamidades. — 4. Os infiéis podem ser libertos de todo mal de modo distinto que os cristãos. — 5. Nas enfermidades é preciso confiar unicamente em Deus, que a tantos já livrou de gravíssimos perigos.
II. Significado desta petição. — 6. O que se entende aqui pela palavra mal, e qual é o sentido da presente petição. — 7. Quais e quantos são os tipos de males de que desejamos ser libertos. — 8. Deus afasta de nós os males iminentes, e às vezes nos livra milagrosamente dos males presentes. — 9. Chama-se mal aqui ao diabo, por ser causa do mal de culpa e executor do mal de pena. — 10. Por que dizemos ser libertos do mal, no singular, e não dos maus, no plural.
III. Considerações sobre esta petição. — 11. Como devemos reagir diante dos maus, ainda que não nos vejamos sempre livres deles. — 12. Numerosos e grandes proveitos que nos vêm das tribulações.

[1] A derradeira petição, com que o Filho de Deus remata esta prece divina, vale por todas as precedentes. Para nos mostrar seu sentido e importância, ao rogar a Deus pela salvação dos homens, quando estava pois na iminência de morrer, Ele se serviu desta mesma fórmula de oração: "Peço, diz Ele, que os preserveis do mal".[475] Na presente fórmula deprecatória, que Ele nos dava como preceito, e confirmava com o Seu exemplo, abrangeu, como num breve sumário, a verdadeira razão de todas as outras petições.

No sentir de São Cipriano[476], se tivermos alcançado o objeto desta petição, nada mais nos resta que pedir. Pois, desde que pedimos a proteção de Deus contra o mal, e realmente a conseguimos, ficamos livres e garantidos contra todas as tramas que o demônio e o mundo nos possam preparar.

---

475. Jo 17,15.
476. São Cipriano, *Serm. 11 de Orat. Dominica.*

Logo, sendo esta petição de tanta importância, como acabamos de afirmar, deve o pároco esmerar-se na maneira mais perfeita de explicá-la aos fiéis cristãos.

No entanto, esta petição difere da anterior, porque numa pedimos preservação de culpa, e noutra libertação de castigo.

I. OBJETO DESTA PETIÇÃO

1. O que se deve pedir

[2] Por isso mesmo, já não se faz mister lembrar ao povo fiel, quanto o homem sofre com trabalhos e provações, nem quanto precisa da proteção divina. Pois, sem levar em conta as alentadas exposições de escritores sagrados e profanos, cada qual sabe, por si mesmo e pelo sofrimento alheio, quão numerosas e graves são as misérias, a que está sujeita a vida humana.

Todos se convenceram daquela verdade que nos legou Jó, modelo de paciência: "O homem, nascido que é da mulher, tem uma vida breve e cheia de muitas misérias. Desabrocha como uma flor, e logo fenece. Dissipa-se como uma sombra, e jamais permanece na mesma condição".[477]

Não passa um dia sequer que não seja assinalado por algum incômodo ou sofrimento, consoante o testemunho de Cristo Nosso Senhor: "Basta para cada dia o mal que traz consigo".[478] Esta condição da vida humana transparece, claramente, naquela advertência do mesmo Senhor, quando fala da obrigação de tomarmos nossa cruz todos os dias, e de aprendermos a segui-lO.[479]

Ora, como todos sentem quanto a vida humana é trabalhosa e arriscada, fácil será persuadir o povo fiel da necessidade de implorar a Deus que o livre de todos os males. E isso se fará com mais razão, porque nada move tanto os homens a rezar, como o desejo e a esperança de se livrarem dos males que os oprimem, ou que os ameaçam.

No coração humano, há uma tendência inata de recorrer logo a Deus, quando aparece o sofrimento. Aí está a razão de ser daquelas palavras da Escritura: "Cobri, Senhor, o seu rosto de ignomínia, e eles buscarão o Vosso Nome".[480]

---

477. Jó 14,1 ss.
478. Mt 6,34.
479. Lc 9,23. — Sl 82,17.
480. Sl 82,17.

2. Modo de pedir

[3] Ainda que para os homens seja um ato quase espontâneo invocar a Deus em perigos e desgraças, devem contudo aprender a fazê-lo acertadamente. Isto, porém, é tarefa primordial daqueles, a cuja fidelidade e prudência está confiado o negócio de sua salvação. Pois não faltam pessoas que, no uso desta oração, invertem a ordem, contrariando o preceito de Cristo Nosso Senhor.

Na verdade, quem nos mandou recorrer a Si no dia da tribulação[481], prescreveu também uma ordem na maneira de rezar. Quis, portanto, que, antes de pedirmos livramento do mal, pedíssemos a santificação do Nome de Deus, o advento de Seu Reino e outras intenções, pelas quais devíamos chegar, gradualmente, a esta petição.

No entanto, se lhes dói a cabeça, o lado, o pé; se perdem bens de fortuna; se temem ameaças de inimigos; se estão no meio da fome, da peste e da guerra: muitos há que omitem os graus intermédios da Oração Dominical, e pedem somente que se vejam livres de tais calamidades. Ora, o proceder assim vai de encontro ao preceito de Cristo Nosso Senhor: "Buscai primeiro o Reino de Deus".[482]

Por conseguinte, os que rezam com as devidas disposições, subordinam tudo à glória de Deus, quando pedem o afastamento de suas penas, dores e males. Assim é que Davi, ao fazer a súplica: "Senhor, não me castigueis em Vossa cólera!", aduzia uma razão que revelava seu grande zelo pela glória de Deus. Pois acrescentou: "Por que na morte não há quem se lembre de Vós, e nos infernos quem Vos louvará?"[483] Da mesma forma, quando implorava a misericórdia de Deus, aduziu a cláusula: "Ensinarei aos maus os vossos caminhos, e os ímpios se converterão a Vós".[484]

O que importa é exortar os fiéis a praticarem esta espécie salutar de oração, e a imitarem o exemplo do Profeta. Ao mesmo tempo, devemos mostrar-lhes quanta é a diferença que há entre a oração dos infiéis e a dos cristãos.

[4] Aqueles também pedem a Deus, com a maior instância, para que possam guarecer de doenças e ferimentos, e escapar de grandes e imi-

---

481. Sl 49,15.
482. Mt 6,33.
483. Sl 6,2-6.
484. Sl 50,15.

nentes calamidades. Mas a principal confiança de seu livramento, eles a põem em remédios dados pela natureza, ou aviados pelo engenho humano. Sem nenhum escrúpulo, aceitam medicação de quem quer que seja, e pouco se lhes dá ser ela preparada com bruxaria, malefício, e intervenção diabólica, contanto que haja alguma esperança de reaver a saúde.[485]

Muito diversa é a prática dos cristãos. Nas doenças e outras calamidades, procuram em Deus o seu melhor refúgio e garantia de salvação; só a Ele reconhecem e veneram, como Autor de todo o bem, e como seu Libertador. Quanto aos remédios, estão convencidos de que sua virtude medicinal vem de Deus, e admitem que só aproveitam aos enfermos, na medida que Deus mesmo determinar.

Ora, foi Deus quem deu aos homens a arte médica para curar as enfermidades. Nesse sentido, declarou o Eclesiástico: "O Altíssimo é quem produziu os medicamentos, e o homem prudente não terá repugnância por eles".[486]

Portanto, os fiéis discípulos de Jesus Cristo não põem, nos remédios, a sua maior esperança de recuperarem a saúde, mas confiam sobretudo em Deus, que é o próprio Autor da medicina.

[5] Esta é também a razão por que as Sagradas Escrituras repreendem aqueles que só confiam na medicina, e nenhum auxílio pedem a Deus.[487] Os que regulam sua vida pelos preceitos divinos, deixam de usar qualquer remédio, se não tiverem a certeza de que Deus o instituiu como medicamento.[488] Ainda que o uso de tais remédios desse a esperança de sarar, contudo não deixariam de aborrecê-los como encantos e artifícios diabólicos.[489]

Nesse particular, é necessário exortar os fiéis a confiarem em Deus. Como Pai todo-bondoso, Deus nos mandou pedir livramento de todos os males, com o intuito de que, na Sua própria ordem, tivéssemos a esperança de sermos atendidos.

A esse respeito, são muitos os exemplos que se nos deparam nas Sagradas Escrituras. Ora, tal cópia de exemplos deve mover à confiança os

---

485. Hoje em dia: espiritismo, macumba, etc.
486. Eclo 38,4.
487. 2Cr 16,12.
488. Cfr. Tb 6,7 ss.
489. Cabe aqui uma doutrina sobre a medicação espírita, às vezes em conflito com a medicina, mas sempre incompatível com a Moral católica.

que dificilmente se entregariam à esperança só por meio de raciocínios. Diante dos olhos temos Abraão, Jacó, Lot, José, Davi, que são testemunhas cabais da bondade divina.[490] Os textos sagrados do Novo Testamento mencionam tantas pessoas que se salvaram dos maiores perigos pela oração bem-feita, que não se faz mister alegar mais exemplos.[491]

Contentar-nos-emos com uma palavra do Profeta, por ser de molde a revigorar o mais pusilânime dos homens: "Clamaram os justos, e o Senhor os atendeu, livrando-os de todas as suas tribulações".[492]

II. SIGNIFICADO DESTA PETIÇÃO

1. "Livrai-nos do mal"

[6] Segue-se, agora, explicar o sentido e a importância desta petição. Os fiéis devem alcançar de que modo pedimos, aqui, a isenção de todos os males. Na verdade, existem muitas coisas que se consideram males, mas que são de proveito para quem as padece. Dessa natureza era o aguilhão que empolgava o Apóstolo. Mediante a graça de Deus, devia "a virtude aperfeiçoar-se na fraqueza".[493] Estas coisas enchem os justos de sumo prazer, desde que eles conheçam a sua finalidade. Nem de longe lhes acode a idéia de pedir que Deus as faça desaparecer.

Aqui, portanto, só pedimos livramento de tais males que nenhum proveito podem trazer à nossa alma; mas de modo nenhum nos referimos aos demais, enquanto deles se pode esperar algum fruto para a salvação.

a) Quanto aos males interiores e exteriores

[7] Os termos [desta Petição] exprimem, cabalmente, que, livres do pecado, sejamos também preservados de tentações perigosas e dos males interiores e exteriores; que estejamos a salvo da água, do fogo e do corisco; que a saraiva não destrua as novidades; que não soframos falta de mantimentos, nem passemos por sedições e guerras. Pedimos a Deus afaste as doenças, a peste, as depredações; que nos guarde de gri-

---

490. Gn 12,2; 14,20; 28,14; 39,2; 1Sm 22,14 ss.
491. O CRO alude aqui aos fatos narrados nos Evangelhos, nos Atos dos Apóstolos, e nas Epístolas Apostólicas: às pessoas que recorreram a Cristo, e foram atendidos.
492. Sl 33,18.
493. 2Cor 12,7-9.

lhões, masmorras, desterros, traições, ciladas, e todos os mais flagelos que costumam aterrar e oprimir sobremaneira a vida humana; que destrua, afinal, todas as causas de crimes e maldades.[494]

b) Quanto a coisas que são bens apreciáveis

Porém, pela nossa súplica, não queremos, apenas, ficar livres daquilo que é mau, na opinião geral; mas queremos também alcançar o que quase todos consideram bens apreciáveis, como sejam riquezas, honras, saúde, robustez, e a própria vida. Pedimos, entretanto, que tais bens não nos redundem para o mal, nem para a ruína de nossa alma.

Rogamos, ainda, a Deus a graça de não sermos acometidos de morte repentina; de não atrairmos sobre nós a cólera divina; de não incorrermos nos castigos reservados aos réprobos; de não termos que sofrer no fogo do Purgatório, do qual pedimos, com santa confiança, sejam libertados também os nossos semelhantes.

Assim é que a Igreja interpreta esta petição, tanto na Missa como na ladainha de Todos os Santos, porquanto nos faz pedir que sejamos livres dos "males presentes, passados e futuros".[495]

[8] É de vários modos que a Bondade Divina nos livra dos males. Deus afasta, por exemplo, as desgraças iminentes. Lemos nas Sagradas Escrituras que desta forma, livrou o grande Patriarca Jacó de seus inimigos, que estavam enfurecidos contra ele, por causa da matança entre os moradores de Siquém. O texto diz assim: "O terror de Deus invadiu todas as cidades circunvizinhas, e não se atreveram a persegui-los na retirada".[496]

Na verdade, todos os bem-aventurados que reinam nos céus com Cristo Nosso Senhor, estão absolutamente livres de todos os males, por efeito da graça divina. Com relação a nós, enquanto peregrinamos neste mundo, não quer Deus forrar-nos de todos os incômodos, mas ainda assim nos livra de alguns em particular.

---

494. Hoje, as intenções continuam a ser as mesmas, só em outras modalidades: horrores da guerra química, racionamento de gêneros essenciais (portanto, fome disfarçada), campos de concentração, etc.
495. Oração depois do "Pai-Nosso" na Missa.
496. Gn 35,5.

Assemelha-se, pois, a um resgate de todos os males, essa consolação que Deus, por vezes, concede aos que sofrem tribulações. Tal conforto sentia o Profeta, quando se desafogou nas seguintes palavras: "Na medida que as muitas dores invadiam o meu coração, as Vossas consolações alegraram a minha alma".[497]

Além disso, Deus livra os homens dos males, quando os conserva sãos e salvos no meio do maior perigo, como lemos, nas Escrituras, que fez com os três jovens lançados na fornalha ardente, e com Daniel, a quem os leões nenhum mal fizeram, da mesma forma que o fogo nem sequer chamuscara os adolescentes.[498]

3. O demônio é o "mal"

[9] Pela doutrina de São Basílio Magno, São João Crisóstomo e Santo Agostinho[499], dizemos que o demônio é mau, principalmente por ser ele a causa da culpa dos homens, isto é, de sua queda e pecado.

Deus também se serve dele, como Seu instrumento, para castigar os malvados e criminosos; pois Deus é quem manda aos homens todo o mal que eles sofrem, em consequência do pecado. Por isso, dizem as Sagradas Escrituras: "Acontecerá alguma desgraça na cidade, que não seja por disposição do Senhor?"[500] E noutro lugar: "Eu sou o Senhor, e não há outro, que forme a luz, produza as trevas, faça a paz, e estabeleça a correção".[501]

Dizemos, também, que o demônio é maligno, porque nos promove uma guerra sem tréguas, e nutre contra nós um ódio de morte, sem lhe termos feito injúria alguma. Muito embora não consiga prejudicar-nos, enquanto formos protegidos pelo escudo da fé e inocência[502], ele todavia não cessa nunca de tentar-nos com males de fora, e atormentar-nos por todos os meios que estiverem ao seu alcance. Por isso é que pedimos a Deus nos livre do "maligno".[503]

---

497. Sl 93,19.
498. Dn 3,21; 6,22.
499. São Basílio, in *Homil. Quod Deus non sit auctor malorum*; São João Crisóstomo. *Homil. 20 in Matth.* Santo Agostinho, *De eccles. dogmat.* 57.
500. Am 3,6.
501. Is 45,7.
502. Quer dizer, da graça santificante.
503. No original, "a malo" pode derivar-se tanto de "malus", como de "malum"; daí a interpretação

[10] Dizemos, porém, do "mal", e não "dos males", porque atribuímos ao "maligno", como seu autor e instigador, todos os males que nos infligem os nossos semelhantes. Donde se segue que não é [propriamente] contra o próximo que devemos melindrar-nos; todo o nosso ódio e indignação deve recair sobre o próprio demônio, que instiga os homens a praticarem o mal.

Portanto, se o próximo te ofender com alguma coisa, quando fizeres oração a Deus nosso Pai, pede-Lhe não só que te livre do mal, isto é, das ofensas que o próximo te faça, mas também que salve o teu próprio semelhante das garras do demônio, por cuja malícia os homens são levados à prevaricação.

III. CONSIDERAÇÕES SOBRE ESTA PETIÇÃO

[11] Finalmente, precisamos atender a uma particularidade. Se pelas nossas orações e promessas não conseguimos livrar-nos dos males, devemos contudo suportar com paciência as tribulações que nos oprimem, considerando ser do agrado da Majestade Divina que as soframos com toda a resignação.

Não temos, portanto, nenhum direito de mostrar-nos irritados ou tristes, porque Deus não escuta as nossas preces; antes, pelo contrário, devemos submeter tudo ao Seu poder e vontade, nutrindo a convicção de que útil e salutar só pode ser aquilo que agrada a Deus, e não o que bem nos parece.

[12] Como última instrução, cumpre explicar aos fiéis que, no decurso desta vida mortal, convém estarmos dispostos a sofrer qualquer incômodo ou desgraça, não só com serenidade, mas até com sentimentos de alegria. "Pois todos os que querem levar uma vida piedosa em Cristo Jesus, diz a Escritura, hão de sofrer perseguição".[504] Mais ainda: "Por muitas tribulações é que devemos entrar no Reino de Deus".[505] E nesta outra passagem: "Não foi preciso que Cristo padecesse estas coisas, para assim entrar na Sua glória".[506]

---

do CRO, baseada no próprio termo, e difícil de ser bem expressa em vulgar.
504. 2 Tm 3,12.
505. At 14,21.
506. Lc 24,26.

Não é, pois, razoável que o servo seja mais do que o seu senhor.[507] Da mesma forma, seria uma vergonha, no dizer de São Bernardo, se debaixo de uma cabeça coroada de espinhos houvesse membros entregues à moleza.[508]

Nesse particular, temos para nossa imitação o grandioso exemplo de Urias. Quando Davi lhe aconselhava de ficar em casa, respondeu ele: "A Arca de Deus, e Israel e Judá moram debaixo de tendas... e haveria eu de entrar em minha casa?"[509]

Se nos dispusermos a rezar, preparados por tais ideias e reflexões, conseguiremos a graça de ficar intactos, no meio das ameaças e perigos que nos cercam e oprimem de todos os lados, assim como os três jovens ficaram ilesos do fogo[510]; ou, pelo menos, como os Macabeus[511], suportaremos com valor e constância todas as adversidades.

No meio das afrontas e tormentos, imitaremos os Apóstolos. Depois de serem açoitados, exultaram sobremaneira, por serem julgados dignos de sofrer injúrias por amor de Jesus Cristo.[512]

Se nos deixarmos possuir de iguais sentimentos, cantaremos com o maior enlevo de nossa alma: "Os grandes me perseguiram sem motivo, e o meu coração só teve temor de Vossos preceitos. Eu me alegrarei com as Vossas promessas, como quem alcançou ricos despojos".[513]

---

507. Lc 6,40; Jo 13,16; 15,20.
508. São Bernardo. *Serm. V de omnibus Sanctis*.
509. 2 Sm 11,11.
510. Dn 3,49.
511. 1Mc 2,16 ss.
512. At 5,40 ss.
513. Sl 118,161 ss.

CAPÍTULO X
ÚLTIMA PALAVRA DA ORAÇÃO DOMINICAL

"Amém!"

I. Razão de ser desta última palavra. — 1. Uso e fruto da palavra amém. — 2. Quão preciosos bens consegue o homem pela oração. — 3. Por que as orações dos justos começam com temor e terminam com alegria.

II. Significado da palavra amém. — 4. Em que sentido se toma aqui a palavra amém, e por que na Missa só a diz o sacerdote. — 5. Por que nas demais orações responde amém o acólito, e no Pai Nosso só responde amém o sacerdote. — 6. Vários sentidos da palavra amém.

I. RAZÃO DE SER DESTA ÚLTIMA PALAVRA

[1] Em seus comentários ao Evangelho de São Mateus[514], diz São Jerônimo que esta partícula é o "sinete da Oração Dominial", e isso corresponde à realidade.

Se antes instruímos os fiéis acerca da preparação que lhes incumbe fazer, quando se põem a rezar a Oração Dominical, agora nos parece necessário ensinar-lhes, também, o sentido e razão de ser desta cláusula final da mesma oração. Pois tanto importa começar a oração com diligência, como terminá-la com toda a devoção.

Saiba o povo fiel que muitos são, e abundantes, os frutos que podemos tirar deste remate da Oração Dominical, mas que o mais rico e o mais consolador de todos está em conseguirmos as graças pedidas. Disso, porém, já se falou bastante nos capítulos anteriores. Todavia, por esta cláusula final da oração, logramos não só o bom despacho de nossas petições, mas também outros favores, tão grandes e invulgares, que a linguagem humana não os pode exprimir com propriedade.

[2] Como diz São Cipriano[515], quando os homens privam com Deus na oração, opera-se um processo misterioso, pelo qual a Majestade de Deus se torna acessível a quem reza, mais do que aos outros homens, e lhe confere além disso dons singulares. Até certo ponto, os que rezam,

---
514. São Jerônimo, *in Matth.* 6 6.
515. São Cipriano, *De Orat. Domin.* circa finem.

podemos compará-los a quem se aproxima do fogo. Se sentem frio, aquecem-se; se sentem calor, abrasam-se. Assim, também, os que se aproximam de Deus pela oração, tornam-se mais fervorosos, na medida de sua devoção e confiança. Seu coração abrasa-se pela glória de Deus, sua inteligência ilumina-se de clarões admiráveis, e todo o seu ser é cumulado de dons divinos. Assim o doutrinam as Sagradas Escrituras: "Vós lhe fostes ao encontro com a doçura de Vossas bênçãos".[516]

Sirva de exemplo, para todos, o grande Moisés. Ao retirar-se do trato íntimo com Deus, resplandecia a tal ponto, no fulgor da Divindade, que os Israelitas não podiam contemplar-lhe os olhos e a face.[517]

Realmente, os que rezam com tal fervor do coração, experimentam de modo admirável os efeitos da bondade e majestade divina. "Desde a manhã, me porei na Vossa presença, e erguerei os olhos, porque não sois um Deus que tenha prazer no pecado".[518]

Quanto mais os homens se compenetrarem desta verdade, tanto mais se afervorarão no culto e serviço de Deus, tanto maior será a alegria de sentirem como o Senhor é suave, e como são verdadeiramente felizes todos aqueles que n'Ele põem a sua esperança".[519]

No clarão dessa luz que os envolve, eles reconhecem então a que ponto vai a sua própria baixeza, e quão imensa é a majestade de Deus. Serve-lhes de norma aquela palavra de Santo Agostinho: "Que eu Vos conheça, a Vós, qual sois, e que eu me conheça a mim, qual sou!"[520]

Daí nasce que, desconfiados de sua própria suficiência, eles se entregam totalmente à bondade de Deus, e não duvidam, nem de longe, de que Deus os há de acolher com o Seu admirável amor de Pai, e lhes dispensará com abundância todos os meios, que são necessários para a vida presente e para a eterna salvação.

Desde logo, entram a agradecer a Deus, com todo o afeto de que é capaz o seu coração, e de todas as maneiras que pode exprimir a linguagem humana. Nas Sagradas Escrituras, lemos que assim o fez o magnânimo Davi. Começou sua oração pelas palavras: "Salvai-me de todos os que me perseguem". Mas terminou-a com esta declaração:

---

516. Sl 20,4.
517. Ex 34,35.
518. Sl 5,5.
519. Sl 33,9.
520. Santo Agostinho, *Soliloquia* II 1.

"Renderei graças ao Senhor, pela Sua justiça, e entoarei louvores ao Nome do Altíssimo".[521]

[3] Entre os Santos, encontramos um sem-número de orações desse gênero. Começam cheias de temor, e terminam com transportes de alegre confiança. Mas, nesse ponto, é de admirar a perfeição a que chegavam as orações de Davi.

Transido de pavor, começou a rezar: "Muitos se levantam contra mim, muitos dizem à minha alma: Para ele, não há salvação do seu Deus". Pouco depois, acrescentava animado e cheio de alegria: "Não temerei os milhares de inimigos que me cercam".[522] Noutro Salmo deplora primeiro a sua miséria, mas depois põe sua confiança em Deus, e exulta sobremaneira, ante a perspectiva da eterna felicidade: "Por isso mesmo, diz ele, dormirei e descansarei em paz".[523]

E que dizer daquelas palavras: "Senhor, não me acuseis em Vossa cólera, nem me castigueis em Vossa indignação?" Não é de crer que o Profeta as proferisse no maior sobressalto e angústia? Entretanto, aquilo que continuou a dizer revela confiança e entusiasmo: "Apartai-vos de mim, vós todos que obrais iniquidade, porque o Senhor ouviu o clamor do meu pranto".[524]

Atemorizado com os ímpetos raivosos de Saul, com que humildade e aniquilamento de si mesmo não implorava Davi o auxílio divino: "Deus, salvai-me pelo amor de Vosso Nome, e com o Vosso poder julgai a minha causa". Não obstante, no mesmo Salmo acrescentou com alegre confiança: "Mas eis que Deus acode em meu auxílio, e o Senhor é quem protege a minha vida".[525]

Portanto, o que vai fazer oração, ponha-se cheio de fé e confiança diante de Deus seu Pai, e de modo algum descreia da possibilidade de alcançar tudo quanto necessita.

---

521. Sl 7,2-18.
522. Sl 3,2-3; 7.
523. Sl 4,9.
524. Sl 6,2-9.
525. Sl 53,3-6.

II. SIGNIFICADO DA PALAVRA "AMÉM"

1. Garantia de se ter concedido o que se pediu

[4] Como derradeiro termo da Oração Dominical, o "amém" encerra, como que em embrião, muitas das verdades e sugestões que acabamos de apresentar.[526]

Com efeito, esse termo hebraico era tão frequente na boca do Salvador, que ao Espírito Santo aprouve, por isso mesmo, conservá-la na Igreja de Deus. Ela quer dizer, mais ou menos, o seguinte: Fica ciente de que as tuas orações foram atendidas.

De certo modo, significa também que Deus responde e dá bom despacho a quem lhe faz a súplica. Esta interpretação é abonada por uma praxe constante da Igreja. Na recitação do Pai-Nosso, durante o Sacrifício da Missa, ela não permite ao acólito acrescentar "amém", na ocasião que deve responder: "Mas livrai-nos do mal". Por resposta, reserva-o ao próprio sacerdote. Como mediador entre Deus e os homens, ele é quem responde ao povo, para dizer que Deus atendeu benigno a oração.

2. Certa confirmação das petições feitas pouco antes

[5] Este rito, porém, é privativo do Pai-Nosso, porque nas demais orações da Missa são os acólitos que devem responder "amém". Nessas outras orações, o "amém" só exprime o desejo unânime do povo; mas, naquela, é a resposta de que Deus acede aos pedidos de quem faz a oração [Dominical].

3. Sentidos da palavra "amém"

[6] Ao ser traduzida, a partícula "amém" teve muitas e várias interpretações de sentido. Os "Setenta"[527] traduziram-na por "assim seja"; outros tradutores, por "deveras", Áquilas[528] deu o sentido de "certamente".

---

526. Isto é, em toda a explanação do Pai-Nosso.
527. São os autores de uma versão grega, chamada por isso mesmo "Septuaginta", feita talvez por ordem de Tolomeu Filadelfo (285-246 antes de Cristo).
528. Áquilas nasceu de pais pagãos no Ponto (século II), batizou-se cristão, mas apostatou para o judaísmo. É autor da mais antiga tradução grega da Bíblia, mas prende-se servilmente ao texto hebraico.

Mas pouco importa esta ou aquela versão, contanto que se admita o sentido já explicado de que o sacerdote assim confirma o bom despacho da petição.[529]

Esta interpretação é corroborada pelo testemunho do Apóstolo, na epístola aos Coríntios: "Todas as promessas de Deus encontraram um 'sim' n'Ele; por isso, graças a Ele, dizemos 'amém' a Deus, para glória nossa".[530]

Em nossa boca, essa palavra contém, por assim dizer, uma confirmação de todas as petições anteriores. Além do mais, aguça a atenção de quem reza; pois não raro acontece que os homens divagam na oração, em se deixando levar por pensamentos estranhos.

Ela nos induz a pedir, com todo o fervor, que tudo aconteça, isto é, que tudo nos seja dado, conforme o que antes havíamos pedido. O que mais é, percebendo que já fomos atendidos, e vendo a realidade do auxílio divino, prorrompemos naquele júbilo do Profeta: "Eis que Deus vem em meu auxílio, e o Senhor é quem defende a minha vida".[531]

Com efeito, ninguém pode duvidar de que Deus Se não enterneça com o Nome de Seu Filho, e com a palavra que o Mesmo usava tantas vezes[532], Ele que, no dizer do Apóstolo, "foi sempre atendido, por causa de Sua reverência".[533]

---

529. Isto, com referência ao "amém" após o Pai-Nosso na Santa Missa.
530. 2 Cor 1,20.
531. Sl 53,6.
532. O "amém", nas pregações de Cristo, é quase sempre traduzido por "em verdade".
533. Hb 5,7.

PRÁTICA DO CATECISMO

O Catecismo Romano aplicado aos Evangelhos Dominicais

Nota: As referências para consulta se dividem da seguinte forma: Parte (I, II, III, IV,), Capítulo e Parágrafo. Ex: I VII 2 (I parte, capítulo VII, parágrafo 2).

Primeiro Domingo do Advento:
Haverá sinais no sol e na lua... (Lc 21,25)
Juízo universal. — **I VII 2 ss.**

Segundo Domingo do Advento:
1. *Como João tivesse ouvido...* (Mt 11,2)
   Do zelo com que devemos aprender as verdades da fé, e ensiná-las aos outros. — **I 1 ss.**
2. *No cárcere...* (Mt 11,2)
   Da necessidade de confessar publicamente a fé, ainda que fora com perigo de vida. — **I I 4.**

Terceiro Domingo do Advento:
1. *Confessou, e não negou...* (Jo 1,20).
   Obrigação de dizer a verdade com singeleza. Doutrina do juramento. — **III III 6 7 ss.**
2. *Por que batizas, se não és o Cristo?* (Jo 1,25)
   Os ministros do Batismo. — **II II 23 ss.**
   De que depende a eficácia dos Sacramentos? — **II I 9 10-11.**
3. *Não sou digno de desatar...* (Jo 1,27)
   Preparação para a Sagrada Comunhão. — **II IV 54 ss.**

Quarto Domingo do Advento:
1. *No ano décimo quinto de Tibério César...* (Lc 3,1)
   Vocação e missão dos ministros da Igreja. — **II VII 1 ss.**
2. *No deserto... (Lc 3,1)*
   Virtude e santidade dos sacerdotes. — **II VII 2.**
3. *Pregando o batismo de penitência...* (Lc 3,1)

Disposição do adulto para receber o Batismo. — **II II 34 ss.**
Os ministros do Batismo em caso de necessidade. — **II II 23 24.**
4. *Preparai o caminho do Senhor...* (Lc 3,1)
Preparação para a Comunhão. — **II IV 54 ss.**
Observância dos Mandamentos de Deus. — **II II 1 ss.**

Festa do Natal:

1. *Deu à luz o seu Filho Primogênito...* (Lc 2,7)
Explicação do artigo: "Nasceu de Maria Virgem". — **II V 7 ss.**
2. *No princípio existia o Verbo...* (Jo 1,1)
Exposição do mistério da Encarnação. — **I II 1-6.**
3. *Glória como do Unigênito do Pai* (Jo 1,14)
Jesus Cristo, nosso Irmão. — **II III 10 12.**

Domingo no oitavário do Natal:

1. *Uma espada trespassará tua própria alma...* (Lc 2,35)
Por que Deus não livra Seus filhos dos males da vida? — **II II 42 47 48.**
2. *Não se apartava do Templo, servindo em jejuns e orações* (Lc 2,37)
Oração particular e pública. **IV VIII 2-3.**
O jejum e a esmola como complementos da oração. — **IV VIII 9.**
Jejum, oração e esmola como satisfação dos pecados. — **II V 74.**

Festa da Circuncisão:

1. *Depois de se completarem os oito dias...* (Lc 2,21)
Efeitos dos Sacramentos da Nova Aliança. — **II I 1 ss.**
2. *Foi-Lhe posto o nome de Jesus...* (Lc 2,21)
O nome de Jesus. — **I III 5-6.**

Festa da Epifania:

1. *Vimos a Sua estrela no Oriente* (Mt 2,2)
Diferença entre a revelação cristã e a filosofia. Pr 1; **I II 5 6.**
2. *Prosternaram-se e adoraram-nO* (Mt 2,11)
A adoração devida a Deus. — **III II 1 ss.**
A adoração devida ao SS. Sacramento. — **II V 1 ss. 26.**

Domingo no oitavário da Epifania (Festa da Sagrada Família):
1. *Segundo o costume da festa...* (Lc 2,42).
   A observância dos dias festivos. — **III IV 1 ss.**
2. *E era-lhes submisso...* (Lc 2,51)
   Deveres dos filhos para com os pais. — **III V 1 ss.**

Segundo Domingo depois da Epifania:
1. *Houve umas bodas em Caná da Galileia...* (Jo 2,1)
   O Sacramento do Matrimônio — **II VIII 1 ss.**
2. *Este foi o primeiro dos seus milagres...* (Jo 2,11)
   A transubstanciação. — **III V 18 ss. 34 ss.**

Terceiro Domingo depois da Epifania:
1. *Eis que chegando um leproso, começou a adorá-lO...* (Mt 8,2-3)
   A lepra, símbolo da heresia (Ss Padres). Que são os hereges? — **I X 8.**
2. *Vai mostrar-te aos sacerdotes...* (Mt 8,4): Do respeito devido ao sacerdote. — **III V 13 16.**
   Do poder das chaves, conferido ao sacerdote. — **I XI 1 ss.**

Quarto Domingo depois da Epifania:
1. *Subindo Jesus numa barca...* (Mt 8,23)
   A verdadeira Igreja. — **I X 10 ss.**
2. *Salvai-nos, Senhor, que perecemos...* (Mt 8,25)
   Necessidade dos Sacramentos em perigo de morte. — **II VI 1 ss.**
3. *Quem é este, a quem o vento e os mares obedecem* (Mc 4,41)?
   Por que o homem nega a Deus a devida submissão, ao contrário de todas as outras criaturas? — **IV XII 1 ss.**

Quinto Domingo depois da Epifania:
1. *Um homem inimigo semeou a cizânia...* (Mt 13,25)
   Bons e maus — membros da Igreja. — **I X 7-8.**
   Ódio e rixas semeadas entre os filhos da paz. — **III VI 20; IV XIV 1 ss.**
2. *Isto fez um homem inimigo...* (Mt 13,28)
   O ódio do demônio contra nós. — **IV XV 1 ss.**
   O demônio, autor de todo o mal. — **IV XV 9.**

Sexto Domingo depois da Epifania:

1. *O reino dos céus é semelhante ao grão de mostarda...* (Mt 13,31)

    A fé, figurada pelo grão de mostarda. Sua necessidade, sua excelência, meios de conservá-la. — **I I I ss.; II 2**.

2. *Depois de haver crescido...* (Mt 13,32)

    O aumento da fé. — **IV VII 6**.

3. *O reino dos céus é semelhante ao fermento...* (Mt 13,33)

    Infalibilidade da Igreja (a mulher) em matéria de fé (farinha) e de costumes (fermento). — **I X 16 18**.

4. *Até que se fermentou toda a massa...* (Mt 13,33)

    A comunhão dos Santos e a participação de méritos. — **I X 21 ss**.

Domingo da Septuagésima:

1. *O reino de Deus é semelhante a um pai de família...* (Mt 20,1)

    Deus é nosso Pai, Pai da grande família cristã. — **I II 9; IV 9 1 ss**.

2. *Estes receberam, cada qual, um dinheiro...* (Mt 20,10)

    A vida eterna. — **I XIII 1 ss**.

    Venha a nós o vosso reino! — **IV XI 1 ss**.

3. *Cada qual recebeu o seu dinheiro...* (Mt 20,10):

    Recompensa ou castigo, conforme o merecimento. — **I VII 8-9; XII 1 ss**.

Domingo de Sexagésima:

1. *O semeador saiu para semear...* (Lc 8,5)

    O pão nosso de cada dia (a palavra de Deus). — **IV XIII 6 18**.

    Como ouvir a palavra de Deus? — **Pr 2-3 9; IV XIII 6 18**.

2. *Vem o diabo...* (Lc 8,5)

    Esforços e ataques do demônio. — **IV XV 5 ss**.

3. *Sufocados pelos cuidados e pelas riquezas...* (Lc 8,14)

    A sede de riquezas, contrárias aos frutos da palavra de Deus. — **III X 1 ss; IV XII 1 ss**.

Domingo de Quinquagésima:

1. *Será entregue aos gentios...* (Lc 18,32)

    A Paixão de Cristo, motivo de penitência. — **I IV 1 ss**.

2. *Estava um cego sentado à beira do caminho...* (Lc 18,33)

   A miséria do gênero humano, cego pelo pecado. — **IV XII 3-7**.

3. *Jesus, Filho de Davi, tende piedade de mim!* (Lc 18,38)

   Necessidade, e maneira de rezar. — **IV I-VIII**.

4. *Que queres que eu te faça?* (Lc 18,41)

   Por que Deus quer ser rogado? — **IV I 3-4; IV II 1 ss**.

Quarta-feira de Cinzas:

1. *Quando jejuais...* (Mt 6,16)

   A penitência. — **II V 1-9**.

   A satisfação dos pecados — **II V 59 ss**.

2. *Não junteis tesouros na terra...* (Mt 6,20)

   Os que procuram enriquecer de todos os modos. — **III VIII 9**.

3. *Juntai tesouros no céu...* (Mt 6,20)

   A esmola. — **III VIII 16 ss**.

Primeiro Domingo da Quaresma:

1. *Para ser tentado pelo demônio...* (Mt 4,1)

   As tentações. — **IV XV 1 ss**.

2. *O homem não vive só de pão ...* (Mt 4,4)

   O pão espiritual. — **IV XIII 8 18**.

3. *Deus ordenou aos seus Anjos...* (Mt 4,6)

   Os Anjos da Guarda. — **IV IX 4 ss**.

4. *Adorarás ao Senhor teu Deus...* (Mt 4,10)

   A adoração a Deus pela fé, pela esperança e pela caridade. — **III II 4**.

Segundo Domingo da Quaresma:

1. *Tomou Jesus a Pedro, a Tiago e a João...* (Mt 17,1)

   O lugar e o tempo mais aptos para a contemplação dos Divinos Mistérios. — **III IV 7 ss**.

2. *É bom ficarmos aqui...* (Mt 17,4):

   A vida eterna. — **I XIII 1 ss**.

   A grandeza dos que obedecem a Deus. — **IV XII 13**.

3. *Este é o Meu Filho predileto...* (Mt 17,5)

A eterna geração de Cristo. — **I III 8 ss**.

Terceiro Domingo da Quaresma:

1. *Jesus expulsou um demônio, que era mudo...* (Lc 11,14)
    Lábias do demônio para afastar os fiéis da Confissão. — **II V 36**.
2. *Todo reino dividido em si mesmo...* (Lc 11,17)
    Unidade da Igreja. — **I II 11-12**.
3. *Tornarei para a minha casa...* (Lc 11,24)
    Gravidade das recaídas no pecado. — **IV 11 ss**.
    O que se deve fazer depois da Confissão. — **II V 60 ss**.
4. *Tomou então outros sete espíritos...* (Lc 11,26)
    As tentações do demônio. — **IV XV 4-10**.
5. *Bem-aventurado o ventre...* (Lc 11,27)
    A Santa Virgem. — **I III 5; IV 1 ss**.

Quarto Domingo da Quaresma:

1. *Onde compraremos pão...* (Jo 6,5)
    O pão nosso de cada dia. — **IV XIII 1**.
    A Comunhão debaixo de uma só espécie. — **II IV 63 ss**.
2. *Isto dizia, para o experimentar...* (Jo 6,6)
    Como Deus experimenta os homens. — **IV XV 9**.
3. *Distribuiu aos que estavam acomodados...* (Jo 6,6)
    A palavra de Deus, ministrada pelos Apóstolos e seus sucessores. — **Pr 1 ss.; IV XIII 18**.
4. *Na verdade, este é um Profeta...* (Jo 6,14)
    A ação de graças. — **IV 1 7**.

Domingo da Paixão:

1. *Quem de vós Me arguirá de pecado?* (Jo 8,46)
    Causa da Paixão de Cristo: os nossos pecados, que não os Seus. — **I V 11**.
2. *Se vos digo a verdade...* (Jo 8,46)
    A mentira. — **III IX 3 ss**.
3. *Quem é de Deus, ouve as palavras de Deus* (Jo 8,47)
    A palavra de Deus. — **Pr 1 ss.; IV XIII 18**.
4. *Não tínhamos razão de dizer que és samaritano?* (Jo 8,48)

O perdão das injúrias. — **IV XIV 16 ss.**

5. *Eu honro a Meu Pai, mas vós Me desonrastes* (Jo 8,49)
A deturpação da palavra de Deus. — **Pr 5; II III 1 ss.**

6. *Tomaram pedras, para lhe atirar...* (Jo 8,59)
Tempo e maneira da Morte de Cristo. — **I V 3 ss.**

Domingo de Ramos:

Eis que vem a ti o teu Rei cheio de paz (Mt 2,15)
A Comunhão. — **II IV 1 ss.**
Obrigação, disposições para comungar. — **II IV 53 ss.**
A Comunhão das crianças. — **II IV 60 ss.**

Sexta-feira Santa:

Paixão de Cristo, prova do infinito amor de Deus para conosco. — **IV 10 ss.**
Queda do primeiro homem: suas misérias e consequências. — **I III 1 ss.**
Paixão de Cristo e remissão de pecados. — **IV XIV 13; IV I V 11.**
Paixão de Cristo e eficácia dos Sacramentos. — **I IX 6 10; II I 8; IV 6 8.**
Satisfação e merecimentos de Cristo. — **II IV 66 ss.**
Paixão de Cristo e abertura do céu. — **I IV 14.**
Paixão de Cristo ponto cardeal da Religião Cristã. — **Pr 10; I V 1.**

Domingo de Páscoa:

1. *Ressuscitou, não está aqui...* (Mc 16, 6) — **I VI 7 ss.**
2. Ao terceiro dia, ressurgiu dos mortos (SA) — **I VI 10 ss.**

Segunda-feira de Páscoa (antigo dia santo):

1. *Dois dos Discípulos de Jesus iam naquele dia...* (Lc 24,13)
Ainda o Mistério da Ressurreição. — **I VI 7 ss.**

2. *Era preciso que Cristo sofresse...* (Lc 24,26)
Necessidade da Ressurreição de Cristo. — **I VI 5 ss.**
Necessidade de esforço para se ganhar o céu. — **IV XII 1 ss.**
Vantagens das tribulações. — **IV XVI 1 ss.**

Terça-feira de Páscoa:

1. *Jesus postou-se meio no meio dos seus discípulos* (Lc 24,36)
    Os dotes dos corpos gloriosos. — **I XII 10 ss**.
2. *A paz seja convosco!* (Lc 24,36)
    A paz no Reino de Deus. — **IV IX 1 ss**.
3. *Pregar em Seu nome a remissão dos pecados...* (Lc 24,47)
    Remissão dos pecados. — **I X 1 ss**.

Primeiro Domingo depois da Páscoa:

1. *Naquele dia, que era o primeiro da semana...* (Jo 20,19).
    A ressurreição de Cristo, modelo da nossa. — **I V 13 ss**.
2. *A quem perdoardes...* (Jo 20,22)
    Remissão dos pecados. — **I X 1 ss**.
3. *Mete o teu dedo...* (Jo 20,27)
    Os corpos após a ressurreição. — **I XII 7 ss**.

Segundo Domingo depois da Páscoa:

1. *Eu sou o Bom Pastor...* (Jo 10,11)
    Deveres dos pastores e dos fiéis. — **III V 5 ss**.
    Quem é pastor, quem é mercenário. — **II VII 3 ss**.
2. *Haverá um só rebanho e um só pastor...* (Jo 10,16)
    Unidade da igreja. — **I X 10 ss**.
    O Pontífice Romano, seu primado. — **I X 11**.

Terceiro Domingo depois da Páscoa:

1. *Pouco tempo ainda, e já me não vereis...* (Jo 16,16)
    As penas deste mundo, e as recompensas do outro. — **I XIII 1 ss**.
2. *Vós ficareis tristes; o mundo, porém, exultará...* (Jo 16,20)
    O demônio ataca os bons de preferência aos maus. — **IV XV 7**.
3. *Vossa tristeza converter-se-á em júbilo...* (Jo 16,20)
    A esperança dos bens futuros e as contrariedades desta vida. — **I XIII 1 ss**.
    Por que Deus permite a aflição dos bons? — **IV XV 9**.

Quarto Domingo depois da Páscoa:

1. *Se Eu me não ausentar, não virá a vós o Consolador...* (Jo 16,7)
   Efeitos e dons do Espírito Santo. — **I IX 7 ss.**
2. *Arguirá o mundo do pecado* (Jo 16,8)
   A contrição. — **II V 23-35.**
3. *Se pedirdes alguma cousa...* (Jo 16,23)
   A oração, e suas condições. — **IV I 1 ss.**

Quinto Domingo depois da Páscoa:

A oração e suas condições. — **IV I 1 ss.**
A oração pela mediação de Cristo. — **I VII 1 ss.; IV IX 13.**
Festa da Ascensão:
Foi recebido no céu (Jo 16,19)
   Explicação do Mistério. — **I VI 1 ss.**

Domingo no oitavário da Ascensão:

Quando vier o Consolador... (Jo 15,26)
   A processão do Espírito Santo. — **I IX 5.**

Domingo de Pentecostes:

Se alguém Me tem amor... (Jo 14,23)
   Os Mandamentos de Deus. — **III I 1 ss.**
   O Sacramento da Crisma. — **II III 1 ss.**

Segunda-feira de Pentecostes (antigo dia santo):

1. *Assim Deus amou o mundo...* (Jo 3,16)
   O amor que Deus manifesta na Criação e direção do mundo, principalmente na obra da Redenção. — **IV IX 1 ss.**
2. *Para que não pereça todo aquele que acredita n'Ele* (Jo 3,16)
   Necessidade da fé em Jesus Cristo. — **I III 1 ss.**
3. *Quem crê n'Ele, não será julgado...* (Jo 3,18)
   Jesus Cristo, Filho Unigênito do Pai. — **I III 1 ss.**
   Que é a fé? Pr 1 ss.; — **I I 1 ss.**
4. *Por que não crê no nome do Seu Filho Unigênito* (Jo 3,18)
   Os irmãos de Jesus Cristo. — **IV IX 13 ss.**

Terça-feira de Pentecostes:

1. *Quem não entra pela porta...* (Jo 10,1)
   A jerarquia eclesiástica. — **II VII 13-16.**
2. *E as ovelhas ouvem a Sua voz...* (Jo 10,3)
   Honra e obediência devida aos Superiores eclesiásticos. — **III V 8 ss.**

Festa da Santíssima Trindade:

1. *Foi-Me dado todo o poder...* (Mt 28,18)
   Realeza e poder de Cristo. — **I III 7; IV IX 8.**
2. *Batizai-os...* (Mt 28,19)
   Os Sacramentos em geral. — **II I 1 ss.**
   Necessidade do Batismo. — **II II 1 ss.**
3. *Em nome do Pai, e do Filho, etc.* (Mt 28,19)
   O Mistério da SS. Trindade. — **I I 10 ss.**
   Matéria e forma do Batismo. — **II II 6 ss.**
4. *Ensinai-os a guardar, etc.* (Mt 28,20)
   Necessidade e possibilidade de observar a Lei de Deus. — **III I 1 ss.**

Domingo concorrente com a Festa da SS. Trindade:

1. *Sede misericordiosos...* (Lc 6,36)
   Perdoai-nos as nossas dívidas. — **IV XIV 1 ss.**
2. *Dai, e dar-se-vos-á ...* (Lc 6,38)
   Obrigação de socorrer o próximo. — **IV XIII 1 ss.**
   Os subsídios temporais desta vida. — **III VI 1 16 ss.**
3. *Hipócrita, tira primeiro a trave...* (Lc 6,42)
   Dos hipócritas, cujas orações Deus não ouve. — **IV VIII 5.**

Festa do Corpo de Deus:

Minha Carne é verdadeiramente uma comida... (Jo 6,56)
   A Eucaristia. — **II IV 1 ss.**

Segundo Domingo depois de Pentecostes, no oitavário de Corpo de Deus:

1. *Um homem fez um grande banquete...* (Lc 14,16)
   O banquete celestial. — **I XIII 1 ss.**

O banquete eucarístico. — **II IV 1 ss.**

2. *Todos começaram a escusar-se...* (Lc 14,18)
 As paixões desordenadas. — **III X 1 ss.; IV XII 2 ss.**

3. *Comprei uma quinta...* (Lc 14,18)
 Os orgulhosos e os ambiciosos. — **IV VII 1 ss.**

4. *Comprei uma junta de bois...* (Lc 14,19)
 Os avarentos — **III VIII 10.**

5. *Casei-me...* (Lc 14,19)
 A luxúria. — **III VII 1 ss.**
 A continência e castidade. — **III VII 1 ss.**

Festa do Coração de Jesus:

Um dos soldados Lhe abriu o lado com uma lança (Jo 19,34).
 1. Amor do Coração de Jesus para conosco. — **I V 10 ss.**
 2. Satisfação e merecimento do Coração de Jesus. — **II IV 66 ss.**

Terceiro Domingo depois de Pentecostes:

Haverá maior alegria no céu... (Lc 15,1)
Motivos para conversão e penitência. — **I VIII 1 ss; I XI 1 ss.**

Quarto Domingo depois de Pentecostes:

1. *As turbas atropelavam Jesus, para ouvirem...* (Lc 5,1)
 A palavra de Deus. — **IV XIII 8 18.**

2. *Subindo numa barca, que pertencia a Simão...* (Lc 5,3)
 O Chefe da Igreja. — **I X 11 15.**

3. *Afastai-vos de mim, Senhor...* (Lc 5,8)
 As disposições necessárias para a Comunhão. — **II IV 54.**

Quinto Domingo depois de Pentecostes:

1. *Ouvistes que aos antigos fora dito...* (Mt 5,21)
 O Quinto Mandamento de Deus. — **III VI 1 ss.**

2. *Ouvistes que aos antigos, etc.: Não cometerás adultérios...* (Mt 5,27)
 O Sexto Mandamento de Deus. — **III VII 1 ss.**

Sexto Domingo depois de Pentecostes:

1. *Tenho pena do povo...* (Mc 8,2)

    A paternal solicitude de Deus para conosco. — **IV IX 1 ss.**

2. *Se Eu os despedir em jejum...* (Mc 8,3)

    A fraqueza humana nada pode sem o auxílio de Deus. — **IV XII 5 ss.**

Sétimo Domingo depois de Pentecostes:

1. *Acautelai-vos dos falsos Profetas...* (Mt 7,15)

    Os hereges. — **I X 8; III IX 9.**

2. *Será lançada no fogo...* (Mt 7,19)

    O fogo e os suplícios do inferno. — **I VIII 9.**

3. *Aquele que faz a vontade do meu Pai...* (Mt 17,21)

    A vontade de Deus, o caminho mais breve para o céu. — **IV XII 1 ss.**

Oitavo Domingo depois de Pentecostes:

1. *Dá contas de tua administração...* (Mt 16,2)

    O Juízo particular. — **I VIII 3.**

2. *Granjeai amigos...* (Mt 16,9)

    A esmola. — **IV VIII 9; IV XIV 23.**

    A intercessão dos Santos. — **I II II 8 ss.**

Nono Domingo depois de Pentecostes:

1. *Chorou sobre ela...* (Lc 19,41)

    O arrependimento de nossos pecados. — **II V 23 ss.**

2. *Se tu também conhecesses...* (Lc 19,42)

    A maior miséria nossa é não conhecermos quanto somos miseráveis. — **IV XII 4 ss.**

3. *Virão dias contra ti...* (Lc 19,42)

    O abuso das graças divinas. — **IV XV 12.**

Décimo Domingo depois de Pentecostes:

1. *O fariseu orava de pé...* (Lc 18,11)

    As virtudes que devem acompanhar a oração. — **IV VII 1 ss.**

2. *Deus, sede propício a mim, pecador...* (Lc 18,13)

A verdadeira humildade e penitência. — **IV XIV 4 ss.**

3. *Quem se exalta, será humilhado...* (Lc 18,14)

A humildade de Cristo, uma condenação de nosso orgulho. — **II II 1 ss; II V 1 ss.**

Undécimo Domingo depois de Pentecostes:

1. *Pediam que lhe impusesse as mãos...* (Mc 7,32)

    Obrigação de rezar pelo próximo. — **IV V 1 ss.**

2. *Meteu-lhe os dedos nos ouvidos...* (Mc 7,33)

    As cerimônias do Batismo. — **II II 58 ss.**

3. *E erguendo o olhar ao céu... (*Mc 7,34)

    A onipresença de Deus. — **IV IX 18.**

    Os males que o pecado nos acarretou. — **IV XV 3 ss.**

Décimo segundo Domingo depois de Pentecostes:

1. *Amarás o Senhor teu Deus...* (Lc 10,27)

    Os preliminares do Decálogo. — **III I ss.**

    O Primeiro Mandamento. — **III II 1 ss.**

2. *Um homem descia de Jerusalém...* (Lc 10,30)

As misérias produzidas pelo pecado de Adão. — **IV XI 4 ss.; IV XII 2 ss.; IV XIII4 ss.**

3. *Um samaritano, derramando óleo...* (Lc 10,33)

    Os Sacramentos, remédios contra nossos males espirituais. — **II I 21 ss.**

4. *Cuida dele...* (Lc 10,35)

    A Igreja confiada por Cristo ao Soberano Pontífice. — **I X 10 ss.**

5. *Qual destes te parece que foi próximo...* (Lc 10,36)

    Quem é nosso próximo? — **III IX 3.**

Décimo terceiro Domingo depois de Pentecostes:

1. *Jesus Mestre, tende piedade de nós!* (Lc 17,13)

    O Nome de Jesus. — **I III 5 ss.**

2. *Ide mostrar-vos aos sacerdotes...* (Lc 17,14)

    Confissão e contrição. — **II V 27 ss; II V 38 ss.**

    Necessidade da acusação. — **II V 21 36 ss.**

Décimo quarto Domingo depois de Pentecostes:
  1. *Não vos preocupeis com a vossa vida...* (Mt 6,25)
     Funestas consequências das vãs preocupações. — **III X 1 ss.**
  2. *Vosso Pai sabe que precisais...* (Mt 6,32)
     Por que Deus quer ser rogado. — **IV 1 ss.**
  3. *Buscai primeiro o reino de Deus...* (Mt 6,33)
     Maneira de rezar. — **IV VII 1 ss.; IV VIII 1 ss.**
  4. *Todas estas coisas vos serão dadas de acréscimo...* (Mt 6,33)
     Os pedidos de ordem temporal. — **IV XIII 3 ss.**

Décimo quinto Domingo depois de Pentecostes:
  Ergueu-se aquele que estava morto... (Lc 7,15)
     1. Em que sentido, Cristo foi o primeiro dos ressuscitados? — **I VI 9.**

Décimo sexto Domingo depois de Pentecostes:
  1. *Se é lícito curar no sábado?* (Lc 14,3)
     A santificação do domingo e festas de guarda. — **III IV 1 ss.**
  2. *Quando fores convidado...* (Lc 14,8)
     Humildade cristã. — **IV II 9; IV VII 1 ss.; IV XI 17; IV XV 8 14 17.**

Décimo sétimo Domingo depois de Pentecostes:
  Amarás o Senhor teu Deus... (Mt 22,37)
     Os preliminares do Decálogo. — **III I 1 ss.**
     O Primeiro Mandamento. — **III II 1 ss.**

Décimo oitavo Domingo depois de Pentecostes:
  1. *Vendo a sua fé, Jesus...* (Mt 9,2)
     O Batismo, ao qual somos levados pela fé de nossos pais. — **II II 1 ss.**
  2. *Teus pecados te são perdoados...* (Mt 9,2)
     O poder de remitir pecados. — **I XI 1 ss.; II V 18 ss.**

Décimo nono Domingo depois de Pentecostes:
  1. *Um homem fez as bodas de seu filho...* (Mt 22,2)
     O Sacramento do Matrimônio. — **II VIII 1 ss.**
     Os bens do Matrimônio. — **II VII 9 12 ss.**

2. *Cobriram de ultrajes, e mataram...* (Mt 22,6)

Maledicência, afronta, detração, e outros vícios contra a caridade. — **III IX 7 ss.**

3. *Lançai-o nas trevas exteriores* (Mt 22,13):

Sentença e pena dos réprobos. — **I VIII 9.**

Vigésimo Domingo depois de Pentecostes:

Havia um príncipe, cujo filho... (Jo 4,46)

As misérias do homem. — **IV XIII 5; XVI 1 ss.**

Meios contra as misérias humanas. — **IV XVI 6 ss.**

Festa de Cristo Rei:

Realeza e poder de Cristo. — **I III 7; IV IX 8.**

Vigésimo primeiro Domingo depois de Pentecostes:

1. *Paga-me o que deves...* (Mt 18,28)

O dever de restituição. — **III VIII 8 ss. 14 ss.; III IX 1 20.**

2. *Se não perdoardes...* (Mt 18,28)

Perdoai-nos as nossas dívidas. — **IV XIV 1 ss.**

Vigésimo segundo Domingo depois de Pentecostes:

1. *Mestre, sabemos que sois verdadeiro...* (Mt 22,16)

Lisonja ou adulação. — **III IX 11.**

2. *Dai a César...* (Mt 22,21)

Deveres para com as autoridades civis. — **II V 8 ss.**

Vigésimo terceiro Domingo depois de Pentecostes:

1. *Eis que chegou um príncipe...* (Mt 9,18)

Nas doenças recorrer a Deus, que não a superstições. — **IV XVI 4.**

2. *Minha filha acaba de morrer...* (Mt 9,18)

A morte e os novíssimos. — **I VIII 2 ss.**

3. *Se eu tocar, basta que seja a fímbria...* (Mt 9,21)

Culto e veneração das relíquias. — **III II 15.**

4. *Chegando Jesus à casa do Príncipe...* (Mt 9,23)

Sufrágio dos mortos, pela Missa e pela oração. — **II IV 77 ss.**

Vigésimo quarto Domingo depois de Pentecostes:

1. *Quando virdes a abominação...* (Mt 24,15)
   Os sinais que precedem ao Juízo final. — **I VIII 7.**
2. *Rogai a Deus que vossa fuga...* (Mt 24,20)
   É lícito pedir a Deus coisas temporais. — **IV XIII 9.**
3. *Mas, por consideração aos eleitos...* (Mt 24,22)
   Até que ponto pode o demônio tentar os homens. — **IV XV 8.**

SUMÁRIO CATEQUÍSTICO

DA INTRODUÇÃO AO CATECISMO ROMANO

1. Poderia o homem conhecer, só pela luz da razão, todos os seus deveres para com Deus?

Não os poderia. Por isso é que Deus lhos revelou desde o princípio do mundo, conforme consta da tradição dos povos, dos monumentos históricos, em particular das crianças católicas. — Introd. 1.

2. Como a Religião Revelada se conservou e propagou através dos séculos?

Conservou-se, primeiro, pela tradição dos Patriarcas; segundo, pelo magistério dos Profetas; terceiro, pela instituição do sacerdócio judaico, que durou desde Moisés até Jesus Cristo; quarto, pela missão divina de Jesus Cristo, dos Apóstolos e seus legítimos sucessores. — Introd. 2-4.

3. Por que mandaram os Padres Tridentinos fazer um Catecismo para os Párocos?

Em primeiro lugar, para conservar mais facilmente a unidade da fé, e para combater as heresias que se multiplicavam de maneira assustadora; depois, para ajudar e orientar os pastores que tinham menos tempo ou capacidade de estudar e conhecer mais a fundo todas as partes da doutrina católica. — Introd. 5-8.

4. Que se contém no Catecismo do Concílio de Trento?

O Catecismo Romano contém dois pontos principais: normas ou sugestões que os pastores devem seguir na instrução e formação religiosa de seus paroquianos; e um sumário de todas as verdades que o cristão deve crer e praticar. — Introd. 9.

5. Que prescreve o Catecismo Romano aos pastores?

Manda os pastores instruírem o fiel cristão segundo as suas necessidades individuais, de acordo com a inteligência de cada um. Lembra-lhes, outrossim, que na instrução religiosa devem tomar, como ponto de referência, o conhecimento de Deus e de Jesus Cristo, a prática da caridade, isto é, a observância dos Mandamentos da Lei de Deus e da Igreja. — Introd. 10-11.

6. Como se divide a doutrina cristã?

Divide-se em quatro partes, abrangendo o que o cristão deve crer, fazer, receber e pedir. Com outras palavras, compreende o Símbolo, o Decálogo, os Sacramentos e a Oração. — Introd. 12-13.

DA FÉ E DO SÍMBOLO DO CREDO

7. Que é a fé?

Fé é a convicção firme e inabalável que temos, das coisas reveladas por Deus, e propostas a crer pelo magistério infalível da Igreja. — I I 1; I II 2.

8. A fé é necessária para a salvação?

É necessária, pois que sem a fé não podemos conhecer a Deus e a Jesus Cristo, nem os deveres que a Religião nos impõe a cada um de nós. — I I 1.

9. A fé poderá enganar-nos?

Não pode, porque Deus é a própria verdade, e prometeu assistência à Igreja até o fim dos séculos. — I I 1.

10. A fé é igual em todos os crentes?

É igual quanto ao seu objeto, mas quanto ao conhecimento individual pode crescer em cada cristão, e tornar-se mais viva e operante. — I I 1.

11. Qual é o objeto da fé?

São as verdades contidas no Símbolo dos Apóstolos, isto é, no sumário das verdades ensinadas por Jesus Cristo. O Símbolo foi composto pelos Apóstolos, antes de se espalharem pelo mundo, para a pregação do

Evangelho. Sua finalidade era conservar em toda a parte a mesma expressão de uma só fé. — I I 2-3.

12. Como se divide o Símbolo?

Divide-se em 12 Artigos. Podemos, todavia, reduzi-lo a três principais. A primeira diz respeito a Deus Pai e à obra da Criação. A segunda se refere a Deus Filho e à obra da Redenção. A terceira fala do Espírito Santo e da obra da santificação. — I I 4.

ARTIGO PRIMEIRO DO CREDO

13. Qual é o sentido geral do Artigo: "Creio em Deus Pai?"

Exprime duas verdades ou dogmas. A primeira é que o cristão deve crer firmemente na existência de um só Deus em três Pessoas, Criador do Universo, e sumamente perfeito. A segunda é que deve reconhecê-lO como fonte e princípio de todo o bem, e consagrar-se a Ele como a seu fim último. — I II 1.

14. Qual é o caráter particular da fé?

Baseando-se na própria palavra de Deus, a fé dá ao cristão plena certeza das verdades que Deus nos ensina, e dispensa-o de fazer pesquisas inúteis e curiosas acerca dessas mesmas verdades. Esta vantagem preserva-o ainda de muitos erros e incertezas. — I II 2-3.

15. A fé é uma virtude puramente interior?

Não é. Devemos professá-la com palavras e obras, todas as vezes que for necessário. — I II 4.

16. Que nos ensina a fé a respeito de Deus?

A fé nos ensina, desde a nossa infância, que Deus existe, e que Suas perfeições são infinitas. São estas verdades que a filosofia humana jamais conseguiu desvendar em sua totalidade. A fé no-las representa, por revelação de Deus, e pelos testemunhos da Escritura. — I II 5-8.

17. Por que damos a Deus o nome de Pai?

Em primeiro lugar, porque Deus é o nosso Criador; depois, porque adotou todos os cristãos como Seus filhos; mas, antes de tudo, porque há em Deus três Pessoas realmente distintas: Pai, Filho, Espírito Santo. É o mistério da Santíssima Trindade que em Deus nos faz reconhecer três Pessoas, mas uma só natureza divina. — I II 9-10.

18. Por que o Símbolo só faz menção da onipotência, omitindo as outras perfeições de Deus?

Primeiro, porque uma perfeição que seja infinita encerra, necessariamente, todas as outras; segundo, porque Deus se nos tornou mais conhecido pelas obras de Sua onipotência; terceiro, porque elas impressionam de maneira mais forte o espírito humano. — I II 11-14.

19. Pode Deus praticar o mal?

Não pode, porque Seu poder é perfeito, unido que é a uma bondade e sabedoria infinitas. — I II 12.

20. Que sentimentos desperta no cristão a fé na onipotência divina?

Inspira-nos temor e humildade, porque dependemos desse poder soberano em todas as coisas; confiança, porque Deus nos pode outorgar todos os bens e graças; coragem na prática de todas as virtudes e boas obras. — I II 13.

21. Que é a Criação?

É o ato pelo qual Deus deu existência a tudo o que há no mundo, Anjos, homens, animais, plantas, etc.; a todas as coisas, enfim, que são expressas pelos termos: Criador do céu e da terra. — I II 15-20 23.

22. Que há de particular na criação dos Anjos e dos homens?

Os Anjos foram criados em estado de bondade, na posse de todos os dons e prerrogativas. Eram dotados de livre arbítrio, para escolherem por si mesmos a felicidade ou a perdição. — O homem foi criado em condições idênticas. — Mas uma parte dos Anjos se rebelou contra Deus, e todos eles foram punidos sem demora. O homem também prevaricou, seduzido por esses espíritos perversos, e teve o seu castigo. Entretanto, Deus prometeu-lhe um

Redentor, e depois reintegrou o homem em todos os direitos que havia perdido pelo pecado. — I II 17 19.

23. Que é a Providência?

É o cuidado que Deus tem, de todas as Suas criaturas. A Providência abrange as leis divinas, dadas ao homem neste mundo; as recompensas dos justos no Paraíso; e afinal a punição dos maus nas chamas eternas. Estas verdades ou dogmas estão incluídos no conceito de "Religião". — I II 21-22.

ARTIGO SEGUNDO DO CREDO

24. Depois da Santíssima Trindade, quais são os mistérios que devemos necessariamente conhecer?

São os mistérios da Encarnação e da Redenção. — I II 1 ss.

25. Quais são, para o homem, os primeiros efeitos do mistério da Redenção?

O homem ficou livre do pecado e de suas penas, tanto do pecado original, como de todos os pecados pessoais ou atuais. Aquele é tirado pelo Batismo; estes, em geral, pelo Sacramento da Penitência. — I III 3.

26. Que é pecado original?

Criados que foram em estado de justiça e imortalidade, nossos primeiros Pais desobedeceram a Deus, e com isso perderam esse privilégio e o direito à felicidade eterna, que lhe era inerente. Foram condenados ao sofrimento, à morte espiritual e corporal, e aos mesmos castigos que recaíam sobre os anjos maus. Esse pecado de origem passou a todos os descendentes, não só quanto à pena, mas também quanto à culpa. É o que chamamos culpa ou pecado original. — I III 2.

27. Podiam os homens, por si mesmos, reconciliar-se com Deus e apaziguar a Sua cólera?

Não podiam, porque tal empresa excedia os méritos e esforços da simples criatura, ainda que fosse a mais perfeita. A salvação só podia vir de um Deus feito homem. — I III 3.

28. Conheceram logo os homens o mistério da Encarnação?

Conheciam-no, e podiam conhecê-lo, porque Deus teve a bondade de revelá-lo a Adão após a condenação no Paraíso. Posteriormente, lembrava-o sempre pela boca dos Patriarcas e Profetas, pelas figuras e pelos sacrifícios da Lei Mosaica, até a vinda do Salvador a este mundo. Entre os povos idólatras, havia um conhecimento alterado e imperfeito, mas que remontava à tradição primitiva no começo do mundo, expressa pelo Protoevangelho. — I III 4.

29. Que significa o nome de Jesus?

Significa Salvador. É um nome que convém perfeitamente ao Filho de Deus, porque Ele livrou os homens do pecado, e de todos os seus maus efeitos, e deu-lhes aos homens direito à herança da eternidade. O Nome de Jesus exprime por si só tudo o que se continha nos outros nomes que Lhe foram atribuídos pelos Profetas. — I III 5-6.

30. Que quer dizer "Cristo"?

Quer dizer "ungido" ou sagrado. Convém perfeitamente ao Filho de Deus, feito homem, porque é Rei, Sacerdote e Profeta. — I III 7.

31. Em que consistia a unção, pela qual Jesus Cristo foi sagrado Rei, Sacerdote e Profeta?

Consistia na plenitude da graça, e na abundância dos dons espirituais, que Lhe foram conferidos enquanto homem. — I III 7.

32. Em que sentido é Profeta?

É Profeta, porque foi enviado para revelar aos homens a vontade de Seu Pai, para lhes anunciar as verdades eternas. — I III 7.

33. Em que sentido é Sacerdote?

É Sacerdote, porque ofereceu, e oferecerá eternamente a Deus Seu Pai o único Sacrifício que Lhe podia e pode ser agradável. — I III 7.

34. Em que sentido é Rei?

É Rei, como Deus e como Homem, mas a Sua realeza é espiritual. Exerce-a, neste mundo, pela assistência que confere à Igreja. Na eternidade, reina e reinará sobre justos e pecadores, cujo julgamento Lhe foi confiado pelo Pai. — I III 7.

35. Que se entende pelas palavras "um só Seu Filho"?

Entende-se que Jesus Cristo é realmente o Filho de Deus, igual em tudo ao Pai e ao Espírito Santo, gerado pelo Pai desde toda a eternidade, nascido da Virgem Santíssima na ordem do tempo. Os homens tornaram-se Seus irmãos e coerdeiros, porque Deus Pai os adotou, em consideração aos merecimentos de Seu Filho Unigênito. — I III 8.

36. Por que dizemos que Jesus Cristo é "Nosso Senhor"?

Damos-Lhe o título de "Nosso Senhor": primeiro, porque é Deus; segundo, porque como Homem nos resgatou da morte e do pecado; terceiro, porque é Deus e Homem ao mesmo tempo, Deus perfeito e perfeito homem. — I III 11.

37. Que quer dizer "cristão"?

Cristão quer dizer discípulo de Cristo, d'Aquele que é Rei, Sacerdote e Profeta. O cristão deve concretizar em si estes três títulos de Nosso Senhor. — I III 12.

ARTIGO TERCEIRO DO CREDO

38. Como Cristo se fez Homem?

Seu Corpo foi formado do sangue puríssimo da Santa Virgem, pela virtude do Espírito Santo. Sua Alma foi criada, ornada de todos os dons e graças, e unida imediatamente ao Corpo no seio da Virgem Maria. No mesmo instante, a Segunda Pessoa da Santíssima Trindade Se ligou a esse Corpo e a essa Alma. — I IV 1.

39. A Encarnação é própria só do Filho?

Ao Pai só é própria a paternidade; ao Filho, a geração [passiva]; ao Espírito Santo, a procedência ou processão do Pai e do Filho. O mais é comum às três Pessoas Divinas. No entanto, é costume da Igreja atribuir, de modo mais particular, a obra da Encarnação e Redenção ao Filho, assim como atribui a obra da Criação ao Pai, e ao Espírito Santo a obra da santificação. — I IV 2-4.

40. A Santíssima Virgem é Mãe de Deus?

É Mãe de Deus, porque concebeu e deu à luz Aquele que é, ao mesmo tempo, verdadeiro Deus, e verdadeiro Homem. — I IV 4-5.

41. Que sentimentos nos inspira o mistério da Encarnação?

Inspira-nos sentimentos de gratidão, de fé humilde e submissa, de sincera adoração, de inteira confiança nos merecimentos de Cristo Redentor. — I IV 6.

42. Que há de peculiar no nascimento de Cristo?

O fato de Sua Mãe ter-se conservado virgem antes do parto, durante o parto, e depois do parto; o fato de terem os Anjos anunciado Seu Nascimento como sinal e penhor daquela paz, que Ele havia de estabelecer entre Deus e os homens de boa vontade. — I IV 7-10.

43. Quais ensinamentos deve o cristão tirar do mistério do Natal de Cristo?

Os fiéis devem antes de tudo descobrir, no Nascimento de Cristo, motivos para grande humildade e gratidão. Cristo humilhou-Se, exclusivamente para nos fazer filhos de Deus, e para nos levar ao céu. Pela imitação de Suas virtudes, de Sua pobreza, de Suas humilhações, é que o fiel merece a graça de receber a Cristo, e de trazê-lo no próprio coração. — I IV 11.

ARTIGO QUARTO DO CREDO

44. Que nos propõe a crer o Quarto Artigo do Símbolo?

Propõe-nos a crer que Jesus Cristo morreu pelo suplício da Cruz, quando Pôncio Pilatos governava a Judeia, no tempo do imperador Tibério. — I V 1.

45. Podia Cristo sofrer?

Podia, por ser verdadeiro homem. É certo que padeceu as maiores dores, não enquanto Deus, mas como se não fora Deus ao mesmo tempo. — I V 2.

46. Por que o Símbolo faz menção expressa de Pilatos?

O Símbolo fala de Pilatos: primeiro, para que se pudesse verificar, pela exatidão da data, um acontecimento de tanta importância para a humanidade; segundo, para que se cumprissem as profecias, pelas quais Cristo seria entregue aos gentios. — I V 3.

47. Sabiam os judeus que o Salvador prometido devia morrer?

Sabiam-no, porque Sua Morte fora predita pelos Profetas, e prefigurada por vários acontecimentos da história judaica, como sejam a morte de Abel, o sacrifício de Isaac, o Cordeiro Pascal, a serpente de bronze, etc. — I V 3 5.

48. Por que Cristo escolheu a Cruz para instrumento de Sua Paixão e Morte?

Escolheu-a, por ser o suplício mais humilhante e vergonhoso aos olhos dos judeus e dos gentios. — I V 4.

49. Como poderá o cristão saber tudo o que Cristo padeceu?

O cristão pode conhecer a Paixão em toda a sua crueza, instruindo-se fielmente acerca das circunstâncias de Sua Morte, conforme foram narradas pelos Evangelistas, e preconizadas pelos Profetas. — I V 5.

50. Cristo morreu realmente?

Sim, morreu. Sua Alma separou-se do Corpo, sem que a Divindade se apartasse do Corpo ou da Alma. — I V 6.

51. Que há de particular em Sua Morte?

Sua Morte foi inteiramente voluntária. Cristo entregou-se livremente aos Seus inimigos. Tamanha prova de amor nos obriga a uma gratidão mais intensa e mais sincera. — I V 4 7.

52. Por que se fala de Seu enterramento?

Fala-se de Seu enterramento, para mostrar que Cristo morrera de fato, ao contrário do que diziam alguns hereges, já no tempo dos Apóstolos; e ainda para declarar, expressamente, que Deus fora sepultado. — I V 8-9.

53. Que considerações podemos fazer em torno deste Mistério?

Podemos ponderar: 1. Quem sofreu por nós é o Deus infinitamente santo e perfeito; 2. Nossos pecados foram efetivamente a causa de Seu suplício; 3. Todas as vezes que pecamos, de novo crucificamos a Cristo; 4. Isto não obstante, Cristo morreu voluntariamente, imolado pelo Seu Pai, e por Si mesmo, em virtude de Seu infinito amor por nós. — I V 10-12.

54. Quais foram os principais sofrimentos de Cristo?

Cristo suou sangue no Horto das Oliveiras; Suas mãos e pés foram trespassados; Sua cabeça foi coroada de espinhos, e ferida com uma cana; Seu rosto, batido com punhadas, e coberto de escarros. Cristo morreu no lenho da Cruz, e Sua Alma padeceu as dores mais atrozes, sem a menor consolação por parte da Divindade. — I V 13.

55. Quais são os frutos da Paixão e Morte de Cristo?

Pela Sua Paixão e Morte, Cristo nos livrou de nossos pecados, e da tirania do demônio. Pagou à justiça divina o castigo que nós havíamos merecido; abriu-nos o céu, que nos estava fechado. A Paixão e Morte de Cristo mostram-nO como um modelo de paciência, humildade, mansidão, caridade, obediência, coragem, perdão das injúrias. — I V 14-15.

ARTIGO QUINTO DO CREDO

56. Que nos propõe a crer o Quinto Artigo do Credo?

Ensina-nos que, morrendo Nosso Senhor na Cruz, Sua Alma desceu aos infernos, e lá ficou todo o tempo que Seu Corpo jazia no sepulcro. A Pessoa Divina do Salvador estava, pois, simultaneamente no Limbo e na sepultura. — I VI 1.

57. Que se entende por infernos?

Dá-se o nome de infernos: 1. Aos lugares, onde os condenados sofrem castigos; 2. Aos lugares, onde sofrem as almas justas que ainda não têm a pureza necessária para entrar no céu; 3. Aos lugares, onde as almas santas estavam encerradas, aguardando a vinda de Cristo e a abertura do céu, e tais lugares se chamavam Limbo. — I VI 2-3. (Nota: Esta pergunta do CRO leva em conta a expressão latina. Em português, fazemos nítida distinção entre infernos, inferno, e Limbo.)

58. Para onde desceu Jesus Cristo?

Cristo desceu ao Limbo, onde libertou as almas dos justos, que aguardavam a Sua vinda. No dia da Ascensão, levou-as para o céu. — I VI 4-6.

59. Permaneceu Cristo muito tempo no sepulcro?

Não, ressuscitou ao terceiro dia, depois de Sua Morte, por virtude própria, como o haviam anunciado os Profetas, e como Ele mesmo o havia predito muitas vezes. — I VI 7-9 11.

60. Como se contam os três dias?

Conta-se a noite de sexta-feira, dia em que morreu, o sábado inteiro, e a madrugada de domingo, dia de Sua Ressurreição. — I VI 10.

61. Quais são os frutos da Ressurreição?

Cristo ressuscitou: 1. Para colocar nossa fé e nossa esperança em alicerces inabaláveis; 2. Para nos restituir os bens que o pecado nos arrebata; 3. Para nos garantir, antes de tudo, uma ressurreição gloriosa no fim do mundo, à semelhança de Sua própria Ressurreição. — I VI 13.

62. Como é que a Ressurreição de Cristo nos dá o exemplo de uma ressurreição espiritual?

Cristo Ressuscitado ensina-nos a ressurgir espiritualmente, abandonando nós o pecado, praticando todas as virtudes, e perseverando no estado de graça, sem recairmos em culpas graves. — I VI 13-15.

ARTIGO SEXTO DO CREDO

63. Que nos propõe a crer o Sétimo Artigo do Credo?

Obriga-nos a crer que Jesus Cristo, tendo consumado a nossa Redenção, subiu aos céus como Homem, em corpo e alma, e por própria virtude. — I VII 1-2.

64. Que se entende pelas palavras: Está sentado à mão direita de Deus Pai Todo-Poderoso?

É uma expressão figurada que nos faz imaginar o régio poder e a glória infinita que Jesus Cristo, enquanto Homem, recebeu de Seu Pai por toda a eternidade. — I VII 3-4.

65. Por que Jesus Cristo subiu aos céus?

Cristo subiu aos céus: 1. Para tomar posse da glória e do Reino que havia merecido pela Sua Paixão e Morte; 2. Para despertar em nossos corações o desejo das coisas eternas; 3. Para ser no céu nosso Advogado e Intercessor junto ao Pai; 4. Para nos preparar um lugar no céu, conforme havia prometido; 5. Para aumentar a nossa fé; 6. Para confirmar a nossa esperança; 7. Para espiritualizar o nosso amor; 8. Para dilatar a Sua Igreja. — I VII 5-9.

ARTIGO SÉTIMO DO CREDO

66. Que nos ensina o Sétimo Artigo do Credo?

Ensina-nos que, no fim do mundo, Jesus Cristo há de vir julgar todos os homens. Esta verdade é muito inculcada nas Santas Escrituras. — I VIII 1-2.

67. Haverá vários Juízos?

Haverá dois: um chamado Juízo particular, pelo qual o homem passa imediatamente depois da morte; outro, chamado Juízo universal, que no fim do mundo se fará de todos os homens, simultaneamente, reunidos no mesmo lugar. — I VIII 3.

68. Havendo já um Juízo particular, por que se fará outro universal?

Far-se-á um Juízo universal: 1. Para punir os escandalosos, cujos crimes não deixam de multiplicar-se até o fim do mundo; 2. Para reparar, na presença de todos os homens, a injustiça das calúnias e das falsas imputações; 3. Para dar ao nosso corpo a parte que toca na recompensa ou na punição de nossas obras; 4. Para justificar, perante os homens de todos os tempos, a Providência de Deus, Seu governo do mundo, Sua sabedoria e justiça nesta nossa vida mortal. — I VIII 4.

69. Por que o julgamento será confiado a Jesus Cristo?

O julgamento ser-Lhe-á entregue, porque Jesus Cristo foi injustamente condenado pelos maus; porque adquiriu, pela Sua Paixão e Morte, os direitos de eterna soberania sobre todos os homens. — I VIII 5-6.

70. Quais são os sinais que precederão ao Juízo Final?

São três: a pregação do Evangelho pelo mundo inteiro, a apostasia generalizada e o aparecimento do Anticristo. — I VIII 7.

71. Qual será a sentença dos bons, e qual será a dos maus?

Jesus Cristo dirá aos bons: "Vinde, benditos do Meu Pai, tomai posse do Reino, que vos foi preparado desde a criação do mundo". E dirá aos maus: "Afastai-vos de Mim, malditos, para o fogo eterno, que foi preparado para o demônio e seus anjos". — I VIII 8-9.

72. Quais serão os frutos que devemos tirar destas verdades?

Este Mistério deve ser pregado frequentemente, para a conversão dos pecadores, e para a perseverança dos justos. — I VIII 10.

ARTIGO OITAVO DO CREDO

73. Que significam as palavras: Creio no Espírito Santo?

Estas palavras não querem apenas dizer que Deus é espírito, como o são os Anjos, as almas, os demônios. Declaram que há uma terceira Pessoa na Santíssima Trindade. Damos-Lhe o nome de Espírito Santo, porque essa Pessoa Divina nos confere a vida espiritual, e inspira-nos todas as santas disposições necessárias para a prática do bem e da virtude. — I IX 1-3.

74. O Espírito Santo é Deus, como o Pai e o Filho?

O Espírito Santo é Deus, pois a Escritura sempre Lhe atribui as mesmas propriedades que ao Pai e ao Filho. Não difere de um nem de outro, senão porque é a Terceira Pessoa da Santíssima Trindade, e procede do Pai e do Filho. — I IX 4-6.

75. Quais são os dons peculiares do Espírito Santo?

São principalmente os dons enumerados pelo Profeta Isaías: "O Espírito do conselho e da fortaleza, o Espírito da sabedoria e do entendimento, o Espírito da ciência e da piedade, o Espírito do temor de Deus". O mais precioso de todos os dons do Espírito Santo é a graça santificante. — I IX 7-8.

ARTIGO NONO DO CREDO

76. Por que é muito necessário conhecer o Nono Artigo do Credo?

Importa conhecê-lo, porque não cairá em heresia quem aceita tudo o que a Igreja nos propõe a crer. Entretanto, não é herege quem se engana simplesmente em matéria de fé, mas só quem se obstina em suas opiniões errôneas, a ponto de desprezar a autoridade infalível da Igreja. — I X 1.

77. Que é a Igreja?

Etimologicamente, Igreja quer dizer "assembleia" ou "convocação". Por definição dogmática, é a sociedade dos cristãos, fundada por Jesus Cristo, e governada pelos Apóstolos e seus legítimos sucessores. — I X 2 3 10.

78. Que nomes designam a Igreja nas Sagradas Escrituras?

Em vários lugares, é chamada casa de Deus, rebanho das ovelhas de Cristo, esposa de Cristo, Corpo de Cristo, etc. — I X 4.

79. Quais são os outros significados de Igreja nas Escrituras?

Pelo nome de "igrejas", as Escrituras designam também simples cristandades, famílias cristãs, pastores e fiéis cristãos, e o próprio edifício material, onde os cristãos se reúnem. — I X 9.

80. Quais são as partes da Igreja?

São duas: a Igreja triunfante, que é a sociedade dos bem-aventurados já em gozo da eterna felicidade; e a Igreja militante, que é a sociedade dos fiéis que na terra devem ainda combater e vencer os inimigos da salvação. — I X 5.

81. De que elementos se compõe a Igreja militante?

A Igreja militante se compõe de justos e pecadores. Estes são como a palha que na eira se confunde temporariamente com o bom grão; aqueles são o bom grão, que só no fim do mundo será separado da palha. — I X 5-7.

82. Que elementos não pertencem à comunidade da Igreja?

Não pertencem à comunidade da Igreja: os infiéis, os hereges, os cismáticos e os excomungados. — I X 8.

83. Quais são as notas ou caracteres próprios da Igreja de Jesus Cristo?

As notas discriminantes da Igreja são quatro: unidade, santidade, catolicidade, apostolicidade. — I X 10 13-15.

84. Em que sentido a Igreja é uma e una?

A igreja é uma e una, porque todos os seus filhos têm a mesma fé, os mesmos Sacramentos, o mesmo e único Chefe Jesus Cristo no céu, e Seu legítimo Vigário e Representante na terra. — I X 10-12.

85. Em que sentido a Igreja é santa?

A Igreja é santa: 1. Porque é dedicada e consagrada a Deus, pela fé e pelos Sacramentos; 2. Porque está unida à sua cabeça, Jesus Cristo, de quem recebe todos os dons do Espírito Santo; 3. Porque só ela possui o legítimo Sacrifício instituído por Deus, e o uso salutar de todos os Sacramentos. — I X 13.

86. Em que sentido a Igreja é católica?

A Igreja é católica ou universal: 1. Porque deve ser pregada e anunciada no mundo inteiro; 2. Porque começou com o mundo, desde o Proto-Evangelho, e deve continuar até a consumação dos séculos; 3. Porque fora da Igreja não há salvação. — I X 14.

87. Em que sentido a Igreja é apostólica?

A Igreja é apostólica, por ter conservado intacta a doutrina, que recebeu de Jesus Cristo e dos Apóstolos; por ter sido sempre governada pelos legítimos sucessores dos Apóstolos. —I X 15-16.

88. Quais são as imagens e figuras da Igreja no Antigo Testamento?

As figuras mais notáveis da Igreja são a Arca de Noé, a cidade e o templo de Jerusalém. — I X 17.

89. Por que a verdade da Igreja constitui um artigo de fé?

A verdade da Igreja é um artigo de fé, porque a Igreja é necessária para a salvação; de outro lado, porque a sua autoridade e infalibilidade constituem um mistério tão incompreensível, como todos os outros. — I X 18-20.

90. Que é a Comunhão dos Santos?

Comunhão dos Santos é a participação de bens e graças que existe entre os membros das Igrejas militante, padecente e triunfante. Sendo os cristãos membros de um só Corpo Místico, todas as boas obras praticadas por um fiel, individualmente, se tornam comuns e proveitosas a todos os outros fiéis, na medida de suas disposições sobrenaturais. É o que sucede na vida do organismo. Todos os membros do corpo participam da vitalidade de cada membro em particular. Nisso se define, no plano sobrenatural, o que chamamos "Comunhão dos Santos". — I X 21-25.

ARTIGO DÉCIMO DO CREDO

91. Que devemos crer pelo Décimo Artigo do Credo?

Devemos crer que Jesus Cristo obteve para todos os homens o perdão dos pecados, e que deu à Sua Igreja um verdadeiro poder de perdoar, sob a condição de que os pecadores a ela recorram nas devidas disposições. — I XI 1-2.

92. Até que ponto vai o poder da Igreja na remissão de pecados?

Esse poder não é limitado quanto aos lugares, nem quanto ao tempo, nem quanto às pessoas, nem quanto à categoria de faltas. — I XI 3.

93. Como é exercido esse poder?

É exercido na administração dos Sacramentos, mas nas condições previstas pela autoridade da Igreja. A Penitência só pode ser administrada pelos bispos, e pelos sacerdotes que dos bispos tenham recebido a jurisdição necessária. — I XI 4.

94. Com que sentimentos devemos considerar a remissão dos pecados?

Devemos considerá-lo com respeito e gratidão, porque a remissão dos pecados é um dos maiores benefícios que Cristo nos alcançou pela Sua Paixão e Morte. — XI 5-9.

95. Que uso devemos fazer da remissão dos pecados?

Devemos recorrer a esse poder, todas as vezes que tivermos a desgraça de ofender gravemente a Deus. A facilidade do perdão não deve induzir-nos a pecar, por presunção e temeridade. — I XI 10.

ARTIGO UNDÉCIMO DO CREDO

96. É absolutamente certo que haverá uma ressurreição dos corpos?

É uma verdade de absoluta certeza, e que foi muitas vezes afiançada por Deus nas Sagradas Escrituras, por Jesus Cristo, por São Paulo e outros Apóstolos, e também nas obras dos Santos Padres. — I XII 1-4 6.

97. Por que os corpos hão de ressuscitar?

Por ser justo que os corpos se tornem a unir às almas, para terem parte nas recompensas ou nos castigos, que receberão da justiça de Deus no fim do mundo. Além disso, a união da alma com o corpo pertence à integridade da natureza humana. — I XIII 5.

98. Qual será o estado de nossos corpos depois da ressurreição?

Os justos ressuscitarão com os corpos perfeitos e íntegros, dotados de imortalidade, impassibilidade, agilidade e sutileza. Os maus ressuscitarão, mas seus corpos não serão transformados nem glorificados. — I XII 12.

99. Que frutos devemos tirar do presente Artigo?

O pensamento da futura ressurreição deve consolar-se nas misérias da vida, na morte de parentes e amigos, e induzir-nos a levar uma vida santa e livre de pecados. — I XII 12.

ARTIGO DUODÉCIMO DO CREDO

100. Que é a vida eterna?

A vida eterna é a bem-aventurança de que gozam os Santos no céu, como recompensa de suas boas obras e virtudes. — I XIII 1-4.

101. Em que consiste essa bem-aventurança?

Não a podemos exprimir na linguagem humana. Entretanto, sabemos que consiste na isenção de todos os males, e na posse de todos os bens. A visão e posse de Deus nos tornará semelhantes a Ele. Jesus Cristo nos tratará como irmãos e amigos, juntar-nos-á aos Anjos, exaltar-nos-á na presença de Seu Pai Celestial, e far-nos-á participar de Sua própria glória e bem-aventurança, por toda a eternidade. — I XIII 4-11.

102. Quais são os meios de alcançarmos a eterna bem-aventurança?

Alcançaremos a eterna bem-aventurança, se nos dedicarmos de bom grado às obras de caridade, à prática da fé, e a uma salutar frequência dos Santos Sacramentos. — I XIII 12.

DOS SACRAMENTOS EM GERAL

103. Por que é necessária a doutrina dos Sacramentos?

É necessária, porque os Sacramentos são meios de salvação, instituídos por Jesus Cristo; os sacerdotes devem saber a maneira de ministrá-los, e os fiéis o modo de recebê-los digna e frutuosamente. — II I 1.

104. Que significa o termo Sacramento?

No latim profano, quer dizer juramento ou compromisso militar. No latim eclesiástico, significa mistério, ou arcano sagrado. — II I 2.

105. Que são os Sacramentos da Igreja?

São sinais sensíveis que significam e produzem uma graça específica, em virtude da instituição por Jesus Cristo. — II I 3.

106. Há outros sinais ainda?

Há sinais naturais, como a fumaça, que é um sinal do fogo. Há sinais convencionais, instituídos pelos homens, para simbolizar outra coisa: por exemplo, os caracteres gráficos, os toques de trompa, etc. Há sinais de instituição divina, aos quais Deus conferiu a virtude de produzirem a justiça e a santidade. — II I 4-7.

107. Que graças ou efeitos salutares significam e produzem os Sacramentos?

Três efeitos. Um, que é passado, a Paixão de Cristo; outro, que é presente, a graça específica; o terceiro, que é futuro, e eterna bem-aventurança. — II I 8.

108. Por que foram instituídos os Sacramentos?

Entre outros motivos, por causa da fragilidade humana, que precisa de coisas sensíveis, para se elevar à contemplação das coisas celestes; por eles devia crescer nossa confiança nas promessas divinas e na Paixão de Cristo; eles deviam munir os fiéis entre si e distingui-los dos infiéis; deviam manifestar exteriormente a fé que nos vai dentro do coração; deviam enfim incentivar o amor fraterno e a humildade cristã. — II I 9.

109. Quais são as partes essenciais de um Sacramento?

São a matéria e a forma, que se postulam e completam mutuamente. — II I 10-11.

110. Por que foram instituídas cerimônias na administração dos Sacramentos?

Para cercar de maior respeito os Sacramentos; para tornar mais visíveis seus efeitos invisíveis; para promover cada vez mais as boas disposições dos fiéis. — II I 13.

111. Quantos Sacramentos há?

Há sete, correspondendo ao que o homem precisa, materialmente, para nascer, crescer, nutrir-se, curar-se, conservar-se, governar-se, propagar-se. — II I 14-15.

112. Todos os Sacramentos são de igual necessidade?

Não, porque entre eles há uma certa hierarquia. O Batismo é o mais necessário de todos, porque dá acesso aos outros Sacramentos. A seguir vem a Penitência, para os que pecaram depois do Batismo. Afinal, a Ordem para a conservação da Igreja. — II I 16.

113. Qual é o mais sublime dos Sacramentos?

O mais sublime de todos os Sacramentos é a Sagrada Eucaristia. — II I 16.

114. Quem é o autor dos Sacramentos?

Foi Jesus Cristo quem os instituiu. Só Deus pode atuar em nossas almas, e conferir-lhes a graça da justificação. — II I 17-18.

115. Quem é o ministro humano dos Sacramentos?

São os homens que Jesus Cristo constituiu expressamente em Sua Igreja, para os fazer e ministrar aos fiéis, e isto sem embargo de sua eventual indignidade pessoal. — II I 18-20.

116. Quais são os efeitos dos Sacramentos?

Há dois principais: a graça santificante, comum a todos os Sacramentos; o caráter indelével, próprio do Batismo, da Crisma e da Ordem. — II I 21-25.

117. Que fruto devemos tirar da doutrina dos Sacramentos em geral?

Primeiro, devemos nutrir por eles grande respeito e veneração; depois, recebê-los dignamente. — II I 26.

DO BATISMO

118. Qual é o Sacramento, cuja explicação se torna mais necessária?

É o Batismo. Os pastores devem valer-se de todas as oportunidades, para o explicar aos fiéis. — II II 1-2.

119. Que significa o termo Batismo?

Etimologicamente, quer dizer banho, imersão, ablução. Em sentido figurado, significa a Paixão de Cristo. Na literatura teológica, Batismo significa a ablução sacramental, unida a uma fórmula determinada. — II II 3.

120. Quais são as outras designações do Batismo?

Os Santos Padres chamam-lhe Sacramento da fé (Santo Agostinho); iluminação (São Paulo, Hb 10,32); purificação, ser sepultado, ser inoculado em Cristo, Cruz de Cristo (São João Crisóstomo); início da Santa Lei (São Dionísio). — II II 4.

121. Que é Batismo?

Batismo é o Sacramento da regeneração na água pela palavra da vida. — II II 5.

122. Quando se efetua este Sacramento e como deve ser ministrado?

O Sacramento se efetua no ato de ser conferido. É preciso aplicar a água ao batizando e proferir ao mesmo tempo as palavras da fórmula. — II II 6.

123. Qual é a matéria do Batismo?

A matéria remota ou o elemento próprio do Batismo é a água natural, de qualquer espécie que seja. Para o Batismo solene, a Igreja só emprega a água dita batismal, que é consagrada segundo um rito particular. — Matéria próxima do Batismo é o ato de aplicar a água. — II II 6-8 11.

124. Quais são as figuras e profecias do Batismo na Antiga Aliança?

São várias. O Dilúvio, a passagem pelo Mar Vermelho, a cura de Naamão Leproso nas águas do Rio Jordão, a virtude milagrosa da Piscina de Betsaida, a profecia de Isaías sobre as águas que a todos desalteram, a visão de Ezequiel acerca das águas que jorravam do Templo, etc. — II II 10.

125. Por que Cristo escolheu a água para ser matéria do Batismo?

A água simboliza bem os efeitos do Batismo, porquanto lava as imundícies e refrigera o corpo. O Batismo tira o pecado e diminui os ardores da má concupiscência. Além disso, a água é muito comum e fácil de obter-se em toda parte. — II II 10.

126. Qual é a forma do Batismo?

São as palavras: Eu te batizo em nome do Pai, e do Filho, e do Espírito Santo. — II II 12.

127. Há alguma variante na forma?

Não, só os gregos empregam o modo deprecativo: "Seja batizado em nome do Pai, etc.". O Concílio de Florença o declarou válido. — II II 14.

128. Que dizer do Batismo em nome de Cristo?

O Batismo em nome de Cristo, de que falam os Atos dos Apóstolos, quer dizer que o Batismo era administrado "na fé de Cristo", sem que por isso devamos admitir não se fizesse a invocação expressa das três Pessoas Divinas. Esta explicação é de Santo Ambrósio, São Basílio e outros Santos Padres. — II II 15-16.

129. Há várias maneiras de batizar?

O Batismo pode ser ministrado por imersão, por aspersão ou por afusão. A praxe atual da Igreja é a da afusão, quer dizer, ela manda derramar água sobre a cabeça do batizando. — II II 17-19.

130. Quando Jesus Cristo instituiu o Batismo?

Cristo o instituiu, certamente quando Ele mesmo foi batizado por São João Batista no Rio Jordão. — II II 20.

131. Quando, porém, foi promulgada a lei do Batismo?

Para os homens, a lei do Batismo entrou em vigor, desde aquela ordem dada por Cristo aos Apóstolos: "Ide, ensinai todos os povos, e batizai-os, etc.". — II II 21-22.

132. Quais são os ministros do Batismo?

Podem ministrá-lo, por direito próprio e ordinário, os bispos e sacerdotes; como ministros extraordinários, os diáconos; como ministros de emergência, toda e qualquer pessoa, em caso de verdadeira necessidade. — II II 23.

133. Como se ministra o Batismo em caso de necessidade?

Aplica-se a água, pronunciando-se as palavras: Eu te batizo em nome do Pai, e do Filho, e do Espírito Santo. É preciso ter a intenção de se fazer o que faz a Igreja Católica, Apostólica, Romana. E não se acrescentam outras cerimônias, ainda que o ministro seja sacerdote ou diácono. As outras cerimônias só podem ser supridas na igreja. — II II 23.

134. Há uma hierarquia entre os ministros?

Em caso de necessidade, não batize a mulher, estando presente um homem; nem um leigo em presença de um clérigo; nem um clérigo diante de um sacerdote. Merece preferência a pessoa que saiba batizar, se, quem por direito o deveria fazer, não sabe batizar validamente. Em partos laboriosos, cabe ao médico ou à parteira ministrar o Batismo, logo que possam atingir o corpo da criancinha. — II II 24.

135. Que são os padrinhos e madrinhas?

São as pessoas, convidadas pelos pais, e como tais aceitas pelo sacerdote, que se apresentam como fiadores da criança, que levam a batizar na igreja. Respondem pelo afilhado, de cuja fé e vida cristã prestam caução moral. Comprometem-se a instruí-lo, a dar-lhe bom exemplo, e suprir as eventuais deficiências dos pais na educação religiosa da criança. Entre os padrinhos e afilhados, como entre o batizante e o batizado, nasce um parentesco espiritual. Para padrinho ou madrinha, só podem ser aceitas pessoas verdadeiramente cristãs. A Igreja só admite um padrinho ou uma madrinha, de sexo igual ao do afilhado, ou quando muito padrinho e madrinha. — II II 25-29.

136. Será o Batismo absolutamente necessário para a eterna salvação?

O Batismo é de absoluta necessidade para os infantes, que o devem receber de fato. Assim sempre se fez na Igreja Católica, desde os tempos primitivos. Os adultos devem também batizar-se; mas, se não puderem receber o Batismo real e sacramentalmente, conseguem a justificação mediante a contrição perfeita, acompanhada do desejo de batizar-se, ou então mediante o sacrifício da própria vida pela fé em Jesus Cristo. — II II 30-32.

137. Em que idade urge a lei do Batismo?

Urge imediatamente. Os pais têm a grave obrigação de levarem a criancinha, quanto antes, à igreja, para ser batizada solenemente. Os adultos, porém, não devem receber o Batismo sem prévia instrução e preparação, correspondente ao antigo catecumenato. — II II 33-36.

138. Que disposições deve ter o adulto, para se batizar?

Deve ter a intenção de batizar-se, de aceitar com fé as verdades cristãs, e procurar arrepender-se de todos os seus pecados pessoais. Por isso, não podem ser batizados os dementes e furiosos, e todas as pessoas adultas que não tenham o perfeito uso da razão. — II II 37-39.

139. Que obrigação impõe aos fiéis a graça do Batismo?

Os fiéis devem levar uma vida santa, e guardar zelosamente a inocência batismal. — II II 40.

140. Quais são os efeitos do Batismo?

a) Apaga todos os pecados, quer o pecado original, quer os pecados atuais, quer as penas que lhes são devidas. Não tira, porém, as manifestações da má concupiscência; b) confere a graça santificante; c) une-nos com Jesus Cristo, assim como os membros ficam unidos à sua cabeça; d) abre-nos a porta do céu; e) imprime-nos na alma um caráter indelével. — II II 41-43 57.

141. Por que o Batismo não pode ser reiterado?

Não pode ser repetido, porque seu efeito é permanente. Só em caso de dúvida positiva é que se repete o Batismo condicionalmente. — II II 54-56.

142. Quais são os ritos e cerimônias do Batismo?

Há três categorias de cerimônias. Umas precedem ao Batismo, como os exorcismos, os escrutínios, as persignações, a insalivação, as promessas do Batismo, a unção do peito e das costas, a profissão de fé. Outras vêm logo após o ato batismal, como a unção da cabeça com o santo Crisma, imposição da túnica batismal, a entrega da vela acesa e a despedida. — II II 58-72.

143. Que significa a imposição do nome?

No Batismo, impõe-se o nome de um Santo, para que o neófito tenha, no seu patrono onomástico, um exemplo e estímulo de virtude. É um abuso escolher nomes de pagãos ou de pessoas descrentes e pervertidas. — II II 73.

DA CONFIRMAÇÃO

144. Que é a Confirmação?

É um Sacramento, diferente do Batismo, verdadeiramente instituído por Jesus Cristo, como nos ensina a fé constante da Igreja e a doutrina dos Santos Padres: o qual, pela imposição das mãos do bispo e pela unção com o santo Crisma, confere o Espírito Santo, para fortalecer o cristão com uma nova graça, e para o fazer soldado de Cristo. — II III 1-6.

145. Qual é a matéria deste Sacramento?

É o santo Crisma, sagrado pelo bispo, composto de azeite doce e bálsamo, elementos que simbolizam perfeitamente os dons do Espírito Santo, comunicados por este Sacramento. — II III 7-10.

146. Qual é a forma?

Consta das palavras: "Eu te marco com o sinal da Cruz, e te confirmo com o Crisma da salvação, em nome do Pai, e do Filho, e do Espírito Santo". Essa forma exprime três coisas: o poder de Deus como causa eficiente do Sacramento; o fortalecimento da alma; o caráter indelével. — II III 11-12.

147. Quem é o ministro da Crisma?

O bispo é o ministro ordinário; ministro extraordinário é o sacerdote que, pelo direito comum, ou por delegação especial, tenha a faculdade necessária. — II III 13.

148. Qual é a função do padrinho ou madrinha de Crisma?

Na Crisma, a Igreja admite um só padrinho ou uma só madrinha, conforme o sexo do crismando. As obrigações são idênticas às de padrinho ou madrinha de Batismo. — II III 14.

149. É obrigatória a Crisma?

Embora não seja de absoluta necessidade para a salvação, ninguém deve omiti-la ou desprezá-la. Procure o fiel receber este Sacramento na idade de discrição, depois de haver purificado a alma por uma sincera e frutuosa confissão de todos os pecados mortais. — II III 15-18.

150. Quais são os efeitos da Crisma?

A Crisma confirma e aumenta em nós a graça santificante; dá a força de confessar Jesus Cristo e Sua Religião; imprime na alma um caráter indelével. — II III 19-22.

151. Quais são as cerimônias que acompanham o Crisma?

O bispo invoca o Espírito Santo, impõe as mãos sobre os fiéis; faz uma unção na testa, com o Crisma, em forma de cruz; dá uma ligeira pancada na face do crismado, e imprime-lhe na face o ósculo da paz. — II III 22-25.

DA EUCARISTIA

152. Porque é importante a doutrina da Eucaristia?

A doutrina da Eucaristia é importante, porque trata do Sacramento mais sublime, cuja profanação constitui um crime, que Deus castiga com os piores flagelos. — II IV 1.

153. Quando Jesus Cristo instituiu a Eucaristia?

Ele a instituiu na Última Ceia, na véspera de Sua Morte, como prova de que amava os Seus até o extremo. — II IV 2.

154. Quais são as designações mais comuns da Eucaristia?

Chama-se Eucaristia ou Ação de graças, Sacrifício, Comunhão, Sacramento da paz e do amor, Viático, Ceia. — II IV 3-6.

155. Qual é a matéria da Eucaristia?

É o pão de trigo e o Vinho da uva. A Igreja Latina só usa pão sem fermento, o assim chamado "pão ázimo". Ao vinho se acrescentam algumas gotas de água, conforme o exemplo de Cristo na instituição da Eucaristia. Esses dois elementos constituem um único e verdadeiro Sacramento. — II IV 12-17 7-10.

156. Que simboliza essa dupla matéria?

Significa Cristo como vida de nossa alma; a transubstanciação; a renovação de nossa alma; o Corpo Místico da Igreja, constituído por todos os cristãos unidos a Cristo. — II IV 17-18.

157. Qual é o significado sacramental da Eucaristia?

A Eucaristia, em suas duas espécies, é um memorial da Paixão de Cristo; confere a graça da união real com Cristo, e constitui um penhor da vida eterna. — II IV 10-11.

158. Qual é a diferença entre a Eucaristia e outros Sacramentos?

Os outros Sacramentos conferem uma graça, a Eucaristia encerra em si o Autor da graça. Quanto à duração, os outros Sacramentos só subsistem no momento de serem conferidos, ao passo que na Eucaristia a confecção não coincide, cronologicamente, com a administração. Ela continua como Sacramento permanente, enquanto não houver alteração essencial, nas espécies do pão e do vinho. — II IV 9.

159. Qual é a forma da Eucaristia?

Para a consagração do pão, as palavras: "Este é o Meu Corpo". Para a consagração do vinho: "Este é o Cálice do Meu Sangue, da Nova e Eterna Aliança, Mistério da fé, que por vós e por muitos será derramado, em remissão dos pecados". — II IV 19-22.

160. Que exprimem as palavras consecratórias?

Exprimem certos efeitos admiráveis do Sangue que Cristo derramou em Sua Paixão. O primeiro é o direito à eterna herança, em virtude da "Nova e Eterna Aliança"; o segundo é o processo de justificação, em virtude do "Mistério da fé"; o terceiro é a "remissão dos pecados". — II IV 22-24.

161. Que se deve fazer na apreciação humana da Eucaristia?

Devemos abstrair da simples impressão de nossos sentidos, que falham completamente, quanto ao verdadeiro caráter das espécies eucarísticas. — II IV 25.

162. Quais são os efeitos das palavras consecratórias?

Após a Consagração, no Sacramento se contém o verdadeiro Corpo e Sangue de Cristo Nosso Senhor, o mesmo que nasceu de Maria Virgem, e que está glorificado à direita de Deus Pai. As substâncias do pão e do vinho são destruídas, mas as respectivas espécies continuam a subsistir sem "suporte" algum. — II IV 26 35.

163. Como sabemos estas verdades?

Sabemo-las pelas próprias palavras de Cristo e dos Apóstolos, pela doutrina dos Santos Padres, e pelo Magistério da Igreja, que sempre condenou os erros contrários. — II IV 27-29.

164. Que vantagens traz para a Igreja a presença real de Cristo na Eucaristia?

A Eucaristia é a consumação da Nova Aliança, por ser a realização daquilo que a Antiga Aliança só indicava por imagens e figuras. — II IV 30.

165. De que maneira se entende a presença real de Cristo na Eucaristia?

Cristo está presente na Eucaristia todo inteiro, vivo, imortal, indivisível, seja qual for o tamanho da hóstia consagrada. Outro tanto se diga da espécie do vinho, debaixo da qual Cristo também está com Sua presença total. — II IV 31-34.

166. Que se entende por transubstanciação?

Entende-se a mudança da substância do pão e do vinho no Corpo e no Sangue de Cristo. O pão e o vinho são destruídos. O Corpo e o Sangue de Nosso Senhor Jesus Cristo se contêm nas espécies de pão e de vinho, que persistem. — II IV 35-38 40.

167. Como se opera esse Mistério?

Os Santos Padres explicaram-no de várias maneiras. O processo em si é incompreensível, de sorte que devemos abster-nos de investigações fora de propósito. Não devemos perscrutar, curiosamente, o modo pelo qual Cristo está presente em cada fragmento ou partícula, nem como as espécies podem persistir, sem nenhum suporte ou substância própria. — II IV 39-45.

168. Qual é o valor da Eucaristia, e quais efeitos produz em nossa alma?

A Eucaristia é a fonte de todas as graças. Como alimento da alma, produz a vida por Jesus Cristo (a graça santificante); fortifica a alma, e dá-lhe alegria na prática da virtude; remite os pecados veniais; preserva de pecados mortais, reprimindo ou moderando o ardor das paixões; dá direito à vida eterna. — II IV 45-52.

169. De quantas maneiras podemos receber este Sacramento?

De três maneiras. Uns recebem a Eucaristia em estado de pecado mortal, para a sua própria condenação; outros a recebem só pelo desejo, espiritualmente; outros, enfim, recebem-na real e dignamente. — II IV 53.

170. Quais disposições são necessárias para a Comunhão Sacramental?

O comungante deve preparar-se, espiritual e corporalmente. A preparação da alma compreende a fé na presença real (distinguir entre Pão Eucarístico e pão comum), prática sincera da caridade fraterna, prévia confissão dos pecados mortais, sentimentos de humildade. A preparação do corpo compreende o jejum natural desde a meia-noite, e a possível abstenção de relações conjugais. — IIIV 54-56.

171. Com qual frequência devemos comungar?

Todos os cristãos estão obrigados a comungar, e a Igreja prescreve, como frequência mínima, uma Comunhão por ano, no tempo de Páscoa. A Igreja, porém, insiste na Comunhão frequente, mensal, semanal, e até cotidiana. — II IV 57-58.

172. Qual é o histórico da recepção da Comunhão?

Tempos houve, antigamente, em que os fiéis comungavam todos os dias, durante a Missa, como se depreende dos Atos dos Apóstolos (At 2,42). Arrefecia a primeira caridade, o Papa Santo Anacleto ordenou que deviam comungar pelo menos os ministros, que tomavam parte no Sacrifício da Missa. O Papa Fabiano obrigou os fiéis a comungarem três vezes por ano, nas festas da Páscoa, Pentecostes e Natal. O IV Concílio Ecumênico de Latrão promulgou, em 1215, a atual lei da Desobriga de Páscoa. — II IV 59.

173. Quais crianças são excluídas da Comunhão?

Somente aquelas que, pela tenra idade, não chegaram ainda ao uso da razão, e não podem ter uma noção deste Sacramento, nem tomar-lhe o gosto necessário. Equiparam-se às criancinhas os doentes mentais que não são capazes de preparar-se, e comungar com a devida compreensão. — II IV 60-62.

174. Podemos comungar debaixo de ambas espécies?

Sem indulto especial, a Igreja só permite aos fiéis a Comunhão debaixo da espécie de pão, para evitar que o Precioso Sangue se derrame; que as espécies de vinho azedem, quando guardadas para a Comunhão dos enfermos; e que os abstêmios não tenham repugnância à Comunhão.

Além disso, por haver em muitas regiões escassez de vinho. Por último, a Igreja quer combater a heresia dos que negam a presença total de Cristo em cada espécie, separadamente. — II IV 63-64.

175. Quem é o ministro da Eucaristia?

Somente o sacerdote pode consagrar a Eucaristia e ministrá-la aos fiéis. Quanto à validade, não importa que o ministro seja talvez indigno, contanto que observe o rito essencial. O valor do Sacramento não decorre da dignidade do ministro, embora esta seja exigida; mas consuma-se na força e poder de Cristo Nosso Senhor. — II IV 65-66.

176. Qual é o valor e a utilidade da Eucaristia como Sacrifício?

O Sacrifício da Missa é muito agradável a Deus, muito proveitoso aos homens, e renova de modo incruento o Santo Sacrifício da Cruz. — II IV 66-68.

177. Qual é a diferença entre a Missa e o Sacrifício da Cruz?

O Sacramento torna-se perfeito desde a Consagração. O Sacrifício consiste antes de tudo na oferenda a Deus. — II IV 69.

178. Que diz o Concílio de Trento sobre o Sacrifício da Missa?

O Tridentino definiu que Cristo Nosso Senhor, na Última Ceia, instituiu a Eucaristia como Sacrifício, para ser oferecido unicamente a Deus, embora nele se faça comemoração de Santos e Mártires. Isto se depreende das palavras de Cristo e do Apóstolo, bem como das figuras e profecias do Antigo Testamento. — II IV 70-73.

179. Qual é a relação entre o Sacrifício da Cruz e o Sacrifício da Missa?

Ambos constituem um só Sacrifício, quanto à vítima, quanto ao sacrificante, e quanto ao efeito sacrificial: que são os mesmos no Sacrifício da Cruz, e no Sacrifício do Altar. — II IV 74-78.

180. Que significam os ritos e cerimônias da Missa?

Os ritos e cerimônias da Missa devem realçar a majestade do sublime Sacrifício, e levar os fiéis à consideração das coisas divinas que nele se encerram. — II IV 79.

DA PENITÊNCIA

181. Por que se impõe a explicação deste Sacramento?

É preciso explicar bem este Sacramento, porque devemos recebê-lo com frequência, e porque nele temos, por assim dizer, a "segunda tábua de salvação". — II V 1.

182. Que é penitência?

No sentido impróprio, muitos tomam a penitência por satisfação ou reparação. No sentido próprio, quer dizer arrependimento, reconsideração. — II V 2.

183. Quantas espécies há de penitência?

Há uma penitência, segundo os princípios do mundo, sem nenhuma relação com Deus; é um arrependimento que gera a morte da alma. A segunda espécie de penitência consiste no arrependimento que nasce de razões egoístas. A terceira espécie de penitência consiste em arrepender-nos de coração, unicamente por amor a Deus. — II V 2-3.

184. Que é a penitência como virtude?

A penitência, como virtude interior, é um sentimento inspirado pela fé, e que regula nosso arrependimento sobrenatural. — II V 4-9.

185. Que é a Penitência como Sacramento?

Como ato exterior, a Penitência constitui um dos sete Sacramentos. Remite todos os pecados, cometidos depois do Batismo, a todos os que deles se arrependem, confessando-os sinceramente, com a firme resolução de evitá-los para o futuro, e de fazer penitência. É um Sacramento que podemos e devemos receber muitas vezes. — II V 10-12.

186. Qual é a matéria e a forma da Penitência?

Os atos do penitente, quer dizer, a contrição, a acusação e satisfação, constituem a quase-matéria do Sacramento da Penitência. A forma são as palavras: "Eu te absolvo de teus pecados". — II V 13-16.

187. Que significa o rito da Penitência?

As cerimônias que acompanham a Confissão Sacramental, tanto a atitude do sacerdote, como a do penitente, simbolizam as disposições, com que este Sacramento deve ser ministrado e recebido. — II V 17.

188. Quais são os efeitos do Sacramento da Penitência?

Restitui-nos a graça e a amizade de Deus, confere o perdão dos mais graves pecados, e a força de reparar e satisfazer. — II V 18-20.

189. Quais são as partes integrantes da Confissão?

São três: contrição, acusação e satisfação. — II V 21.

190. Que é contrição?

É uma dor e detestação dos pecados cometidos, acompanhada da resolução de não tornar a pecar para o futuro. — II V 23-24.

191. Que significa a palavra "contrição"?

Etimologicamente, significa o ato de triturar ou esmagar, exprimindo assim o efeito que o arrependimento deve produzir em nossos corações. — II V 25-26.

192. Que atributos deve ter a contrição?

Ela deve ser suma, universal, sincera, acompanhada da intenção de confessar e satisfazer, de emendar-se, fazer penitência, e de perdoar as injúrias recebidas. — II V 27-33.

193. Quais são os meios para despertar a contrição?

Dada a importância da contrição, é preciso fazer amiúde o exame de consciência; pedir humildemente perdão de todas as faltas cometidas; excitar na alma um profundo ódio ao pecado; refletir sobre os males, que todo pecado acarreta. — II V 34-35.

194. Por que a acusação dos pecados é útil e até necessária?

É necessário acusar os pecados na santa Confissão, pois sem acusação não se perdoam os pecados senão a quem esteja impossibilitado de fazê-lo, e tenha a contrição perfeita, junto com o desejo de confessar-se. Além disso, os conselhos do confessor ajudam o penitente a não recair nos mesmos pecados. O dever da acusação sacramental serve também de freio para a moralidade pública. — II V 36-37.

195. Em que consiste a confissão?

É a acusação dolorosa dos pecados cometidos, para se obter a remissão de todos os pecados, em virtude do poder das chaves, no Sacramento da Penitência. — II V 38.

196. Quem instituiu a obrigação de acusar os próprios pecados?

Foi Jesus Cristo, que pôs os Apóstolos e seus sucessores como juízes dos pecados de todos os homens, dando-lhes o poder de perdoá-los, ou de retê-los. Assim o entendeu a Igreja na sua praxe pastoral. — II V 39-42.

197. Está o cristão obrigado a confessar-se?

Cristo Nosso Senhor submeteu o perdão dos pecados a essa exigência absolutamente necessária. Quem cometeu pecado mortal, não dispõe de outra via para se justificar. Na impossibilidade de confessar-se realmente, deve unir à contrição perfeita o sincero desejo de receber o Sacramento da Penitência. — II V 43.

198. Quando começa o dever de Confissão?

Começa para os fiéis de ambos os sexos desde a idade de discrição, quando já distinguem entre o bem e o mal, e são capazes de transgredir voluntariamente a Lei de Deus. O IV Concílio de Latrão estabeleceu, como obrigação mínima, que os cristãos devem confessar-se pelo menos uma vez a cada ano. — II V 44.

199. Quando se impõe a Confissão?

A Confissão se impõe, todas as vezes que nos achamos em perigo de vida, ou quando nos preparamos para a recepção ou para administração de um Sacramento; ou, também, quando, pela nímia dilação, há perigo de nos esquecer algum pecado grave. — II V 45.

200. Como deve ser a acusação?

Ela deve ser completa e determinada, abrangendo todos os pecados mortais; singela e franca; discreta e reverente; secreta e frequente. — II V 46-53.

201. Quem é o ministro da Confissão?

Em caso de necessidade, em perigo de vida, todo e qualquer sacerdote pode ouvir Confissão, e absolver de todos os pecados e censuras. Mas, em condições normais, só pode ouvir Confissões o sacerdote legitimamente aprovado, quer dizer, munido de jurisdição ordinária. — II V 54-55.

202. Que qualidade deve ter o confessor?

Deve possuir a ciência e prudência necessária ao seu ministério, e guardar rigorosamente o sigilo sacramental. — II V 56-57.

203. Que deve fazer o confessor, para que a Confissão seja salutar ao penitente?

Deve ser cuidadoso na exortação, procurando excitar um verdadeiro arrependimento; fazendo meditar todos os dias a Paixão de Cristo Nosso Senhor, e outros Mistérios vitais de nossa Religião; reprimindo o orgulho daqueles que escusam ou disfarçam seus pecados; animando os que se acanham de confessar; ensinando, afinal, a fazer o exame de consciência. — II V 58.

204. Que é satisfação?

É a reparação que o homem dá a Deus pelos pecados cometidos, porque satisfação não é outra coisa senão desagravar alguém das injúrias recebidas. — II V 59.

205. Quantas espécies há de satisfação?

Há, antes de tudo, a satisfação de Jesus Cristo. Ele pagou na Cruz a dívida de nossos pecados. Há a satisfação canônica, ou eclesiástica, imposta no Sacramento da Penitência. Há, enfim, satisfações particulares. São as que nós mesmos escolhemos e cumprimos, de nossa livre vontade. — II V 59-60.

206. É necessária a satisfação?

Segundo a doutrina da Bíblia e da Igreja, a satisfação é indispensável, por atenção à justiça e bondade de Deus, à Igreja escandalizada, à necessidade de aplicarmos a nós mesmos a satisfação de Cristo, à completa purificação de nossa alma, à preservação dos castigos divinos. — II V 61-66.

207. O que se requer para dar mérito às nossas satisfações?

É preciso que se unam à satisfação prestada por Jesus Cristo; que estejamos em estado de graça; que as obras satisfatórias mortifiquem a nossa natureza. — II V 67-69.

208. Quais são as principais obras de satisfação?

De nossa parte, são a oração, o jejum e a esmola. Da parte de Deus, as provações e sofrimentos que Ele nos manda. — II V 70-71.

209. São aplicáveis ao próximo as nossas obras satisfatórias?

Podemos aplicar, em benefício do próximo, todas as nossas obras de satisfação, tanto as que escolhemos voluntariamente, como as que Deus nos impõe em Seus inescrutáveis desígnios. Essa aplicação se processa mediante a Comunhão dos Santos. — II V 72.

210. A que deve atender o confessor antes da absolvição?

Além de olhar a todas as disposições do penitente, o confessor deve insistir, quando necessário, na obrigação de restituir o mal havido. Imponha também uma salutar penitência, proporcionada à gravidade da culpa. — II V 73-74.

DA EXTREMA-UNÇÃO

211. Que nos lembra o Sacramento da Extrema-Unção?

Lembra-nos o transe de nossa morte, para nos exortar ao preceito da Escritura: "Em todas as tuas obras, lembra-te dos teus novíssimos, e nunca jamais pecarás" (Eclo 7,40). — II VI 1.

212. Por que se chama Extrema-Unção?

Chama-se assim, por ser, cronologicamente, a última das unções sacramentais, que a Igreja nos aplica, por instituição de Jesus Cristo. Chama-se também Santa Unção, Unção dos enfermos, Sacramento dos agonizantes. — II VI 2.

213. Que é a Extrema-Unção?

É um verdadeiro Sacramento, instituído por Jesus Cristo, composto de várias unções, que têm por fim tirar aos fiéis, que se acham em artigo de morte, todos os remanescentes de seus pecados, e restituir-lhes também a saúde, se assim for de vantagem para a eterna salvação. — II VI 3-4 8.

214. Qual é a matéria deste Sacramento?

É o azeite doce, intencionalmente consagrado pelo bispo. — II VI 5.

215. Qual é a forma?

E a solene deprecação, que o sacerdote profere na unção de cada sentido do enfermo: "Por esta santa unção e por Sua sacratíssima misericórdia, perdoe-te Deus todos os pecados que cometestes pela vista (... pelo ouvido... pelo olfato... pelo paladar e pela língua... pelo tato... pelo andar)". — II VI 6.

216. Por que a forma é deprecatória?

Emprega-se a forma deprecatória, porque a Extrema-Unção, além do efeito sacramental de purificar e fortalecer a alma, produz também a cura ou melhora da enfermidade. A deprecação refere-se, pois, a esse efeito acessório e condicional. — II VI 7.

217. Quem pode receber a Extrema-Unção?

Só pode ser ungido quem estiver em atual perigo de morte, proveniente de enfermidade, e não de alguma causa extrínseca, como seja sentença capital, participação numa batalha, viagem marítima [ou aérea]. Não são também capazes da Extrema-Unção as crianças, antes de chegarem ao uso da razão; nem os dementes e loucos furiosos, que não tiverem momentos de lucidez, e não mostrarem compreensão do Sacramento. — II VI 9.

218. Como se fazem as unções?

São feitas nos sentidos e nos membros do enfermo, por serem os principais instrumentos de pecado. — II VI 10.

219. Pode ser reiterada a Extrema-Unção?

Sim, pode ser repetida, sempre que se presumir nova crise ou perigo de morte, embora seja durante a mesma doença. — II VI 11.

220. Com que disposições deve o enfermo receber a Extrema-Unção?

Deve achar-se em estado de graça. Quando possível, seja ungido depois da Confissão e do Viático. Procure, então, ter grande confiança em todos os efeitos do Sacramento. — II VI 12.

221. Quem é o ministro da Extrema-Unção?

Em caso de urgência, qualquer sacerdote, ainda que incurso em penas canônicas. Em circunstâncias normais, é o pároco que tem o direito e a obrigação de ungir os moribundos, em nome de Cristo. — II VI 13.

222. Quais são os efeitos da Extrema-Unção?

a) Remite os pecados veniais, as faltas mortais que já não podem ser confessadas, e as penas temporais dos pecados; b) dá confiança e coragem nas vascas da morte; c) incute força e resistência contra o espírito infernal; d) refaz, algumas vezes, a saúde corporal, de acordo com os desígnios de Deus. — II VI 14.

DA ORDEM

223. Porque devem os pastores falar aos fiéis do Sacramento da Ordem?

Eles devem pregar muitas vezes sobre este assunto, para mostrar que do sacerdócio depende a administração de todos os outros Sacramentos, ou pelo menos a maior solenidade de suas cerimônias, como acontece no Sacramento do Batismo. — II VII 1.

224. Que frutos se tiram desta catequese?

O próprio sacerdote afervora-se na sua graça de estado; os candidatos ao sacerdócio aprendem a preparar-se para tão grande dignidade; os demais fiéis se compenetram do respeito que devem aos ministros da Igreja, ajudam a cultivar as vocações, e decidem-se pessoalmente a abraçar o estado sacerdotal. — II VII 1.

225. Em que consiste a dignidade e grandeza do sacerdócio?

O sacerdote é o intérprete e intermediário de Deus, Seu plenipotenciário na terra, o dispensador dos Mistérios Divinos, mormente da Sagrada Eucaristia. — II VII 2-3.

226. Quais são os sinais de vocação ao sacerdócio?

O candidato ao sacerdócio deve distinguir-se por grande amor à virtude, pela aptidão de adquirir a ciência necessária, pela reta intenção de querer unicamente a glória de Deus e o serviço da Igreja. Estes sinais subjetivos de vocação são confirmados pelo "chamamento" oficial da Igreja. O candidato deve excluir todos os cálculos ignóbeis, como sejam a ganância e a ambição, que fazem do sacerdócio um simples meio de vida. — II VII 3-4.

227. Como se prova a necessidade do sacerdócio?

Todos os homens foram criados para servir e glorificar a Deus, mas é preciso haver homens consagrados exclusivamente ao serviço de Deus, para exercerem esse ministério "em santidade e justiça todos os dias de sua vida", assim como já fazia, entre os judeus, a tribo de Levi, cuja partilha era o Senhor. — II VII 5.

228. Como se exerce o poder sacerdotal?

Exerce-se de duas maneiras: pelo poder de Ordem, que se refere à confecção dos Sacramentos, principalmente da Eucaristia; pelo poder de jurisdição, que se refere, cumuladamente com o poder de Ordem, aos Sacramentos da Penitência, do Matrimônio, e ao governo da Igreja. — II VII 5-6.

229. Em que consiste, mais em particular, o poder da Ordem?

O poder da Ordem, que perfaz a natureza do Sacramento, encerra em si não só o poder de consagrar a Eucaristia, mas também de preparar os corações, para a receberem digna e frutuosamente. Esse poder é superior ao sacerdócio natural, e ao sacerdócio hierárquico dos judeus. — II VII 7-8.

230. Como se prova que a Ordem é verdadeiro Sacramento?

Segundo a definição do Tridentino, na Ordem concorrem todos os requisitos de um Sacramento. A imposição das mãos, feita pelo bispo, sob a invocação do Espírito Santo, significa e confere o poder e o caráter sacerdotal. — II VII 10.

231. Por que há vários graus de Ordem?

Diz o Tridentino que, para o seu exercício adequado, foi preciso dividir em vários graus o sublime ministério sacerdotal, de sorte que a válida colação de um grau superior pressupõe a recepção dos graus inferiores. — II VII 11.

232. Que é Tonsura?

A Tonsura é a admissão no estado clerical, ou uma habilitação para receber Ordens. — II VII 11.

233. Quais são os graus de Ordem?

São sete ao todo, quatro Ordens não-Sacras ou Menores, e três Ordens Sacras ou Maiores. As Ordens Menores são: ostiariado, leitorado, exorcistado, acolitado. As Ordens Maiores são: subdiaconato, diaconato, presbiterato. — II VII 11-18.

234. Quais são, em geral, as funções próprias das Ordens Sacras?

O subdiácono ajuda ao diácono; o diácono, ao sacerdote e ao bispo; o sacerdote administra os Sacramentos, exceto a Ordem e a Confirmação, que são reservadas ao bispo. — D VII 19-22.

235. De que sacerdócio falam as Escrituras?

O Novo Testamento fala de um sacerdócio interior e invisível, próprio de todos os cristãos, enquanto são membros vivos de Cristo Sumo Sacerdote. Fala, também, do sacerdócio exterior ou hierárquico, para o qual são chamados e instituídos certos homens, a serviço de Deus e da Igreja. — II VII 23.

236. Qual é a função específica do sacerdócio?

A missão essencial do sacerdote, conforme se deduz do rito de Ordenação, é oferecer o Santo Sacrifício e ministrar os Sacramentos da Igreja. — II VII 24.

237. Há graus no sacerdócio?

O sacerdócio da Nova Lei é um só, mas nele se distinguem vários graus, conforme a dignidade, poder de Ordem e jurisdição. No primeiro grau, estão os simples sacerdotes ou presbíteros; no segundo grau, os bispos; no terceiro, os arcebispos; no quarto, os patriarcas; no quinto, o Papa ou Bispo de Roma. — II VI 25.

238. Quem é o ministro da Ordem?

A administração do Sacramento da Ordem compete somente ao bispo. Os abades monásticos [pelo Código de Direito Canônico] podem conferir as Ordens Menores aos seus súditos. As Ordens Maiores só podem ser ministradas pelo bispo. Segundo a Tradição dos Apóstolos, um bispo deve ser sagrado por três bispos. — II VII 26.

239. Quem pode ordenar-se?

Para o sacerdócio, é preciso selecionar os candidatos que tenham a seu favor santidade de vida, instrução adequada, isenção de irregularidade ou impedimento de Ordenação. — IIVII 27-30.

240. Quais são os efeitos do Sacramento da Ordem?

Entre os efeitos sacramentais da Ordem contamos: a) graça de estado; b) poder sobre o Corpo Real e o Corpo Místico de Cristo; c) impressão do caráter sacramental. — II VII 31.

DO MATRIMÔNIO

241. Qual é a importância do Matrimônio?

Embora o estado de virgindade seja mais perfeito, como ensina a Igreja, o Matrimônio encerra em si grandes bens e graças sobrenaturais. Na Igreja de Deus, o fervor religioso decresce, onde se não guarde a santidade do Matrimônio. Com outras palavras, a vida cristã está em razão direta da integridade da vida matrimonial. — II VIII 1.

242. Que é Matrimônio?

É uma união de vida, legítima e indissolúvel, entre o homem e a mulher, para o mútuo auxílio e a propagação da espécie humana. — II VIII 2-3.

243. Qual é a causa eficiente do Matrimônio?

É o mútuo consentimento, expresso por palavras de presente, na forma prescrita pela Igreja, de sorte que só o consentimento estabelece o vínculo matrimonial, antes de haver relações carnais entre os esposos. — II VIII 4-8.

244. Sob que aspecto ainda podemos considerar o Matrimônio?

Podemos considerá-lo como instituição natural e como instituição sacramental. — II VIII 9.

245. Qual é o caráter do Matrimônio, como instituição natural?

Foi instituído por Deus, com a criação do primeiro casal, para ser uma união firme e indissolúvel, cuja finalidade é a geração da prole. A obrigação de casar e garantir a espécie foi imposta ao gênero humano como tal, e não ao indivíduo em particular. — II VIII 12.

246. Qual é a razão de ser do Matrimônio, como instituição natural?

A primeira razão é o apoio mútuo decorrente da união conjugal, pedida e exigida normalmente pela própria natureza. A segunda é a criação dos filhos, o que corresponde à necessidade de conservar e aumentar por eles o número dos verdadeiros filhos de Deus. A terceira é a satisfação ordenada da concupiscência carnal. — II VIII 13-14.

247. Qual é a finalidade do Matrimônio, como Sacramento?

Cristo elevou o Matrimônio à dignidade de verdadeiro Sacramento, para que dessa união natural nascessem novos filhos para a verdadeira Igreja de Deus. Por isso, a própria união entre Cristo e a Igreja é comparada, nas Escrituras, à união entre marido e mulher. — II VIII 15-17.

248. Qual é a razão de ser do Matrimônio, como instituição sacramental?

Pelo caráter sacramental, o Matrimônio readquiriu a pureza e integridade primitiva, porquanto exclui a poligamia e o divórcio propriamente dito. — II VIII 18-20.

249. Quais são as vantagens da indissolubilidade?

Entre outras, dizemos que o caráter indissolúvel do Matrimônio leva as pessoas a terem mais cuidado na escolha do noivo ou da noiva. Uma vez que não podem convolar para novas núpcias, os esposos resolvem seus atritos com maior generosidade. Por isso mesmo, Santo Agostinho aconselha que, em caso de adultério, o cônjuge lesado não se mostre irreconciliável, se a parte criminosa cai em si, e se arrepende de sua falta. — II VIII 21-22.

250. Quais são os bens do Matrimônio Sacramental?

O primeiro é a prole; o segundo, a fidelidade e o santo amor; o terceiro, a indissolubilidade. — II VII 23-25.

251. Quais são os deveres dos cônjuges?

Dever do marido é respeitar e tratar bem a sua mulher; ter uma boa ocupação, para poder sustentar a família. A mulher, por sua vez, deve esmerar-se nas prendas domésticas, cuidar da educação temporal e religiosa dos filhos, e ter uma afetuosa submissão ao marido. — II VIII 25-27.

252. Que se requer para a celebração do Matrimônio?

Para a celebração do Matrimônio, é preciso observar as prescrições da Igreja, quanto à forma legítima, e quanto aos impedimentos matrimoniais. — II VIII 28-30.

253. Como devem os noivos preparar-se para o Matrimônio?

Devem esmerar-se na pureza e na piedade, na obediência e respeito aos pais. — II VIII 31-32.

254. Que dizer da vida íntima e conjugal?

Os esposos devem espiritualizar suas relações conjugais, pela reta intenção de fazerem a vontade de Deus. Devem também saber conter-se, quando isso for útil, ou até necessário. — IIVIII 33-35.

GENERALIDADES SOBRE O DECÁLOGO

255. Que é o Decálogo?

Como diz o próprio termo, Decálogo são as dez Leis, ou os dez Mandamentos que Deus promulgou ao povo, por intermédio de Moisés. Santo Agostinho chama-lhe "sumário de todos os preceitos divinos". — III I 1.

256. Qual é a sua importância pastoral?

A explicação do Decálogo é de grande importância para o púlpito e o confessionário. — III I 1-2.

257. A que se deve atender na explicação do Decálogo?

Devemos atender aos motivos de sua observância, que são: a) a autoridade do Legislador, que é Deus Todo-Poderoso; b) facilidade de se observar os Mandamentos, pela força do amor e pela graça do Espírito Santo; c) a necessidade e utilidade de se observar os Mandamentos; d) a finalidade de sua observância, que é a glória de Deus e a nossa própria felicidade. — III I 3-10.

258. Como se prova a universalidade dos Mandamentos?

Provamo-la pelas circunstâncias de sua promulgação no Monte Sinai, e pela felicidade de todo homem que observa o Decálogo. — II I 11-14.

PRIMEIRO MANDAMENTO

259. Como reza o 1.º Mandamento no teor da Lei Antiga?

"Eu sou o Senhor teu Deus, que te tirei da terra do Egito, da casa da servidão. Não terás outros deuses diante de Mim. Não farás para ti imagem esculpida, nem figura alguma do que há em cima no céu, e do que há embaixo na terra, nem do que há nas águas subterrâneas. Não adorarás tais coisas, nem lhes prestarás culto. Eu sou o Senhor teu Deus, forte, zeloso, que vinga a iniquidade dos pais nos filhos, até a terceira e quarta geração daqueles que Me odeiam, e que usa de misericórdia até mil gerações para com aqueles que Me amam, e guardam os Meus Mandamentos" (Dt 20,2-6). — III II 1.

260. Como se dividem os Mandamentos?

O Decálogo, na forma que foi promulgado, reparte-se nas duas Tábuas que Deus entregou a Moisés. Na primeira se contêm os Mandamentos relativos a Deus; na segunda, os Mandamentos relativos a nós mesmos e ao próximo. — III II 3.

261. Que exprime o proêmio do 1.º Mandamento?

Exprime os direitos de Deus sobre nós, Sua bondade para conosco, e nossa obrigação de morrermos ao pecado. — III II 1-2.

262. Qual é pois o conteúdo do 1.º Mandamento?

a) Preceitua a fé, esperança e caridade; b) proíbe a idolatria e os pecados contra as três virtudes teologais; c) permite o culto dos Anjos, dos Santos e suas relíquias. — III II 4-15.

263. É proibido fazer imagens?

Só é proibido fazê-las, para lhes render culto divino, isto é, para fins idolátricos, admitindo que nelas esteja a Divindade, ou pretendendo que, por elas, seja possível representar corporalmente a natureza divina. — II II 16-19.

264. É lícito fazer emblemas de Deus e imagens de Cristo e dos Santos?

Não é só lícito, mas até aconselhável, porque ilustram a história do Antigo e Novo Testamento, e incitam os fiéis à imitação daqueles que, no mundo, souberam seguir e imitar a Cristo. — III II 20-24.

265. Quais são os motivos para observarmos o 1.º Mandamento e todos os mais?

Todas as leis sancionam prêmios e castigos, para moverem os homens a observá-las. Aos cristãos fervorosos, devemos lembrar-lhes que os Mandamentos são uma grande prova do amor de Deus para conosco. Aos cristãos tíbios e carnais é preciso incutir-lhes pavor dos tremendos castigos que Deus lança contra o pecado. A todos, sem exceção, cumpre apresentar os dois acicates, de que fala o texto bíblico do 1.º Mandamento: um é o poder de Deus, que nos inspira confiança e temor ao mesmo tempo; o outro é o Seu zelo que, embora castigue até a terceira e quarta geração, usa de misericórdia até mil gerações. — III II 25-34.

SEGUNDO MANDAMENTO

266. De que se deduz a importância deste Preceito?

O estudo deste Preceito é importante, pela sua conexão com o 1.º Mandamento, e pela frequência com que os homens, por ignorância ou por maldade, o transgridem. — III III 1-2.

267. Qual é o seu teor bíblico?

"Não tomarás em vão o Nome do Senhor teu Deus" (Ex 20,7). — III III 3.

268. Que significa o "Nome" de Deus?

O "Nome" de Deus não se refere materialmente às letras ou às sílabas, como erroneamente julgavam muitos judeus, mas à essência e majestade de Deus Uno e Trino. A todos os "Nomes" de Deus, que constam da Bíblia, devemos o mesmo culto e adoração. — III III 4.

269. Quais são os modos de louvar o Nome de Deus?

São vários: confessar o Nome de Deus diante dos homens, ouvir e estudar a Palavra de Deus, celebrar os louvores de Deus, pedir a proteção de Deus, invocar a Deus por testemunha da verdade. — III III 4-6.

270. Que devemos notar, mais em particular, a respeito do juramento?

Jurar é tomar a Deus por testemunha daquilo que afirmamos, ou daquilo que prometemos. Portanto, o juramento pode ser assertório ou promissório. — III III 8-10.

271. Qual é a origem do juramento?

A necessidade de invocar a Deus por testemunha decorre de nossa fraqueza e imperfeição moral. O juramento é um ato de veneração à onipresença, onisciência e veracidade de Deus. Não deve, porém, ser usado com nímia frequência. — III III 6-7 15-19.

272. Quais são as cláusulas necessárias para o juramento?

As condições do juramento agradável a Deus são as seguintes: Devemos jurar pela verdade, com critério, e segundo a justiça. — III III 11-14.

273. Que proíbe o 2.º Mandamento?

Proíbe o perjúrio, tanto assertório, como promissório; o juramento iníquo ou contrário à justiça, como seja prometer algum pecado, ou jurar não querer os conselhos evangélicos; o juramento leviano ou sem critério, como seja jurar sem prova, ou por falsos deuses; a profanação de coisas santas, por exemplo, ridicularizar textos da Sagrada Escritura, desprezar a oração; a blasfêmia e a maldição. — III III 20-29.

274. Que nos indicam as sanções de Deus?

Indicam a gravidade desses pecados; a propensão dos homens para o cometerem; o nexo causal entre esses pecados e muitas desgraças que acontecem pelo mundo afora. — III III 30.

TERCEIRO MANDAMENTO

275. Qual é o teor bíblico deste Preceito?

"Lembra-te de santificar o dia de sábado. Seis dias trabalharás, e neles farás todas as tuas obras. O sétimo dia, porém, é o Sábado do Senhor teu Deus. Nesse dia não farás obra alguma, nem tu, nem teu filho, nem tua filha, nem o teu servo, nem tua serva, nem o teu gado, nem o forasteiro que está dentro de tuas portas. Porque em seis dias fez o Senhor o céu, e a terra, e o mar, e tudo que neles há, e descansou ao sétimo dia. Por isso, o Senhor abençoou o dia de sábado, e o santificou" (Ex 20,8-11). — III IV 1.

276. Donde se deduz a importância deste Preceito?

Vemo-la pelo nexo com os Preceitos precedentes, pelo teor de suas palavras, pela sua influência nos outros Mandamentos, pela necessidade que os poderes públicos cooperem para a sua observância. — III IV 1-3.

277. Qual é o nexo com os outros Mandamentos?

Este Preceito difere dos mais, pelo seu caráter cerimonial e temporário, e pela ab-rogação do dia de sábado; de comum com os outros tem o caráter moral e permanente, e a instituição do "Dia do Senhor". — III IV 3-7.

278. Que significa o "Lembra-te"?

Indica o dia que deve ser santificado, a maneira de santificar também a semana, e o perigo de esquecermos o Preceito. — III IV 8.

279. Que significa o termo "sábado"?

Na Bíblia, significa a cessação de trabalho, o sétimo dia, a semana toda. — III IV 9.

280. Que significa o verbo "santificar"?

Significa não só a omissão de obras servis, mas também a prática de obras de piedade e caridade. — III IV 10-11.

281. Por que Deus determinou o sétimo dia?

Para ser um memorial de nossa dependência de Deus, da criação do Universo, da libertação do Egito, do sábado espiritual e celestial. — III IV 12-14.

282. Em que consiste o sábado espiritual?

Consiste na santa paz e tranquilidade, que o homem goza, ao entregar-se às obras de piedade e caridade cristã, depois de se haver regenerado para uma vida nova em Cristo. — III IV 15.

283. Em que consiste o sábado celestial?

Consiste naquela vida que gozaremos em união com Cristo na eternidade. — III IV 16.

284. Há outros dias santificados além do "Dia do Senhor?"

Já os judeus celebravam ainda outras festas e dias santos. A Igreja também instituiu dias santos, além do domingo. São grandes festas em comemoração dos Mistérios da Redenção, da vida de Nossa Senhora, dos Santos Apóstolos, dos Mártires e de outros Santos. — III IV 17-19.

285. Por que a Igreja escolheu o domingo?

Foi escolhido o domingo, por ser o dia em que surgiu a primeira luz do Universo, prefigurando Cristo Ressuscitado, que é a luz de nossas almas. Nesse dia começou a Obra da Criação, e foi no domingo que o Espírito Santo baixou sobre os Apóstolos, para uma nova Criação espiritual. — III IV 18.

286. Como se deduz deste Preceito a obrigação do trabalho?

Se a Lei prevê um dia de descanso, logicamente devemos concluir que nos outros dias é preciso trabalhar. "Seis dias trabalharás... Nesse dia [no sábado] não farás obra alguma, etc." — III IV 20.

287. Que obras são proibidas no dia do Senhor?

Não devemos executar obras servis, nem fazer os animais trabalharem. Excetuam-se os serviços para o culto divino, e os trabalhos verdadeiramente necessários. Não devemos também profanar o Dia do Senhor, cometendo pecados. — III IV 21-24.

288. Quais são as obrigações positivas em domingos e dias santos?

Devemos assistir à Missa, com boas disposições; receber os Santos Sacramentos; ouvir o sermão ou a catequese; rezar com mais fervor; instruir-nos na Religião; praticar as obras de misericórdia. — III IV 25-26.

289. Por que devemos observar este Preceito?

Por ser justo e razoável, sublime e vantajoso, fácil de cumprir, e munido de graves sanções. — III IV 26-28.

QUARTO MANDAMENTO

290. Qual é o teor bíblico do 4.º Preceito?

"Honra teu pai e tua mãe, para teres longa vida na terra, que o Senhor teu Deus te há de dar" (Ex 20,12). — III V 1.

291. Donde se explica a importância dos Preceitos gravados na Segunda Tábua?

Os preceitos gravados na 2.ª Tábua são sumamente importantes, porque Cristo equiparou ao amor a Deus o amor que devemos ter a nós mesmos e ao próximo. — III V 1.

292. Como se enquadra aqui o 4.º Mandamento?

Ele forma a transição entre as obrigações para com Deus e para com o próximo. Nossos pais são, de nossos próximos, os mais próximos. Além disso, são os representantes do amor e da autoridade de Deus. O 1.º Mandamento limita o 4.º Mandamento, e o engrandece ao mesmo tempo. — III V 2-6.

293. Que se entende por "honrar"?

Honrar é respeitar alguém, e estimar tudo o que se lhe diga respeito. A honra que tributamos a outrem, compreende os sentimentos de amor, zelo, obediência e a prontidão de servir. — III V 7.

294. Que se entende por "pai"?

Entendemos os pais carnais, os superiores eclesiásticos, os superiores civis, os educadores, as pessoas de idade. — III V 8.

295. Por que se faz menção expressa de "mãe" no "Preceito"?

Para melhor nos compenetrarmos do amor de nossa mãe, a quem tanto devemos desde o nosso nascimento. — III V 9.

296. Quais são as obrigações dos filhos para com os pais?

Devemos ser extremosos em nossos sentimentos de amor e piedade filial, cujas sinceras manifestações são as seguintes: honrar os pais na sociedade, rezar por eles, regular nossa vida pela sua opinião e vontade, imitar seus bons exemplos e costumes, manter os pais pelo menos em sua posição social, assisti-los em doenças perigosas, promover condignamente os seus funerais, sufragar-lhes a alma. — III V 10-12.

297. Quais são as obrigações dos súditos para com os superiores?

Aos Superiores eclesiásticos devemos prestar amor e obediência, e garantir-lhes o sustento honesto. Aos Superiores seculares, devemos consideração, submissão, e lealdade. — III V 13-15.

298. Como proceder com as autoridades indignas?

A indignidade pessoal não lhes derroga o poder que receberam de Deus. Só devemos opor-nos às leis e determinações que forem contrárias aos Preceitos Divinos. — III V 16.

299. Quais são os prêmios e sanções deste Mandamento?

As Escrituras prometem vida longa e venturosa aos bons filhos, e ameaçam os piores castigos contra os que odeiam ou desprezam seus próprios pais. — III V 17-18 20.

300. Como se explica, no entanto, a morte precoce de bons filhos?

Nosso Senhor os tira do mundo, antes que sejam contaminados pela corrupção ambiente (Sb 4,11), ou para que não sofram com os flagelos reservados à sua época (Is 57,1). — III V 19.

301. Quais são as obrigações dos pais e superiores?

Devem educar e dirigir seus filhos e súditos por princípios bem assentados, evitando, como erros, nímia aspereza, nímia indulgência e princípios anticristãos de educação. — III V 21-22.

QUINTO MANDAMENTO

302. Qual é o teor bíblico deste Mandamento?

"Não matarás" (Ex 20,13). — II VI 1.

303. A que atribuir a importância do 5.º Preceito?

A observância deste Preceito é o meio mais conducente para promover a paz e a concórdia entre os homens. Por isso, foi ele expressamente inculcado após o Dilúvio; Cristo o aperfeiçoou, e o deu como defesa do próprio indivíduo. — III VI 1.

304. Que não proíbe este Mandamento?

Não proíbe matar animais, executar criminosos por via legal, matar inimigos em guerra justa, matar por ordem de Deus, matar em defesa própria. A morte acidental não constitui crime, a não ser que haja grave e culposa negligência de quem ocasionou o acidente. — III VI 2-8.

305. Que proíbe este Mandamento?

Proíbe o homicídio, e esta proibição vale para todos os homens, sem excetuar os ricos e poderosos. Proíbe de matar o próximo, ainda que se trate de pessoa vil e desprezível. Proíbe também de matar a si mesmo, porque o homem não pode dispor de sua própria vida. Proíbe, afinal, todas as maneiras de matar, seja por violência física, seja por determinação moral. —III VI 9-11.

306. O que entra ainda na proibição deste Preceito?

O cristão não deve irar-se contra o próximo, sem razão, por motivos carnais. — III VI 11-12.

307. Quais são os remédios contra esses pecados?

Devemos meditar em que Cristo aconselhava não resistir aos maus, e oferecer a face esquerda, quando esbofeteados na face direita. Antes de tudo, é preciso reconhecer a atrocidade do homicídio, como crime de lesa-humanidade. — III VI 13-15.

308. Que prescreve o 5.º Mandamento?

Ordena-nos a prática de uma caridade universal, com todos os seus atributos, que são a paciência, benignidade, beneficência, amor aos inimigos, perdão das injúrias. — III VI 16-19.

309. Quais são os motivos para essa caridade?

a) O sofrimento vem de Deus, e os homens maus são apenas instrumentos de Sua Providência; b) o perdão das ofensas traz vantagens, porque nos alcança o perdão de nossos próprios pecados, e nos dá nobreza e perfeição; c) se não perdoarmos, sofreremos tremendos castigos; d) o ódio engendra outros pecados graves. — III VI 20-24.

310. Quais são os remédios contra esses pecados?

Há dois eficacíssimos: o exemplo de Nosso Senhor e a lembrança dos Novíssimos. — III VI 25.

SEXTO MANDAMENTO

311. Qual é o teor bíblico deste Preceito?
"Não cometerás adultério" (Ex 20,14). — III VII 1.

312. Qual é a importância do 6.º Mandamento?
É uma defesa e proteção do Matrimônio, do amor conjugal e da santidade da família. — III VII 1.

313. A que é preciso atender na explicação deste Mandamento?
Cumpre dizer o necessário, com toda a firmeza, mas de tal modo que esclareça os inocentes, sem os escandalizar, nem induzir indiretamente ao pecado. — III VII 1-2.

314. Que proíbe o 6.º Mandamento?
Pela proibição do adultério, proíbe implicitamente todas as espécies de luxúria, todos os afetos libidinosos. — III VII 3-5.

315. O 6.º Mandamento baseia-se só em lei positiva?
A impureza é proibida não só pela lei positiva de Deus, mas também pela lei natural (Cfr. DU 1198 ss.). — II VII 5.

316. Qual é a malícia do adultério?
Além de ser pecado contra a continência, o adultério tem ainda a malícia de uma grave injustiça. — III VII 5.

317. Que prescreve este Mandamento?
Manda guardar a pureza e continência, própria de cada estado. — III VII 6.

318. Quais são os meios de guardar castidade?
Como meios internos, é preciso ter horror à torpeza desse pecado, em particular do meretrício e do adultério; é preciso também considerar amiúde os castigos e os efeitos da impureza. — Como meios externos, é preciso fugir a ociosidade, a intemperança, os olhares indiscretos, os

requintes da moda, as conversas torpes, as cantigas e bailes licenciosos, os livros e imagens obscenos. — Como meios positivos, é preciso frequentar os Sacramentos da Confissão e da Eucaristia, e praticar obras de mortificação, como sejam jejuns, vigílias e romarias. — III VII 7-13.

SÉTIMO MANDAMENTO

319. Qual é a primeira observação que fazemos quanto ao 7.º Mandamento?

É que Deus, em Sua bondade infinita, não só protegeu nossa vida e nossa honra, pelos 5.º e 6.º Mandamentos, mas quis também defender os bens externos do indivíduo e da sociedade pelo 7.º Mandamento. — III VIII 1-2.

320. Como se divide o 7.º Mandamento?

Divide-se em duas partes, como os demais. De um lado, proíbe todas as lesões da propriedade alheia; de outro, prescreve a beneficência. — III VIII 2.

321. Que proíbe este Preceito?

Proíbe o roubo e o furto, em todas as suas modalidades, bem como a intenção de roubar ou furtar. — III VII 3-6.

322. Qual é a gravidade do roubo e do furto?

Tanto pela lei natural, como pela lei divina, são pecados graves em seu gênero, mas admitem parvidade de matéria. — III VIII 7.

323. Que obrigação impõem o furto e o roubo?

Por lei divina, urge a obrigação de restituir ou repor o que foi roubado. Em caso de impossibilidade, é preciso que se tenha pelo menos a intenção de restituir. — III VIII 8.

324. Quais são as principais espécies de furto?

É furto: comprar ou reter objetos achados ou roubados; enganar em compras e vendas; vender artigos falsos ou avariados; não trabalhar direito, conforme o que foi ajustado; lesar conscientemente os patrões; simular indigência; não cumprir as obrigações decorrentes de um cargo ou ofício. — III VIII 9.

325. Quais são as principais espécies de roubo?

É roubo: não pagar o salário devido, os impostos, os dízimos; fazer agiotagens; deixar-se peitar em pareceres e sentenças; fazer especulações de crédito e passar calotes; executar devedores insolventes; atravessar cereais. — III VIII 10-14.

326. Que prescreve o 7.º Mandamento?

Obriga a restituir o roubado e a fazer beneficência, de acordo com as próprias posses. — III VIII 15-16.

327. Quem está obrigado à restituição?

Quem manda, quem aconselha, quem consente, quem participa, quem não impede, quem não denuncia, quem apadrinha, quem aprova e louva algum furto ou roubo. — III VIII 15.

328. Que missão social se deduz do direito de propriedade?

A posse de bens de fortuna impõe a obrigação de fazer beneficência. — III VIII 16.

329. Qual é a forma mais comum de beneficência?

É a esmola. Consiste em prover do necessário a quem precisa; em dar emprestado, se não pode fazer donativo; em trabalhar em benefício dos pobres. A frugalidade de vida põe o indivíduo em condições de alargar as suas caridades. As Sagradas Escrituras enaltecem as bênçãos reservadas aos esmoleres. — III VIII 16-19.

330. Quais motivos induzem à observância deste Preceito?

De um lado, os castigos que a justiça divina lança contra os ladrões e injustos; de outro lado, as recompensas que a bondade promete aos que praticam a liberalidade para com os pobres. — III VIII 20.

331. Quais são as escusas de alguns ladrões?

Muitos nobres decaídos querem manter, por furtos e roubos, o esplendor de sua casa e linhagem. Outros procuram, dessa mesma forma, conservar seu elevado padrão de vida. Alguns se justificam, alegando que só roubam de pessoas ricas e abastadas. Muitos dizem que roubam por hábito; que não resistem à ocasião propícia; que roubam por represália, porque foram também roubados; que não podem pagar suas dívidas, senão roubando dos outros. A todos esses ladrões, devemos arrancá-los de tão perigosa ilusão, para que a eles se não aplique a palavra da Escritura, que os ladrões não terão parte no Reino de Deus (1Cor 6,10). — III VIII 21-25.

OITAVO MANDAMENTO

332. Por que se impõe a explicação deste Preceito?

É necessário explicar bem este Mandamento, porque sua transgressão é muito generalizada, e produz males sem conta. — III IX 1.

333. Que proíbe o 8.º Mandamento?

Proíbe: a) dizer falso testemunho em juízo, contra outrem, contra si mesmo, a favor de outrem, em prejuízo de outrem; b) dizer ou praticar qualquer espécie de mentira ou falsidade, como seja calúnia, detração, propagação de heresia, enredos, murmurações, lisonja, aleivosia, o enganar moribundos acerca de seu estado, o escrever libelos difamatórios, mentiras jocosas e oficiosas, fingimento e dissimulação. — III IX 2-13.

334. Que prescreve o 8.º Mandamento?

Aos juízes e magistrados impõe a obrigação de julgarem e darem sentença segundo a verdade e a justiça; aos réus, de dizerem a verdade, quando interrogados em juízo (veja-se porém CRO III nota n.º 531); às testemunhas, de falarem segundo a verdade e os ditames de sua consciência; aos advogados e outras partes do tribunal, de não lesarem os direitos de quem for inocente; aos fiéis em geral, de serem leais e sinceros no trato com os seus semelhantes. — III IX 14-18.

335. Por que motivo devemos observar o 8.º Mandamento?

Sua transgressão constitui um pecado particularmente odiado por Deus, um pecado por assim dizer incurável, um pecado de funestas consequências. — III IX 19-20.

336. Quais são os principais pretextos para mentir?

Mentir por vantagem, por revide, por fragilidade, por hábito, por imitação, por medo da verdade, por brincadeiras, por oportunismo. — III IX 21-23.

NONO E DÉCIMO MANDAMENTOS

337. Em que está a utilidade e importância dos dois últimos Mandamentos?

São necessários, por causa do nexo com os Preceitos anteriores e do nexo de ambos entre si. Os 9.º e o 10.º Mandamentos esclarecem e completam, respectivamente, o 6.º e o 7.º Mandamentos. São úteis, porque apaziguam a alma e garantem a pureza interior. — III X 1-5.

338. Que proíbem o 9.º e o 10.º Mandamentos?

Proíbem, em geral, cobiçar coisas libidinosas e coisas alheias. Mas essas pretensões da má concupiscência só se tornam pecados, quando nelas intervém o consentimento da vontade. — III X 10-20.

339. São proibidas todas manifestações da concupiscência?

Não, porque a concupiscência em si é uma faculdade da alma, pela qual desejamos e apetecemos o que corresponde às necessidades de nossa natureza humana. Quando bem regulada, a concupiscência nos leva a pedir a Deus a satisfação de nossos bons desejos, e a sentir maior gratidão para com Deus, pelos benefícios recebidos. — III X 6-9.

340. Em que sentido diz São Paulo que a concupiscência é pecado?

Na epístola aos Romanos, capítulo 7, versículo 7, São Paulo se refere à concupiscência da carne, isto é, à má concupiscência. — III X 8.

341. Quais são os remédios contra a má concupiscência?

Contra a concupiscência da carne e dos olhos, proibida pelo 9.º e 10.º Mandamentos, devemos procurar a pobreza de espírito ou desapego às coisas terrenas, o amor à vontade de Deus, a mortificação dos sentidos, a consideração dos danos espirituais e temporais que causa a má concupiscência. — III X 21-22.

342. Quais são as pessoas mais expostas a pecar contra o 9.º e 10.º Mandamentos?

As que se viciaram na jogatina; os negociantes que desejam a falta de mercadorias, para terem lucros maiores; os soldados que desejam a guerra, para poderem saquear; os médicos que desejam doenças e epidemias; os advogados que desejam processos e demandas; os profissionais que desejam dificuldades na praça, para tirarem disso a maior vantagem possível. A tais classes de pessoas, força é explicar-lhes bem os dois últimos Preceitos da Lei de Deus. — III X 23.

GENERALIDADES SOBRE A ORAÇÃO

343. Qual é o dever dos pastores, quanto à doutrina da Oração?

Os pastores devem instruir cuidadosamente os fiéis sobre tudo o que diga respeito à oração, tanto o que devem pedir, como a maneira de fazê-lo. — IV I 1.

344. Que dizer da necessidade da oração?

Segundo a doutrina e o exemplo de Cristo e dos Apóstolos, a oração é um dever rigoroso, e o único meio de conseguir o que se precisa nas necessidades comuns, e nas circunstâncias extraordinárias da vida. — IV 2-4.

345. Quais são os efeitos e os frutos da oração?

São muitos. A oração glorifica a Deus, porque é a expressão de nossa dependência; nossa confiança, nosso amor para com Ele. Alcança o bom despacho de nossa petição, porque é uma chave do céu, uma fonte de alegria, um meio de conseguirmos prontamente os nossos pedidos. — IV 1-2.

346. De que maneira somos atendidos?

Muitas vezes, Deus não nos atende da maneira que esperávamos, seja porque nosso pedido nos seria inútil ou prejudicial, seja porque Deus nos reserva graças e benefícios maiores, seja porque rezamos com negligência. Quando pedimos nas devidas condições, Deus nos dá mais do que desejamos. — IV II 3-5.

347. Quais são os frutos da oração?

A oração aumenta em nós as virtudes da fé, confiança, caridade, fervor, humildade, coragem; purifica nossa consciência; aplaca a cólera divina.— IV II 6-11.

348. Quais são as várias espécies de oração, segundo uma passagem de São Paulo?

São Paulo diz assim: "Recomendo-te, pois, antes de tudo, que se façam súplicas, orações, petições, ações de graças, por todos os homens". (1Tm 2,1). — IV III 1.

349. Quais são, porém, as espécies principais da oração?

As duas espécies principais são a petição e a ação de graças. — IV III 2-3.

350. Quais são os graus ou modalidades da oração, quanto aos sentimentos de quem reza?

Distinguimos: oração efusiva, oração contrita, oração de quem procura a verdade, oração dos impenitentes. — IV III 3-7.

351. Que se deve pedir?

Como norma geral, devemos pedir o que é lícito e agradável a Deus. As coisas temporais, devemos pedi-las condicionalmente, e com desapego do coração. Devemos, porém, pedir a glória de Deus, incondicionalmente, sem nenhuma restrição. — IV IV 1-5.

352. Por quem devemos orar?

Devemos pedir por todos sem exceção: pelos pastores espirituais, pelos governantes, pelos bons e justos, pelos nossos inimigos, pelos que estão separados da Igreja por heresia ou cisma, pelas almas do Purgatório, pelos impenitentes. — IV V 1-5.

353. Que significam as maldições dos Santos contra os pecadores?

Os Santos Padres dizem que essas maldições tinham antes o caráter de predições de castigos iminentes, ou eram uma esconjuração do poder do pecado, para salvar o pecador. — IV V 6.

354. A que deve referir-se nossa ação de graças?

Devemos render graças a Deus pelos inúmeros benefícios, que sempre nos dispensou, e que diariamente continua a dispensar ao gênero humano; mormente pela vitória dos Santos que, com a Sua graça, lograram vencer todos os inimigos internos e externos da salvação. —IV V 7.

355. Que dizer da Saudação Angélica?

A Ave-Maria é uma perfeita petição e ação de graças ao mesmo tempo. — IV V 8.

356. A quem devemos orar?

Em primeiro lugar, devemos rezar a Deus, e invocar o Seu Santo Nome. Depois, rezamos aos Santos, recorrendo à sua intercessão junto a Deus. — IV VI 1-3.

357. Como rezar o Pai-Nosso em honra de um Santo?

Quando rezamos o Pai-Nosso diante da imagem de um Santo, devemos pedir ao mesmo Santo que recite conosco o Pai-Nosso, e nos ajude a alcançar o que se contém nas suas Petições. — IV VI 4.

358. É preciso preparar-nos para a oração?

A Escritura diz: "Antes de rezar, prepara a tua alma, e não sejas como um homem que tenta a Deus" (Eclo 18,23). — IV VII 1.

359. Com que sentimentos devemos entrar em oração?

Para fazermos boa oração, devemos despertar em nós sentimentos de humildade e arrependimento, procurando livrar-nos de certos pecados, como seja homicídio, ira, discórdia, rancor, dureza para com os pobres, soberba, desprezo pela Palavra Divina. — IV VII 1-2.

360. Que sentimentos são ainda necessários?

Devemos rezar com fé e esperança; confiar na bondade de Deus para conosco, em Cristo como nosso Medianeiro, no Espírito Santo como promovedor de nossa oração; viver enfim segundo a vontade de Deus. — IV VII 4-5.

361. Que atributos deve ter a oração?

Devemos rezar "em espírito e verdade", com perseverança, em nome de Jesus, com fervor e gratidão, com jejuns e esmolas. — IV VIII 1-9.

PREÂMBULO DO PAI-NOSSO:
Pai-Nosso, que estais no céu

362. Em que consiste o preâmbulo do Pai-Nosso?

Consiste na apóstrofe ou invocação: "Pai Nosso, que estais no céu!" — IV IX 1.

363. Que efeito produz em nós a invocação de Deus como nosso Pai?

A invocação de Deus como Pai de todos os homens desperta em nós a alegria e confiança de rezar. — IV IX 1.

364. Como Deus Se revelou como nosso Pai?

Deus revela-Se como nosso Pai na Criação, no Governo do mundo, na Sua Providência, na Obra da Redenção. — IV IX 2-10.

365. Que se deduz de nossa filiação divina?

Dela concluímos que devemos portar-nos como filhos de Deus, na ventura e na desgraça, suportando o sofrimento, não como se fosse uma condenação de Deus, mas como prova de Seu amor paternal para conosco; que todos os cristãos são irmãos entre si, irmãos e coerdeiros de Cristo; que os laços de fraternidade persistem, apesar das várias dignidades e atribuições entre os homens, porque temos o mesmo Pai, o mesmo Redentor, a mesma herança; que o espírito do Pai-Nosso é fundamental para a oração e a vida cristã. — IV IX 11-17.

366. Por que dizemos "que estais no céu"?

Não obstante a Sua onipresença, dizemos que Deus assiste no céu, para termos assim uma imagem de Seu poder e majestade, e para nos lembrarmos mais intensamente de nossa Pátria Celestial. — IV IX 18-19.

PRIMEIRA PETIÇÃO:
Santificado seja o Vosso Nome

367. Qual é o conteúdo das três primeiras Petições?

Sendo Deus o Sumo Bem, estão em primeiro lugar as Petições relativas à Sua glorificação, e por sinal que glorificação extrínseca. — IV X 1.

368. Como deve ser essa glorificação?

Deve ser, na terra, igual à do céu, principalmente a glorificação do Nome Divino, para o desagravar de ofensas e blasfêmias. — IV X 1.

369. Qual é o sentido da primeira Petição?

Que todos os homens conheçam a Deus, e recebam o Batismo; que os cristãos pecadores sejam regenerados pela Penitência; que todos os homens reconheçam os benefícios divinos; que todos os homens acatem a verdadeira Igreja de Deus; que o Nome de Deus não seja blasfemado, por causa dos cristãos; que o bom exemplo dos cristãos leve os homens a glorificarem a Deus. — IV X 4-9.

SEGUNDA PETIÇÃO:
Venha a nós o vosso Reino

370. Qual é o âmbito da 2.a Petição?

É o ponto de partida e o remate de toda a pregação evangélica, porquanto Cristo disse: "Procurai primeiro o Reino de Deus, e todas essas coisas vos serão dadas de acréscimo" (Mt 6,33). Abrange também tudo o que se faz mister para a vida espiritual e corporal. — IV XI 1-2.

371. De que modo devemos realizá-la?

Devemos procurar o Reino de Deus; nutrir o desejo do céu: considerando a miséria humana, que é pior do que a condição natural dos irracionais; investigando as causas dessa miséria, e procurando os remédios. — IV XI 3-6.

372. Que se entende por "Reino de Deus"?

Por Reino de Deus, entendemos a soberania e a providência de Deus, Sua proteção para com as almas justas, um Reino que não é deste mundo, um Reino de graça e santidade, um Reino de glória celestial. — IV XI 7-10.

373. Qual é o nexo entre Reino da graça e Reino da glória?

A graça, como diz Cristo, é a "fonte que jorra para a vida eterna" (Jo 4,14). Portanto, não poderá possuir no céu o Reino da glória, quem na terra não conservou em si o Reino da graça. — IV XI 11.

374. Qual é o conteúdo desta Petição?

Pedimos pela propagação da fé e da Igreja; pela conversão dos pecadores no grêmio da Igreja; pela santificação e perseverança dos bons na Igreja. — IV XI 12-14.

375. Que motivos nos induzem a fazer devotamente esta Petição?

São os seguintes: a) o imenso valor do Reino de Deus; b) nossa indignidade e indigência; c) a obrigação de nos esforçarmos, de confiarmos na graça de Deus, de pedirmos a plena vitória do Reino de Deus entre os homens. — IV XI 15-19.

TERCEIRA PETIÇÃO:
Seja feita a Vossa vontade

376. Que faz ressaltar a importância desta Petição?

Três fatores: a) o triste estado do homem decaído, a propensão de sua vontade para o mal, a turvação da inteligência, sua incapacidade de conseguir o Reino do céu; b) a necessidade de pedirmos o auxílio de Deus, para vencer o pecado e perseverar no bem; c) o fato de que a má concupiscência remanesce também nos bons e justos. — IV XII 1-10.

377. Qual é o conteúdo desta Petição?

Pedimos a força de cumprir todos os Preceitos Divinos; verdadeiro horror às obras da carne; a graça de não nos iludirmos com as aparências do bem; a consecução de coisas boas e agradáveis; a perseverança de fazer a vontade de Deus; a difusão da vontade de Deus por todo o orbe da terra; a graça de cumprirmos a vontade de Deus com perfeição, isto é, por amor e reverência, não tanto pela recompensa prometida, como o fazem os Anjos e Santos no céu. —IV XII 11-12.

378. Com que sentimentos devemos fazer esta Petição?

Nossa miséria nos faça humildes, a glória do serviço de Deus nos faça zelosos; a fé na Providência Divina nos faça perseverantes em nosso estado e vocação. — IV XII 23-24.

QUARTA PETIÇÃO:
O pão nosso de cada dia nos dai hoje

379. Qual é o nexo desta Petição com as precedentes?

Após haver pedido os bens sobrenaturais, é lógico que se peçam as coisas temporais, necessárias para a vida corporal. — IV XIII 1.

380. Por que pedimos coisas temporais?

Pedimo-las, porque são meios necessários para a consecução de bens sobrenaturais. — IV XIII 2.

381. Com que disposições devemos rezar a presente Petição?

Devemos sobrepor a vontade de Deus a todas as coisas, e fazer a reta intenção, ao usarmos as coisas temporais e terrenas. — IV XIII 3.

382. Por que é necessária esta Petição?

É necessária, por causa das exigências materiais da vida, agravadas pelo pecado original, e a que devemos acudir com o nosso esforço, mas amparados pelo poder e bondade de Deus. — IV XIII 4-7.

383. Que significa "pão" no sentido material?

Significa tudo o que havemos mister para a manutenção da vida corporal, como seja comida, roupa, casa, etc., mas só o que for necessário. — IV XIII 8-10.

384. Que designa o possessivo "nosso"?

Concita à temperança; proíbe o desperdício, e manda adquirir legitimamente. — IV XIII 11-12.

385. Que nos diz a cláusula "de cada dia"?

Sugere-nos a frugalidade, condena a avareza e ganância, lembra o dever da oração diária. — IV XIII 13.

386. Qual é o sentido do imperativo "nos dai"?

Exorta todos à submissão a Deus; aos ricos induz a pedirem a proteção de Deus para os seus bens de fortuna. — IV XIII 13-15.

387. Por que pedimos no plural?

Porque temos a obrigação de pedir uns pelos outros, e de repartir com os pobres a nossa parte. — IV XIII 16.

388. Que exprime o advérbio "hoje"?

Lembra-nos a contingência e incerteza de nossa vida. — IV XIII 17.

389. Que significa "pão", no sentido espiritual?

Significa tudo o que havemos necessidade para a nossa vida sobrenatural, isto é, a Palavra de Deus, Cristo Nosso Senhor, principalmente na Eucaristia como pão cotidiano de nossa alma. — IV XIII 17-21.

390. A que nos exorta, afinal, a presente Petição?

Exorta-nos a pôr nas mãos de Deus o bom êxito de nosso trabalho e nossa oração; aos ricos, particularmente, lembra o dever de acudirem aos pobres em suas necessidades. — IV XIII 22-23.

QUINTA PETIÇÃO:
Perdoai-nos as nossas dívidas, assim como nós perdoamos aos nossos devedores

391. Em que caráter se nos apresenta a 5.a Petição?

Apresenta-se-nos como fruto da Paixão de Cristo, como condição para conseguirmos a vida eterna, e como nova modalidade de oração. — IV XIV 1-3.

392. Com que disposições devemos fazê-la?

Devemos reconhecer nossa condição de devedores para com Deus; arrepender-nos de nossos pecados: por causa de sua hediondez, por causa da Majestade Divina, por causa do cativeiro do demônio, por causa dos castigos; confiar na misericórdia de Deus; que está pronto a perdoar, mas que quer ser rogado. — IV XIV 4-11.

393. Qual é o sentido de "dívidas"?

Dívida, na linguagem comum, pode ser compromisso, transgressão ou infração, e também ofensa irrogada ao próximo. Por nossas dívidas entendemos todos os nossos pecados. — IV XIV 12-15.

394. Porque nos é necessário perdoar?

Porque nosso perdão ao próximo é a condição que Deus põe para nos perdoar. — IV XIV 17-18.

395. Por que dizemos "perdoai-nos", e não "perdoai-me"?

Rezamos no plural, uns pelos outros, por caridade, já que somos irmãos; e também por justiça, já que muitas vezes somos solidários nos pecados do próximo. — IV XIV 16.

396. Que motivos nos induzem a perdoar?

A prontidão de perdoar nos dá uma garantia de nossa filiação divina. O rancor involuntário não tira o valor de nosso perdão. Ainda que rancorosos, devemos recitar com fé a presente Petição, e não deixaremos de sentir seu efeito conciliatório. — IV XIV 19-21.

397. Quais são os meios para se recitar fervorosamente esta Petição?

Devemos comparecer diante de Deus como necessitados; evitar as ocasiões de pecado; imitar os exemplos de arrependimento relatados na Bíblia; ser esmoleres, esquecer as injúrias, e rogar pelos inimigos. — IV XIV 22-23.

SEXTA PETIÇÃO:
E não nos deixeis cair em tentação

398. Por que Cristo nos ordenou esta Petição?

Cristo nos mandou rezar assim, porque é muito grande a sanha do demônio contra os bons. Os demônios são poderosos no seu ódio, firmes na sua arrogância, tremendos pelo seu número. Além disso, nossa fragilidade é atacada pela má concupiscência, muito embora Deus jamais consinta em sermos tentados acima de nossas forças. — IV XV 1-6 8.

399. Por que os maus não são tentados?

Os maus não são tentados, porque em sua obstinação já são pertença do demônio. É bom sinal, quando os virtuosos são importunados com muitas tentações. — IV XV 7.

400. Que se entende por "tentar"?

Tentar consiste em provar alguém, para se verificar sua firmeza em algum princípio ou modo de proceder. — IV XV 9.

401. De que modo tenta o demônio?

O demônio tenta para o mal, valendo-se de nossa má concupiscência, e de homens depravados. — IV XV 10.

402. Qual é o sentido de "cair em tentação"?

Deus não quer jamais o pecado, mas permite tentações e quedas nossas, e não impede propriamente o abuso de Seus benefícios e graças, porque deu ao homem a livre vontade, ou a determinação de si mesmo. Nas Escrituras, devemos atender a alguns idiotismos; quando lemos, por exemplo, que Deus endureceu o coração de Faraó, ou que obcecou o coração do povo. Não devemos ver, nessas expressões, um ato positivo, mas só uma simples permissão de Deus. — IV XV 11-13.

403. Há vantagens nas tentações?

As tentações nos ensejam muitos merecimentos, e aumentam nossa glória e felicidade no céu. Por isso, não pedimos propriamente isenção de sermos tentados, mas a força de resistir às tentações, e de vencê-las. — IV XV 14-15.

404. Qual é, pois, o sentido básico desta Petição?

Pedimos a graça de não cedermos à má concupiscência; de não nos arredarmos do caminho do Senhor, mas de nos conservarmos fiéis a Cristo, tanto na ventura, como na desgraça; de termos em todo o nosso ser a poderosa assistência divina; de podermos esmagar Satanás debaixo de nossos pés. — IV XV 15.

405. Com que sentimentos devemos rezar esta Petição?

Devemos desconfiar de nossa própria suficiência; entregar-nos à bondade divina; fitar os olhos em Cristo, Vencedor do demônio; pensar nos triunfos dos Santos; usar os meios conducentes contra as tentações; pedir forças a Deus; almejar o prêmio da vitória. — IV XV 16-20.

SÉTIMA PETIÇÃO:
Mas livrai-nos do mal

406. Qual é a importância desta Petição?

Esta petição é, por assim dizer, um sumário de todas as precedentes. Antes de morrer, Cristo pediu pessoalmente: "Não rogo que os tireis do mundo, mas que os guardeis do mal" (Jo 17,15). — IV XVI 1.

407. Qual é a sua oportunidade e necessidade?

No meio de tantas tentações e perigos, é preciso pedir que Deus tenha mão, e nos livre dos males que fazem perigar a salvação de nossa alma. — IV XVI 2.

408. De que maneira devemos rezar esta Petição?

Devemos pedir a Deus livramento dos males, mas em subordinação à glória de Deus, e não confiando apenas em nossas defesas humanas. Nosso pedido é também condicional, quanto aos males interiores e exteriores, e quanto às coisas que são bens apreciáveis e desejáveis. — IV XVI 3-7.

409. De que maneira Deus nos atende?

Deus afasta desgraças iminentes, consola nos sofrimentos, acode até milagrosamente. — IV XVI 8.

410. Por que dizemos que o demônio é "o mal"?

Porque ele é o autor do pecado; porque é um instrumento de castigo nas mãos de Deus; porque odeia os homens; porque instiga para o mal. — IV XVI 9-10.

411. Que conclusões práticas devemos tirar da 7.ª Petição?

Enquanto vivermos, teremos de sofrer. Por isso, soframos com paciência e alegria, a exemplo dos Santos. — IV XIV 11-12.

O FINAL DO PAI-NOSSO:
Amém!

412. Qual é a importância dessa conclusão?

O "amém" é o sinete do Pai-Nosso, é um penhor das graças pedidas. — IV XVII 1.

413. Qual é o processo misterioso que se opera em cada oração?

Na oração, Deus torna-Se mais acessível; faz sentir os efeitos de Sua bondade; afervora-nos no Seu serviço; faz-nos reconhecer nossa própria miséria; desperta em nós os sentimentos de ação de graças, como o vemos no exemplo do Profeta Davi. — IV XVII 2-3.

414. Que significa, e como se traduz o "amém"?

É uma resposta de Deus à oração, e exprime a esperança de quem reza. Uns traduzem o "amém" por "assim é", "assim seja"; outros, por "fielmente", ou por "em verdade". — IV XVII 4-6.

415. Quais são os efeitos de sua recitação?

Concentra a atenção de quem reza, aumenta-lhe o fervor. Ao dizer "amém", já sentimos, por assim dizer, que se aproxima o auxílio de Deus. — IV XVII 6.

ÍNDICE REMISSIVO

Abades: poder dos - para conferir Ordens Menores a seus súditos II VII 26.

Abismo: sinônimo de inferno I VI 3.

Ablução: matéria próxima do Batismo II II 17; número de abluções II II 18; modo de fazê-la II II 19.

Abraão: o que é seio de - I VI 4.

Ação de graças: como oração IV III 2, IV V 7, IV XII 22; como sinônimo do Santíssimo Sacramento II IV 3.

Acatólicos: o Clero e os - I VII 3.

Acendalha do pecado: III X 5 10.

Acidente: matar por - III VI 6.

Acidentes: subsistência dos - na Eucaristia II IV 26.

Acolitado: II VII 18.

Acusação: utilidade da - no Sacramento da Penitência II V 36; noção da - sacramental II V 38; propriedades da - sacramental II V 46-53.

Acusados: deveres dos - em juízo III IX 15.

Adão e Eva: história de - IV IX 8 ss.

Adoção divina: I II 9; veja-se também o verbete "filiação divina"

Adoração: espécies de - III II 9

Adultério: noção III VII 3; malícia específica III VII 5 8; II VIII 18; penas da Antiga Lei contra o - II VIII 24.

Adulto: o Batismo de - pressupõe cataquese II II 34.

Advogados: deveres dos - em juízo III IX 16.

Afusão: Batismo por - II II 17.

Agda (1.º Concílio de): II IV 59.

Agilidade: dom do corpo ressuscitado I XII 11.

Agiotagem: fazer - III VIII 11.

Agouros: III II 7.

Água: - batismal II II 6; qual - deve ser empregada no Batismo II II 7; figuras e profecias da - batismal II II 9; motivos para se escolher a - para matéria do Batismo II II 10; qual - serve para o Batismo II II 11; a - batismal deve ser consagrada II II 11; bênção da batismal II II 60; efeito da - batismal II III 1 0; mistura de - na consagração do vinho na Missa II IV 16-17.

Ajuste: não trabalhar pelo - III VIII 9.

Aleivosia: III IX 11.

Alexandre (Papa): II II 56.

Alimento: a Eucaristia - espiritual II IV 46.

Alma: dotes da - de Cristo I IV 4; imortalidade da - I XII 2.

"Alusões obscuras": I XIII 7.

Ambrósio (Santo): I X 11 23, I XII 6; II I 9, II III 4, II IV 28, II IV 37, II IV 39, II V 43, 46, II VI 8, II VIII 2 8; III II 15, III VII 3; IV XIII 16 21.

Amém: IV XVII 1ss.; significação IV XVII 4-5; traduções, e efeitos de sua recitação IV XVII 6.

Amor: santidade do - conjugal II VIII 24; ligações de - impuro II VIII 29; o - como motivo para a observância do Decálogo III II 33.

Anacleto (Papa, Santo): II IV 59.

Animação: Animais: não é proibido matar - III VI 3; trabalho dos - em domingos e dias santos III IV 24.

Anjos: criação, dotes dos - I II 17; - maus I II 17; culto dos - III II 9. representações dos - III II 21; ministério dos - IV IX 4 ss.

Anunciação: Mistério da - I III 5.

Apostolicidade: nota da Igreja I X 15.

Apropriações em Deus: I II 14, II V 3, I VIII 7-8.

Arca de Noé: figura da Igreja I X 17.

Arcebispo: dignidade II VII 25.

Arcediago: II VII 19.

Arrependimento: em que sentido Deus se arrepende II V 2; justa medida do - II V 6; o - segundo a doutrina da Bíblia IV XIV 9.

Artigos: significação de - no Credo I I 4.

Ascensão de Cristo: Cristo subiu aos céus como Homem e como Deus, por Sua própria virtude I VII 1-2; sublimidade da - I VII 4; avisos práticos para a catequese sobre a - I VII 4; motivos da - I VII 5; frutos imediatos da - I VII 7-9.

Aspersão: Batismo por - II II 17.

"Assembleia": tradução literal de "ecclesia" I X 2.

Atos do penitente: - como partes da Confissão II V 13.

Autores: deveres dos - em juízo III IX 17-18.

Autoridade: - indigna III V 16.

Ave-Maria: como petição e ação de graças IV V 8.

Azeite doce: usado como ingrediente na preparação do Crisma II III 8.

Bailes: III VII 1 1.

Bálsamo: usado como ingrediente na preparação do Crisma II III 9.

Banquete celestial: I XIII 1 1.

Basílio (São) Magno: I X 11; III III 19; IV V 2, IV XIII 16, IV XVI 9.

Batismo: importância da doutrina sobre o - II II 1-2; explicação das cerimônias do - II II 2 58-72; explicação etimológica de - II II 3; definição real do - II II 5; efeitos - II I 5; sinal do - II I 5; elementos constitutivos do - II II 6; matéria remota do - II II 7; - no fogo e no Espírito Santo II II 8; o - como Sacramento da regeneração IV IX 9; matéria e forma do - II I 11; necessidade de bem explicar o - II II 12; forma do - II II 12-14; a fórmula grega do - II II 14; o - em nome de Jesus II II 15-16; matéria próxima do - II II 17; modo de ministrar o - II II 19; o - instituído por Cristo II II 20; quando começou a lei do - II II 21; meditação sobre o valor do - II II 22; hierarquia entre os ministros do - II II 24; ministro ordinário, extraordinário, e o de emergência do - II II 23-24; necessidade, origem, parentesco resultante, obrigações, escolha, e número dos padrinhos de - II II 25-29; sujeito do - II II 30-39; época do - II II 33; o - não deve ser diferido por mais de 10 dias; por que a Igreja difere o - dos adultos II II 34-35; o - dos judeus II II 35; disposições do sujeito do - II II 37-39; o - de pessoas não dispostas II II39; - e vida cristã II II 40; efeitos do - II II 41-53; o - não pode ser reiterado II II 54; o condicional II II 55-56; dias de ministrar o - da Igreja Primitiva II II 60; promessas do - II II 68; imposição de um nome no - II II 73; frutos da instrução sobre o - II II 74; o - é uma consagração a Cristo I III 12; iniciação do - I III 12; a Crisma aperfeiçoa a graça do - II III 19; o - é uma porta para a Igreja II X 22.

Bênção: a - de Deus é necessária para nossas boas obras IV XIII 7.

Benefícios divinos: IV X 7 ss.

Bens: os - essenciais da glória I XIII 6-9; os - acidentais da glória I XIII 10-11; os - do Matrimônio II VIII 23 34; como pedir a Deus os - temporais IV IV 3.

Bernardo (São) de Claraval: II V 27 64 65; III I 7, III IX 10; IV XVI 12.

Bíblia: idiotismos da - IV XV 13.

Bispo: ministro ordinário da Crisma II III 10; o-deve ser sagrado por três bispos II VII 26; o Papa é o - de Roma II VII 25; como devemos honrar o - III V 13.

Blasfêmia: III II 2, III III 29.

Calote: passar - III VIII 12.

Calúnia: III IX 8.

Caráter: definição do - sacramental II I 24; natureza indelével do - sacramental II I 24-25; finalidade do - sacramental II I 25; - batismal II II 53; - da Crisma II III 22; - da Ordem II VII 31.

Caracteres da Igreja: I X 10-16.

Cargo: não cumprir as obrigações de um - III VIII 9.

Caridade do próximo: I VIII 10, I X 25; III II 4 7; - como preceito universal III VI 6; atributos da - III VI 17-19; motivação da - III VI 20.

Carismas: I X 25.

Carne: sentido de - no Símbolo Apostólico I XII 2; realidade da ressurreição da - I XII 4; imagens e comparações da ressurreição da - I XII 4; provas filosóficas da ressurreição da - I XII 5; âmbito da ressurreição da - I XII 6; provas teológicas da ressurreição da - I XII 3.

Cartago (Concílio de): II IV 62.

Castidade: virtude própria de estado III VII 6; meios internos de - III VII 7-9; meios externos de - III VII 10-13

Catequese: obrigação da - às crianças já batizadas II II 31; necessidade de - aos adultos antes do Batismo II II 34; a - no ato do Batismo II II 63.

Catolicidade: nota discriminante da Igreja I X 14.

"Ceia": sinônimo de Eucaristia II IV 5.

Celibato: obrigação do - desde o subdiaconato II VII 9.

Cereais: atravessar - é roubo III VIII 14.

Cerimônias: as - nos Sacramentos II I 13; valor das - em geral II II 58; - do Batismo II II 58-72; - da Confirmação II III 23-25; - da Eucaristia II IV 79; - da Confissão II V 17 42; - da Extrema-Unção II VI 10; - da Ordem II VII 24; - do Matrimônio II VIII 29.

Céu: em que consiste o - I XIII 1 ss.; significação de - e terra na Bíblia I II 20; a abertura do -I VI 6, I VII 6; a Paixão de Cristo abrenos o -I V 14; o desejo do céu - IV XI 4.

Ciência infusa: I X 25.

Cipriano (São): I X 11; II IV 16 51, II V 46 69; III VIII 16; IV XII 21, IV XVI 1, IV XVII 2.

Circuncisão: Sacramento da Antiga Aliança II I 5.

Circunstâncias: acusação das - que mudam a espécie de pecado II V 47.

Cirilo: São - II IV 16, II VII 28; - de Alexandria II VII 25.

Cismáticos: I X 8.

Clemente: Papa, São - II II 3;

Claridade: dom do corpo ressuscitado IX III 11.

Coisa: cobiçar - alheia III X 12; o que é - sagrada nos Sacramentos II I 7; profanar - santa III III 27.

Comércio carnal: vínculo matrimonial e - II VIII 8.

Compensação: os bons terão - I X 5, I XIII 3.

Comunhão: sinônimo de Santíssimo Sacramento II IV 4; idade para a - II IV 61; três modalidades de - II IV 53; - indigna II IV 53; - espiritual II IV 53; - sacramental II IV 54; preparação da alma e do corpo para a - sacramental II IV 54-56; frequência da - II IV 57-58; - e vida conjugal II VIII 34.

Comunhão dos Santos: I X 21 -25; - mira de todos os Artigos do Credo I X 21; - e obras satisfatórias II V 72.

Comunidade cristã: I X 2.

Conceição de Cristo: obra comum da Santíssima Trindade, mas atribuída ao Espírito Santo I IV 3; caráter natural e sobrenatural da - I IV 4; figuras da - I IV 10.

Concepção: o pecado de impedir a - na vida matrimonial II VIII 13.

Concomitância: presença por - na Eucaristia II IV 32.

Concupiscência: definição II II 42; a - remanesce após o Batismo II II 42; moderação da - pela Eucaristia II IV

51; o Matrimônio como remédio da - II VIII 14; origem da - III X 6; bom efeito da III X 7; a - na doutrina de São Paulo III X 8; valor moral da - em si III X 9; é proibida a má - III X 10; remédios contra a má -III X 21-23; a - não se extingue III 553; efeitos da má - nos bons e nos justos IV XII 10.

Confiança: motivos de - na contrição II V 30.

Confirmação (Sacramento da): necessidade da instrução sobre o - II III 1; explicação etimológica de - II III 2; sacramentalidade da - II III 3-4; a - Sacramento diverso do Batismo II III 5; graça e matéria específica da - II III 5; a - instituída por Cristo II III 6; matéria da - II III 7; simbolismo da matéria da - II III 8; disposições para se receber a - II III 11; forma da - no seu teor e sentido II III 11 -12; ministro da - II III 13; o padrinho na - II III 14; a afinidade espiritual decorrente da - II III 14; a - e obrigação de confessar II III 18; preparação para a - II III 18; efeitos da - II III 19-22; a idade para se receber a - II III 17; finalidade da - II III 16; obrigação de receber a - II III 15; sujeito da - II III 15-18; a- não é uma ratificação do Batismo II III 20; a - e nosso crescimento espiritual II III 20; a -imprime caráter II III 22; ritos e cerimônias da - II III 23-25.

Confissão (Sacramento da): I XI 2; necessidade da - para a remissão dos pecados I XI 10; uso frequente da - I XI 10; a - necessária para a Confirmação II III 18, para a Comunhão II IV 55; idade obrigatória para a - II V 44; a - anual II V 44; a - em perigo de vida II V 45; valor social da - II V 37; noção da - II V 17, II V 38; a - instituída por Cristo II V 39-41; cerimônias da - II V 42; obrigatoriedade da - II V 43-46; propriedades da - ou acusação II V 46-53; ministro da - II V 54; efeitos da - II V 18; sigilo sacramental da - II V 57.

Confessionário: modo de tratar os penitentes no - II V 58; - e o Decálogo III I 2.

Confessor: qualidades do - II V 56.

Cônjuges: dever de reconciliação entre os - II VIII 22; deveres dos - II VIII 26-27.

Conjúgio: etimologia de - II VIII 2.

Consagração: a - da Eucaristia à luz da razão II IV 19; a - do pão e do vinho II IV 19-24; efeitos da - do Preciosíssimo Sangue II IV 22; três efeitos da - em geral II IV 26 a - em duas espécies II IV 33; cessação das substâncias do pão e do vinho em virtude da - II IV 35.

Consciência: exame de - II V 35;

Consentimento: condições do - matrimonial II VIII 5-8.

Continência: obrigação de - no Matrimônio, quando útil ou necessária II VIII 34.

Contrição: efeitos da - perfeita II V 14; noção de - II V 23; conceito de dor na - II V 24; conceito de detestação na - II V 25; qualidades da - II V 27-29; a - como ato de caridade a Deus II V 27; valor das lágrimas na - II V 28; motivos de confiança na - II V 30; elementos constitutivos da - II V 31 -33; importância da - II V 34; caminhos para a - II V 35.

Conversão: dilação da - I XI 10.

"Convocação": significado de igreja I X 3.

Cornélio (Papa): III III 13.

Corpo: instrumento da alma I XII 5 7; o mesmo - ressurge I XII 7-8; ressurge um - íntegro e aperfeiçoado I XII 9; dons do - ressuscitado I XII 10-11; - de Cristo I X 4; - Místico I X 12 13 23; o - Místico e a Eucaristia II IV 10; II V 54, II VII 6.

Crédito: especuladores de – III VIII 12.

Crescimento espiritual: a Confirmação e – II III 20.

Criação: ato de onipotência, de amor espontâneo, de infinita sabedoria I II 15; descrição da -I II 16-20; a - obra comum das três Pessoas Divinas I II 23; a - e o governo e conservação do mundo I II 21;

Criador: - do céu e da terra I II 15.

Crianças: a que título as - são batizadas II II 32; a Comunhão das - II IV 60.

Criminosos: execução de - III VI 4.

Crisma (a): veja-se o verbete "Confirmação".

Crisma (o óleo do): II III 2; de que é feito o - II III 7; sagração do - II III 10.

Crisóstomo (São João): I XII 5; II I 9, II II 4, II III 10, II IV 13, II IV 15, II IV 15, II IV 28, II V 21, II V 65, II VI 8; III III 7, III VI 21, III VIII 16; IV IX 15, IV XI 6, IV XIII 13, IV XVI 9.

Cristãos: identidade de vocação, esperança e Batismo entre os - I X 12; porque os - devem lutar I III 52; todos os - são irmãos IV IX 13 ss.; os - são coerdeiros de Cristo IV IX 14.

Cristo (Jesus): fim e centro da cura de almas Pr 10; profecias da Morte de - I III 5; significação d o termo - no Antigo e Novo Testamento I III 7; - eterno Sacerdote, sumo Profeta, Rei Universal - I III 7; - verdadeiro Deus e verdadeiro Homem I IV 4, I V 8; - nascimento de - I IV 7; profecias do natal de - I IV 10; - outorgador e medianeiro de todas as graças I VIII 9; - fonte de toda a santidade I X 13; - pedra angular I X 14; - vida da alma na Eucaristia II IV 18; a satisfação de - II V 60; - e o juramento III III 18. Veja-se o verbete "Jesus Cristo".

Cruz: o suplício mais adequado para a Redenção I V 4; como compreender o mistério da - I V 5 13.

Culpa: nossos castigos e a - dos antepassados III II 31-32.

Culto: cerimônias do - mosaico II I 6; - dos Anjos e Santos III II 8-14; - das relíquias III II 15; - de ídolos III II 18.

Curar (o dom de): I X 25.

Damasceno (São João): I XII 7; II IV 4 28 39; III II 18 24.

Dâmaso (Papa): I X 11; II III 13.

danos: - da má concupiscência III X 22.

Decálogo: as Tábuas do - III I 1, III II 3, III V 1 3; importância do - III I 1-2; pregação do - III I 2; o - e o confessionário III I 2; o - e a Lei Mosaica III I 3; motivos para a observância do - III I 3-11; a finalidade do - é a nossa salvação III I 4-5; facilidade de se observar o - III I 7; necessidade do - III I 8; galardão da observância do - III I 9-10; o espírito com que se deve observar o - III I 10; universalidade do - apesar de promulgado aos Hebreus III I 11; felicidade de quem observa o - III I 13; tempo e lugar da promulgação do - III I 14; motivos para a observância do - III II 25-29; o amor como motivo para a observância do - III II 33; Deus é o autor do - III V 3. Veja-se o verbete de cada Mandamento.

Décimo Mandamento: III X 1 ss.

Defeitos corporais: ordenação sacerdotal e - II VII 28.

Defesa própria: matar em - III VI 8.

Dementes: - e recepção do Batismo II II 38; - e a Comunhão II IV 62; - e a Extrema-Unção II VI 9.

Demônio: queda - I II 17; a Paixão de Cristo nos livra do - I V 14; a derrota do - I VI 1; o - companheiro dos réprobos I VIII 9; sanha do - contra os bons IV XV 1 4 ss.; poder do - IV XV 5 ss.; o - é o "mal" IV XVII 9.

Desapego: - aos bens terrenos III X 21.

Desobriga de Páscoa: II IV 57.

Detestação: conceito de - na contrição II V 25.

Detração: III IX 9.

Deus: incompreensibilidade de - I II 5; unidade de - I II 7; - Criador e Governador do mundo I II 9; - Padre, a Primeira Pessoa da Santíssima Trindade I II 10; onipotência de - I II 11-2; onipresença de - I II 22-23; a Paixão de Cristo reconcilia-nos com Deus IV 14; - cuida do mundo, e não Se esquece dos homens I VIII 4, IV IX 7 ss.; manifestações da bondade de - I X 3, III II 1; beleza de - I XIII 6; em que sentido - Se arrepende, como dizem as Escrituras II V 2; direitos de - sobre nós III II 1; emblemas de - III II 20; zelo de - III II 28-29; ameaças de - contra o s pecadores III II 30; sentido do Nome de - III III 4; matar um homem por ordem de - III VI 5; amor à vontade de - III X 21; rezar a - IV VI 1; glorificação de - IV X 1; maneira pela qual - nos atende IV XVI 8 ss.; Reino de - IV XI 2 ss. 7ss. 15 ss. Veja-se o verbete "Trindade (Santíssima)".

Deuses: - na Escritura I II 8.

Devedores insolventes: III VIII 13.

Dia do Senhor: I VIII 2; III IV 7.

Diaconato: II VII 20; seleção dos candidatos para o - II VII 21.

Diácono: Batismo e - II II 23.

Dias santos: - entre os judeus III IV 17; instituição dos - cristãos III IV 19.

Dionísio ou Dinis (São): bibliograficamente dito Pseudo-Dionísio I XIII 7; II II 4 25 27, II III 4 7, II IV 28 30, II VI 8.

Dissimulação: II IX 13.

Dívidas: os vários sentidos de - IV XIV 12 ss.

Divindade: a - nunca se separou do Corpo nem da Alma de Cristo I VI 1.

Divinização: a - do homem I XIII 6.

Divórcio: II VIII 19 20 21.

Dízimos: o pecado de não pagar os - III VIII 10.

Dogmas Eucarísticos: II IV 25-66.

Dom: o - de curar I X 25; dons do Espírito Santo I IX 8; - do corpo ressuscitado I XII 1011.

Domingo: o - constitui a razão intrínseca do 3.º Mandamento III I V 6; o - é o Dia do Senhor III IV 18; proibição de obras servis no - III IV 21; maneira positiva de santificar o - III IV 25; motivos para a observância do - III IV 26-28.

Dor: conceito de - na contrição II V 24.

Dotes: - do corpo glorioso I XII 10-11.

Doutores da Igreja: II V 46.

Doxologia litúrgica: I IX 4.

"Ecclesia": vários sentidos da palavra - I X 2.

Educação: erros de - III V 22.

Éfeso (Concílio de): II VII 25.

Emblemas de Deus: III II 20.

Encarnação (mistério da): explicação da - I IV 1; frutos da - I IV 6 11; sentido das palavras "nasceu de Maria Virgem" I IV 7-8.

Enredos: III IX 10.

Episcopado: grau de Ordem II VII 25.

Escravos: os - são excluídos do Sacramento da Ordem II VII 30.

Escrutínio: o - no Batismo II II 62.

Esmola: a - como satisfação II V 70; obrigação e necessidade da - III VIII 16; bênçãos da - III VIII 17; modalidades da - III VIII 17-19; e oração IV VIII 9.

Esmoler: ser - IV XIV 23.

Espécies: consagração de duas - II IV 33; subsistências das - sem a sua própria substância II IV 43; razão de ser e vantagens das - eucarísticas II IV 44; a Comunhão debaixo de ambas as - II IV 63-64.

Especuladores: - de crédito III VIII 12.

Esperança: III II 4; pecados contra a - III II 7.

Espírito Santo: necessidade de conhecermos o - I IX 1; o nome do - I IX 2; por que se Lhe deu um nome comum I IX 3; o - o Senhor I IX 5; o - Vivificador I IX 5 8; o - procedente do Pai e do Filho - I IX 6; o - Espírito do Pai, Espírito de Cristo I IX 6; efeitos do - I IX 7; operações do - em geral I IX 7; operações do - em particular I IX 8; os dons do - I IX 8 10; o - nas Escrituras I IX 8; o - verdadeiro Deus, e Terceira Pessoa da Santíssima Trindade I IX 45; assistência do - à Igreja I X 12; o - e os Apóstolos II I 22; representações do - III II 22.

"Essência": terminologia obrigatória em teologia I II 10.

Estar sentado: o - à mão direita de Deus Pai etc. é uma figura necessária; sua significação I VIII 3.

Estupro: o crime de - II VIII 18.

Eucaristia: a - Sacramento da comunidade e vínculo da unidade I X 22; a - sinal de várias coisas presentes II I 18; excelência da - II I 16; importância da doutrina sobre a - II IV 1; instituição da - II IV 2; significação da palavra - II IV 3; o jejum para a recepção da - II IV 6; a - Sacramento da paz e da caridade - II IV 4; - mistério da fé - II IV 7; - verdadeiro Sacramento - II IV 7-66; sinal sacramental da - II IV 8; diferença entre - e os demais Sacramentos - II IV 9; unidade sacramental de ambas as espécies da - II IV 10; - e Corpo Místico - II IV 10; significado sacramental da - II IV 10; colação da graça pela - II IV 11; - memorial da Paixão de Cristo - II IV 11; - penhor da eterna glória - II IV 11; matéria da - II IV 12-18; simbolismo da - II IV 17-18; forma da - II IV 19-24; termos concomitantes da forma da - II IV 20; - e a Paixão de Cristo - II IV 24; - mistério supra-sensível - II IV 25; a presença real de Cristo na - II IV 27-38; presença substancial, não local, de Cristo em cada partícula - II IV 42; valor e feitos da - II IV 45-52; - e a graça primeira - II IV 48; sujeito da - II IV 53-64; a - e a abstenção do Matrimônio - II IV 56; - e jejum natural - II IV 56; - e sacerdote indigno - II IV 66; - como Sacrifício - II IV 67-69; - verdadeiro "pão nosso" IV XIII 20 ss.

Eusébio: Papa Santo - II III 3; - de Cesaréia II III 4.

Exame de consciência: II V 35.

Excomungados: os - não são membros da Igreja I X 8.

Exemplo: consequência do bom e do mau - I VIII 4.

Exorcismos: - no Batismo - II II 64.

Exorcistado: II VII 17.

Extrema-Unção: a - e a lembrança da morte - II VI 1; razão do nome de - II VI 2; sacramentalidade da - II VI 2; unidade sacramental da - II VI 4; matéria da - II VI 5; forma da - II VI 6-7; teor deprecatório da forma da - II V 7; a - instituída por Cristo - II V 8; sujeito da - II VI 9; maneira de ungir - II VI 10; quando se repete a - II VI 11; ministro da - II VI 13; a administração da - reservada ao pároco do lugar II VI 13; efeitos da - II VI 14;

Eva: - e Maria - I IV 9.

Fabiano (Papa São): II III 3 6 7 10, II IV 59.

Falso testemunho: pecado generalizado - III IX 1; noção de - III IX 3; - a favor de outrem - III IX 5; - em prejuízo de outrem - III IX 6.

Faltas veniais: a acusação de - na Confissão - II V 46.

Fé: noção, graus, necessidade da - I I 1; a - em Deus, base e ápice da Revelação I I 4; análise do ato de fé - I II 2-4; a profissão exterior da - I II 4; a - e a razão - I II 5; a - superior à filosofia - I II 5-6; sem - não há verdadeira penitência - II V 5; pecados contra a - III II 4 7.

Felicidade: a - aparente dos maus - I VIII 4; até que ponto é possível - na terra - I XIII 3.

Fidelidade: como bem do Matrimônio - II VIII 24.

Figuras: - da Redenção - I III 4; - da Morte de Cristo - I IV 5; - da conceição de Cristo - I IV 10; - da Igreja - I IX 17.

Fileto: heresia - I XII 2.

Filho de Deus: Cristo não é - por adoção - I IV 5; Cristo é - por natureza - I III 8.

Filhos: castigos dos maus - III V 20; correção dos - III V 22; educação dos - II VIII 27; obrigações dos - III V 9-12.

Filiação divina: nossa - por intermédio de Cristo - I III 10; IV IX 9.

Filosofia: dá um conhecimento imperfeito de Deus - I II 5-6.

Fingimento: III IX 13.

Firmamento: criação do - I II 16; o - testemunha a glória, sabedoria e grandeza do Criador - III I 9.

Florença (Concílio de): II II 14; II IV 10 19 29 36; II V 37; II VIII 4.

Forma: - dos Sacramentos - II I 10; - do Batismo - II II 12-14; - da Crisma ou Confirmação- II III 11-12; - da Eucaristia, para a consagração do pão e do vinho - II IV 19-24; termos concomitantes da - da Eucaristia - II IV 20; - da Confissão ou Penitência - II V 13-16; - da Extrema-Unção - II VI 6-7; - da Ordem - II VII 10; - do Matrimônio - II VIII 4-8 29.

Fornicação: II VIII 30.

Frugalidade: III VIII 19, IV XIII 13.

Fragilidade humana: IV XV 3.

Fraternidade: o vínculo de - entre os cristãos IV IX 15 ss.

Furto: noção de - III VIII 3-4; a intenção de furtar - III VIII 6; gravidade do - III VII 7; espécies de - III VIII 9; sanções contra o - III VIII 20; pretextos para inocentar o - III VIII 21-25.

Gangres (Concílio de): III II 11.

Geena: I VI 3.

Geração: o Mistério da - na Santíssima Trindade - I IX 3.

Glorificação: - de Deus IV X 1-4.

Governo Apostólico: I X 15.

Graça: - gratuita ou grátis dada - I X 25; - santificante - I IX 8; - Santificante, fruto do Batismo II II 49; - santificante e a Eucaristia - II IV 46-47; a Eucaristia e a - primeira - II IV 48; a Eucaristia, fonte de todas as - II IV 45; a Crisma produz uma - nova II III 19.

Gregório: São - Magno - I XII 4; II I 2, II II 18 42, II IV 44; II V 38; II VIII 8; - de Nazianzo - II II 20; III VIII 16; - VII Papa II IV 29.

Guerra: matar em - justa - III VI 5.

Hereges: I X 8.

Heresias: defender - III IX 9.

Higino (Papa, Santo): II II 25.

Hilário (Santo): II I V 27 28 37; IV II 9, I VIII 1.

Himeneu: o herege - I XII 2.

Hipóstase: I IV 2 31;

Homem: criação, dotes do - I II 9; o - exaltado por Cristo - I IV 10.

Homicídio: - acidental, mas culposo - III VI 7; proibição universal do - III VI 9-11; atrocidade do - III VI 14; - crime de lesa-humanidade - III VI 15.

Honestidade pública: impedimento matrimonial de - II VIII 30.

Honório (Papa): II IV 17.

Humildade: I II 13, I IV 10, I V 15, I IX 1.

Idiotismos da Bíblia: IV XV 13.

Idolatria: III II 5.

Ídolos: culto de - III II 18.

Igreja: a - mestra da fé Introd. 3; magistério da - Introd. 3-4, I X 15-16; governo da - I VII 9; Cristo dilatou a sua - pela Ascensão I VII 9; necessidade de se conhecer a Igreja - I X 1; partes da - I X 5; visibilidade da - I X 6; bons e maus na - I X 6-8; quem não pertence à - I X 8; - parábolas e figuras da - militante - I X 7 17; - parcial - I X 9; - como edifício - I X 9; - caracteres da - I X 10-16; unidade da - I X 10-12; Jesus Cristo e os chefes visíveis da - I X 11; Corpo Místico da - I X 12-13; a - e a assistência do Espírito Santo - I X 12; santidade da - I X 13; meios de santificação na - I X 13; os pecadores na - I X 13; a - é necessária para a salvação - I X 14; catolicidade da - I X 14; extensão da - no espaço e no tempo - I X 14; a - é apostólica no magistério e no governo - I X 15; infalibilidade da - I X 16; a - é um mistério - I X 18-20; modo de expressar nossa fé na - I X 20; o tesouro da - I X 22; os vários ministérios na - I X 23; os membros morto da - I X 24; o poder das chaves na - I XI 1-2; - a fica de permeio entre a Sinagoga terrestre e a Jerusalém celestial - II IV 30; a união de Cristo com a - é uma figura do Matrimônio - II VIII 15-17; obrigação de acatar a - de Cristo - IV X 8.

Iluminação: sinônimo bíblico do Batismo - II II 4.

Imagens: qual é o sentido da proibição de se fazer - III II 16-17; liceidade do culto de - III II 23; utilidade do culto das - III II 24.

Imersão: Batismo por - II II 17;

Imortalidade: dote do corpo ressuscitado - I XII 10; - também pra os réprobos - I XIII 2.

Impassibilidade: dote do corpo glorioso - I XII 11.

Impedimentos: - de Matrimônio - II VIII 30; - de Ordenação - II VII 30.

Implacabilidade: castigos da - III VI 23.

Impostos: não pagar - III VIII 10.

Imprecação: III III 2; juramento por - III III 9.

Indissolubilidade: - do Matrimônio - II VIII 11;

Indissolubilidade: vantagens da II VIII 21;

Indissolubilidade: como bem do Matrimônio - II VIII 25.

Infernos: o que significa a descida de Cristo aos - I VI 1; sentido negativo e positivo de - I VI 2 3; porque Cristo desceu aos - I VI 4-6; a condição dos justos nos - I VI 5.

Inimigos: amor aos inimigos - III VI 18.

Injúrias: perdão das - III VI 19; vantagens do perdão das - III VI 22; perdoar e esquecer as - IV XIV 23.

Inocêncio (Papa): II III 13, II IV 29; II VI 3.

Insalivação: a cerimônia da - no Batismo II II 67.

Insolventes: devedores – III VIII 13.

Inteligência: turvação da - IV XII 4.

Intemperança: fuga da intemperança – III VII 10.

Intenção: reta - IV XIII 3.

Ira: proibição da – III VI 11-12.

Ireneu (Santo): IX 11; II IV 28.

Irregularidade: impedimento de ordenação – II VII 30;

Jejum: - eucarístico - II IV 6 56; - como satisfação - II V 70; - e a oração - IV VIII 9.

Jerônimo (São): I X 11, I XII 6 11, II I 2, II II 10 41, II IV 28, II V 1 46, II VIII 33, III III 11, III IX 10; IV I 4, IV II 11, IV XVII 1.

Jerusalém: figura da Igreja - I X 17; II IV 30.

Jesus Cristo: - Filho de Deus - I III 4; nome de - I III 5-6; - de igual natureza com o Pai e o Espírito Santo, gerado desde toda a eternidade, consubstanciai ao Pai - I III 8-9; duplo nascimento de - I III 9; - Filho do Homem (união hipostática) - I III 9; não tem irmãos carnais - I III 10; - nosso Criador e nosso irmão - I III 10; propriedades de ambas as naturezas em - I III 11, I V 2; - "Nosso Senhor", como Deus e como Homem - I III 11; somos escravos de - pelo compromisso batismal - I III 12; conceição de - I IV 1; conceição de - obra comum da SS. Trindade, mas atribuída de modo especial ao Espírito Santo - I IV 3; como se unem ambas as naturezas em - I IV 4; dotes da alma de - I IV 4; - não é Filho adotivo de Deus - I IV 5; - ressurgiu por virtude própria - I IV 8; Paixão de - I V 1-13; - centro de nossa vida I VI 15; -nosso advogado junto ao Pai - I VII 6; o tríplice ministério de Cristo - I VIII 1; - como Juiz - I VIII 5-6; - e os chefes visíveis da Igreja - I X 11; - modelo da oração - IV 1 2. Veja-se o verbete "Cristo".

Judeus: recepção do Batismo e os - II II 35 44.

Juiz: porque Cristo será - no fim do mundo - I VIII 5-6.

Juízes: venalidade dos - III VIII 12; deveres dos - III IX 14.

Juízo: realidade do - final, como objeto de nossa esperança - I VIII 2; dualidade do - I VIII 3; motivos por que haverá - I VIII 4; - Universal e a Providência Divina - I VIII 4; sinais que precedem ao - Universal - I VIII 7; as duas sentenças no - Final - I VIII 8-9, III VIII 16; frutos da consideração do - I VIII 10; como morrerão os últimos homens no - Final - I XII 6.

Juramento: III III 6-19; origem do - III III 7; noção do - III III 8; espécies de - III III 10; condições de - III III 11-14; meninos não devem fazer - III III 13; santidade do - III III 15; razões intrínsecas do - III III 16; finalidade do - III III 17; Cristo e o - III III 18; abuso do - III III 19; - iníquo ou injusto - III III 24; - leviano - III III 25.

Jurisdição: origem da - II V 54; - para confessar - II V 54.

Justiça original: I II 9.

Justino (São): II IV 28.

Ladroeira: III VIII 13.

Lágrimas: valor das - na contrição - II V 28.

Latrão (Concílio de): II IV 10 29 36 59, II V 44 57.

Leão: - Magno, Papa II III 13; - IX Papa II IV 29.

Legislação: - civil II II 45; - matrimonial - II VIII 28-32.

Lei: Decálogo e a - Mosaica - III I 3; promulgação da - no Monte Sinai - III I 6;.

Leigos: - não podem tocar nos vasos sagrados - II IV 65.

Leitorado: II VII 16.

Letárgicos: Batismo de - II II 38.

Libelo: - difamatório - III IX 13; - de repúdio - II VIII 19, II X 19.

Limbo: I IV 3.

Língua: males dos pecados de - III IX 1; dom de línguas - I X 25.

Lisonja: III IX 11.

Livre-arbítrio: I II 19.

Loquacidade: perigos da - III IX 20.

Luxúria: - íntima do coração - III VII 5; espécies de - III VII 4; espécies de - III VII 9.

"Luz da glória": I XIII 1 ss.

Macedônio: I IX 5.

Magistério: - apostólico - I X 15; - infalível - I X 16.

Maldições: III III 29; - contra os ímpios - IV V 6.

Males: modo de pedir livramento dos - IV XVI 3 ss. 6 ss.

Malquerença: dificuldade de vencer o sentimento de - IV XIV 20.

Maná: - figura da Eucaristia - II IV 58;.

Mandamentos: veja-se o verbete "Decálogo".

Mandantes: III VIII 15.

Mansão celeste: I XIII 11.

Maria: Mãe de Deus - I IV 1; - sempre Virgem - I IV 8; - a segunda Eva - I IV 9.

Marido: deveres do - II VIII 26.

Mártires: I V 13.

Matéria: - dos Sacramentos em geral - II I 10; necessidade da junção entre - e forma sacramental - II II 11; - do Batismo II II 6-ll; - da Confirmação - II III 7; simbolismo da - da Confirmação - II III 8; - da Eucaristia - II IV 12-18; - simbolismo da - da Eucaristia - II IV 18; - da Confissão ou Penitência - II V 13; - da Extrema-Unção - II VI 5; - da Ordem - II VII 10; - do Matrimônio - II VIII 4-5.

Materialização: - da Divindade - III II 18-19.

Matrimônio: importância do - II VIII 1; o 6º Mandamento é uma defesa do - III VIII 1; sentido da palavra - II VIII 2; definição real de - II VIII 3; o vínculo indissolúvel do - II VIII 3; no consentimento está a razão de ser do - II VIII 4 5; o - como instituição jurídica - II VIII 4; condições do consentimento no - II VIII 5-8; o - como instituição natural - II VIII 9; o - instituído por Deus - II VII 10; o - como união indissolúvel - II VIII 11; a obrigação de contrair - II VIII 12; finalidade natural do - II VIII 13; critérios acidentais para a contração de - II VIII 14; finalidade sacramental do - II VIII 15; sacramentalidade do - II VIII 16; figura do - na união de Cristo com a Igreja - II VIII 15-17; excelência sacramental do - II VIII 18; o - judaico II VIII 18; vantagens do - indissolúvel - II VIII 21; bens do - II VIII 23-25; legislação canônica sobre o - II VIII 28-32; ministro do - II VIII 29; forma legitimado - II VIII 29; impedimentos canônicos do - II VIII 30; preparação para o - II VIII 31-32; uso do - II VIII 33; bens do - II VIII 34; obrigação de continência no - quando necessária - II VIII 34.

Mediador: Cristo único - III II 14.

Mediação: - dos Santos - III II 13-14.

Medicina: função da - IV XVI 5.

Meditação: - da onipotência divina I II 13; - da Encarnação de Cristo - I IV 6; - do Natal de Cristo - I IV 10; - da Morte de Cristo I V 7; - da Paixão de Cristo - I V 10-14; - do Juízo Final - I VII 10; - do céu - I XIII 11; - da ressurreição gloriosa - I XII 12.

Melcíades (Papa): II III 3 5.

Memorial: a Eucaristia um - da Paixão de Cristo - II IV 11.

Mentira: III IX 7; jocosa e oficiosa - III IX 13; - malícia da - III IX 19-20. - mal incurável - III IX 20; pretextos para a - III IX 21-23.

Meretrício: malícia do - III VII 7.

Mesa do Senhor: sinônimo de Eucaristia - II IV 72.

Metropolita: II VII 25; Mileve (Concílio de): IV XIV 5.

Ministério: tríplice - de Cristo - I VIII 1; obrigações do - pastoral - IV 11.

Ministro: - indigno dos Sacramentos - II I 19; deveres do - na administração dos Sacramentos - II I 20; - do Batismo - II II 23-24; - da Confirmação - II III 13; - da Eucaristia - II IV 65-66; - da Confissão - II V 54-56; - da Extrema-Unção - II VI 13; - da Ordem II VII 26; - do Matrimônio - II VIII 29.

Miséria humana: IV XI 4 ss.

Missa: valor e utilidade do Sacrifício da - II IV 67-68; essência da - II IV 69; - instituída por Cristo - II IV 70 ss.; - em honra dos Santos - II IV 71; figuras e oráculos da - II IV 73; em que consiste a oferta da - II IV 74; qual é o oferente da - II IV 75; a - é um Sacrifco comunitário - II IV 78; cerimônias da - II IV 79; Veja-se também o verbete Eucaristia.

Mistério: - sinônimo de Sacramento - II I 2; a Eucaristia é o - da fé - II IV 7;

- **da fé**, seu significado na consagração do Cálice - II IV 23.

Moda: requintes da - III VII 11.

Moribundos: iludir os - III IX 12.

Morte: profecias sobre a - de Cristo - I III 5; como morrerão os últimos homens - I XII 6; a lembrança da - II VI 1; a - prematura dos bons - III V 19; - acidental - III VI 6.

Mortificação: III VII 13.

Mulher: deveres da - como esposa e mãe - II VIII 27.

Mundo: criação do - I II 16-20; conservação e governo do - I II 21.

Murmuração: III IX 10.

Natal: profecias sobre o - de Cristo - I IV 10.

Natureza: propriedades de ambas as naturezas em Cristo - I IV 2; como se unem ambas as - em Cristo (união hipostática) - I IV 4.

Neófito: II II 72.

Nicéia (II Concílio de): III II 11 18.

Nicolau II (Papa): II IV 29.

Noivos: pureza e piedade dos - II VIII 31; obediência e respeito dos - aos pais - II VIII 32;

Nome: sentido do - de Deus - III III 4; modos de louvar o - de Deus - III III 5; sanções contra a profanação do - de Deus - III III 30; significado do - de Jesus - I III 5-6; os homônimos de Jesus no Antigo Testamento - I III 6; o aspecto total do - de Jesus - I III 6; imposição de um - no Batismo - II II 73; abuso de impor - pagão ou ímpio - II II 73.

Nono Mandamento: III X 1 ss.

"Nosso Senhor": o título de - I III 11-12.

Novato: o herege - II III 4.

Novíssimos: os - e a Extrema-Unção - II VI 1; a lembrança dos - um remédio contra o ódio - III VI 25.

Núpcias: etimologia de - II VIII 2. Veja-se o verbete "Matrimônio".

Obras: proibição de - servis no domingo - III IV 21.

Ócio: fuga do - III VII 10.

Ódio: fonte de pecados III VI 24.

Ofensas: o perdão das - é uma condição para a verdadeira contrição - II V 33; vantagens do perdão das - III VI 22.

Oitavo Mandamento: II IX 1 ss.

Olhos: mortificação dos - III II 10.

Omissões: - voluntárias e involuntárias na - II V 48-49 58.

Onipotência de Deus: I II 1; noção positiva e negativa da - I II 11-12; relação da - com os demais atributos divinos - I II 13; frutos da doutrina sobre a - I II 13; a - atribuída ao Pai - I II 14.

Onipotente: paráfrases de - I II 11.

Onipresença de Deus: I II 22-23; sentido da - IV IX 18 ss.

Operações: - comuns da Santíssima Trindade - I II 1 23, I IV 3.

Optato de Mileve: I X 11.

Oração: a - como satisfação II V 70; desprezo da - III III 28; necessidade da - IV I 12; Jesus Cristo, modelo da - IV I 2; os Apóstolos e a - IV I 2; a - é um meio para se conseguir graças extraordinárias - IV I 4; frutos da - IV II 1 -11; finalidade da - IV II 1 ss.; utilidade da - IV II 1; porque Deus não atende às vezes nossa - IV II 4; as várias espécies de - segundo São Paulo - IV III 1; graus da - IV III 3 ss.; - efusiva - IV III 4; o que devemos pedir na - IV IV 1 ss.; por quem devemos pedir na - IV V1 ss.; - pelas almas do Purgatório - IV V 4; a quem rezar na - IV VI 1 ss.; disposições subjetivas para a - IV VII 1 ss.; necessidade de preparação para a - IV VII 1 ss.; impedimento da - IV VII 2; motivos para confiança na- IV VII 4-5; a – "em espírito e verdade" IV VIII 1 ss.;

atributos da - IV VII 1 ss.; a - vocal - IV VIII 2 ss.; a - mental - IV VIII 2; a - "a portas fechadas" - IV VIII 5; dever da - diária - IV XIII 13; misterioso processo na - IV XVII 2 ss.

Ordem (Sacramento da): utilidade de se explicar a doutrina sobre o Sacramento da - II VII 1; disposições do candidato ao - II VII 4; o poder de - II VII 7; origem do nome - II VII 9; sacramentalidade da - II VII 10; vários graus de - II VII 11-12; Ordens Maiores ou Sacras - II VII 12 19-24; Ordens Menores ou não-Sacras - II VII 13-18; sujeito da - II VII 27-29; qualidade dos candidatos ao Sacramento da - II VII 28-29; efeitos sacramentais da - II VII 31; a - imprime um caráter indelével - II VII 31.

Ordenação: dias de - II VII 27.

Ostiariato: II VII 15.

Padre: o atributo de - ou Pai na Santíssima Trindade - I II 9.

Pai-Nosso: I X 23; como rezar o - a um Santo IV VI 4; o espírito do - é fundamental para o cristianismo IV IX 17.

Padres (Santos): IV 4, I VI 1, I X 6, I X I 6, I XIII 4; II I 2 14 19, II II 4 6 44 71, II III 4 13 19 23, II IV 5 28 36 37 41 58, II IV 58, II V 26 38 41 46 61, II VI 6 8, II VII 9 26, II VIII 826 34; III II 11 19, III III 19, III V 3, III VI 19, III VII 7, III X 21; IV V 6.

Padrinho: - de Batismo - II II 25-29; - de Crisma - II III 14.

Pacíficos: ventura dos - III VI 1.

Pagãos: I X 8.

Pais: os - e o casamento dos filhos - II VIII 32; obediência dos noivos aos - II VIII 32; o que se entende por - III V 8; obrigações dos - III V 21-22.

Paixão: - como sentimento de penitência - II V 4.

Paixão de Cristo: realidade do sofrimento na - I V 2; por que foi indicada no Símbolo a era da - I V 3; escolha do suplício - I V 4; figuras e profecias da - I V 5; o fato histórico da - I V 5; - é a fonte de nossa salvação - I V 6; o caráter voluntário da - I V 7; a - prova da extrema bondade de Nosso Senhor - I V 7; como meditar a - I V 10; fins e motivo da - I V 11; as dores físicas e morais na - I V 13; os frutos da - I V 14; o valor da - I V 15; a - causa eficiente de toda a santidade - II I 8; a - e a Eucaristia - II IV 24; o valor satisfatório da - II V 64; a - e a 5.ª Petição do Pai-Nosso - IV XIV 1.

Palavra de Deus: III III 5; IV XIII 18.

Pão: significado material e espiritual - IV XIII 8 ss.; - de trigo, matéria da Eucaristia - II IV 12; - ázimo, matéria da Eucaristia - II IV 13-14; sentido espiritual de - IV XIII 18 ss.

Pão Eucarístico: razão desse termo - II IV 38.

Papa: - Bispo de Roma - II VII 25, I X 10 ss.; sucessor de São Pedro - I X 10.

Papado: princípio de unidade - I X 11.

Parentesco: - resultante hoje da Confirmação - II III 14; - espiritual como impedimento de casamento - II VIII 30.

Parteiras: - e Batismo - II II 24.

Paternidade: o atributo de - em Deus - IV IX 2 ss.

Patriarcados: a hierarquia entre os quatro antigos - II VII 25.

Patriarcas: dignidade eclesiástica dos - II VII 25.

Patrões: lesar os - III VIII 9.

Pecado: o - original - I III 2, I V 11; a omissão de um tratado especial sobre o - original no CRO AC VI 2; reincidência no - I V 11; a Paixão de Cristo livra-nos do - I V 14; remissão dos - I XI l-10; extinção total de todos os - pelo Batismo - II II 42-43; -venial e a Eucaristia - II IV 50; por que não há perdão para certos - II V 19; acusação de - veniais - II

V 46; nossa obrigação de morrer ao - III II 2; ameaças de Deus contra o - III II 30; o - dos pais castigado nos filhos - III II 31-32; a acendalha ou o rastilho do - III X 5 10, III XII 10; obrigação de evitar as ocasiões de - IV XIV 22.

Pecadores: os - na Igreja I X 13.

Pedro (São): - Apóstolo, Chefe da Igreja - I X 2 10 ss., I XI 3.

Pedobatismo: II II 31.

Pena: a Paixão de Cristo satisfez pelas - do Pecado - I V 14; a - de dano e a dos sentidos no inferno - I VIII 9; o Batismo remite todas as - do pecado original após a morte - II II 46; o Batismo remite todas as - dos pecados pessoais - II II 44; o Batismo não tira as - civis de algum pecado - II II 45.

Penitência: espécies de - II V 2; a virtude da - II V 3 6-7 9; a - como arrependimento - II V 4; graus psicológicos da - II V 8.

Penitência (Sacramento da): abuso do - I XI 10; o - uma segunda tábua de salvação - II I 1; a doutrina geral sobre o - II V 10-74; finalidade do - I V 10; provas da sacramentalidade do - II V 10-11; o - é reiterável - II V 12; matéria do - II V 13; forma do - II V 14; cerimônias do-II V 17 42; efeitos do - II V 18; partes integrantes do - II V 21-22; a contrição como parte integrante do - II V 21-35; a penitência como parte integrante do - II V 74.

Penitentes: várias classes de - II V 58; modo de tratar os - no confessionário - II V 58; os atos do penitente na Confissão - II V 13.

Pentecostes: - dia de Crisma por excelência - II III 24.

Perdão: por que não há - para certos pecados - II V 19; - das ofensas e a verdadeira contrição - II V 33; o - das injúrias - III VI 19; vantagens do - das injúrias - III VI 22; necessidade do - das injúrias - IV XIV 17; motivos para o - das injúrias - IV XIV 19; em que consiste o - das injúrias - IV XIV 20; o rancor e o - IV XIV 20-21.

Perjúrio: III III 20-22.

"Pessoa": terminologia obrigatória no Mistério da Santíssima Trindade - I II 10.

Petição: - como dever - III III 28; - como oração - IV III 2; norma geral para toda - IV IV 1; nexo das - do Pai-Nosso entre si - IV X 1; primeira - do Pai-Nosso - IV X 1 ss.; segunda - IV XI 1 ss.; terceira - IV XII 1 ss.; quarta - IV XIII 1 ss.; quinta - IV XIV 1 ss.; sexta - IV XV 1 ss.; sétima - IV XVI 1 ss.

Piedade filial: manifestações da - III V 10-12; prêmio da - III V 17-18.

Plagiato: III VIII 5.

Pobres: trabalhar pelos - III VIII 18.

Pobreza: simular - III VIII 9.

Poder das chaves: a Igreja e o - I XI 1-2; II V 37.

Poligamia: a - proibida pelo cristianismo - II VIII 19; o que deve fazer o polígamo em caso de conversão ao cristianismo - II VIII 20.

Pontífice (Sumo): exigências do múnus pastoral do - I X 10 ss.

Pragas: III III 2.

Preâmbulo: - do Pai-Nosso - IV IX 1 ss.

Prêmios eternos: motivo de coragem - I XIII 1.

Presença real: - de Cristo na Eucaristia - III V 27-38.

Presbiterato: nome - II VII 22; veja-se Ordem, sacerdócio.

Presunção: - de pecar - I XI 10.

Primado do Papa: II VII 25.

Primeiro Mandamento: III II 1-34.

Profanação: - de coisas santas - III III 27.

Profecia: dom da - I X 25; profecias da Redenção - I III 4; - da Morte de Cristo - I III 5; - do Natal de Cristo - I IV 10.

Profeta: Cristo, sumo - I III 7.

Profissão: a - externa da fé - I II 4.

Prole: criação da - fim primário do Matrimônio - II VIII 13; - bem do Matrimômio - II VIII 23.

Promessas: as - do Batismo - II II 68.

Promotores: deveres dos - em juízo - III IX 17-18.

Propriedade: função social da - III VIII 16-19.

Protoevangelho: I III 4.

Providência Divina: justificação da - no Juízo Universal - I VIII 4; confiança na - IV XI 2; repousar na - durante os sofrimentos - IV XII 24.

Próximo: o que se entende por - III IX 4.

Purgatório: o que se entende por - I VI 3 4; a oração pelas almas do - IV V 4, IV XVI 7.

Quaresma: II VIII 34.

Quarto Mandamento: III V 1-22.

Quase-matéria: - da Penitência - II V 13.

Quinto Mandamento: III VI 1-25.

Rancor: perdão e - IV XIV 20.

Rapacidade: III VIII 13.

Rastilho do pecado: III X 5 10, III XII 10.

Razão: fé e - I II 5.

Reconciliação: dever de - entre cônjuges - II VIII 22.

Redenção: única possibilidade de - I III 3; a promessa da - no Paraíso, depois aos Patriarcas e Profetas I III 4; sinais e profecias da - I III 4; a obra da - IV IX 9.

Regime matrimonial: - antes de Cristo - II VIII 19.

Rei: Cristo - Universal - I III 7.

Reino de Deus: âmbito do - IV XI 2 ss.; significações do - IV XI 7 ss.; nexo entre o - e o reino da glória - IV XI 11; o imenso valor do - IV XI 15 ss.

Reintegração: a - do corpo, um tormento para os maus - I XII 9.

Religião: o pecado de denegrir a - III IX 9.

Relíquias: o culto das - III II 15.

Remissão dos pecados: o conteúdo do 10.º Artigo do Credo - I XI 1-10; a - pelo Batismo - I XI 2; - pela Penitência - I XI 2; a - é um poder ilimitado e limitado - I XI 3, II V 54-55; sublimidade da - I XI 5 ss.; origem da - I XI 5-7; causa da eficácia da - I XI 8. Veja-se o verbete "Penitência" ou "Confissão".

Renúncia: - a Satanás antes do Batismo - II II 58.

Reparação: a contrição pressupõe a intenção de - II V 32; obras de - II V 74.

Repúdio: libelo de - II VIII 19.

Resgate: a Paixão de Cristo, um - inigualável - I V 5.

Ressurreição: realidade da - da carne - I XII 1; provas teológicas da - da carne - I XII 3; imagens e comparações da - da carne - I XII 4; provas filosóficas da - da carne - I XII 5; âmbito da - da carne - I XII 6; como morrerão os últimos homens antes da ressurreição geral - I XII 6; definição de - I XII 7; a - será do mesmo corpo - I XII 7-8; - de um corpo íntegro, aperfeiçoado - I XII 9; efeitos da - I XII 1-10; dons do corpo na - I XII 10-11; frutos e aplicações em torno do dogma da ressurreição - I XII 12.

Ressurreição de Cristo: o fato histórico da - I VI 7-12; Cristo ressurgiu por virtude própria, como o primeiro dos homens de modo perfeito, sem morrer outra vez - I VI 8; a - ao terceiro dia, segundo as Escrituras - I VI 10-11; necessidade da - I VI 11; a - modelo de nossa ressurreição espiritual - I VI 13; frutos da - I VI 13-15.

Restituição: o dever de - II V 73; III VIII 8 14-15.

Réus: deveres dos - III IX 15.

Ritos sacramentais: II I 13.

Roma (Concílio de): II IV 29.

Romaria: III VII 13.

Roubo: noção de - III VIII 3-4; espécies de - III VIII 10-14; sanções contra o - III VIII 20; Pretextos para inocentar o - III VIII 21-25.

Sábado: a determinação do dia de - faz parte das prescrições cerimoniais - III IV 4-5; etimologia de - III IV 9; - espiritual e celestial - III IV 15-16.

Sabedoria: - de Deus na Criação - I II 22.

Sacerdócio: finalidade do - II VII 5; sublime dignidade do - II VI 2; poder do - II VII 6-8; o poder de Ordem no - II VII 7-8; confronto do - católico com o - natural e o mosaico - II VII 8; nossos deveres para com o - III V 14; - interno e externo - II VII 23; o - externo é próprio do Sacramento da Ordem - II VII 23; função do - II VII 24; graus do - II VII 25; momento da instituição do - II IV 72; - e Missa - II IV 75.

Sacerdote: Cristo, o eterno -1III7; - indigno e a Eucaristia - IIIV 66.

Sacramentos: a comunhão dos mesmos - na Igreja - I X 22; explicação etimológica do termo - II I 2; os - da Antiga Aliança - II I 2 12 23; noção real de - II I 3; - como sinais - II I 5; - sinais de várias graças - II I 8; os - significam um fato pretérito, um presente e outro futuro - II I 8; os - frutos da Paixão de Cristo - II I 8; definição mais explícita de - II I 8; motivos para a instituição dos - II I 9; os - uma pronta medicação da alma - II I 9; os - são uma garantia das promessas divinas - II I 9; os - senha dos fiéis - II I 9; matéria e forma dos - II I 10; infalibilidade dos efeitos dos - II I 12; ritos e cerimônias dos - II I 13; número dos - II I 14-15; diferença dos - quanto à sua respectiva dignidade e necessidade - II I 16; o ministro divino dos - II I 17; o ministro humano dos — II I 18-19; o ministro indigno dos - II I 19; efeitos dos - II I 21-23; escopo da catequese sobre os - II I 26; uso frequente dos - III VII 12, IV XIV 23; a virtude dos - IV X 8.

Sacrifício: a Paixão de Cristo - agradável a Deus - I V 15; - sinônimo de Santíssimo Sacramento - II IV 4; o - da Eucaristia - II IV 67-79; diferença entre - e Sacramento - II IV 69; unidade do - da Cruz com o do Altar - II IV 74-78; - pelos vivos e defuntos - II IV 77.

Sacrilégio: - pela repetição de um Sacramento sem motivo - II II 56; roubo como - III VIII 5.

Sagração de bispos: II VII 26.

Sal: imposição de - no Batismo - II II 65.

Salário: o pecado de não pagar o - III VIII 10.

Salvação: a - só é possível pela Paixão de Cristo - I VI 6.

Sanções: - contra furtos e roubos - III VIII 20; as - de Deus contra a profanação de Seu Santo Nome - III III 30.

Santidade: nota da Igreja - I X 13.

Santíssimo Sacramento: vários nomes do - II IV 3.

Santos: a Comunhão dos - I X 21-25; a Comunhão dos - mira de todos os mistérios do Credo - I X 21; a Comunhão dos - e as obras de satisfação - II V 72; o culto dos - III II 8 11-14; a mediação dos - III II 13; missas em honra dos - II IV 71; rezar aos - IV VI 2.

Satisfação: a Paixão de Cristo, uma - cabal - IV 15; noção e graus de - IIV 59-60; a - de Cristo - II V 60; satisfação canônica, particular, sacramental - II V 60; necessidade da - II V 61-62; a - como escarmento ao próximo - II V 63; requisitos para a - II V 67-69; espécies de satisfação - II V 70-72.

Segundo Mandamento: III III 1-30.

Sepultura: a - de Jesus, o fato, motivo - I V 8-9; como Deus foi sepultado - I V 8-9; quanto tempo esteve Jesus na - I VI X; - sinônimo de Batismo - II II 4.

"Servire Deo regnare est": IV XII 13 23.

Sétimo Dia: - memorial do descanso do Senhor - II IV 12 14.

Sétimo Mandamento: III VIII 1 ss.

Sexto Mandamento: III VII 1 ss.

Sigilo sacramental: II V 57.

Símbolo: - sinônimo de Sacramento - II I 2; finalidade do - dos Apóstolos I I 2; nome do - dos Apóstolos I I 3; divisão do - dos Apóstolos - I I 4, I X 21; - de Nicéia SN I II 20, I III 8, I X 9 22, I XIII 8; "textus liturgicus" do - de Nicéia SN nota; o - dito "Quicumque", autoria, "textus liturgicus", autoridade teológica SQ nota Vejam-se, no início do volume, os "Textos Simbólicos".

Sinagoga: I X 3; II IV 30.

Sinal: definição e classificação de - II I 4 6.

Sinete: o amém - do Pai-Nosso - IV XVII 1.

Sofrimento: o - prova a necessidade da ressurreição - I XII 5; o Batismo não tira os - desta vida - II II 47; donde vem o consolo no - II II 48; a razão do - IV IX 11.

Solidariedade cristã: I X 22.

Sonhos: III II 7.

Subdiaconato: II VII 19; - e celibato - II VII 19.

Suborno: III VIII 12.

Suicídio: III VI 10.

Sujeito: - do Batismo - II II 30-36; - da Confirmação - II III 15-18; - da Eucaristia - II IV 53-64; - da Confissão - II V10; - da Extrema-Unção - II V I9-12; - da Ordem - II VII 27-29; - do Matrimônio - II VIII 2.

Superiores: a autoridade dos - não depende de sua virtude e merecimento pessoal - I X 8; obrigações para com os - III V 13-15.

"Suporte": I IV 2.

Sutileza: dom dos corpos ressuscitados - I XII 11.

Tábuas do Decálogo: III I 1.

Tentação: por que os maus não sofrem - IV XV 7; como Deus tenta os homens - IV XV 9; vários sentidos de - IV XV 9 ss.; o que é "cair em tentação" - IV XV 11 ss.; vantagens da -IV XV 14; modo de proceder na - IV XV 16ss.

Terceiro Mandamento: II IV 1-28.

Terra: criação da - I II 18.

Tesouro da Igreja: I X 22.

Testemunhas: deveres das - em juízo - III IX 16;

Testemunho (falso): - pecado generalizado - III IX 1; noção de - III IX 3; - a favor de outrem - III IX 5; - em prejuízo de outrem - III IX 6.

Todo-poderoso: o primeiro dos atributos divinos — I II 11; paráfrases de - I II 11.

Tonsura (Primeira): II VII 13-14; tamanho e simbolismo da - II VII 14.

Tours (Concílio de): II IV 29.

Túnica batismal: II II 71.

Trabalho: obrigação de - II IV 8 20; - servil, proibido no domingo - III IV 21.

Transubstanciação: conversão ou mudança total de substância - II IV 9 18 39-40; não esquadrinhar o mistério da - II IV 41.

Trento (Concílio de): II II 23 29 41 49, II III 5, II IV 10, 29 36 40 53 55 63 66 70-72 76, II V 1 13 23-24 41 46 55 61-62, II VI 3 5 13, II VII 1 10-11 30, II VIII 11 17 28 30; III II 11 24, III III 27, III VII 5 11.

Trindade (Santíssima): distinção de Pessoas, e igualdade e unidade de natureza - I II 10; origem eterna das três Pessoas, origem da Paternidade da Primeira Pessoa - I II 10; terminologia obrigatória acerca da - I II 10; não investigara - com curiosa sutileza - I II 10; frutos da doutrina sobre a - I X 10; operações comuns da - I II 14 23, I IV 3. Veja-se o verbete "Deus".

"**Um só Seu Filho**": I III 8-10.

Unção: - na testa do crismando - II III 2 3; como se fazem as - na Extrema-Unção - II VI 10.

União hipostática: I III 9 11; II IV 2 4 8.

Unidade: - intrínseca e extrínseca da Igreja - I X 1-12.

Vasos sagrados: leigos não podem tocar em - II IV 65.

Vela batismal: II II 72.

Venalidade: - dos juízes - III VIII 12.

Verbo: - a Segunda Pessoa da Santíssima Trindade - I III 8.

Vercelli (Concílio de): II IV 29.

Veste nupcial: I XIII 11.

Viático: significado sacramental - II IV 5.

Vida: - cristã e Batismo - II II 40; espiritualizar a - matrimonial - II VIII 33; - eterna, perpetuação da bem-aventurança - I XIII 2; explicação verbal de - eterna - I XIII 2-4; explicação real de - eterna - I XIII 4 ss.; - eterna, dom incompreensível e inexprimível - I XIII 4; - eterna é a isenção de todo o mal e posse dè todos os bens – I XIII 4 5; os bens essenciais e acidentais da - eterna - I XIII 5; - eterna é a visão e posse de Deus - I XIII 6; a Eucaristia, penhor da eterna - II IV 52.

Vigílias: III VII 13.

Vínculo: - indissolúvel do Matrimônio - II VIII 3; razão de ser do - indissolúvel do Matrimônio - II VIII 4; - matrimonial e comércio carnal - II VIII 8.

Vingança: instinto de - III VI 19.

Vinho de uva: matéria da Eucaristia - II IV 15.

Virgindade: importância da - II VIII 1; III VII 6.

Virtude: a Paixão de Cristo, modelo de - I V 16; - infusas no Batismo — II II 50; — teologais - III II 4; pecados contra as - teologais - III II 7.

Vivificador: O Espírito Santo - I IX 8.

Vocação sacerdotal: II VII 3-5.

Vontade: propensão da - para o mal - IV XII 3; - significativa de Deus - IV XII 11.

Zelo: o - de Deus - III II 28.

O CATECISMO ROMANO
acabou de ser impresso no dia 22 de fevereiro de 2020, durante a festa da Cátedra de São Pedro Apóstolo. Para sua composição usamos a tipologia Baskerville sobre papel Chambril Avena 80g/m².